走遍全球

MW01699629

加拿大

CANADA

中国旅游出版社

加拿大

凡例
人口100万以上的城市
人口10万~100万的城市
人口不满10万的城市
首都
VIA 铁道
支线铁路
横贯加拿大高速公路
0
500km
ALASKA
ALASKA RANGE
Fairbanks
安克雷奇
Anchorage
Gulf of Alaska
班克斯岛
Banks Island
Sachs Harbour
Prince Albert Peninsula
维多利亚岛
Victoria Island
Holman
Inuvik
Cambridge Bay
DISTRICT OF FRANK
Dawson City
育空地区
YUKON TERRITORY
怀特霍斯
Whitehorse
MACKENZIE MOUNTAINS
SELWYN MOUNTAINS
Norman Wells
Great Bear Lake
西北地区
NORTHWEST TERRITORI
DISTRICT OF MACKENZIE
DISTRICT KEEWAT
耶洛奈夫
Yellowknife
Great Slave Lake
Hay River
纳尔逊堡
Fort Nelson
COAST MOUNTAINS
ROCKY MOUNTAINS
不列颠哥伦比亚省
BRITISH COLUMBIA
道森克里克
Dawson Creek
大草原城
Grande Prairie
乔治王子城
Prince George
鲁帕特王子港
Prince Rupert
夏洛特皇后群岛
Queen Charlotte Islands
Queen Charlotte Sound
哈迪港
Port Hardy
威廉姆斯湖
Williams Lake
温哥华岛
Vancouver Island
Courtenay
Port Alberni
Powell River
Kamloops
Vernon
温哥华
Vancouver
基洛纳
Kelowna
彭蒂克顿
Penticton
纳奈莫
Nanaimo
维多利亚
Victoria
COLUMBIA MOUNTAINS
艾伯塔省
ALBERTA
贾斯珀
Jasper
埃德蒙顿
Edmonton
雷德迪尔
Red Deer
班夫
Banff
卡尔加里
Calgary
梅迪森哈特
Medicine Hat
Lethbridge
莱斯布里奇
加拿大
CANADA
萨斯喀彻温省
SASKATCHEWAN
拉龙日
La Ronge
Missinipe
Prince Albert
艾伯特王子城
North Battleford
北巴特尔福德
萨斯卡通
Saskatoon
穆斯乔
Moose Jaw
里贾纳
Regina
布兰登
Brandon
温尼伯
Winnipeg
林莱克
Lynn Lake
汤普森
Tompson
MANITOBA
帕斯
The Pas
Lake Winnipeg
Churc
Eskimo Po
太平洋
Pacific Ocean
西雅图
Seattle
Tacoma
Olympia
斯波坎
Spokane
WASHINGTON
波特兰
Portland
OREGON
IDAHO
MONTANA
WYOMING
NORTH DAKOTA
SOUTH DAKOTA
美国
UNITED ST

巴芬湾
Baffin Bay
北极湾城
Borden Peninsula
巴芬岛
Baffin Island
戴维斯海峡
Davis Strait / Davisstredet
Cumberland Peninsula
福克斯湾
Foxe Basin
Foxe Peninsula
Iqaluit
南安普敦岛
Southampton Island
福克斯海峡
哈得逊海峡
Hudson Strait
Labrador Sea
大西洋
Atlantic Ocean
开普史密斯
Cape Smith
昂加瓦半岛
Péninsule D'ungava
(Ungava Peninsula)
昂加瓦湾
Ungava Bay
哈得逊湾
Hudson Bay
NEWFOUNDLAND & LABRADOR
纽芬兰&拉布拉多省
拉布拉多
LABRADOR
霍普辛普森港
Port Hope Simpson
贝尔彻群岛
Belcher Islands
塞文堡
Fort Severn
LAURENTIEN
LONG RANGE MOUNTAINS
纽芬兰岛
Newfoundland
詹姆斯湾
James Bay
Akimiski Island
阿基米斯基岛
魁北克省
QUÉBEC
PLATEAU
Havre-Saint-Pierre
Corner Brook
Sept-Îles
安蒂科斯蒂岛
D'anticosti
Port-aux-Basques
圣皮埃尔和密克隆群岛
Saint-Pierre et Miquelon (France)
Saint-Laurent / Saint Lawrence
Gaspé
Gulf of Saint Lawrence
Péninsule de Gaspé
希布加莫
Chibougamau
加斯佩
Campbellton
悉尼
Sydney
爱德华王子岛省
PRINCE EDWARD ISLAND
Rimouski
Jonquière
希库蒂米
Chicoutimi
Edmundston
夏洛特敦
Charlottetown
Truro
安大略省
ONTARIO
赫斯特
Hearst
卡普斯卡辛
Kapuskasing
Cochrane
纳基纳
Nakina
Sioux Lookout
蒂明斯
Timmins
森特尔
Senneterre
魁北克
Québec
Levis
弗雷德里克顿
Fredericton
圣约翰
Saint John
哈利法克斯
Halifax
新不伦瑞克
NEW BRUNSWICK
桑德贝
Thunder Bay
Algoma Central
Ontario Northland
Shawinigam
蒙特利尔
Montréal
舍布鲁克
Sherbrooke
MAINE
新斯科舍省
NOVA SCOTIA
苏必利尔湖
Lake Superior
苏圣玛丽
Sault Sainte Marie
Capreol
Sudbury
诺斯贝
North Bay
Saint Jean
Ottawa
Georgian Bay
Peterborough
金斯顿
Kingston
MICHIGAN
E S
Lake Michigan
Lake Huron
多伦多
Toronto
安大略湖
Lake Ontario
纽约
NEW YORK
Worcester
波士顿
Boston
Syracuse
哈密尔顿
Hamilton
布法罗
Buffalo
Hartford
Grand Rapids
London
Milwaukee
底特律
Detroit
伊利湖
Lake Erie
Niagara Falls
纽约
New York
Windsor
Cleveland
Chicago
Trenton
大
D
A
阿拉斯加
加拿大
美国
格陵兰

北京市版权局著作权合同登记号
图字：01－97－0476

编者的话

通过游历增加体验是多数人在精神上的向往。但是在本世纪30年代以前,这只能是少数有钱有闲之人的生活。到30年代中期,欧洲的工薪阶层开始享受带薪休假的福利。随之,旅游进入了普通人的日常生活。不过,那时的旅游更多地还局限于市郊,顶多是到有亲朋好友的地方。50年代以后,世界经济快速发展,发达国家一方面普遍地提高了大众的收入,一方面大幅度地降低了交通费用,人们这才有了为休闲自由挑选旅行目的地的便利。

当然,那些引人入胜的美景在当代广泛地为人所知,离不开各种媒体的传播。但对于希望亲历其间的人来说,间接了解了的引人之处毕竟还是陌生之地,如果决心前往,显然还需要更为具体的信息。旅游指南便担负了这一任务。特别是那些希望走出国门,体验异域风情的人,如果手执一本好的旅游指南,行前,不但可以对将前往的地方风情有所了解,还可以安排好详细的日程,造出可行的预算;行程中,它会指点景点的精华和奥妙,加深人们对当地文化的理解与沟通;返程后,它又成了一次旅行最好的纪念品。因此,旅游指南越来越成为旅游者行囊中不可或缺的必备品。

在我国,随着旅游人数的增加,旅游指南一类的读物引起了许多出版社的关注。但目前由于我们尚缺少编辑国外旅游指南的经验,所以,引进版权也许是一个较为简捷的办法。经过日本万人谈旅游株式会社谷口俊博先生和旅美华人虞丽华小姐的推荐,我们决定与该公司合作,共同投资,从日本大宝石出版公司出版的《世界逍遥游》系列旅游丛书中,挑选一些已开放或近年内有可能对我国开放旅游,及我国旅游爱好者较关注的国家的分册,首先出版。这十余本书,我们定名为《走遍全球》系列。这套书在内容上较好地注意了旅游者多方面的需求。除了一般的风情介绍和行住游食娱购的实用信息外,还把文字与图片结合在一起,向读者展示了文艺复兴以来,许多著名作家、诗人、画家、音乐家们对这些国家的体验和赞美,以提高这类读物对旅游中文化品味的指导。这套书出版后被译成多种文字,并且每一至二年就修订再版一次,受到日本、东南亚诸国旅游者的普遍欢迎。

应该指出,由于这套丛书是日本的旅游作家所写,所以书中的有些内容是针对日本游客的需求。另外,随着时间的推移,书中有些信息可能已经发生微细的变化。敬请读者在使用时注意。

我们相信,在人类文明的进步中,旅游提高了人们生活的质量,而一本好的旅游指南则是提高旅游质量的保证。

愿《走遍全球》伴您走遍全球!

祝您的旅途顺畅、愉快!

1998年10月

目录

■编辑说明

本书为1997～1998年版，虽内容具体、翔实，但考虑到资讯内容变动快速，故提请读者动身前或抵达加拿大后，应再次确认最新资讯。

本书中所使用的部分缩写符号的含意：

YAH　青年旅馆

Ⓢ　单人间

Ⓓ　双人间(一张大床)

Ⓣ　二人间(两张单人床)

东加拿大

枫树街道展示的两种文化

蒙特利尔与多伦多

蒙特利尔的圆形建筑物和奥林匹克体育场塔

沿着圣劳伦斯河，从魁北克到尼亚加拉800公里的游览线，是名为枫树街道的著名的东加拿大黄金观光线。一到秋天，枫树的红叶染红了这一片天空；而早春冰雪融化之时，各地又洋溢着收获枫糖的欢声笑语。多伦多、金斯顿、渥太华、蒙特利尔等大城市，都分布在这条线上。所以，这条线又有“传承之路”之称。沿这条线游览的最大乐趣便是体验与加拿大历史密不可分的英语圈和法语圈的两种文化。

●保持独立立场的魁北克省●

即使在使用两种语言，主张多文化主义的加拿大，魁北克仍然是一个特殊的地区。这里原本是法国殖民地，99%的居民为法裔。18世纪，权利之争打破了这种局面，此地被置于英国统治之下。一向自尊高傲的法裔坚决主张维护自己的语言、宗教与习惯，使英国不得不将同化政策转为融合政策。但实际上，英国人处于统治阶级地位，法裔魁北克人处于劳动阶级地位的模式长期未变。

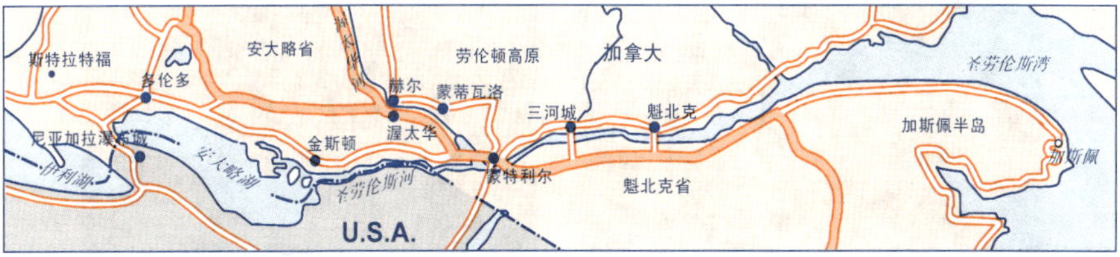

多伦多远景

世纪60年代，一场涉及到艺术、文学、思想等方面的革命悄然兴起，以此为契机，魁北克人重新恢复了自负，一度发展为充满暴力的分离独立运动。这一系列的运动终于有了结果，70年代，法语重新上升为官方语言。在多民族国家的加拿大，人们的爱省意识仿佛比爱国意识更加强烈。而魁北克，可以说是最团结独立的省。

●街景对比●

从安大略省进入魁北克省，第一个深刻的印象便是街道上的标示：招牌全是法文。在农村，虽然英语不通，但人们的朴素与热情会弥补这一不足。

魁北克老城

这两个省的差异，通过其省会的景色便可一目了然。多伦多土地平坦，街道如棋盘般整齐规范。面向安大略省的商业区高楼林立，一派大都市的繁荣景色。与此相反，魁北克位于圣劳伦斯河边，依悬崖而建的城墙将圣劳伦斯河与城市隔开，密布着的咖啡馆和小酒吧的小路相互交错，令人想起欧洲的古老街道。

●民族与酒●

将拥有许多共同点的蒙特利尔与多伦多相比较也很有趣。在20世纪初及二战后，这两个城市都受到了移民潮的冲击，发展到今天，都已成为居住着十几个民族的世界都市。在这两个城市，可

多伦多的波利休镇

蒙特利尔的希腊餐厅

以品尝到世界各国的风味菜肴，对美食家具有无可抵挡的独特魅力。在多伦多从城市商业区到郊外每个少数民族居民区都有自己鲜明的特征并与其他区域界限分明（如招牌上都只写着各自的母语）。与此相反，在蒙特利尔，从市东到蒙罗亚尔的西北，尽管犹太民族、意大利民族、希腊民族、波兰民族等相互交错混杂，却洋溢着一种和谐的气氛，使本土居民与游客自然而然地融为一体。在其他民族移入之前，蒙特利尔的街区，英系民族与法系民族分而居之，界限分明，环境奇特。南北走向的圣罗朗大道以西是英裔统治阶级的住宅区，以东是法裔工人劳动阶级的居住区。至今，西部尚有英系名牌马吉尔大学，而东侧的法系魁北克大学的分支蒙特利尔大学则为法国文化据点，这可以说是当初英法分而居之的产物。在这种情况下，移民们沿着被称为移民走廊的圣罗朗大街北上，最终落脚于法裔聚居区的东侧一带。也是蒙特利尔的风俗特征之一。

这里与其他省不同，出售酒类不限于酒店，啤酒、葡萄酒在叫做 dépanneur 的昼夜店里也可以买到。酒吧、小酒店的营业时间，安大略省到凌晨一点，魁北克省却到凌晨三点。省界附近的渥太华与赫尔是两省的代表，越过流经渥太华北部的渥太华河，就到了魁北克省。渥太华的年轻人不愿拘泥于繁琐的规

蒙特利尔的乔伊休镇

蒙特利尔市中心

矩，到了夜晚，为享受夜生活结伴来到对岸的赫尔尽情畅饮，可以说是体现了标榜享乐人生的魁北克人的气质吧。

●建筑风格●

从建筑方面来看，多伦多与蒙特利尔共同的观光重点是塔与体育馆。多伦多的 Sky Dome 首创了完全开闭式体育馆的建筑形式。与之相邻的世界最高的西恩塔，在空中划下它优美纤细的轮廓，成为多伦多的第一标志。而在蒙特利尔，曾举办过 1976 年奥运会的体育馆如今成了当地球场。体育场边，矗立着世界第一高斜塔，这种体育场与塔交相辉映的建筑形式只有魁北克独有。当年，巨额的建筑费用曾令纳税者极为不满，整个建筑在奥运会结束 14 年后才完成。

同处市中心的高层建筑群，这两个城市的风格却截然不同。在加拿大率先建起摩天大楼的多伦多，其金融街的建筑群，皆宏伟锐利，有一种整齐划一的美感（当然也不乏如皇家银行金光闪闪，醒目耀人的建筑）。而蒙特利尔的高层建筑，如 BNP 塔、蒙特利尔信托大楼、IBM 马拉松大楼等，则风格各异，个性鲜明。

多伦多夜景

一方面引进大胆而新颖的建筑形式；另一方面，原封不动地保留 18、19 世纪的旧市街，这也是魁北克独具的特色。参观完新哥特式、新古典派的教堂及建筑，再漫步于回响着马蹄声的旧市街，两种迥异的面容会使蒙特利尔深深地刻入每个游客的心中。

当然，通过这样的比较，便匆匆认为蒙特利尔是法国式的这一看法是过于草率了。其实蒙特利尔自身对于“北美的巴黎”这一称呼并不欣赏。自负于独立立场的魁北克，只有从独立的角度上去感受其真正的特色，才能认识到真实的蒙特利尔与魁北克。

蒙特利尔老城

西加拿大

西部的两种魅力

不列颠哥伦比亚省与艾伯塔省

莫莱茵湖

加拿大领土广阔，民族众多，各省的风格也截然不同。了解这些特点，会使你的加拿大之行更加深刻细腻。一边将加拿大西部两个重要省份——不列颠哥伦比亚省和艾伯塔省各自拥有的丰富的旅游资源进行对比，一边探求其各自的魅力，定会收获颇丰。

●自然●

说起艾伯塔省的自然魅力要数包容着班府与贾斯珀国家公园的加拿大落基山脉。3000 米的高山傲然耸立，翠绿的湖泊宁静安然，这便是在艾伯塔省占有重要地位的加拿大落基山脉给人的印象。但是，从拥有广阔领土和丰富资源的艾伯塔整体来看，落基山脉就只能算是其中的一小部分了。埃德蒙顿、卡尔加里这些大城市，都位于一望无垠的牧场或广延着麦田的大平原中。在这里，能够切实地体会到“大陆”的含义。

不列颠哥伦比亚省(简称 BC 省)的

豪海峡的海岸线

自然魅力，首先当数以民族气息浓厚的港湾城市温哥华为代表的太平洋沿岸。然而，加拿大的太平洋沿岸尚未充分开发，还留下绵延十几公里的无人海岸线。在温哥华岛等岛屿上可以深切地感受到这一点。然而，不能忽视的是，在加拿大诸省中，不列颠哥伦比亚省是自然环境最为丰富多样的。落基山脉的最高峰罗布森山峰就位于该省边缘。此外，这里还有威尔兹格雷、格雷沙等山脉，分布着很多国家公园。还有像欧卡娜干这样温和的湖泊疗养地及世界性滑雪娱乐场韦斯勒滑雪场等。由此可见，不列颠哥伦比亚省旅游资源十分丰富，拥有沙漠、高原、森林等加拿大拥有的一切自然环境。

●民族与文化●

说起以不列颠哥伦比亚省为中心的

西北印第安面具

西北沿岸的文化，就不能忽视形成这种艺术色彩浓厚的独特文化的西北印第安人的历史。正如人们所了解的那样，图腾柱就是源于印第安文化。游客在纪念品商店里看到的那些朴素而又充满魅力的面具、油画，也是出自继承了古老文化的艺人之手。不列颠哥伦比亚省有很多印第安人聚居地，当然直接接触其文化的机会就不少。温哥华自古至今都是描绘着新大陆梦想而远渡重洋的亚洲移民的通道。中国移民在大陆铁路建设中作出了巨大贡献，忽略亚洲人的贡献来讲述不列颠哥伦比亚省的历史是不科学的。可以说不列颠哥伦比亚省是东西融合的国际性地区。

而艾伯塔省则是与美国西部相连的野牛与牛仔的世界。如果你来到罗帝奥有名的卡尔加里小镇，你就会发现，在这里，牛仔帽与西部长筒靴作为日常服装没有一丝一毫的不自然。从某种意义上说，当年开拓者那种不屈不挠的精神，至今仍浓浓地保持不衰。在这片土地上生活了几千年的平原印第安人追逐野牛的形象及粗犷的原野帐篷，是在西部片中常见的景象。

●饮食●

太平洋大马哈鱼

温哥华拥有变化多端的自然景色，而且居住着世界各国的移民。温哥华市民对于丰富多彩的菜肴是非常自信的。在这里，欧洲各国料理自不必说，还有中华料理、日本料理，最近又新增了亚洲系越南料理及泰国料理，不出城便可尝遍天下佳肴。此外，海鲜也很丰富，不列颠哥伦比亚省的鲑鱼非常有名。旅行途中，一边感受着海潮的味道，一边品尝牡蛎，倒别有一番滋味。

世界畜牧中心艾伯塔的肉类食品，以“艾伯塔牛”而为世人所知。牛排是这里最普通的食品。虽然没有精美的调味汁，没有文雅的进餐规矩，但无论谁都可以无拘无束地享受美餐直至心满意足，这种轻松自在实在难得。而且，即使是高级餐厅价格也很合理。在露营地，围在篝火旁品尝咖啡，那种粗犷的氛围会令你终生难忘。

●游览项目●

在加拿大进行海上活动，不列颠哥伦比亚省是最佳选择。散布着大量岛屿的太平洋沿岸出乎意料的风平浪静，一边观赏着海豚、海豹，一边划动兽皮船会成为终生难忘的珍贵回忆。远离城

市、乘着水上飞机追捕鲑鱼，这种豪爽畅快也只有在加拿大才感受得到。据说，多湖泊、溪流的不列颠哥伦比亚省是用假饵钓鱼的发源地。旅游设施齐全，这也是观光胜地不列颠哥伦比亚省的特征之一。这里，的确是高效旅游的好去处。

艾伯塔省的旅游项目还是以山岳为中心，只要做好充分的准备，登上加拿大落基山脉的山峰，踏近神秘的湖泊，是简单而又愉快的。班府、贾斯珀自不必说，艾伯塔省还开发了卡那那斯凯斯等多处山岳游览地，吸引了不同年龄段、不同国家、经验多寡不一的游客。幸运的话，还可以看到糜鹿、北美灰熊等野生动物。泛舟于光滑如镜的湖面上，驾快艇冲入奔腾的激流中，其乐无穷。

当然，艾伯塔与不列颠哥伦比亚两省相同的娱乐活动也不少。如夏季的骑马活动，冬季的高山滑雪等。但是，如果根据它们风格迥异的特征，制定旅行计划，那么，看起来庞大零散的加拿大之旅就会变得有条不紊，给你留下更加深刻的印象。同时，我们也能了解到真实的加拿大。

CANADIAN ROCKIES

加拿大落基地区

据说，落基山脉越往北走越美丽，也越险峻，3000 米高的巨大山峰延绵不绝。绵绵山脉中看广阔的冰河，翠绿的湖泊如宝石般镶嵌在深绿色的针叶林中。林中栖息着各种动物。山与冰河、森林与湖泊，和谐地演奏着落基山脉悠远的交响曲。

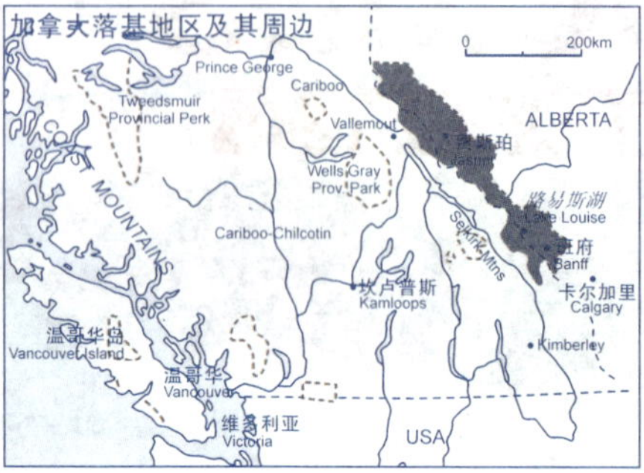

在北美大陆西侧有一条南北走向的大山脉，将大陆分为沿海地带与中部平原两部分，这就是落基山脉。在加拿大境内被称为加拿大落基山脉，聚集着班府国家公园、贾斯珀国家公园、育空国家公园、库特内国家公园、格雷沙国家公园，是美丽自然风光的宝库。

班府和贾斯珀这两个城市是游览加拿大落基山脉的两个基点。从西海岸的门户温哥华乘汽车或火车均可到达；或者先乘飞机到达附近的埃德蒙顿、卡尔加里等大城市，再乘汽车到班府、贾斯珀。但是，无论走哪一条路线，都要注意太平洋标准时间与山区标准时间有 1 个小时的时差。

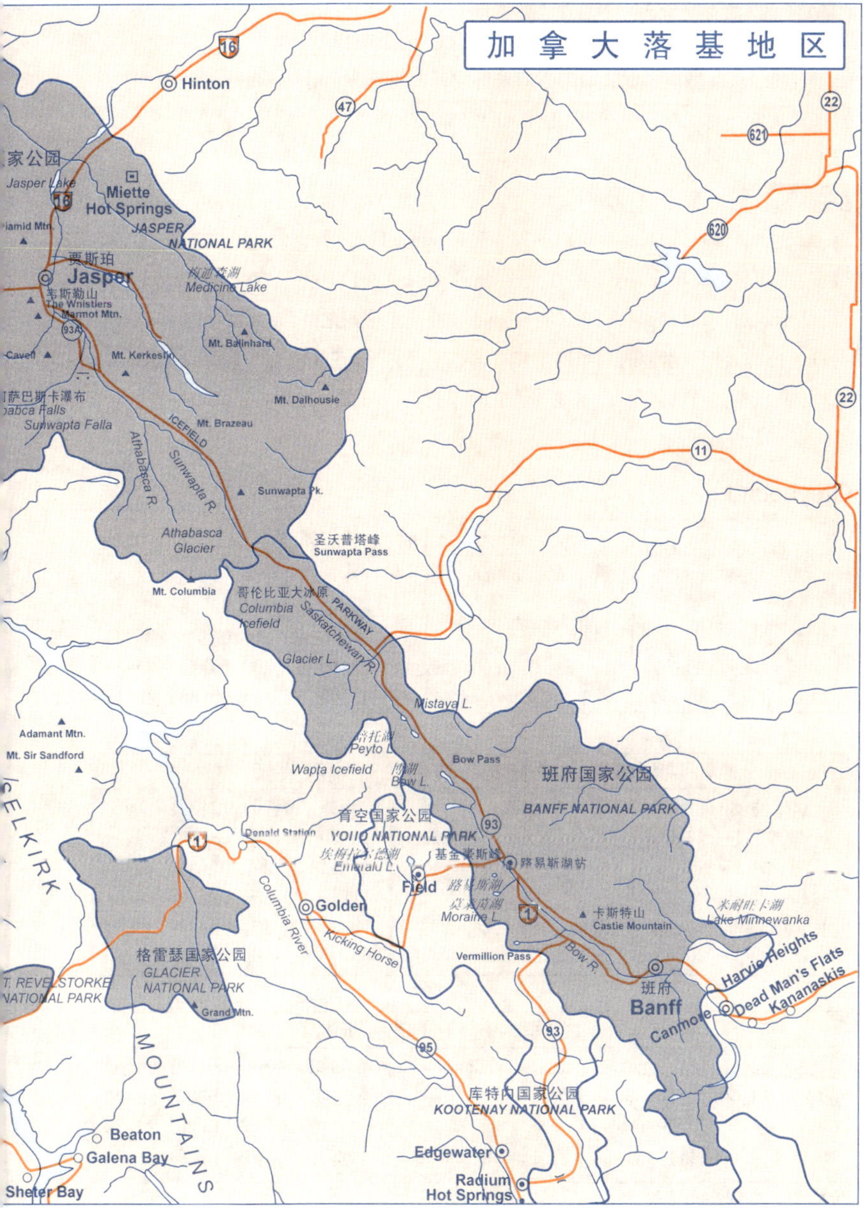

加拿大落基地区
Hinton
家公园
Jasper Lake
Miette
Hot Springs
JASPER
NATIONAL PARK
Piamid Mtn.
贾斯珀
Jasper
韦斯勒山
The Whistlers
Marmot Mtn.
药迪森湖
Medicine Lake
Mt. Balinhard
Cavell
Mt. Kerkeslin
Mt. Dalhousie
萨巴斯卡瀑布
abasca Falls
Sunwapta Falla
Mt. Brazeau
ICEFIELD
Athabasca R.
Sunwapta R.
Sunwapta Pk.
Athabasca
Glacier
圣沃普塔峰
Sunwapta Pass
Mt. Columbia
哥伦比亚大冰原
Columbia
Icefield
Saskatchewan R.
PARKWAY
Glacier L.
Mistaya L.
Adamant Mtn.
Mt. Sir Sandford
培托湖
Peyto L.
Wapta Icefield
Bow Pass
博湖
Bow L.
班府国家公园
BANFF NATIONAL PARK
育空国家公园
YOHO NATIONAL PARK
Donald Station
埃梅拉尔德湖
Emerald L.
基金赛斯峰
路易斯湖站
Field
路易斯湖
莫来因湖
Moraine L.
Golden
卡斯特山
Castle Mountain
米耐旺卡湖
Lake Minnewanka
Columbia River
Kicking Horse
Vermillion Pass
Bow R.
班府
Banff
Harvie Heights
Dead Man's Flats
Kananaskis
Canmore
格雷瑟国家公园
GLACIER
NATIONAL PARK
Grand Mtn.
T. REVELSTORKE
NATIONAL PARK
ELKIRK
MOUNTAINS
库特内国家公园
KOOTENAY NATIONAL PARK
Edgewater
Radium
Hot Springs
Beaton
Galena Bay
Shelter Bay
16
47
22
621
620
11
93A
93
1
95

飞机 从温哥华乘飞机到卡尔加里大约需要1.5小时，从卡尔加里机场乘汽车到班府约2小时。这是去加拿大落基地区的最短路线。卡尔加里是加拿大中西部的大城市。因此从加拿大甚至英国各地都有许多航线可以到达。

另外，从温哥华到贾斯珀附近的埃德蒙顿大约需2小时，再由埃德蒙顿乘车到贾斯珀需5小时。时间虽长，但走冰河公路非常方便。

长途汽车 一般来说，乘长途汽车比较经济实惠。从温哥华到班府一天5次车，约需14个小时($90.10)；到贾斯珀一天3次车，约需12小时($80.55)。若想提高旅行效率，乘夜车比较合适。这条线路上的Greyhound公共汽车公司的汽车座席宽松、舒适，从卡尔加里到班府一线，除Greyhound公共汽车公司之外，还可乘坐Brewster公共汽车公司运行于当地的观光巴士和有轨巴士。另外，在加拿大落基地区内，Brewster公共汽车公司的区间车、游览车也往返于贾斯班与班府之间。

Greyhound

温哥华～坎卢普斯～班府～卡尔加里

			↓			↑				
08:00	8:00	8:00	到	Vancouver	发		19:40	0:45	8:05	2:45
12:50	——	23:05	发	Kamloops	到		15:15	20:35	02:55	08:10
——	——	23:35	到	Kamloops	发		14:55	20:15	02:30	07:25
——	22:50	07:55	发	Banff	发		08:40	13:35	20:30	00:50
22:55	00:25	09:55	发	Calgary	到		07:00	12:15	18:30	23:15

温哥华～坎卢普斯　贾斯珀～埃德蒙顿

			↓			↑				
07:00	3:30	8:00	发	Vancouver	到		20:25	10:10	12:30	
12:00	18:15	23:00	到	Kamloops	发		16:00	05:10	08:15	
12:30	19:15	23:35	发	Kamloops	到		15:35	04:50	07:35	
18:40	01:15	06:15	到	Jasper	发		11:10	00:15	03:10	
19:20	02:05	06:20	发	Jasper	到		10:35	00:10	03:05	00:00
23:25	06:35	10:55	到	Edmonton	发		06:15	19:30	23:10	00:00

卡尔加里～班府～路易斯湖

				↓			↑				
07:30	12:15	18:30	23:15	发	Calgary	到		05:30	10:05	18:20	00:05
09:10	13:50	20:10	00:45	到	Banff	发		04:05	07:50	16:45	22:20
09:15	14:00	20:30	00:50	发	Banff	到		04:05	07:35	16:35	22:10
10:00	14:45	21:15	01:35	到	Lake Louise Jct.	发		03:15	06:45	15:50	21:30

价格为单程$22.20＋税

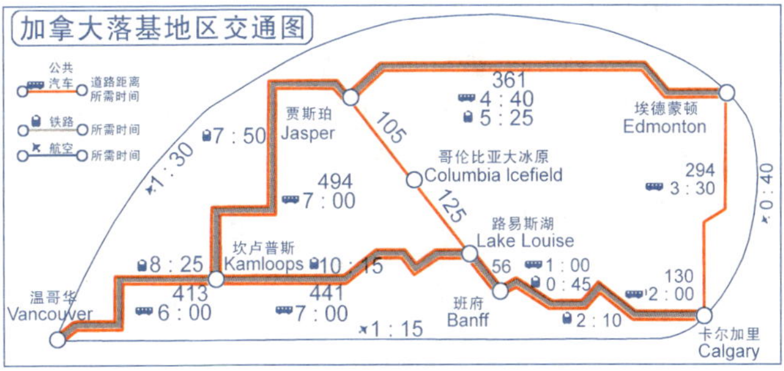

铁路 乘坐横穿大陆的卧铺车进行旅行浪漫别致，颇受欢迎。但是目前 VIA 铁路列车老化，运行逐年减少，短期旅行不易坐上。另外，运行时间、车次及日程安排也经常变更，需要先确认。

●贾斯珀方面

温哥华——多伦多大陆横断铁道列车每周运行 3 次（周一、三、六发车），途经坎卢普斯、贾斯珀、埃德蒙顿。这次列车不仅附有餐车，还有观光车厢，可尽情欣赏落基山的美丽风光。客车厢分为普遍硬座和卧铺两类。大受欢迎的二人卧铺间需在几个月前预定，普通座位虽说不太紧张，但也需事先预约。不过，预约制度并不非常严格，所以如果是单人旅行，可以等待他人退票。另外，此列车有一等车、二等车之分，进入餐车与观光车厢也有一定限制。

民营 Rocky Mountaineer Railtours 也运行包租列车。

20:00	↓	温哥华 Vancouver	↑	08:30
05:06		坎卢普斯 Kamloops		23:05
14:55		贾斯珀 Jasper		15:30
20:05		埃德蒙顿 Edmonton		08:55

价格：温哥华～贾斯珀（'96 年 6 月～10 月）¥1113　上铺：¥2688　下铺：¥3255　单间卧铺：¥4347

●班府方面

从温哥华到班府没有 VIA 列车通行，但民营的 Rocky Mountaineer Railtours，每周有一至二次包租列车运行，与通往贾斯珀的 VIA 列车的不同点在于：途中在坎卢普斯停住一夜，而且不带卧铺和观光车厢。

07:45	发	哥华 Vancouver	到	17:10
17:05	到	坎卢普斯 Kamloops	发	08:00
07:30	发		到	18:20
18:45	到	班府 Baff	发	09:20
19:05	发		到	09:00
21:02	到	卡尔加里 Calgary	发	07:00

价格：温哥华～班府
双人间：单程$525（1 人）；单人间：单程$575
※此为旺季价格，含两次早餐、午餐及在坎卢普斯的住宿费。

●观光型与滞留型

班府与贾斯珀皆为加拿大落基地区的游览基点。班府好似前门，贾斯珀如同后门。若非长久滞留，由卡尔加里进入班府，以班府作为起点来制定旅行日程比较恰当。班府与贾斯珀之间的冰河公路沿线除哥伦比亚大冰原与路易斯湖两个景点外，还有零星散布的湖泊及瀑布。如何周游这些零散的景点是此处观光旅行的中心问题。由于没有公共交通工具，游览如此广阔的地域，最好包租车，或乘坐 Brew Ster 的旅游车。一般的游览路线是从班府出发，在游览路易斯湖与哥伦比亚大冰原之后，于贾斯珀结束旅行，或者是由贾斯珀出发，以班府为终点。

其实，游览加拿大落基地区最科学的方式，不是匆匆忙忙地游遍各个旅游景点，而是在每个风景名胜区悠然闲坐，细心体味参加并充分享受自然的各项户外活动。可以说，加拿大落基地区，是回归自然的好去处。

●班府与贾斯珀的特征

班府，是加拿大落基地区的前门。班府斯普林斯饭店可以说是加拿大落基地区的象征。与其他城市相比，班府的住宿设施在数量上占绝对优势。虽说地处山区，由于自古就是著名的旅游胜地，因此高级餐厅、服装店很多，可以享受与大都市相媲美的都市生活。如你并不满足于仅仅观赏风景，各种博物馆、温泉、娱乐场等会使你感到满意。

贾斯珀比班府小得多，且尚未完全开发。常有长期旅居于露营汽车中的人们偶尔前来用餐、购物，仿佛是一个补给基地。虽说仅仅是一个乡间小镇，但周围有湖泊、冰河等景点，因此对于想要充分享受垂钓、徒步旅行等室外活动的人们来说，这里比班府更受欢迎。

路易斯湖景区内的 Chateau Lake Louise 饭店伫立于美丽的路易斯湖畔，背靠冰河。此地区的其他旅馆、饭店都远离湖畔，是乘车旅行的人在班府、贾斯珀之间过夜的中转站。湖泊风景令人叹为观止，其实周围山脉的景色也相当不错。

驼鹿母子图

示范路线

乘车由卡尔加里往返	
第1天	上午由温哥华乘飞机到卡尔加里，在卡尔加里机场租车开入班府,下午乘缆车登上萨尔法山,返回之前,在阿帕温泉入浴。
第2天	在班府市内购物,在班府斯普林斯饭店进午餐,然后进行骑马、漂流等室外活动。如果天气不好则参观博物馆。
第3天	游览育空国家公园,在路易斯湖附近住宿。
第4天	从路易斯湖出发前往贾斯珀,途中观赏哥伦比亚大冰原。
第5天	游览玛林湖、垂钓、骑马,若时间许可前往韦斯勒山。
第6天	从贾斯珀出发前往班府。
第7天	离开班府经由卡尔加里返回温哥华。

在一流饭店奢侈地享受落基地区	
第1天	从卡尔加里乘车到班府斯普林斯饭店或 Rimrock Resort 饭店。下午在博河、凯布与贝森附近散步。
第2天	参加饭店组织的活动,傍晚在班府市内购物、用餐。
第3天	乘坐 Brew Ster 公共汽车公司的旅游车前往哥伦比亚大冰原,返回时在路易斯湖下车。若天气恶劣,则上午游览班府市内,下午游路易斯湖,在 Chateau Lake Louise 饭店住宿并享用豪华晚餐。
第4天	在路易斯湖附近散步，在阿古耐斯湖的茶屋进午餐，傍晚乘车回班府,再返回卡尔加里,在卡尔加里市内住宿。

以贾斯珀的活动为中心	
第1天	从温哥华乘夜车到贾斯珀,车上过夜。
第2天	早晨到达贾斯珀,早餐后在旅行社预定第二天的活动。如有可能,将当天下午的活动也安排好，之后安排住宿。下午租自行车前往帕特里西亚湖。
第3天	参加玛林湖的骑车旅行,并在玛林湖观赏冰河风光。
第4天	上午乘缆车登韦斯勒山,下午参加阿萨巴斯卡湖飘流。
第5天	在博贝尔湖畔散步,之后于 Jasper park Lodge 进午餐。傍晚参加米埃提温泉游。
第6天	乘 Brew Ster 公共汽车公司的旅游车前往班府,在班府住宿。
第7天	尽快结束班府市内观光,回到卡尔加里。

THE ICEFIELD PARKWAY

冰原公路

连结班府与贾斯珀的高速公路，全长 300 公里。首次登上马达赫鹿轮的怀伯尔曾感叹道："这里集中了 50 个瑞士。"可谓黄金道路。其中从路易斯湖到贾斯珀长 230 公里的 93 号线被称为 Icefield Parkway（冰原公路）。沿途，可依次欣赏到哥伦比亚大冰原、路易斯湖、培特湖等代表落基地区的山脉、冰河、湖泊、瀑布等。游览车只在主要景点停留，也需用一天时间才能走完全程。游览这条路线，最好租车，慢慢地走，细细体味。在此介绍以路易斯湖到贾斯珀之间的主要景点。

鸦爪冰河
Crowfoot Glacier

一边欣赏着左侧的冰河湖艾库塔湖，一边北上，不久便可以看到形如巨大鸟掌的冰河呈现于岩石之中。鸦爪冰河正如其名，曾有三条冰河蜿蜒于山的斜面，形如乌鸦掌，现在最下面的一条已消失，只剩下 2 条。

博湖
Bow Lake

博湖乃鸦爪冰河融化而成。湖畔修有公路，还建有可以便餐的小屋。常有许多游客在此停留休息。宽阔的湖泊对面，可以看到蜿蜒着冰河的险峻岩山。

博峰
Bow Pass

博湖前耸立着的博峰是冰原公路的最高点(海拔2070米)。此地气温较班府与贾斯珀明显偏低。即便在夏季,阴天时也非常寒冷。由于只有大型游览公共车才能靠近俯视培托湖的眺望台,因此,租车前来的游客需要花不少力气从停车场登上去。这一小段山路是高山植物的宝库,如果季节合适,能有幸看到即使在加拿大落基地区也很少见的奇花异草。

培托湖

培托湖
Peyto Lake

湖水颜色因季节、时间的不同而发生微妙的变化。培托湖因此而出名。一般的湖泊都是站在湖畔观赏,而观赏培托湖则通常是从博峰的眺望台俯视,因而可以欣赏到与众不同、宏伟雄奇的远景。清晨,周围的山脉,尤其是湖对岸的帕塔松山往湖中投下美丽倒影的时候,便是观赏培托湖的最佳时间。

十字街 Crossing

十字街位于班府与贾斯珀之间,是从东方延伸而来的11号路与冰原公路的交叉点。这里有便于用餐、购物、加油的大型餐厅。另外,还有旅馆。午餐时分,会有很多旅游团体前来,显得比较拥挤。

十字街的商店

啜泣壁与圣沃普塔峰
Weeping Wall, Sunwapta Pass

这是一面垂直而立的大岸壁，冰雪融化的时候，几道水流顺壁下落，由此而得名"啜泣"(weeping)。穿行于山间的冰原公路，在这一带曲折起伏。山顶是圣沃普塔峰，上有眺望台。

哥伦比亚大冰原
Columbia Icefield

哥伦比亚大冰原是冰原风景线上最精彩的部分，面积为325平方公里，也是北极圈以外北半球最大的冰原。它还是一个大分水岭，很多河流发源于此，并注入北冰洋、大西洋和太平洋。

从冰原公路上可以看到的，不过是源于哥伦比亚大冰原的冰河之一阿萨巴斯卡冰河的末端。但如果走近再看，你就会惊诧于它的宏大气势了。据说直到50年前，冰河还能流到冰河高速路附近，而现在冰河则以每年1至3米的速度后移。

冰原旁有一座红屋顶的小屋，是联络站和雪地车旅游团的基地。在滑雪季节(5月～10中旬)参加旅游团($21.5)，可乘坐雪地车进入冰河，体会漫步冰河的奇妙感觉。由于冰河上寒风刺骨，因此下车前要穿戴好防寒衣帽。

阿萨巴斯卡冰河

圣沃普塔瀑布与阿萨巴斯卡瀑布
Sunwapta Falls, Athabasca Falls

源于哥伦比亚大冰原的圣沃普塔河，沿冰原公路流淌，改变流向后，与南来的阿萨巴斯卡河汇合，在汇合处形成了圣沃普塔瀑布。阿萨巴斯卡河也因此水量剧增，在往前30公里处形成了阿萨巴斯卡瀑布。这两条瀑布都垂泻于坚硬岩石形成的狭窄水道，因此在初夏冰雪融化的季节，随着河流水量剧增，汹涌澎湃，它们便充分表现出水的沉重与坚硬，看上去甚至有些不寒而栗！在阿萨巴斯卡瀑布周围，修有很平整的观光人行道，游人可以从各个角度观赏瀑布。

阿萨巴斯卡瀑布

冰原公路观光

寂静的湖水、雄伟的山峰，这些自然景观自不必说，穿行于大自然中的冰原公路也别有情趣。首先是你可以邂逅野生动物，不时地看到麋鹿、驼鹿以及北美灰熊等大型野兽在路边吃草。在观光台上你还会受到野鸟、栗鼠等小动物的欢迎。此外还有几个地点常有野生动物出没。如果是随意自由的租车旅游，请一定前去观赏，公路边设有很多停车场、观光台，并在附近修有干净整洁的小路。跨出车道，就可以进入弥漫着针叶树香、开满高山花卉的另一番天地了。

WALKING 游览方法

冰原公路的游览方法有3种，各具特色，感受也截然不同。首先是乘坐旅游公共车，可以高效率地周游各景点，但停留时间很短，且住宿只限于班府与贾斯珀，因此难以尽情游览。

有经验的旅游者一致推荐的是租车旅游。班府、贾斯珀之间的距离虽然感觉很远，但即使中途稍做停留，观光一天也可以走完，加上来回所需时间，用4、5天轻松自由地加以体味，你定会满载着自己独有的落基体验而归。而且，租车还有一个优点，就是你可以在冰原公路边的任何一家旅馆投宿。在落基地区，真正应该体会的住宿，不是在班府或贾斯珀市内，而是在寂静的湖畔，在神秘的森林中。只要有驾驶执照，建议您租车旅行。

若时间充裕，想重点进行徒步旅行，并随时自由住宿的话，以冰原为中心的十多条风景线也是很有趣的。较长路程乘坐公共车（也可租用自行车），短途步行或租自行车，费用不高。

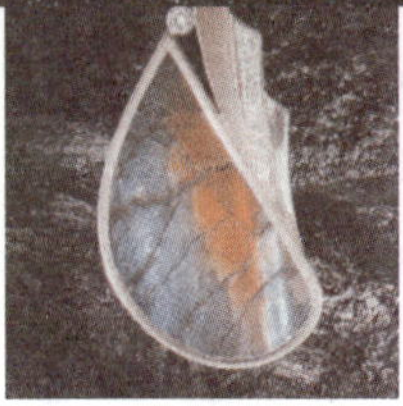

什么既可以作为游览加拿大的纪念品，本身又具有珍贵的价值呢？这就是古生菊石的装饰品。菊石是加拿大独有的宝石，在全世界只有艾尔伯特省南部可以采集到。它美丽而神秘，闪耀着历经七千万年才形成的宝石所特有的光辉。由于贮量有限，价值极高，十分珍贵。经过细致入微的加工磨制，做成独特别致的艺术品，即使不是内行收藏家，也一眼便会看中，它传神地诉说了加拿大美丽大自然的神秘。

BANFF

the Canadian Rockies

班府
ALBERTA

班府是加拿大落基地区具有代表性的游览胜地，也是历史悠久的山地旅游区。1883年在此地发现了温泉，以此为契机，设立了加拿大第一个国家公园——班府国家公园。班府小城海拔1380米，四周被海拔2000米的高山包围。北面有作为班府象征的卡斯凯德山和农凯山，西南面有倾斜如金字塔状的兰德尔山，东侧则是位于博河边的低山通耐尔山。

作为旅游地的班府地区，具有方便的交通条件，夏季世界各地游客纷至沓来，冬天滑雪旅游也颇受欢迎。以整洁优美的中心大道班府大街为中心，旅馆、餐厅、各种商店应有尽有，是进行徒步旅行、登山活动、驾车兜风，享受舒适旅行生活的好地方。

ACCESS 从公共车站到商业区

Greyhound Bus Depot 100 Gopher St. Banff 电话(403)762－6700

班府的公共车站位于商业区的西北部，步行到商业区中心只需 5 至 10 分钟，兼作 Brew Ster 车站和 Greyhound 车站。

除在班府大街的旅游服务中心及饭店外，在这里也可以办理 Banff Ave. 旅游团的预约业务。另外，由于开往各方向去的旅游车发车时间相同，上车时要注意确认好车号。营业时间 7：30～0：45

ACCESS 从火车站到商业区

VIA Rail 电话(1－800)665－8630

VIA 站

从火车站步行到商业区约 5 至 10 分钟，沿着站前的 EVR 大街直走就到了（Banff Ave），面对 Banff Ave.，左侧是汽车旅馆一条街，右侧是中心街。

INFORMATION 旅游服务中心

Banff/Lake Louise Chamber of Commerce

参观服务中心(Visit Information Centre)

224 Banff Ave. Banff, AB, T0C 0C0 电话:(403)762－1550

服务中心位于商业区中心，Banff Ave 向 Wolf 街的拐角附近，在这里可以得到饭店名录、落基地区地图、文化活动信息等各种资料。工作人员热情亲切，并为游客提出建议。另外，还放映录像介绍露营场地情况、注意事项、遇到熊时的应急措施等等。计划露营的游客有必要前往咨询。

时间：(夏) 8：20～20：00

(冬) 10：00～18：00

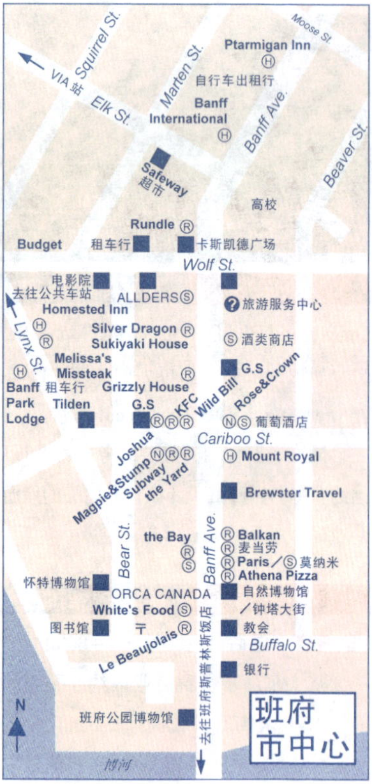

WALKING 班府的游览方法

班府的中心大道是班府大街(Banff Ave.)

沿 Banff Ave. 流淌的博河旁边的两、三个街区是班府繁华街区。由此向北，是汽车旅游一条街，有很多餐厅、礼品店，还有博物馆、旅游问询处、Brew Ster 旅游公司的办事处。虽说一切都很方便，但若仅仅在城里逛商店的话，就没有实现来落基的价值。说到底，班府是进入大自然的入口、基地。由于班府周围的景点相隔较远，要注意须先确认交通工具(租车最佳)。否则，时间会白白地浪费掉。

TRANSPORTATION 市内交通工具

不论是夏天还是冬天的旅游季节，在经 Banff Ave.——班府商业区——班府斯普林斯饭店一线（$1.5）和 Wolf St.——公共车站——通耐尔山一线（$2）都有区间车运行，每天从早10点到晚8点，每隔30分钟一次。此外便只能乘坐出租车。

班府的区间车

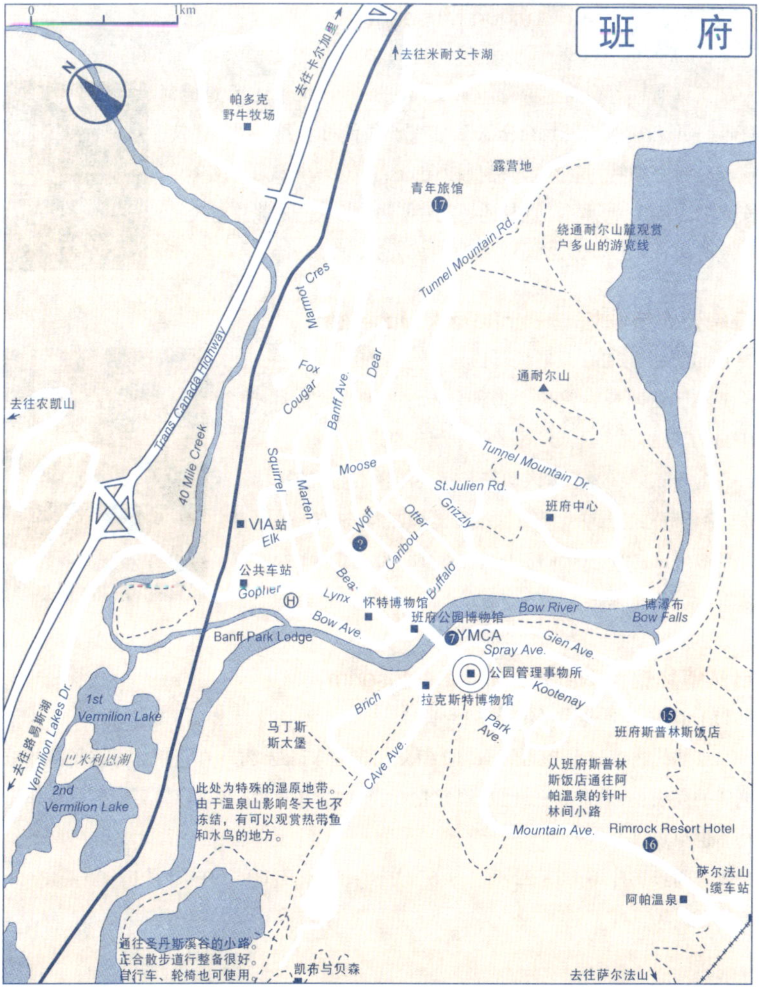

商业区

怀特博物馆 Whyte Museum

111 Bear St. Banff. 电话:(403)762-2291

顺着 Bear St. 邮局前的马路往北走,在与 Lynx St. 的岔道处不远,坐落着 Whyte Museum 博物馆。这里展示着记载了加拿大落基地区历史的照片和图片。

开放时间:(夏)9:00~18:00 (冬)13:00~17:00(星期四均到21:00)

票价:成人$3,学生$2

拉克斯特博物馆 Luxton Museum

电话:(403)762-2388

拉克斯特博物馆记载着印第安人的历史。从市中心穿过博河(Bow River)向右拐,沿 Birch Ave. 走一小段便可看到一圆形建筑,这就是拉克斯特博物馆。玻璃展橱(diorama)生动再现了当年印第安人生活和狩猎的情形,此外还展览着实物一样大小的帐篷与人家。

开放时间:(夏)9:00~21:00 票价:成人$3,学生$2

班府公园博物馆 Banff Park Museum

93 Banff Ave. Banff 电话:(403)762-1558

班府公园博物馆位于 Banff Ave. 南端博河桥畔,建于1903年,是加拿大西部最古老的木制建筑。

馆内陈列着落基地区动物和鸟类的标本。先在此观看标本,再在游览过程中观赏真实的麋鹿和驼鹿,别有一番情趣。

开放时间:(夏)10:00~18:00 (冬)13:00~17:00

票价:成人$2.25

自然博物馆 Natural History Museum

112 Banff Ave. 电话:(403)762-4747

自然博物馆位于 Banff Ave. 的 Clock Tower Village 2层。在这里你可以了解整个地球的发展史,观赏到三叶虫、恐龙化石、矿物结晶等等。参观后购买古生菊石作为礼品也很别致。

开放时间:7、8月10:00~22:00 5、6、9月10:00~20:00 10~4月10:00~18:00

票价:$2.50

班府郊外

萨尔法山 Sulphur Mountain

萨尔法山山顶

萨尔法山是环绕班府市的 Goat Range 群山的一部分。海拔2,285米。通往山顶眺望台的吊车随时为游客服务，费用为$8.50。从眺望台远望，班府市全貌一览无遗。近在眼前的卡斯凯德山与视线平行。除此之外，还可看到班府市右边的特耐山，及耸立于特耐山右侧的兰德尔山。两山之间博河、博溪谷蜿蜒流淌，针叶林中静立着具有城市建筑风格班府斯普林斯饭店。山顶上还不时有粟鼠、山羊的身影掠过，不过要注意，即使在夏天，山顶上也很冷，请准备好外衣。

交通 从班府，有旅游车可达萨尔法山，票可在班府斯普林斯饭店或商业区的布鲁斯达公司办事处购买，也可以先上车、将车费交给司机。此车兼作到班府斯普林斯饭店的区间车（车费$1），从9:00到15:00每整点从公共车站出发。每点零五分由市中心出发，每点十五分由班府斯普林林饭店出发。返回时，在萨尔法山的吊车站前，从9:30到16:30的每点30分发车。若乘出租车，从市内到吊车站大约$8。由于是上坡，骑自行车或步行比较紧，但若从瑞姆洛克渡假村出发可步行。

阿帕温泉 Upper Hot Springs

在萨尔法山缆车站旁，有温泉游泳地，因此不要忘记带游泳衣。没有准备的游客也可以租用（游泳衣$1、毛巾75¢）。一面远眺落基山，一面进行“森林浴”，别有一番风味。

阿帕温泉是加拿大国家公园的发源地。1884年，加拿大太平洋铁路工长——年轻的戴比德·奇佛很偶然地在萨尔法山的一角发现了温泉。于是，1885年，这里51年前发现温泉的凯布和贝森一起被设立为加拿大第一个国家公园，从而受到保护。

开放时间：6月2日～10月10日 8:30～23:00 （冬）平时14:30～21:00 周末8:30～23:00 票价：$4 保险柜：25¢

班府斯普林斯饭店　Banff Springs Hotel

电话(403)762－2211

班府斯普林斯饭店作为班府的标志常常被印在观光宣传画上。它是CP系的饭店。端庄稳重的外观好似中世纪的城堡，伫立于博河与深绿色树林之中。从饭店里向外眺望，景色秀美。店内的家具古香古色风格传统凝重，并配有高尔夫球场、商店走廊及室外活动设备。内、外环境独特，吸引着各国游客。

路线　从班府市内乘区间车可达，步行需20～30分钟。

博瀑布　Bow Falls

博瀑布作为玛丽莲·梦露主演的《不归河》的外景地而为人所知。河水静静流淌。它位于班府斯普林斯饭店旁边，博瀑布却白浪翻腾，景色优美。

凯布与贝森　The Cave & Basin Centennial Center

Upper温泉被建成了游泳池供游人嬉水游乐，观赏温泉还是来凯布与贝森比较合适。在这里可以看到从地下岩洞喷涌而出的温泉水。也可以让孩子们走进教育中心，观看介绍周边自然环境的录像，附近小路很多，还可以观赏鸟类和野生动物。

开放时间：(夏)10:00～20:00(冬)10:00～17:00　免费

路线　从Banff Ave.过博河桥后往右拐，沿河边前行即可。骑自行车最佳。

户多　Hoodoos

沿着班府大街，背向博河走，正面是卡斯凯德山，右侧是平缓的通耐尔山。通耐尔山东侧是与班府市街形成鲜明对比的险峻山崖，直落博河，因河水侵蚀而形成了奇妙的地形风貌。站在通耐尔山顶远眺，只见博河静静流淌于兰德尔山与通耐尔山之间的绿色林海中，班府斯普林斯饭店的宏伟身影也浮现在萨尔法山麓，景色优美、别致。

帕多克野牛牧场 Buffalo Paddock

在西部剧中频频出现而为人熟知的Buffalo(野牛),由于滥捕滥杀一度濒临灭绝。Buffalo是俗称,学名应为America bison。帕多克是野牛的保护区。因此行驶在长3.5公里的环行路上,可以观赏到野牛群。由于没有护栏,很危险,所以禁止徒步或骑自行车入园。

开放时间:仅夏季开放,从日出到日落,免费。

路线 沿班府大街(Banff Ave.)面向卡尔加里行驶,穿过Trance Canada高速公路后,即进入前往路易斯湖的车道。

米耐文卡湖 Lake Minnewanka

与落基地区大多数静寂的湖泊不同,米耐文卡湖明丽轻快。这是班府近郊惟一可驾机动船的人工湖。这里有名的活动就是租船垂钓(在现场或通过Brew Ster预约均可)。钓上鱼后可直接在船上烹调,别有乐趣。此外,还可乘坐巡洋船游湖。($17)

交通 没有公共交通工具通行,自己驾车或乘坐Brew Ster的旅游车。若骑自行车,需做好思想准备,由于坡陡,比较辛苦。

班克亥德 Bankhead

班克亥德城位于前往米耐文卡湖的途中。20世纪初,由于盛产煤炭,曾比班府还要发达繁华。历经沧桑保存至今的建筑物隐约展示着当年的风采。是喜爱古迹的人们一面追寻古老梦幻,一面散步的好去处。有关于本城的导游小册子发行。

农凯山 Mt. Norquay

农凯山位于班府北侧,海拔2,522米,冬天作为滑雪场十分热闹。坐观览车登上山顶,向南方、东方望去,博溪谷与班府城一览无遗,右侧深绿色的针叶林中巴米利恩湖闪闪发光。从与萨尔法山相反的方向向下俯视,可以看到班府市与其周边的自然景色。冬、春季均有公共汽车接送滑雪游客。

巴米利恩湖　Vermilion Lakes

巴米利恩湖由3部分组成，由于朝霞映照，湖面被染成红色，因此被称为Vermilion湖(意为红色)。秋天，耸立于班府市边的兰德尔山(Mt. Rundle)倒映在湖里，湖岸的白杨色彩纷呈，景色十分优美。

路线 从商业区向农凯山行进，在Trance Canada高速公路处左拐。由商业区可徒步轻松走到巴米利恩湖和博瀑布。早饭前去散步比较合适。

倒映着兰德尔山的巴米利恩湖

博河谷公路　Bow Valley Parkway

从班府到路易斯湖一般都走Trance Canada高速公路，但实际上走旧国道1A会更有乐趣。这是一条正最大限度地完成其使命的旧国道，由于禁止公共汽车和大型车辆穿行，车流量很少。虽然车速不能太快(限时速60公里)，但可以享受悠闲自在的驾车兜风。而且，在这条路上遇到野生动物的机会要多得多。

Lower瀑布

约翰斯通溪谷　Johnston Canyon

约翰斯通溪谷是由于约翰斯通河冲刷大地而形成的深溪谷。它位于雄伟的加拿大落基山中，细腻纤巧、富于变化。距停车场1公里处有娄尔瀑布，1.6公里处有阿帕瀑布。前往途中，从环绕在绝壁间的山间小道上观赏最深达30米的溪谷，亦别有情趣。

路线 从班府出发走博河谷高速路，在Castle站稍前方有入口。观光公共汽车不能进入，只能租车前往。

Outdoor Activities

室外活动

漂流 Rafting

乘坐可乘6~8人的橡皮船顺水漂流。漂流活动分两类，一是仅仅坐在船上顺水流下漂，二是所有船员均握桨划行。在此向您推荐后者，此活动由富有经验的导游掌舵，一面避开浅滩一面前行，只要能听懂"Forward"（前行）、"Back"（后退）、"Right Side"（向左）、"Left side"（向右）这几个单词即可。儿童、体重100公斤的妇女均可参加。进行急流漂流极易溅湿衣服，因此都要穿上潜水服。换衣服在公共汽车中进行，所以最好事先穿上游泳衣。漂流活动顺流离开班府向着奇金·豪斯河远征。

骑马 Horseback Riding

怀念着拓荒时代，骑在马背上漫游落基山，这是加拿大落基地区是一项很普通的沽动。可以悠然地骑上1~3小时，也可以花上几天去探寻野山，在野外露营或在山野漫游。活动项目种类繁多。给游客观光所骑的马都是经过特殊训练的，即使是初试者，只要跨上马背，就有模有样，帅气十足。费用为1~2小时$20~35，山区漫游3天$280左右，2周为$1200，项目丰富多彩，班府附近最普通常用的路线是从班府斯普林斯饭店到圣当斯溪谷一线。

垂钓 Fishing

落基地区的湖泊，因可钓大型鱼类而闻名。

米耐文卡湖备受大鱼垂钓者青睐。经常可以看到湖中船上手持鱼竿的身影。在这里钓上的大鱼重者达15公斤。但要注意，在国家公园垂钓实行许可制，若无许可证严禁垂钓。

自行车郊游 Cycling

来落基地区旅游，租用自行车必不可少。此地自行车出租店数量很多，可短时租用，亦可全天租用。租用一天漫游班府市内，非常便利。在落基地区，除出租车外没有便利的交通工具，因此，离开市区进入自然景区，骑自行车是最好的方法。但要注意，徒步旅行路线内是禁止自行车进入的。

另外，自行车种类繁多，有普通自行车，有郊游用车，还有可在崎岖不平的未开发道路上使用的结实的山地车三种。价格为1小时$3~5，1天$15左右。

在班府大街(Banff Ave.)沃尔夫街(Wolf St.)的一角 Ptarmigan Inn 旅馆及班府斯普林斯(Banff Springs)饭店内，都可租车自行车。另外随信息报赠送的优惠券，也可使用。

SHOPPING 购物

西泽山区小屋风格的别致的商店

● ALLDERS

225 Banff Ave. 电话:(403)762－2044

ALLDERS 是位于旅游局斜对面的免税店，室内装潢精美，出售各种特产，毛衣外套、皮毛制品也很丰富。另外，在这儿购买的酒类、香水等可在回国之前于温哥华或卡尔加里机场领取。其二层为餐厅。

物美价廉的莫纳米

● Mon Ami

120 Banff Ave. 电话:(403)762－4622

莫纳米是位于班府市中心的饰品店。这里出售的毛衣外套为全市最低价格。印第安手工制品也极受欢迎。此外，还有各类饰物，如用加拿大特产宝石制成的挂饰等。这家店商品齐全、种类繁多、价格适中。

出售各类礼品

● ORCA CANADA

121 Banff Ave. 电话:(403)762－2888

ORCA CANADA 是位于班府市中心的大商店，从铅笔到皮革制品，各类商品琳琅满目，古生菊石宝石、印第安手工艺品等品种齐全、价格合理；枫糖蜜曲奇(1 箱$1～2)比免税店还便宜。还赠送枫糖蜜的小瓶装，并有托运服务。

RESTAURANT 餐厅

在国际性旅游胜地班府，沿班府大街分布着世界各地风味的餐厅，菜肴味道鲜美，店铺分布集中，可以细细比较品味。但价格也是旅游地价格。要想便宜，还是去卡斯凯德的地下快餐厅，或在超市购买食品后回饭店食用。

风格粗犷的瑞士料理店

●格雷兹利屋 Grizzly House

207 Banff Ave. 电话:(403)762－4055

Grizzly House 瑞士料理店位于中心大道沿街，其建筑如同山间小屋，风格独特。有正宗的酒味干酪酱，还可以品尝各种野生肉类，野牛、鹿、北美驯鹿（冬季）自不必说，鳄响尾蛇、田鸡等菜也有提供，味道极佳，加酒水、小费，2 个人约$100 左右。

大受欢迎的阿尔伯塔牛排屋

●梅利萨·米斯塔克 Melissa' s Missteak

218 Lynx St.　电话:(403)762－5511

梅利萨·米斯塔克位于 Home Steed Inn 饭店隔壁，气氛明快轻松。从玻璃厨窗中的牛排样品中挑选种类、形状及份量。外加葡萄酒，2 个人约花$40。

班府最古老的欧洲料理店

●巴黎餐厅 Paris Restaurant

114 Banff Ave. 电话(403)762－3554

在拥有德、法等各国料理店的班府，Paris Restaurant 是最便宜的。菜肴种类也很丰富，有海鲜、牛排、通心粉（$1～6)、汉堡包、三明治等。可以从水缸中直接捞取鲜活的大龙虾进行烹饪，还有烤鲑鱼，阿尔伯特肉的味道也很独特。本店的牛排 Beef on the bun 在当地亦很受欢迎。

休闲与品尝希腊料理的结合

伯坎 *Balkan*

120 Banff Ave. 电话(403)762－3454

Balkan 是一家面向中心大街的希腊料理店。这里的菜肴原料新鲜、味道清爽，份量充足。沙拉的调味汁味道也不错。即使是要小盘，量也不少。此外，还有小瓶装的葡萄酒，加上咖啡、香草花茶、花费也才$36.22，连小费共$42。总之最深的印象就是量大。

位于市中心的墨西哥餐厅

The Yard

The Yard 位于 Banff Ave. 的 Mt. Roval 饭店对面。料理店设于3层，但一层备有菜单。店中墨西哥风味菜塔考斯(tacos)分软的和脆的两种口味，其中的馅香料味很足，但味道极佳。两个人要了塔考斯、沙拉，带馅饼干各一份及两杯咖啡，两份小瓶葡萄酒共$34.13。这里的菜量大，因此两个人要一份足够，不够可再点。

面条屋

四季

沿着 Banff Ave. 往南走就可以看到左侧的这家四季日本料理店。在这里可以品尝到日本厨师制作的正宗日本料理。有荞麦面、乌冬面、盖饭等家常饭，基本上都是$6 左右，比较实惠。还可以带走。

大众酒屋风格的日本料理店

杉乃屋

225 Banff Ave. 电话(403)762－4773

花$21.5就可以享受从烤肉、寿司、天妇罗、炸猪排等日本料理中任选两样，还包括米饭、酱汤、小菜的套餐，味美量大。

味道独特的比萨饼

Aardvark－Pizza & Sub

304a, Caribou St.

Aardvark－Pizza 是位于市中心的比萨饼屋。这里的特色菜是 The Greek Donair。饼里夹着薄薄的肉片、洋葱、胡萝卜，并涂有酸甜的调味汁，味道极美。

气氛明快的西洋餐饮店

Joshua's Restaurant & Pub

204 Caribou St. 电话(403)762－2883

这是一家具有酒屋风格的餐厅，门前装饰着印第安浮雕。这里的牛排在当地最受欢迎，配菜和调味汁味道也很独特，使人感觉到此餐厅并非仅以游客为服务对象，家庭气氛较浓，但对于尚未习惯旅行的游客来说，也许反而会感到不太适应。主菜$20。

班府第一的法国料理店

Le Beaujolais

212 Buffalo St. 电话(403)762－2712

Le Beaujolais 位于 Banff Ave. 与 Buffalo St. 的拐角处，是加拿大西部屈指可数的一流法国料理店。加拿大人大方的性格与旅游区的特质，使这家高档餐厅显得气氛轻松，毫无拘束，着牛仔装都可以，客人可以点菜，但最受欢迎的是由厨师随意安排烹饪的，包括2道主菜的套菜。其中还有小菜和水果。味道精美，无可挑剔，而且量大。另外也有一道主菜的套菜。到这里用餐需要预约。此外，班府还有一家规模稍小一点的姊妹店 The Bistro(电话 762－8900)。

从牛排到中华料理

● *Rundle Restaurant*

319 Banff Ave. 电话(403)762－3223

Rundle Restaurant 位于 Banff Ave. 与 Elk St. 的拐角，正像居住在班府的朋友所说的："这里的中国菜比银龙餐厅(Silver Dragon)还便宜好吃。"的确很令人满意。店内洋溢着一种家庭气氛，令人感到轻松愉快。我们4个人点了馄饨、麻婆豆腐、炒饭、牛肉、蔬菜，平均每个人消费不到$10。此外还有实惠的套餐和套菜。也有西餐。既想吃中餐，又想品尝西餐的游客请到这里来。

不想特意出去用餐的时候

● *Safeway*

Elk St.

想随便吃点便餐或夜宵的时候，去超市比较合适。从 Banff Ave. 沿 Elk St. 走，在快进入 VIA 站的地方就可以看到 Safeway 了。此店一直营业到深夜，非常方便，这里不仅出售美味可口的奶油面包、羊角面包，还有沙拉、蔬菜等，种类繁多。100 克 65～90¢，供携带用的杯子有 4 种规格。另外，水果也很丰富，有李子、草莓、油桃、桃子等按重量出售。只买一个也可以。在超市，游客可以花掉由于不习惯而积攒下来的大量小钱。在游客众多的班府，你会经常遇到这样的情景：在收款处，游客拿出他的全部零钱，让售货员拿走应交纳的数量。

NIGHT SPOT 夜生活

班府虽说位于山区，但在旅游旺季，到了深夜仍然热闹非凡，游客可以尽情享受夜生活。您可以在高档餐厅小坐休憩，可以到俏丽的码头酒屋聊天，还可以去迪斯科舞厅跳舞。在班府没有“红灯区”。因此妇女和老人也可以放心地出来喝酒、休息。

洋溢着西部剧气氛的墨西哥料理店

● *Magpie and Stump*

203 Caribou St. 电话(403)762－4067

从班府大街向博河(Bow)走，就可以看到这家洋溢着西部酒吧气氛的料理店。粗犷的木桌下面，零乱地散落着花生壳。啤酒灌入果酱瓶中端给游客。一边吃点坚果($4.95)一边喝酒都别有趣味。菜肴味道也不错。像油炸玉米馅饼($8.95～)，塔考斯(tacos)(用肉、干酪、莴苣等炸制的一种墨西哥风味菜)等这些为人所熟知的墨西哥风味，量足味美，很受欢迎。正因为是旅游胜地，所以女游客也可以放心地进入这类酒吧。

洋溢着年轻人热情的真正的酒屋

● *Rose and Crown*

202 Banff Ave. 电话(403)762－2121

Rose and Crown 位于班府最热闹的一角——班府大街与卡瑞伯大街的拐角处，设在一大厦2层。面积虽不大，但很时髦，感觉不错。虽内装修并不十分讲究，但洋溢着浓厚的加拿大风情。角落中的钉球游戏，随意摆放的沙发，站着喝酒的和无拘无束跳舞的年轻人，都是加拿大独有的风景。有时还有乐队演奏，气氛热闹非凡。使得隔壁都无法安静聊天。白天在这里也可以享用便餐。

HOTEL 饭店

班府的饭店价格在旺季（夏季）比淡季（除圣诞节到正月期间的冬季）大约高出1倍。如果看到价目表上写着$60～120的话，那不是说此饭店的房价是从$60到$120，而是说明了饭店冬夏的房价差异。虽然就城市规模来说，这里的饭店并不算少，但在7、8月也会有找不到住处的时候。商业区的饭店主要有沿Banff Ave. 的Mount Royal Hotel与Cascade Inn以及Banff park Lodge，还有北面汽车旅馆街上的旅店。在旅游最旺季，房价最低都有可能达到$100。另外，这里的饭店大都以家庭为服务对象，所以单人旅行者找房间会非常困难。而且，在班府，几乎没有游客旅馆，因此夏天旺季时住宿很难确保。青年旅馆与基督教青年会（YMCA）比较便宜，但若不及早预约，也很快就客满。

班府斯普林斯饭店　古城风格

● *Banff Springs Hotel*

Spray Ave. 电话(403)762－2211

坐落在博河畔的这座古城堡似的饭店是旅游城市班府的象征。它远离班府市区，深藏于落基山广阔的怀抱之中。在这里，你可以尽情享受变幻的四季美景。饭店内有多家高档商店，不必特意去市内您就可以任意挑选您喜爱的纪念品。此外，饭店内还建有游泳池、网球场、27洞高尔球场、溜马场、越野滑雪场等等，不出饭店便可以享受室外运动。

Barff Springs Hotel 作为风格独特的饭店深受欢迎，但由于是古老建筑，若想在这里享受现代化饭店的舒适恐怕会有些失望。而且楼层布局复杂，仅仅住1、2天根本搞不清楚哪里有什么。对于不常旅行的游客来说也许很难体会到它真正的价值。在旅游旺季要尽早预约，才能订上房间，房价$150起价。

新落成的大型休闲饭店

● *Rimrock Resort Hotel*

Mountain Ave. 电话(403)762－3356

传真(403)762－4132

大型休闲饭店 Rimrock Resort Hotel 坐落于萨尔法山吊车乘坐站附近，于1994年开始营业，规模仅次于Banff Springs Hotel，虽距商业区较远，但因此而具有浓厚的山区气氛。另外，有区间车从这里发出。所以常有高级旅游团队前来投宿。房价旺季为$199～299(加税)、淡季$130～175(加税)。

建于闲适环境中的乡间小屋风格的饭店

● *Inns of Banff*

600 Banff Ave. 电话(403)762－4581

传真(403)762－2434

从卡尔加里进入班府距市中心1.5公里处，坐落着这家由当地人经营的饭店。该饭店引以为自豪的拥有班府首屈一指的房间面积。房内的床均为特大规格并附有阳台。饭店内不仅设有室内游泳池、桑拿,还有大型温水游泳池。

房价一般为$128.80~151.20、旺季$190.40~212.80,淡季$100.80-112(含税)。此饭店还是机场巴士、旅游车的总站。

* * * *

投宿在相邻的附属旅馆 Swiss Village 亦可, Inns of Banff 的一切设施均可使用,房价一般为$95.20,旺季$140,淡季$78.40,比较实惠。另外,稍远一点的 Rundle Manor(348 Martin St. 电话(403)7762-5544也是同一经营系列的饭店。客房带有卧室、厨房,房价一般为$100.80~151.20,旺季$128.80~196。淡季78.40~128.80。

商业区

坐落于河边清静的高级饭店

● Banff park Lodge

222 Lynx St. (T0L0C0) 电话 (403) 762-4433 传真(403)762-4740

Banff park Lodge 坐落于与喧闹大路一街之隔的博河边,这里洋溢看恬静安然的气氛。但是,与商业街只不过隔1、2个街区,步行也很方便。在班府市内的饭店中可属高档,房价为$105(淡季)~$190(旺季)。

繁华街上整洁的中档饭店

● Mount Royal Hotel

Mount Royal Hotel 138 Banff Ave.

电话(403)762-3331 传真(403)762-8938

Mount Royal Hotel 坐落在四通八达的 Banff Ave. 与 Caribou St. 的拐角,无论去用餐还是购物都很方便,建筑物与繁华商业街联为一体。大厅里设有 Brew Ster 的接待处。这里的房价并没有想象的那样贵,夏季一般$159,稍窄一点的房间几近半价,冬季为$60~90。

有自制曲奇和咖啡的旅馆

● Blue Mountain Lodge B & B

Hugo & Irene Simpson 137 Muskrat St.

电话(403)762-5134

Blue Mountain Lodge 距 Banff Ave. 有两个街区,购物、用餐均很方便。而且前面即是 Mount Poyal 饭店,对于参加团体旅游的游客来说,离集合场所较近,很方便。但由于没有挂招牌,也许比较难找。

房价:无浴室、卫生间:Ⓢ$59,Ⓓ$69,Ⓣ$79(加税)

带浴室、卫生间:Ⓢ$79,Ⓓ$84,Ⓣ89(加税)

淡季价格约下降$30。

富有乡间风情的旅馆

● Cottage B&B

209 Otter St. (P.O. Box 2298) Banff (T0L0C0) 电话(403)762-9650

乡间风情是 Cottage B&B 的特色,

房价为Ⓓ$75,4 人$130(带一顿全套欧洲大陆式早餐)。在这里可用英、法、葡、西、伊等语言,可用信用卡。

汽车旅馆一条街

充满家庭气氛的高级汽车旅馆

● *High Country Inn*

419 Banff Ave. 电话(403)762-2236 传真(403)762-5084

High Country Inn 位于 Moose St. 上,房间宽敞,置有 2 张双人床,带浴室、卫生间,并配有电视。旅馆内还有室内游泳池。方便清洁、感觉舒适。房间布局优雅得体,比高级饭店的客房毫不逊色。房价为ⓈⒹ$128.80、$134.40,淡季为ⓈⒹ$61.60、Ⓣ$72.80。

比较高档的汽车旅馆

● *Traveller's Inn*

P. O. Box 1017 401 Banff Ave. (T0L0C0) 电话(403)762-4401,传真(403)762-5905

Traveller's Inn 可谓典型的汽车旅馆,房间布局极其大方、清洁舒适,但内部装饰稍显古旧。房间数量很多,若住在离大厅最远的房间的话,从车场搬运行李会有些不便。房价:ⓈⒹ$145,Ⓣ$165;淡季:ⓈⒹ$75,Ⓣ$105+税。

山间小屋风格的休闲式旅馆

● *Ptarmigan Inn*

337 Banff Ave. 电话(403)762-2207 传真(403)762-3577

Ptarmigan Inn 离市中心较近,非常方便。所有客房成"回"字型围绕着大厅,所以,有的房间窗户朝外,有的朝大厅。(因此较便宜。旺季房价为Ⓢ$95)这里既没有小旅馆的冷清寂寞,又没有大饭店的紧张拘束,非常舒适自在。

Ⓢ135、ⒹⓉ$150,淡季为Ⓢ$60~70 ⒹⓉ$70~80

班府市较便宜的旅馆

● *Two Twenty Beaver Suites & Cabine*

218-220 Beaver St. 电话(403)762-5077/762-2979

这里的客房有标准套间(带厨房)和豪华间两种。Ⓢ$70、标准套间为$85~105,豪华间为$105~165。是班府比较便宜的旅馆,离市中心也近,很方便。大厅的服务人员态度亲切和气。

服务大方、适合驱车旅游的汽车旅馆

● *Spruce Grove Motel*

545 Banff Ave. 电话(403)762-2112

由于飞机误点到达班府已是夜里一点多了,但是服务人员非常大方热情,洗澡水也很好。$72.80+税

* * * *

Spruce Grove Motel 位于汽车旅馆街靠卡尔加里一端,从市中心步行约15分钟。房价70 90,淡季为$40~50。

青年旅馆

位置便利的基督教青年会

● *YWCA*

102 Spray Ave. 电话(403)762-3560/(1-800)813-4138 传真(403)762-2602

从商业区穿过博河桥,立刻可以看到左侧的茶色砖砌建筑,这就是 YWCA。YWCA 离班府国家公园管理局与商业

区都很近，且周围环境优美。虽有双人间，但在旅游旺季也常常客满。集体房间虽比较好订，但由于 YWCA 是由医院改建而成，有的集体客房没有窗户，因此居住条件欠佳。在排满上下铺的房间里往往挤着20多个客人。不过，交通比较便利，行驶于闹市区与 Banff Springs Hotel 之间的专用公共车途经这里，在房费中已支付车费的游客可随时免费乘坐。

房价(含车费)Ⓓ$59、Ⓣ$65；(不含车费)Ⓓ$51，Ⓣ$61，集体客房$19。淡季集体客房价格不变，其他双人间下调$15～16。

居住设施良好的

● *Banff International Hostel*

P. O. Box 1358 Tunnel Mountain Rd.

电话(403)762－4122

传真(403)762－3441

从 Greyhound 的公共汽车站向 Tunnel Mountain 步行三、四十分钟就到 Banff International Hostel 了。路旁设有标识，比较好找。只是通往 YH 的坡路很陡，步行有些辛苦。集体客房的价格为：会员$16、非会员$21，旅游旺季房价均上调$1。

冬季还能看到野兔、野鹿等。

* * * *

山间小屋风格的建筑，气氛清新宜人。四周为露营场地，建有商店很方便，从商业区乘区间公共汽车可以到达。

旅游车指南

Canadian Rockies

班府出发

搭载服务

Banff Springs Hotel、Mount Poyal Hotel 以及 Banff Park Lodge 这几家饭店，不必预约，几乎各路旅游车均会在此停留。住在其他饭店的游客，只要事先预约，负责搭载服务的专车便会前往各个饭店将游客按时送到公共汽车站。预约的时候只要说明所住饭店名称，对方就会告之搭车时间。各路旅游车儿童均为半价，出发时间若无特殊说明均为总站发车时间。

Tour B2 General Drive

运行于班府及其周边地区，途经 Bow 瀑布、Tunnel 山，还能到萨尔法山坐上吊车欣赏全景。（吊车费用另算）

3 小时　4 月 18 日 ~ 11 月 3 日　8:30 发车　$35

Tour B3 Banff to Lake Louise

途经眺望兰德尔山的 Vermillion 湖、琼斯通溪谷及 Castce 山，最终到达目的地 Lake Louise（路易斯湖）。已订好客房的游客可在此下车。但要注意，Louise 湖一直封冻至六月。旅游车在此停留一个小时后返回班府。

4 小时（往返）　4 月 18 日 ~ 5 月 31 日（春）

6 月 1 日 ~ 9 月 30 日（夏）　10 月 1 日 ~ 11 月 3 日（秋）

13:40 发车　夏$30（单程）$38（往返）　春秋$27（单程）$32（往返）

Tour B6 Lake Minewanka

途经俯瞰班府市的农凯山的最佳景点，20 世纪初繁华一时的沿海城市 Bankhead，最终到达 Lake Minewanka。在此停留 2 小时后返回。

3.5 小时　5 月 18 日 ~ 9 月 30 日　9:15 发车、13:40 发车　$40

Tour B10 Columbia Icefield

开往加拿大落基地区的精髓——哥伦比亚大冰原。从冰原的入口，阿萨巴斯卡（Athabasca）冰河乘上雪地车（Snowcoach）（费用另付），进入长 325 平方公里，冰厚 250 ~ 320 米的大冰原，感受一种全新的体验。途中还可以欣赏班府——贾斯珀高速公路两侧的美景。注意本线在 5 月 1 日到 10 月 1 日期间不到 Louise 湖，仅在村边稍做停留。

9.5 小时　4 月 13 日 ~ 5 月 31 日（春）　6 月 1 日 ~ 9 月 30 日（夏）

10 月 1 日 ~ 10 月 28 日（秋）　8:10 发车　夏$69　春秋$53

● Tour B11 Sulphur Mountain

乘坐吊车登上 Sulphur Mountain 山顶的远望台，环顾四周的山脉、湖泊、溪谷，视野开阔，景色优美。返程车可按情况灵活选择。

5 月 18 日 ~ 10 月 11 日　9:00 ~ 15:00 每整点发车。$18

从吊车终点站发出的返程车 9:30 ~ 16:30 之间每小时一次。

● Tour B12 Mountain Lakes & Canyons

本线周游落基地区的山脉、湖泊、溪谷等众多景点，值得一游。途经博溪谷的琼斯通溪谷、莫莱因湖、坦普尔山。然后，在 Lake Louise 一边仰望维多利亚冰河一边用午餐。下午前往育空国家公园、Takakkaw 瀑布、斯派拉尔隧道（Spiral 隧道），傍晚时分返回班府。

9.5 小时　6 月 1 日 ~ 10 月 3 日　8:10 发车　$58。

● Off – Season Combination Tour（B2 与 B3 组合）

游览博（Bow）瀑布、特而称山（Tunnel Mountain）之后，乘坐吊车登上萨尔法山的远望台，吊车不运行的时候，也可以登上农凯山，远眺班府市景。路易斯湖（Lake Louise）、巴米龙湖与 Castce 山的冬景非常美丽。最后经由托朗斯加拿大高速公路返回班府。

5 小时　1 月 8 日 ~ 4 月 12 日、11 月 4 日 ~ 12 月 20 日周一、周五，9:30 发车 $36

Lake Louise 出发

搭载服务地点　（　）内地点须预约

Chateau Lake Louise（Samson Mall/Lake Louise Taxi Office、Deer Lodge）

● Tour L9 Lake Louise to Jasper

走在冰原公路上，欣赏着沿途绝妙的风光，向贾斯珀前进。途中，也许还能看到麋鹿、熊、驼鹿、大角山羊等落基地区野生动物。午餐在哥伦比亚大冰原享用，之后还可以乘坐雪地车漫游冰原（费用另付）。傍晚时分到达贾斯珀。在贾斯珀投宿一夜后返回（住宿费另付）。

8 小时（单程）4 月 11 日 ~ 5 月 31 日（春）　6 月 1 日 ~ 9 月 30 日（夏）　10 月 1 日 ~ 10 月 28 日（秋）　9:45 发车　夏$62

（单程）$86（往返）　春秋$49（单程）　$63（往返）

● Tour L10 Columbia Icefield

本线主要进行哥伦比亚大冰原的雪地车漫游。（雪地车费用另付）

7.5 小时　4 月 13 日 ~ 5 月 31 日（春）　6 月 1 日 ~ 9 月 30 日（夏）　10 月 1

日~10月28日(秋)　8:45发车　夏$61,春秋$47

● Tour L12 Emerald Lake

本线途经育空国家公园、Takakkaw瀑布、Kicking Horse峰,Spiral隧道、Natural桥。

3.5小时　6月1日~10月3日,13:00发车　$40

贾斯珀出发

搭载服务地点

Jasper park Lodge、Chateau Jasper、Lobstick Lodge、Jasper Bus Depot

● Tour J2 Discover Jasper

途经匹拉米德(Pyramid)湖、帕特里西亚(Patricia)湖及玛林(Maligne)湖,然后,乘坐索道登上韦斯勒山的眺望台,从四面眺望加拿大落基地区。但是在冬季索道停运。

3小时　4月13日~5月31日(春)　6月1日~9月30日(夏)　10月1日~10月29日(秋)　10月30日~12月18日　1月10日~4月10日的星期三(冬)　春夏秋8:00发车　冬9:30发车　夏$32　春秋冬$27

● Tour J3 Jasper to Lake Louise

顺着冰原公路欣赏着沿途的美景前往哥伦比亚大冰原。在冰原用午餐(雪地车费用另付)。之后在路易斯湖Lake Louise解散,自由活动。最后返回贾斯珀的途中需住宿一夜。

7.5小时(单程)　5月1日~5月31日(春)　6月1日~9月30日(夏)　10月1日~10月28日(秋)　夏季每日、春秋星期一、二、三、六、日8:00发车、夏$62(单程)$86(往返)春秋$49(单程)$63(往返)。

● Tour J6 Maligne Lake

本线前往美迪森湖(Medicine Lake)以及落基地区首屈一指的美丽湖泊——玛林湖(Maligne Lake)。在玛林湖环游1.5小时、停泊于斯卑丽特岛(Spirlt Island)。在这里可以拍到绝美的景色。

5小时　6月3日~9月30日　13:30发车　$53

● Tour J7 Athabasca Raft Tour

沿阿萨巴斯卡河(Athabasca)乘木筏顺游而下的悠闲自在的旅游线。

3小时,5月15日~6月15日　9月5日~9月30日　12:30发车

6月16日~9月4日　9:00、12:30发车　$38

● Tour J9 Jasper to Banff

享受着冰原公路的沿途美景向班府行进。途中,在哥伦比亚大冰原用午餐,并可乘坐雪地车游览冰原(雪地车费用另付)。有意者可在班府停留一夜,第二天办理返回贾斯珀的手续。

9 小时　6 月 1 日 ~ 9 月 30 日(夏) 每天 8:00 发车$69(单程) $95(往返) 5 月 1 日 ~ 5 月 31 日　10 月 1 日 ~ 10 月 28 日(春秋) 每周一、二、三、四、六、日 8:00 发车　$53(单程)　$69(往返)

● Snowcoach Tours

游览位于班府与贾斯珀国家公园交界处的哥伦比亚大冰原。漫游于长 325 平方公里,冰厚 320 米的冰原上,可享受一种绝妙全新的体验。冰原之旅乘坐雪地车往返约 5 公里,时间为 1.5 小时。

可选择班府出发的 Tour B9、B10,贾斯珀出发的 Tour J3、J9,路易斯湖 (Lake Louise) 出发的 L9、L10 各线。或租车到哥伦比亚大冰原入口处,再参加旅游团体亦可。1.5 小时,5 月 1 日 ~ 10 月 10 日,$21.50

● 快车服务 express bus service

Brew Ster 的公共汽车,运行于卡尔加里国际机场 ~ 班府 ~ 路易斯湖 (Lake Louise) ~ 贾斯珀一线及卡尔加里国际机场 ~ 贾斯珀 ~ 路易斯湖 (Lake Louise) ~ 班府一线。对于以卡尔加里为据点游览加拿大落基地区的游客来说十分方便。

Brewster Transportation & Tours

P. O. Box 1140, Banff, AB, Canada T0L0L0

快车车费　(含 GST)

5 月 1 日 ~ 10 月 31 日			( )内为 1 月 1 日 ~ 4 月 30 日
Calgary to Banff	成人	$33	($30)
	儿童	$16.5	($15)
Calgary to Lake Louise	成人	$38	($35)
	儿童	$19	($17.50)
Calgary to Jasper	成人	$59	($56)
	儿童	$29.5	($20)
Banff to Lake Louise	成人	$13	($8)
	儿童	$6.50	($4)
Banff to Jasper	成人	$42	($42)
	儿童	$21	($21)
Lake Louise to Jasper	成人	$36	($36)
	儿童	$18	($18)

注意: 圣诞节及滑雪季节中的详细情况请打电话 (403) 762 - 6767 询问。时间及价格有可能发生变化。

卡尔加里机场→班府、路易斯湖、贾斯珀

		6/1～9/30	4/1～10/31	5/30～9/30	4/1～5/31 10/1～31
Palliser Hotel	发	14:10	16:55	11:30	11:30
Radisson Plaza Hotel	发	14:20	17:05	11:40	11:40
Calgary Intn'l Airport	发	15:00	18:00	12:30	12:30
BANFF	到	17:00	19:45	14:30	14:30
Banff Springs Hotel	发			14:50	14:45
Mount Royal Hotel	发			15:00	14:40
Banff Park Lodge	发			15:05	14:35
Banff Terminal	发		19:45*	15:15	15:00
Samson Mall, Lake Louise	发		20:30*	16:15	15:50
Chateau Lake Louise	发		20:50*	16:00	16:05
The Crossing	发			17:45	
Columbia Icefield	发			18:30	
Jasper Terminal	到			20:00	
Chateau Jasper	到			20:05	
Lobstick Lodge	到			20:10	
Jasper Park Lodge	到			20:20	

*为 5 月 1 日～10 月 31 日

贾斯珀→路易斯湖、班府、卡尔加里机场

		6/1～10/31	4/8～10/25	4/13～5/31	6/1～9/30 10/1～31	
Jasper Park Lodge	发				12:50	12:50
Lobstick Lodge	发				13:05	13:05
Chateau Jasper	发				13:10	13:10
Jasper Terminal	到				13:30	13:30
Columbia Icefield	发				15:00	15:00
The Crossing	发				15:45	15:45
Chateau Lake Louise	发	07:15	11:15			17:15
Samson Mall, Lake Louise	发	07:30	11:30		17:30	17:30
BANFF	到				18:15	18:15
Banff Springs Hotel	发	08:05	12:00	15:45		19:00
Mount Royal Hotel	发	08:15	12:10	15:50		19:10
Banff Park Lodge	发	08:20	12:15	15:55		19:15
Banff Terminal	发	08:30	12:30	16:00		19:30
Calgary Intn'l Airport	到	10:30	14:30	18:30		21:30
Radisson Plaza Hotel	到	11:00	15:00	17:50		21:05
Palliser Hotel	到	10:55	14:55	17:45		21:00

KOOTNAY N. PARK

●库特内国家公园●

库特内(Kootney)国家公园位于班府与路易斯湖(Lake louise)中间，地处落基地区西侧，绵延于以Castle站为起点、东西横穿落基地区的93号线库特内公园公路一带，与雄伟壮观的落基地区东侧的景色不同，这里延伸着平缓的山脊和无际的森林。由于不是旅游团光顾的热点，因此与充溢着旅游点气氛的班府、贾斯珀、育空国家公园相比，库特内并不华丽热闹，却别有一番恬静闲适的情趣。

拉迪姆温泉
Radium Hot Springs

库特内国家公园的入口，正位于93号线与95号线的交叉点。入口处有咨询处及温泉潭。驱车前来的游客在此购票入园。与阿帕温泉(upper Hot Springs)相比，拉迪姆温泉要大得多。

开放时间:9:00～22:30　票价:成人$3.50

彭特·波兹
Paint Pots

这里涌出的矿泉含有大量的铁，将冰河粘土染成了红色、黄色。并形成了如圆顶屋般奇异形状的潭，如同冰冷的地狱谷。这里被染了色的粘土作为染料长期为印第安人所珍视。20世纪初，卡尔加里染色工场曾在此建立了采掘场，现在还残留着当初的痕迹。要注意不小心踏进土里的话，鞋子染上的颜色不易褪去。

玛尔伯峡谷
Marble Canyon

由于冰河削蚀岩盘，从冰河流出的河流含有大量固体物质，浸蚀力极强。在落基地区，到处可见此类冲刷而成的形状奇特的瀑布、溪谷，其中以Marble Canyon最为典型。长约600米的溪谷上，搭建了多处木桥，站在桥上向下望去，水面在数十米以下，左右的岩壁距离狭窄，仿佛一跃而过。在这里，可以深切地体会到水的锐利。从谷底吹来的冷气与烟雾竟改变了周围的植被，真有些不可思议。

YOHO N. PARK

●育空国家公园●

Yoho 一词，本是当地土著居民用来表示“惊奇、恐怖”的词汇。看到直立陡峭的山崖、规模宏大的瀑布，也许的确会有惊奇或恐怖的感觉。与聚集了众多游客的加拿大落基地区的“门面”班府与贾斯珀不同，Yoho 至今仍保留着原始的神韵。真正懂得自然意味的旅行登山者对这里情有独钟，也许正是被其粗犷的野味所吸引。而且，Yoho 国家公园的景点比较集中，从卡尔加里、班府驱车便可轻易到达这里，因而是加拿大高效旅游最合适的场所。

埃格拉尔德湖

INFORMATION 旅游服务中心

Yoho N. P. Visitor Centre

电话(604)343－6783

问询处隔基金·豪斯河(Kicking Horse)与菲尔德镇(Field)相望。它坐落在国道 1A 边，蓝色的三角屋顶非常显眼。在这里，可以查询饭店及游览等信息，还能得到地图。并设有阿尔伯塔省及不列颠哥伦比亚的办事处。

WALKING 游览方法

Yoho 国家公园从高登(Golden)到路易斯湖(Lake Louise)，沿国道 1A 延伸。主要景点几乎都远离国道，因此，没有车游览非常不便。虽说有从班府到路易斯湖的观光巴士，但最好还是租车旅游，比较悠然自在。

附近能够被称为城镇的，恐怕只有菲尔德了，但住宿设施很少。因此一般来说，游客都当日返回班府或路易斯湖住宿。主要景点花一整天就可以游览完毕。需住宿的话应尽早向埃梅拉尔德·雷克饭店（Emerald Lake Lodge）或雷克·奥哈拉饭店(Lake O'Hara)预约。

SIGHTSEEING 主要景点

基金·豪斯峰 Kicking Horse Pass

基金·豪斯峰虽说是有名的大陆分水岭，却不太显眼，极易被忽视。山峰以西是不列颠哥伦比亚省(BC省)，以东是阿尔伯塔省。

斯皮罗隧道观赏台

斯皮罗隧道 Spiral Tunnels

为登上险峻的基金·豪斯峰（Kicking Horse Pass），铁路线利用隧道呈8字形蜿蜒上行。虽说在山峰的观赏台上可以清楚地看清铁路，但若无列车行驶，是无法真切地体会到其中的趣味的。

塌卡考瀑布 Takakkaw Falls

塌卡考瀑布落差近400米，水量丰富。澎湃的水流倾泻而下，雄壮豪迈。下落的途中有一处如同瀑布潭，水流撞击上去，又反弹空中，十分有趣。沿小径可以一直下到瀑底水花溅到的地方。抬头望去。仿佛只觉得身体要被水流逼得仰倒下去。

去塌卡考瀑布，在菲尔德以东5公里处离开国道1A，沿育空河边伸向山中的Yoho Valley Road行进，其终点便是塌卡考瀑布。此外还有露营地及简易招待所。这条路狭窄曲折、车辆稀少，风景变化多端。基金豪斯河与育空河的交汇点亦在途中，所以可以看到两种水色合而为一的景象。基金·豪斯河的上游有湖泊，冰河的粘土在此沉积，因此水流清澈。从以塌卡考瀑布为中心的育空溪谷到埃梅拉尔德湖(Emerald Lake)，有许多绝佳的游览线。

伯根斯山 Mount Burgess

伯根斯山位于菲尔德城的对面。这里有专职导游随团解说。有些地段若无许可禁止单人进入。加拿大是世界闻名的恐龙化石宝库，古生物爱好者是一定不会错过此地的。

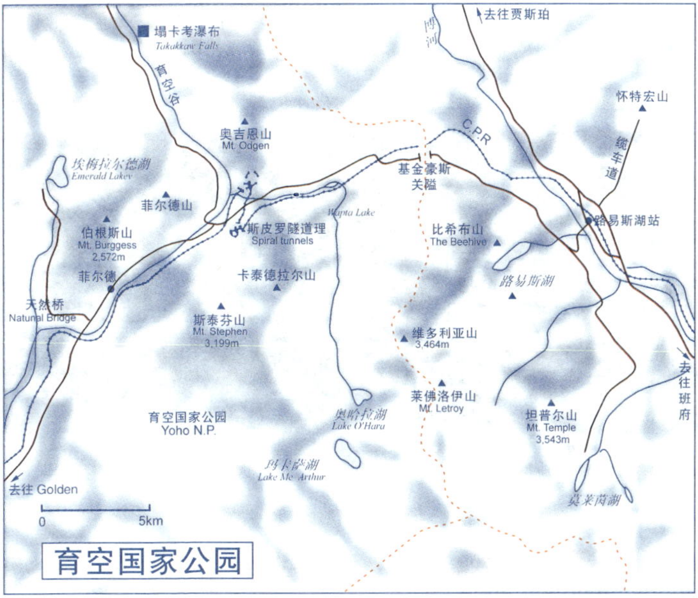

天然桥　Natural Bridge

天然桥是基金·豪斯河长年冲刷河床底部岩石而自然形成的拱形“桥”。其实，“桥”的中央部分是断开的，仿佛有一步之越。桥下汹涌奔腾的水流十分宏伟壮观。天然桥位于前往埃梅拉尔德湖的途中。

埃梅拉尔德湖　Emerald Lake

埃梅拉尔德湖，正像它的名字一样，盈溢着翠绿的湖水。湖畔建有 CP 系的埃梅拉尔德湖旅店(Emerald Lake Lodge)。这里的气氛与路易斯湖、莫莱茵湖相似，但更温馨安然。需跨越长木桥才能到达的旅馆静立在冰碛上，别有风味。不住宿的游客也可以在此泛舟、用餐。周围还有很多条优美的小径。

奥哈拉湖　Lake O′Hara

在落基地区的几个游览区中，奥哈拉湖一带比较与众不同。它位于正对着路易斯湖的维多利亚山及莱佛罗伊山的后面。距 1A 国道约 14 公里的道路禁止一般车辆通行。只能乘坐优先照顾住宿者的旅馆巴士或者步行。住宿均为预约制(预约电话:(604)343－6418)。露营场姑且不论,雷克·奥哈拉旅馆提前半年预约都很难订到。但是,这里的确具有与其名气相称的住宿环境,可谓高原步行旅游者的圣地。

埃梅拉尔德湖上的小桥,通往雷克·奥哈拉旅馆

HOTEL 饭店

在育空地区只有菲尔德镇才有汽车旅馆,除埃梅拉尔德湖旅馆 (Emerald Lake Lodge)外,没有便利的住宿地点。因此,在班府投宿比较方便。塌卡考瀑布旁边建有 Whiskey Jack Hostel(电话(604)283－5551),后面还有 Twin Falls Chalet(电话 (403) 228－7079) 。如果在菲尔德找不到旅馆,去高登比露易斯湖 Lake Louise ,更易找到空屋。

湖面小岛上静立的圆木小屋

● *Emerald Lake Lodge*

P. O. Box 10, Field, B. C. (V0A 1G0)
电话(604)343－6321
传真(604)343－6724

前厅只有供饮食及聊天的房间。客房均为4室一套,每套均为双人间,若利用沙发,可住四人。房价旺季为$ 240～390 ,淡季为$ 140～270 。虽说位置不太方便,只能驱车前往,但游客不多,恬静舒适,别具魅力。这里不能自炊,但餐厅的饭菜比较可口。提早预约能订到可观看湖泊景色的房间。

the Canadian Rockies

LAKE LOUISE

●路易斯湖●

最早居住于此的斯托尼印第安人曾把此湖称为“小鱼湖”。作为第一个到达这里的白人汤姆·威尔逊，将其命名为埃梅拉尔德湖。后来，为纪念维多利亚女王的女儿路易斯公主，将其改为路易斯湖，并延用至今。

路易斯湖长 2.4 公里，宽 300 米，是由冰河浸蚀的洼地储蓄了冰河融水而形成的冰河湖。湖水翠绿，冰河中所含的杂物经太阳的照射向四周反射，煞是好看，倒映在湖面上的维多利亚冰河也秀美如画。在加拿大落基地区众多的湖泊中，路易斯湖是公认的最具代表性的。

ACCESS 路线

交通：VIA 铁道及 Greyhound 皆到路易斯湖，但都只能行驶到路易斯湖站，从车站到游览区的方法需考虑。从卡尔加里出发经由班府前往贾斯班的 Brew Ster 快车也可到达 Chateau Lake Louise，但车次很少。总之，除非租车，否则很难当日返回班府。

INFORMATION 旅游服务中心

Lake Louise Information Centre　电话(403)522－3833

位于公共汽车站旁，这里备有关于加拿大落基自然状况的展览及录像，很有参考价值。此外还有野生动物目击报告等记载。

开放时间：5 月中旬～10 中旬

WALKING 游览方法

从托朗斯·加拿大高速公路路易斯湖站所处的小镇再向山中走4公里左右，就到路易斯湖了。从小镇到湖泊可乘坐 Brew Ster 的定期旅游车或叫出租车(约$10)。当然，步行或租自行车也可以到达，但坡陡费时，不如节省下时间和体力在湖边游览。

路易斯湖车站附近有商店、餐厅，可以买到旅行及露营的必需品。路易斯湖畔只有旅馆，因此必要的物品请在这里购齐。

SIGHTSEEING 主要景点

路易斯湖　Lake Louise

湖两侧的山岭覆盖着浓绿的针叶林，神秘翠绿的湖水对面，是雄伟巨大的冰河。面对着路易斯湖如此神奇壮丽的景色，加拿大落基地区的魅力一目了然。真可谓是加拿大自然风景的最佳代表。游客既可在湖畔静静的小路边散步，也可租小木筏泛舟于湖中。

湖长约 2.4 公里，最深的地方有 90 米。冰河划过地表而带来的细沙溶入湖中，使湖水呈现奇妙的宝绿色。正对面的维多利亚山高 3464 米，从山上轰鸣而来的便是维多利亚冰河。

莫莱茵河　Moraine Lake

从通往路易斯湖的山路向左拐，走十几公里后便可以看到巍峨耸立的群峰，这便是环绕着莫莱茵湖的十峰群山 Ten Peaks。与不断有游览车过往的路易斯湖不同，莫莱茵湖幽静安闲，风景绝美，其景色甚至被采用作为 20 加元纸币的图案。这里可以乘船游湖。湖尾处的岩石堆积形成了自然的湖泊岸堤，这便是莫莱茵湖名字的来历（Moraine 意为冰碛湖)。但实际上，这些岩石不过是南岸的山石崩塌而被冰河运送至此的，并不是冰碛。

莫莱茵湖与十峰群山

路易斯湖附近的徒步旅行

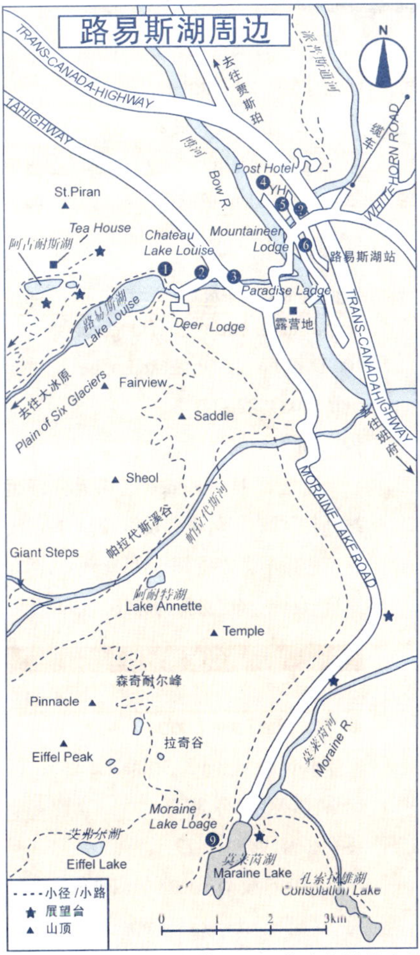

路易斯湖附近有不少轻松但极富魅力的徒步旅行路线，若有时间千万别错过。道路都修整得很平整，走起来并不费劲，但这里毕竟是自然环境莫测的山岳地带，所以必须事先备好地图、雨具、防寒服、方便食品并与旅游服务中心商量好旅行计划。

①在路易斯湖散步

面对着湖，右侧便有散步路线，虽不能绕湖一周，但可以走到从冰河流出的小溪注入湖泊的入水处，离开饭店一步，加拿大落基地区的另一个完全不同的侧面就展现在面前了。(往返 40 分钟)

②向阿古耐斯湖进发

从 Chateau Lake Louise 到阿古耐斯湖一线是加拿大落基地区徒步旅游线中最受欢迎的一条。深深针叶林中的小路整齐平坦。随着高度的增加，从树丛中远望路易斯湖的景象也不断变化，十分有趣。阿古耐斯湖畔还有茶屋，可以品尝家常点心及汤类(往返 4 小时)。

RESTAURANT
餐厅

高速路路易斯湖站旁有几家家庭餐馆，公共车站附近也有熟食店、快餐店。想用正餐的话可去 Chateau Lake Louise 或 Post Hotel 的餐厅。午餐大约 $10，正餐$30 左右。

HOTEL
饭店

路易斯湖畔只有Chateau Lake Louise一家饭店，再远一点有几家旅馆，汽车旅馆、青年旅馆在公路站旁才有。

路易斯湖附近

耸立于湖畔孤高的豪华饭店

● *Chateau Lake Louise*

电话(403)522－3511

传真(403)522－3834

在加拿大落基地区最美丽的路易斯湖畔，伫立着一座优雅的饭店——Chateau Lake Louise。一排排一流商店代表的都市的舒适氛围与深山的风格同时洋溢在这不可思议的世界里。房价为夏季(6月4日～10月10日)ⓈⒹⓉ$229～339，旅游淡季为ⓈⒹⓉ$129～259＋税

路易斯湖边山间小屋风格的饭店

● *Deer Lodge*

P. O. Box 100 Lake Louise

电话(403)522－3747

传真(403)522－3883

从湖畔步行5分钟就到了这家小巧舒适的饭店。正如它的名字lodge(小屋)一样简单朴素，但洋溢着山间小屋的气氛。习惯旅行的人或许会感到这里比Chateau Lake Louise更轻松安逸。小屋餐厅酒吧的气氛也很轻快怡人。房价为ⓈⒹⓉ$95.20～128.80

※※※

这是一家小巧玲珑的饭店，女孩子一定喜欢。从屋顶的露天浴池可以看到维多利亚山一角。

如果有车则轻松方便

● *paradise Lodge & Bungalows*

105 Lake Louise Dr. Lake Louise

电话(403)522－3593

传真(403)522－3987

这里比Deer Lodge更靠近公路车站，周围没有任何服务设施，因此自己没有车的话不太方便。房间里有暖炉，还有厨房，设施齐全。房价为$125～190。

莫莱茵湖附近

寂静的

● *Moraine Lake Lodge*

P. O. Box 1585 Banff(T0L0C0)

电话:(403)522－3733

传真(604)985－7479

对于喜爱落基山区的寂静的客人来说，这里比Chateau Lake Louise更受青睐。如果备好车的话住在这里也很方便。由于此饭店很受欢迎，需尽早预订。房价夏季为每人$235～285，淡季为$185～225。

路易斯湖站附近

站旁的旅馆兼汽车旅馆

● *Mountaineer Lodge*

P. O. Box 150, Lake Louise

电话(403)522－3844

传真(403)522－3902

此旅馆由两部分构成,带有大厅的部分是普通旅舍;夹着停车场的部分是汽车旅馆,结构独特,与众不同。前来投宿的以滑雪客人为主。住宿设备齐全便利。旅馆内虽有咖啡屋,但没有可用正餐的餐厅。房价夏季Ⓢ$120、Ⓓ$140、Ⓣ$150,淡季为Ⓢ$80、Ⓓ$90、Ⓣ$95。

带有浴室、卫生间、房价$134。外表看上去虽有些古旧,里面还是挺漂亮的。

极具加拿大风格的青年旅馆

● *Lake Louise International Hostel (Canadian Alpine Centre)*

P. O. Box 115 Lake Louise(T0L1E0)

电话(403)522－2200

传真(403)522－2441

房价为:4～6人间$18.50～25、双人间为1人$22.50～29,建筑风格为山间小屋式。

* * *

与至今所见的青年旅馆的印象完全不同,这里非常干净可爱。室内的白木房与乡村式阳台很具加拿大特色。房间带洗手间及洗面台。2层有带暖炉的大休息室,气氛浪漫。此外还有桑拿、游戏室。Blupeyto's Cafe 营业时间为7:00～21:00。虽说是青年旅馆,但早餐有3种,$4.95。在绿色的室外用早餐,真是极好的享受。

有漂亮的餐厅和室内游泳池

● *Lake Louise Inn*

210 Village Rd. Lake Louise(T0L1E0)

位于 Pipestone 河旁的村庄里,房间内有两张上下铺,并附有洗手间、淋浴。饭店前院子里的草坪上有很多粟鼠窝,粟鼠和人很亲近。价格为Ⓢ$80～135、Ⓣ$95～160＋税,加1人追加$10;17岁以下儿童免费,从机场坐 Brew star Transportation 需$30,3小时。

距车站近的

● *Post Hotel*

P. O. Box 69, Lake Louise(T0L1E0)

电话(403)522－3989

传真(403)522－3966

从月台穿过铁道只需5分钟,从汽车站只需3分钟便到。

Post Hotel 是 1987 年新开业的山间小屋风格的漂亮的饭店。价格比较高,带浴室、洗手间的房间为$145～;带厨房、阁楼的豪华间$335＋5%税。附近有 Village Market(乡村市场),购物方便。

其　他

位于宁静的博溪谷边的

● *Baker Creek Chalets*

P. O. Box 66, Lake Louise(T0L1E0)

电话(403)522－3761

传真(403)522－2270

位于距路易斯湖约10公里处的 Bow Valley Pkwy(博溪谷公园公路)旁,环境优雅安静。有餐厅,前台工作人员热情亲切。

价格:带浴室、洗手间的房间2人住$140,4人住$165＋税。乘出租车到路易湖15分钟,$15。

JASPER

●贾斯珀●

贾斯珀位于阿萨巴斯卡河与米埃河的汇合处，是加拿大落基地区旅游观光的第二个据点。贾斯珀的魅力在于室外旅行游览。其北面耸立着比拉米德山，东面延绵不绝的是科林群山，南面有终年积雪的埃蒂斯·卡韦尔山。其间包含着八百多个湖泊，流淌着数不清的溪流。徒步游览路线众多，真正的自然主义者异口同声地称赞："比班府更好。"这就是贾斯珀。

贾斯珀的公园管理事务所

INFORMATION 旅游问询处

Park Information Centre　公园管理事务所

500 Connaught Dr. Jasper, AB　电话(403)853－3853

在隔 Connaught St. 与 VIA 站相对的公园内，有一间仿佛童话般可爱的小屋，这便是公园管理事务所。在这里，你可以得到以贾斯珀为中心的徒步旅行信息及动物简介。除免费赠送旅游地图外，还出售此地区的地图、书籍，非常方便。夏季营业至晚 8 点，其他季节至晚 5 点。

INFORMATION 旅游问询处

Travel Alberta

632 Connaught Dr, Jasper, AB　电话(403)852－4919

从车站沿 Connaught 大街左侧走到城西尽头处，就到了这家旅游问询处了。有关住宿、旅游团队的信息在这里咨询，而不是在公园管理事务所。在这里还可以得到各类小册子以及 Approved Accommodation List、Jasper and Area Dining Guide(旅馆名册、贾斯珀及周边地区餐厅简介）等等。只有夏季营业至晚 8 点，其余时间则由同一建筑中的 Chamber of Commerce 提供同样服务。

WALKING 游览方法

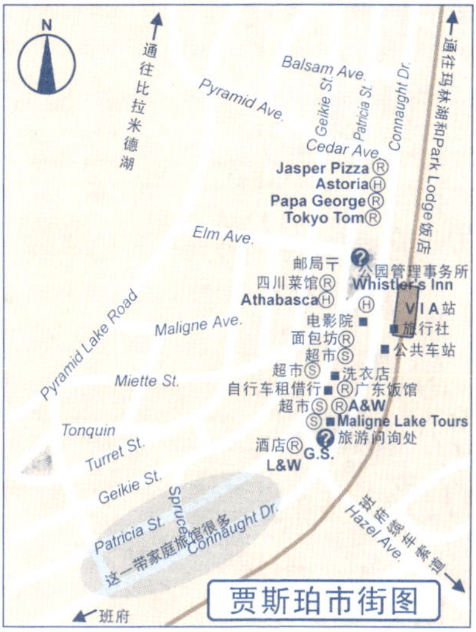

沿交通主干 Connaught 大街，有 VIA 站及汽车站。VIA 站内有 Brew Ster 的办事处、投币物品存储箱以及旅行社。车站对面是贾斯珀最热闹的场所，有礼品店、餐厅及旅游问询处。

Connaught 大街以西的 Patricia 街比较具有生活气息，分布着超级市场、面包坊、自动洗衣店、酒屋等。这两条街道与从车站向西延伸的 Miette 街的交叉点一带是市区中心，行人聚集，公园管理事务所也在此附近。

市北零星分布着几家汽车旅馆，西南的民宅旅馆很多，西侧则是山区，东侧越过国道便是阿萨巴斯卡河，方向易辨认。虽说除旅游出租车之外没有其他交通工具，但若仅在市内，步行绕市一周也只需 30 分钟。租用自行车也相当方便。

若没有私车，去周边的韦斯勒山、玛林湖等景点只有参加旅游团队。

SIGHTSEEING 主要景点

韦斯勒山　The Whistlers

韦斯勒山位于贾斯珀市西南 7 公里处，海拔 2464 米。其名字的由来源于栖息于此山中一种叫声很尖锐的土拨鼠的名字——Whistling Marmots。乘可坐 30 人的索道车，七分钟便可到达山腰的观光台。这条索道的长度为北美第二。从观光台远眺，北面是阿萨巴斯溪谷和湖泊，西侧的景色也十分秀美。

如果天气晴朗，还可以眺望到耶洛海德峰对面的罗布森山的白色山峰及西面的哥伦比亚大冰原。从眺望台沿山道攀登 1 公里就可到达山顶，这里的景色更为出色。但要注意，即使在夏季山上也很冷，要穿好防寒服及旅游鞋。

索道运行时间：4月中旬～6月中旬9：00～17：00、6月中旬～8月中旬8：00～22：00、8 月中旬～劳动节(9 月的第一个星期一)8：00～21：00，价格：$9.65。

交通 从贾斯珀市区，沿冰原公路向南进入 Whistler Mt. Rd.，到索道站约 6 公里。由于一直是上坡，所以步行或骑自行车很辛苦，坐出租车从商业区出发价格为 $11。

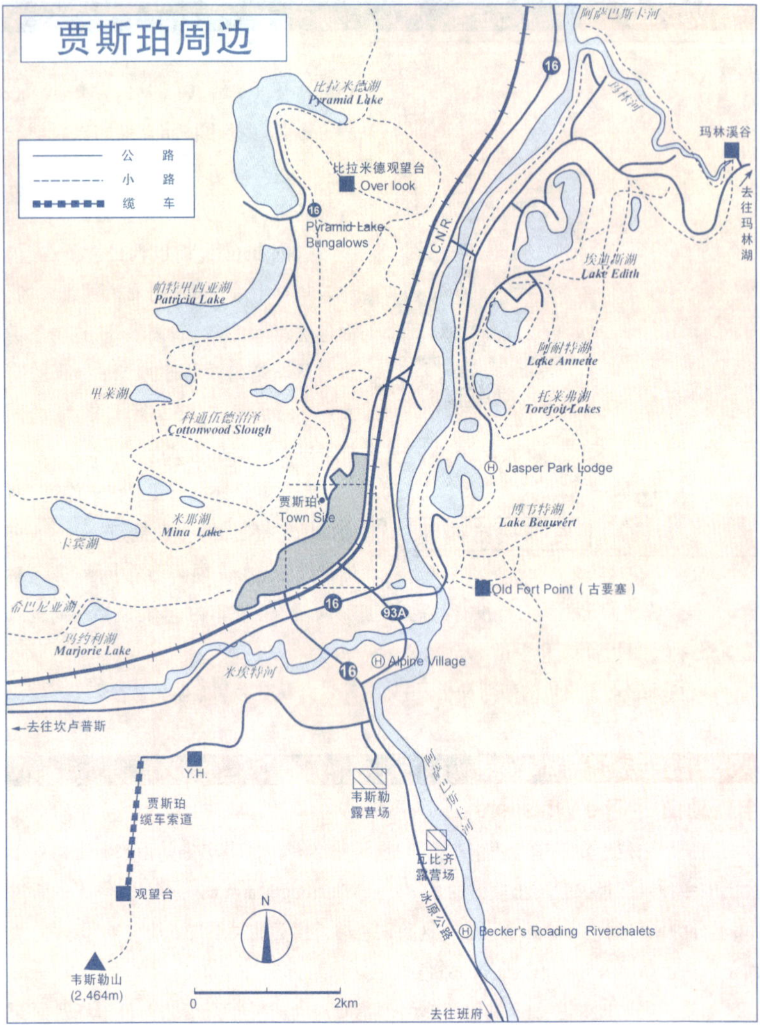

帕特里西亚与比拉米德湖 Patricia & Pyramid Lake

从贾斯珀市内到帕特里西亚湖约4公里，到比拉米德湖为6公里，在此可进行钓鱼、散步、骑马、划船、水上滑艇等各项活动。夏季可以游泳，冬季可以越野滑雪、滑冰。一路虽说都是上坡有些辛苦，但都是最适合骑自行车旅行的路线。若是步行需半天，也可以骑马。

博韦特湖、阿耐特湖、埃迪斯湖
Lake Beauvert，Lake Annette & Lake Edith

这三个湖泊距贾斯珀市内均为5至7公里，都可驱车从市北绕行经由Jasper park Lodge饭店前往。连接各湖之间的小路很适合徒步旅行或骑车兜风。

博韦特湖就像是Jasper park Lodge的一个组成部分。夏天可以打高尔夫球、划船、骑车、骑自行车郊游，冬天可以越野滑雪、滑冰。

玛林溪谷　Maligne Canyon

位于贾斯珀东北11公里处。在玛林溪谷可以观赏到高达80米的石灰岩壁垂直伫立的景观。这类溪谷在落基地区随处可见，但玛林溪谷是其中规模最大的。从郊游区的入口处开始，沿溪谷共架有六座桥，由停车场顺延玛林河而下，可游览这六座桥。游览前四座即上部旅游路线需20分钟。

冬季在封冻的溪谷上进行的峡谷旅游及滑雪活动很受欢迎。

梅迪森湖　Medicine Lake

从玛林溪谷到玛林湖之间，是一条适于驱车兜风的安静舒适的观光道路，一路上见到野生动物的机会也很多。途中有一不可思议的“消失湖”，梅迪森湖。其水位从秋天开始到冬天不断缓缓下降，最后露出湖底。据说其原因是：湖底有个洞穴，水由此流入玛林峡谷中，湖便“消失”了。

玛林湖　Maligne Lake

落基地区首屈一指的美丽湖泊玛林湖位于贾斯珀市以东48公里处，是长22公里的细长形湖泊。从湖尾出发的游船于木筏、钓船之间，可沿这座细长的湖泊逆流而上。上行约30分钟后，湖面便更加狭窄，仿佛四周被冰河所包围，景象雄伟壮观。在这里下船，越过名为Spirit Island的小岛（其实与陆地相连）眺望，便可以看到介绍加拿大落基地区不可缺少，游览加拿大落基地区绝不可错过的绝妙美景了。上午

逆光,效果会打些折扣,下午晚些时候景色最美。

参加玛林湖附近的游览活动可在于 Connaught 大街及 Jasper park Lodge 内均没有办事处的 Maligne Tours Ltd. (电话(403)852-3370)报名。从贾斯珀到玛林湖的区间车费用为$10，再加上游船费用$45。或者自行驱车前往，只报名参加游船游览亦可。游船由上午 10:00 到下午 15:00~17:00(依季节不同而稍有变化)开放。一个小时一次。客满则须等下一次。因此若日程安排很紧的话,须事先预约。游船游览时间为 1.5 小时。

玛林湖周边最适合徒步旅行,也可以在湖面泛舟、垂钓。Maligne Tours 除办理游船游览外,还办理皮划船及骑马等项目。可尽情享受各类活动。

米埃特温泉
Miette Hotsprings

从贾斯珀沿 16 号国道北上约 1 个小时就到米埃特温泉了。此温泉在落基地区是水温最高的温泉。附近漂溢着硫磺的气味。从贾斯珀出发至此的旅游车和区间车都可以乘坐。

埃蒂斯、卡韦尔山及安琪尔冰河 Mt. Edith Cavell & Angel Glacier

从贾斯珀向四周望去，印象最深的山便是海拔3363米的埃蒂斯·卡韦尔山了。由贾斯珀沿冰原公路向班府方向行进，途中向右拐入旧国道(93A)，再驱车沿右侧的山道上行45分钟就到埃蒂斯·卡韦尔山的山脚下了。

以停车场为起点有一条小路，绕其一周需45分钟，从这里可以观赏直逼面前的埃蒂斯·卡韦尔山和其右侧形如展开羽翼天使的安琪尔冰河。加拿大落基地区冰河虽多，但如此邻近车道的却只有安琪尔冰河和阿萨巴斯卡冰河、绝壁。冰河以及漂浮着冰块的冰河湖近在眼前，仿佛伸手可及，这种感觉也是在别处无法感受到的。另外，通向安琪尔冰河的道路大型汽车无法进入，仿如一个洞穴。

小道的去路是从山谷对面的斜面眺望安琪尔冰河，归途是沿被冰河侵蚀的谷底返回。在此可以细致地观察到冰川堆石的堆积、冰河湖的形成以及受冰河侵蚀而成的地形。

安琪尔冰河

埃蒂斯·卡韦尔山

Outdoor Activities

●室外活动

骑马　Horseback Riding

从贾斯珀市到比拉米德湖途中有一条轻松易行的骑马路线 Pyramid Lake Stables(电话(403)852－3562)。这条路线越过贾斯珀城西的山脊向比拉米德湖行进。前半部分前进在日照充足的山脊上,可俯视贾斯珀阿萨巴斯卡山,后半部分越过比拉米德湖，可眺望近在眼前的比拉米德山。全程共需 2 小时,$30。此外还有一小时或三小时的路线。

Jasper park Lodge 饭店内的 Sunrider Stables(电话(403)852－3363)路线，是在风光明媚的阿耐特湖周边环游，最适合想试骑却又胆小的人及儿童，大约 1 小时$16。此外还有带午餐 4、5 小时的项目。

如果想多体会一下骑马“旅行”的感受的话，请参加玛林湖的 Ridgeline Riders 旅游团体。可从湖畔骑马登上 Bald Hills(海拔 2000 米的秃山)。穿越针叶林，回首俯视玛林湖，别有一番美景。时间为 2.5 小时，费用$45。有导游引路，只要骑上马背任由马前行即可，因此不需技术、 经验亦可参加。但要注意穿长裤， 否则脚与马背的磨擦会很疼。

另外，夏季还可能天气突变，气温骤降，甚至下雨。在马背上换衣服打伞可不太容易，因此不如事先将雨衣穿戴整齐或把伞备好。马背上摇晃厉害，根本无法照像，像机就放在包里背在身后即可。

骑马上瘾怎么也骑不够的人可以参加 Skyline Trail Riders(电话(403)852－4215)。住在山上的小屋里，以此为基地进行骑马、垂钓等活动，3 天 $340。

垂钓　Fishing

密布着小湖泊、小溪流的贾斯珀可以说是垂约者的天堂。虽说大鱼垂钓最为有名(Bull Trout、Brook Trout、Lake Trout 等),但也可以在塔尔博特湖钓到河梭鱼等小鱼。以诱饵垂钓为中心，也能进行假饵垂钓。若有导游指点,完全没有垂钓经验的人也没问题。季节以 6、7 月为最佳。

在贾斯珀市内有钓具店，出租船及钓具，还办理配备导游的业务。如果对自己的钓鱼技术很有信心，不需要导游的话，也可以在诸如玛林湖等湖泊的租船处现场租借钓具。阿尔伯塔省大鱼垂钓的最高记录在这里，为20.5磅(大约8公斤)。此外，在比拉米德湖及帕特里西亚湖的租船处亦可租借钓具。

注意不要忘记钓鱼需办理许可证(7日有效$5.25)。并要确认好渔期，狩猎民族对于违反渔期钓鱼的人是很严厉的。

● On－Line Sport & Takle

600 Patricia St. Jasper AB

电话(403)852－3630

位于市中心的这家商店是垂钓者们的信息基地。店内满满地排列着户外运动用品、钓具，还有近一楼层的大奖杯。此店在其周边的18个湖存有木筏、小船。除配备导游之外，还办理租借业务。租借钓具每天$9，假饵钓鱼用具$15，但诱饵价钱单算(由于是消耗品)。雇用导游的话，玛林湖半天日程为$99(若只有1人为$149)。

另外，此店还出租露营用品、自行车及冬天用的滑雪器材。室外活动用品应有尽有。而且还组织橡皮艇之游。

橡皮艇之游　Rafting

贾斯珀的橡皮艇活动既有适合熟练者参加的，也有适合初学者参与的。比起只有初级皮筏艇活动的班府更丰富有趣。总的来说，经验无所谓，只要有胆量便可以前来一试。季节当然只有夏季合适。

想在“白浪”中进行惊险的急流漂流，可到玛林河或圣沃普塔河。当然只能在冰雪融化、水量增大的夏季前期进行。但据说连熟练者都胆战心惊，毛骨悚然(水量越多越可怕)。从平静的玛林湖出发顺流而下10公里，其中有6公里是险滩急流。费用为$50左右。圣沃普塔河上组织的漂流团要少一些，其惊险程度处于玛林河与阿萨巴斯卡河之间。圣沃普塔河上的急流大约也是6公里。费用为$35。

阿萨巴斯卡河上的漂流则显得平静悠然、轻松舒适。从贾斯珀南部的Miles桥到城市最南端的Old Fort Point桥共5公里的路程。费用为$35。

以上漂流时间大约都是2小时左右(玛林河的路线从玛林湖开始算起)。在急流中全身都会被溅湿，因此要穿T恤、不怕水的鞋，并带好毛巾。在漂流终点有更衣室和淋浴。另外除阿萨巴斯卡湖外，最好携带傻瓜像机。

● *Maligne River Adventures*

626 Connaught Dr. Jasper, AB

电话(403)852－3370

兼发区间车的大旅行社，在Connalught大街的旅游问询处都设有办事处。玛林湖漂流一项费用为$50，但参加带有玛林湖周边游览的团体会更加方便。

● *Rocky Mountain River Guides*

600 Patricia St. Jasper, AB

电话(403)852－3777

传真(403)852－3384

办理因垂钓而闻名的系列活动涵盖3个地区，并放映录像、展示照片。

● *Jasper Raft Tours Ltd.*

电话(403)852－3613

办理阿萨巴斯卡河的大型橡皮船漂流，价格低廉，为$33。

大型橡皮船漂流与小皮筏飘流感受不同。所用橡皮船根据当年毛皮商人交易用的大型商船仿制而成。虽然每人都拿着桨，但这和系在腰间的安全带一样，不过是为创造气氛而设。大约两个小时的行程中，一边顺着静静的水流下飘，一边欣赏着周围的美景、体会加拿大落基地区的大自然，别有风味。此活动在旅游旺季1天3次，傍晚的漂流浪漫别致，不妨一试。

● *Rocky Mountain Voyageurs*

电话(403)852－3343

在VIA站内的Jasper Travel Agency及Jasper park Lodge预约。

徒步旅行　Hiking

贾斯珀附近有很多条不错的徒步旅行路线。大多需驱车前往，下车后进行徒步旅行，然后再沿原路返回，没有车的话可租用自行车，或搭乘钓具店组织活动的旅游车。另外，在此地，搭车也不难。关于旅行路线，游客可以到公园管理事务所索要地图，并与工作人员商量。特别是要在山上留宿时，必须先向有关部门申请、登记。帐篷、炊具等露营用品可在系列活动用品店，户外活动用品店Totem租借。即使是当日返回，也必须携带雨具等基本的登山用品。虽说登山本身并不很难，但不要忘记山高达3000米，因此要注意安全，作好准备。

● *Totem*

电话(403)852－3078

帐篷、睡袋、炉子、登山靴等用品及雨具、防寒服等运动袋十分齐全。

自行车郊游　Cycling

骑自行车环游贾斯珀周边很方便，登上山地车可以一直骑到山间小路上。但要注意在国家公园内有很多山道禁止自行车驶入。从市区出发，经由帕特利西亚湖，到比拉米德湖的往返路线及环游Jasper Park Lodge周边湖泊的路线很受欢迎。

此外，还有长时间骑车旅行及到班

府单程自定终点的旅游项目。

● *Free Wheel Cycle*

电话(403)852－5380

位于帕特里西亚大街及米埃特街的交叉点附近，很醒目。在此可得到简单的自行车旅行路线图。旺季营业时间9:00～20:00。此外这里还出售避熊喷雾剂等物品。

RESTAURANT 餐厅

贾斯珀比班府小得多，因此高级餐厅较少（基本上都集中在 Jasper Park Lodge 内）。面向游客的餐厅大都分布在站前 Connaught Dr. 沿街或饭店内。此外就是以欧美长期居留者为对象的保健食品餐厅。另外，虽说在旅游局可以了解到关于餐厅的一些信息，但对于只有15分钟就能走遍的贾斯珀来说，亲自去探寻一下恐怕更快。

清晨开放的便利餐厅

● *L' Auberge Restaurant*

P. O. Box 1849, Jasper

电话(403)852－3535

位于贾斯珀车站前，清晨开放较早。服务员亲切热情。一份份量十足的早餐$6.37。价格虽不低，但其内容令人满意。

大方亲切的餐厅

● *Papa George*

404 Connaught Dr.

电话(403)852－3351

传真(403)852－5472

从车站沿着 Connaught 大街向右（北）走，就可到 Astoria Hotel，Papa Geonge 就设在饭店内。气氛安详平和，无拘无束。菜肴皆是餐厅自备自制，不使用半成品。晚餐点些肉、蔬菜、啤酒，2人消费将在$50以上。

能够品尝拉面的中华料理店

● *Cantonese（广东餐厅）*

608 Connaught Dr.

电话(403)852－3559

传真(403)852－3117

从车站沿着 Connaught 大街向左走，便可看到这家广东餐厅。由于是以旅游者为对象，所以外观看上去非常高档，但实际上却是很大众化的。普通拉面$6.95～、牛肉炒饭$5.75、猪肉拉面$4.50，饺子$3.00。虽说欧美客人不少，但味道是面向中国人的。

菜肴便宜、可口的餐厅

● *Szechuan Chinese（四川餐厅）*

504 Patricia St.　电话(403)852－5610

中式套餐为$7.95。看上去虽不高级，但比广东餐厅便宜、可口。还可以携带。

稀少的便宜餐厅之一

Jasper pizza place

位于 Connaught 大街 Astoria Hotel 附近。可以说是除面包坊、汉堡屋以外最便宜的餐厅了。当地一些无聊闲逛的年轻人比游客更常光顾这里。土豆片煎鱼(Fish & Chips)$5.75、啤酒$2.75，比萨饼$9~12，汉堡包$2.75，味道虽不一定地道，但量大、方便，适合喜爱快餐的年轻人。

优雅的自然食品屋

Mountain Foods Cafe

606 Connaught Dr.

电话(403)852-4050

欧美人对这家自然食品店评价颇高。可以在面向 Connaught 大街的桌子上用餐，也可在里面的柜台订好带走。环境优雅、气氛明快、价格合理，很适合女性便餐。主要品种有三明治($3.25~)、蛋糕、辣椒肉末等。早餐种类繁多，Smoke Salmon/Egg & Bagel 等还附加土豆、甜瓜之类，比饭店的早餐实惠得多。

贾斯珀稀有的快餐厅

Jasper Bakery

601 Patricia St.

由该市名流、某韩国人经营。味道一般，但对于快餐店罕见的贾斯珀来说十分珍贵。饭菜品种繁多，吃二、三天也不会腻。而且，持有青年招待所会员证可获九折优惠。用餐可在店内，也可到对面的公园享用。

HOTEL 饭店

和班府相比，贾斯珀的住宿设施要少得多。在旺季，至少要提前一天打电话联系确订住宿。出 VIA 车站沿右侧 Connaught Dr. 的广阔地域里分布着不少汽车旅馆。另外，左侧在以 Connaught Dr. /Patricia St. 为中心的住宅区也有很多旅游旅馆。

在旅游局可领取《旅游旅馆一览表》。但由于旅馆都沿街排列，所以边走边寻觅亦可。每家旅馆的容量有限，因此要尽早登记入住。但在旺季，由于一天客人不断，因此在上午，即使有客人结账退房，也不一定能办理空房入住，所以，并不是在任何时候都越早越好。另外，由于旅馆之间都非常熟识，因此客满的话，请馆主帮忙介绍到别处也是方法之一。站前的观光饭店虽并不很贵，但有迪斯科舞厅等，喧闹嘈杂，并不适合体味其中的安静。

车站附近

贾斯珀便宜简洁的旅馆

Athabasca Hotel

1510 Patricia St.

电话(403)852-3386

传真(403)852-4955

位于市中心、交通便利，从公共汽车站可以望得到。有无浴室客房及单人间，单人旅行者可以方便而便宜地入住。

周边建有餐厅、礼品店、超市等，便于购物。只是一层的迪斯科舞厅到深夜仍旧喧闹非凡，对此不介意的话可以不考虑这一点。旺季：无浴室ⓈⒹ$69～81、带浴室ⓈⒹⓉ$91～119；淡季：无浴室ⓈⒹ$31～35、带浴室ⓈⒹⓉ$51～68。各类便宜房间均在迪斯科舞厅一侧楼上。

蒂罗尔风格外观的站前旅馆

● Whistler's Inn

105 Miette Ave.　电话(403)852－3361

走下公共汽车就可以看到眼前这座蒂罗尔风格外观的小饭店。它是一所方便清洁的旅游饭店。一层是礼品店及餐厅。若是乘公共汽车旅行不愿多走路的话，此饭店是绝好的选择。ⓈⒹⓉ$89～。

靠近市中心的中档汽车旅馆

● Astoria Hotel

404 Connaught Dr.

电话(403)852－3351

传真(403)852－5472

沿着站前的 Connaught Dr. 往右(北)走，就到了这家汽车旅馆。一层是商店及餐厅。集汽车旅馆的舒适与商业街的便利于一身。三角屋顶是它与众不同的标记。旺季带浴室客房为$145、淡季为$80，无浴室客房均降低$10。

城市北端的饭店

● Marmot Lodge

94 Connaught Dr.

电话(403)852－4471

传真(403)852－3280

沿站 Connaught Dr. 北行，过 Juniper St. 后的第一个十字路口处坐落着这家饭店。在山间小屋风格饭店众多的贾斯珀，其外观算是比较漂亮豪华的。"Echoes"餐厅的菜肴味道鲜美。房价旺季为$143.36～180.92，淡季$86.24～116.48。

郊外

地道的山岳旅游地饭店

● Jasper park Lodge

P. O. Box 40, Jasper

电话(403)852－3301

传真(403)852－5107

Jasper park Lodge 是贾斯珀的名门饭店，拥有高尔夫球场、遛马场及多家旅行社，即使是非住宿游客，也值得前来一游。别墅式客房分布分散，从一端走到另一端很费时间。此饭店位于博贝尔湖畔，隔阿萨巴斯卡河与贾斯珀市区相望，所以，若不驱车不易前来。价格虽高，但能够得到与之相应的高满足，是一家颇具加拿大风味的饭店。此外，店内几家高档餐厅也很受欢迎。是个适合长期居留的场所。　房价：夏季$316～385、冬季$104～153。

从房间眺望，博贝尔湖碧绿如玉，与路易斯湖的绿色情趣不同。

湖畔寂静浪漫的平房式旅馆

● *Pyramid Lake Bungalows*

P. O. Box 388 Jasper

电话(403)852－3536

在这里，你可以独占清晨和傍晚的比拉米德湖。由于是平房式旅馆，可以细细体会高原的静寂，适合情侣、家庭旅游者。可租乘木船、兽皮船游湖。旺季房价为Ⓢ$110、Ⓓ$125～145、Ⓣ$172。

新建的休息室具有童话般的浪漫色彩。从阳台可看到湖泊，在附近散步也很有情趣。

市街南端的

● *Tekarra Lodge*

位于从市街沿国道93A向南走1公里，米埃提河与阿萨巴斯卡河的汇流处，是松叶林中的平房式旅馆。价格要比位于比拉米德湖景区的Pyramid Lake Bungalows便宜。Ⓣ$65(带浴室、卫生间)，若是旅馆式房间则为Ⓣ$95。

森林中的原木房屋

● *Becker' s Chalets*

P. O. Box 579, Jasper

电话(403)852－3779

位于从路易斯湖到贾斯珀的冰原公路边，距贾斯珀5公里。建在阿萨巴斯卡河边的森林中，景色秀美，平整的地域内分布着一间间原木小屋。可买回柴火在室里点起炉子。由于提供婴儿护理服务，所以家庭旅游者很多。

家庭旅馆

在旅游问讯处可得到各旅馆的联络地址及电话，虽说可免费打电话，但需自己亲往确认场所及空房情况。

提供自制曲奇的旅馆

● *Darlene & Gordon Middleton*

732 Patricia St. Jasper(T0E1E0)

电话(403)852－3783

位于与Connaught St.相邻的Patricia St.边，位置便利，距公共汽车站仅三个街区。客房等均在地下，与主屋分开。客房均为带浴室、厨房的套间，有洗衣机、电视。还免费提供茶。房价为$50，全年开放。

靠近市中心的便宜旅馆

● *Tassoninn*

kathy & Bruno Tassoni: 706 patricia St.

电话(403)852－3427

传真(403)852－5393

位于Patricia St.，几乎在商业区之中。宽敞明亮的客房由3间屋子组成，1人费用$50、2人$55、3人$60。房费中不含税。浴室、洗手间均为公用。房内备有冰箱、电视。

Connaught 大街边的旅馆

● *Betty Enns / Ed Simpson*

718 Connaught Dr.　电话(403)852－3640

由3间屋子组成，1人$35、2人$40，一人追加$5。浴室、洗手间虽为公用，但非常清洁。

主人亲切和蔼的家庭式旅馆

● *Helen Schwarz*

806 Connaught Dr.

电话(403)852－3964

从贾斯珀车站沿Connaught Dr.向

南走 10 分钟，就到了 Hellen Schwarz。房间虽很宽敞，由于放了双人床与单人床各一张，因此显得有些拥挤。但公用浴室与洗手间很清洁。咖啡和茶也可自由饮用。房主人很和蔼，还亲切地为旅客介绍各景点。由于只有三个房间，所以最好提前预约。房价：Ⓢ$35、ⒹⓉ$40（含税）。

带有厨房的安静的旅馆

● *Pina & Antonio Gualtieri*

304 Geikie St.

电话(403)852－3750

从车站步行大约 5～10 分钟。带厨房Ⓢ$40、ⒹⓉ$50（含税），在淡季分别为$25、$35，带私人厨房、浴室的 4 人用套间为$55。只能用现金或旅行支票支付。

装饰精美的庭院旅馆和房间

● *Mr. & Mrs. S. De Silvestri*

729 Patricia St.　电话(403)852－3615

只有一间摆着两张床的房间，卧室从外面一览无余，仿佛住在客厅里。房主是一对感觉很好的老夫妇，家里的每一个角落都装饰得很清洁漂亮。虽然在这里藏不住个人隐私，但可以清晰地体味到加拿大人的生活。女孩子们一定喜欢。ⓈⒹ$40。

安静偏远的旅馆

● *Glenn & Esther Rhind*

917 Pyramid Lake Rd.

电话(403)852－5278

位于贾斯珀最靠山区的地方，因此，若没有车则显得有些偏远，但可能有空房。设备、价格均一般。

青年旅馆

位于吊车站旁，距市区较远

● *Jasper International Hostel*

电话(403)852－3215

传真(403)852－5560

原名 Whistler's Mountain Hostel，它位于韦斯勒山热汽球站旁边，距市区 5 公里，因为是上坡，步行非常辛苦。住宿设施本身很舒适，但没有餐厅及洗衣处。从 1995 年开始，有区间车往返于此旅馆与商业区之间。房价为会员$15、非会员$20。

贾斯珀周边的其他青年旅馆

● *Maligne Canyon Hostel*

电话(403)852－3584

位于玛林溪谷旁边。费用为会员$9、非会员$14。可乘坐前往玛林湖的区间车。

● *Mount Edith Cavell Hostel*

电话(403)439－3139

位于通向恩泽尔冰河的小路的入口处，作为郊游基地很方便。费用为会员$9、非会员$14。

● *Athabasca Falls Hostel*

电话(403)439－3139

位于阿萨巴斯卡瀑布旁，适合坐公共汽车旅游的游客。费用：会员$9、非会员$14。

MT. ROBSON PROV. PARK

●罗布森山省立公园●

从西海岸向贾斯珀行进的旅行者，在近贾斯珀时会看到一座金字塔状的山峰独自傲然耸立，这便是加拿大落基地区的最高峰——海拔3954米的罗布森山。山上地层重叠交错，积雪如带状环绕。这里最早的居民称之为“Yuh－hai－has－hun”意即“螺旋形山道的山”。罗布森山远离喧嚣的游览热线，因此，可以在大自然中尽情地享受安静的生活。

ACCESS 游览方法

罗布森山省立公园紧挨贾斯珀国家公园西侧。这两座公园也是两省的分界线——罗布森山省立公园一侧为不列颠哥伦比亚省，贾斯珀国家公园一侧为艾伯塔省。因此，从不列颠哥伦比亚省最近的城市驱车到贾斯珀不过2小时左右（不列颠哥伦比亚省的Tete Jaune Cache市感觉如同村落）。也可以乘坐温哥华至贾斯珀的Greyhound公共车。

INFORMATION 旅游问询处

从不列颠哥伦比亚省进入公园，沿国道16号线（俗称Yellow Head highway）一带是罗布森山的精华部分，旅游问讯处也设于此。在规定露营场地以外的地点野营，须先在问讯处登记。此外，罗布森山省立公园内住宿设施及商店很少，此问讯处提供各种露营用品，在这一带起补给基地的作用。可以看到来自世界各国的徒步旅行者。

SIGHTSEEING 主要景点

此地最受欢迎的游览项目，是深入到罗布森山半山腰的冰河湖伯格湖的山麓旅行。这条游览线途经一条名为千瀑岸(Valley of Thousand Waterfalls)的溪流，并沿其逆流而上。往返基本同路，虽不十分艰险，但也需一定程度的登山经验及装备。

若想进行轻松的山麓漫步可参加直升机旅游。在到伯格湖的旅游线上，单程利用直升机的形式很受欢迎。除此之外，还有多条只有直升机才能登上的山脊游览线。在国家公园内，一般禁止直升机飞行，因此，享受直升机游览主要还是到这类非公园地带。

罗布森　Cariboo Mountain Services　(电话(604)423－7697，传真(604)423－3932)公司承办直升机旅游项目，可参与。此外，位于罗布森与克罗阿沃塔中间的布鲁利巴的Mike Wiegele Ski Resort也很值得一游。这里本是冬季经营专门的直升机滑雪场的山区娱乐地，在夏季则进行直升机游览。活动内容丰富多彩，是能获得截然不同于饭店感受的真正的游览休闲场所。

另外，还可以在这里参加自然考察团、进行漂流等。觉得班府与贾斯珀不够脱俗的游客，不妨来此一游。

RESTAURANT 餐厅

旅游问讯处旁边有一家自助性的咖啡屋，可享用三明治等便餐，也提供套餐。其菜单用七国文字书写，颇具游览地风格。牛肉汉堡（味道与牛排基本无异）与鸡汤$8，味美量足。在公园内，餐厅大概仅此一家。

HOTEL 饭店

可眺望罗布森山美景的小屋

● *Mount Robson Guest Ranch*

Hargreaves Rd.　电话(604)566－4370

从罗布森山旅游问询处的路口背离中心驱车5分钟，就到了一片充溢着山间小屋气息的观光牧场。广阔的牧地对面是云杉林，再后面是被白色冰河环绕着的罗布森山的壮丽景色。牧场背后也是险峻的岩山，环视四周皆是自然的美景。新建的旅舍分为卧室和起居室，非常整洁。从房间越过窗户可看到山景。房价为一天$70。

直升机旅行的专门旅舍

● *Blue River Lodge*

P. O. Box 159, Blue River, B. C.

电话(604)673－8381

传真(604)673－8464

位于 Blue River 边，属阿尔卑斯山间小屋式风格，干净整洁。设备与饭店同等档次。背后有一小水池，为便于鲑鱼产卵，一条人工小溪不时注入着清水。并建有游泳池、体育馆等设施，房间内部装修也很精美。整个旅舍洋溢着一种特有的豪华气氛。晚餐可自助，也可自点。由于是直升机游览基地，因此飞行员及导游亦居住于此。费用为$105～135。

Blue River Lodge 外观

准备乘直升飞机去滑雪旅行

SKIING IN CANADA WEST

加拿大西部的滑雪场

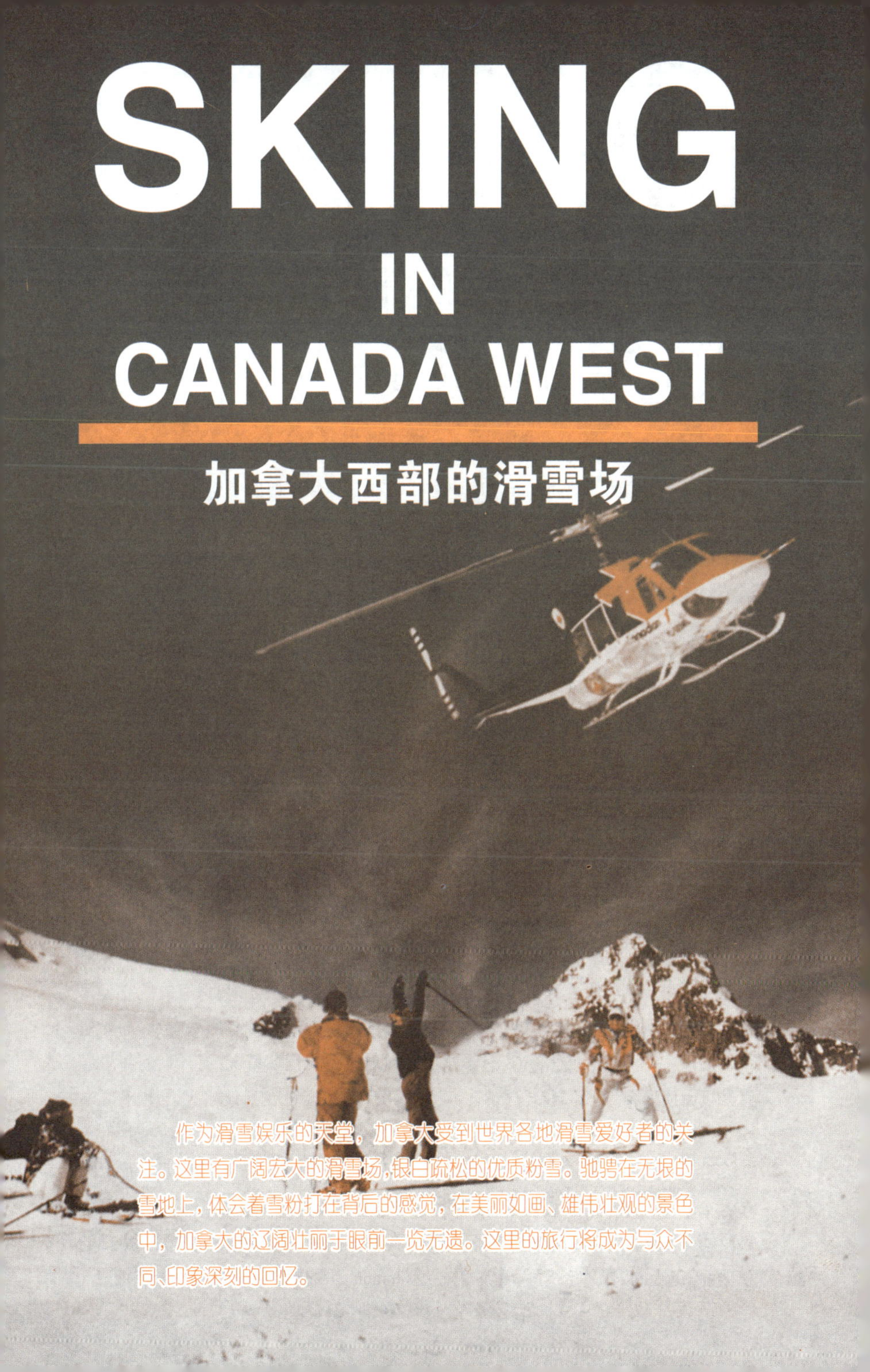

作为滑雪娱乐的天堂，加拿大受到世界各地滑雪爱好者的关注。这里有广阔宏大的滑雪场，银白疏松的优质粉雪。驰骋在无垠的雪地上，体会着雪粉打在背后的感觉，在美丽如画、雄伟壮观的景色中，加拿大的辽阔壮丽于眼前一览无遗。这里的旅行将成为与众不同、印象深刻的回忆。

滑雪的种类及特征

高台滑雪

Down Hill Skiing

高山滑雪场在东部有数百处，以蒙特利尔魁北克为中心；西部有数十处，以温哥华、加拿大落基地区为中心。一般来说，东部滑雪场规模不大，相互交错成网状分布，西部则充分利用其海拔落差，建成规模宏大的滑雪场。主要有：因无以伦比的大规模及现代化没有而深受欢迎的韦斯勒与布莱克考姆滑雪场(Whistler & Blackcomb)；雪质出色，一直很受青睐的加拿大落基地区滑雪场；以及处于二者之间的卡姆卢普斯和奥卡那干的滑雪场。由于场地广阔，须事先备好滑雪场地图，以防迷路。

越野滑雪

Cross – Country Skiing

在加拿大，越野滑雪运动是冬季主要运动之一，参加者约有400万左右，年龄层广。有专门的滑雪用品商品。有的滑雪路线穿越森林、高尔夫球场，跨越数十公里。与高山滑雪相比，越野滑雪虽速度不高，但却是运动量很大，十分辛苦的活动项目。

直升机山顶滑雪

Heli – Skiing

乘直升机飞上山顶的滑雪场，在罕无人迹的大雪原留下足迹，来加拿大，就要感受一下直升机山顶滑雪的畅快。根据各人滑雪水平，负责人会配备相应的导游，所以比较安全，只要具备中等水平就基本没问题。在2～3公里的滑道上反复滑行3、4次，再加一顿午餐，一天价格为$370左右。在3000米的山上沿着宏大的冰河下滑，则可谓进入了加拿大滑雪的最高境界。

其他

Snowboard, Snowmobile & Snowshoeing

加拿大是船形雪橇滑雪的发源地，在滑雪地域广阔的韦斯勒及路易斯湖，近一半的滑雪场地被用来进行雪橇滑雪，而且参加直升机滑雪的人也相当多。这里到处都有雪橇用品租借处，还有滑雪培训学校。

另外，还有平坦整齐的摩托雪撬专用线路，活动项目多种多样。穿着雪鞋漫游林中的活动最近也颇受欢迎。

滑雪用品

在境外滑雪，最麻烦的就是携带滑雪用品。若乘坐CP、AC的飞机，在机场办手续时，滑雪用具可一式(滑雪靴除外)作为随身行李，不计加入托运行李限量之内，但有的航空公司会根据距离长短征收手续费。所以，要先向航空公司问明情况。有计划购买滑雪用具的游客可在当地购买，几乎所有的滑雪用品店都有一年的保修期，出了问题可请其修理。另外，滑雪场大都出租用具，在有些场地，还能意外地发现名牌，像atomic、blizzard的滑雪板、Salomon的滑雪靴等。租金为一套三件。

一天$23～41左右。

滑雪场

加拿大西部的主要滑雪场有12处，下面就分温哥华周边、坎卢普斯与奥卡那干地区、加拿大落基地区等三大区域进行介绍。滑雪场的各条线路用代码标出其难易程度：●初级、□中级、◆高级、◆◆超高级。

在滑雪场地图上，也用同样符号标出了路线的难易度，请先记符号，再看地图。

VANCOUVER

温哥华周边的滑雪场

温哥华周边的主要滑雪场，是温哥华以北120公里，以北美大陆最大规模而著称的Whistler、Blackcomb滑雪场。

此外，还有从商业街驱车15～30分钟即可到达的Cypress、Grouse Mountain、Seymour等3处滑雪场。虽说规模较小，但距商业街近，所以当地滑雪爱好者经常光顾。

●Whistler & Blackcomb 韦斯勒与布莱克考姆

享有盛名的Whistler & Blackcomb滑雪场，在《滑雪杂志(Ski Magzine)》上连续4年被评为北美之冠。以韦斯勒村庄为中心，面向滑雪场，右侧为韦斯勒(Whistler)，左侧为布莱克考姆(Blackcomb)。两个场地呈扇形延伸，各包含有100多条滑雪线，除一般滑雪外，还开展直升机滑雪、雪橇滑雪、摩托雪橇等各项冬季活动。

ACCESS 交通

●机场巴士

Perimeter Transportation Ltd.

电话(604)261－2299　(1－800)663－4265(在不列颠哥伦比亚省)

机场巴士往返于温哥华国际机场与韦斯特村庄之间。若事先打电话预约，也可在各大饭店搭乘。车票在机场二层售票处或者韦斯勒镇的Young's Travel购买，电话(604)932－5757。价格为单程成人$42.80，儿童21.40。

●公共汽车　Maverick Coach Lines

电话(604)662－8051(温哥华)

电话(604)932－5031(韦斯勒)

从温哥华的公共汽车站到韦斯勒镇及建有缆车站的韦斯勒小溪(Whistler Creek)，有往返的公共汽车。车票可在温哥华的公共汽车站售票处购买。若是以韦斯勒上车，可直接从司机处购票。

价格：成人单程$13，往返$25；儿童单程$6.50。

●铁路　B. C. Rail

电话(604)984－5246/(1－800)663－8238(温哥华)

电话(604)932－4003(韦斯勒)

B. C. Rail 列车往返于北温哥华与韦斯勒之间，一日一次。

韦斯勒站面向普莱斯德路 Lake Placid Rd.），位于韦斯勒溪边（Whistler Creek）从车站到韦斯勒镇可乘出租车或免费区间车。单程成人$17，儿童$8.50。

WHISTLER ● 韦斯勒

从韦斯勒镇乘坐十人缆车，18分钟就可到达山顶缆车站（round house station）。这是韦斯勒滑雪场的中心。

要登上真正的韦斯勒山顶（海拔2182米），还得从这里继续乘坐吊车。穿越森林，沿着垂直的岩山上行，就到了山顶。向下望去，是适合滑雪高手的高难度滑雪场韦斯勒滑雪场与冰河滑雪场的凹凸不平的斜面。有的地方岩石显露，因此严禁超速。

适合初、中级水平滑雪者的 Harmony 滑雪场、Symphony 滑雪场，环绕于韦斯勒山的左侧。在这条路线上，初级水平者及儿童都可以进行大回转，是相当不错的滑雪旅行路线。

韦斯勒滑雪场以 Round House 为基地，四周辟开树林，修理整齐的下坡滑雪道纵横延伸，一望无际。有适合中上级水平的整齐平稳的滑道，也有凹凸不平、富于变化的滑道。从山顶一气滑到山底的村庄或韦斯小溪，就会气喘吁吁，双腿发软。而且，从韦斯勒山到村庄海拔高度相差1530米，距离为11公里。可以一天滑几次，挑战自己的体力与技术；也可以边休息边滑，轻松自由地走一道，享受其中的乐趣。

本滑雪场地域广阔，不用躲闪着他人，小步慢行。顺着速度，拐大弯，不会太辛苦，这是掌握滑雪技巧的关键。

基本数据资料　韦斯勒 ● Whistler

滑雪季节：11月下旬～4月末

海拔高度差：1530米（2182～652米）

最长滑走距离：11公里

滑雪场地：初级20%、中级55%、高级25%

滑道数：100条以上。

吊车：10人乘吊车一座，四人乘吊椅4座、三人乘吊椅2座，双人乘吊椅1座、吊车1座，牵引滑行上山道一条、缆车2座。

运载能力：23495人/小时

年平均积雪量：9米

平均气温：12月～2月：-12℃～5℃，3月～5月：-8℃～5℃

营业时间：11月～1月：9:00～15:00（周末8:30～），2月～4月：9:00～15:30（周末8:30～）

吊车费：成人1日券$49，韦斯勒与布莱克考姆（Whistler & Blackcomb）通用3日券$150、4日券$196、5日券245。

联系地址：Whistler Resort Association，4010 Whisler way，B.C.VON 1B4

电话：(604)932-2394

积雪情报：电话(604)932-4191、687-6761（温哥华）

布莱克考姆滑雪场位于韦斯勒旁边，延展于布莱克考姆（Blackcomb）山斜面，1995年新建了8人乘缆车“埃克恩加利费”，与高速四人乘吊车“埃克塞雷塔高速缆车。”这两条线路的建设，极大地方便了游客登上山顶。

从2284米的山顶眺望，是与韦斯勒一样的360度的大广角。

在南坡斜面展开的是“第七天国”（Seven Heaven）的巨大开放滑雪场。上半部分是面向中级水平的Alpen斜面，下部是树林滑雪线。北极是考斯特爱冰河（Honstman glacier），有牵引滑行上山道两条，这里是面向高中级水平的滑雪场，地形曲折复杂，雪质、雪量均为上乘。

此外，还有适合初级水平的安全的滑雪线路，沿着绿色标记前行，终点是兰德夫餐厅。

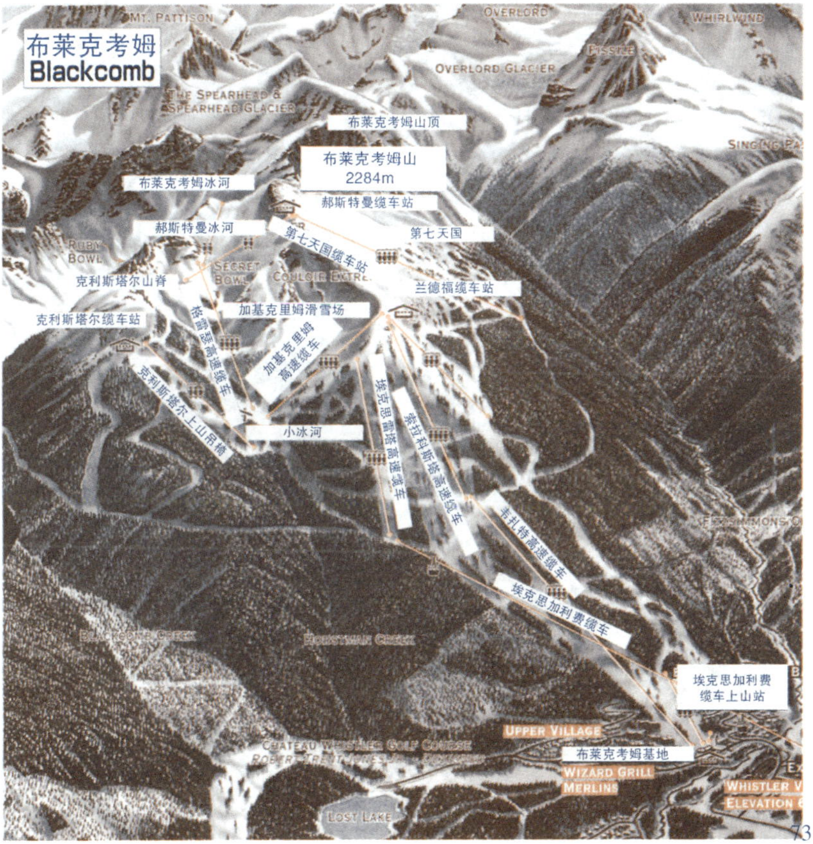

基本数据资料

滑雪季节：11月下旬~5月下旬

海拔高度差：1609米(2284~675米)

最长滑走距离：11公里

滑雪场地：初级20% 中级55% 高级25%

滑道数：100条以上

吊车：吊车一座、四人乘吊椅6座、三人乘吊椅3座、牵引滑行上山道2条、缆车一座。

运载能力：27112/小时

年平均积雪量：8.5米

平均气温：12月~2月：-12℃~-5℃、3月~5月：-8℃~5℃

布莱克考姆 ● Blackcomb

营业时间：11月~1月：9:00~15:00(周末8:30~)，2月~4月：9:00~15:30(周末8:30~)

吊车费：成人一日券$ 49，布莱克考姆与韦斯勒(Blackcomb & Whistler)通用3日券$ 150、4日券$ 190、5日券$ 245。

联系地址：布莱克考姆滑雪名胜区(Blackcomb Ski Resort)

电话：(604)932-3141

积雪情报：电话(604)932-4211，687-7507(温哥华)

如果想先行练习一下，可在韦萨得埃克斯普莱斯缆车道下方的场地进行。这是穿行于树林中的平整场地，顺畅易行。

如果是滑雪高手，可以格莱瑟·拜特餐厅为基地，前往格雷夏埃特快道、加西克利姆特快道、克利斯塔尔山脊等处驰骋一番，会充满惬意。

〈韦斯勒与布莱克考姆滑雪路线标志〉

●**绿色**：适合初级水平。滑道齐整如林间通道。练习滑板大回转也没有危险。

●**蓝色**：适合中级水平。多宽阔平坦的线路。顺着速度做几个平行式转弯，心情舒畅。

●**黑色菱形一枚◆**：道路凹凸不平，坡陡险急，最适合粉雪滑雪。

黑色菱形两枚◆◆：适合滑雪高手，是高山滑雪的场地，需极高技巧，(可能会飞越40度以上的岩壁下滑）道路凹凸不平，岩石突兀，有悬崖峭壁，稍不留意可能会有生命危险（无此类滑雪经验的人最好不要尝试)。

此外，天气恶劣的时候，特别是初学者，请不要到森林地带去。飞雪迷蒙，极易迷路，最好就局限于线路清晰的树林带中。

●越野滑雪

线路分为高级、中级、初级。

■**韦斯勒高尔夫道（The Whistler Golf Course)**

此线路对大众开放、免费。对于初学者来说很合适，景点也不少。

■**消失湖小道(The Lost Lake Trails)**

电话(604)932－5495、(604)938－7736

此线路围湖环绕，长22公里。从初学者到熟练者均适合。途中有上坡，也有下坡。若事先联系好，还可以上课参加培训。此线收费，需购买半日票或一日票。沿途景色优美，不枉一游。

●雪橇

韦斯勒的广阔滑雪场是进行雪橇滑雪的天堂。开设有从初级到高级的各种培训班。此外，还有像滑雪板橱窗(Showcase for Snowboards)（电话（604）938－2018)这样的专门出租店。

●滑雪用品租借

租借滑雪板、滑雪靴、滑雪杖三件一套一天大约$25左右。租借时间越长价格越便宜，儿童为半价。有的商店还租借滑雪服。越野滑雪用品及雪橇用具亦在同一店中租借。

[主要租借商店]

■Blackcomb Ski & sport

电话(604)938－7788

■Can－Ski　电话(604)938－7755

■Spicy Sports　电话(604)938－1821

■Mile High Sports Rental

电话(604)938－7736

滑雪培训学校

〔Whistler Mountain〕

电话(604)932－3434

■初级班　Beginnners' Programs

初试滑雪的人亦可参加。听课费中包括滑雪用品租借费。

费用：半天$49、一天$60、3天$189。

■集体课程　Group Lessons

半天$36

■个人辅导　Private Lessons

1小时$70、2小时$122、3小时$170。

〔Blackcomb Mountain〕

电话(604)932－3141

■初级班　Beginnners' Programs

半天$47、1天$57、3天$182。含滑雪用品租借费及培训费。

■集体课程　Group Lessons

半天$40、1天$50

■个人辅导　Private Lessons

1小时$70、2小时$122、3小时$160。

Ski Esprit　电话(604)932－3400

负责韦斯勒及布莱克考姆(Whistler与Blackcomb)的滑雪导游，放映录像对滑雪进行分析，组织郊游、滑雪竞赛。3天$168、4天$199，缆车费另算。活动每周一或周五开始，报名于前一天进行，周四报名请到韦斯勒会议中心（Whistler Conference Centre)。

此外，还开设专门面向女性的滑雪培训班，滑雪熟练者参加的滑雪野营以及面向儿童的滑雪课堂。

直升机滑雪

面向中、高级水平滑雪者，市价为3条线$370。每条线路都配有导游，费用中含运输费、午餐。

■Tyax Heli Skiing

电话(604)932－7007

■Whistler Heli Skiing

电话(604)932－4015

■Mountain Heli Sports

电话(604)932－2070

动力滑雪(Snowmobile)

即使是初试者也能很快掌握操纵技巧。既有开放场地，也有带导游的林中专用线路，约2～3小时。游览费中包括雪上摩托、头盔与靴子一套的租借费用，及便餐、村庄的往返接送服务费用等，2小时$69(2人乘)，3小时$99(2人乘)。

■Whistler Snowmobile Guided Tours

电话(604)932－4086

■Canadian Snowmobile Adventure

电话(604)938－1616

村庄导游

韦斯勒游览区有两个村庄：韦斯勒村及恩·布莱克考姆休闲村庄。中心是建有缆车乘坐站的韦斯勒村，在这一方小小的区域里，共有23座饭店、出租公寓以及购物中心、餐厅、迪斯科舞厅、体育中心等。在设有旅游服务中心的

Conference Centre 内，还有电影院。布莱克考姆村则是以大型高级饭店为中心，饭店内设有餐厅、商店等。

韦斯勒游览地区为全年性游览地，但住宿费冬季比夏季高得多。2 月虽便宜一些，但客多拥挤。在最旺季，加上缆车费，温哥华机场接送费，住宿 3 天 1 人要花$463(二人间)，5 天$664。若是团体或家庭旅游，投宿带有厨房的出租公寓或旅馆会比较便宜。在韦斯勒溪(Whistler Creek)附近也有几家旅馆。此外，从村庄徒步行走几分钟，有不少小旅舍、B&B 等经济实惠的住宿设施。

●住宿预约、询问处

Whistler Central Reservations

电话 (1-800) 944-7853/(604) 932-4222 传真(604)932-7231

Blackcomb Hotel and Resort

电话(1-800)777-0185

RESTAURANT 餐厅

气氛闲适的法国料理店

●*Val d' Isere*

电话(604)932-4666

位于韦斯勒的 St. Andrews House 楼上。气氛、服务均为上乘，价格合理。菜单为法文，可请管理人员帮助选菜，一人约$25。气氛轻松闲适，不必西装革履。

HOTEL 旅馆

便宜公道的饭店

●*South Side Lodge*

2102 Lake placid Rd. Whistler(V0N1B2)

电话(604)932-2554

从韦斯勒小溪(Whistler Creck)步行5分钟，位于99号公路(Hwy 99)边。带浴室、卫生间、电视的房间Ⓣ价格为$85(3日以上为$75/日)。很干净。99号公路狭窄曲折，租车旅行的人要注意安全。

充满野趣的青年旅馆

●*Whistler Hostel*

P. O. Box 128, Whistler, B. C. V0N1B0

电话/传真(604)932-5492

面对阿尔塔湖，是个充满野趣的原木小屋。从村庄驱车 10 分钟即到达。BC Rail 就在其附近行驶，若提出请求，可以旅馆前停车。房间虽不带浴室，但有桑拿。

Ⓓ会员$13.50，非会员$17.50

设施完备的旅店

● *Listel Whistler*

4121 Village Green Whistler, B. C.

电话(604)932-1133

位于村庄内，桑拿浴温水游泳池(需着泳衣)、餐厅等设施完备。

GROUSE MOUNTAIN ●格劳斯山

从温哥华的商业区驱车 15 分钟，虽说离市区近，却是个美丽的滑雪场。白天儿童很多，因此，傍晚之后前来滑雪比较合适。缆车一直经营至晚上 10 点。可以尽情地欣赏享受钻石镶嵌般辉煌闪烁的温哥华夜景。

ACCESS 交通

从温哥华商业区驱车只需15分钟，可乘出租，或30分钟一次的市内巴士(BC Transit 电话(604)261－5100)。

●滑雪用品出租

电话(604)980－9311

基本数据资料 格劳斯山● Grouse Mountain

滑雪季节：11 月中旬～4 月上旬

海拔高度差：360 米(1230～870 米)

最长滑走距离：1.2 公里

滑雪场地：初级 25％、中级 42％、高级 33％

滑道数：22 条

吊车：前往滑雪场的电车 2 辆，双人乘吊椅 4 座，牵引滑行上山道 2 条，缆车 4 座。

营业时间：9：00～22：00(周末 8：00～)

吊车费：1 日券$ 28，晚场券$ 21。

联系地址：Grouse Mountain Resort 6400 Nancy Greene Way North Vancouver,B.C.

电话：(604)981－0661

积雪情报：电话(604)986－6262

关于滑雪的建议

●雪质：滑雪场并不都是暄软的雪地，有些地方结冰甚至如同冰面。连滑雪高手也不敢马虎，日照充足的南坡雪质发黏，不易滑行。

●斜面：**既有近 40 度的陡斜面，也有连 V** 字型滑雪板也能滑过的平缓斜面，坡度类型多样。地形也富于变化，途中经过岩石间的狭窄通道、冰河的裂缝之间，有上坡，也有下坡。在开阔的场地，不由得就加快了速度。但要绝对避免超速。

●滑行方法：由于路线遥远，所以采用中速比较节省体力(一场约 3～4 公里)。否则，总是快速地拐来拐去，一会儿膝盖就疼了，腿也抬不起来。雪质不好时，要注意采用制动．确保安全的拐弯方式。

●服装：

- 过耳毛帽子(运动帽不行)
- 太阳镜、护目镜
- 防晒霜
- 如果有茶叶袋会很方便

※韦斯勒村有三个直升机公司，价格基本都是 1 日 3 线$370。向大家推荐的是 Tyax Heli Skiing(电话 (604)932－7007)。在 Delta Mount Inn Hotel 设有事务所。

滑雪用品 3 件一套 1 天$20(教练费另算)。

●滑雪培训学校

电话(604)982－6262、980－9311

1 天$39(含滑雪用品租金)、雪橇为$49。

●村庄导游

格劳斯山(Grollse Moutain)半山腰虽建有小屋，但仅仅经营餐厅、商店、啤酒屋等，设有住宿施设。可投宿于温哥华或北温哥华。

CYPRESS BOWL ● 赛普里斯盆地

从温哥华商业区驱车约 30 分钟。在商业区附近的滑雪场中，它以规模最大、设备齐全而闻名。可一直娱乐到深夜。此外还有越野滑雪路线。

由于市内巴士不到滑雪场入口处，交通有些不便。滑雪场内没有住宿施设，只能在温哥华投宿。

基本数据资料 赛普里斯盆地 ● Cypress Bowl

滑雪季节: 12 月～4 月

海拔高度差: 470 米(1450～980 米)

最长滑走距离: 4 公里

滑雪场地: 初级 23%　中级 37%　高级 40%

滑道数: 25 条

吊车: 双人乘吊椅 4 座，缆车 1 座

营业时间: 8:00～23:00

吊车费: 1 人票$27、半日票$23、晚场票$19(19:00～23:00)

联系地址: Cypress Bowl Recreations Ltd. P.O.Box 91252, W.Vancouver, B.C.V7V3N9

电话: (604)962－5612

积雪情报: 电话(604)926－6007

CANADIAN ROCKIES ● 加拿大落基地区的滑雪场

加拿大落基地区的滑雪场，海拔高、气温低，雪质基本上都是粉雪，易于滑行。班府周边的主要滑雪场有 Lake Louise(路易斯湖)，Sunshine Village(阳光村庄/圣沙村庄)及 Mystic Ridge & Norquay(米斯蒂克瑞治与挪凯)三处，贾斯珀周边有 Marmot Basin(马莫特贝森)、卡尔加里滑雪场及大致居于班府与贾斯珀中间，因举办 88 年卡尔加里冬季奥运会而闻名的纳奇斯卡滑雪场。另外，在不列颠哥伦比亚省有以直升机滑雪而著称的 Panorama(帕努拉玛)滑雪场。

班府周边的滑雪场

从班府驶向各滑雪场的巴士

班府周边的主要滑雪场有 Lake Louise、Sunshine Village、Mystic Ridge & Norquay 等三处。滑雪场巴士负责到班府各大饭店接载游客，各巴士的出发时间及其它信息请在饭店咨询处确认或到旅游局查阅时间表。

● 班府→Mystic Ridge & Norquay

Brewster Transportation

电话(403)762－6767

从起点饭店发车的时间为 8:00、9:15、10:05、12:10(有晚场的星期三增加15:05、17:05)。返回时由 Mystic Ridge & Norguay 停车场发车时间为 10:05、11:15、13:05、15:00、16:15(周三增加18:15、21:15)，免费。以下三线是 Laidraw Transit 公司的区间车服务，持有此三座滑雪场的通用日票者免费。

Laidraw Transit　电话(403)762－9102

● 班府→Sunshine Village

从 7:50～11:20 由起点饭店发车四次，返回时由 Bourgeau 停车场发车时间为 9:15、10:00、14:00、15:00、16:15、17:00。往返$15。

● 班府→Lake Louise

从7:55～11:20由起点饭店发车四次，返回时由 Lake Louise 发车时间为 9:15、14:00、15:00、16:30、17:30。往返$15。

● Lake Louise→Sunshine Village

从Lake Louise 发车时间为 7:45、9:00、10:00，返回时由 Sunshine Village 的 Bourgeau 停车场发车时间为 15:00、16:45。往返$10。

通用日票

是 Mystic Ridge & Norquay、Sunshine Village 及 Lake Louise 三家滑雪场的通用缆车券。3 日券$140，4 日券$186，5 日券$233，6 日券$279(含 GST)。可在各主要饭店、滑雪学校及 Ski Banff/Lake Louise 的事务所(225 Banff Ave. 电话(403)762－4561)购买。

班府周边的冬季旅馆

由于有区间巴士运行于班府与三个主要滑雪场之间，交通便利。因此，在班府市内投宿的滑雪者很多。班府的饭店为吸引客人，推出了含缆车券、住宿费、早餐费在内的滑雪套价，十分合算。

HOTEL　饭店

饭店预约中心

Banff/Lake Louise Central Reservations

P. O. Bax 1628, Banff, AB T0L0C0

电话：(403) 7625561/(1－800) 661－1676(加拿大、美国)，电话 (1－800) 372－9593(阿尔伯塔省内)

青年旅馆

Hostelling International

#203－1414 Kensington Rd. N. W., Calgary, ABT2N 3p9

电话：(403)283－5551

落基地区周边的青年旅馆，大多代办滑雪事宜。班府、路易斯湖的饭店，包括早餐、缆车费、接送服务在内1天\$47.50起价，3天\$140。预约及问询请与上述地址联系。

●滑雪场情报电话服务

有关滑雪场情报电话服务的介绍说明册，可从卡尔加里机场的问询处(Information)及班府的饭店取得。

MYSTIC RIDGE & NORQUAY ●米斯蒂克·里奇& 诺奎

从班府驱车仅10分钟便可到达。滑雪场地虽不很广阔，但地形多样，既有近40度、凹凸不平的陡坡，也有儿童都可以轻松滑行的斜面。此外，还可以享受夜场。此滑雪场与班府之间有区间车往返。

●滑雪用品租借

■Mystic Ridge & Norquay Ski Area

P. O. Box 1258, Banff

电话(403)762－4421

名牌滑雪用品3件一套\$18～26。

●滑雪学校

■Mt. Norquay Ski School

P. O. Box 1258, Banff

电话(403)762－4421

集体课程\$25，含缆车费及滑雪用品租金\$35。每天两次课，每次2小时，分别于10:30、13:30开始，个人辅导1小时\$45，每追加1人加\$15。

●Mt. Norquay Village 简介

这里的New Cascade Lodge、克里弗豪斯等饭店内有咖啡屋、餐厅，还提供2岁以上儿童的照看服务。还有滑雪用品租借店、商店及滑雪学校。这里距班府市中心仅仅5分钟，因此，在班府住宿亦可。具体情况请参照班府的饭店一项。

基本数据资料 ● Mystic Ridge & Norquay

滑雪季节:12 月上旬 ~4 月中旬

海拔高度差:497 米(高度 2133 米~1636 米)

最长滑走距离:1.2 公里

滑雪场地:初级 11%、中级 45%、高级 28%、专业水平 16%

滑道数:25 条

吊车:四人乘吊椅 2 座,双人乘吊椅 2 座,大型缆车 1 座。

运载能力:6300 人/小时

人工雪设备:场地 90%

年平均积雪量:300cm

营业时间:周六~周二 9:00~16:00(周三~21:00)

吊车费:1 日票$29.90,半日票$25,晚场票$15(若持有通用日票,晚场可免费一次)

联系地址:Mystic Ridge & Norquay P.O.Box 1258,Banff,AB.TOLOCO

电话:(403)762-4421

积雪情报:电话(403)221-8259

SUNSHINE VILLAGE ●阳光村

此滑雪场位于班府西南 22 公里的高原上,是 100% 自然雪的滑雪场。从班府乘公共汽车 30 分钟。1995 年 12 月,在高兹艾山一侧又开辟了新滑雪场,自此,滑雪场增至3处,面积增加了一倍。

沿着长 4293 米、世界最长的缆车道上行,便到了滑雪场的中心。这里建有餐厅、滑雪学校及出租商店。

滑雪场以此为界分为两部分,一侧是斯坦蒂什(中、高级水平),另一侧是卢克沃特(初、中级水平)。

其中,延展于卢克沃特山一侧的阳光村 Sunshine Village 的主滑雪场,颇有趣味。

相继乘坐恩捷尔埃克思普莱斯与格雷特迪拜德缆车,可到达卢克沃特的山顶(海拔2,730米),若是天气好,可以看到四周360度的大广角的美景,眺望到远方加拿大落基地区的名山阿西尼伯恩。

缆车线下方是长 6 公里的林间滑道。傍晚时代,不论高水平者还是初级者都从此路下山,很拥挤,有些地方道路狭窄,要注意安全。

●滑雪用具出租处

乘缆车上山之前,不要忘记事先租借好滑雪用具。

■Spoke'N Edge

电话(403)762-2854

出租高山滑雪及越野滑雪用具,并提供修理业务。地点:建有停车场的 Bourgeau Gondola Station。

●滑雪学校

电话(403)762-6500

集体课程 1~2 小时的路线费用为$25,11:00、13:00 开始上课。个人辅导在 9:00~16:00 的营业时间中进行,1 人 1 小时$50,每追加 1 人加$15。另外,适合初学者的 2 个半小时的课程,加 1 日缆车费及滑雪用品租金共$43。参加者请于10:00到 Spoke'N Edge Rental Shop预约,11:00开始进行辅导。

●免费导游团

从Sunshine Village 的缆车终点站对面的导游板前,每天10:30、13:00出发。

●Sunshine Village 导游

建有自助餐厅、商店、滑雪用品出租店、滑雪学校及数家旅馆，不少滑雪者投宿于班府，坐区间车往返。班府的住宿设施，请参考前面“班府的饭店”一节。

位于滑雪场内的饭店

●Sunshine Inn

电话 (403) 762－6555/(1－800) 372－9583(阿尔伯塔省内)

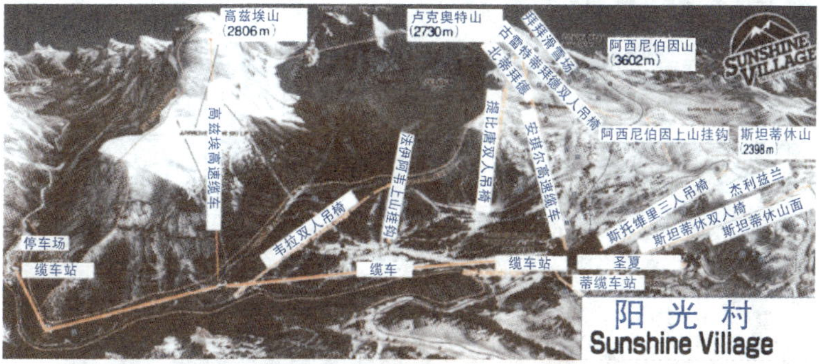

基本数据资料 阳光村 ● Sunshine Village

滑雪季节:11 月初～5 月下旬

海拔高度差:1072 米(2730～1658)

最长滑走距离:8 公里

滑雪场: 初级 20%、中级 55%、高级 20%、特级 5%

滑道数:87 条

吊车: 吊车一座,四人乘吊椅 2 座,三人乘吊椅 1 座,双人乘吊椅 4 座,牵引滑行上山线 3 条,缆车 2 座

运载能力:16800 人/小时

年平均积雪量:9.14 米

营业时间:游览船周一～四 8:00～17:00,周五、日 7:30～22:00

游览船:周六:7:30～18:30 **升降机**: 9:00～16:00

吊车费: 半日票$33, 1 日票$39(含缆车费)

联系地址: Sunshine Village Corporation P.O.Box 1510, Banff, AB TOL 0CO

电话:(403)762－6500

传真:(403)726－6513

积雪情报:电话(403)726－6543(班府)、(403)277－7669(卡尔加里)

位于班府以北60公里处，是加拿大规模最大的滑雪场。在加拿大众多滑雪场中，这里的场地、风景、设施都是无可挑剔的。整个场地分布在博鲁斯阴面、弗兰德赛德、Larch Area这三大斜面上。

正对着停车场的是弗兰特赛德南面的滑雪场，这里划分着多条适合中级水平的平坦整齐的线路。当然，初学者及

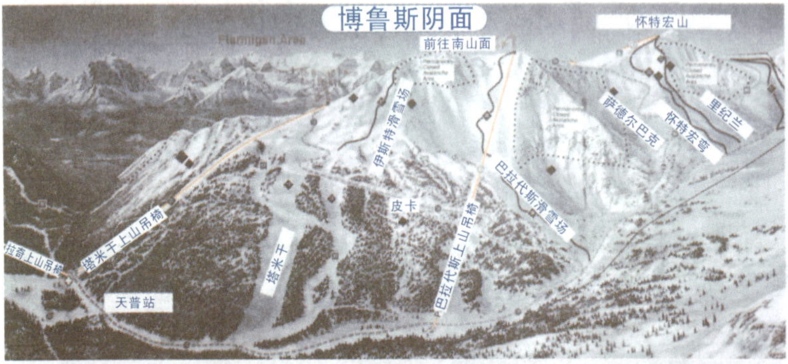

高水平者也可得到充分享受。

如果天气好，去巴克博鲁斯滑雪场最合适。这里雪质新，路线起伏富于变化。滑上一天也不会乏味。

相继乘坐奥林匹克吊椅与萨米特牵引线，就到达到 Whitehorn 的山顶(2636m)。从这里向下滑去，惊险刺激。

技巧不很娴熟的游客可选择向左迂回的道路。滑下山谷，是一条通向帕拉代斯吊椅乘坐站的平缓的林间路线。

继续沿着这条林间小路下行，可看到一家山间小屋风格的餐厅，其左前方便是 Larth Area 滑雪场，此滑雪场穿延于针叶林中，平整舒缓，适合中级水平。

返回时，先乘坐塔米干吊椅上山，然后从南面一侧滑下为最佳路线。塔米干吊椅车道正下方就是有名的凹凸不平的滑道。坐在升降机里观赏上下起伏的杂技滑雪，也别有趣味。

●滑雪用品租借

在正面的滑雪场山脚下的威斯忌杰克旅馆可进行滑雪用品租借。租金为 3 件一套$18 左右。亦出租越野滑雪用品。

滑雪学校

在威斯忌杰克旅馆可报名参加滑雪学校。

Lake Louise Village 介绍

设有滑雪学校、滑雪用品租借处及 3 家咖啡旅馆等，还提供婴幼儿看护服务。

由于住宿设施有限，许多滑雪者只能在班府投宿。关于班府的饭店旅馆，请查阅“班府的饭店”一节。

饭店预约服务中心

Lake Louise Central Reservations

电话(403)256－8473

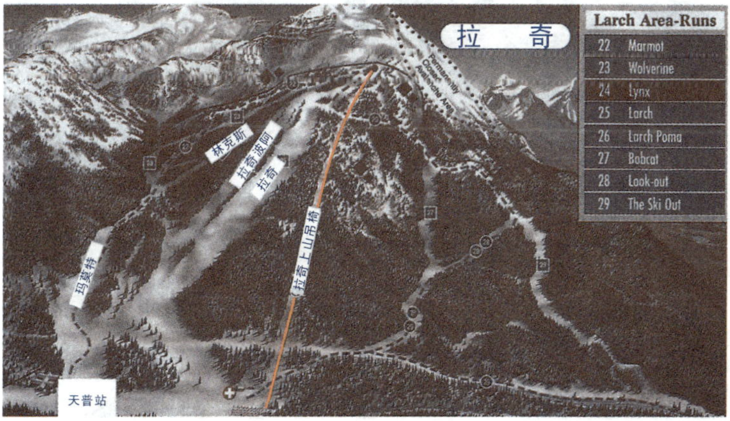

基本数据资料 路易斯湖 ● Lake Louise

滑雪季节:11 月上旬 ~5 月中旬

海拔高度差:992 米(2637 ~1645 米)

最长滑走距离:8 公里

滑雪场地: 初级 25% 中级 45% 高级 30%

滑道数:72 条

吊车:高速四人乘吊椅 3 座,三人乘吊椅 2 座,双人乘吊椅 3 座,大型升降车 1 座,牵引滑行上山道 1 条,缆车 1 座。

运载能力:16400 人 /小时

年平均积雪量:360 米

营业时间:8:30 ~16:00

吊车费:1 日券一般$39.50、学生$35。

联系地址: Skiing Louise, P.O.Box 5, Lake Louise,AB TOL1EO

电话:(403)522 -3555

积雪情报:电话(403)244 -6665

PANORAMA ● 帕诺拉玛

Panorama 滑雪场位于加拿大落基地区的不列颠哥伦比亚省一侧,班府西南 160 公里处。自 1985 年承办了男子滑降世界杯大赛以来,倍受瞩目,海拔高度差达 1311 米,位加拿大落基地区各滑雪场之首(北美第 2)。雪质为清爽的粉雪,滑道多达 120 条,是进行高山滑雪的圣地。另外,还建有休养娱乐村。只要能确保交

通，定不枉一游。除此之外，还有长达 22 公里的越野滑雪场。

ACCESS 交通

乘坐 Greyhound 的巴士可到达不列颠哥伦比亚省的 Invermere，从卡尔加里出发约 4、5 小时。从 Invermere 到滑雪场 18 公里，乘出租约 30 分钟。

自行驱车前往，可由班府经库特内上 93 号国道（国道边立有路标），2 小时左右可以到达。

●滑雪用品租借

须持身份证。3 件一套 1 天$18，第二天以后的租金折价收取。

●滑雪学校

集体课程 1.5 小时成人$24。个人辅导 1 小时$42。

●高山滑雪

■R. K. Heli – Ski Panorama Inc.

电话（604）342 – 3889

●Panorama Village 介绍

作为休养地的 Panorama，在滑雪场旁边设有度假村，建有餐厅、俱乐部、冰场、露天浴池、游泳池、高尔夫球场、礼品店、商店、婴幼儿看护服务站、饭店、旅馆等，各种施备齐全。

●饭店预约服务中心

Panorama Canada's Alpine Resort

P. O. Box 7000, Invermere, B. C. V0A1K0

电话（604）342 – 6941、（403）269 – 9500（卡尔加里）/（1 – 800）663 – 2929

基本数据资料　帕诺拉玛　● Panorama

滑雪季节：12 月中旬 ~4 月中旬

海拔高度差：1311 米

最长滑走距离：8 公里

滑雪场地：初级 20%、中级 /高级 55%、特级 25%

滑道数：32 条

升降机：8 台

运载能力：7000 人 /小时

年平均积雪量：2.79 公里

营业时间：9:00 ~16:00

升降机费：1 日费$39、半日券$30

联系地址：Panorama Resort, Panorama, B.C.V0A 1T0

电话：(604)342 – 6941

传真：(604)342 – 3395

MARMOT BASIN ●马莫特盆地

位于贾斯珀西南约19公里，驱车20分钟即到达。雪量丰富，雪质是出类拔萃的优质粉雪，场地简单明了，便于记忆。

首先，从洛华 Lodge 乘升降机上行，从停机处，有多条线路延布于针叶林中，大部分是适合中级水平的。

从位于半山腰处的阿帕 Lodge 再乘坐三人乘升降机上行，就可看到宽广开阔的斜面。

升降机线路正下方是适合高水平的线路，与之平行的还有适合中级水平的平整滑道及初学者适用的迂回滑道。

一直通向马莫特山顶的粉雪场地是供高手使用的。从海拔2417米高处滑下，海拔高度差达700米，滑道长5、6公里，很令人心悸。

此滑雪场轻闲舒适，毫不拥挤，无论是初学的儿童，还是熟练的高手，都可在此悠然自在地消磨时光。

ACCESS 交通

Brewsten 的巴士每日往返于贾斯珀与 Marmot Basin 之间，每天上午7:50、9:50(每周五、六、日上午另加11:30)由 Tasper Park Lodge 始发，并前往各大饭店搭载客人，返回时于16:15(周五、六、日为13:15)由 Marmot Basin 出发。另外 Greyhound 还有直通巴士从埃德蒙顿发出。

●滑雪用品租借

3件一套1日$17左右。

●滑雪学校

每天讲习2次，时间分别为10:15与13:45。费用:集体课程1日$22~。

●Marmot Basin Village 介绍

村内建有咖啡屋、滑雪学校、滑雪用品租借处、礼品商店及旅馆(2家)等。各种店铺齐全，但住宿施设不很完备，因此，滑雪者一般在贾斯珀投宿。具体情况请参阅贾斯珀的饭店一节。

基本数据资料 马莫特盆地 ● Marmot Basin

滑雪季节:12月上旬~4月下旬

海拔高度差:701米(2417~1716米)

最长滑走距离:5.6公里

滑雪场地:初级35% 中级35% 高级30%

滑道数:52条

吊车:四人乘吊椅1台，三人乘吊椅1台，双人乘吊椅3台，牵引滑行上山道2条。

运载能力:10187 /小时

营业时间:9:00~16:30

吊车费:1日券$30~35，2日券$60~70(依时而异)。

联系地址:Ski Marmot Basin P.O.Box 1300,Jasper,AB T0E 1E0

电话:(403)852-3816

传真:(403)852-3533

积雪情报:电话(403)488-5909(埃德蒙顿)

B. C. EAST

不列颠哥伦比亚省东部 坎卢普斯及奥卡那干地区的滑雪场

在温哥华与加拿大落基地区中间一带，有几个不错的滑雪场，虽不很著名，但海拔高，雪质好，只要解决了交通问题，是非常值得一游的滑雪场。在坎卢普斯有原名为特德芒田的太阳峰 Sun Peaks，在奥卡那干有大怀特 Big White、银星 Silver star 等著名的滑雪场。

BIG WHITE ● 大怀特

位于奥卡那干溪谷、奥卡那干湖边小城 Kelowna 以东 54 公里处。设备齐全、路线齐整，是不列颠哥伦比亚省海拔最高的滑雪场，雪质出色，山顶有名景树挂，景色优美。自从增设了 4 人乘高速升降机后，不必换乘便可直达山顶。此外，还有越野滑雪场地。

ACCESS 交通

先乘 Greyhound 的巴士或乘飞机到 Kelowna，注意没有通往 Kelowna 的公共交通设施。再从 Kelowna 乘出租车前往（单程$50）。若事先已通过 Big White Central Reservations 办理预约住宿，则可乘坐从 Kelowna 机场或汽车站开出的区间车，所需时间为 1 小时。若自己租车由温哥华方向前往，则沿 1 号线向东行驶，于 Hope 处进入 3 号线，再从 Keremeos 进入 3A 道，最终到达 97 号线，距离约 450 公里，需行驶 6 小时。

■ Mountainview Bus Lines

电话(604)765－1800

早晨由 Kelowna 出发前往滑雪场，下午返回 Kelowna。此区间车 1 日往返 1 次。

●滑雪用品租借

一套三件，租金为普通品 1 天$24、2 天$44，高级品 1 日$38。

■ Brian James Ski'n Surf

电话(604)765－2291

此店位于设有 Summit Chair 乘坐站的 Alpine Centre 处。

■ Big White Rental & Repair Shop

电话(604)765－3101

位于 Village Plaza 的中心 Whitefoot Lodge 旁边。此店还办理滑雪用品维修业务。

●滑雪学校

含滑雪用品租借费及缆车费每课（1.5 小时）每人$29.95。

●Big White Village 介绍

作为游览胜地，Big White 拥有滑雪娱乐村，并建有住宿设施、餐厅、桑拿、游泳池、商店、婴幼儿看护服务处等。

●饭店预约中心

Big White Central Reservations

P. O. Box 2039, Station "R" Kelowna, B. C. V1X 4K5

电话 (064) 765-8888/(1-800)663-2772(加拿大西部)

该度假村内共有饭店9家，其中以带厨房的私人出租公寓为主。设备齐全，附有桑拿、投币洗衣店、取暖炉、餐厅、游泳池，还有网球场、羽毛球场等。订房间时还赠送缆车券，方便实惠。在Central Reservations预约住宿，还能乘坐Kelowna发出的区间车。价格因季节而变化，12月中旬到年底及2、3月份较贵。

基本数据资料 大怀特 ● Big White

滑雪季节: 11月中旬~4月中旬

海拔高度差: 625米(2250~1625米)

最长滑走距离: 5公里

滑雪场地: 初级20% 中级61% 高级19%

滑道数: 51条

吊车: 四人乘吊椅4座，三人乘吊椅1座，双人乘吊椅1座，牵引滑行上山道1条，缆车1座。

运载能力: 15000人/小时

年平均积雪量: 6米

平均气温: -4℃(滑雪季节)

营业时间: 白天9:00~15:30 晚场(周二~周六)17:00~21:00

吊车费: 1日券$42，2日券$84，晚场券$15，含晚场的一日券$48。

联系地址: Big White Ski Resort Ltd. P.O.Box 2039, Station "R" Kelowna B.C.V1X 4K5

电话: (604)765-3101

SUN PEAKS ● 太阳峰

位于坎卢普斯东北约40公里处，原名特德芒田，后为日本公司购买而更名为Sun Peaks。并增建了2台四人乘吊椅及餐厅，增修了家庭滑雪场等新设施后重新开放。这以前由于交通不便，光顾的多是当地滑雪者。之后经过开发筑路，从温哥华驱车只需4小时便可到达，非常方便。此滑雪场海拔高度差近900米，滑道丰富多样，适合从初级到高级的各级水平。最长滑走距离长达8公里。

ACCESS 交通

若自己租车前往，则从坎卢普斯(Kamloops)走通往Jasper的5号线，约20分钟，之后依路标左拐，20分钟便可到达。另外，乘Pacific Western Air Lines、Air BC的飞机、VIA铁路及Greyhound的巴士均可到坎卢普斯。乘Greyhound的巴士前往，从温哥华出发需4小时，由班府出发约7小时。从坎卢普斯前往滑雪场可乘巴士或租车，约40分钟。

●滑雪用品租借

用品3件一套每日租金为$18.42。租借者请到滑雪场内的值班室申请。

●滑雪学校

含滑雪用品租金2小时$25。请到滑雪场内的值班室报名。

●Sun Peaks Village 介绍

滑雪场内有旅馆2家，Lower Base的Burfield Lodge内设有停车场及咨询服务处，并办理B&B预约。Upper Base的Shuswap Lodge内有滑雪保卫人员常驻。由于有区间车定期往返于坎卢普斯与滑雪场之间，因此，滑雪者多居住于坎卢普斯。在那里，可以引餐厅享用美味佳肴，到商店购物，享受夜生活。

基本数据资料　太阳峰　● Sun Peaks

滑雪季节:11月中旬~4月中旬

海拔高度差:867米(2077~1210米)

最长滑走距离:8公里

滑雪场地:初级24%　中级54%　高级22%

滑道数:63条

吊车:四人乘吊椅2座,三人乘吊椅1座,双人乘吊椅1座,牵引滑行上山道1条,缆车1座

运载能力:6371人/小时

营业时间:9:30~15:50

吊车费:1日券$42

联系地址:Sun Peaks Resort Corporation P.O.Box 869 Kamloops, B.C.V2C 5M8

电话:(604)578-7843

传真:(604)578-7842

积雪情报:电话(604)578-7232

NAKISKA ● 纳科斯卡

位于班府东南约83公里处,是1988年卡尔加里冬季奥林匹克运动会的山区会场,并因此而闻名。

忽左忽左，忽缓忽急，富于变化的30条滑雪线穿延于针叶林中。不论是初学者,还是滑雪高手,都可在此找到合适的线路。体会一下奥运会选手的感觉挑战长5公里的滑线,别有乐趣。

在落基地区的滑雪场中，这里并非热门。由班府驱车1小时便可到达,因此可以当日往返。由班府开出的滑雪专用巴士一周两次。

基本数据资料　纳科斯卡	● Nakiska
滑雪季节:12 月 ~4 月中旬	**运载能力**:8620 人 /小时
海拔高度差:760 米	**营业时间**:9:00 ~16:00(周末 8:30 ~)
最长滑走距离:3.2 公里	**吊车费**:1 日券$34
滑雪场地: 初级 16%　中级 70%　上级 14%	**联系地址**: Ski Kananaskis, P.O.Box 1988, Kananaskis Village AB TOL 2H0
滑道数:30 条	**电话**:(403)591 -7777
吊车: 四人乘吊椅 2 座、三人乘吊椅 1 座、双人乘吊椅 1 座。	**积雪情报**:电话 (403)235 -9191

BRITISH COLUMBIA

不列颠哥伦比亚省

省会： 维多利亚

时间： 太平洋标准时间（东北部分地区除外） 与北京时差 -18 小时

省税： 商品税 7%，住宿税 8%（温哥华、维克多利亚及韦斯勒为 10%）

VANCOUVER

温哥华
BRITISH COLUMBIA

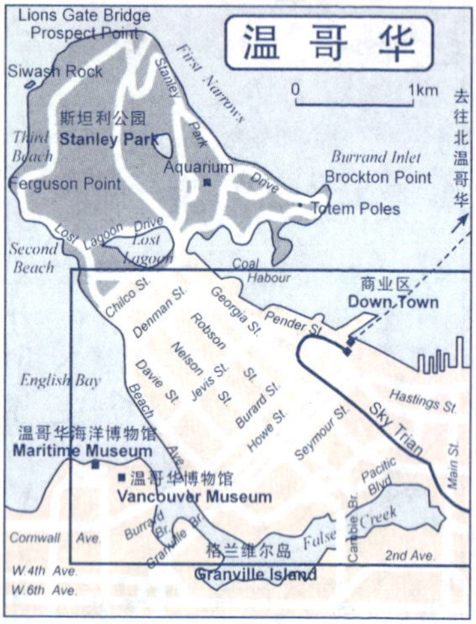

通往加拿大西部的门户——温哥华，是一个将都市文明和自然美景和谐地集于一身的美丽城市。耸立在商业区的一座座高层建筑，显示了这座继多伦多、蒙特利尔后的加拿大第3大城市的经济实力。而散布于市内各处的充满绿色的公园，则洋溢着恬静的气氛。

温哥华的气候由于受北太平洋暖流的影响，再加上东部连绵的落基山脉挡住了美洲大陆而来的寒冷干燥的空气，因此四季宜人。

另外，温哥华还是有名的移民城市、国际都会。漫步市区，你会遇到英裔、德裔、华裔、印裔等众多人种。

丰富多彩的自然条件与现代化大都市的魅力，吸引着世界各方来客。

ACCESS 从机场到市内

温哥华国际机场 ● Vancouver International Airport

位于温哥华市中心西南约15公里处。出国、转机时，需购买机场建设费(AIF)，且必须在机场候机楼内的自动售票机或AIF服务处购买。不列颠哥伦比亚省内为$5、不列颠哥伦比亚省以外的北美地域(含夏威夷、墨西哥)为$10、北美地区以外为$15。

温哥华机场国际航线入港厅（1F）

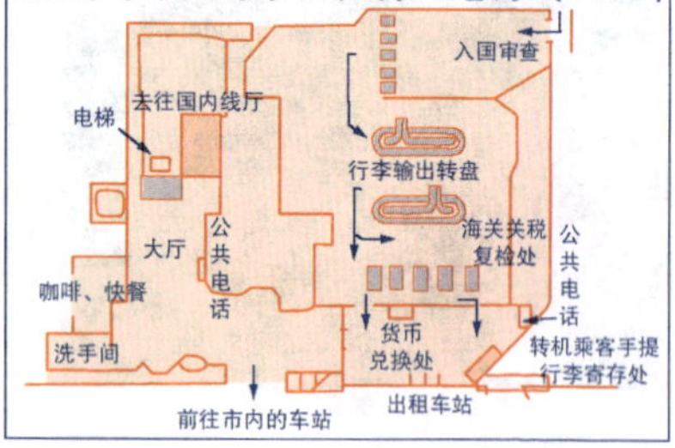

●机场巴士/Airport Express

运行于市内的主要饭店与机场之间，从6:15～22:30每15分钟一次，22:30～24:30每30分钟一次。取好行李，

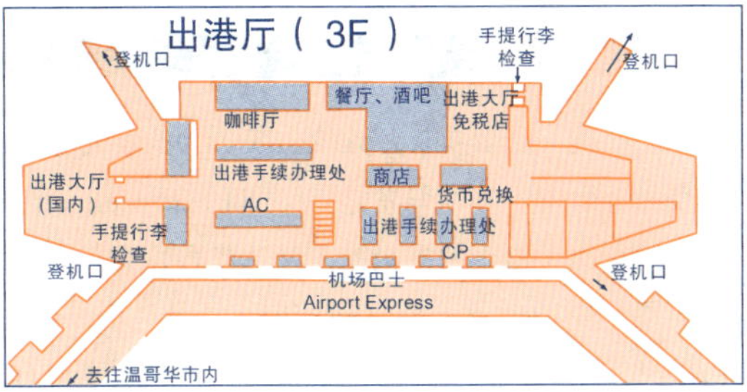

走出 2 层的出口，左侧是 Airport Express 的接待站，右侧便是机场巴士的车站。在标识牌附近等待即可。车费也可在车上交付，费用为单程$9.25，往返$18。到市中心约 30～50分钟。

●市内巴士

出机场 3 层大门左后方便是市内巴士站。

先乘坐#100 路车，从司机处购买 Transfer Ticket，在 Granville St. 与 70th St. 交叉处换乘#20 路汽车，便可到达市中心。但是，#100 路车发车间隔为 15～60 分钟。因此，若站内无车，最好确认下趟车的发车时间。车费为高峰期$2.25，低峰期$1.50，运行时间 1 小时。

●出租车

$20～25，约 20～30 分钟即可到达市中心。

ACCESS 从汽车站、地铁站到市内

Greyhound、PCI、Maveric 等长途汽车乘车站已移至 Sky Train 的 Main St. 站附近的铁路站内，唐人街以南约 1 公里处。去市中心乘 Sky Train 比较方便，坐向北行驶的 Waterfront 方面的列车，在 Granville 站，Burrand 站一带下车就到了市中心。若乘市内巴士去市中心、唐人街、Robson 大街等地，坐#3、#8、#19 巴士较便利，但是去 Robson 大街只能乘坐#3。

INFORMATION 旅游问询处

Vancouver Travel Infocentre

Plaza, Waterfront Centre, 200 Burrand St. Vancouver, B. C. V6C 3L6　电话 (604)683－2000　传真(604)682－6839

与 Waterfront Hotel 在同一建筑内，沿 Burrand St. 向大海方向行进到街尽头便到。提供周边各地旅游地图、传统文化活动简介及市内交通情况。另外，还有饭店及 B&B 名单。

营业时间：(夏)每日 8:00～18:00　(冬)星期一～六 8:30～18:00

WALKING 游览方法

市中心是位于罗布森大街(Robson St.)与豪大街(Howe St.)交叉处的罗布森广场。隔一个街区,是车水马龙,热闹非凡的 Granville 大街。沿 Granville 大街向大海前行,就到了海上巴士的乘坐站。从这里再往右拐,是观光中心 Gastown。在市中心,只要记住 Robson 大街、Granville 大街及与 Granville 大街平行的 Burrard 大街的位置关系,就不会迷路。再记住青铜屋顶的温哥华饭店(Hotel Vancouver)及大型商场伊通斯(Eaton's),就可以非常容易地辨明自己所处的位置了。问路时,也可将这几处主要地点作为基点。高级饭店、餐厅、商店、礼品店汇集的商业区道道相连,路路相通,方向易辨,可以先在此处漫步闲游,以熟悉温哥华的地形。

TRANSPORTATION 市内交通工具

温哥华的主要交通工具有市内巴士、Sky Train 铁道、海上巴士等三类。均为 B. C. Transit 经营。车费实行区域收费制,在一定的区域内各类车费均相等。因此,持可换乘车票,在 90 分钟内,可凭此一票由市内巴士转乘海上巴士、由 Sky Train 转乘市内巴士,自由转车。

海上巴士

为迅速了解并合理利用各类交通工具,可到街上的昼夜店、书店或 Sky

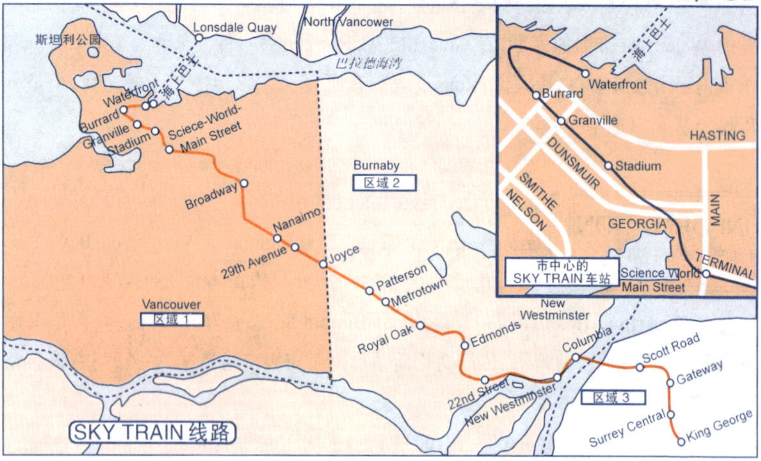

车费

	第一区	第二区	第三区
Peak 车费	$1.50	$2.25	$3.00
Off Peak 车费	$1.50	$1.50	$1.50
Fare Saver(10张)	$13.75	$20.50	$28.00

Peak：早9：30以前及15：00～18：30

Train 车站等处花$1.50购买《温哥华交通状况介绍》(Transit Guide〔Vancouver Regional Transit System〕)一书。另外，Day Pass 车票，在当日可随意搭乘任何路线。但周六、日及假日可全天使用，平时限于9:30～15:00之间。此车票可在 Sky Train 车站或海上巴士站购买，费用为$4.50。也可在旅游服务中心及昼夜店购买自行勾画日期的 Day Pass 车票。除单张车贾外，还有 Fare Saver 10张套票及 Fare Card 月票。但对旅游者来说并不实用。

从自动售票机购买车票时要注意，先按下标"Zone"的按纽再投钱。

蓝天列车 Sky Train

由计算机操纵的全自动铁道，颠簸小，噪音少，车速快。从海上巴士始发站 Waterfront 站到终点 King George 站，运行还不到40分钟。在商业区驶于地下，在 Stadium 站附近驶出地面。门自动开关。运行时间：从周一到周六，每天凌晨至深夜每隔5分钟一趟，周日各站均为8:00始发，结束也比平时早一小时。费用实行区域收费制，学生半价。

海上巴士 Sea Bus

往返于连结商业区的 Waterfront 站与北温哥华的 Lonsdale Quay 站之间海上的渡船，称为海上巴士。从海上巴士眺望商业区、Stanley Park，景色优雅别致，其夜景也浪漫美丽。车费为$1.50。

运行时间：从周一至周六6:00左右～深夜0:45左右，周日8:00左右～23:15左右。运行间隔：周一至周五傍晚以后、周六上午10时以前及傍晚以后、周日及假日每30分钟 次，除此之外为15分钟一次。

市内巴士 City Bus

温哥华的巴士路线广延至市内及郊外的各个角落，交通发达，方便快捷。如何合理巧妙地利用巴士，是实现高效旅游的关键。巴士与无轨巴士都是前门上车、后门下车。

市内车费几乎都是$1.50，上车后将车费投入司机座边的 Fare Box 内，注意车上不设找赎，需自备零钱。若在90分钟以内需换乘其它车辆，上车时对司机说明"Transfer, please"，就可以得到一张通用券。车内原则上不报站名，因此，可事先将目的地通知司机，请其提醒下车，也可依地图自行解决。

即将到下车前，只要轻拉座位后的绳子通知司机到站即可。待车停稳，从后门下一级台阶，车门就会自动打开。

商业区 Granville 大街上的 Pender 与 Nelson 之间的 5 个街区叫做 Granville Mall，白天为巴士专用道路，其它车辆禁止通行，主要线路的巴士皆穿行于 Granville 大街，乘市内巴士观光，可以此大街作为起点。

SIGHTSEEING 主要景点

商业区及其周边地区

罗布森大街 Robson Street

罗布森大街位于商业区中心，是购物及用餐的好去处。曾经有很多德裔移民在此聚居，因此被称为 Robson Strasse。现在，在 Granville 大街以西的数街区中，沿街汇集着 Eaton's 等商场及多家名牌专卖店。还能看到将桌子摆上大街的路边咖啡屋。在与 Howe St. 交汇处的罗布森广场(Robson Square)地下，还建有快餐厅。午餐时刻，这里会挤满用餐及购物的人。

从 Thurlow 大街附近到 Stanley Rark 这条街边也餐厅云集，在这里可以享受高级法国料理、意大利比萨饼、日本料理等各国风味，还有深受年轻人喜爱的时装店。

在这条充满明快轻松的都市氛围的街道上，就算只是散散步，也是一种享受，你会感到身心放松、心情愉快。到了深夜，这里依然热闹繁华，游客可放心大胆地在此漫游。

格兰维尔大街 Granville St.

这是一条密布着商店和电影院的繁华街。它与 Geongia 大街相交的路口是最热闹的地方。沿街有两大商场——Eaton's 与 The Bay。周末，购物者纷纷前来，热闹非凡。这条大街的地下是名为 Pacific Centre Mall 的大型购物中心。

温哥华美术馆 Vancouver Art Gallery

750 Hornby St. 电话(604)682－5621

位于罗布森广场一层中央，是石造建筑物。本是作为法院建造的，1911 年改建为美术馆。馆内分两层，主要以加拿大及不列颠哥伦比亚省的著名艺术家的作品为主。在馆内的商店里，可能会发现物美价廉的小卡片或装饰品。另外，二层的自助咖啡屋也值得一去。温暖的日子，在屋外排上桌子，插上洋伞在蔚蓝的天空下进餐，其乐无穷。

Cafe 电话(604)688－2233 Shop 电话(604)682－2763

开馆时间：周一、三、五、六 10:00～17:00(周四到 21:00)

周日及节假日 12:00～17:00 周二休息(夏季照常开放)

贾价：成人$5.00，学生$2.50

卡斯特城 Gastown

Gastown 作为温哥华的发祥地而闻名。它从 Harbour Centre 东部一直延伸到 Maple Tree Square，是一条展现 19 世纪街衢的石铺街道。这里的名景便是耸立于 Water 大街与 Cambie 大街交叉口处的罕见的蒸气钟，每隔 15 分钟，它便用汽笛船的声音奏响加拿大国歌。另一有名景物，便是矗立于 Maple Tree Square 中央的 Gassy Jack 的铜像。温哥华发祥地 Gastown 这个名字即由此名而来。

蒸气钟

Gassy Jack 铜像

1867 年，一位名叫 John Deighton 的人，带着他的印第安妻子、几只鸡、一点家具、一条狗和一桶威士忌在温哥华登陆了。这便是温哥华地区发展的开始。口齿伶俐、喜好交际的 Johu Deighton 被人们称为 Gassy Jack(能说会道的 Jack)，并成为街上的名人，受到大家的喜爱。于是这一带便用他的名字命名为 Gassy's Town(或称 Gastown)。

1886 年，这一带遭受火灾，烧成一片废墟。第二年，加拿大大陆横断铁路的开通，成为温哥华地区发展的契机。20 世纪 60 年代以后，实施了 Gastown 重建计划，改建了 19 世纪单调乏味的饭店及仓库，建成了如今仍飘溢着 19 世纪古温哥华气息的优美亮丽的旅游胜地。

唐人街 Chinatown

在加拿大的主要城市都有唐人街，温哥华唐人街的规模仅次于美国旧金山唐人街，居北美第二位。居住于此的华裔祖先是于 19 世纪左右追赶加利福利亚淘金热潮离开祖国，后又北上加拿大寻金，而在此落脚的。之后由于 Canadian Pacific 铁道的建

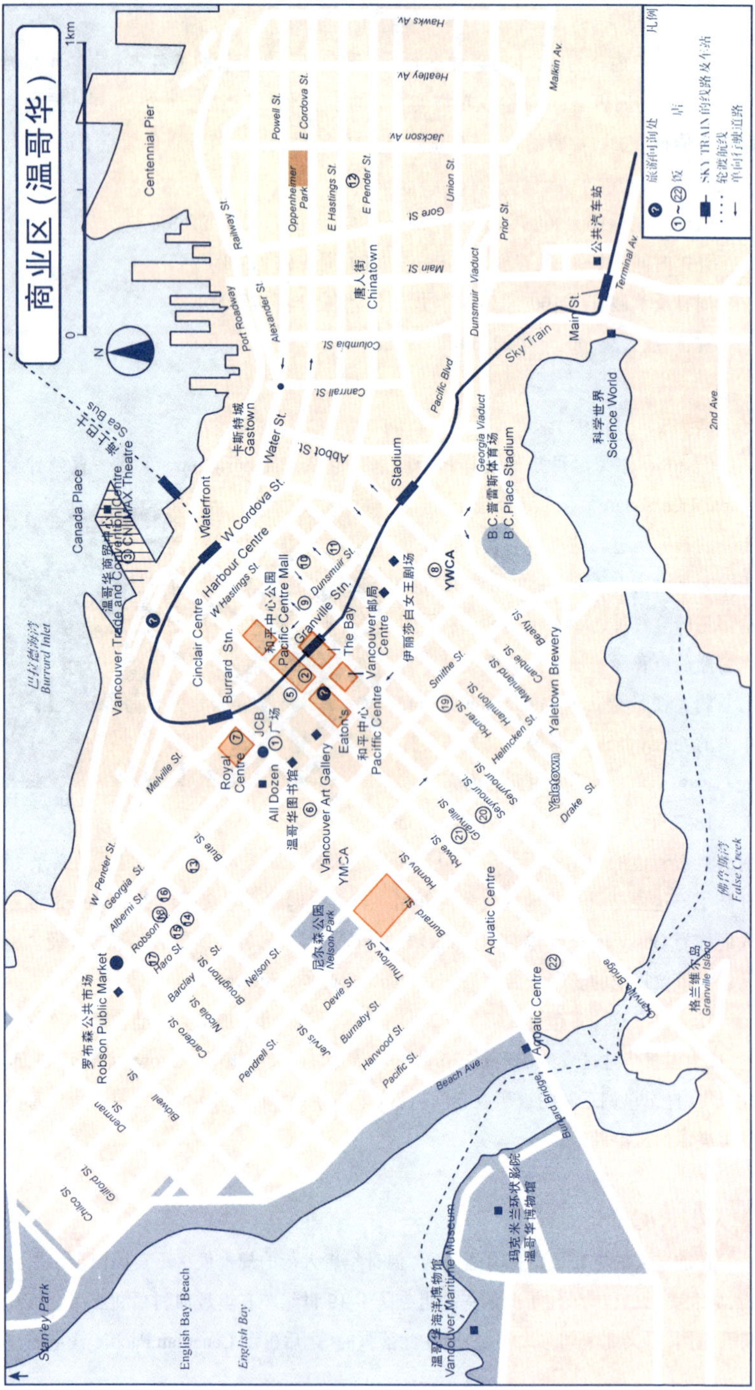
商业区（温哥华）
0
1km
N
Centennial Pier
Canada Place
温哥华商贸中心
Vancouver Trade and Convention Centre
③ CN IMAX Theatre
海上巴士
Sea Bus
巴拉德海湾
Burrard Inlet
Waterfront
W Cordova St.
Harbour Centre
Cinclair Centre
Burrard Stn.
Granville Stn.
W Hastings St.
和平中心公园
Pacific Centre Mall
Dunsmuir St.
The Bay
Vancouver邮局
Centre
伊丽莎白女王剧场
YWCA
Stadium
卡斯特城
Gastown
Water St.
Abbott St.
Carrall St.
Columbia St.
Alexander St.
Port Roadway
Railway St.
Powell St.
E Cordova St.
Oppenheimer Park
E Hastings St.
E Pender St.
唐人街
Chinatown
Main St.
Gore St.
Union St.
Jackson Av.
Heatley Av.
Hawks Av.
Malkin Av.
Prior St.
Dunsmuir Viaduct
Georgia Viaduct
Pacific Blvd
Sky Train
Main St.
Terminal Av.
公共汽车站
科学世界
Science World
2nd Ave.
B.C.普雷斯体育场
B.C.Place Stadium
Beatty St.
Cambie St.
Mainland St.
Hamilton St.
Homer St.
Smithe St.
Helmcken St.
Yaletown Brewery
Yaletown
Seymour St.
Granville St.
Drake St.
Howe St.
Hornby St.
Burrard St.
Thurlow St.
和平中心
Pacific Centre
Eaton's
JCB
广场
Royal Centre
All Dozen
温哥华图书馆
Vancouver Art Gallery
YMCA
Melville St.
W Pender St.
Georgia St.
Alberni St.
Robson St.
Haro St.
Bute St.
Barclay St.
Broughton St.
Nelson St.
尼尔森公园
Nelson Park
Nicola St.
Cardero St.
Bidwell St.
Denman St.
Gilford St.
Chilco St.
罗布森公共市场
Robson Public Market
Pendrell St.
Jervis St.
Davie St.
Burnaby St.
Harwood St.
Pacific St.
Beach Ave.
Aquatic Centre
Burrard Bridge
Granville Bridge
格兰维尔岛
Granville Island
佛洛斯湾
False Creek
玛克米兰环状影院
温哥华博物馆
温哥华海洋博物馆
Vancouver Maritime Museum
Stanley Park
English Bay Beach
English Bay
凡例
旅游问询处
①~㉒ 饭店
SKY TRAIN的线路及车站
轮渡航线
单向行驶道路

筑工事，使得更多华人能居于此。

Pender 大街与 Main 大街交叉点周边的街道，树立着一块块写着汉字的标牌，令人有一种回到中国的错觉。特别是在周末，很多中国人来此购物、品茶，使这里更加热闹繁华。这里餐厅众多，从规模宏大的一流餐厅到小巧玲珑的庶民饭馆，应有尽有。在此特向您推荐午茶。一般午茶的服务方式是服务员推着移动餐车，送来烧茶及粽子、包子、甜点等各色点心，客人可以随意挑选，几人分食亦可。在一般的小吃店，加小费花上$7 左右便可尽情饱餐一顿，喝茶时间大约在 11:00 ~ 14:00 时，这段时间每个餐厅都会客满。因此在 11 点就早早地前去最为保险。此外，卖面食的餐馆也很多，最适合便餐。

唐人街附近的 Powell 大街是日本人街，但如今已失去其往日的活力，显得清冷萧条。另外，在夜晚路人稀少的时候，唐人街一带治安不太好，要注意安全。

中山公园 Dr. Sun Yat – Sen – Classical Garden

Pender 大街与 Carrall 大街的交叉点是唐人街入口，被称为唐人街象征的中山公园就坐落于此。这是一座明朝样式的中国传统式庭园，围墙之中是一处与外界迥异的世界。安稳恬静的气氛使游人心境安宁平和，入园免费，但进入馆内需付$4. 50。建筑物巧妙地再现了中国传统建筑的风格。其附属建筑内常举办盆景展及中国画展等展览会。此外还有礼品商店，出售中国陶器、中国茶、中国宝石等。

公园入口处的红门，是 1986 年万国博览会上中国馆使用的门，后由温哥华市赠送至此。中国传统节日春节时，园内举办舞龙活动，会有众多游人前来观看。

中山公园

海港中心城　Harbour Centre Tower

555 W. Hastings　电话(604)689－0421

位于海上巴士站附近，该建筑物楼顶形如 U-FO 飞碟，易于辨认。登上眺望台（Observation Deck），环视市内，可大致把握住温哥华街道的轮廓特色。此建筑高 167 米，到天线顶端 192 米。从展望台看下去，可看到 Stanley Park、市内各街道、港口及格劳斯山等山脉。环绕在商业区周围的绿林、海洋及山脉，勾画出一幅明丽和谐的美景，令人赞不绝口。此处晚间照常营业。因此，也可观赏夜景。建筑物地下是名为 Harbour Centre Mall 的购物中心。

票价：成人$6.00　学生$4.00

营业时间：眺望台：（夏季）8:30～20:30　（冬季）10:00～20:00

Harbour Centre Mall　周一至周六 10:00～18:00

电话(604)689－7304

加拿大广场　Canada Place

CN IMAX 剧场：201－999 Canada Place　电话(604)286－6363

作为温哥华的象征而为人熟知的 Canada Place，是 1986 年温哥华万国博览会的加拿大馆，如今是国际会议场。越过 Stanley 公园、Lions Gate 桥、Burrard 海湾遥望北温哥华，盘旋下降的水上飞机及海上渡船就近在眼前。这里是感受海港温哥华的最佳场所。

加拿大广场与巴拉德海湾

位于 Canada Place 里的 CN IMAX 剧场，银幕宽大，利用超高速摄影，比普通电影更有身临其境的感觉。比如《最后的野牛(The Last Buffalo)》就将本来已经非常生动形象的 IMAX 更进一步 3D 映像化，画面上的野牛、豹子等等仿佛跳出了银幕，一伸手便可触到，放映时间从中午到晚上 10:00 时左右，票价根据放映内容而定，大约是$10 左右。

斯坦利公园 / Stanley Park

位于温哥华西北部，是温哥华市民休憩娱乐的场所。一到周末，人们举家出游来此休闲。有的躺在草坪上看书，有的晒日光浴，有的散步，还有的人在长凳上野餐，各享其乐。

公园占地 400 万平方米。园内景观丰富，有长着千年古树的原始森林、玫瑰园、动物园、水族馆、迷你高尔夫球、网球场、海滨、郊游区、许多条安静清洁的小径及图腾柱，是放松消遣的好地方。

交通 若从商业区乘巴士前往，乘坐#19 Stanley Park 方向巴士到终点站下车即可。返回时则乘#19 Metrotown Station 方向巴士。该巴士每隔 12 ~ 20 分钟一次。另外，周六、日两天#52 Around the Park 巴士在公园周围绕行，每隔一小时一次，绕行一周约 30 分钟。要注意，不得在市内巴士上喝饮料、吃东西。从商业区步行前往斯坦利公园，需 30 分钟左右。

斯坦利公园周游线　Stanley Park Cycling Route

绕公园一周约10公里左右，可以步行游览其主要景点。但从公园入口处租借自行车游览观光更方便，园内有自行车兜风线路。骑在车上，左面是森林，右面是大海，风景优美。要注意，自行车是右侧行驶，线路为逆时针。骑车兜风之后，再去参观水族馆、动物园，时间足够。

在公园入口耸立着苏格兰诗人罗伯特·彭斯的像，再后面的坡上则矗立着昔日总督斯坦其勒的铜像。该公园本是印第安人所有地，后被政府以永久租借的形式收取。公园入口左侧的 Lost Lagoon 大池塘里，嬉戏着加拿大鹅、野生的浣熊、臭鼬等。这个池塘正如其名，过去曾是海水的一部分。入口右侧的考尔港，有游艇俱乐部、皮划艇俱乐部，还有俱乐部活动室。水域宽阔可停留300艘游艇。

●图腾柱

在公园内保存了一些精致生动的图腾柱，它们都是居于加拿大太平洋沿岸的印第安部落用红雪松雕刻而成的。

●九时炮/Nine O'clock Gun

过去，作为渔船入港的信号，每晚九时鸣炮，其名字便由此而来。

●布鲁克顿顶/Brockton Point

从这里眺望，景色绝佳，可以看到 Lion's Gate 桥、船舶、灯塔等。

●观景点/Prospect Point

从公园的最高点 Prospect Point 看去，Lion's Gate 桥近在眼前，在这里，可饱览北海滨的景色。1888年，不列颠哥伦比亚省最初的蒸气船 S. S. Beaver 号就在此处触礁的，其纪念碑尚存。这周围是一条条充满绿色的小径，时间允裕的话，不妨漫步森林，充分享受自然。

●空心树/Hollow Tree

这是一棵树龄达800~1000年的红雪松，树干巨大、中空。在海边，可看到传说中的岩石 Siwash Rock。

●费格森顶/Ferguson Point

这里有很受游人欢迎的餐厅 The Teahouse，其北面是 Third 海滨，虽然水温有些低，但最适合晒日光浴。

图腾柱

斯坦利公园里的骑自行车旅行者

自行车出租行 Renta Cycle

● Stanley Park Rentals(A. B. C. Rentals)

676 Chilco St.　　电话(604)681－5581

位于公园入口附近、Bus Loop旁边。自行车种类丰富,并负责调试,女孩子也可以借到合适的车。山地车1小时$7,4小时$21,1天$28。虽说可以只租借一小时,但周游公园一周1小时绝对不够。租借时需先交$30保证金,若预付信用卡的话可不交保证金(AMEX不可)。另外,随身行李虽可寄存,但建议您使用便于携带相机等贵重物品的简易旅行包。公园内商店不多,因此自带饮料、食品比较方便。

营业时间 8:00～21:00

● Action Vacuum　　1793 Robson St.　　电话(604)683－5648

位于Robson大街与Denman大街交叉处。这一带自行车租借行不少,并且最便宜。从公园步行约5、6分钟,租金约为Stanley Park Rentals一半。

儿童动物园及迷你铁路　Children's Zoo Miniature－Railway

斯坦利Stanley公园内曾有一小型动物园,但如今已完成了使命,走向停业。而儿童动物园(Children's Zoo)则是孩子们娱乐的场所。与其说这里是动物园,不如说它更像个农场。园内饲养着山羊、绵羊、猪、小马等家畜,小羊、兔子等可自由抚摸,非常有趣。入场费$2.50。

儿童动物园旁边,是游乐园中常见的迷你铁路。此铁路绕园一周,途经印第安村落、矿山小屋等。圣诞节期间,到了傍晚,迷你火车在彩灯装饰中拉响汽笛,可爱别致,不仅儿童,连成人也被其所吸引。

温哥华水族馆　Vancouver Aquarium

电话(604)682－1118

这是加拿大规模最大的水族馆。规模并不出众,但其展览方法却非常巧妙,连成人也会感到颇有收获。其特色是展览主题鲜明。比如,在亚马逊河展室,展示着毒蛙、背负着盔甲般甲壳的海龟、大蟒等,使人感到仿佛置身于亚马逊河边。有关北冰洋的展览很具加拿大特色。

地上部主要展出的是海栖哺乳类动物,有优雅游弋的逆　鲸、淘气的海獭。还有白鲸的叫声不时地在公园内响起。

开馆时间:(夏)9:30～20:00　(冬)10:00～17:30

贾价:成人$11

格兰威利岛 Granville Island

位于 Granville 桥下，最初曾是工业区，工厂转移后一度萧条冷清，后又重新开发建设，如今已成为一条充满活力的时髦街，商场、餐厅、剧院林立，是闲游漫步的绝佳去处。Granville 岛面积广大，稍做游览，时间很快就会过去。岛上商店营业时间各不相同，但公共市场一般夏季为 9:00～18:00。面对大海有不少雅致的小酒屋、餐馆，是年轻人下班后消遣放松的场所。

电话(604)666－5787

交通

市内巴士 从商业区乘坐#10、#20、#50、#51 等穿行 Granville 桥的巴士，在过桥后的第一站下车，下桥后即可看到入口。

渡船 电话(604)874－9930

渡船码头

在 False 湾，有 10 人乘渡船运行其间，从商业区乘船渡海也可到达 Granville 岛($1.50)。也可从 Hornby 大街尽头临海的 Aquatic Centre 乘船。另外，此渡船还驶

达建有海洋博物馆的 Vanier 公园。合理安排是一条不错的周游线路。

●公共市场/Public Market

货物齐全,品种多样,摆满了各种新鲜蔬菜、水果、海味及各国料理原料。各种食品琳琅满目,令人目不暇接。有印第安小吃(薰鲑鱼串)、绿浆果、香肠、奶酪等。可直接食用的热食也很多,边品尝边购物也别有乐趣。此外,还有一些新奇别致的百货,果酱、曲奇等易保存食品及礼品店没有的土特产。市场一角还设有快餐店,品种有三明治、中华料理、墨西哥料理、小鱼、油煎土豆片、海鲜、甜点等,从展示柜中选择装饰精美的小吃随意大口品尝,能感受到一种在高级餐厅无法体会到的放松感。

●海上市场/Maritime Market & Net Loft

均位于国营市场对面,在这由仓库改造而成的大楼内集中了杂货店、饰品店等各种小商店、百货店。与市场上出售的以实用为宗旨的日用品不同,这里的商品着重感官形象,追求时尚性和艺术性。海上用品专卖店很多,体育用品店也不少。

●格兰威利岛啤酒厂 /Granville Island Brewery

这是一家小型酿酒厂,颇受欢迎的 Island Lager 品牌啤酒即在此制成。从店铺的窗户可以看到里面的酿酒装置。过去还可以试尝新酒,但现在该项目已取消。

●艺术俱乐部剧院/Arts Club Theatre

这里举办演唱会、音乐会、时装展示会等。门餐摆放着演出日程安排广告及有关杂志。在此演出的以地方明星为主。

●儿童市场 Kids Only Market

从外面看上去,店内红红绿绿,色彩斑斓,非常吸引人。这里集中了出售玩具、儿童服装等各种儿童用品的小商店。

格兰威利岛的餐厅

公共市场

万尼尔公园周边

温哥华博物馆　Vancouver Museum

1100 Chestnut St. 电话(604)736－7736

此博物馆是为纪念加拿大建国100周年，于1967年建造的，屋顶为伞状，建筑风格独特。主要展出温哥华及其周边地区的历史发展资料。

历史展厅(Historical Gallery)再现了各个不同时期加拿大住宅的室内景象，也反映了当时的流行趋势。另外，毛皮交易所、矿山、铁路施工现场的展览，展示了加拿大的发展历程。

印第安展厅(Indian Gallery)展出了西北海滨印第安人的生活用品。一般的人类学博物馆多以物品展览为中心，而这里则着重再现当时的生活方式。因此，通过展览，可以深刻了解到完全不同于西部剧中表现出来的平原印第安人的加拿大西北海滨印第安人的生活。

二层的玛克米兰环状影院(H. R. MacMillan Plane Tarium)　(电话(604)736－3656)拥有北美最先进的设备，360度的圆顶环状银幕电影逼真动人。晚上还放映影碟。

开馆时间：每日10:00～21:00　冬季～17:00周一休息　入场券$5　学生$2.50

交通 从市中心的 Burrard 大街乘坐#22 McDonald 巴士，过 Burrard 桥后的第一站下车。沿巴士行进方向左侧的海边步行5分钟即可到达。巴士大约运行15分钟。

温哥华海洋博物馆　Vancouver Maritime Museum

1905 Ogden Ave. Vanier Park　电话(604)732－2211

此博物馆以温哥华与海的关系为主题。陈列于玻璃建筑内的 St. Rock 号是其最重要的展品。此船建造于1928年，负责巡逻北冰洋，为驻在加拿大北岸的分遣部队输送补给物资。初次航海，从西海岸的温哥华出发，环绕北级，最终到达东部的哈利法克斯，历时27个月。第二次，由西向东航行了86天，之后经巴拿马运河沿南线返回西海岸，完成了航海史上首次环北美一周的伟大壮举。

参观 St. Rock 号船，须加入约20分钟的团体导游，每半小时一批。船内放置了罐头等食品以及生活用品等，形象逼真地再现了当时的情景。

St. Rock 号的甲板

交通 从市中心的 Burrard 大街乘市内巴士#22 McDonald，过 Burrard 桥在 Cornwall Ave. 下车，步行约5分钟即到。位于温哥华博物馆及环幕影院旁边。小型渡船也可到达。

开馆时间：每日 10:00～17:00　冬季周一休息

票价：成人$5、学生$2.50

■温哥华郊外

伊丽莎白女王公园　Queen Elizabeth Park

Cambie at 33rd Ave.　电话(604)872－5513

从商业区南行约5公里处，有一小型高丘，是市内海拔最高点。伊丽莎白女王公园就建在这座高丘上。这里四季鲜花盛开，视野开阔，可越过市中心的高层建筑群眺望大海，颇具魅力。

最初这里是杂乱的采石场，经过开发建设，而成了开满鲜花的高丘，1940年为纪念伊丽莎白女王访问温哥华，将此地命名为Queen Elizabeth Park(伊丽莎白女王公园)。140英亩的公园内，巧妙地利用斜坡种植了各种鲜花，草坪与树木搭配和谐，景色秀丽。春秋时节，玫瑰园飘出甜郁的香气，沁人心脾。这里还是拍摄结婚照的好地方。周末，身披婚纱的新娘给公园增添了一道华丽的风景线。

在公园的最高处建有一座圆顶玻璃建筑——热带植物栽培室(Bloedel Conservatory)。即使在严冬，室内也是百花齐放。这里集中了约500种热带植物，展现了热带原始森林与沙漠的景象。此外，还有约50种鸟在空中自由飞翔，充满活力的鲤鱼在池塘里悠然嬉戏。

交通　从商业区的Granville大街的Granville Mall搭乘#15 Cambie巴士，在Cambie大街33rd Ave.下车，20分钟便可到达。

票价(温室另收费)：成人、学生$3.00　儿童$1.50

开放时间：(夏)10:00～21:00　(冬)10:00～17:00

文杜森植物园　VanDusen Botanical Gardens

5251 Oak St.　电话(604)266－7194

植物园位于伊丽莎白女王公园以西1公里，是温哥华最大的植物园。

园内有多条小道，绕园一圈可看到世界各地的植物。有日本庭园、中国园林，及浮在池塘上的木桥Floating Bridge。美丽清爽的莲花令人想起莫奈的名画。为照顾盲人，有些植物可触摸。还有专门品味芳香的香草园。万圣节前夜，这里将举办南瓜品评会；圣诞节时，则建造圣诞花园(Christmas Garden)，装上各色各样的彩灯。另外，这里的礼品店和餐厅也很漂亮。

交通　可从Queen Elizabeth公园步行，或从市中心Burrard大街搭乘#17 Oak巴士，在Oak St.与36th Ave.的交叉口下车。

开放时间：(夏)10:00～日落　(冬)10:00～16:00

票价：$4.50(冬季$2.20)　儿童$2.25

■不列颠哥伦比亚大学　University of B. C.

■不列颠哥伦比亚大学校园面积达1000英亩，学生4万人，是加拿大西部规模最大的大学。在绿树成荫的校园里，分布着8个学院、9个研究所，拥有1200万册藏书的图书馆、高尔夫球场、健美中心等。

进入校门，右侧的联合大楼(SUB)是学生交流信息的场所。Box Office、Travel Cut 等旅行社也设在里面，从这里可以得到关于不列颠哥伦比亚大学的介绍。地下有价廉味美的咖啡屋，对外开放。学校大门左手的书店，出售印有 UBC 标记的文具，及 UBC 大学校园导游图。

交通 从市中心的 Granville 大街乘#10 UBC 巴士终点下车。时间约30分钟。

新渡户纪念庭园　Nitobe Memorial Gardens

UBC，6565 NW Marine Dr.　电话(604)822－9666

新渡户稻造博士是日本著名教育家(现五千日元纸币上的像便是新渡户博士)。这座庭园是为纪念他在维克多利亚去世而建造的。1933年新渡户博士在参加完国际会议后，于归途客死他乡。庭园建于不列颠哥伦比亚大学一角，有茶室、池塘，是典型的日本式庭园。园内种有樱花、菖蒲、枫树等，四季色彩亮丽，景色宜人。

开园时间：10：00～18：00　冬季周六、日休息

门票：成人$2. 25、学生$1. 50

UBC 人类学博物馆　UBC Museum of Anthropology

位于 UBC 大学内西部，为琉璃混凝土建筑，设计样式相当新颖，令人过目难忘。馆内收藏有极富个性的西北海岸印地安人的贵重艺术品。一进入口，立刻可以看到用于住宅装饰的浮雕、保存食物的无钉箱子展示在走廊里。大展厅里则展有著名的印第安礼品、宴会上使用的魔法餐具、传说中的动物雕刻等。越过面向庭院的玻璃壁面，可以看到当时印地安人居住的巨大住宅和图腾柱。馆内展品不仅具有珍贵的学术价值，而且还有极高的艺术欣赏价值。除加拿大本国以外，还有世界各地民族学的有关资料。

仪式用餐具

开馆时间：周三～周日11：00～17：00，周二～21：00周一休息(夏季不休息)　另12月25、26休馆

票价：成人$5，学生$2. 50，9～6月周二免费

■北温哥华　North Vancouver

隔 Burrard 湾与市中心相望的北温哥华，是温哥华的后院。虽从市中心乘海上巴士仅 12 分钟便可到达，但这里却是另一番不同的天地。绿荫中闲静的住宅区、Capilano 溪谷、Grouse 山、Honseshoe 海湾，展现着加拿大大自然的另一种风貌。

交通 从海上巴士的 Waterfront 站到北温哥华的 Lonsdale 码头，每隔 15 ~ 30 分钟便有一次海上巴士往返于其间。

郎斯代尔码头公共市场　Lonsdale Quay Public Market

123 Carrie Gates Court, N. Vancouver　电话(604)985 - 2191

位于海上巴士郎斯代尔码头站右侧，非常时髦。有很多生鲜食品店、装饰品店及小礼品店等漂亮别致的小商店。虽比 Granville Island 的公共市场规模小，但更加精致时髦。到市中心交通方便，最适合闲逛消遣。从这里到海上巴士站之间排列着西餐、中餐的快餐店，附近还有高级餐厅，因此用餐是不成问题的。

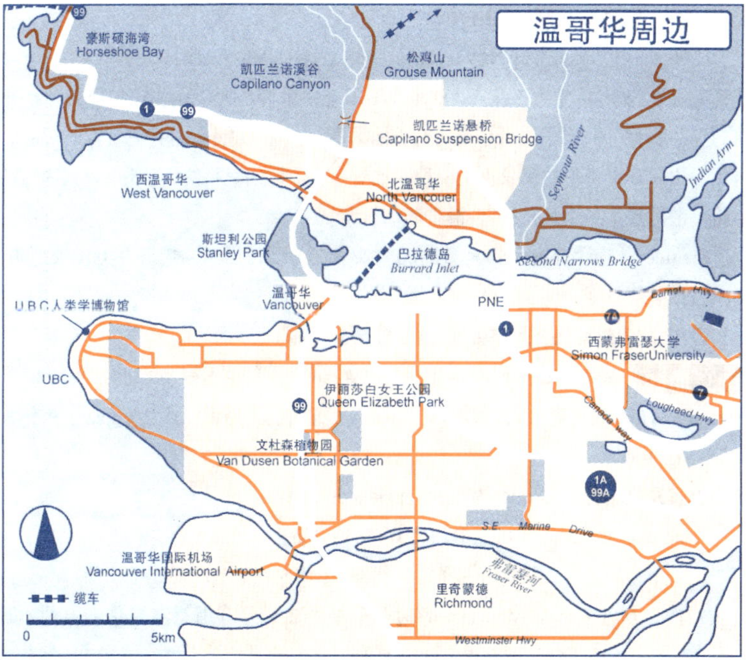

凯匹兰诺溪谷　Capilano Canyon

从 Capilano 溪谷看下去，深不可测，令人头晕目眩。在 Capilano 河上 70 米处架设的吊桥(Capilano Suspension Bridge)是北温哥华的名胜。此桥架于 1899 年，长 137 米，即使风和日丽，桥身也摇摇晃晃，若不扶着扶手，走在上面令人心悸。过了桥，对岸参天冷杉林立，一片秀美的雨林(Rain Forest)展现眼前。热爱大自然的人们只要看上一眼便会觉得来有所值。园内还有图腾柱展览及民族艺术品商店等。

开园时间：5～9 月 8:30～日落　10～4 月 9:00～17:00

票价：成人$7.45　学生$5.00

从这里沿 Capilano 溪谷而上，可到达 Capilano 溪谷公园(Capilano Canyon Park)，公园里有鲑鱼孵化场(Capilano Salmon Hatchery)。每日 8:00～20:00，免费参观。

交通 从 Lonsdale 码头的巴士终点站乘#236 Grouse Mountain 方向 (GATE#9)的市内巴士，可到达吊桥入口处。但此次巴士 30～60 分钟一次。另外，#246 也可以到，且车次也比#230 多，但需步行一小段。#246 以及高峰时加开的快车#247(每 30 分钟一趟)、#286(每 60 分钟一趟)，都到市中心的 Georgia 大街，不走海路，而经 Lonsdale Gate 桥到达 Capilano 溪谷。

松鸡山　Grouse Mountain

6400 Nancy Green Way N. Vancouver　电话(604)984－0661

先乘坐 Skyride 索道，再乘 200 米左右的空中吊椅，便可到达海拔 1250 米的山顶。这里视野广阔，眼下温哥华市街与美丽的港口一览无遗。附近还有餐厅、礼品店，边用餐边欣赏温哥华的夜景也是一种别致的享受。时间充裕的话，还可以到周边的小路上散散步。冬季，这里经营滑雪场。

Skyride 索道运行时间：(夏)10:00～22:00　(冬)周一～周五 9:00～22:00，周六、日、节假日 8:30～22:00

费用：成人$14.50，学生$9.50，儿童$5.95

交通 从 Lonsdale 码头乘市内巴士#236。若车少不好坐，可先乘#236 到 Edgemont Village，再换乘#232 Grouse Mountain 方向巴士即可。或从 Caplano 吊桥乘此#232 巴士亦可。

松鸡山直升机旅行　Grouse Mountain Helicopter Tours

Vancouver Helicopters Inc. 电话(604)683－4354

位于山顶的直升飞机场有三条旅行线路：①面向初来者的 Crown 山旅行。②最受欢迎的，前往 Grouse Mountain 旁边双子峰的飞行。③围绕温哥华上空的 City Scenic Tour。各路线都必须至少有 3 人参加。

豪海峡 Howe Sound

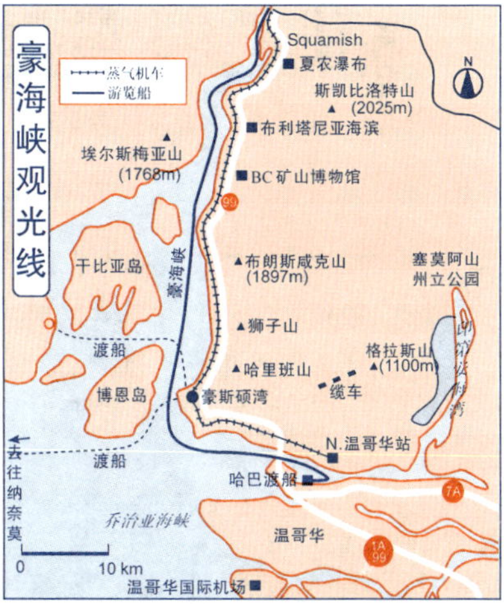

位于温哥华北部的豪海峡，因大海、鸟类及海岸线的美丽景色而令人神往。夏天旅游旺季，从温哥华到布理塔尼亚海滨有游船往来,从北温哥华到Squamish之间也有蒸气机车往返，因此可从海陆两个角度欣赏豪海峡的风景。蒸汽机车是曾活跃在加拿大大陆横断铁路上的罗亚尔哈得逊2860。常有世界各地的铁路迷前来乘坐。往返分别采用坐船、乘火车的方式，会使旅游乐趣倍增。

目的地斯考米修镇,是山谷中的一个清爽洁净的小镇,现为木材集散地。

游览豪海峡,参加旅游团最为方便,以下介绍的几个旅游团均须预约。

TOUR 旅游团介绍

Harbour Ferries 1st Tours

#202－1810 Alberni St.　电话(604)688－7246

游船布理塔尼亚号与蒸汽机车罗亚尔·哈得逊2860号组合,豪海峡——斯考米修镇一日游。往返乘坐的交通工具可自由选择,重复亦可。在斯考米修,还可参加前往沙努瀑布的散步观光团,冰河游览等(在列车或船内预约)。另外,在游船内可用餐(约$11,往时用早餐,返回用午餐,需预约)。6月2日~9月22日每天,游船从哈伯、菲利站9:30发,蒸汽机车从北温哥华BC站10:00发。成人$58,儿童$16(加税)。

Gray Line of Vancouver

255 East 1st Ave.　电话(604)879－9287

乘罗尔亚·哈得逊号与长途车进行的豪海峡及韦斯勒游览地的一日游($69)。游览时间:6月15日~9月15日,周三~周日,9:15出发,历时9.5小时。

Glacier Air Tours

前往Tantalus冰河的游览团。既有一般的飞行游览(20~45分钟　$49~105 GST不等),也有在冰河着陆($90~130)、冰河上用餐($125~175)等新颖别致的项目。从5月到9月每天9:30到19:00。具体情况可打电话(604)683－0209询问,或到上述Harbour Ferries 1st Tours进行咨询。

温哥华秋冬风物散记

冬季的温哥华阴郁多雨，但多姿多彩的节日却一扫天气带来的沉郁，为儿童乃至成人都带来诸多乐趣。

10月的第二个星期一是感恩节(Thanks giving Day)，这一天，家家户户都制作加填料的火鸡(Stuffed Turkey)与蔓越橘汤(Cranberry Sauce)进行祝贺。10月31日是万圣节(Halloween)，不仅孩子，连大人也化装成动物、魔鬼及神话人物去上班、上学。银行职员等服务人员装扮成动物、小丑接待来客。到了夜晚，人们将南瓜掏空做成灯笼，点上火放在门外。孩子们四处串门玩耍，可获得很多点心、糖果。

之后，便是一年的终结——圣诞节。从11月下旬开始，各家各户便精心将屋内及院子装饰起来。房子周围缀满五颜六色的彩灯，院子里的枞树也被装点成美丽的圣诞树，到了夜晚，灯火通明，美观亮丽。当然，像商场、饭店等公共场所也会装饰一新。各家的装点饰物一直到1月下旬才会撤回。

圣诞节后便是节礼日(Boxing Day，圣诞后第一个周日)。这一天所有的商店都打折出售商品，是一年中最便宜的购物日。相比之下，温哥华迎新年就显得简单得多。一般没有什么特别节日，只在除夕(New Year's Eve)开通宵晚会。元旦休息一天，2号便恢复上班。圣诞的气氛持续到1月下旬，之后便是2月14日情人节。在温哥华，情人节可以给自己周围喜欢的任何人送礼物或卡片。比如，丈夫给妻子、父亲给女儿、孙子给祖父母等，当然好朋友之间也可以送。送礼对象五花八门，商店的情人节卡也如圣诞节卡一样，品种繁多。孩子们往往带着一摞卡片回家。老师为班上每一名同学亲手制作卡片，真令人感动。

3月下旬到4月初的复活节在这里也是一个重大节日。从复活节前的周五Good Friday开始，直到复活节后的周一Easter Monday结束，连休4天。一般来说，复活节这几天常有远方的友人、亲戚来访。节日食品是点缀着十字形花纹的圆型小面包(Hot Cross Buns)及火鸡。

以上是温哥华秋、冬两季的重要节日(日期及习惯因州而异)。此外，由于加拿大民族众多、移民群集，因此，在这里还可以看到其它国家的节庆活动。

特别是中国人，占温哥华人口的五分之一。所以在这里可以很亲近地感受中国的传统节日。9月下旬的农历八月十五中秋节，月饼会摆满唐人街的点心屋。此外，10月1日国庆节，10月10日的双十节及春节，都会举行盛大庆祝活动，使平时就热闹活跃的唐人街，更是车水马龙，熙熙攘攘。节日期间，各家还会制作特别的食品，因此在唐人街的商店里也能看到平日没有的食物原料。这时街头餐厅也会准备节日特别菜单。

此外，在这里，有时还会看到印度、中近东、欧洲等传统节日的活动。

娱乐活动

温哥华虽不是大城市，却不时有知名度很高的艺术家前来举办音乐会，还有百老汇的剧团演出。圣诞节，国家芭蕾舞团会到此上演《胡桃夹子》等古典名剧，有兴趣的游客请注意看预告。在 VTC/CBO 的剧场售票处会贴着海报，摆着介绍娱乐活动的报纸“Playboard”。并可在此购票。剧场售票处设在 Eaton's 商场、The Bay 等大商场、购物中心内。此外，拨打电话(604)687－6666 或(604)280－4444，也可得到娱乐信息。流行乐、摇滚乐的名人演出，一般晚上七点开演，往往先是其它歌手进行铺垫，名人有时要等到 10 点、11 点才登场。有的音乐会在酒屋式的会场举行，边饮酒边欣赏音乐。有时，听众随乐而起，音乐会便成为迪斯科舞会。

主要会场有位于 Granville 大街的 Orpheum、Commodore、Queen Elizabeth Theatre，及位于万国博览会旧址的 Expo Theatre、B. C. Place Stadium 等。

娱乐信息报

每周四发行的免费娱乐信息报“Straight”内容具体丰富。包括电影、音乐、艺术、餐厅、旅游等，范围广、信息全。可使各位的温哥华之行更加充实、愉快。“Straight”报在音像制品店、购物中心、书店、餐厅都可拿到。

电影院

电影院多位于 Granville 大街及商业街。价钱一般是$8，也有更便宜的。周二几乎所有影院均半价，年轻人很多。

● Royal Centre Mall

1055 W. Georgia St. Vancouver　电话(604)669－9791

地下有 10 家左右影院，票价$6，但周一到周五的日场均为$4. 75。

● Vancouver Centre　Granville & Georgia St.　电话(604)669－4442

● Capital 6　820 Granville Mall　电话(604)669－6000

● Paradise　919 Granville St.　电话(604)681－1732

虽比别的影院晚上映 1 个月，但比较便宜，3 场$2. 50。每周五更换影片。

● Dolphin Cinema　4555E. Hasting St.　电话(604)293－0050

2 场票价$2. 50。周二为$1。花$2 可在影院购买会员证(membership card)。从市中心坐巴士 20 分钟就到。

体育活动

可观看到世界性体育运动冰球，以及NBA篮球比赛、橄榄球、足球、棒球比赛，甚至赛马。有时还举办网球选拔赛，夏季每年都举行国际铁人三项赛。内容极其丰富。

● B. C. Place Stadium　1 Robson St. Vancouver　电话(604)669－2300

从市中心步行约20分钟，位于巴士总站南面一个街区。若乘sky train铁路，在Stadium Station站下车，走过一个街区便到；坐市内巴士，在Robson大街乘#15 Cambie方向巴士可达。

B. C. Place Stadium是加拿大第一座带屋顶的体育馆。不列颠哥伦比亚省的橄榄球、足球比赛大都在此举行。

在加拿大观看正宗冰球比赛

冬季是加拿大举行冰球比赛的季节，大小赛事一直持续到次年4月。为自己的地方球队助威而来的观众非常狂热，有时甚至会发生混乱。

各赛事举办的会场不同。若去Pacific Colosseum，则在Granville大街乘#14 Hasting方向巴士，45分钟左右就到，门票价格$23～58。　电话(604)899－4625

海滨娱乐

尽管温哥华周边的海水很冷，但在盛夏也会有人下海游泳。另外，海上冲浪运动也给温哥华的夏景增添一道色彩。

● English Bay Beach　Pacific & Denman St.

● Kitsilano Beach　Cornwall & Yew St.

● Second & Third Beach　Stanley Park

● Wreck Beach　Northwest Marine Dr.

划船

● Harbour Ferries　1782 W. Georgia St.　电话(604)687－9558

● Cooper Yacht Charters　Granville Island　电话(604)687－4110

S. S. Beaver Barbany Coast Yacht Basin　电话(604)682－7284

● Artemis Charters　Grancille Island Hotel Marina　电话(604)734－4727

垂钓

温哥华近海盛行钓大马哈鱼。另外，在温哥华岛上也能钓到大马哈鱼等大鱼。

● Sewell' s Landing Horseshoe Bay　电话(604)921－7461

● Vancouver Fish－On Guiding Services　电话(604)921－FISH

高尔夫

以下列举的高尔夫球场均为公共球场，需预约。

- **McCleery Golf Course**　7170 Macdonald St.　电话(604)261－4522

  标准杆数36/36～72(6017码)$20　(5小时以后折价)
- **Musqueam Golf Centre**　3904 W. 51st St.　电话(604)266－2334

  标准杆数30/30～60(3322码)

  周一～周五$17，周六、日$18　(3小时以后折价)
- **University Endowment Land Golf Course**

  4701 University Blvd.　电话(604)224－1818
- **Langara Golf Course**　290 W. 49th Ave.　电话(604)321－8013

网球

市内住宅区里到处都有免费网球场，可随便使用，但规定在下一人等候30分钟以内必须退出。市中心附近的stanley公园内也有免费及收费网球场。

文化活动

- **Pacific National Exhibition(PNE)**　电话(604)253－2311

温哥华夏季的代表节日活动Pacific National Exhibition于每年8月中旬到9月上旬举行。活动第一天，从PNE会场到Hasting大街进行盛大的游行。节日期间，推出动物杂技、马戏、汽车特技，著名艺术家的音乐会等各种特别节目。此外，还有特设的迷你赌场。在附近的游乐园，有一木制的蒸汽滑行列车、水上滑行列车以及迷你高尔夫球场、旋转木马等游乐设施，供游客享用。冬季则举办很受欢迎的冰球比赛。

交通　从市中心的Granville mall乘#7 Powell或#10 Hastings快车或#14 Hastings巴士可到，返回时可乘#7 Dumbar或#10 VBC。

街上的壁画

在温哥华，有很多能够享受到爵士乐、摇滚、布鲁斯等音乐的酒屋、迪斯科舞厅。在这类小店，几乎都不付或只付$5左右的服务费，就可以尽情欣赏现场音乐会、狂舞迪斯科。其日程安排可查阅镇报纸。但迪斯科舞厅一般于凌晨2时关闭，周日不营业。

受欢迎的迪斯科舞厅

● Richards on Richards

1036 Richards St. 电话(604)687-6794

位于Richards大街与Hemlock大街的交叉点附近，是Hyatt Regeney饭店前台推荐的新潮迪斯科舞厅，现场乐团演奏从23:00开始，气氛非常热烈。不满19岁谢绝入场，所以最好持护照前往。

营业时间：晚上~凌晨2:00

可欣赏R&B乐队现场演出的

● Yale Hotel

1336 Glanville St.

位于Cecil Hotel左侧的Yale Hotel一层，有乐队演出。不必付服务费，可以一边喝着$3.60一杯的扎啤，一边欣赏着现场演奏的布鲁斯，直到天明。

从42层眺望窗外流过的夜景

● Cloud 9

Sheraton Landmark Hotel

1400 Robson St. 电话(604)687-0511

Sheraton Landmark饭店42层是旋转式餐厅及休息室。正餐全套为$45~50左右。1小时15分钟旋转一周。从这里眺望到的大广角风景是温哥华最美丽的，特别是海、山、街区景致不时变幻的夜景，会令游客大饱眼福，乐而忘返。休息观览室灯光昏暗，天花板上镶嵌着的小灯一闪一闪，宛若夜空中的繁星。餐厅营业至晚11时，休息观览室至凌晨1时。从市中心的Duty Free步行约7分钟。

具伦敦风情的酒屋

● Elephant & Castle

Pacific Centre

名字虽说有些古怪，但在伦敦的确有一个名为Elephant & Castle的地铁站。此酒屋为英国风格，特别是吧台附近，英味十足。但与英国酒屋不同的是，这里的食品也很丰富，而且有服务生。生啤Jockey大约$4左右。便餐大约$6.95，颇有伦敦风味，也有较正式的热餐。Cock a Leekie (Leekie是一种类似葱的野菜)是这里的名菜。由于此酒屋位于Pacific Centre，位置便利，一人前往或集体同行都可尽兴。E&C为连锁店，在各主要城市都有分店，但温哥华的这家气氛最好。

值得一听的钢琴酒吧

● O'Ryan's

6 Powell St. 电话(604)685-1333

钢琴酒吧在温哥华虽刚刚出现，却大受欢迎。酒吧内有2架大钢琴，4位钢琴师和一位歌手。钢琴师两人一组，一小时一换，演奏水平相当高。特别是周末的演出最有水平，客人也极多，几乎排成队伍，因此晚8时前去比较合适。

爵士乐一流的茶馆

Classical Joint

231 Carrall St. 电话(604)689－0667

这是一家老牌爵士乐茶馆。据说店主也是爵士乐队成员。这里演奏的音乐美妙动人，在当地也颇受欢迎。但周围有些冷清，步行返回时要注意安全。

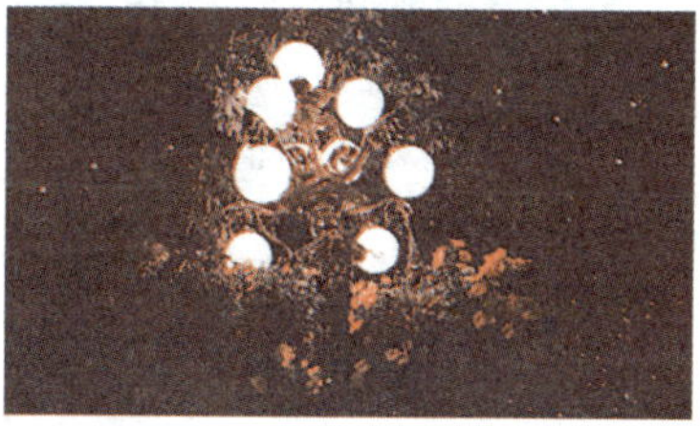

SHOPPING 购物

在滑雪场礼品店出售的小巧可爱的小礼物及薰鲑鱼等土特产，可在Alberni大街或Georgia大街的商店购买。更大方贵重一些的礼物，则可到Robson大街及Gastown购买。

物美价廉的商店

Sea Born

1310 West 73rd St.

电话(604)261－2230

从机场驱车约10分钟左右，物价却比市中心商店低得多，也可事先打电话订好所购商品。

在市中心也开了分店，方便多了。J

便宜的鲑鱼制品店

Salmonvillage

779 Thurlow St. /1057 Alberni St.

电话(604)685－3378

这是一家鲑鱼制品及枫糖制品店，几家礼品土产店撤走后，这里便是最便宜的，商品说明也很细致。此店在市中心还有两家分店。

汇集印第安民族工艺品的商店

Hill's Indian Craft

165 Water St.

电话(604)685－4249

位于Gastown的这家商店汇集了各种印第安民族工艺品，从毛衣等衣物到艺术品，种类繁多。另两家同类的商店Images for a Canadian Heritage与Inuit Gallery也位于Gastown，主要出售印第安及因纽特的工艺品，质量更好(价钱也相应更贵)。

Granville的装饰品及杂货店

Dagoli

1550 Anderson St.

电话(604)682－4788

位于Granville岛入口右手，是一个极不起眼的小店。店面虽小，却拥有各种花色的耳环、戒指等装饰品，令人目不暇接，难以取舍。这里充满异国情调图案的笔记本、小杯子等，也很受女孩子青睐。

位于Robson大街的巧克力店

Rocky Mountain Chocolate Factory

1017 Robson St.

电话(604)688－4100

在这里，可以观赏到用大棍子在锅中搅拌巧克力的场景。我要推荐的是这家店里的咖啡。共有三种，其中巧克力咖啡(Chocolate Coffee)味道极佳。作为礼物买回去,定会受到一致好评。不信,请亲自品尝。另外,价格也很便宜,一杯不到$3。

价格不等的免税店

●Allders Duty Free Shop

1026 Alberni St.

电话(604)683－2416

这里的化妆品特别便宜。圣罗兰(YSL)唇膏才$19。

日本人经营的土特产商店

●Golden Berry

12 Powell St. 电话(604)689－9880

位于Gastown，店主是一对日本夫妇。这里出售的加拿大土产非常便宜。特色品是薰制印第安蜜饯（市中心的商店一般没有)。另外,薰鲑鱼分礼品包装及自家用包装两种(自家用料为边角料,看上去不甚美观，但味道与礼品用料无异,很实惠)。服务周到,多买打折,而且负责冷藏至发货前，在指定时间内送到客人处,很方便。

RESTAURANT 餐厅

虽说没有有名的本地乡土料理，西海岸丰富的海鲜、中部新鲜廉价的牛肉，以及世界各地各民族带来的各色风味，但却使享有温哥华“美食家之城”的美誉。温哥华的日本料理店就有80多家,中国料理店更是数不胜数。

Robson一带

Robson一带有很多家中档餐厅,多数气氛轻松,可一边喝酒用餐,一边无拘无束地聊天谈笑。由于外国客人多，质量也好。除Robson大街以外,Stanley公园附近的Denman大街沿路也有不少感觉不错的小餐厅。

Robson大街上热闹的啤酒屋

●Cactus Club Cafe

1136 Robson St.

该酒屋面向Robson大街很具现代节奏感。屋内宽敞明亮,舒适宜人,人行

道旁的露天开放餐桌也别有情趣。看上去像是装着牛奶的Udde Ale生啤是这家酒屋的独特创新,苦味虽重但味道浓郁,一品脱$2.97,来这里可别忘了品尝。菜肴多为中南美风味,正餐约$5～10左右。若数人前往,点一大罐啤酒、炸鸡等,人均$10左右。

女孩子们喜爱的糕饼屋

●Bread Garden

位于Robson大街与Bute大街交叉点,店前的长凳用鲜花簇装饰,是一家明快的糕饼屋。除甜点心之外，还有通心粉、面包、汤等。食物丰富多彩,气氛轻

松愉快。

* * *

24 小时营业的咖啡屋，进入店内，先拿好一枚挂在柱子上的序号卡，排队等候，叫到自己的号时就可以点菜了。价格合理,蛋糕约$2.75~3.50 左右。

Robson 大街上的意大利菜馆

●*Cafe de Medici*

1025 Robson St.(in the Robson Galleria)

电话(604)669-9322

在这一带众多的意大利餐厅中,这是值得一去的一家。虽位于 Robson 大街,游客却不如想象中的那么多。白天几乎都是当地的白领,晚上则有情侣常来光顾。午餐不妨品尝各种通心粉、水果及冰淇淋,约$8 以上,加其他食品正餐约$10 以上。中午、晚上均需预约。

营业时间:11:30~14:30

17:30~23:00

常住者应知道的餐厅

●*Ezogiku*

1684 Robson St.

一份面条饺子套餐$7.50,面条份量合适,饺子 6 个,有些多。汤咸,面条也并不很筋道。最近在 Barclay 饭店对面新开了一家分店，客人很多。尽管是连锁店,但由于厨师不同,做出的味道也可能会有差别。

以海鲜为中心的酒吧及餐厅

●*Joe Fortes*

777 Thurlow St.

电话(604)699-1940

从 Robson 大街进入 Thurlow 大街，即可看到这家店铺。一层的一半都是酒吧,前来的当地人很多,非常热闹。海鲜品种繁多、味道鲜美。主要品种皆为$20~,两份$60 足够。

●*Coco Rico - Cafe*

1290 Robson St.

电话(604)687-5155

想随意用点便餐，或者想吃不太甜的蛋糕，请到这里来。一小块三明治$4.50，甜度极低的奶酪蛋糕$2.50，干面包$1.30，咖啡价格也很合适。从 3 月到 9 月的早 8 时至晚 12 时营业，随时可前往。

位于风景优美的高层建筑上的餐厅

●*Sheraton Land - Mark*

不能去 Grouse Mountain 看夜景的人不必感到遗憾,在这里,你可以一举两得,窗外比 Top of Vancouver 还美。主菜最贵的也只有$30,加上沙拉、葡萄酒、水果等,两个人约$100。

便宜快速

●*Starbucks Coffee Company*

1100 Robson St.

位于 Robson 大街与 Thurlow 大街拐角处,附有绿色标志。在这里,花$1~2 就可以品尝到各色咖啡,当然也可买到咖啡豆。由于是连锁店,因此在其它地方也有分店。

●*11 Domo*

1333 Robson St.(V6E 1C6)

电话(604)685－4468

位于 Robson 大街的通心粉专营店。通心粉品种丰富，$6.95 起价(也有面包)。味道鲜美，服务热情周到。在当地很受欢迎，甚至要排队购买。

商业街中心

从 Harbour fround 的高级饭店，Burrard 大街沿线的高级餐厅，到 Granville 大街上百姓聚集的便宜咖啡馆，市中心餐厅的分布按价格来看是北高南低。高级餐厅价格虽高，却不负其价。购物中心里还有适合便餐的快餐厅等。

便宜快速

●荣寿司 *Sakae Japanese Restaurant*

745 Thurlow St.

电话(604)669－0067

选料新鲜，大虾个大肉厚，金枪鱼鲜嫩爽口，量足。刚吃第一口就不由得赞叹叫好。鲜贝酱汤味道十足，堪称绝品。

* * *

这是一家较高档的寿司屋，价格合理，味道也不错。

* * *

味美价廉，很满意。特别是大虾和金枪鱼极佳。蛤蜊酱汤也不错。店员开朗亲切，气氛愉快。但是，由于极受欢迎，客人大多，我们等了 30 多分钟。我们三个女孩子每人花了不到 2000 日元，很过瘾。

中国菜馆

●麒麟阁

1166 Alberni St.

电话(604)682－8833

以黑色为基调的优雅的中国餐厅。但气氛轻松，穿仔裤也无所谓。我们要了 3500 日元的海鲜，味道很好。虽说不算便宜，可味道、气氛、服务都令人满意。

味美价廉的餐厅

●*Elbow Room*

570 Davie St.

这是最好的餐厅之一。店员、气氛、味道都是一流的，价格也非常合理。我 8：30 左右去的，作为早餐，点了轻煎蛋卷和奶油甜面包，后来又被建议要了一份蛋糕。蛋糕真是棒极了，直径有 30 厘米，厚 3 厘米，才$6。吃不了还可以带走。如果还有机会去温哥华，一定要来这家餐厅。

* * *

菜肴味道不错，特别是酥脆腊肉很好吃，早 7：30 开始营业，关门时间有时 12：00，有时 15：30，根据日期不同而变化。客人很多，很早就去了，也等了一会儿。

无拘无束地品尝日本料理

●龟井皇家庭园

1030 Georgia St.

电话(604)687－8008

在这里可以品尝到多种在日本都没有的寿司，如加了奶酪的鸡肉寿司、牛肉寿司等。价格从$3.15 起价。特别还有紫菜卷中的极品——鳗鱼天妇罗卷，及在当地极受欢迎的使用醋饭做的比萨饼$5.75 等。咖啡是用压力瓶煮沸的，这在温哥华也是独一无二。作为气氛轻松的日本料理店，在孩子们当中颇受青睐。营业时间17：00～0：00，21：30以后是卡拉OK的时间，周末最好事先预约。

高档的中华料理店

●富临金阁酒楼 Grand Fortune Restaurant

217－755 Burrard St.

位于札幌土产店对面，面临Burrard大街。气氛高雅，菜肴味道细腻。

店员友好亲切，毫不古板。茶的种类也丰富多样，甚至有香港人喜爱的白茶。

一般的午餐有鲜虾云吞面、台南担仔面、四川炸酱面等常见的面类，价$5.50一碗。正餐有北京烤鸭及四人海鲜套餐（$128）。我要的是碧绿乳鸽脯（$18）、西湖牛肉羹（$3.50）以及炒饭，味道很好，特别是乳鸽，非常好吃。

味美价廉的日本快餐

●Yashima

位于Skytrain的Burrard站旁边、Hyatt饭店大楼（面向Burrard大街与Georgia大街）地下。经营者与店员都是日本人。这里的咖哩饭、面条及其它热餐味道鲜美，不像快餐。特别是咖哩面条，每天吃都不会觉得腻。价格也便宜，且不必付小费。

适合快速便餐的餐馆

●Jada Cafe

820 Howe St.

从Robson大街进入Hown大街向南走一点就到这家餐馆了。在这里，花$5就可以享用一顿以炒面、意大利面条等面类为主的便餐。最近改装一新，美观漂亮。

适合白领午餐的

●Cadar of Lebanon

818 Howe St.

与Jada Cafe相邻，是一家地中海料理店。但并非经营意大利菜或海鲜，其味道与中近东料理风格相似。还经营把烤羊肉串切薄夹入面包的希腊料理等。到加拿大来吃麦当劳的话，就不如到这类餐馆来享受另一种风味。

BAY百货商店附近的明快的酒吧餐厅

●Keg Caesar's

595 Hornby St.

位于Hornby大街与Dunsmuir大街拐角处的两层餐馆，宽敞明亮，是白领人士下班后一边用餐，一边休闲消遣的好去处。路旁还摆着露天餐桌，夏季傍晚散步至此，会不由得想停下来吃些夜宵。我要的是"今日特别推荐"的海鲜套菜，量很足。正餐不妨品尝Alaskan king Crab（$21.99）、Lobster Tails（$21.99）等加拿大料理。另外，牛排牛啤也不错。如在这里进行团队旅行的告别餐，一定会满意尽兴。

位于市中心的美味海鲜餐厅

●御苑皇宫大酒楼 Imperial Garden Restaurant

987 Granville St.

电话（604）689－3368

位于市中心一座大厦的2层，一层也是中国料理店。楼内宽敞大方，店员亲切友好,客人以中国人为主。像拔蚌煮后切成薄片,味道非常鲜美。像拔蚌在温哥华的寿司店也能经常看到,估计是这里的特产。盐煮活虾也很不错,20只$18。我们4人六样菜加酒水共$180。

想吃龙虾请到这里来

● Forster's

200 Granville St.

电话(604)689－8888

来温哥华还是应尝尝龙虾，可市中心海鲜做得好吃的餐厅并不多。所以我想给大家推荐这家餐厅。它位于海上巴士站旁边，Granville大街尽头广场左侧建筑物一层。从这里观赏的夜景，可看到往来于北温哥华的海上巴士，别具情趣。Caribbean Lobster一只$12.95,价格比较合理，而且定会让你切身体会到温哥华的风味。

便宜的日本料理

● Noodle Express Japanese Fastfood

747 Thurlow St.

电话(604)669－1234

有U字形柜台,各种摆设洋溢着日本酒屋的风格。套餐有炸猪排、天妇罗、烧牛排、照烧鸡排4种。配有沙拉、酱汤、米饭，量足价廉($6.95)。此外还有拉面($5.50)、炒面、饺子、炸食品等。饭店甜点有冰茶、豆馅饼、凉粉等可带走。

营业时间11:30～23:00　全年营业。

Gastown周边

由于是旅游点，所以气氛优雅的餐厅并不难找，但味道就不一定可口了。如果是重口味的话，不如多走几步到唐人街,定会找到满意的餐厅。

古旧的餐馆

● Only Cafe

20 East Hastings St.

加拿大给人的感觉是新鲜、清洁、商业化。餐厅亦如此。而这家古旧、看上去并不十分清洁的餐馆真是例外中的例外。它位于从Gassy Jack像附近到唐人街的途中,至今仍保持着1912年创业时的氛围，个性独特怪异。柜台几乎占了全部面积，只有两张四人坐餐桌。也许曾是海港壮汉解决午饭的地方吧。这里值得一吃的是炸海鲜。有鲑鱼、鳕鱼,还有牡蛎、鲍鱼,大约$10。从餐馆的外观看,也许感觉有些贵,但份量、味道都令人满意。另外，这里还有夹牡蛎的软煎蛋卷、生牡蛎、蛤蜊浓汤等菜。注意营业时间较短,为12:00～19:00。从这里向北是危险地带。

位置、气氛都绝佳的意大利面条屋

● The Old Spaghetti Factory

53 Water St.

位于Gastown边缘、Gassy Jack像附近。店内装修采用仿古手法，颇具旧式风格。一辆1910年左右的电车展示室

内，使此餐厅感觉犹如一处游览名胜。意大利面条$7～9。此外还有鸡肉、牛排等。在Gastown的人行道上还摆着露天餐桌，到夜晚颇有浪漫情调。不过味道如何，还是请游客自己去尝试。

味道上乘的

●Water street Cafe

要在Gastown用餐，这里无疑是最好的。菜肴从外观到味道都很不错。经常被推荐的Old Spaghetti Factory，味道和大学咖啡屋的差不多。前去的大都只是游客。

气派时髦的非洲料理

●Kilimanjaro

332 Water St.

位于Gastown中部的这家餐馆占据了一个有利地形，临窗可以看到蒸气钟报时。店内展示着一些非洲民间用具，气氛安详舒适而高雅。鸡尾酒大约$5左右，主菜有鸡肉、海鲜、肉类。每一道初次听说的菜名旁边都简单地注明来历，很有意思。我点了一道TRAUT TUKTUK ($15.95)，是鳟鱼浇酸辣汁。随加的蔬菜和米饭也很好吃。2人花$50，就可以过上一个浪漫美妙的夜晚。

唐人街

餐厅虽多，但多为拉面等便餐，适合午餐。真正的中华料理店不多。当然，从便宜、味美、量大这点来看，这里无疑第一。

服务热情周到

●大家好

E. Hastings St. 与Gore St. 交角处

有早餐、午餐及特别菜单。各道菜都是$5～6，而且量足。早上是西餐，有烤面包、鸡蛋等。中餐的粥品种丰富。晚餐有炒面、炒蔬菜等，味道不错。服务热情、周到。

越南面条的首选

●云记　Pho Van

633 Main St.

电话(604)682－7844

客人一落座，就会有服务员摆上茶、筷子及莲花瓣形的小瓷匙。该店的装修及店员服饰都带有浓郁的东南亚风格。招牌上虽写着咖啡店，但经营近似于面类专营店。有特别牛肉粉(小) $4.20、虾肉沙律卷(越南春卷)$2.05、越南炸春卷(普通春卷)$4.85。每样分量都很大，足够一餐。此店气氛独特，值得一去。但要向VIA站步行很长一段才能到。

这里的粥是唐人街之首

●The Boss

532－534 Main St.

电话(604)683－3860

早上此店最早开放。粥是唐人街之首，也许世界都是第一。种类很丰富，$4起价。此外还有许多中国菜，都不贵。

中国包子店

●新城　New Town Bakery & Restaurant

158 E. Pender St.

在唐人街，此店的包子种类最多，有鸡肉的、牛奶蛋糊的，等等，各式各样。75¢～$1.25。此外还有夹馅面包，掺入可可粒的牛奶鸡蛋可可面包，味道极好。

* * *

店内充溢着广东话。云吞面筋道可口。入口处卖面包及点心，因此特意来购买点心的人也很多。

上海式小盘菜及面条屋

●海龙镇 *Mui Loong Chan Restaurant*

207 A East Pender St.

电话(604)685－9575

这是一家由一对上海夫妇经营，只有几名女雇员的家常菜馆。从早到晚几乎客人不断，店员都十分忙碌。主要品种有手擀面、水饺、葱油饼、小笼包等。小笼包与熏兔是此店的拿手菜。

面条很好吃的

●锦香园 *Kam's Garden Restaurant*

位于唐人街主要大街(Main St.)与E. Pender St. 交角处、Canadian Bank of Commerce 旁边。客人多为当地中国人欧美人，很热闹。云吞面中的大虾量多、新鲜，才$2.85。我要的炒面一份两团，上面铺着的叉烧肉软滑可口，还有汤，$5.25。花上$6，就可以心满意足地饱餐而归。另外，中国茶也很不错。

● *Pink Pearl Chinese Seafood Rdstaurant*

1132 E. Hastings St.

电话(604)253－4316

这家茶屋一直有名，至今仍保持着较高声誉。从市中心坐#14 巴士到唐人街，再走5分钟就到。在此可以品尝到与众不同的茶。

English Bay 附近

English Bay 附近漂亮的餐厅不少，但比较分散，而且离观光地远，因此最好事先预约。乘出租前往比较合适。

海鲜料理

●*A Kettle of Fish*

900 Pacific St.

电话(604)682－6853

导游指南上经常介绍的这家餐厅，窗户宽敞明亮，气氛明快浪漫，情侣们不妨前来坐坐。穿着随意亦进入，但客人大都衣着整洁。Kettle Fish Soup $4.25、Halibut Cheeks$14.95，味道鲜美，肉菜也基本齐全。加上酒水，一人大约$30。

营业时间：午餐：周一～周五 11:40～14:30　晚餐：周日～周四17:30～21:30　周五、周六17:30～22:30。

向您推荐这里的海鲜

●*Steamers and stews*

900 Pacific St.

电话(604)682－6853

在有名的“A Kettle of Fish”地下，与“A Kettle of Fish”为一人经营，可菜肴与厨师完全不同。这里掌勺的是一位和蔼的50多岁女厨师。汤、炖制品都用一人用蒸气锅精制而成。午餐要一份鱼汤(内

含螃蟹、虾、鱼等)及赠送的比萨面包就足够了。鱼汤有些东泽风格,味道不错。我觉得此店比"A Kettle of Fish"好。全年营业。

这里有多家适合便餐的小料理屋

Granville Island Public Market

Granville Island 内

快餐厅似的小店很多,值得一尝的是 Stock Market 的汤。其前面的蛋糕坊的派也很好吃。另外,同一区域内的汉堡屋也不错。市场内还有一处快餐部,不过这三家最好。

风靡加拿大的中华料理

Great Wall Mongolian B. B. Q.

717 Derman St.

电话(604)688－2121

一落座,便有服务员送上蒙古风味的饼干、小吃及汤。先一边喝着啤酒,一边品尝着这些小吃,调整胃口。然后,到放原材料的地方,从4种肉类(牛肉、鸡肉、猪肉、羊肉)、20种蔬菜(也有面条、豆腐)、14种调料汁中按自己的喜好挑选组合好交给厨师即可。厨师在大圆铁板上瞬间就可将菜炒好,快得不可思议。若喜欢的话,再来点炒饭,加上菠萝一起享用,定是一顿绝美的佳肴。

营业时间:周二～周日11:30～15:30,17:00～22:00。周一:17:00～22:00,周末至22:30

* * *

Mongolian B. B. Q 是中国式烤肉自助餐厅,很受欢迎。

喜爱甜食的女孩子的天堂

True Confections

866 Denman St.

电话(604)682－1292

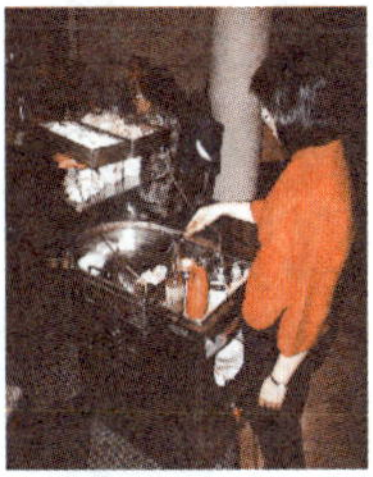

点心

我爱吃甜食,在加拿大居住一年,我最喜欢的就是这家小店。此店的蛋糕体积大、种类多,而且不腻。店内从家具到餐具都是红、黑两色,统一和谐,高雅美观。营业时间13:00～2:00,到晚上就成了酒吧。蛋糕加酒加税。小费$8～10左右。虽不便宜,但也不负其价。

家庭风格的匈牙利料理

Bandi's

1427 Howe St.

电话(604)685－3391

顺着 Howe 大街朝 English Bay 方向走,在 Granville 桥处不上桥,继续向海的方向走,就可看到一座被绿色环绕着的两层木制建筑,颇具民居风格,可爱独特。这里的匈牙利料理外观具有浓郁的民族特色,西红柿、辣椒与香料调和的味道也令人容易接受。Bakony Soup 是一种西红柿味道的汤,里面煮有辣味嫩牛肉,并加入各种香料,味道复杂鲜美。据说它是匈牙利的传统菜肴。午餐主菜$10左右,正餐$15～20左右。还有一种在菜单上没有的特制饭后甜点 Walunt Souflet,味道请亲自品尝一下便知。

温哥华的中国料理

众所周知，加拿大是一个“移民国家”。因此，饮食生活丰富多彩，汇集了世界各国的料理，而且是绝对的正宗口味。亚洲各国自不必说，非洲、西欧各国，甚至东欧的料理店最近也增加了。特别是近几年来，以香港人为主的中国移民很多，温哥华所在的不列颠哥伦比亚省，中国人约占15%。温哥华的唐人街简直就是香港街道。蔬菜店、干菜店、肉店、鱼店、糕点店、中药店林立，出售与香港、台湾相同的食品、原料。如今，许多当地的中国人都说，这里的食品比国内还便宜，种类更齐全。唐人街里大餐厅不多，主要位于市内各主要道路边及里士满，且几乎各大餐厅在香港都有总店。白天，各餐厅都能品茶(每家餐厅都有推荐品)。到各处走走，品尝各种茶，很有意思。我来温哥华后，每周都到不同的餐厅喝茶，味道都很不错。如果对哪家的茶情有独钟，到了正餐时间(17：00～)可再度前往。

正餐与其点套菜，不如先要自己喜欢的菜。特别是海鲜(活虾、活蟹、活鱼、活龙虾、活贝，均当场从养鱼缸里捞出，给客人过目后再烹饪)。中国蔬菜、本店名菜、推荐菜等一定要先行品尝。最后再要炒饭、炒河粉等。

唐人街里有许多小吃店，但好吃的小店客人总是很多、很拥挤。

唐人街里还有几家香港式茶馆，外面是糕点店，出售蛋糕、面包等。里面摆有椅子，可以品尝到香港式西餐(炸鸡排、烤肉、咖喱饭、意大利面条等)、面包、蛋糕等。

另外，在中药店、干菜店，可以很方便而便宜地买到中国药膳料理的原料。有的一份包有10种左右的中药。将这样的一份原料与鸡肉一起做汤或和鱼一起薰或放入粥里煮，在家里也能很简单地做成药膳料理。

总之，温哥华作为能吃到最美味的中国料理的地方而为人所瞩目。许多一流厨师移居而来，再加上丰富而新鲜的海味，使这里成了美食天堂。

①~㉒数字请对照100页的地图

市中心北部

从Robson大街向北至Canada Place一带，是银行和高楼大厦林立的商业街。Burrard、Howe Georgia、W. Pender大街旁，则耸立着多家高级饭店。单间均为$100以上，舒适安全、用餐、购物也十分方便。既便于商务旅行，也适于新婚旅行。

绿色屋檐的醒目老铺

● *Hotel Vancouver* ①

900 West Georgia St.

电话(604)684-3131/(1-800)268-9411

传真(604)662-1937

这家加拿大太平洋系的老资格饭店可以说是温哥华的标志。无论观光、购物都很方便，最难得的是无论去哪里都不会迷路，因为它的绿色屋十分醒目。通常Ⓢ$160~270、ⒹⓉ$185~295。

欧洲风格的高级饭店

● *Le Meridien* ⑥

845 Burrard St.

电话(604)682-5511/(1-800)543-4300

传真(604)682-5513

位于Robson大街与Burrard大街交叉点附近的新建筑，是一家洋溢着安稳家庭气氛、欧洲风格的高级饭店。旅游团体仿佛不多，但服务人员亲切友好。

* * *

价格虽高，但位置好，很方便。度蜜月最合适。Ⓢ$190~380，ⒹⓉ$210~380。

超一流，购物方便

● *Four Seasons* ②

791 West Georgia St.

电话(604)689-9333/(1-800)268-6282

传真(604)689-3466

温哥华数一数二的超高级饭店。豪华典雅，设施先进。内有高级百货店，并与Pacific Centre Mall连为一体。$295~325，ⒹⓉ$325，淡季Ⓢ$235~255，ⒹⓉ$255。

临海的高级饭店

● *Pan Pacific* ③

#300-999 Canada Place

电话(604)662-8111/(1-800)663-1515

位于Canada Place，虽地处商业区，却能眺望到海，景色优美，是东急系的高级饭店。Ⓢ$109~225，ⒹⓉ$129~265。

* * *

在二楼休息室安闲舒适的氛围中观赏大海、夜景与日落，真是最佳享受！

位于商业街中的高级饭店

●Metropolitan Hotel ④

645 Howe St.(V6C 2Y9)

电话(604)687－1122

传真(604)689－7044

靠近 Canada Place，位于 Four Seasons 斜对面的高级饭店。气氛安稳平和，更适合商务人士。旺季$325，淡季$225～。

温哥华美术馆对面的古典饭店

●Hotel Georgia ⑤

801 West Georgia St.

电话(604)682－5566

传真(604)682－8192

位于 Georgia 大街与 Howe 大街交角处，位置方便易找。附近有不少餐厅、礼品店、购物中心等，非常便利。房间的装修虽略显古旧，空间也并不很宽敞，但从价格和位置来考虑还是不错的。

服务周到，位置便利

●Hyatt Regency ⑦

655 Burrard St.

电话(604)683－1234/(1－800)233－1234

传真(604)689－3707

位于 Sky Train 的 Burrand 站附近的高级饭店。购物便利，旅游服务中心也在附近。Ⓢ$245、ⒹⓉ$270。淡季$235、ⒹⓉ$260。

* * *

房间宽敞，风景秀丽。由于在高层建筑群中，因此有的房间可能会受邻楼遮挡。购物很方便。

新装修营业的饭店

●YWCA ⑧

733 Beatty St.(V6B, 2M4)

电话(604)895－5830/(1－800)663－1424

传真(604)681－2550

1995 年 10 月搬至现在的地方，离体育馆(Stadium)很近，非常干净，而且安全(不仅有房间钥匙，而且电梯也有钥匙)。房间内有冰箱，设施齐全。单人间很宽敞，而且干净整洁。到市中步行 10 分钟左右，到 Sky Train 的 Stadium 站步行 4、5 分钟。

* * *

饭店有 11 层共 155 间客房，带浴室房间为Ⓢ$81、Ⓓ$93、○$103，5 人间$115。浴室为公用的房间Ⓢ$61、Ⓓ$73、Ⓣ$86，家庭间$81。写信预约的话需预付一天的定金。

位于市中心的 YMCA

●YWCA

955 Burrard St.

电话(604)681－0221

Ⓢ有电视$31～33、无电视$29－31，Ⓣ有电视$47～49、无电视$42－44(加税)。钥匙押金$5。房间一般。公用浴室只用帘子隔开(男浴室也许连帘子都没有)。一层有咖啡屋，早餐的蛋糕和法式吐司量很大，咖啡和红茶免费享用。

* * *

温哥华的 YMCA，位于 The Sutton Place Hotel 附近。饭店前面的糕点铺前有机场巴士发出，很方便。公用浴室水量充足，感觉不错。

* * *

厕所、浴室虽是公用，但很干净。位于市中心这么便利的位置，房价却惊人的便宜。离机场巴士站很近，步行3分钟。

市中心东部

市中心东部，从 Gastown 向南一带，曾经是充满生机的商业区，尽管象征当日繁华的古建筑依旧，但却成了没落的一角，只有一些廉价的餐馆、小店。不过，这附近的便宜旅馆离市中心近，距 Gastown 及唐人街也不远，交通便利，还能逛逛 Robson 大街，可谓位置极佳。如果不介意这里的衰落气氛，在此投宿价格低廉，比较合适男性。

中档与廉价之间的旅馆

●*St. Regis Hotel*　⑨

602 Dunsmuir St. (V6B 1V6)

电话(604)681－1135

传真(604)683－1126

位置方便，房价便宜。地下一层是气氛安静的成人酒吧，二层则是面向青年的热闹酒屋。一边开怀畅饮，一边观察打台球或玩国际象棋的加拿大人也挺有意思。啤酒、鸡尾酒基本均为$2、3 左右。

* * *

位于 Dunsmuir 大街与 Seymour 大街交角、Bay 百货商店后面的中等偏低档次的饭店。距市中心近，非常方便，Sky Train 的车站也在附近。深夜依然人来人往的 Pacific Centre mall 就在旁边，因此夜里出门也很安全。设施虽陈旧，客房还可以，大厅看上去气氛也比较严谨。1 层有酒吧，淡季还打折。没有电视的房间更便宜。有人说有虫子，不过我和我的朋友们都没有发现。

* * *

单人间$80。交通虽方便，但房间不太好。学生住双人间可以打折。

* * *

新近装修，设施有所改善。旺季Ⓢ$113.47、Ⓓ$121.68、Ⓣ129.87；淡季Ⓢ$76.05、Ⓓ$84.24、Ⓣ$92.43。

喜欢热闹的年轻人可入住的便宜旅馆

●*Marble Arch Hotel*　⑩

518 Richard St.

电话(604)681－5435

位于 W. Pender 与 Richard 大街交叉点偏南。距 Gastown 与市中心都很近。大厅及餐厅比 Niagara 及 St. Regis 明亮，但一层的酒吧到深夜还很热闹嘈杂。若从方便和价格两方面来考虑的话，此旅馆还是比较经济实惠的。Ⓢ$41.15、Ⓣ$52.90 无浴室厕所的单人间最便宜的为$32.25。

* * *

一层的酒吧到深夜还很吵闹。客人感觉也不太好。房间很旧，浴缸也有不少年头。女性游客最好不要来此投宿。

距市中心近的便宜旅馆

●*Del－Mar Hotel*　⑪

553 Hamilton St.

电话(604)662－3282

位于 Hamilton 大街与 Dunsmuir 大街交叉点附近,离市中心不远,且价格低廉,因此颇具魅力。周围虽然都在进行再开发,但唯独这家老旅店逆潮流而行,继续其旧貌。到了晚上周边便人迹稀少了。这是一家靠便宜的价格吸引客人的旅馆。

* * *

一位爽快亲切的大叔经营的旅店,很不错我非常喜欢。

Ⓢ$22、Ⓓ$35、Ⓣ$40。学生、周末打折。

唐人街周边

唐人街周边虽有不少便宜旅馆,但适合游客的不多。特别是从 E. Hasting 大街的 Carrall 街到 Main 大街之间人员混杂,白天是普通住户穿行,到了商店 5 点关门以后以及周末,就只有失业者、醉汉以及一眼就能看出的危险人物在闲逛(白天也有但不显眼)。这条街上饭店虽不少,但几乎都是每周付费的长期居留者,即仅付房费无收入的人的假住址。当然,也有人认为,这种由跌跌撞撞的醉汉,乞讨零钱的流浪者,吵架以及前来管制的警察等形成的氛围比一成不变的一流饭店更有趣。

VIA 站附近也有 Ivanho、Old Americh 等廉价旅馆,但白天都有妓女、醉鬼云集,气氛不好。

中国系的饭店,价格合理,颇具魅力

●*Hazelwood Hotel* ⑫

344 E. Hastings St.

电话(604)687-9126

传真(604)688-2017

从 Hastings 大街与 Main 一大街交叉点向东走一个街区就到。地点虽有些偏,但因属中资饭店,气氛明显爽朗整洁。价格也便宜,适合惯于旅行的游客。Ⓢ$22(浴室、厕所公用)、$40.95(带浴室)、Ⓓ$46.80、Ⓣ$52.65。学生九折价,居住一周的长期客人八折。

市中心西部(Robson 大街)

Robson 大街是完全面向旅游者的街道,因此饭店、餐厅、咖啡屋、商店都营业到很晚,非常方便、安全。如果想悠闲轻松地逛逛街,住在这里是最合适的。从标准汽车旅馆到高级饭店,各种住宿设施齐全。但是,如从 Robson 大街到 Granville 大街,Burrard 大街附近或 Stanley 公园附近,距离都比较远,所以女性最好是和男性结伴而行。

位于 Robson 大街的都市型饭店

●*The Blue Horizoa Hotel* ⑬

1225 Robson St. (V6E 1C3)

电话(604)688-1411

传真(604)688-4461

位于 Robson 大街繁华地段的尽头，位置不错，设备也是高级饭店档次。若在旅游淡季，$100 以下就可投宿。屋顶是蓝色，白天很易辨认，夜晚则闪耀着粉红色的霓虹灯。游泳池全年开放。夏季ⓈⒹ$125、Ⓣ$135(加税)，冬季ⓈⒹ$87、Ⓣ$97(加税)。

适合女性的欧式小饭店

●The Barclay Hotel ⑭

1348 Robson St.

电话(604)688－8850

传真(604)688－2534

这是一家欧洲风格的稍显古旧的木制饭店。前台服务员是华裔，大方利索。楼下的客房虽有些小，但家具精巧、卧具清洁，很适合女孩子居住。位置也不错。

* * *

的确像人们评价的那样，饭店的实际水准在其价格之上。

* * *

清洁整齐，可爱别致，但有些古旧。由于是木制，因此走廊的脚步声和二层的动静声很大，有些吵。可租借自行车，半个小时$1.99，一天$19。房间的电话打外线时必须通过前台，这点有些不可思议。

* * *

在女性投稿者中评价不错，很受欢迎 。Ⓢ $57.33～80.73，Ⓓ $69.03～104.13，Ⓣ$76.05～115.83。

不适合女性的欧式小饭店

●Robsonstrasse city Motor Inn ⑮

虽说位置不错，但房间水准根本达不到价格标准。门锁不好用，前台感觉也不好，客房照明经常出故障。女性旅游者最好不要来此投宿。Ⓢ$50～，$65～

景色优美的饭店

●Shangri－La's Pacific Palisades Hotel ⑯

1277 Robson St.

电话(604)688－0461/(1－800)663－1815

传真(664)688－4374

位于 Robson 大街繁华地带尽头的香格里拉系饭店，房间宽敞清洁，店员亲切热情，窗外的景色也十分美丽。

普通房间 $109～175、高级房间$119～185，面向家庭的普通套间$129～195，高级套间$139～205。

景色绝佳的高层饭店

●Sheraton Landmark Hotel ⑰

1400 Robson St.

电话(604)687－0511

传真(604)687－2801

这是一家 42 层的高层饭店。顶端有旋转餐厅。其高度使它成了此地的陆路标。价格合理、设施一流。前台虽不豪华气派，却颇有家庭氛围，房间色调沉稳。最大的优点是无论从哪个客房向外眺望，景色都极其优美。虽距繁华街段较远，但离 Stanley 公园近，而且附近也有商店、餐厅等，因此位置不错。在 42 层的旋转餐厅 Clond 9，一边欣赏夜景一边享用夜宵，或一边眺望清晨的街道一边品尝早餐，真是极大的享受。此外，饭店内还有健身中心等设施。通常夏季Ⓢ$155～、Ⓣ $175～(加税)，冬季Ⓢ$115～、Ⓣ$135～(加税)。但有时会有特殊价目，需事先询问清楚。

＊＊＊

景色极好。我住在29层，从房间可看到English Bay、Stanly Park及Burrard海湾。晚霞及灯火通明的夜景都很美。但是，房间里没有冰箱和电热水瓶，设施有些不全（据说豪华间设施齐全）。

适合长期居住的

●Tropicana Motor Inn ⑱

1361 Pobson St.

电话(604)687－6631

传真(604)687－5724

若居住一周以上，这家饭店最为合适。房间内有厨房、客厅、卧室、浴室及洗手间，宽敞明亮，只是有些古旧。共13层，位于Palisades前面，比The Blue Horlzon饭店离Stanley公园更近。Ⓢ$89～90，ⒹⓉ$89～109，淡季减$20。

步行可到Stanley公园

●Listel O'doul's Hotel

1300 Robson St.（V6E 1C5）

电话(604)684－8461

传真(604)684－8326

客房种类多样，并设有禁烟楼层。24小时服务，很方便。此外，还有室内游泳池、浴池、健身房等设施。Ⓢ$130～150，ⒹⓉ$150～170，商务住宿可以打折。

可在阳台喂海鸥

●Rivera Motor Inn

1431 Robson St.

电话(604)685－1301

位于Sheraton Landmark饭店对面，因此，再怎么转向也容易找到。我们三人住的是套间。起居室和卧室都很宽敞舒适。一夜$128。早上海鸥飞到阳台上，可以喂食，很有趣。另外，阿拉伯裔的经营者和店员都非常亲切和气。

＊＊＊

旺季Ⓢ$78～108，ⒹⓉ$128～148；淡季Ⓢ$48～78、ⒹⓉ$68～98。

适合与朋友长期居住的

●English Bay Apt. Hotel

1150 Denman St.（V6G 2M9）

电话(604)685－2231

传真(604)685－2291

是一家公寓式饭店。客房内有厨房（配冰箱、炉灶）、浴室。一天ⓈⓉ$99.45（淡季$58.50～70.20），套间$146.25（淡季$67.86～79.56）。

市中心南部

从机场到市中心，要通过Burrard桥或Granville桥，从这一带到市中心，有不少饭店。Burrard大街及Howe大街沿路多为中档饭店，而Granville大街边则排列着汽车旅馆及廉价饭店。

Granville大街是一条充满电影院、快餐店的娱乐街。特别是从Smith大街到Davie大街之间，色情店很多，不少不良青少年一直聚集到深夜。女孩子不宜来此。这附近的饭店大厅内常有常住者聚集，气氛不好。而Burrard及Howe大街则为商务街，面向游客的餐厅及商店很少，显得有些冷清。从这里无论去哪儿都得乘巴士或出租车；因此不太方便。

可以看到温哥华的另一面的饭店

●*Dufferin Hotel* ⑲

900 Seymour St. (V6B 3L9)

电话(604)683 - 4251

传真(604)683 - 0611

从 Granville St. ,拐入 Smith St, 走几步就到了这家位于 Smith St. 与 Seymour St. 交点处的饭店。店内气氛明快,一层的餐厅别致漂亮,前台的感觉也不错。且离市中心较近,价格合理。但是这一带一到晚上(白天也许也有)就有许多街头应召女郎徘徊,对此反感的人最好不要来此住宿。Ⓢ$68. 35,Ⓓ$81. 90,Ⓣ$87. 75,淡季降价$10 ~ 12。无浴室。

主干线上商务饭店风格的中档饭店

●*Best Western Chateau Granville* ⑳

1100 Granville St. (V6Z 2B6)

电话(604)669 - 7070

传真(604)669 - 4928

这是一家商务饭店风格的中档饭店。位于 Granville 大街与 Helmcken 大街的交叉处,非常醒目。设备虽较完善,但作为观光饭店气氛,显得有些冷清。位置在 Granville 大街边,十分方便。夏季Ⓢ$82,Ⓓ$88,Ⓣ$105。

适合喜欢呆在饭店里享乐的人

●*Holiday Inn Downtown Vancouver* ㉑

1110 How St. (V6Z 1R2)

电话(604)684 - 2151

传真(604)684 - 4736

沿 Granville 大街走过一条街道,便到了这家中档饭店。步行出去购物有点远。旺季Ⓢ$186. 03、ⒹⓉ$209. 43,淡季Ⓢ$139. 23,ⒹⓉ$162. 63。

适合喜欢呆在饭店里享乐的人

●*Quality Inn Downtown* ㉒

1335 Howe St. (V6Z 1R7)

电话(604)682 - 0229/(1 - 800)228 - 5151

传真(604)662 - 7566

有公寓式的单间。距 Stanly 公园和 Granville 大街都不远,步行可到。此外,还有屋外温水游泳池及有人看守的停车场。Ⓢ$89 ~ 130,ⒹⓉ$99 ~ 150。

不列颠哥伦比亚大学的宿舍

●*University of BC*

596 Student Union Blvd. (V6T 2C9)

电话(604)822 - 1010

传真(604)822 - 1001

本住宿设施于 5 ~ 8 月开放。带浴室房间 Ⓢ $54 ~ 60, Ⓓ $75 ~ 89, Ⓣ $89 ~ 105,无浴室宿舍$20。

B& B

温哥华的 B&B 分布范围广,有的极不起眼,自行寻找很不方便,因此最好到旅游服务中心去咨询。价格为单人间$30 ~ 60(由于是民宅,有的并不比饭店便宜)。

适合带孩子和宠物入住的旅馆

●*Green Gables Downtown B& B*

628 Union St. (V6A 2B9)

电话(604)253 - 6230

1993年4月刚开始外租。房主卡尔先生说旅馆由100多年历史的老房子改建而成。两间浴室公用。房主家有一位日本夫人及一只名为驹的小狗。很有家庭气氛。一天$15，可借用自行车。

* * *

短期或长期旅行者，徒步旅行者，带孩子或宠物的游客，总之有疑问，想收集有关信息的游客，请先在这里住一夜。在机场内的饭店预约申请即可，直接打电话也行。我是带着孩子和狗一起出来旅行的，在这里居住很放心。房主和工作人员——一对意大利夫妇都很亲切，帮了很多忙。房间也有农舍风格的。早餐的自制果酱很好吃。外国客人年长的较多，所以谈话内容也丰富多彩。若是滑雪季节，主人还帮助联系。

* * *

从巴士总站步行五分钟，夏季Ⓢ$45，Ⓓ$59，冬季Ⓢ$35，Ⓓ$49。

位于前往维多利亚的渡船站附近

●Cottage B& B Registry Charlie & Belle Curd

5435 Candlewyck Wynd Tsawwassen

Delte(V4M 3T7)

电话(604)943－3783

位于温哥华郊区，前往维多利亚的渡船站附近。可步行到海边，且免费到机场、火车站迎接。浴室及洗手间为公用。算早餐Ⓢ$50，ⒹⓉ$60(加税)。另外，夏季还举办野营旅行，可放心参加。

用“饭店”来命名的B& B

●The Kingston Hotel

757 Richards St. (V6B 3A6)

电话(604)684－9024

传真(604)684－9917

距市中心很近，沿Robson大街向体育馆方向走，在Richards大街左拐立刻就可以看到此旅馆的招牌。浴室、厕所虽是公用，但房间清洁舒适。供应早餐，一般是面包、咖啡或红茶、水果。此外还有投币洗衣机、桑拿。该旅馆仿佛是家庭经营，前台的女孩子（可能是房主女儿）非常开朗友好。客人既有背包旅行者，也有家庭旅游团。这里很安全，即使是单身旅行的女孩子也可以安心入住。Ⓢ$35～40，Ⓓ$40～45，Ⓣ$60～65(加税)，带浴室房间为Ⓢ$50～55，Ⓓ$65～70，$75～80。

* * *

床板咯吱咯吱响，门锁也不太好用，最初有些不安，但越住越喜欢，真是一家不可思议的旅馆。工作人员都很开朗热情，房间虽有些古旧，但很清洁。

位于不列颠哥伦比亚大学边安静住宅街上的

●Point Grey Guest House

4103 W. 11th Ave.

传真(604)222－9279

在此居住的大多是经朋友介绍而来。由于位置的关系，与大学有关的客人很多。它位于美丽安静的高级住宅区，附近有网球场、游泳池、高尔夫球场等，商店及餐厅也与市中心的稍有不同。想看看没有游客聚集、纯加拿大风格的地方的人，请到这里来。Ⓢ$40，Ⓣ$60，最好争先预约。

位于Broad Way站边的

●Lakewood House B& B

2118 E. 10th Ave

电话(604)251－2242

房主 Jauk 先生自己于 1993 年建造的房子,非常清洁。Jauk 先生很爱干净,室内严禁穿鞋。所有的房间都有电视,厨房及投币洗衣机等也可使用。距 Sky Train 的 Broad way 站只有 5 分钟路程。房后有一个拥有美丽湖泊的公园。服务也无微不至,每天回 B&B 成了一件快乐的事。Ⓢ$40～60,Ⓓ$60～80(夏季价格)。

＊＊＊

的确是干净可爱的 B&B。房主也亲切友好,在此居住,心情舒畅。

青年旅馆

距市中心较远是惟一缺点

● *Vancouver International Hostel*

1515 Discovery St.(V6R 4K5)

电话(604)224－3208

传真(604)224－4852

温哥华的青年旅馆距市中心都很远,几乎都位于不列颠哥伦比亚大学附近。本旅馆到市中心坐巴士需 30 分钟,不太方便。但就其位置自身来看,面对着临 English 湾的 Jericho Beach 公园,风景优美。交通:从市中心乘#4 巴士,从 Granville 大街进入 4th Ave. 后在 Marine Dr. 下车。沿 Marine Dr. 步行三个街区右侧便是。这是加拿大最大的青年旅馆,设备完善,管理严格。夏季最好提前预约。

＊＊＊

有宿舍和家庭客房,宿舍为 14 人居住,有个人柜子,此外还有保险箱及洗衣房(皆需付费)、厨房、自动售货机、游戏厅等。并能买到市内巴士的日通票。我们在此一直住了十多天。到市中心乘巴士 20 分钟。前台工作时间为 9:30～24:00。

位于市中东部很远的地方

● *Harboufront Hostel*

209 Heatley Ave.

电话(604)254－0733

从市中心乘 4 路前往 Powel 的巴士在 Princess St. 下车,继续前行到 Heatley Ave. 的红绿灯处左拐,走 30 米左右即到。在名为 SCENE 的卡拉 OK 餐厅的 2 层,有些不太好找。一天$15,钥匙押金$10(结帐时退还)。顶层房间一天$5,不过透风很厉害(晴天倒无所谓)。经营者是华裔。

＊＊＊

从白天就有妓女在附近勾引客人,不介意的人可前去住宿。

Ⓢ$25、ⒹⓉ$35。淡季便宜$3。

私营青年旅馆的名所

● *Paul's Guest House*

446W. 13th Ave.

电话(604)872－4753

从早 8 时到 10 时,免费提供早餐,有面包、玉米卷、鸡蛋 2 个。有时还有奶油甜面包。红茶、咖啡可自由添加。房间干净整齐,公用浴室、洗手间也很清洁。还有洗衣房,并提供机场接送服务。Ⓢ$30～40,Ⓓ$40～60。房主是葡萄牙裔芭芭拉夫人,很亲切。在 345W 14th Ave. 设有分店。

背包旅行者旅馆

● *Vincent's Back Packer's Hostel*

927 Main St.（V6A 2Y8）

电话/传真(604)682－2441

宿舍房价为$10,Ⓢ$20。古旧且不干净，但位置极好，距 Sky train 的 Main St. 站及巴士站仅 5 分钟。从火车站向唐人街方向前行，在立交桥前左侧高楼的 2 层。入口被 60 年代旧式橱窗夹着，很容易被忽视。但其对面的 Old American Hotel 可作为标志。离唐人街近，可以吃到便宜量大的中国菜。在设有厨房，备有电视的起居室里和世界各国的旅行者议论旅行，很有意思。

* * *

我在此居住了4个月，管理者是个不爱说话但性格和善的大叔(但什么都当作垃圾扔掉有些麻烦)。建筑古旧，厨房及客房也不太干净，但最近改装的浴室，非常清洁。此外的特点是便宜、友好。

* * *

说这里脏的稿件很多。附近风气不好，女性最好不要前往。对于久经锻炼的背包旅行者来说，倒便于收集信息，增加新感受。

北温哥华

北温哥华的一流饭店

● *Lonsdale Quay Hotel*

123 Carrie Gates Court N. Vancouver(V6M 3K7) 电话(604)986－6111

这是北温哥华最好的饭店，从温哥华乘海上巴士一下船便到，位置方便。隔着 Burrard 湾可远眺市中心的风景。夏季$135～，冬季$95～。

方便舒适的旅店

● *European Bed & Breakfast*

648 East Keith Rd. N. Vancouver(V7L 1W5)

电话(604)988－1792

传真(604)988－1782

主人 Hartkopf 夫妇是德裔加拿大人，英语、德语都会说。从这里到 Grouse Mountain、Capilano 溪谷等北温哥华的游览胜地很方便。还可利用机场的搭载服务。但是这里禁烟。

* * *

共七间房间，其中两间有专用浴室。下了海上巴士后转乘市内巴士，乘#228 在 Keith Rd. 与 Grand Blvd. 交叉点下车，往回走到 Keith Rd. 左拐，下一个路口便是。

* * *

带有浴室房间Ⓢ$65，ⒹⓉ$95。淡季为ⒹⓉ$85。无浴室房间均降低$10。

作为 B & B 来说虽贵却符合其价

● *Ocean Breeze*

462 E. 1st St. N. Vancouver(V7L 1B7)

电话/传真(604)988－0546

房主是波兰移民夫妻二人。房间干净漂亮，二层朝南的房间可看到温哥华市中心的夜景。到海上巴士站步行 20 分钟左右。作为 B&B 来说价格虽高，但综合考虑绝对不贵。

* * *

旺季房价为Ⓢ$85，ⒹⓉ$110，淡季Ⓢ$75，ⒹⓉ$95。无浴室房间均降低$10～15。

乘坐路面电车风格的巴士参观温哥华市中心

The Vancouver Trolley Company 电话(604)255-2444 (6:00~23:00)

此线周游温哥华市中心及其周边的各个景点,便利方便。电车外型的红色巴士从春季到秋季的旅游旺季,每天9:00~17:30(末班车16:00发车)运行,30分钟一趟。以Gastown为起点周游市内15个景点(Canada Place、Downtown、Stanley Park、English Bay、Granville Island、Queen Elizabeth Park等)。可在这15个景点任意上下车。途中,若想仔细游览某景点,可下车,并于30分钟(或1个小时)后,在同一地点乘坐下趟车。另外,司机还沿途进行详细说明。所需时间2~3小时,价格$18,儿童$10(含GST)。不需预约。

Landsea Tours Ltd

2596 Pandora St. Vancouver V5K 1V8

电话(604)255-7272 传真(604)254-8968

半日市内观光(用英语导游):使用小型巴士,司机兼导游的Tvevor先生幽默而亲切,周游市内的主要景点。在主要饭店还提供搭乘及送迎服务。由于温哥华多雨,因此车上备有雨伞。每天9:00、14:00发车,需3个半小时,$30。5~11月还有很多其它项目。个人旅行4小时$65~70。

Gray Line of Vanconver

255 East 1st Ave. Vancouver 电话(604)879-9287

● Tour 6M Multi-Lingual Grard City Tour

周游Stanley公园,English Bay(英格利湾)、Queen Elizabeth Park(伊丽莎白女王公园)、唐人街、Gastown等景点。参加之前请详细询问。$28.45,3.5小时。6月2日~9月11日,每日9:15发车。

● Tour 3 Mountains & Sea Tour

从温哥华经Lions Gate桥,在Grouse山乘Skyride索道,观赏Capilano溪谷及吊桥后乘海上巴士返回。$43.17,4小时,4月1日~10月27日,每日9:15发车。

● Tour 7 Whistler Resort Tour

前往开满鲜花的欧洲风格山岳游览地 Whistler。返回时可欣赏美丽的豪海峡海岸线。前往时有 7A 线,可乘蒸气机车罗亚尔哈得逊号到斯考米修,9.5 小时。往返皆乘汽车$43.11(4 月 29 日 ~9 月 29 日每天),Tour 7A 线$69(6 月 15 日 ~9 月 15 日周三 ~ 周日)皆为 9:15 出发。

● Super Tour 8 Victoria Excursion Tour

从温哥华乘渡船到维多利亚(Victoria)。前往鲜花盛开的 Butchart 公园、维多利亚大学、Beacn Hill 公园等维多利亚的景点。而且还有在维多利亚投宿一日或两日的旅游项目,可自由选择。$77.60,12 ~ 13 小时。1 月 1 日 ~2 月 23 日周三、周六、周日,2 月 24 日 ~5 月 19 日、9 月 30 日 ~11 月 24 日每日 9:15 发车。5 月 20 日 ~9 月 29 日每日 7:30、8:30、9:15 发车。

温哥华的购物新去处

YELETOWN

对于游客来说，Robson 大街是个十分方便的地方，但也有不少人认为，最近这里面向游客的商店建得过多，反而无聊。在此向您介绍一处一般游客还不太熟悉的购物新去处，相信会合那些厌恶 Robson 大街世俗氛围的游客的口味。这便是由 Hamilton St. Mainland St. Smithe St. 与 Helmcken St. 四条大街围成的长宽均达 2 个街区的“YELETOWN”。

距市中心步行十分钟的这一带，最初是仓库街，经过开发，成为排列着漂亮商店的小商业区。有进口家具、厨房用品的专卖店，服装店、装饰品店，此外也有不少美丽精巧的餐厅。附近还有一家新近开放的装修如罗马时代竞技场的图书馆。另外 BC Place 体育馆、GM 体育馆也在附近。旁边一座正在施工的观光出租公寓非常醒目。预计不久以后，这里也会成为如 Robson 大街的温哥华新繁华地带。

● Yeletown Brewing Co.

1111 Mainland St.

电话(604)688-0039

位于 Yeletown 中心的这家砖砌店铺,由餐厅、酒吧及啤酒工厂组成。面向街面的露天阳台白天开放,晚上有许多当地的年轻人聚集,热闹非凡。通心粉、比萨、汉堡类均为$10 左右,晚上有全套正餐。最大的特色是可以参观酿造新鲜啤酒的工厂,并可品尝($1.50)。

温哥华～西雅图的交通

Greyhound Luxury Cruiser

Vancouver　电话(604)622－3222

Seattle　电话(206)624－3456

从温哥华到西雅图 3.5 小时

Vancouver	发	7:15	10:00	13:00	17:30
New Westminster	发	7:45	10:25	13:25	17:55
International Boundary	到	8:10	10:55	13:55	18:25
	发	8:40	11:25	14:25	18:55
Bellingham	到	D	↓	D	D
Seattle	到	10:45	13:25	16:30	21:00
Seattle Tacoma Airport	到	11:15	13:55	17:00	21:00

Seattle Tacoma Airport	发	9:00	10:45	12:30	16:30
Seattle	发	9:30	11:15	13:00	17:15
Bellingham	到	↓	12:55	14:40	18:55
International Boundary	到	11:30	13:20	15:05	19:20
	发	12:00	13:50	15:35	19:50
New Westminster	到	12:30	14:20	16:05	20:20
Vancouver	到	12:55	14:45	16:30	20:45

D 为只能下车

Quick Shuttle

Vancouver　电话(604)526－2836　传真(604)526－0779

Seattle　电话(1－800)665－2122

从温哥华的 Sandman Inn(180W. Georgia)出发，到西雅图市中心的 Travelodge 及塔科马国际机场(Seattle Tacoma Airport)。温哥华出发 6:30、8:00、10:30、12:00 *、13:15、16:30。塔科马国际机场出发 8:30、10:00 *、12:30、16:00 *、19:30 *、22:00 *。运行 3 小时 50 分钟。(* 为季节运行)。

价格(以上两社相同)：温哥华～西雅图：单程$26，往返$47。

温哥华～西雅图、塔科马机场：单程$33，往返$60。

经由西雅图的机场免税品采购

如果从西雅图进入加拿大，想在机场买免税品的话，在西雅图购买比在加拿大方便得多。在西雅图塔科马机场内的免税店 HOST 购买的免税品，与大件行李相同，可托运，不必带入飞机，换机时，也不必自己搬运。另外，还有预约定货服务，订好后可直接运回国内，回国后在北京国际机杨提取即可。

从温哥华到西雅图乘机体验

办好验证手续后，便寻找显示牌上标明的 No. 32 入口，但登机口只到 No. 29，寻问了机场工作人员才得知，需从办验证手续的航空公司里面的门进入。出发前 30 分钟开门，之后便是美国海关，过关时有些紧张，但工作人员仅仅问了停留天数，便顺利放行了。虽说世界之大，无奇不有，但将本国海关设到他国境内的恐怕只有在美国、加拿大才能遇到。

温哥华的历史

在被称为温哥华之前，这一区域是海滨印第安人的家园，他们居住在乔治亚湾一带。进入17世纪，法国和英国殖民者在这片广阔的土地上，开始了正式的殖民统治。

探险家们挖掘这块土地，则始于18世纪后期。1792年，英国人乔治·温哥华测量韦斯特海湾，进入了乔治亚湾。温哥华名称的来历，当然取自此人之名。

1808年，西蒙·弗雷泽再次踏入了当年温哥华的探索之路，并进一步到达了后来以他的名字命名的弗雷泽河。

这一时期加拿大的产业，主要是以哈得逊湾为中心的渔业，以及被称为穿越森林之人的毛皮商人所进行的毛皮贸易。毛皮是通过与印第安人交易而得到的。做此买卖不可缺少的，一是穿越大森林的勇气；二是进行交易的中转站。因此说，“加拿大的殖民，是点（中转站）与线连结的殖民”。这时候在加拿大原野上奔波的人们，对于“常住殖民”的意识还十分淡薄。

常住殖民者来到温哥华是在1867年，从加拿大整体的殖民史来看都相当晚。这一年加拿大已经作为“加拿大自治领”从英国取得了自治权，曾被分割为几部分的殖民地重新合为一体。“加拿大”也便由此诞生（包括温哥华在内的不列颠哥伦比亚殖民地则于1871年加入自治领）。同一时期，在加拿大近邻美国，推出“奴隶解放宣言”的林肯总统已被暗杀。

1867年进入温哥华的是英国人约翰·狄顿，他带着自己的印第安妻子登上这块土地。一般认为，不列颠哥伦比亚这一带不适合发展农业，狄顿就把眼光放在了环绕着温哥华的树林，即木材上。

于是，这里最初的家族便在这广阔的原野上安家落户了，虽然只是一所小屋，却是温哥华城市发展的开端。

以狄顿开设的木材加工厂为中心，温哥华逐渐发展成为一座大村落。狄顿能说会道，拥有“话匣子杰克”的绰号。但他的话有理有力，从而说服了同伴，将温哥华建成了一座以木材加工厂为中心的城市。城市中心也取名于他的外号“Gassy（爱说的）”而被称之为“Gassytoun”，后稍加改动，更多为现在的“Gastoun”。

温哥华发展为现代大都市的契机，是这之后大陆横断铁路的开通。但在1886年铁路即将开通之时，城市遭受了一场大火灾，损失巨大。1887年，连接蒙特利尔与温哥华的大陆横断铁路完工，被落基山脉阻隔的加拿大东侧的各城市终于得以相通。

铁路开通后，丰富的矿物资源也相继被采掘，作为木材产地、矿产地、运输港口的温哥华，起步虽晚，发展的速度却非常惊人。

温哥华1886年立市，到1986年举办万国博览会，也不过才100年的发展史。

WHISTLER

惠斯勒●BRITISH　COLUMBIA

惠斯勒，作为北美第一滑雪胜地而闻名。从温哥华驱车仅需3小时。被考斯特山环抱着的这片山岳旅游胜地，拥有与落基山脉不同的风格，游览方式也各异，划艇、骑马、郊游、山地自行车旅游、滑翔机、吊车、直升机滑雪等项目多多，度假村几乎提供了所有的室外活动项目。但只要迈出村庄一步，看到的将是静谧的湖泊、露天浴池，一个朴素平和的加拿大也就展现在眼前。

ACCESS　交通

铁路　从北温哥华发车，一日一往返（北温哥华7:00发车、惠斯勒18:10发车，所需时间约2.5小时）。此路线沿途景色优美，特别是到斯阔米什的沿海岸线一段。虽不是很方便，却值得一乘。

B. C. Rail　电话(604)984－5246

巴士　Maverick Coach Lines巴士每日从温哥华巴士车站发出5趟列车（冬季为6趟，单程$13，往返$25）。另外，从温哥华机场Perimeter Transportation巴士一日一往返（单程$42.80）。

Maverick Coach Lines　电话(604)662－8051

Perimeter Transportation　电话(604)261－2299

WALKING　游览方法

城市中心是名为Whistler Village的广场，周边有餐厅、服装店，别致的咖啡厅、电影院及超级市场等，不时会有漂亮时髦的游客由此走过。划艇之类的室外活动，可向饭店前台提出申请，也可直接前往设在市内的办事处办理。没有私车可租用一辆山地车，很方便。

Whistler Resort Association　电话(604)923－3928

SIGHTSEEING　主要景点

惠斯勒山　Whistler Mountain

惠市内到惠斯勒山半山腰有1157米，在夏季游览期有Whistler Express缆车运

行。途中有站，请注意坐到终点。在海拔1837米的眺望台、Whistler house站可用便餐。从这里有多条散步路线延伸。可以继续攀登直至冰河脚下的路线Glacier Trail需1小时。在这里向您推荐的是经高山湿原Harmony Meadows到达Harmony Lake的1.5小时路线。Harmony Lake是一个被针叶林环绕的小湖泊，其图片经常见之于旅游手册上。这里的散步路线往返大都约1小时左右。

价格：成人$18

ACIVITIES 室外活动

■漂流

在市中心皇家银行设有办事处的Wedge Rafting，每天举行数次由格林湖漂流格林河的半日划艇旅游，并负责到市内的迎送，用具可租借，儿童及初学者可放心参加。一日出发3次，一次约2小时。费用$32，提供热狗和软饮料，并有收费拍照服务。此外还有前往附近的里尔埃德河及巴肯贝德河的漂流项目。

Wedge Rafting Ltd.

电话(604)932－7171

Whistler River Adventures

电话(604)932－3532

■喷气式快艇

喷气式快艇与通常使用螺旋桨推进的船不同，是用船尾喷出的高速水流来推动快艇前进的。因此，在水位极浅的河里亦可行驶。潘巴得游览线1.5小时$58.88，

格林河游览线为1小时$49。此外还有半日游览线及与直升机游览组合的游览项目。这是一项在落基地区国家公园内无法体验的极具魅力的活动。

■独木舟

在惠斯勒周边的很多湖泊，可租借

独木舟，从阿尔塔湖划至格林湖再进入高尔登德利姆河。

■山地车旅行

在缆车站附近的 Mountain Square 等处有自行车租借店。可参加乘缆车上山，再沿登山道骑车下山的旅游团体。若不参加旅游团体则不得将自行车搬入缆车。

Whistler Backroads Mountain

Bike Adventures

电话(604)932－3111

〔其它活动〕

■骑马

Layton Bryson Oufitting

电话(604)932－6623

Western Adventures on Horseback

电话(604)894－6155

■高尔夫

Whistler Golf Club

电话(604)932－3280

Chateau Whistler Golf Club

电话(604)938－8000

■网球

Public Tennis Courts

电话(604)932－5321

■直升机旅行

Whistler Air

电话(604)932－6615

Mountain Heli－Sports

电话(604)932－2070

■有关各项活动的问询处

Whistler Activity & Information

电话(604)932－2394

RESTAURANT 餐厅

随意大方的普罗旺斯风味料理店

● *Val d'Isere*

Upstairs in St. Andrews House

电话(604)932－4666

位于 Whistler Village 的 Blackcomb 一侧街角。既具游览区气氛，又毫不拘谨呆板，是一家气氛轻松的法国料理店。菜肴种类及价格也很大众化。我们点了兔肉与煎猪排的拼盘，装饰得非常精美，令我们对厨师的手艺大为钦佩，但味道倒并不像其外观那么出色绝伦，比较一般。另外，普罗旺斯风味(估计是)的鱼汤以及另一种不知其名的汤味道极好。一人$24。

位于 Village 广场的适合成人的法国料理店

● *Araxi*

电话(604)932－4540

面向 Square 与 Village Stroll 两面的大餐厅。入口处写着曾获得过某权威机构颁发的优秀餐厅大奖。菜肴量少，但盘子很大，重视视觉效果。据同伴说通心粉汤虽不太好喝，但通心粉味道很好。餐厅气氛浪漫宜人。

家制面包品种多样的小熟食店

●*Ingrid's Village Cafe*

电话(604)932-7000

位于 Village Stroll 边的小熟食店。以三明治汉堡包为主，还有面制糕饼及沙拉，适合便餐，也可带走。通心粉汤菜码丰富，味道鲜美。宽条通心粉及汤$7.25。早上开放很早，便于早餐。

惠斯勒的酒信息

面向市中心的 Village Square(广场)有一家品种齐全的酒屋，位置便利。啤酒6瓶一组$9。品种十分丰富。另外还有一种为 Whistler Prime Lager 的惠斯勒当地啤酒，评价不错。苏格兰威士忌$25。

HOTEL 旅馆

住宿设施主要集中在惠斯勒游览区的中心 Whistler Village、布莱考姆山麓的 Upper Village 和新开发的 Village North 三处以及 Whistle Creek Side。饭店的房价一般为$70~100、B&B(供应早餐的普通旅馆)为$55~85。此外还有负责工作日期间高尔夫球场及机场迎送的住宿设施(2天$175~195，3天$263~293等，询问请到 Whistler Central Reservation)。在阿尔塔湖对面还有青年旅馆。

■住宿问询处

Whistler Central Reservations:

电话(604)932-4222

传真(604)932-7231

VANCOUVER ISLAND

温哥华岛 ● BRITISH COLUMBIA

温哥华岛位于温哥华以西，隔佐治亚海峡与温哥华相望。岛上最大的城市是位于最南端的不列颠哥伦比亚省省会维多利亚。全加拿大高速公路纵贯全岛（从 Qualicum Beach 以北连接到 19 号公路），依次途经奈纳莫、坎贝尔河、哈代港等交通枢纽城市。沿全加拿大高速公路乘坐公共汽车和温哥华国际机场专用铁车，在奈纳莫换乘公共汽车直接向北即可到达上述城市。

但是，如果要去岛的西侧、多非诺及尤克莱特方向，须从奈纳莫以北 36 公里处的 Parksville 沿 4 号公路往西，途中将经过去沿太平洋国家公园方向的交通枢纽——Port Alverni。如果乘坐公共汽车，则必须在奈纳莫和阿尔巴尼港转车。公共汽车班数少，发车时间也有限，因此必须事先了解清楚。

ACCESS 交通

去温哥华岛可以乘渡船、公共汽车、飞机、水上飞机等。最快的是飞机，但一般的交通工具还是渡船和公共汽车。

●从温哥华

可以从维多利亚和奈纳莫两座城市进入该岛。如果目的地是岛的北部或者多非诺的话，从奈纳莫更为方便。

前往奈纳莫有不列颠哥伦比亚省渡船通航。如果乘坐 Maverick Coach Lines 的公共汽车，乘客可以坐在公共汽车上连车一起乘坐渡船，非常方便（详情参照奈纳莫部分）。前往维多利亚同样可以乘坐 Pacific Coach Lines（PCL）的汽车连船渡海，到达市中心的公共汽车总站。

如果要从奈纳莫继续前行的话，必须在奈纳莫换车。有两条不同的公共汽车路线，分别去往坎贝尔河、哈什港方向和多非诺、尤克莱特方向，千万不能弄错。

●从西雅图

如果从美国西雅图的港口乘坐叫做“维多利亚快船”的海上气垫船，两个半小时就能直达维多利亚。该船全年运营，从 5 月 20 日到 9 月 17 日的夏季每天开三、四班，但旅游淡季每天只开一、两班。

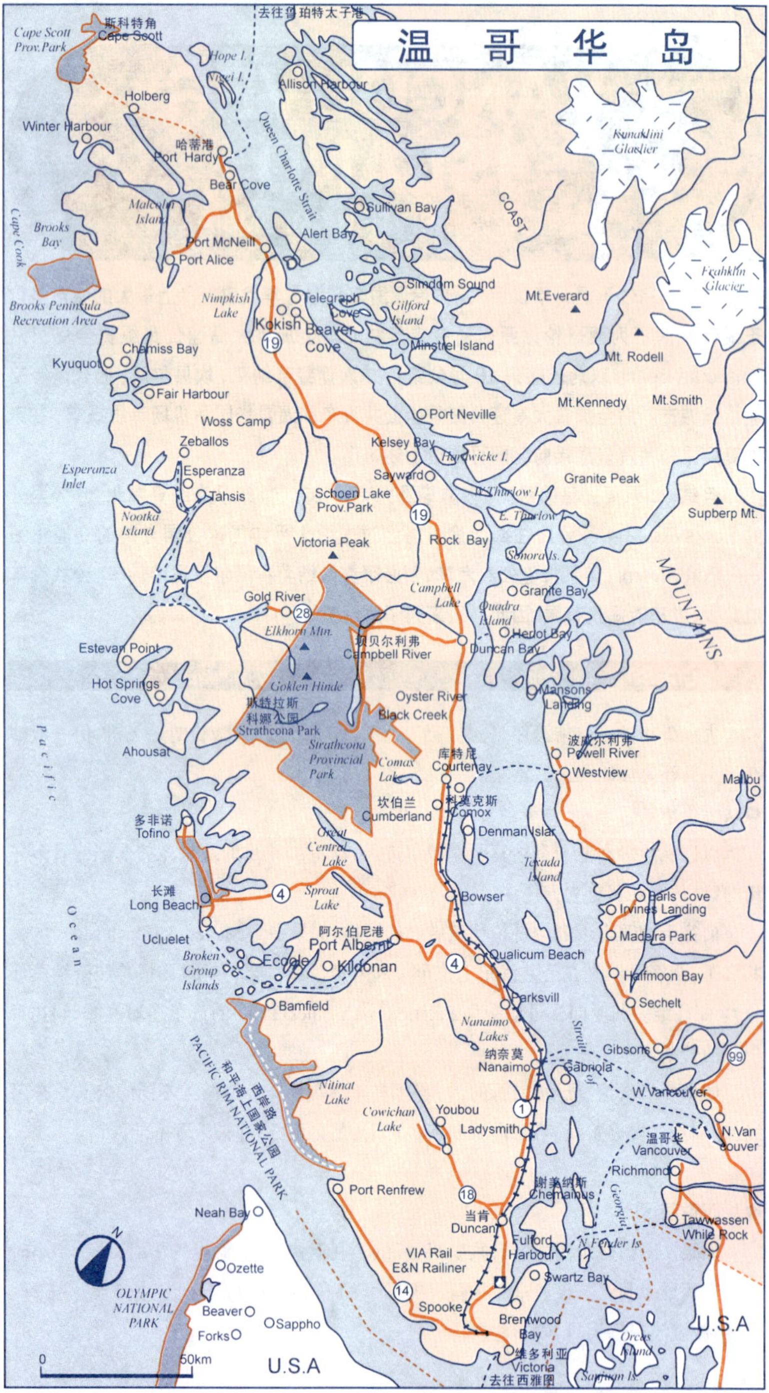
温哥华岛
去往鲁珀特太子港
斯科特角
Cape Scott
Cape Scott Prov.Park
Hope I.
Nigei I.
Allison Harbour
Holberg
Winter Harbour
哈蒂港
Port Hardy
Bear Cove
Queen Charlotte Strait
Kunaklini Glacier
COAST
Malcolm Island
Sullivan Bay
Cape Cook
Brooks Bay
Alert Bay
Port McNeill
Port Alice
Franklin Glacier
Simdom Sound
Mt.Everard
Brooks Peninsula Recreation Area
Nimpkish Lake
Telegraph Cove
Gilford Island
Kokish
Beaver Cove
19
Minstrel Island
Mt. Rodell
Chamiss Bay
Kyuquot
Fair Harbour
Mt.Kennedy
Mt.Smith
Port Neville
Woss Camp
Zeballos
Kelsey Bay
Hardwicke I.
Esperanza Inlet
Esperanza
Sayward
Granite Peak
Tahsis
Schoen Lake Prov.Park
W.Thurlow I.
Nootka Island
19
E. Thurlow
Supberp Mt.
Rock Bay
Victoria Peak
Sonora Is.
MOUNTAINS
Campbell Lake
Granite Bay
Gold River
28
Quadra Island
Elkhorn Mtn.
Heriot Bay
Estevan Point
坎贝尔利弗
Campbell River
Duncan Bay
Goklen Hinde
Hot Springs Cove
Oyster River
Mansons Landing
斯特拉斯科娜公园
Strathcona Park
Black Creek
Pacific Ocean
Ahousat
Strathcona Provincial Park
波威尔利弗
Powell River
库特尼
Courtenay
Westview
Comox Lake
Malibu
坎伯兰
Cumberland
科莫克斯
Comox
多非诺
Tofino
Denman Island
Great Central Lake
Texada Island
长滩
Long Beach
4
Sproat Lake
Bowser
Earls Cove
Irvines Landing
Ucluelet
阿尔伯尼港
Port Alberni
Madeira Park
Broken Group Islands
Eccole
Kildonan
4
Qualicum Beach
Halfmoon Bay
Bamfield
Parksvill
Sechelt
Nanaimo Lakes
Strait of Georgia
纳奈莫
Nanaimo
Gibsons
99
Gabriola
PACIFIC RIM NATIONAL PARK
和平海上国家公园
西岸路
Nitinat Lake
W.Vancouver
Cowichan Lake
Youbou
1
N.Van couver
Ladysmith
温哥华
Vancouver
Richmond
Port Renfrew
谢美纳斯
Chemainus
18
Neah Bay
当肯
Duncan
Tawwassen
While Rock
Fulford Harbour
N. Pender Is.
VIA Rail E&N Railiner
Ozette
Swartz Bay
14
OLYMPIC NATIONAL PARK
Spooke
Beaver
Brentwood Bay
Sappho
Forks
Orcas Island
U.S.A
维多利亚
Victoria
去往西雅图
Sanjuan Is.
0
50km
U.S.A

● 从鲁珀特太子港

如果从阿拉斯加或育空堡、夏洛特皇后群岛旅游归来，可以在大陆西北端的鲁珀特太子港乘坐不列颠哥伦比亚省渡船到达温哥华岛北端的哈代港。

TRANSPORTATION 温哥华岛的交通

巴士 Laidraw 运行的 Island Coach 公共汽车沿全加拿大高速公路纵贯全岛，前往维多利亚、奈纳莫、坎贝尔河、哈代港都可乘坐，但无论去什么地方均需在奈纳莫转车。

如果要去哈代港，过坎贝尔河之后公共汽车班数就会减少，去尤克莱特/多非诺的话，过阿尔巴尼港之后班数也会减少，需要注意。

VIA 在维多利亚和科特尼之间有 VIA 的 E&N Railliner 运行。由于是以观光为目的的列车，其不是途中花费时间较长，但于希望享受火车旅行的游客。

飞机 飞机是价格最贵、但最快的交通工具。至坎贝尔河和哈代港每天都有几个航班，从温哥华到哈代港约需一小时。

Maverick Coach Lines: 1315 Vernon Drive, Vancouver, B. C. V6A 3V4
电话(604)662－8051

Laidraw: 700 Douglas St. Victoria
(Island Coach Division) 电话(604)385－4411

VIA Rail: 450 Pandora Ave. Victoria, B. C. V8W 1N6
电话(604)383－4324/(1－800)561－8630

多非诺的水上飞机

百年杉树

VICTORIA

维多利亚
BRITISH COLUMBIA

不列颠哥伦比亚省省会维多利亚，是一个四季鲜花盛开的花园城市。当地还保留着过去英国辉煌时代的生活气息，人们享受正式的下午茶点，对家庭庭院的营造也尽心尽力。维多利亚位于温哥华的南端，与温哥华仅隔一个内海，但在维多利亚这座城市却能感觉到历史和文化的气息。多数的观光点集中在英拿港周围，红色的双层公共汽车和马车在路上往来穿梭，游客们在路旁愉快地散步。这大概要归功于当地温暖的气候和健康的生活环境。在优美的环境中，到处都能看到设计出色的博物馆和有名的园林等观光点。

ACCESS 交通路线

● 从温哥华

公共汽车和渡船相连的太平洋客运线/Pacific Coach Lines

PCL公司经营的公共汽车往返于温哥华和维多利亚的达尔文镇。如果在温哥华的汽车总站乘坐公共汽车，可以在Tsawwassen连车乘入渡船，在维多利亚的Swartz Bay上岸，最终到达市中心的恩普莱斯旅馆后面的公共汽车总站。运行间隔为大约1小时1班。班数多，都为大型渡船，因此不仅乘坐非常舒适，而且可以省去乘渡船时的许多麻烦和公共汽车换乘的不便。不过，到冬天改为两小时一班。并请注意不要遗失车票的副券。

所需时间：3小时30分　票价：单程$22.50，往返$42

PCL公司的公共汽车接人服务

Pacific Coach Lines公司运行于维多利亚～温哥华之间的公共汽车，如提前1小时电话预约，可以到维多利亚或温哥华的各十个地点来接运客人。清晨发车的则须在前一天晚上预约。接运的地点在公共汽车时刻表中有说明，并附有地图。

市内公共汽车和渡船

公共汽车大概1小时一班，车费仅为PCL公司公共汽车的一半，但有时候会因转车不顺而花费较多的时间。因此，对于只住一晚的旅游者来说，乘坐公共汽车乃是浪费时间。

从位于温哥华的 Dunsmuir St. 街的旅游咨询处门前的公共汽车站乘坐601路公共汽车，50分钟即可到达 Ladner Exchange。换乘604路(预先在601路公共汽车上领取换乘车票)，到终点站菲利下车。后购买到维多利亚的船票($6. 50)上船。这时注意不要误乘开往奈纳莫或爱兰德的渡船。到维多利亚之后再乘坐市内的70路 Pat Bay Hwy. 公共汽车去市中心。全程共需4小时(其中仅渡船就需1个半小时)。

渡船票价：人员每人$6. 50，连车渡海$22. 25 + 所乘人数的船费。周末略高于平日。

水上飞机

Air BC 在维多利亚和温哥华港之间飞行。使用的是能乘坐大约 20 人的螺旋桨飞机，途中可进行约 35 分钟的空中游览，眺望浮在佐治亚海峡里的岛屿。

票价：周三、四、五单程$141，周六、日、一、二单程$202，往返票加倍。

●从西雅图

维多利亚快船/Victoria Clipper

这是一种全年运行的海上气垫船，往返于西雅图和维多利亚之间，航程两个半到三个小时。五月中旬到九月中旬为每天 3 - 4 班，九月下旬 - 五月上旬每天一班，五月上旬到五月中旬每天两班。旺季单程$55，淡季便宜一些。时刻表可能会有变动，所以要在乘坐之前询问清楚。

Clipper Navigation Seattle: 2701 Alaskan Way, Pier 69 Seattle

电话(206)448 - 5000/(1 - 800)888 - 2535

传真(206)443 - 2583

Clipper Navigation Victora: 1000 - A Whart St. Victoria　电话(604)382 - 8100

维多利亚渡船/Victoria Line Ferry

仅在夏季(5 月 16 日 ~ 10 月 15 日)每日一次往返于西雅图和维多利亚之间，上午 7:30 从维多利亚的 Ogden Point 始发，下午 13:00 从西雅图的 Pier 48 始发，航程 4 个半小时。

票价：单程每人$37，汽车$60。价格有可能变动，需事先询问。

Victoria Line　电话(1 - 800)668 - 1167

预约 Victoria　电话(604)480 - 5555　Seattle　电话(206)625 - 1880

ACCESS 从机场到市内

●维多利亚国际机场

离市中心较远,没有市内公共汽车直达。乘出租车需30分钟,车费$38。

●机场班车

从机场到市中心有机场班车运行,每隔30分钟一次。首班车早4:30从市中心发出。市中心的乘车地点有 Empress Hotel、Courtyard Inn、Chaleat Victoria、Ramada Inn 等处。

票价:单程$13。车票从司机处购买。

问询处:Airport Shuttle Bus　电话(604)475－2010,或在旅馆服务台询问。

INFORMATION 旅游问询处

Tourism Victoria Information Centre

612 View St. Victoria

电话(604)382－2127/(1－800)663－3883

客房预订电话(604)382－1131

问询处位于从思普莱斯旅馆向英奈港方向的 Wharf St. 街旁。备有各种小册子和免费地图，工作人员服务态度很好，并能为游客预订旅馆房间。

营业时间:(夏)9:00~21:00　(冬)9:00~17:00,每天营业。

旅游问询处

WALKING 旅游路线

英奈港附近是市区的中心,附近有恩普莱斯旅馆和省议会。另外还有观光公共汽车站和旅行社等,可以徒步前往各主要景点。

连结达尔文镇南北的主要街道是购物方便的梅克、政府街和道格拉斯街。东西延伸的主要是福特街,也叫做古董街。连接这三条街的是伊顿中心。沿福特街往东走到尽头,即可到达克罗格达罗克城。附近的地方叫作罗克兰特,是最适合散步的住宅街。

开往布查特花园和沃克海湾的市内公共汽车在伊顿中心前发车。乘坐英奈港渡船可以很容易地渡到海湾的对岸。

TRANSPORTATION 市内交通工具

市内公共汽车

Victoria Regional Transit System 经营的市内公共汽车，运行范围很广，从南端的商业区附近直到北端的 Swartz Bay。票价根据距离不同而变化，从商业区到沃克海湾为一个区间$1.50，到北端的 Swartz Bay 则为$2.25。全天乘坐的通票票价为$5。公共汽车运行图可以从旅行社获取。

几乎所有公共汽车都经过 Fort St. 与 Yates St. 之间的 Douglas St. 。

描绘森林之魂的埃米莉·卡

在多伦多、渥太华、温哥华或是维多利亚，大概你曾多次在这位画家的作品前驻足，屏息观赏过吧。

埃米莉·卡(1871~1945)的作品中吸引人的多数是描绘着大树覆盖的西海岸和印第安部落的画。画中的风景尽管落笔有力，但背后都隐藏着一种阴暗忧郁的感觉。更不可思议的是，能从画中体会出大树的脉搏。使人情绪安然。这和在森林中感觉到的“富饶”气氛十分相似。

埃米莉·卡在北美洲是和佐治亚·沃其夫齐名的著名女画家。她出生在维多利亚，并在这里度过了她的大半生。在州议会大厦的后面，仍保存着曾度过其少女时代的家。这是一栋令人回想起过去幸福而优雅的时代的房子。与此相反的是，她成人之后性格古怪，对外表衣着也毫不在意，而被人们称作怪人。在这座保守的城市里，埃米莉逐渐变得怪癖、孤立了。

她生活非常穷困。为此，她曾出租过自己家里的房间，并甚至一度放弃了创作。但是，1921 年，她被邀请参加了在渥太华举办的“加拿大西海岸印第安艺术展”，并邂逅了当时新兴画家团体“七人团”的成员，这使得她又重新振作起来。特别是当罗伦·哈里斯对她说：“你是我们的一员”，深深地给了她勇气和希望。这时埃米莉已 56 岁，从这以后一直到去世，她不断地以自己独特的视角描绘着森林。从她的画中，我们可以深深地感受到燃烧着不屈灵魂的、真实森林的光辉。

●艾米莉·卡的老家　Carr House

207 Government St.

电话(604)387-4697

开放时间:6 月 17 日~9 月 27 日

星期四到星期一的 11:00~17:00 免费。

●维多利亚艺术馆

Art Gallery of Greater Victoria

1040 Moss St.

电话(604)384-4101

馆中长期展出埃米莉·卡的作品。

开放时间:10:00~17:00 星期四~21:00　星期天 13:00~17:00

票价:成人$3

省议会大厦

英奈港海鸥

SIGHTSEEING 主要景点

市区中心

省议会大厦 The Parliament Building

501 Bellerille St. Victoria 电话(604)387-6668 Bus # 5, 27, 28, 30

前院里有维多利亚女王铜像,乔治·温哥华(温哥华岛的发现者)在青铜屋顶的圆顶上俯视着港口。夜晚,三千个照明灯照得如同白昼,充满浪漫情调的夜景,吸引了一对对情侣前来漫步、观赏。该大厦是年仅25岁、在设计比赛中连续获奖的佛朗西斯·拉登巴利设计的。他是维多利亚的建筑师,除此之外,他还留下了恩朴莱斯旅馆等有名的建筑。议会大厦吸收了维多利亚、罗马、意大利文艺复兴等各种建筑风格,分两期建造完成(第一期为1893~1897年、第2期为1912~1916年)。共花费100万元,超过当初预算的两倍。因此,建筑物的内部装修也显得非常凝重。

在此每天都有导游引导参观,除参观议会会场外,还可旁听会议。但在议会开会期间中止参观议会大厅。

参观时间:星期一到星期五9:00~12:00、13:00~17:00,约每隔20分钟接待一批游客。

皇家伦敦蜡像馆 Royal London Wax Museum

470 Belleville St. 电话(604)388-4461 Bus # 5,27,28,30,31

省议会大厦前面的罗马式建筑也是那位拉登巴利设计的,过去曾用作蒸汽船的售票处,现在是蜡像馆。这是一座名符其实的皇家蜡像馆,目前正成为人们谈论焦点的戴安娜王妃和明治天皇的蜡像也收藏在其中。观看了馆中描写死刑和凌迟处死等的血腥场面之后,画面一下子又会转到童话世界。馆中展出着白雪公主、埃尔维斯·普雷斯利等约250位名人的蜡像,这些蜡像和真人一般大小,让人看了觉得有些不舒服。

开放时间:(夏)8:30~22:30 (冬)9:30~18:00 标价:成人$7,学生$6。

水下公园　Undersea Gardens

490 Belleville St.　电话(604)382－5717　Bus #5,27,28,30,31

在州议会大厦正面的海面上浮着一座像木筏一样的建筑物,这就是建在海里的水族馆。透过一扇扇小窗可以看见鳄鱼、海星或小鲨鱼和小鱼在一起游动。在水下剧场播放的水下摄影影片(约15分钟)中,巨大的章鱼也吸引了很多的观众。

票价:成人$6.75。

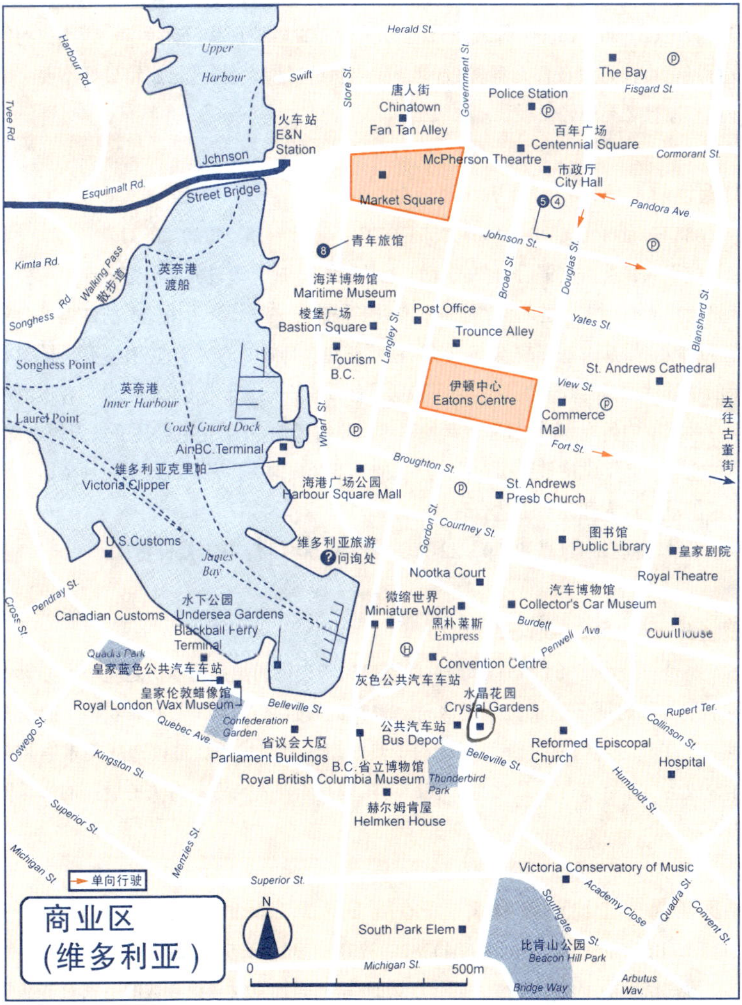

恩朴莱斯旅馆 Empress Hotel

721 Government St. 电话(604)384－8111 Bus #4, 5, 27, 28, 30, 31

该旅馆位于俯视港口的最高处。这座建筑物经过了一次全加拿大最大规模的改建工程后，现已成为CP系统的一流旅馆。

旅馆的大厅设计得古色古香，异常优雅。在一层的咖啡厅里能享用到源于19世纪的传统的下午茶($22)。另外，在宴会厅中，举行的星期日早餐会上(10:00～13:00，每人$25)，会摆放着一百多种食品，非常壮观。带小孩的家庭可以把小孩寄放在育儿室。为充分享受丰盛的烤肉大餐，进入旅馆最好不要穿牛仔裤和凉鞋之类的轻便服装。

微缩世界 Miniature World

635 Humboldt St. 电话(604)385－9731 Bus #4, 5, 27, 28, 30, 31

位于恩普莱斯旅馆后面。入口处设计古雅，连成年人进去之后都会产生一种仿佛格列佛漫游小人国的幻觉，是一个不可多得的好去处。纤巧而优美的微缩模型共有60个场景，从滑铁卢战役、锯木厂、拓荒村到玩具娃娃的房子，应有尽有。模型展示的场景就像是将真实的生活场面移到了盆景中一样，非常逼真，使观赏者不由产生一种从空中俯视、窥探过去生活的不可思议的感觉。不管是色彩还是场面构成，都能使人在不知不觉中被吸引，看到最后的马戏场面时，会完全沉浸在一种童话世界的氛围里。成人和儿童都适合观赏。

开放时间：每日(夏)8:30～22:30 (冬)9:00～17:30 票价：$7.22

棱堡广场 Bastion Square

这是一个小广场，位于邮局后沿港口的华夫街和加巴门多街之间。十九世纪四十年代詹姆斯·道格拉斯舰队司令曾在此修筑堡垒，后成为维多利亚的发祥地。现在，广场四周，19世纪末淘金热时期建造的房子已被改造成美术馆和餐厅，成为一个名餐厅汇集之地。在广场东侧有陈列着与海洋有关的展品的海洋博物馆。

皇家英属哥伦比亚博物馆 Royal British Columbia Museum

675 Belleville St. 电话(604)387－3701 Bus #4, 5, 27, 28, 30, 31

博物馆坐落于城中被称为世袭广场的一角，是加拿大屈指可数的一家对展品陈列煞费苦心的博物馆。进入大厅之前，人们就会被巨大的展品图腾柱所吸引。一层是售票处和剧场。展厅在二层和三层，每个陈列室都下了一番功夫，使游客能通过全景图或再现模型，体会到深临模拟现场的感受。

二层用全景图立体地展示了不列颠哥伦比亚省的发展历史。三层再现了拓荒时代的维多利亚街道，其细致入微令人惊叹。游客要以一边在面对通道（本来是连接各陈列室的通 道）中观看卓别林的无声电影、参观罐头工厂、近观温哥华船长的船，一边加深对维多利亚开拓史的理解。然后场面一下子转到西海岸印第安文化室，室内流动着令人冥想的当地古典音乐。游客在一边观看富豪住宅、图腾柱和赠物宴会仪式展示的同时，一边就会在心中留下对温哥华岛的伟大文化，以及被称为科斯多、萨利希、库瓦丘多鲁和努卡的当地原始居民的部落文化的深深的印象。博物馆隔壁是雷鸟公园，里面摆放着当地土著居民刻制图腾的作坊和博物馆中陈设不下的图腾柱。

开放时间：7 月 1 日～9 月 8 日　9：30～19：00　9 月 9 日～6 月 30 日　10：00～17：30　票价：$5. 35

赫尔姆肯屋　Helmken House

电话(604)384－0944

上面介绍的博物馆隔壁的小住宅，是一位叫做 J. S. 赫尔姆肯的医生于 1852 年修建的。据说在全州保留于原建筑地的房屋，这座房子是第二古老的。房子里保存的珍贵的资料有十九世纪的医学书籍和药箱、看病工具等。每年 12 月中旬到岁末，这里将举行再现开拓时代圣诞节情景的“赫尔姆肯家的圣诞节”。

开放时间：5 月 6 日～9 月 30 日每日，圣诞节两周　票价：$3. 75

水晶花园　Crystal Garden

713 Douglas St.

电话 (604) 381－1277 Bus #4, 5, 27, 28, 30, 31

位于恩普莱斯旅馆后面，公共汽车总站前面。该花园也是建筑师拉登巴利的作品，建于 1925 年，采用当时欧洲流行的风格，天花板全部用玻璃建成，这在加拿大是非常少见的。花园最初用做市民的社交场所，并举行过舞会和展览，后因无法承担其保养费用而于1971年关闭。后来在市民的强烈要求下重新开园，现在已改成温室。园内热带植物茂盛，并饲养着各种鸟类和动物，其中有濒临灭绝的特级保护动物65种。

开放时间：7月~8月9:00~21:00，其余季节10:00~17:00

票价：成人$6.50

比肯山公园　Beacon Hill Park

Douglas & Dallas Rd.　Bus #5

沿恩普莱斯旅馆后面的Douglas St. 向雷鸟公园方向攀登而上，5分钟后即可到达比肯山公园。这里是维多利亚的赏花胜地之一。公园历史悠久，自从建成城市基础的哈德逊湾公司于19世纪50年代把这里指定为公园以来，就一直为市民所喜爱。在宽敞的公园里，有用整棵树刻成的最高的图腾柱，香气扑鼻的玫瑰园，历史长达一百年的板球场，并且在适当的地方零星地散布着一些小动物园。据说有几棵树是那位画家埃米莉·卡很喜欢的。山顶上曾经燃起过比肯(篝火)作为航海的航标，从那儿可以眺望海对岸美国的奥林匹克山峰。

古董街　Antique Row

在古董街Fort St.，这个称呼用来特指Blanshard St. 和Cook St. 之间的三个街区。维多利亚是加拿大屈指可数的古董城，从这里可以偶然买到很多难得的英国陶瓷制品、银餐具及古董首饰，因此有大批的买主为寻求众多价廉质高的古董趋之若鹜。仅市中心地区就集中了约30家古董店，而这条街两边更是数量众多。可以一边查阅古董店分布图，一边一家一家地逛。其中特别是Vanity Fair (1044 Fort St. 电话(604)380-7274)，是二十多家古董店分店的展销集市。

每周召开两次拍卖会，一般人也可以参加。朗兹拍卖行每周二开市，而吉尔肖拍卖行则在周四。一般先从小件商品开始，然后慢慢开始拍卖电动制品和家具之类的大件商品。

Lunds　92b Fort St. 电话(604)386-3308　星期二13:00~19:00

Kilshow　1115 Fort St. 电话(604)384-6441　星期四19:30~23:00

克莱格达罗克城堡

唐人街的杂货店

克莱格达罗克城堡　Craigdarroch Castle

1050 Joan Crescent　电话(604)592－5323　Bus #11, 14

沿 Fort St. 向北走到尽头，在 G. S. 的前端沿 Joan Cresent 街向右拐，再沿“Y”字形路往左走一点就到。这座城堡是罗伯特·但兹米尔于 1887－1889 年建造的一座豪华的住宅。他是苏格兰移民，于 1851 年来到温哥华岛。1861 年，他在坎巴兰德非常幸运地挖到了一个很大的煤炭矿脉，从此一夜之间成了大富翁。这座城堡是他为妻子乔安建造的。但是没有等到城堡完工他就去世了，只留下他的妻子和孩子们住在城堡里。但是，当这座城堡 1907 年被卖出去之后，就荒废了。其后，市民们掀起了修复城堡的运动，并一直不断地在进行修复，现在，城堡内部已基本恢复了当时的样子。装饰这所豪华住宅的彩色玻璃和古董家具等，是能令人回忆起当时情景的珍贵财富，非常值得一看。圣诞节时的装饰更是特别漂亮。有导游带领参观。

开放时间:5 月中旬－9 月中旬 9:00～19:30　其余时间 10:00～17:00

票价:成人$6,学生$5

唐人街　Chinatown

Bus #23, 24, 25

从离火车站最近的市场广场以北一个街区，沿 Government St. 往北快速行走，很快就能看见同济门。唐人街就在这附近,它是由来岛上修筑铁路、开采煤炭的中国工人修建的，据说在 19 世纪 70 年代是旧金山以北规模最大的唐人街，但是街道小得令人难以置信。尽管如此,一直在这儿经营的有名的东米海鲜酒楼(538 Fisgard St. 电话(604)383－1032,每天营业)仍保留着昔日的风采。这儿还有超级市场、杂货店等。特别是狭窄得像电影一样的方唐胡同,却洋溢着浓厚的异国情调,使游客停留于此的片刻时光仿佛觉得是在香港度过。

安·哈萨维小屋　Anne Hathaway's Cottage

429 Lampson St.　电话(604)388－4353　Bus #24, 25

经过 Esquimalt Rd.，从 Lampson St. 向左，位于和 Greenwood 的交叉路口。这是加拿大最逼真的仿造历史村庄。但是和英国十六世纪的情调不大一样。这儿可以在导游的带领下参观位于英国斯特拉德福德·亚朋·埃邦的莎士比亚妻子安·哈萨维的老家和 16 世纪英国的生活情景。特别是在雅致的餐厅吃到的正宗英国菜很受好评。价格$3.75 的下午茶随时可以享用，但是价格$9.75 的正式下午茶服务时间为 11:30～16:30。另外，旁边的英国村有与当时一模一样逼真的房屋，并有古玩店和土特产商店。在英国村的一角还有古色古香、格调高雅的 Old English Inn。

开放时间:(夏)19:00～20:00　其余时间 10:00～16:00　票价:$6.50

■郊外

布查德花园　Butchart Gardens

800 Benvenuto Dr. Brentwood Bay

电话(604)652－4422，(604)652－2066(录音导游)

这是一个象征着"庭园城市"的旅游胜地。四季鲜花盛开，特别是春季到秋季更

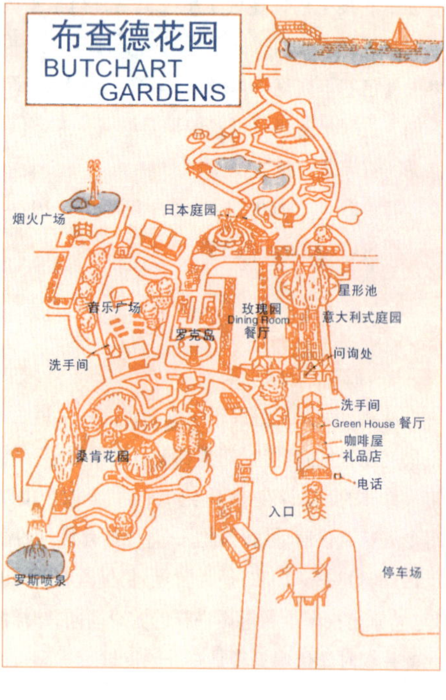

为美丽。庭园面积广大，占地达20万平方米，就是急急忙忙地参观，也至少需花1个半小时。

该座漂亮的花园由布查德夫人于1904年把丈夫经营的石灰岩采掘场的原址改建而成。从花园入口处沿着向左的路一直走，就能来到人们常常在照片中见到的桑肯花园。从瞭望台一直到下面的一大片洼地都开满了五颜六色的鲜花，这片洼地就是过去的石灰岩采掘场遗迹，现在绝壁上生长茂盛的羊齿草，据说是布查德夫人亲自种植的。假山是用建筑工程剩下的土堆积而成。园中只有水池对面罗斯喷泉左侧的绝壁仍保留着当时的样子。从喷泉到玫瑰园的沿路两旁，密密麻麻地种植着白杨树，从而遮挡住了影响风景的工厂遗迹。顺路前进，是香气扑鼻的玫瑰园，继续前行是一座有些中国化的日本式庭园。园中有餐厅和礼品店，很受欢迎的礼物有花蓝的花种等。从6月15日~7月15日，这里开展夜间旅游，是体味浪漫气氛的最好场所。按布查德夫妇的遗愿，所有植物上都没挂写有名称的标牌，但可以在植物识别中心询问其名称。

交通方式 离市中心21公里，距离虽远，但因为有旅游公共汽车频繁运行，非常方便。

市内公共汽车 从伊顿中心正厅前乘95路公共汽车约1小时。从8点起每小时一班，车可以一直开到布查德花园的正面大门。注意先提前确认好返程公共汽车的时刻。单程$2.25。

旅游公共汽车 有皇家蓝色公共汽车和灰色公共汽车运行。在各个出发地点购票上车。参加皇室蓝色公共汽车公司晚间旅游的游客，如住在离市中心2公里以内的旅馆（含B&B），返回时可以直接送到旅馆大门口。

Royal Blue Line 电话(604)360－2249 从蜡像馆旁发车。

每日10:30~14:30 3个半小时$28.80(夜间旅游)6月15日~9月15日每日18:30

Gray Line Tour 电话(604)388－5248 从恩普莱斯旅馆前发车。

夏季9:00~16:00每小时一班，冬季10:00、12:00、14:00发车。3小时，$24.25。夜间旅游6月15日~8月31日每日19:00发车，9月1日~9月15日18:30发车。4小时，$26。

旅游活动信息

焰火晚会:7、8月每周六晚

音乐歌舞演出:7、8月每周一~五晚

木偶剧:7、8月每周星期日15:30、16:30两场

灯火晚会:5月中旬到9月的周一~周六晚

圣诞节灯火晚会和圣诞颂歌演唱会:12月上旬~1月上旬

奥克海湾　Oak Bay

从 Fort St. 出发沿向东延伸的奥克海湾大街前行，即可到达维多利亚近郊的高级住宅区——奥克海湾。乘车需约10分钟。这里老时装店和餐厅鳞次栉比,都是专门为奥克海湾的超高级住宅区阿普朗兹公园的夫人们服务的。特别是叫做 The Avenue 的大街,更使人感觉到比英国还有英国情调。

Oak Bay beach Hotel

沿海岸走到尽头,有一家纯英国式的高级旅馆——奥克海湾沙滩旅馆,其下午茶美味可口,非常有名。据说这一旅馆和在维多利亚病逝的新渡户稻造博士有联系。在附近的玛利娜有玛丽娜餐厅。从奥克海湾乘双层公共汽车沿西尼克路回市中心,沿途能欣赏到优美的海边风光。在7-8月周一~周六,有白色双层公共汽车 Oak Bay Explorer($1)运行。另可乘1、2路市内公共汽车($1.50)。

皇家蓝色公共观光车

从西尼克路眺望洛斯湾

AMUSEMENT　娱乐

娱乐

7、8两月娱乐活动特别多,可向旅行问询处或旅馆咨询。

●歌剧

在维多利亚，音乐剧、歌剧和交响乐比喧哗的摇滚乐、流行音乐夜总会更受欢迎,它们在麦克费森、加莱多斯考虑、贝尔费利、皇家等剧场上演。

The Mcpherson Playhouse 3 Centennial sq.　电话(604)386-6121

Kaleidoscope Play House 520 Helald St.　电话(604)475-4444

The Belfry Theatre 129 Gladstone Ave.　电话(604)385-6835

Royal Theatre 850 Broughton St.　电话(604)386-6121

●电影

电影院集中在 Yates St.。加拿大的电影院除休息日之外每晚只上映两场。另外星期二票价减半。电影消息可从下列地点或报纸上获取。

Capital 6 805 Yates St.　电话(604)384－6811

Coronet Theatre 838 Yates St.　电话(604)383－6414

Odeon Theatre 780 Yates St.　电话(604)383－0513

体育运动

●游艇

Victoria Harbour Ferry

乘游艇旅游，可以到恩普莱斯码头和因拿港沿岸的十个地方。有海港路线和乔治路线。船是12人乘的小型船只，也可作水上出租车使用。乘这种船沿海港游览非常方便。

运行：3月末－10月　票价：游览$10－12，短距离乘船$2.50

我尝试过海港路线的游艇。从英拿港乘船，在West Bay下船($5)。步行5分钟左右就是安·哈萨维家的房子。沿海港边的散步道路Westsong Way走去，可到达自己酿酒并出售的斯皮纳卡兹酒馆。然后再走到Songhees Park乘船，在Fisherman's Wharf下船，于巴布斯·普莱斯餐厅吃完鱼和炸土豆片之后，步行回到恩普莱斯旅馆，可以省下$10。花50分钟绕行一周的乔治路线($12)不怎么有意思。另外，这种船也可作为去海港对岸的交通工具。

●自然旅游

Blackfish Wilderness Expedition　电话(604)384－3113

有各种观赏旅游形式，包括乘坐仿造的努托卡族土著独木舟，去观看海豹等野生动物。Seal Island Eco－Tour除星期三和星期六之外每天3:45－5:45，$30。从恩普莱斯码去乘船。

●鲸鱼观赏旅游

Seacoast Expedition　电话(604)383－2254

·3小时游(5～9月)　1日4次。$70。遭遇率70～90%。

·2小时游(4～10月)1日1～2次。$50。遭遇率50%。

乘坐佐迪阿克的小型游船。游客人数不多，出发前须穿上黄色救生衣。船上常会出人意料的冷，而且摇晃厉害，晕船的人要注意。如追加$10，可以延长游览时间，并确保能遇上鲸鱼。乘船场所在英拿港的Ocean Point Resort。

在市中心的主要街道 Government St. 上排列着一家又一家面向游客的礼品店。从考丁毛衣、印第安木雕、因纽特人的工艺品，到苏格兰产的上等毛料等，都有非常浓厚的英国色彩。另外，街上还有奶糖、巧克力等甜点店和古董店、花边商店及古老的书店等。

还有很多购物中心，特别值得一去的是唐人街面店、Johnson St. 的市场广场。百货商店中伊同兹和佩尔非常有名。星期天也从 12:00～17:00 营业，购物非常方便。

有时间的话也不妨去一下奥克湾主要大街上的购物街。那里非常安静典雅，有布局讲究的商店和舒适的餐厅。夏天去的话可乘坐从蜡像馆后面发车的双层公共汽车（非红色），票价$1。可到 1、2 路市内公共汽车，票价$1.50。

意大利商品店

●*G. Gagliano of Florence*

750 Douglas St.　电话(604)361－3344

这是一家位于恩普莱斯旅馆后面 Conference Centre 中的布夹克、手提包和小商品商店。有些商品是由店主人自己设计的。商品直接从意大利进口，可以很便宜地买到一些名牌产品。幸运的话有可能会见到店主 Mr. Gagliano。（据说非常英俊）。可以一边散步一边去看看。

老店的甜巧克力

●*Rogers' Chocolates*

913 Government St.

电话(604)384－7021

Victoria Creams 是一种圆形、大块的巧克力，有各种口味，非常好吃。价格为 4 粒装$8.95，10 粒装$13.75。巧克力大小各不相同，并可分开出售，游客可以先买一粒尝尝。

刀和刀具店

●*International Knives & Darts*

1306 Government St.

电话(604)383－2422

在这儿可以买到有名的德国汉克尔公社产的指甲锉。使用非常方便，是一件轻便的礼物。同样的东西在西雅图卖 us $7.95，而这儿仅卖 CN$3.56。

购物中心

总的来说，市中心物价较高。有时间的话，可以坐公共汽车去郊外购物，你一定能买到便宜而满意的东西。

正成为城市标志的巨大百货店

●*Eaton's*

Government St. X Fort St.

电话(604)382－7141

位于该市商业区的中心，是一家可作为城市门面的综合百货店。商店给人的感觉是档次较高，即使只浏览橱窗也使人觉得是一种享受。除了结合百货店伊同兹之外，小商店也一家挨着一家，似乎什么商品都能买到。时装衣料、香水、英国产红茶、糖果等适宜作礼物的商品很多。对于单独旅行的游客来说，四层的快餐角非常方便。在日本料理店“江户”,可以吃到铁板烧,$5 左右起价。

营业时间：星期一、二、三、六 9:30～17:30,星期四、五 9:30～21:00,星期日 12:00～17:00。

比百货店还好的

●Hillside Centre

1644 Hillside Ave. at Shelbourne St.

这里一家商品内容比百货店更为丰富的购物中心。中心里挤满了各种商店，有 36 家时装店（含鞋店）、15 家餐厅、药店、食品市场。另外,还有快餐店、生活用品商店、美容院、书店等，可谓应有尽有。

10路公共汽车可以一直开进购物中心。

营业时间：星期一、二、六 9：30～17:30,星期三、四、五 9:30～21:00,星期日 11:00～17:00。

RESTAURANT 餐厅

观光地维多利亚有世界各国风味的餐厅，只要花上相应的钱就能享受到充满异国情调的饭菜。避开气氛不说，要想吃得又好又便宜的话，肯定要数唐人街了。特别是其中的海鲜非常好吃。

便宜、可以放开肚子吃的自助餐

●Foody Goody

910 Government St.

电话(604)388－3778

这是一家 1994 年开张的自助餐式的中国餐厅。因为价格便宜，而且可以放开肚子吃，因此从开张时起就非常受欢迎，门口几乎每天都要排起长队。不过因为餐厅很大，客人流动快，所以不需等很多时间。价格为周一至周五午饭 $5.55(11：00～15：00)、晚饭 $9.99(16：00～22：00)，非常公道。星期六、星期天比平日贵$1。尽管价格便宜，但食品架上摆放的食物品种却非常丰富，因此一定要去试试，不过千万不要忘了给小费。

雅致的意大利餐厅

●Villa Rose

1015 Fort St.

电话(604)384－5337

这家意大利餐厅在维多利亚的众多餐厅中，格调、内部装饰和饭菜都是一流的。

餐厅正好位于古董店汇集之地，在库克・贝考利船长那座显眼的建筑物右侧。这里的意大利面食和比萨饼种类很多,价格在$11～16 之间。

最新开张的日本菜餐厅

●Ebizo

604 Broughton

电话(604)383－3234

位于从 Government St. 稍微向里的地方，地理位置非常好，一个人也可以在这里安心用餐。我本想吃该店有名的寿司和甜点，但是因为有面条，我就试着要了猪肉泡菜面条($10.95)。刚一吃我就断定，其他的菜也一定很不错。此外不仅和其他餐厅一样备有菜单,而且品种非常丰富。饭团$1.60~2.50、米饭$1.25、面条$8~15。有名的甜点一律$3.25。

轻松愉快而漂亮的中国餐厅

●Wantan Noodle House

1012 Fort St.

位于 Villa Rosa 和 Captain Cook Bakery 的正对面。这是一家可以轻松愉快地用餐的漂亮的小餐厅。店主是从香港来的移民。其中的馄饨和炒面非常好吃。午饭价格$6 左右，十分便宜。

带旅馆的印度餐厅

●Taj Mahal

679 Herald St.

电话(604)383－4662

沿市中心的 Government St. 走到 Herald St. 往右拐,就到了这家餐厅。它那亚洲风格的洋葱形屋顶很容易辨认。餐厅生意异常兴隆,经营以蔬菜、海鲜、肉类为原料的传统印度食品,特别是坦德里鸡，味道十分鲜美。据说其美味是五星级的，但价格却并不那么昂贵。餐厅同时还经营着旅馆，在一层有约 10 间整洁的客房。

街道拐角处的便利的快餐店

●Honey Bun

605 Yates St.

电话(604)383－3231

这是一家中国餐系统的快餐店,位于从 Government St. 进入 Yates St. 的两街交叉处。店内最贵的日本面条才($4.29),因此,对希望节省旅途开支的人来说，无论如何不能错过。炒面($1.99)和炒饭($1.99)的味道还可以。中餐套餐价格$5.25。在 Douglas St. 和 Fort St. 也有分店。

* * *

从 80¢~$1.25 的甜瓜面包和咖哩面包中,可以享受到日本风味。有米饭和炒饭,并备有卫生筷。

吃比萨饼必去的餐厅

●Romeo’s Restaurant

760 Johnson St.

电话(604)383－2121

据说这是一家连续十年获奖的维多利亚第一位的比萨饼和意大利菜餐厅。意大利面条带大蒜面包$5.25 起价。比萨饼价格从$9.00 起，每天还有特别优惠比萨饼，如果点与第一块价格相同或更低的比萨饼的话，那么两块算一块的价钱，非常划算。餐厅还有送餐上门服务。

正宗香港百姓风味餐厅

●兰香阁 Gladiola Bakery & Restaurant

622 Fisgard St.

在唐人街也有很多面向旅游观光客的餐厅，但这家餐厅却完全面向本地中国人家庭。餐厅装饰简单，与其说是一家加拿大风格的家庭餐厅，还不如说是一家香港风格的快餐店。味道和价格都是大众化的,对任何人都非常合适。食物有完全够女孩吃一餐的$1.50 的馄饨面，价格仅$5.75~8.50 的菜的份料及价格在$3.75~7.25 之间的面类和饭类,既可以一个人轻松地去吃一餐,也可以搞多人宴会。特别是土豆炖肉值得一尝。一盘两人分着吃足够了。九点以后还有卡拉OK。面积虽小，但非常整洁。对于喜欢亚洲的人来说是一家绝好的餐厅。

位置方便的轻松愉快的酒楼

●The Sticky Wicket

919 Douglas St.

电话(604)383-7137

这是一家位于恩普莱斯旅馆后面，Douglas St. 和 Courtney St. 交界处的光线充足的酒楼。门口的招牌上写着“欢迎不能喝酒的客人”，因此，只有女性结伴同行的旅游者也可以轻松地进去吃午饭或喝点啤酒。比萨饼等小吃$5左右。生啤酒的品种很齐全，建议大家喝温哥华产的 Shaftebury Cream Ale ($4.20)，另外还有维多利亚本地产的黑啤酒 Herman's 及俄卡纳甘产的 Okanagan Pale Ale 等，你也可以喝着对比一下。酒楼在市中心还有几家，评价都不错。

气氛优雅愉快的茶室

● Empress Hotel の Tea Room

这家茶室位于恩普莱斯旅馆大厅的一角，在这里可以享受到正宗英格兰风格的下午茶。一切都采用预约的方式，拨打旅馆内部电话(House Phone)即可。时间为12:30、14:00、15:30和17:00，一天四次。价格为红茶带三明治或甜点$18.95。有时可能会订满，所以要尽早一些提前预约。而地下的“Garden Cafe”屋，14:00~17:00开放，不需预订即可享受红茶。烤饼和拼盘共$4.75。可穿着牛仔裤进去用餐。

轻松地享受下午茶

●Garden Cafe

位于恩普莱斯旅馆地下。下午茶$15.95，英国烤饼(一种在英国属国家很受欢迎的类似蛋奶烘饼的点心)加红茶或咖啡套食$3.25。蜂蜜和果酱都分别装在小瓶中端上来，没有用完可留做礼物。这儿比大厅的茶屋更悠闲自得，一定要去坐坐。

购物街的轻松的餐厅

●Marco's Restaurant

Douglas St.

位于蒙特利尔银行旁边，从公共汽车总站步行不到十分钟。价廉味美，服务也很好，是一家值得一去的餐厅。主菜鲑鱼配汤、蔬菜沙拉、面包、咖啡(随意取用)的套餐价格才$6.95。女性一个人也可轻松用餐，气氛非常消闲。

面包和糕点店

●Dutch Bakery & Coffee shop

商店位于从 Douglas St. 进入 Fort St. 的左侧。店内有咖啡店。面包非常便宜，较小的一个 70¢，稍大的$1. 10。糕点种类很多。最受当地人欢迎，因此店内总是挤满了顾客。

能听钢琴现场演奏的法国餐厅

●Le Valentine

739 Pandora Ave.

电话(604)385－2233

这是位于 Douglas St. 和 Blanshard St. 之间的一家法国餐厅。我是听了 B&B 主人的介绍去的。油煎鸡蛋薄饼$5. 5 起价，共有 9 个品种。另外还能享受到牛肉、海鲜等便宜而正宗的法国菜。其中，一种用加了很多虾的蕃茄酱做的叫做 Provencale($7. 50)的油煎鸡蛋薄饼，及叫做 Noisettee($15)的羊羔肉菜非常好吃。据说因为周末店内有钢琴演奏，在当地颇受欢迎。店主兼厨师——法国人 Olivier 也非常潇洒、和蔼。

偶尔去去真正的餐厅

●Bo Richards

512 Simcoe St.

电话(604)386－2216

餐厅位于 James Bay Inn 西侧 Safeway 的这一边。着装相当讲究的顾客很多，但是穿短袖衬衣也没关系。餐厅配有份饭，共两种，中午$5. 95，晚上$7. 95，并带有汤、蔬菜沙拉、咖啡或茶，汤可以从菜单上挑选。但餐厅不备早餐。从食物的内容来看，是相当便宜的。店内服务员外表英俊，服务热情。

发现了一家价廉味美的餐厅

●Sam's Deli

电话(604)382－8424

这是一家小巧玲珑的餐厅，位于从 Government St. 和 Humboldt St. 街交叉处起的第二栋房子里。餐厅很受欢迎，总是非常拥挤。红茶和杯形饼一共$3. 25。压轴菜是$5 的烤牛肉三明治，厚度达 10 厘米左右，吃起来都让人觉得有些不好意思。另有各种各样的蔬菜沙拉。这里气氛闲适，被称做“年轻人的休息乐园”。菜的味道也特棒。

想享用铁板烧的话请去这家餐厅

●Japanese Village

734 Broughton St.

电话(604)382－5165

在这里可以看到厨师用娴熟的手法烹制铁板烧食品。鸡肉、牛肉、海鲜等的铁板烧加上米饭、酱汤、冰淇淋，两人用餐共$39。另外还有炸虾和寿司等。周一到周五昼夜营业，周六和周日晚 5:00 开始营业。星期日还有魔术师表演。午餐$5. 75 起价，铁板烧$15. 95～32. 50。寿司部在当地加拿大人中很受欢迎。店中客人大多是加拿大人。

吃午餐请去“Today's Special”

●Tomoe

电话(604)381－0223

这是一家日本餐厅，位于 Johnson St. 边的 Douglas 和 Blanshard 之间。午餐有 Today's Special，价格为$8. 95，无论从质量、分量和价格上来看都值得一去。土豆炖牛肉(Hot Pot)每人$10左右。冬天还专门供应甜点和冰冻抹茶。店主峰子小姐是老东京人，为人爽快，厨师们也都是令人愉快的人。晚餐$13.95起价。

和当地人一起享用牡蛎汉堡包

● *Barb's Place Fish and Chips*

电话(604)384－6515

这家餐厅位于一个游艇码头，从市中心步行需10分钟。尽管位置只在劳莱尔波因特前面一点，但几乎没有游客光顾。当地人在这儿吃用报纸包着的鱼、炸土豆条和冰淇淋。有意思的菜是牡蛎汉堡包和螃蟹汉堡包。当然，螃蟹杂烩味道也不错。我去过两次，都是挤得满满的。附近的公园风景很好，并有停车场。

HOTEL 饭店

维多利亚是一座纯粹的旅游城市，因此住宿设施非常丰富。所有旅馆都很安全、清洁，但房价较贵的多。如果想省钱，住B&B比较合适。在以恩普莱斯旅馆和州议会大楼所在的一角为中心的住宿区内有很多中小观光旅馆和汽车旅馆。这儿离公共汽车总站很近。另外，在商业/购物街道格拉斯街两边，也排列着一些商业性较强的旅馆。而B&B散布在靠山的地区和郊外的住宿区。

旅馆

具有贵族气氛的豪华旅馆

● *Empress Hotel*

721 Government St.（V8W 1W5）

电话(604)384－8111

传真(604)381－5959

这座洋溢着古老而典雅的欧洲气息的高级旅馆，其本身就已经成了一个旅游名胜。在这儿住宿可达到充分感受维多利亚欧洲风格旅馆的顶点。从1月1日～5月20日ⓈⓉ$110，5月21日～10月4日ⓈⓉ$210～220，10月15日～12月31日ⓈⓉ$120。房价都需附加税金。

面对海岬的高级旅馆

● *Laurel Point Inn*

680 Monitreal St.

电话(604)386－8721/(1－800)663－7667

这是一家隔英拿港和恩普莱斯旅馆遥遥相望的高级旅馆。从市中心的英拿港步行约10分钟。由于靠近海岬，海景很好，价格和格调都接近恩普莱斯旅馆，旅馆内设施齐全，有热腾腾的浴池、桑拿、游泳池、餐厅等。带浴室和卫生间的ⓈⒹⓉ$155起价，每增加一个人上涨$10～15。旅游淡季(1月～4月)为ⓈⒹⓉ$100。

数人集体住宿最理想的旅馆

●*Admiral Motel*

257 Belleville St. (V8V 1X1)

电话(604)388－6267(兼 Fax)

从玛格丽特公主号游轮停靠的栈桥步行仅一分钟。有厨房、饭厅和卧室,对多人集体住宿特别合适。从州议会大楼旁的 Menzies St. 向南走约四个街区便有几家超级市场。

* * *

这一带面对港口,有许多中档旅馆和汽车旅馆,显示出旅馆点的热闹情景,但又不过于招摇,气氛非常恬静。离公共汽车总站也不算远。房价为夏季ⓈⒹⓉ$95、135、145,冬季ⓈⒹⓉ$55、69、79。对学生、青年会会员和长住者给予折扣。另外还实行周末房价。

能欣赏优美的港口风光的新高级旅馆

●*Clarion Hotel Grand Pacific*

450 Quebec St.

传真(604)386－8779

电话(604)386－0450/(1－800)663－7550

在这儿能把港口景色一览无余,去市中心散步距离也正合适。在港口的散步道上,可以欣赏街头艺人的表演直到深夜。房价旺季为ⓈⒹⓉ$125,淡季ⓈⒹⓉ$105。对 65 岁以上的游客有折扣。

* * *

房间很清洁、漂亮,但门不好开。使用的不是卡片式钥匙而是普通钥匙，向服务台抗议之后另外给了一把钥匙还是打不开。但似乎开门有一个秘诀，就是把钥匙插在锁孔中然后使劲推门。

给人豪宅感觉的好旅馆

●*Ramada Huntingdon Manor*

330 Quebec St.

电话(604)381－3456

传真(604)382－7666

这家旅馆位于从维多利亚英拿港向城内走过一条街的地方,是加拿大最早模仿 CP 系统的旅馆而建造的外观像公馆一样的旅馆。房间里有带顶篷的床。木料和灰泥结构的起居室,整体上给人一种乡村贵族公馆的感觉。对那些厌倦了没有活力、没有个性的美国式旅馆的人非常合适。基本房价为ⓈⒹⓉ$109,旅游高峰期为ⓈⓉⒹ$129。

住宅区中的小旅馆

●*James Bay Inn*

270 Government St. (V8V 2L2)

电话(604)384－7151

传真(604)385－2311

位于沿恩普莱斯旅馆前的 Government St. 与市中心反向的安静的住宅区中。从公共汽车总站徒步约五分钟。去旅馆离比肯山公园仅一个街区。沿 Government St. 再走 5 分钟左右就能看到辽阔的太平洋,还能看见美国的海岸线。一层有餐厅。

* * *

旅馆为历史悠久的维多利亚风格。房间内部刚进行过装修，非常整洁。前台服务员会为游客在碗装方便面里倒开水，或打电话确认公共汽车时间等等，非常热情。夏季房价为洗澡间、卫生间公用的Ⓓ$74.75，带洗澡间、卫生间、电话的ⓈⒹ$94.75。冬季则分别为Ⓓ$39.75、Ⓓ$49.75～69.50。

位于市中心的清洁的旅馆

●Strathcona Hotel

919 Douglas St.

电话(604)383－7137/(1－800)663－7476

这是旅游问询处向我推荐的旅馆，位于维多利亚市中心 Douglas St. 和 Courtney St. 的交叉处，非常方便。房价Ⓢ$52.65～79.56，Ⓓ$64.35～91.26。房子虽然有些旧，但房间很干净，并都带洗澡间、卫生间。共有 85 间客房。隔壁是赌场。

＊　＊　＊

旅馆所处的一带虽然比较噪杂，但离旅游点和市中心都很近，是一个步行外出闲逛非常方便的地方。

设施齐全价格合理的旅馆

●Best Western Carlton Plaza Hotel

642 Johnson St.

电话(604)388－5513

传真(604)388－5343

夏季房价为带洗澡间、卫生间的Ⓢ$109、ⒹⓉ$125。冬季为ⓈⒹⓉ$69＋税金。位于购物街中心 Douglas St. 和 Johnson St. 的交叉处，离公共汽车总站很近，只有 5 个街区。旅馆设施很好，而价格相对便宜，主要面向以家庭为单位的游客。

附近有百货商店的旅馆

●Imperial Inn

1961 Douglas St. (V8X 2CB)

电话(604)382－2111

传真(604)388－5822

位于市中心的热闹地区，由于观光点集中在以恩普莱斯旅馆为中心的街区，因而稍微有点远。如果游客主要想购物的话，这儿也许有其方便之处。房价为Ⓢ$70、ⒹⓉ$80＋税金。旅游淡季为Ⓢ$50、Ⓓ$52，Ⓣ$55＋税金。

旅行社为我介绍的郊外旅馆

●Stay' n Save Motor Inn Victoria

3233 Maple St. (V8X 4Y9)

电话(604)475－7500

传真(604)475－7599

位于 Blanshard St. 和 Cloverdale St. 的交叉处。旅馆位于稍稍远离市区的郊外，因此找旅馆没有困难的人大概就不用去了。旅馆的地毯柔软，并备有特大号双人床和宽敞的洗澡间。隔壁有家庭餐厅。乘 70、72、72 路市内公共汽车在 Cloverdale St. 下车，顺公共汽车前进的方向往前走一条街即到。乘车去不算什么，步行就显得较远。旅游旺季Ⓢ$116、ⒹⓉ$128，淡季Ⓢ$81，ⒹⓉ$92.50＋税金。

青年旅馆　Y& B&B

旅游问询处会为游客预约适当的 B&B 旅馆，并告诉游客去旅馆的路线。这时，游客一定先要说明自己的要求。

历史建筑改建的漂亮的青年旅馆

●Victoria International Hostel

516 Yates St. (V8W 1K8)

电话(604)385－4511

传真(406)385－3232

从旅游问讯处沿海边 Wharf St. 往前走，进入 Yates St. 再向右拐即到。Yates St. 过去曾是主要街道，因此街上有很多反映历史氛围的建筑物，其中的一栋(建于1882年!)最近被改建成青年旅馆，使之和商业街融为了一体。该旅馆是一家还很新的设施优良、充满活力的青年旅馆。坐落在"必胜客"餐厅的斜对面，但夏季非常拥挤，有时候非会员不能入住。

* * *

即使在午后到达，如果告诉服务台想住宿的话，服务台会为游客保管行李。旅馆深夜12点关门，不提供饮食，但可以自己做饭。会员夏季住宿一晚Ⓢ$15 + 税金，Ⓓ$34。床单费$1. 50。

接待时间：7：30～10：00、16：00～24：00

只接待女子住宿的 YM－YWCA

●*YM－YWCA Women's Residence*

880 Courtney St.（V8W 1C4）

电话(604)386－7511

洗澡间、卫生间公用的Ⓢ$37. 44，Ⓣ$56. 16(含税金)。位于 Courtney St. 和 Quadra St. 的交叉处，从旅行社步行约五分钟，离公共汽车总站也只有 5 个街区。价格便宜、环境优雅。并有自助餐厅，非常方便。请一定前往住宿。

* * *

宿舍房间带洗澡间仅为$19，相对便宜。内部还有游泳池和健身中心。

最适合性格豪放者的廉价旅馆

●*Victoria Backpackers Hostel*

1418 Fernwood Rd.（V8V 4P7）

电话(604)386－4471

沿 Johnson St. 向东走 6 个街区，从市中心徒步 30 分钟，或乘 10 路公共汽车在 Johnson St. 和 Fernwood Rd. 的交叉处下车。男性宿舍的洗澡间、卫生间公用，女性宿舍都带洗澡间、卫生间。夏季$12(每周$85)，冬季$10(每周$65，每月$250)，带洗澡间的Ⓓ$35，不带洗澡间的Ⓓ$30。还有洗衣房、厨房，可租自行车和电话，晚上没有关门时间限制。但不能使用信用卡。而且有些噪杂和脏乱，必须忍耐。

房主是个马球运动员

●*Carkiage House B& B*

596 Toronto St.（V8V 1P4）

电话(604)384－7437

传真(604)384－0991

店主人是 Dan 和 Barb Pedrik。这是一个典型的加拿大式的 2×4 式的快乐家庭，女儿好像正念中学。另外还养了一只狗。店主夫人是个性格活泼的人，据说是摄影家。为游客准备早饭的店主是个马球运动员，自己还养着马。有两个房间可供游客住宿，给人的感觉不像是民间旅馆，倒更像是在亲戚家里住一样。不过，洗澡间是专用的，可以不用担心。女孩子绝对会满意的。

离公共汽车总站三个街区。夏季Ⓢ$55、Ⓓ$65，冬季Ⓢ$50，Ⓓ$60。

店主人缘极好的 B & B 旅馆

●*Guthrie House B& B*

517 Simcoe St.（V8V 1L8）

电话(604)388－4626

从公共汽车总站步行10分钟，是一家评价很高的B&B旅馆。位于市中心内，位置也很好。带洗澡间、卫生间的Ⓢ$45，Ⓓ$60。旅游淡季便宜$5~10。

* * *

沿Government St.在州议会大楼处向右一边观察一边往南走，在Toronto St.向右拐，再从Simcoe St.向左拐即到。店主Jack喜欢开玩笑，是个和蔼可亲、令人愉快的人。房间很清洁，虽然洗澡间、卫生间都是公用的，但非常干净，可放心使用。在那儿过得确实非常愉快。

最适合短期居住的游客的旅馆

● *Mutsuki – An*(梦月庵)

206 –3160 Albina St.(V9A 1Z5)

电话(604)383 –9742

传真(604)383 –9834

这是一家每天只接待一批游客的短期居住型的旅馆，1995年才迁到现在的地址，并以现在的形式重新开业。房价为Ⓣ$62。

在大学宿舍里过夏天

● *University of Victoria*

P. O. Box 1700(V8W 2Y2)

电话(604)721 –8396

传真(604)721 –8930

大学宿舍只在暑假期间向公众开放。从Douglas St.乘4、11、14路，市内公共汽车可到，离市中心约20分钟。

开放时间5月1日~8月31日。带早餐的房价为Ⓢ$36.95，Ⓣ$51.65。向游客提供学校自助餐厅的用餐卡，用餐时只需向收款台出示卡片即可。逗留两周带饮食为Ⓢ$25.15，Ⓣ$48.85。通过前面提到的Housing and Conference Services Office预约。

无比热爱维多利亚的店主

● *Blue Bird B& B*

1052 Craigdarroch Rd.(V8S 2A4)

电话(604)598 –8981

传真(604)598 –8996

店主是Neil和Nao Counter。位置紧挨着克莱格达罗克城堡。乘10、11、14路市内公共汽车在Fort St.的Shell G. S.下车1分钟即到。店主夫妇二人都对维多利亚和温哥华岛比较好的购物旅游地非常熟悉，可以在各方面为游客出主意，因而是一家值得信赖的旅馆。房间带有洗澡间、卫生间，非常清洁，周围的环境也相当不错。在此住宿感觉像是回到了家一样地放心，单身旅行的女性应该住这样的地方。旅游旺季房价为带早餐Ⓢ$65，Ⓓ$75，Ⓣ$40(1人)，淡季Ⓢ$45，Ⓓ$65，Ⓣ$35(1人)。

维多利亚的B& B旅馆

● *Glyn House*

154 Robertson St.(V8S 3X1)

电话(604)598 –0664

乘13路机场公共汽车25分钟。去市中心市内公共汽车也只5分钟。从Fairfield Rd.往北，在Robertson St.向右拐即到。这家1912年建的维多利亚式的B&B旅馆，向游客提供旅馆引以自豪的分量充足的加拿大式早餐，并备有家庭手工制作的松饼和饼干。另外，如果需要的话，旅馆有专车迎接游客。5月~10月$75+税金，11月~4月Ⓢ$45、Ⓓ$65+税金。

面对哥齐运河的风景优美的旅馆

●Selkirk Guest House

934 Selkirk Ave. (V9A 2V1)

电话(604)389-1213

传真(604)389-1313

厨房、洗澡间公用的房间为ⒹⓉ$35，带厨房、洗澡间的房间为ⒹⓉ$45。备床单、毛巾的宿舍为$15(并有女性专用宿舍)。店主的热情接待非常令人满意。

能令旅游者最大限度满足的旅馆

●Marion's B& B

1730 Taylor St.

电话(604)592-3070

店主是Thomas和Marion Simms。从市中心乘27路或28路公共汽车约10~15分钟。我和脸上露着亲切笑容的店主夫妇进行了愉快的交谈，晚上还一起从电视上看了电影。房间的每一个角落都能感觉到对游客的关心，一边眺望外面的景色一边吃顿分量充足的早餐，令人非常愉快。房价为Ⓢ$35，Ⓓ$50~60，Ⓣ$30~35。

优雅而豪华的接待令人感动

●West Bay B& B

715 Suffolk St. (V9A 3J5)

电话(604)386-7330

传真389-0280

这家旅馆是1993年5月开业的。从市中心乘市内公共汽车在Esquimault Rd.向西5分钟即到。沿海边的散步道步行去也不过30分钟。6个房间全部带洗澡间、卫生间，并统一刷成蓝色，感觉清洁静适。6月~9月Ⓢ$70-115，Ⓓ$80~125，10月~5月，Ⓢ$60~85，Ⓓ$70~95。

不时有鹿光顾的山坡上的B& B旅馆

●Blue Castle B& B

1009 Glen Forest Way RR#1

电话(604)478-2800

从市中心沿一号高速公路行驶，在十四号高速公路向左，从Happy Valley Rd.左拐，接着在Glen Forest Way往左行驶即到。这家B&B旅馆似乎只有乘车的游客才能去。但是，其三角形屋顶和维多利亚风格屋顶平台的小别墅式外观都令人神往。在当地旅游协会的广告上都刊登了这栋房子的照片。客房共3间，备有老式的带腿的浴盆和单独使用的阳台。是一家能够向憧憬乡村生活的人们提供梦幻般生活情境的旅馆。$50起价。

适于租车旅行者的较为便宜的旅馆

●Cat's Meow Mini Hostel

1316 Grant St.

电话(604)595-8878

旅馆的地点有点不太好找，但适于租车旅行的游客。这是性格爽朗的女店主一个人单独居住的私人住宅，把二层开放用做了旅馆。大房间、单间共3间，我住的是单间，每人$17+床单费($2)、$42。并带有早餐，特别便宜。

虽地处郊外但价格便宜的旅馆

●Renouf House

2010 Stanly Ave. (V8R 3X6)
电话(604)595－4774
传真(604)598－1515

从市中心乘公共汽车20分钟左右即可到达这家B&B旅馆。宿舍为$18.25,洗澡间、卫生间公用的房间为$33.25、$45,带洗澡间、卫生间的房间为$55、$65。洗衣房和厨房可随便使用。早餐的水果和面包非常好吃。从Douglas St.和View St.交叉处的马克德纳尔德前乘10路公共汽车,到Fernwood St.和Gladstone St.的交叉处下车,往东步行5分钟左右即到。虽然离市中心有些远,但适于想找便宜旅馆的游客。

Useful Information 有用的信息

●交通机构

PCL公共汽车预约:维多利亚电话(604)385－4411
温哥华电话(604)662－8074

Pacific Central Station: 1150 Station St. Vancouver 电话(604)385－3311

Victoria Bus Depot: 700 Douglas St. (在Belleville) 电话(604)385－4411

Victoria Regional Transit System 电话(604)382－6161

Island Coach Lines: 710 Douglas St. 电话(604)385－4411

Greyhound Bus Lines 电话(604)385－4417

Island Jetfoil Corp. 电话(604)382－7766

Black Ball Transport Inc.: 430 Belleville St. 电话(604)386－2202

前往美国安吉拉港的渡轮

British Columbia Ferry Corp. 电话(604)656－0757

连接温哥华岛和本土的渡轮

VIA Rail (E&N Railway) 电话(604)383－4324

这是往返于维多利亚和温哥华岛中央地区Cowtney的铁路。

●气温(℃)

月	1	2	3	4	5	6	7	8	9	10	11	12
最高	6	8	10	13	17	19	22	21	19	14	9	7
最低	0	1	2	4	7	9	11	11	9	6	3	1

TOUR 旅行公共汽车指南

灰色线路旅游车/Gray Line of Victoria

700 Douglas St. Victoria, B. C. 电话(604)388－5248/(1－800)663－8390

可免费前往旅馆接运游客。电话(604)388－6248 。在恩普莱斯旅馆前有旅游服务台。

● Tour 1B Grand City Drive

这是一种花1个半小时把维多利亚不可不去的主要景点观看一遍的旅游车。全年营业。旅游旺季9:30～18:00每隔30分钟发车。票价$11.75。

● Tour 1B－AT Grand City Drive & Afternoon Tea

在这趟城市旅游中，在沃克湾旅馆喝下午茶是固定节目。旅途需两个半小时，费用为$24.50。5月1日～10月15日13:30、14:30发车(另外7月1日～9月3日还有14:00发车的旅游车)

● Tour D－215 Twilight Dinner Tour

这是一种在都铎式的优雅宅院中享受豪华的晚餐之后，观赏夜间浪漫的布查德花园的旅游项目。其中在7、8月的星期天可以观看焰火。共需6小时，费用$38。6～8月17:00发车，9月16:30发车。

皇家蓝色线路旅游车／Royal Blue Line

电话(604)360－2249在皇家蜡像馆旁有旅游服务台。

● City Tour

用1个半小时游览维多利亚的主要景点。$13.50。每天从9:00～15:00发车，1天4班。

维多利亚的历史

从国境线上凸出的省会城市

维多利亚位于北美大陆太平洋沿岸最大的岛屿温哥华岛的南端。翻开地图一看就会发现，美国和温尼伯湖以西的加拿大国境几乎是被北纬49度线笔直地分开的，而只有维多利亚所在的温哥华岛尖端越过了49度线，接近了48度线。

美国和英国（当时加拿大尚属英国领土）于1846年签订了俄勒冈条约，把北纬49度线定为双方的国境线，但并没有严格地把向南越过了49度线的这个岛一分为二。

尽管如此，为什么要把不列颠哥伦比亚省的省会设在与美国仅隔一条狭窄的胡安·德富卡海峡，而且和内地交通也很不方便的维多利亚呢？

与淘金热同步发展

维多利亚的历史是从哈德逊湾公司（1670年查理二世下旨设立的享有毛皮贸易垄断权的公司）在此设置加拿大西部地区交易中心开始的。

哈德逊湾公司当时在内陆已经有了交易中心。但为了阻止美国毛皮商人浸入当时尚未开发的温哥华岛，才开始建设维多利亚。而到1849年之后，包括维多利亚在内的温哥华岛的所有权都脱离了哈德逊湾公司，成为了英帝国的殖民地，并从此牢牢地打上了"英国"的标记。

当时，南方的加利福尼亚掀起了一股淘金热，许多企图一下子发大财的人蜂拥而至，但9年后，随着热潮过去，那里留下的只是不少被遗弃的城镇。

当时在加拿大西部，也发现了金矿。首先是1856年在温哥华附近的弗雷泽河流域，接着于1858年在加里布地区。人潮随之也变为从南向北流动。维多利亚便变成了前去淘金的人们的中转站，仅四、五年的时间里，这座当时人口还不足400人的小城镇，就有两万人从此经过。

成为英国领地的中心

在这些淘金的人中，从南方来的美国人似乎也有不少。当时任维多利亚领事的詹姆斯·道格拉斯担心会由于大批美国人的侵入，这个地区也会像从前的加利福尼亚一样被荒废，于是向英国政府请求援助。应他的要求，1858年，温哥华岛及其对岸的内陆地区被宣布为不列颠哥伦比亚殖民地。维多利亚便成了这块殖民地的中心，不列颠哥伦比亚省的原形也因此形成。

然后，现在

1871年，不列颠·哥伦比亚殖民地加入了从英国得到自治权的加拿大联邦，成立了不列颠·哥伦比亚省。维多利亚又作为行政中心，成为该省省会。

由于维多利亚对面就是美国这个充满活力的国家，并受到其威胁，因此它就努力地接近英国。城市的每一个角落都洋溢着英国精神，大概就是由此所致。

DUNCAN

当肯● BRITISH COLUMBIA

从维多利亚沿全加拿大高速公路行驶约1小时。当肯是考丁谷的商业中心，自1985年以来共树立了40多根图腾柱，故被称为“图腾之城”而远近闻名。土著文化遗产中心和森林博物馆是主要的旅游景点。从城中乘车向西30分钟，是考丁湖。

ACCESS 交通工具

公共汽车 ICL 公司开放奈纳莫的公共汽车每天从维多利亚发车 7、8 班。行程约 1 小时。公共公车总站在 Native Heritage Centre 旁边的 Central Rd. 。到达尔文镇需步行一会儿。

Duncan　电话(604)746－4841

VIA 在维多利亚和科特尼间每天一班，(周五两班)。1 小时。火车站在市政府大楼前。VIA 电话(604)383－4324/(1－800)561－8630

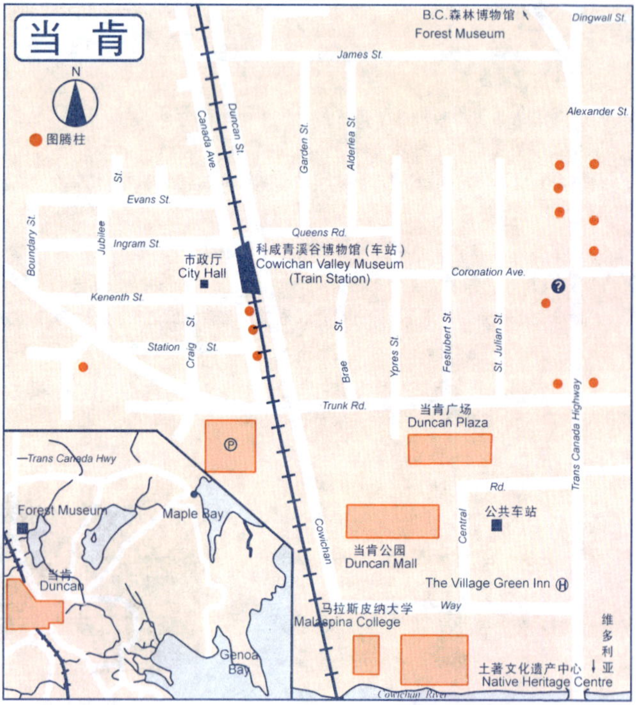

TRANSPORTATION 市内交通工具

当肯市内，BC Transit 公司有开往考丁湖的公共汽车。票价按区间计算，成人 $2.25。 BC Transit 电话(604)746－9899

街上没有沿街揽客的出租车，需用电话订车。Duncan Taxi 电话(604)746－4444。

INFORMATION 旅游问询处

Duncan－Cowichan Chamber of Commers

381 Trans Canada Hwy. Duncan, B.C. V9L 3R5

电话(604)746－4421 传真(604)746－8222

位于全加拿大高速公路和 Coronation Ave. 的交叉处。为游客安排旅馆、介绍旅游景点，服务非常热情。还可提供有关温哥华岛全岛的情况。

营业时间：5～9月 每日 9:00～17:00

10月～4月 星期一～星期五 9:00～17:00 星期六、星期日 10:00～16:00

WALKING 游览路线

市中心位于沿全加拿大高速公路从 Coronation Ave. 向东走到尽头的地方周围。总的来说没有车，多少有些不便。但城市的观光点主要是 Native Heritage Centre 和市中心 Duncan St. 两旁的图腾，因此完全可以等下一班公共汽车上路。经 Forest Museum 往 Nanaimo 方向走，乘车需 10 分钟。如果事先跟驾驶员说好，也可以在博物馆前下车。

SIGHTSEEING 主要景点

土著文化遗产中心 Native Heritage Centre

200 Cowichan Way 电话(604)746－8119 传真(604)746－4143

这是由居住在当肯的土著印第安人经营的传统文化中心。印第安音乐烘托着土著气氛，里面有 Big House、美术馆、作坊和熏制室等。在这里可以看到图腾的制作，真正考丁毛衣的现场表演，以及在美洲印第安人中流传已久的 Ojibwa 的制作。但纯粹是观光性的，对于想探究文化本质的游客来说可能觉得有点美中不足。考丁毛衣花$200 左右就能买到。中心后面流淌着考丁河，据说河中还有鲑鱼。另外还有礼品小卖部和餐厅，并随时举行文娱活动。

开放时间：5月中旬～10月中旬 9:30～17:00 10月下旬～5月上旬 10:00～16:30

票价：成人$6(不含税金) 全年开放。

不列颠哥伦比亚森林博物馆　B. C. Forest Museum Park

RR #4, Trans Canada Hwy.　电话(604)746 - 1251　传真(604)746 - 1487

这是一座体验型博物馆，通过观看可以完全了解不列颠·哥伦比亚省的森林开发史。游客可以乘坐几乎绕整个博物馆一周的机车，一边观看林中保留的锯木厂和圆木屋建筑师的住房，一边乘着列车穿过高大的枞树林愉快地前进。中途下车去踏踏林中的小径也其乐无穷。这个博物馆非常适合家庭旅游者，是进入森林天国不列颠哥伦比亚省旅游的第一步。这家博物馆还是维多利亚 R. B. C 博物馆的姐妹馆。

开放时间：4 月 24 日 ~ 9 月 19 日　9:30 ~ 18:00、9 月 20 日 ~ 4 月 23 日闭馆

票价：成人$6(不含税金)

SHOPPING　购物

此地因为是考丁·印第安人的保留地，因此关于印第安人的东西很多。特别是土著文化遗产中心的工艺品商店品种丰富多彩，主要有考丁毛衣，经特殊手法加工制作的树皮篮子，以及能把恶梦吃掉的驱梦符等本地特产。

HOTEL　旅馆

如果以观光为目的，最好住在邻近的城市谢朱努斯。如想住在当肯，离公共汽车总站不远的高速公路旁也有几家汽车旅馆，另外还有 B&B 旅馆。

邻近高速公路的方便的旅馆

● *The Village Green Inn*

141 Trans Canada Hwy.　Duncan

电话/传真(604)746 - 5126

这是一家位于土著文化遗产中心旁边的有 80 个客房的中档旅馆。外观虽不是太好，但内部却出人意料地整洁。价格也合适，Ⓢ$54，ⒹⓉ$64。

合适的汽车旅馆

● *Best Western Cowichan Valley Inn*

6474 Trans Canada Hwy.　Duncan

电话(604)748 - 2722/(1 - 800)528 - 1234

共有 42 间客房。Ⓢ$62 起价，Ⓣ$69 起价。

● Raven B&B

3479 Kinsol Rd.　RR#7, Duncan

电话(604)748 - 2867

传真(604)748 - 7002

Ⓢ$60，ⒹⓉ$85。

●*Bishop' s Oak*

3258 Auchinachie Rd. Duncan

电话(604)748－4039

这是一栋铺着东方地毯的古老而漂亮的建筑。Ⓓ$65,Ⓣ$70。没有Ⓢ的房间,按ⒹⓉ房间房价折价计算。

●*Falcon Nest Motel*

5867 Trans Canada Hwy.

电话(604)748－8188

传真(604)748－7829

离市中心很近,可步行前往。Ⓢ$40～50,Ⓓ$46～55,Ⓣ$54～69。

CHEMAINUS

谢米努斯● BRITISH COLUMBIA

谢米努斯开发很早，随着城市惟一的产业锯木厂被关闭，失去了生路的谢米努斯于 1982 年提出了“The Little Town That Did”(复兴小城)的口号,全体居民团结一致着手复兴这座城市。由于省政府的援助和有志者的努力,谢米努斯靠壁画得以成功复兴。从那以后,它也便成了有名的“壁画之城”。

现在,城内壁画多达 32 幅,并仍在继续创作。壁画使得这个朴素而沉稳的小城的街道也显得干净利落。游客可以一边逛古董店和服装店，一边观赏一幅幅的壁画。这样的城市恐怕是世界上独一无二的。

ACCESS 交通方式

●从维多利亚・当肯

从当肯出发沿奈纳莫方向行驶 20 分钟即可到这座城市。有公共汽车和 VIA 运行,乘车方法和当肯一样。而从维多利亚乘公共汽车约 1 小时 15 分,乘 CIA 1 小时 45 分。公共汽车站位于高速公路旁的剧场边上的 McBrides GS. 前面。在旅游问询处前也可以上下车。

ICL 公司电话(604)246－3341

INFORMATION 旅游问询处

Chemainus Infocentre

P. O. Box 575, Chemainus B. C. V0R 1K0

电话(604)246－3944　传真(604)246－3251

位于紧靠着 VIA 火车站的 Chemainus Rd. 旁。

城里还有介绍壁画的咨询亭。

Mural Information Kiosk:　P. O. Box 1311, Chemainus

电话(604)246－4701

传真(604)246－3251

WALKING 旅游路线

这座城市从山坡上一直延伸到山坡下，绕城一周约需30分钟。城市街道格局似乎是专为观察壁画而设计的，因此不用担心会迷路。画在市民住房墙上的壁画与街道格局也非常协调。城中还有古董店、小商品店和漂亮的服装店，整体上给人感觉是一个女孩喜欢去的地方。市内游览，没有必要坐车，如果离开市内，除了ICL公司的公共汽车或出租车之外则没有别的交通工具可乘。

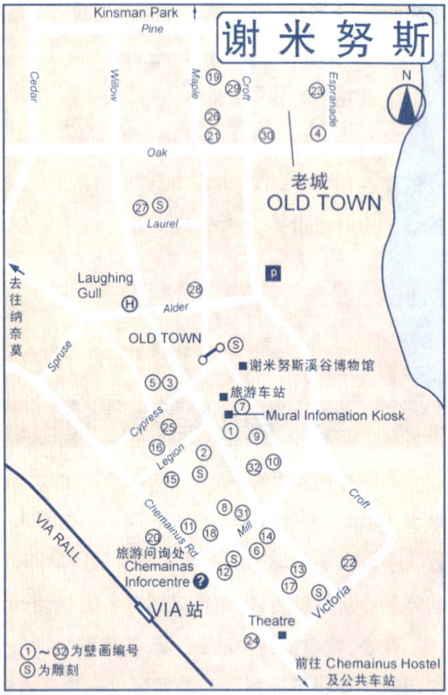

SIGHTSEEING 主要景点

壁画 Murals

城市本身就是一个壁画艺术画廊。壁画从1982年开始创作，首先完成的是靠近从全加拿大高速公路进入市区的入口处附近的5幅壁画。第二年完成了7幅，1988年8幅，1993年，壁画总数已达32幅。每年7月到10月举办“壁画节”。注意观赏壁画之前最好先在旅游问讯处索取一张壁画位置图。

谢米努斯溪谷博物馆 Chemainus Valley Museum

Water Wheel Chemainus, B. C.　　电话(604)246－2445

博物馆坐落在通往老城的大门附近。从这里可以了解谢米努斯的历史。馆内珍藏着过去的家具、照片和壁画的原画等。

开放时间：10：30～16：00(冬季可能有变动)免费。

老城 Old Town

从观光咨询亭前的广场在过一座大门，再走下山坡，就到了一座像电影布景一

样的老城。这里有好吃的面包店、古董店和餐厅等,充满着古老城市昔日的色彩。沿 Maple St. 一直走到码头边,便是能眺望优美海景的 Kin Park。

SHOPPING 购物

主要街道上有一带集中了很多的服装店。另外,老城里也有几家挺漂亮的商店,壁画看够了之后不妨去逛逛。

HOTEL 旅馆

这虽然是一个小城市,但城中旅馆、青年旅馆、B&B 旅馆等住宿设施应有尽有。特别是 B&B 旅馆,是与这座城市非常协调的住宿场所。

醒目的漂亮外观

●*Pacific Shores Inn*

9847 Willow St.

电话(604)246-4987

传真(604)246-4785

这是一座位于城中心的维多利亚式旅馆。带厨房的四间套式客房为$80。另有一栋像童话中常出现的那种可爱的房子,叫 Little Inn of Willow。这儿打着"世界上最小最豪华的旅馆"的牌子,整栋房子出租为$150(含税金)。

有舒适院子的旅馆

●*Bird Song Cottage*

9909 Maple St.

电话(604)246-9910

Ⓢ$45,Ⓓ$60。

●Sea Breeze Tourist Home

2912 Esplanade

电话/传真(604)246-4593

带早餐、洗澡间,卫生间公用的Ⓢ$35、ⓉⒹ$45。带洗澡间、卫生间的Ⓢ$50~55、Ⓓ$55、Ⓣ$65。免费开车迎接游客。

●*Laughing Gull Guest House*

9836 Willow St.

电话(604)246-4008

这是一家 B&B 旅馆，夏季Ⓢ$60、ⒹⓉ$75。

受野外旅行者欢迎的旅馆

● *Chemainus Hostel*

9694 Chemainus Rd.

电话(604)246-2809

这是一家宿舍式的便宜旅馆。尽管如此，旅馆中仍有厨房、投币式洗衣机、女性专用洗澡间、卫生间等，房子也很整洁。离公共汽车站和市内很近，步行片刻即到。每人$15。

喜爱陶瓷艺术的雪莉的 B& B旅馆

● *Scallops & Lace B& B*

10190 View St.

电话(604)246-9299

位于离城稍远的山岗上。对陶瓷艺术感兴趣的游客来说，雪莉的 B&B 旅馆非常吸引力。据说这里也非常欢迎家庭游客。Ⓢ$40、Ⓓ$50。

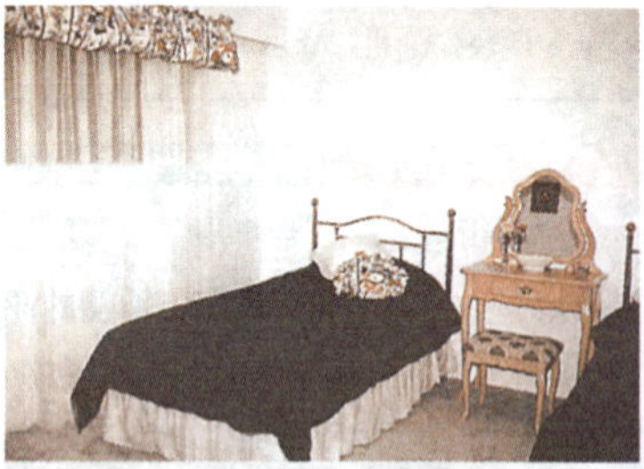

TOUR 旅游团介绍

Gray Line Victoria

700 Douglas St. Victoria　电话(604)388-5248　传真(604)388-7059

● Tour 3 Chemainus, Native Heritage Centre, Duncan Forest Museum

这里从维多利亚发车的6小时旅行。坐满10人就可发车。途中在谢米努斯停留一会儿，然后选择下一站当肯去看森林博物馆或者土著文化遗产中心。但至少必须提前一天预约。

运行期间:6月1日~9月2日　每天10:00起。

票价:成人$44。

NANAIMO

纳奈莫
BRITISH COLUMBIA

纳奈莫位于维多利亚以北约 100 公里处，是温哥华岛第二大城市。1851 年到 1952 年期间，这里曾作为煤城而远近闻名。但现在该城市主要以旅游、林业、渔业为主。这座临海的港口城市有大型的购物中心，其 1967 年开始每年举行的澡盆赛跑，也吸引着大批的游客。

ACCESS 交通工具

● 从温哥华

直达公共汽车 Maverick Coach Lines

Maverick Coach Lines 公司有公共汽车运行于温哥华市中心和纳奈莫市中心之间。其间连车乘入渡船渡海。需约 3 个小时。从温哥华始发 3 个小时。从温哥华始发的公共汽车 6:00 ~ 20:00 之间每隔两小时发车一班，共 8 班，从纳奈莫始发的公共汽车 6:30 ~ 20:30 每隔两小时发车一班，共 8 班。

票价:$16.80

市内公共汽车&渡船 从市中心的百货公司 The Bay 所在的 Georgia St. 一侧的公共汽车站出发，乘#250 Horseshoe Bay 或#257 Horseshoe Bay Express 公共汽车到终点站马蹄港下车。然后换乘 B. C. 开往纳奈莫迪帕加港的渡船。渡船票价 $6.00，7:00 ~ 21:00 每隔 1 ~ 2 小时 1 班，所需时间为 1 个半小时。每天的班数都不相同。开往市中心的市内公共汽车 Ferry Shuttle 从渡船终点站旁边发车。10:30 开始每 1 小时 1 班，约 10 分钟就可到达市中心。末班车 17:30 发车。

水上飞机 虽然有点奢侈，但水上飞机是最有趣、最方便的交通工具。从加拿大广场出发向斯坦利公园方向稍走不远就有水上飞机的码头，乘坐 Air Rainbow 和 Baxter 20 分钟就能飞到纳奈莫。两种飞机都是两小时左右 1 班，但价格不同。水上飞机飞行高度很低，因而能够从近处看见斯坦利公园的树林和狮门桥、渡海的渡船和一群群新堡岛的帆船，真令人兴奋。水上飞机到纳奈莫后停靠在城市的正中央，非常方便。飞机定员很少，注意提前预约。

Baxter　电话(1-800)661-5599　单程$45

Air Rainbow　电话(604)681-5678(温哥华)/电话(604)753-2026(纳奈莫)单程$33.69。

●从维多利亚

直达公共汽车 Island Coach Line

Island Coach Line 公司在维多利亚和纳奈莫之间经营着公共汽车。从维多利亚 6:20～19:15 之间有车，从奈纳莫 5:30～21:00 之间有车，两边各有六、七班。单程两小时，$16:10。

铁路 VIA Rail

VIA 铁路(通称为 E&N Railiner)列车在维多利亚和科特尼之间每天往返一次。这条每年都在讨论要撤消的非常地方化的铁路线，几乎只是一趟观光列车。纳奈莫火车站离市中心和公共汽车总站都较远，而且火车班数也少，因此，除非要在纳奈莫住宿，否则很难乘坐这条铁路的列车。从维多利亚到纳奈莫约两个半小时，单程$18。从纳奈莫每周一～周六 15:22 发车(周日 19:17 发)，从维多利亚每周一～周六 8:15 发车(周日 12:00 发)。

纳奈莫的 VIA 站

INFORMATION 旅游问询处

Nanaimo Tourism Convention Bureau

226 Bryden St. Nanaimo, B. C.　电话(604)754-8474

从公共汽车总站沿 Terminal Ave. 向北(与市中心相反方向)渡过 Millstone River, 走过 Davies St. 的街角往前不远的右边就是。从市中心步行需 30 分钟左右。

时间:每天 9:00～17:00

WALKING 游览路线

纳奈莫是个小城市，能够称得上市中心的地带花一小时就能走遍。由于是一个旅游胜地，在海边风景优美的地方有旅馆和餐厅等，还有保存完好的建筑物和保养良好的公园。有三条散步路线可以沿途追溯纳奈莫的历史，它们分别是海港路线、铁路路线和煤炭路线，游客可以首先沿着这几条路线游览一番。喜欢欣赏自然风光的顾客可以乘渡船去新堡岛和加布里奥拉岛等处游览。

TRANSPORTATION 市内交通工具

城市的中心地带完全可以步行游览，虽然也有公共汽车，但路线很少，公共汽车终点站在博物馆附近。另外，开往温哥华岛各地的公共汽车都在市区北部的公共汽车总站发车和到站。

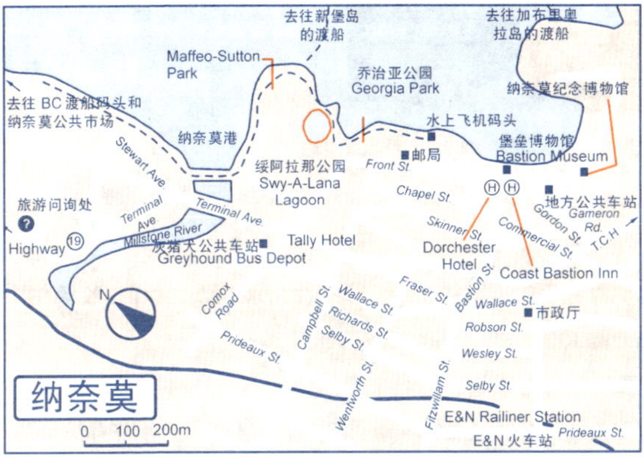

SIGHTSEEING 主要景点

绥阿拉那公园 Swy – a – Lana Park

公园是 1984 年完工的，里面种着成片的草坪和鲜花，海上不时吹来惬意的海风，是市民休憩的好去处。公园中央的绥阿拉那湖是加拿大惟一的用人工方法制造出波浪的湖，非常受游人欢迎。公园中还有渡船开往新堡岛。

老城 Old Town

老城中铺满了茶色石板，再生了过去的街道景象。城中还遍布着各式各样的商店。其中卖海图和海产品的商店，非常具有纳奈莫的特色。消防局附近的建筑物墙上的画非常出色，与北美著名“壁画之城”谢米努斯的壁画相比也毫不逊色。不过，晚上最好不要一个人出门。

堡垒 Bastion

这座非常有特色的八角形建筑物已经成为海边风景的主要部分，它是哈德逊湾公司于 1853 年作为交易品的仓库而建造的，同时也充当了紧急情况下的防御工事。

现在其内部改造成了博物馆，一楼展出的是印第安人的艺术品，二楼则重现着纳奈莫城过去的街道。馆中展出的印第安人用石类雕刻的古代岩雕收集品是不可不看的珍品。紧靠着博物馆旁边是乔治亚公园，园中有纳奈莫的港口，在那儿可以看到水上飞机起飞和降落的情况。6~8月的周二到周六期间，正午时堡中发射大炮报时。

开放时间：(夏)10:00~11:30、12:00~17:00　免费

纳奈莫纪念博物馆　Nanaimo Centennial Museum & Archives

100 Cameron Rd.　电话(604)753-1821

这是一家建在可俯视港口的高地上的博物馆，馆中再现了纳奈莫的发展史。纳奈莫是一座依靠采煤发展起来的城市，馆中的一角再现了非常有纳奈莫特色的煤炭采掘场，同时还再现了1960年因大火而烧毁，致使200人受灾的唐人街，很有意思。另外还放映10分钟的电影，展现当时的情景。

开放时间：(夏)周一到周五9:00~18:00、周六和周日10:00~18:00　(冬)周二到周六9:00~17:00　票价：$1.25

■郊外

波温公园和玉川花园　Bowen Park & Tamagawa Gardens

波温公园是一个设施非常完善的公园，园中除网球场、游泳池之外，还有加拿大特有的运动长曲棍球和冰上滚石的设施。林中有一个小小的动物园，可以与鹿、海狸、浣熊、水鸟等动物亲密地接触。另外，耸立于园中的成排的图腾柱都是印第安人制作的精品。

城中二十几座公园中，一定不能错过的是位于马拉斯比纳大学中的玉川花园。马拉斯比纳大学和玉川大学是友好院校，因此在玉川花园中有漂亮的日本庭园。市区开往郊外的公共汽车可达，所以不妨去观赏一番。

新堡岛　The Newcastle Island

电话(604)753-1931

整座岛被指定为省立海洋公园，园中生息着鹿、浣熊、兔子、松鼠和鹅等动物。是一个几乎完全没有人工加工痕迹的大自然的宝库。跨上渡船停靠的浮桥一直向

前走就是游客咨询中心，里面有博物馆和小吃部。在这儿还可以得到全岛地图。

岛上有林间小道和海边小径，还有湖。在小径上漫步的时候，会碰到鹿群，还可看见跑来跑去的松鼠和兔子。海岸边的景色也很漂亮，水边有许多鹅和海鸥在游来游去，在夕阳的映照下煞是好看。海水退潮之后，岩石上会粘满牡蛎和贻贝等，常能看到有人拾回来吃。夏天还能洗海水浴。这是一座从奈纳莫的市区可以很轻松地前往游览的自然公园，非常受游客欢迎。除野营之外，岛上没有其他的住宿设施。

交通工具 从纳奈莫的绥阿拉那公园前端的港口每隔 1 小时有渡船开出，途中只需 10 分钟。

Scenic Ferries　电话(604)753－5141

加布里奥拉岛　Gabriola Island

这是一个南北长 16 公里、海岸线风景优美的岛屿。艺术家们很喜欢这个岛。岛上现有的约 2000 名居民中，有相当数量的人是画家和作家。另外，因为岛上有沙滩，所以一到夏天，海滩上就满是野餐和洗海水浴的家庭游客，非常热闹。尽管如此，比起新堡岛来，这个岛相对安静一些。

在岛上的沙滩上可以看见生活于此的海洋生物，运气好的话还能看见海豹、海驴等。岛上有数处观光点，主要观赏形状独特的岩石和印第安人留下的岩雕。另外，还能享受游船、自行车和高尔夫球等项目。

交通工具 从 Harbour Park Shopping Mall 正面的港口每天有 17 班渡船发出。途中需时 20 分钟，票价$3.50。

BC Ferries　电话(604)7753－6626

AMUSEMENT 娱乐

可以乘船到乔治亚海峡去游玩。在那儿可以不停地钓到鲑鱼、鳕鱼和大鲽鱼等，非常有意思。一边悠闲地垂下钓钩、一边眺望四处游动的海驴和海豹，没有比这更令人愉快的了。水平线上绵亘着加拿大本土海岸上的群山，驶入迪帕加湾的渡船景色优美，令人陶醉。一到夏天，年轻人蜂拥而至，尽情地享受日光浴和水上滑艇。这里出租水上滑艇和船只，任何人都可以愉快地享受。另外，一年中的任何时候都能在纳奈莫高尔夫球场和田原俱乐部享受高尔夫球运动，费用仅为$16～32。

此外，纳奈莫市内还有保龄球场(五柱保龄球)、电影院、台球室、游戏厅等娱乐设施。

户外活动

纳奈莫特有的班齐弹力跳

Bunzy Zone　电话(604)753－5867

在纳奈莫南郊，有一座世界上最早的弹力跳专用桥架设在140英尺(接近50米)的高空。从1990年开始使用以来，至今已有万人以上从桥上跳下，现在这座桥已经成为纳奈莫的名胜。旁有售票处，申请时，要在一张申明自己死而无怨的证明文件上签字。票价为每次$95，连续跳两次可以优惠。另可以用$45购买自己跳下时的录相带。从公共汽车总站乘开往维多利亚的公共汽车，在Cassidy下车之后，沿右边的小山上登10分钟左右即到。

重大活动

澡盆赛跑的冠军艇

澡盆赛跑　Bathtub Race

每年7月中旬，来自各国的参赛者云集此地，举行澡盆赛跑。比赛是在各种形状的澡盆（似浴室的浴缸）上装上规定马力的发动机，进行水上行驶，按所花时间的长

尝试一下中国没有的五柱保龄球

这个保龄球场在(99 Chaple St. Nanaimo,B.C.)在Dorchester Hotel后面附近，紧挨着老城。这儿玩的是一种只有五个瓶柱的保龄球。听人们说，在加拿大，保龄球主要采用五个瓶柱的形式。与十柱保龄球相比，没有正中央那个瓶柱和最后排的四个瓶柱，瓶柱排成V字形。这样自然很容易在一投之后还剩两柱以上，而且间隔很远，但相应地这种保龄球每一轮不限于投两次，可以是3次。另外，球给人的感觉似是略微加大的垒球，上面没有孔，因此是用手抓起来投的!所以，技术和战略比力量更为重要，有很强的趣味性。即使是初学保龄球的女孩，也一定能打好。我旁边的球道上有一名球场的专职教练正在教一个中年男人，我于是向她请教，她年龄在五十岁以上，体重超过100公斤，完全不像一个运动员型的女性。此外，这种保龄球的计分方式也不一样，瓶柱不是1个1分，而是5分的1个，2分和3分的各两个。因此，全部击倒可得15分，满分是450分，据说能打到200分就已经很不错了。我打了3局，分别得了104、148、186分。不妨试试。每局$2.40，鞋租$1.00。

短来决定胜负。赛程从迪帕加湾到温哥华的英吉利湾约50公里。离比赛开始还有一星期的时候，城中就已着手举行奈纳莫小姐选美，沿街游行以及其他各种各样的活动。

奈纳莫节 The Nanaimo Festival

从5月下旬到6月举行节日庆典，欢迎各地来旅游的游客。每年的计划都不一样，但主要节目都与为纳奈莫和温哥华岛作出过贡献的人或历史有关。

SHOPPING 购物

●Harbour Park Mall

电话(604)754－3234

位于市中心，有40多家商店，主要是辛普森、西阿兹。气氛非常活泼，在这儿呆一整天似乎都不会厌倦。

营业时间：每天8:00～21:00

●Rutherford Mall

位于高速公路旁的卢瑟福地区。里面有老百货公司——贝依公司。

●Woodgrove Shopping Centre

Island Highway North Nanaimo

电话(604)390－2721

位于沿高速公路向北的左边，是奈纳莫最大的购物中心。这里有伊都锦、伍德瓦兹等许多专业商店。还有电影院，星期天举行乐队演奏等节目。

RESTAURANT 餐厅

大受好评的海鲜

●Bluenose Chowder House

1340 Stewart Ave.

在纳奈莫不可不吃海鲜。这儿不管吃什么，鲑鱼、虾、螃蟹，还是牡蛎，都非常新鲜可口。杂烩汤在当地也很受好评。小份$2.50，大份$4.50。午餐除此再加点饼干就足够了。

家庭手工制作的馅饼非常好吃！

●The Grotto

Waterfront near B. C. Ferries

电话(604)753－3303

这是一家日本移民经营的餐厅。餐厅里隐隐约约地蕴含着日本风格，房子使人感到似乎建在海上，感觉非常安谧。作甜点的碎汁馅饼是家庭手工做的，非常好吃！价格为$2～3。花$10左右就能吃一顿晚餐。

奢侈的晚餐

●Chez Michael

这是一家法国餐厅，价格较贵，但味道可以保证。虾、贝类、鲑鱼菜价格才$10～15左右。并可在钢琴演奏的音乐声中享用丰富的晚餐。

加拿大有名的家庭餐厅

● *White Spot*

130 Terminal Ave.

电话(604)754－2241

这家餐厅在整个加拿大都有连锁店。价格适中，味道也还算不错。

● Light House Bistro & Pub

At the Seaplane Terminal

电话(604)754－3212

位于港口的中心，可以沿散步道步行前往。外表看起来像是一座白色的灯塔，其实是一家高档的海鲜餐厅。在这儿看海景特别漂亮，天晴时，"坐在层顶平台上吃蚬鱼汤"也不错，味道和气氛都很好。女性游客和家庭游客应该一去。

营业时间：11:00～23:00/(PUB)23:00～24:00　全年营业

灯塔状餐馆

HOTEL 旅馆

纳奈莫是一个海滨胜地，从城市规模看，与其说是个城市，不如说是个村庄。因此，住宿设施只有漂亮的旅游胜地式的旅馆和路途较远的汽车旅馆。旅馆实行周末价格，过了旅游旺季价格肯定会打很大的折扣。另外，好像也有个人经营的旅馆，但详情不太清楚，似乎在旅游淡季就关门停业。顺便提一下，市中心也有好几处挂着"Hotel(旅馆)"招牌，其实是有歌舞表演的酒吧(有的酒吧还有脱衣舞表演，女性要当心)。在新堡岛上有野营场地。

可俯视港口的高级旅馆

● *Best Western Dorchester Hotel*

70 Church st. (V9R 5H4)

电话(604)754－6835

传真(604)754－2638

这家旅馆紧挨着海岸边的堡垒，是一家欧洲风格的大旅馆。最近似乎刚刚重新装修过，内部设施都是新的，显得格外清洁。

海岸边大街上的高层旅馆

● *Coast Bastion Inn*

11 Bastion St. (V9R 2Z9)

电话(604)753－6601/(1－800)663－1144　传真(604)753－4155

这是纳奈莫的一家大型高级旅馆，耸立在面对港口的地方，与附近其他建筑物相比显得特别高大，因此从很远的地方就能看见。设施很好，风景也出类拔萃，并且离水上飞机起飞和降落的地方很近。Ⓢ$160、Ⓓ$170、Ⓣ$180＋税金。旅游淡季好像会降到Ⓢ$99。另周末减价。

● Travelodge Nanaimo

96 North Terminal Ave. (V9S 4J2)

电话(604)754－6355

传真(604)754－1301

这以前是 Highlander Motor Inn。现在是一家汽车旅馆，离旅游局和渡船乘船的码头很近。Ⓢ$54～64、Ⓓ$60～70、Ⓣ$66～76。

和公共汽车总站连成一体的旅馆

●Tally Ho

1 Terminal Ave.（V9R 5R4）

电话(604)753－2241／(1－800)663－7322

这是一家极好的旅馆，除餐厅、酒吧之外，还附带有一个公共汽车总站，隔壁则是一家同名的酒店。旅馆中有好几间会议室，客房数也很多，让人感觉不可能有住满的时候。问题是得从市中心走一段(10分钟)，不过就这点而言，别的旅馆也一样。前台好像陈列着澡盆赛跑的澡盆。旅游淡季Ⓢ$47起、Ⓣ$59起。

位于通往维多利亚的高速公路旁边的旅馆

●Diplomat Motel

333 Nicol St.

电话(604)753－3261

这是一家位于通过维多利亚的公路旁边的便宜旅馆，离市中心最近(15分钟)。该处是住宅区，附近除一家色情场所外什么都没有，因此如果没有车不太方便。旅馆经营者是印度移民(好像是锡克教徒)。夏季Ⓢ$40、Ⓓ$45、Ⓣ$60，冬季Ⓢ$35、Ⓓ$40、Ⓣ$50＋税金。

公路旁的大型汽车旅馆

●Big 7 Motel

736 Nicol St.（V9R 4V1）

电话(604)754－2328

带有餐厅。从房间里可以直接看见大海。附近是印第安人居住区，所以在悠闲散步的同时，可以顺便了解加拿大的另一个方面。Ⓢ$30、Ⓣ$40＋税金。带淋浴、卫生间。

＊ ＊ ＊

比 Diplomat 还远500米。离公共汽车总站有好几公里，适于驾车的游客。

Useful Information 有用的信息

●交通机构

BC Ferries　电话(604)753－6626　Island Coach Lines　电话(604)753－4371

●气温(℃)

月	1	2	3	4	5	6	7	8	9	10	11	12
最高	6	8	10	13	17	19	22	21	19	14	9	7
最低	0	1	2	4	7	9	11	11	9	6	3	1

COMOX VALLEY

科摩克斯谷● BRITISH COLUMBIA

由科特尼、科摩克斯和康巴兰三部分组成的科摩克斯谷，是一个从附近可以远眺科摩克斯冰河的城市。这里虽不是旅游点，但郊外有引人注目的滑雪区、华盛顿山滑雪度假村等，是一个以雄大的自然景观为骄傲的户外活动基地。另一方面，在曾因煤炭而繁荣一时的康巴兰，仍保留着曾经在煤矿中承受过十分繁重劳动的日本移民的墓地。由于其历史和独特的景观，因此这座城市在温哥华岛上也是一个大放异彩的地方。

ACCESS 交通工具

●从维多利亚、温哥华

公共汽车 乘坐从这两个地方始发的公共汽车都必须在奈纳莫换乘开往坎贝尔河的汽车。从奈纳莫出发约需 2 小时，每天约有 5 班公共汽车。科特尼的公共汽车总站在 26th St. 的南面，离市中心很远。到市中心乘出租车需 10 分钟，约 $20。

ICL Bus Courtenay 电话(604)334－2475 United Cabs 电话(604)339－7955

VIA 从维多利亚出发需 4 小时 35 分，终点站就是这座城市。火车站位于从 Cumberland Rd. 往西南方向走约 10 分钟的地方，离市中心很近。车站大楼内还设有 Timber Tour 的问讯处。

飞机 从温哥华到科摩克斯每天有数班飞机运行，需时约 30 分钟。

渡船 有 BC 渡船和本土联结在一起。每天 4 班。渡船终点在科摩克斯北岸的 Little River。

INFORMATION 旅游问询处

Courtenay Chamber of Commerce

2040 Cliffe Ave. Courtenay 电话(604)334－3234

这里可以收集到关于科特尼和科摩克斯的情况。位于 19 号公路线旁，火车机车和图腾是它的标志。另外，在康巴兰城中也有旅游问询处。

Cumberland Tourist Information:

Centre, P. O. Box 74, Cumberland 电话(604)336－8313 传真(604)336－2455

WALKING 游览路线

由于各个地区相对独立，所以节省时间的秘诀是游览前先确定好要去的主要地

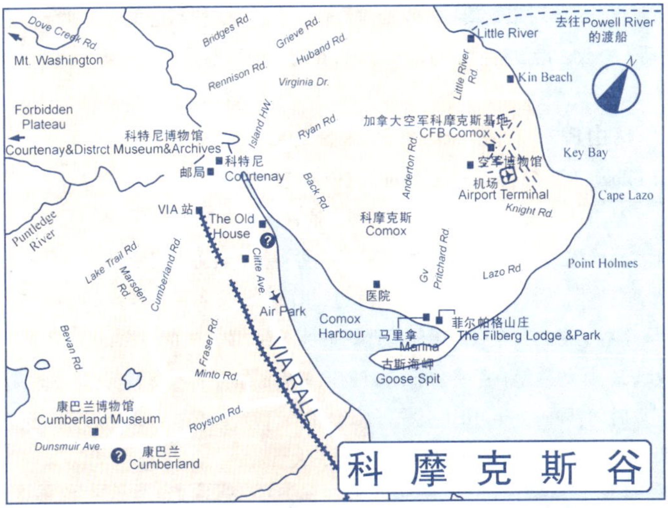

方。科特尼的市中心地区可以徒步游览。优美海岸绵延不断的科摩克斯和带有乡村风味的康巴兰的街景最好一边开着车一边观赏。

TRANSPORTATION 市内交通工具

BC Transit 公司每天 6:00～21:00 有公共汽车分别开往科特尼的市中心（每 30 分钟 1 班）、康巴兰（每小时 1 班）和科摩克斯（每小时 1 班）。票价为$1。但星期日和节假日停运。电话(604)339－5453。

SIGHTSEEING 主要景点

■科特尼

科特尼博物馆　Courtenay & District Museum

360 Cliffe Ave. Courtenay　电话(604)334－3611　传真(604)334－4277

这儿过去是作为当地社区中心而于 1928 年建造的 The Native Sons Hall，于 1973 年改造成博物馆。展品主要分三部分，初期移民们的遗物、木材厂的模型和 1988 年在彭特里奇河边发现的海龙化石。另外还有约五千年前在当地居住过的土著印第安人的手工艺品和节日穿的服装等。这些都收藏在一栋漂亮的木造的房子里。博物馆的建筑也一定不可不看。

■科摩克斯

科摩克斯马里拿公园　Comox Marina Park

从 Courtenay 出发沿 Comox Rd. 开车约 15 分钟。这里景色绝妙，隔着静谧的内海 Comox Harbour 可以远望科摩克斯冰河和华盛顿山。特别是黄昏的景色更是美丽非凡，动人心弦。沿波特散步道散步之后，在附近的酒吧过夜也不错。

菲尔伯格山庄　The Filberg Park & Lodge

61 Filberg Rd. Comox　电话(604)339-2715

位于马里拿公园前方，四周森林围绕，是森林之王 R. J. Filberg 的住宅。住宅的主人非常喜欢树，他在自己的庭院里种了一百多株，从而把它变成了一个非常适合散步的著名庭园。漂亮的房子坐落在海边，里面有许多各种各样的 19 世纪 70 年代的家具。手雕的房梁和镶嵌着子弹的壁炉不可不看。按主人的遗愿，住宅已向公众开放。夏天，山庄的隔壁有茶室营业，8 月的第一周还举办艺术品展览。

开放时间：庭园全年。山庄夏季每天 11:00~17:00，4 月 1 日~6 月 1 日、9 月第 1 个月~10 月第 2 个月仅周末开放。票价：成人$1。

古斯海岬　Goose Spit

从马里拿公园通过 Balmoral Rd. ~Hawkings Rd.，开车 10 分钟左右，就会来到一个像鹅嘴一样突出在海上的海岬。这儿是科摩克斯最有魅力的海岸，冰河和本土的群山在细长的海岬两侧同时展开。从这儿可以开车通过 Lazo Rd.，再横穿过 Point Holmes、Cape Lazo 的海岸，一直到 Kye Bay，从中享受愉快的驾车旅行。

■康巴兰

康巴兰博物馆　Cumberland Museum

P. O. Box 258, Cumberland　电话(604)336-2445

康巴兰位于从 Courtenay 向西 9 公里、开车约 20 分钟的地方，过去是个开采煤矿的城市。据说从 19 世纪末到 20 世纪初，这儿出现了仅次于旧金山的唐人街，非常繁荣。但今天已被森林所覆盖，连痕迹也很难找到了，只有讲述当时情景的导游牌孤零零地立在那里。博物馆中展示着反映这段历史的珍贵资料。据说主要的开拓者是中国人、韩国人、黑人和日本人。博物馆的尽头处保留着很多日本人家庭的黑白相片。

城中有两个日本人居住区，其证据是：在 Union Rd. 和 Cumberland Rd. 的交叉处还有日本人的墓地。

开放时间：每天 9:00～17:00，但 10 月 1 日～5 月休馆。免费。

RESTAURANT 餐厅

尽管不是旅游点，但在科特尼的市中心也有几家味道不错的餐厅，可尽情享受当地的独特风味。

在当地颇受好评的大众风味

●Cadillac Cafe

449 A－5th St. Courtenay

电话(604)338－0114

人们都夸 Pat 夫人的咖啡店的面包好吃。据说这儿的蚬肉汤也是一绝。

营业时间：星期二～星期五 9:00～20:00、星期六～17:00，星期五、星期一休息。

午餐时间当地的公司职员蜂拥而至

●Fifth Street

在 Cadillac Cafe 前方的斜对面，是一家以海鲜为主的小餐厅，但给人的感觉是小巧玲珑，十分清洁。蔬菜沙拉和汤做得很好吃，还有手工制作的糕点等。这家餐厅是我住的 B&B 旅馆的夫人向我极力推荐的，我非常满意。是素食者聚集的漂亮的小餐厅。

素食者聚集的餐厅

●The Bar None Cafe

244 4th St. Courtenay

电话(604)334－3112

这是一家带院子的漂亮的素食餐厅。从便餐到正式大餐应有尽有，相当不错。

营业时间：8:00～20:00　全年营业

美味的食物和迷人的商店

●老房子 Old House

1760 Riverside Lane, Courtenay

电话(604)338－5406

这家有名的餐厅位于从 Island Highway 往东数第一条公路 17th St. Bridge 的旁边。这儿原来是致力于地区振兴的 Kirk Family 的住宅，建在一个四周绕着鲜花的庭院里。随后 Kirk 夫人把它改成了餐厅，一开张就立刻受到了好评。游客应该来这儿用餐，在壁炉和圆木营造出的温馨气氛中，享用海鲜、意大利面食和蔬菜。咖啡也有好多种。头菜 $20 起价。而且，可以去院中一角的迷人的商店 Dower Cottage(10:00～18:00)看看，作为饭后的消遣。这儿虽是个乡间小城，但店中有许多各式各样有意思的小商品。

HOTEL 旅馆

旅馆虽然只有一家，但 B&B 旅馆有好几处。在乡村小城住宿，建议大家住 B&B 旅馆。

位于 Village 广场的适合成人的法国料理店

● *The Coast Westerly Hotel*

1590 Cliffe Ave. Courtenay (V9N 2K4)

电话(604)338－7741

传真(604)338－5442

这是一家舒适的游览胜地旅馆，从市中心步行 15 分钟即到。Ⓢ$115、Ⓓ$120.75。电话预订本书读者为Ⓢ$92、ⒹⓉ$97.75。

旅馆内部还有餐厅

● *The Collingwood Inn*

1675 Cliffe Ave. Courtenay (V9N 2K6)

电话/传真(604)338－1464

这是一家带厨房的山庄式旅馆，最适合团体游客。Ⓢ$73.60、Ⓓ$85.10。

由1912年建的老房子改造而成的 B&B 旅馆

● *Old Orchard B& B*

257－1st St. Courtenay

电话(604)338－7606

位于科特尼城中方便的地方。这里的女主人卡梦尔是钢琴老师，男主人是渔船向导。是一家经营有方的民间旅馆。家庭气氛自然朴实而温暖，住着非常轻松愉快。尽管房子非常古老，但对游客的那种像家人一样的热情接待完全可以弥补这一不足。Ⓢ$38、ⒹⓉ$50。

● *Comox House B& B*

345 Church St. Comox

电话(604)339－2735

位于科摩克斯，Ⓢ$40、Ⓓ$45。

CAMPBELL RIVER

坎贝尔河 ● BRITISH COLUMBIA

这是一座沿海岸延伸的细长的城市，也是钓鲑鱼的圣地。据说不列颠·哥伦比亚省钓鱼运动钓到的鲑鱼中，约 80% 是在坎贝尔河附近钓获的。的确是一个连姜太公都会垂涎的地方。隔着发现通道，还能看见远处海上不时有好莱坞明星光顾的瓜特拉岛。如果去郊外的埃路克福克园和斯特拉斯科纳公园，还可以在原始森林中体验到真正的野外生活。

ACCESS 交通工具

公共汽车 乘 ICL 公共汽车从奈纳莫出发约 3 小时。6～9 月每天 7 班，其余时期每天 6 班。公共汽车总站从太依广场步行 5 分钟。

ICL Bus Campbell River 电话(604)287－7151

飞机 除温哥华、维多利亚、科摩克斯和西雅图之外，加拿大各地每天都有不少航班飞往坎贝尔河。从温哥华出发需 1 小时、维多利亚需 45 分钟。

坎贝尔河机场 Campbell River Airport

在市区中心以南15公里处。到市内有机场班车运行，非常方便，票价$9。乘出租车$20。没有开往机场的市内公共汽车。

INFORMATION 旅游问询处

在位于坎贝尔河的太依广场的旅游问询处，能够收集到范围广泛的信息。瓜特拉岛的问讯处在从渡船乘船码头登上一座山坡的地方。只有夏季开门。从1996年10月以后，坎贝尔河的市外电话局号改为(250)。

Campbell River Tourism:

P. O. Box 482 电话(604)286-1616 传真(604)286-8336

营业时间:5月24日~9月7日每天8:00~18:00、9月9日~10月7日周一到周六9:00~17:00，10月8日~4月周一到周五9:00~17:00、4~5月周一到周六9:00~17:00

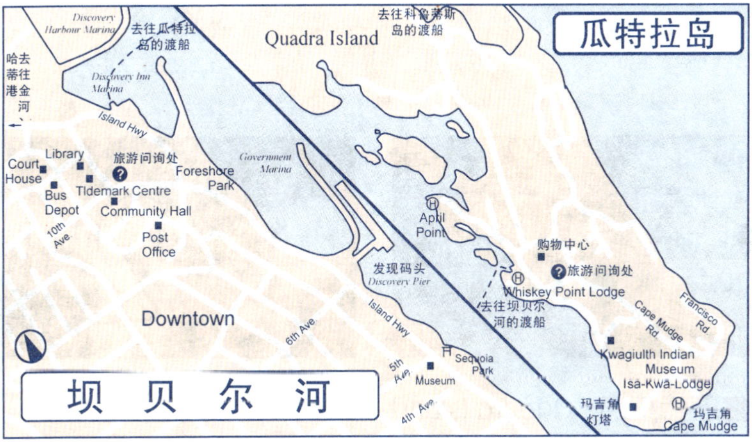

城市的中心是太依广场，同时也是停车场。餐厅、礼品店、旅馆、公共汽车站和旅游问询处等都集中在广场附近，但并没有中心街道之类的地方。山一直逼近到海边，高速公路边是惟一的一块平地，这里零星地排列着一些旅馆和汽车旅馆。山地上是住宅区。在竖立着北海道石狩市赠送的牌坊的Sequoia Park北侧，横贯着把城市分为南北两部分的1st Ave.。如果没有车的话交通很不方便，也很难去周围的景点。开往瓜特拉岛的渡船从紧挨着太依广场背后的地方发船。

在因造纸厂烟雾污染而浓雾弥漫的清晨，雾笛在整个城市中回响，似乎要勾起人的乡愁。这也是坎贝尔河的一大名胜。

SIGHTSEEING 主要景点

市中心

发现码头　Discovery Pier

突出在发现通道中的全长20米的栈桥是任何人都可以轻松地享受钓鱼乐趣的地方。一天的钓鱼费用为$1。通过 The Concession Outlet　电话(604)286－6199 可以租借到整套的钓鱼工具。不钓鱼的人也可以免费通过栈桥。不妨一边吃着康赛甸店有名的冰淇淋，一边观赏别人钓鱼。

坎贝尔河博物馆　Campbell River Museum

470 Island Hwy.　电话(604)287－3103

博物馆建在赛可亚公园的山边，往下可以俯视大海。馆中广泛地介绍了坎贝尔河周边地区的历史和文化等，展出土著居民印第安人 Kwakiuti 族、Nuu－chah－nulth 族、Coast Salish 等的工艺品和仪式用的面具、坎贝尔河开拓者们的生活器具等。

时间：星期一～星期六 10:00～16:00　票价：$2

瓜特拉岛莉贝卡岬公园

寿司餐厅　sushiby the sea

瓜特拉岛　Quadra Island

乘坐从太依广场后面出发的渡船约需15分钟。这是一个非常适合钓鱼和开车兜风的岛屿，连凯文·科斯纳和汤姆·克鲁斯都曾来过这里。在这座被森林覆盖着的岛屿上，到处都保留着土著民族的岩雕和村庄遗迹。岛的北部覆盖着很深的原始森林，景点则散布在南部的海边。其中特别应该去看看的是夸居斯印第安人博物馆，建在乔治·温哥华船长登陆处旁的马基海岬灯塔，及在其幽静的海湾边延伸着散步道的莉贝卡海岬 Rebecca Spit Provincial Park 等处。

岛内游览需要用车。徒步很难走完全岛。出租车要用电话联系。

Tony's Taxi　电话(604)285－3598

夸居斯印第安人博物馆 Kwagiurth Indian Museum

P. O. Box 8, Quathiaski Cove　电话(604)285－3733

开放时间:6月～9月　周二～周六 10:00～16:30、星期天 12:00～16:30

9月～5月　周二～周五 13:00～16:30、星期六 10:00～16:30　免费

RESTAURANT　餐厅

●Sushi by the sea

261 Island Highway

电话(604)286－1131

位于 Anchor Hotel 中海景最好的地方。向游客推荐的寿司有海胆、鱼子和红鲑鱼等风味。每份$14.25 起价。

营业:18:00～22:00　不休息

●Koto

80－10th Ave.

电话(604)286－1422

这是冲绳出生的真荣田先生一家人经营的餐厅。店内充满温馨的家庭气氛，像到了日本一样。除寿司外还有牛肉盖饭和大碗盖饭等。寿司一个$1.50起价。

营业:午餐时间和 17:30～22:00

星期天、星期一休息

HOTEL　旅馆

坎贝尔河

●Town Centre Inn

1500 Elm St.

电话(604)287－8866

传真(604)287－3944

店主是个大钓鱼迷。对便宜旅游购物地的消息也很灵通。在前台能得到钓鱼指南。房间也很舒适。所有房间都带洗澡间。Ⓢ$59、Ⓓ$69、Ⓣ$79＋税金。

●Coast Discovery Inn

975 Shoppers Row

电话(604)287－7155

传真(604)287－2213

位于太依广场前，位置方便。旅游淡季Ⓢ$95～105、ⒹⓉ$105～115，旺季Ⓢ$115～125、ⒹⓉ$130～140。周末便宜得多，为$73～85。

●Passage View Motel

517 Island Hwy.

电话(604)286－1156

传真(604)286－1139

花$8.55 即可要求到机场接送。离城徒步 15 分钟。旅游旺季Ⓢ$59、Ⓓ$64、Ⓣ$69，淡季Ⓢ$49、Ⓓ$54、Ⓣ$59。

●Painter' s Lodge

Box 460－1625 McDonald Rd.

电话(604)286－1102

传真(604)286－0158

这家旅馆在市内的钓鱼山庄中是设备最为完备的，除了能容纳 240 人的会议设施外，还拥有完备的健身俱乐部、游

泳池、网球场和儿童游戏场地。放置两张双人床的套间每晚$127 起价。另外还有把钓鱼费用计算在内的住宿方式。

●Pire House B& B

670 Island Highway

电话(604)287－2943

位于靠近码头的方便的地方。店内禁止吸烟。洗澡间公用的Ⓢ$50～65、Ⓓ$65～75、Ⓣ$80。旅游淡季各便宜$5。

一对和善的老夫妇经营的舒适的 B & B

●Lighthouse View B & B

663 South Alder St.

电话(604)923－2692

可免费派车到机场或公共汽车站迎接游客。客房只有两间，但楼下都是B&B 专用的地方，可以无所顾忌地居住。房内非常宽敞舒适。另外还有游艺室等，大厅里还备有茶水和甜饼之类的，服务无可挑剔。早餐非常可口，但室内不准吸烟。Ⓢ$40、ⒹⓉ$50。

瓜特拉岛

●Whisky Point Lodge

725 Quathiaski Cove

电话(604)285－2201

传真(604)285－2424

位于渡船乘船码头旁。有钓鱼指南服务。ⓈⒹ$73.60、Ⓣ$79.35。

那位凯文・科斯纳曾在此住过!

●April Point Lodge & Resort

900 April Point Rd. Quathiaski Cove

电话(604)285－2222

传真(604)285－2411

这是一个可全年享受钓鱼乐趣的钓鱼山庄。ⓈⒹⓉ旅游旺季为$189，淡季$94.50。并有带向导・全套伙食的整套钓鱼服务。花$20 可要求派车到机场迎接。

●Tsa－Kwa－Luten Lodge

Lighthouse Rd.

电话 (604) 285－2042/(1－800) 665－7745

传真(604)285－2532

这是一家由瓜特拉岛的印第安实业家经营的高级旅游胜地旅馆。所处位置景色绝佳，四周森林环绕，并可俯视大海。模仿豪宅的高天花板式大厅，创造出了宽大的空间。旅馆充满了印第安文化的气息，具有该岛特有情调。ⓈⒹⓉ$115～230。

有 BC 渡船“北方女王号”往来的城市

PORT HARDY ●哈代港

哈代港是位于温哥华岛北端的港口城市。它与北美大陆西北端的港口城市鲁珀斯王子港之间有渡船往来。这个城市是等候乘船的游客稍事休息的地方。在鲁珀斯王子港换乘 Inside Passage 轮船可到夏洛蒂皇后群岛，再乘 Alaska Marine 可到阿拉斯加。

ACCESS 交通工具

从维多利亚乘 ICL 公共汽车在奈纳莫换乘，需 10 个小时。一天往返一次的公共汽车与开往鲁珀斯王子港的渡船一起联运。而夏季每隔一天运行两班。自己开车去可快两个小时。乘飞机从温哥华出发 1 小时就可到达。

ACCESS 交通机构

没有市内公共汽车服务，城市很小，徒步只需 10 分钟。但 BC 渡船的乘船码头在海港的另外一侧，乘车要花 20 分钟。从市中心到渡船乘船码头有 North Island Transportation 电话 (604) 949-6300 的短途公共汽车运行，如果在旅馆预约的话，公共汽车会到旅馆来接。

●乘坐 BC 渡船“北方女王号”!

城中心虽有哈代港博物馆和能欣赏到印第安艺术的 The Copper Maker，但大多游客来此的目的都是想乘坐 M.V.Queen of the North“北方女王号”渡船。因为这是只在固定季节运行、班数也很少、非常受欢迎的渡船，所以有时候必须提前预定才能坐上。渡船从 5 月下旬到 9 月下旬每隔一天从各自的港口出发。从鲁珀斯王子港 7:30 分出发，当天 22:30 分到达哈代港。第二天早晨 7:30 从哈代港出发，当天 22:00 到达鲁珀斯王子港。票价成人$98，每辆车$202。

BC Ferry:

Victoria 电话 (604) 386-3431

Vancouver 电话 (604) 669-1211

INFORMATION●旅游问询处

7250 Maker st.

电话 (604) 949-7622

营业时间：夏季 9:00～20:00

PACIFIC RIM NATIONAL PARK

环太平洋国家公园 BRITISH COLUMBIA

环太平洋国家公园是加拿大最早的国立海洋公园，位于温哥华岛西海岸中央往南的地方，从多非诺到伦弗鲁港绵延 130 公里。这里拥有粗犷的大自然的雄姿，惊涛骇浪切割出来的海岸线，以其大自然的威严展示着环太平洋的巨大魅力。

ACCESS 交通工具

没有直接开往环太平洋国家公园的公共交通工具，必须在温哥华岛东海岸的奈纳莫和中部的阿尔巴尼港换乘公共汽车。每天有好几班车，早晨从维多利亚或温哥华出发，当天下午就能到达多非诺、尤克莱特。另外，也可以从维多利亚乘坐 E&N 轮船，在奈纳莫换乘公共汽车。不过，不管采用哪种方式，换乘的时间都很紧，稍一拖延就有可能不得不在途中住宿一晚，因此需要注意。票价从阿尔巴尼港到环太平洋国家公园单程约$10 左右。在从阿尔巴尼港到环太平洋国家公园的途中，弯弯曲曲的公路蜿蜒达约 100 公里，汽车穿梭般地经过一些美丽的湖泊和险峻的溪谷，游客可以欣赏到非常漂亮的景色。

(温哥华)维多利亚→纳奈莫→阿尔巴尼港→环太平洋国家公园

Vancouver 发	Victoria 发	到 Nanaimo	发	到 Port Alberni	发	到 Ucluelet	到 Tofino
					7:10*	8:30*	9:40*
–	8:05	10:20	11:00	12:30	12:40	14:40	15:30
8:00	–	10:50					
–	11:45	14:15	15:00	16:30			
12:00	–	16:50					
–	19:15	21:05	21:15	22:30			
18:00	–	20:50					

环太平洋国家公园→阿尔巴尼港→纳奈莫→维多利亚(温哥华)

Tofino 发	Ucluelet 发	到 Port Alberni	发	到 Nanaimo	发	Victoria 到	Vancouver 到
			8:45	10:15			
10:00*	11:00*	12:30*	13:00	14:20	15:10	–	17:30
16:10	16:45	18:30	18:50		14:30	17:15	–
				20:20	21:30	–	23:00
					20:30	23:15	–

维多利亚～奈纳莫、温哥华～奈纳莫的班数，表中只列出换乘比较方便的班数，另有一些尚未列出。带※号的公共汽车仅星期一～星期五运行。

温哥华～纳奈莫　Maverick Coach Line　电话(604)681－3526/662－8051

维多利亚～纳奈莫～阿尔巴尼港～环太平洋国家公园

Laidlaw (Island Coach Division)　电话(604)385－4411

INFORMATION 旅游问询处

阿尔巴尼港

Port Alberni Travel Info Centre/Alberni Valley Chamber of Commerce

RR#2, Site 214, C－10, Port Alberni, B. C. V9Y 7L6

电话(604)724－6535　传真(604)724－6560

位于高速公路和 Johnston St. 之间，如果从纳奈莫方向来的话，在阿尔巴尼港的城市入口处就是旅游问询处。这儿的位置对开车旅行的人来说非常方便，但从市中心步行需 30 分钟以上，又没有市内公共汽车经过，不太方便。在这儿除了能得到关于阿尔巴尼港的情况外，还能得到关于环太平洋国家公园和钓鱼方面的信息。

时间:9:00～17:00　(夏)8:00～20:00　全年营业

● 尤克莱特

Travel Infocentre(季节性营业)

Hwy. 4 Junction, Box 428, Ucluelet, B. C. V0P 1G0

电话:(604)726－4641　传真(604)726－4611

尤克莱特的加拿大公主休养地

● 多非诺

Travel Infocentre(季节性营业)

380 Campbell St. Box 476, Tofino, B. C. V0R 2Z0

电话(604)725－3414　传真(604)725－3296

● 长滩公园信息办公室　Long Beach Park Information Office

Highway 4 电话(604)726－4212(复活节～10 月中旬)

● 西海岸小路信息中心　West Coast Trail Information Centre

Panchena Bay　电话(604)728－3234(5 月中旬～9 月 30)

Port Renfrew　电话(604)647－5434(5 月中旬～9 月 30)

WALKING 游览路线

公园分为三个区域。海岸线绵延16公里的长滩、由100多个小岛组成的布罗肯群岛和长达707公里的所谓动物通道——西海岸小路。

科布海中温泉

几乎所有的人都会去长滩这个地方。长滩目前除野营场之外没有其他的住宿设施。所以，不愿意野营的人在去之前要在长滩两端的多非诺或尤克莱特找好旅馆。多非诺离长滩北端10公里、尤克莱特距南端8公里，两个地方都使人感觉像是一个小"渔村"。

这儿完全没有像市内公共汽车那样方便的交通工具，从阿尔巴尼港开来的公共汽车每天仅往返1~2趟。除此之外，还可以采用以下的方法前往该地：开车；住尤克莱特的加拿大公主旅馆，参加旅馆组织的去长滩的免费旅行；参加从温哥华或维多利亚出发的包车旅游。

SIGHTSEEING 主要景点

长滩　Long Beach

这是一条任太平洋的惊涛骇浪冲刷的16公里长的海岸线。在白色的沙滩上，常有大批像巨人的白骨一样的圆木被冲上来，给人一种异样的感觉。海岸线北端有座叫拉达山的瞭望台，晴天从这儿可以看到非常漂亮的风景。

退潮的时候，显露的沙滩会扩大到1公里以上，段状的砂岩也变得像人行道一样。而且，在遍地的岩石低洼处残留的海水中，海葵、扁贝、螃蟹、海星等动物呈现出鲜艳的色彩。

长滩还是观看鲸鱼的圣地。一到夏季，许多鲸鱼就会来到长滩附近的海面上，迎着波涛翻滚着巨大的躯体。运气好的话还能看见海豹、海马。

在海岸线野营场入口的布告牌上，贴着各种各样的信息，有免费的散步旅行、海滨生物生态观察旅行等。在夜晚漆黑的天空中，可以清楚地看见满天的流星和人造卫星。

海滩的相反一侧是奇妙的原始森林(热带雨林)，并有完善的散步道。就森林看，毫无疑问这儿比落基山还要好。

开车前往长滩

从奈纳莫开车去长滩，距离虽只有150公里左右，但由于弯道不断，很多地方时速限制在50公里以下，因此容易堵车，要花3个小时左右。

在纳奈莫租车的游客，最好在从温哥华来的渡船上领一张$100FF的联票，即可到乘船码头免费接送游客。顺便提一下，在阿尔巴尼港入口处的加拿大汽油公司加油最便宜，每升为47¢(平均51¢)。

布罗肯群岛　Broken Group Islands

这儿相当于巴克莱海峡的入口处，在尤克莱特东侧多岛的海面上，密密麻麻地聚集着近100个小岛，并且都是无人居住的荒岛。

尽管海面上到处都显露着凹凸不平的岩石，但据说在平静的海湾中可以很轻松地驾驶独木舟和皮艇。另外，这里的岛上都没有淡水，注意一定要准备好充足的饮用水。

M.V. 罗斯小姐号

前往这些小岛，需要乘坐从阿尔巴尼港开往尤克莱特的 M.V. 罗斯小姐号轮船，每天一班，8：00从阿尔巴尼港出发，11：00到达布罗肯群岛。轮船开往尤克莱特之后再返回需4个小时，可以利用这4个小时在这儿的海域享受海上运动。详细情况可以在阿尔巴尼港的码头咨询。另外还可以在那儿租借皮艇或独木舟。

多菲诺的皮艇船员

西海岸小路　West Coast Trail

这条小路是全世界自助旅行的游客都非常注目的地方。

全长77公里，在邦菲尔德和伦弗鲁港之间纵向延伸。虽然叫作路，但几乎都是从山中或海边穿过的动物通道之类的地方，有的地方还有狼和美洲狮出没，所以并不是一个能够轻轻松松去的地方。要挑战这条小路，必须有可靠的野营用品，充足的食物和熟悉这条路的人的陪同。小路仅在4月中旬～10月中旬开放，去这条小路野游还必须有公园使用许可证。当天往返的许可证免费，住宿一晚以上须交费($65)，并需预约(电话(604)387－1642)。

正因为人无法接近，小路两旁，到处都是优美的野外自然风景。在集中了乌洛乌斯湖、杜巴湖和吐夏特湖等好几个湖泊的地带，风景虽然非常优美，但同时也是狼群的藏身之地。另外，发源于吐夏特湖、流入太平洋的吐夏特河在太平洋岸边形成了一处18米高处的瀑布“入海瀑布”。

从吐夏特瀑布沿海岸南下6公里处是尼提纳特湖。过去这个区域居住着尼提纳特印第安人。在尼提纳特湖的入海处，溯河而上的鲑鱼在此聚集，为印第安人提供了宝贵的食物来源。尼提纳特湖是个长24公里、宽2公里的大盐湖，但湖水通向大海的出口处却只有24米宽。在这个狭窄的出入口处，湖水涨落而形成的深浊急流翻滚着。很多人试图从这儿游过未成而淹死在水中。一般走完整个小路需要5～6天，也可以不慌不忙地用8天左右去游览。这条小路过去是援救西海岸遇难的水手们的一条"救命之路"，是个完全没有住宿设施的荒无人烟的地区。在这个荒无人烟的地方，一旦发生事故，必须等到一定的时间之后才会有人来救援。另外，不管从哪个方向进入小路，都应安排好到达另一边之后返回的交通工具。

HOTEL 旅馆

阿尔巴尼港

由于阿尔巴尼港是一个钓鱼旅行的城市，而且是前往环太平洋国家公园的中转站，因此这儿的住宿设施只有汽车旅馆。汽车旅馆街离栈桥和公共汽车总站所在的市中心虽然较远，但因为购物区的快餐店、酒店等都在这条街上，所以住宿在这里反而更方便。乘车去的话，在旅游问讯处向左转进入 Redford St. 就是靠近港口码头的便宜旅馆。

可小住一夜的汽车旅馆

● *Bluebird Motel*

3755 3rd Ave. Port Alberni(V9Y 4E9)

电话(604)723-1153

一说到汽车旅馆，多数都是带有家庭氛围的地方，但这儿却总让人感觉是个长途卡车司机小睡的场所。位于公共汽车总站、港口码头和汽车旅馆街的正中间，是一个既方便也不方便的地方。如果第二天要乘坐 M. V. 罗斯小姐号轮船的话，这儿也许是正面最近的旅馆。带洗澡间/卫生间的房间Ⓢ$46~56、Ⓓ$53~63、Ⓣ$59~69。

紧靠公共汽车总站后面的旅馆

● *Arlington Hotel*

电话(604)723-5661

紧挨着公共汽车总站的后面，从外面可以看见它的招牌。离市中心虽稍有些远，但阿尔巴尼港的市中心并不是一个值得特意去一趟的地方。旅馆内带有餐厅、酒馆，等候换乘公共汽车时在此住一晚还是很合适的。ⓈⒹ$29.70。

汽车旅馆街入口处的旅馆

● *Tyee Village Motel*

4151 Redford St. Port Alberni(V9Y 3R6)

电话 (604) 723-8133/(1-800) 663-6676

位于汽车旅馆街的入口处。带有餐厅。Ⓢ$50~70、Ⓓ$54~76、Ⓣ$60~80。

当地人也会向游客推荐的豪华汽车旅馆

● *Coast Hospitality Inn*

3835 Redford St. Port Alberni(V9Y 3S2)

电话(604)723-8111

传真(604)723-0088

汽车旅馆街的汽车旅馆的价格和设施都大体相同，但这家是其中最豪华的旅馆之一。大厅非常宽敞，令人愉快。附近有酒馆，可以喝到冰镇啤酒。Ⓢ$124.20、Ⓓ$131.10、Ⓣ$138(两人)。

价格偏低的汽车旅馆

● *Harbour Way Motel*

3805 Redford St. Port Alberni(V9Y

3S2)

这家旅馆的价格在汽车旅馆中便宜一些。附近有 Safeway 和马库德纳尔特等商店，购物和餐饮都很方便。Ⓢ$37～49、Ⓓ$39～56、Ⓣ$45～60。

靠近港口的简陋旅馆

●Kingsway Hotel

3203 1st Ave. Port Alberni(V9Y 3B3)

电话(604)724－9021/723－5811

阿尔巴尼港的旧市中心正慢慢向贫民区转变，越来越没活力。这家旅馆位于港口码头的入口处，其一层的酒吧里，总是聚集着赌徒、庞克青年或摇滚乐歌手一样的人。客厅的建造也非常敷衍了事，虽非不干净，但总让人觉得难受。总的看，这儿似乎不是为游客，而是为因某种需要而长期滞留的人准备的住宿设施。因此不要说女游客，就是对男游客也不能推荐这样的旅馆。不过，店主人(管理人，男性)不知为何倒是个令人愉快的人。只有单人房间，$30。

●Somass Motel

5279 River Rd. Port Alberni(V9Y 6Z3)

电话(604)724－3236

传真(604)724－6305

距公共汽车总站约半英里。房价为$59、ⒹⓉ$64＋税金，带厨房的房间加$10。旅游淡季$40～50、ⒹⓉ$45～55＋税金，带厨房的房加$5。并有6处野营场地。

阿尔巴尼港的野营场

●Dry Creek Park Campground

4th Ave. & Napier St. (mail: Parks & Recreation Dept. Port Alberni, B. C. V9Y 3Y6)

电话(604)723－2181

传真(604)723－5633

帐篷野营场$6.50/日/人，野营场$14/日，带完善的电气设备的野营场$17/日、淋浴、水、电完善的野营场$20/日。从公共汽车总站乘出租车$6。

尤克莱特

多非诺给人一种强烈的海边寒村的感觉，与此相反，尤克莱特则充满着愉快的观光气氛。公共汽车站附近排列着一家家的旅馆，而且村子很少，找旅馆没有困难。另外，尤克莱特附近还散布着沙滩，野营场所也很丰富。

浮在海湾上的轮船旅馆

●Canadian Princess Resort

P. O. Box 939, Ucluelet

电话(604)726－7771

传真(604)726－7121

这艘浮在尤克莱特海湾中的古老的蒸汽轮船，过去曾在太平洋上航行过，现在则作为旅馆在使用。该旅馆组织前往长滩的免费公共汽车旅馆。不仅船上有客房，在紧挨着轮船附近建的黑色小屋中也有。船上为Ⓓ$55～66、小屋为Ⓓ$95～129，多增加一人加$10。鲸鱼观光船旅行$39起价，钓鲑鱼旅行$49起价。

● *Island West Fishing Resort*

160 Hemlock St. Ucluelet(V0R 3A0)

电话(604)726－4624/726－7515

传真(604)726－4414

所有房间都带小厨房，ⒹⓉ 3、4 月 $59，5 月$74，6～9 月$84～89＋税金。旅游淡季房价要向旅馆询问。

＊ ＊ ＊

这地方不错，又宽敞又干净。步行 3 分钟左右的地方就有酒吧，外出吃饭很方便，也可以自己做饭。因为远离大街，晚上非常安静。鲸鱼观光旅行的申请处虽然离这儿较远，但观光船从这家旅馆的跟前出发。

离公共汽车站最近的汽车旅馆

● *Pacific Rim Motel*

1755 Peninsula Rd. Ucluelet (V0R 3A0)

电话/传真(604)726－7728

位于环太平洋高速公路旁，离公共汽车站很近。开车去的话，在公主旅游胜地前面一点，是一家整洁的普通汽车旅馆。旅游旺季Ⓢ$65、Ⓓ$65～80、Ⓣ$75～85。淡季Ⓢ$50、ⒹⓉ$55。

● *Ucluelet Lodge Hotel*

P. O. Box 10, 250 Main St. Ucluelet (V0R 3A0)

电话(604)726－4324

Ⓢ$25～30、Ⓓ$25～30。

● *Little Beach Resort*

P. O. Box 730, 1187 Peninsula Rd. Ucluelet(V0R 3A0)

电话(604)726－4202

传真(604)726－7700

这是一家面对大海的带小厨房的小屋旅馆。馆内基本上能使用日语。Ⓢ$57.50、ⒹⓉ$86.25，旅游淡季Ⓢ$34、ⒹⓉ$46。

尤克莱特的野营场地

● *Ucluelet Campground*

260 Seaplane Base Rd.

电话(604)726－4355

这是一处能环视尤克莱特港的宽广的野营场地。有完善的冲水卫生间、淋浴、供电、下水道、供水设施。另外，还可以为游客安排鲸鱼观光旅行、钓鱼旅行和租船等。每人$12～25。该旅馆是 Island West Fishing Resort 的一个组成部分，离它也只有半英里的路程。

多非诺

在环太平洋国家公园中有很多住宿设施，但几乎都是面向开车来的长期逗留者的海滩游览胜地旅馆和汽车旅馆。在多非诺，进入街道之南有几家汽车旅馆，但走到那儿很费劲。另外，在从公共汽车站能够步行前往的范围内也有几家汽车旅馆和 B&B 旅馆。汽车旅馆和观光胜地旅馆的房价随季节变化。在旅游淡季，B&B 旅馆和汽车旅馆的价格差不大。但在多非诺的人口聚居区附近没有野营场所。

紧靠公共汽车站的旅馆

● *Maquinna Lodge*

120 1st St. Tofino(V0R 2Z0)

电话（604）725－3261/（1－800）665－3199

传真(604)725－3433

位于兼作公共汽车站的CO－OP(超级市场)的正后方，非常方便，内部有餐厅和酒吧。旅馆简朴而清洁，在旅馆功能方面无可挑剔，但稍感缺少旅游胜地的气氛。房间的结构是标准的汽车旅馆式的。房间数量很多，有空房的可能性很大。这是一所适合短期逗留的旅馆。Ⓢ$5～80，ⒹⓉ$60～90。

位于主要大街上的汽车旅馆

● Schooner Motel

311 Compbell St. Tofino(V0R 2Z0)

电话(604)725－3478

传真(604)725－3499

这是一家位于公共汽车站跟前的汽车旅馆，位置非常方便。房价依季节和房间不同而各不相同，但其本上在旅游旺季ⓈⒹ$69～95、Ⓣ$69～103，淡季ⓈⒹⓉ$50～69。另加$10可住带厨房的房间。没有双人间。

面对大海，可眺望远景的旅馆

● Duffin Cove Resort

938 Campbell St. Tofino, B. C.（V0R 2Z0）

电话(604)725－3448

传真(604)725－2380

位于公共汽车站前面一点，Campbell St. 与大海接近的地方。在私人海岸上，点缀着小别墅式的房间，非常令人愉快。可以呆在房间中眺望大海，或者去海岸上散散步。价格相应较贵，Ⓓ$100～120，带厨房的Ⓣ$140。

旅馆的简洁与位于最偏僻处的海岬气氛相协调

● Paddler's Inn

320 Main St. Tofino, B. C.（V0R 2Z0）

电话(604)725－4222

传真(604)725－2070

这是经营皮艇旅游的Tofino Sea Kayaking Company利用公司大楼二层开办的B&B旅馆，位于从First St. 进入Main St. 之后不远处的左边，面向大海。这栋表面涂漆的建筑物，看起来像是海边的乡村小屋，简朴而漂亮。卫生间、洗澡间公用，但给人感觉不是民间旅馆，而是一个山庄式的旅馆，可以轻松愉快地入住。要注意，六点左右旅行社的柜台开门之后，剩下的只是住客。洗澡间公用的Ⓓ$58、带洗澡间的套间$80。

公共汽车站附近的家庭式B＆ B旅馆

● Edgar's Traveller Choice

260 Campbell St. Tofino, B. C.（V0R 2Z0）

电话(604)725－3923

这是一家外观可爱的民间旅馆，位于公共汽车站往前一点。老店主是从挪

Edgar's Traveller Choice

威来的移民，据说是最早在多非诺定居的白人之一。成人两人住宿，旅游高峰期为$65，淡季$45，据说超过两人每人加$10，但依时间和情况不同而略有差异。

* * *

店主非常热情，告诉我哪里的海滩风景好，并开车把我送去。房间很清洁，装饰得非常可爱，并带有冰箱。房主用烤面包机烤的面包加上水果、鸡蛋加果汁，外带自制果酱、红茶或咖啡，每人$55。

●*Backpackers Hostel*

241 Campbell St. Tofino

电话(604)725－2288

位于离公共汽车站200米，从Edgar's Traveller Choice穿过公路的地方。宿舍式房间$10。

面对大海的安静而豪华的旅馆

●*Silver Cloud*

670 Campbell st. Tofino, B. C. (V0R 2Z0)

电话(604)725－3998

带洗澡间、院子的客房为$140～160(包括午餐)，带厨房、洗澡间的公寓式房间$95起价。早餐在舒适的日光室中享用。据说店主是个审判员，如果向他提出，他可以为游客充当结婚仪式的证婚人。

鲸鱼观光的旅馆

●*Whaler's Retreat* **本书读者优惠10%**

Nora and Jamie Bray

450 Neill St. Tofino, B. C. (V0R 2Z0)

电话(604)725－3919

传真(604)725－2138

这是一家从公共汽车站可以步行前往，离购物商店和餐厅也很近的B&B旅馆。所有房间都带阳台。带洗澡间的房间为Ⓓ$70＋税金，洗澡间公用的为ⒹⓉ$60＋税金。这儿最吸引人的地方似乎是安排鲸鱼观光旅行和温泉旅行。详细请按上面的电话号码与Jamie's Whaling Station联系。营业时间3月1日～10月末。

长滩附近

长滩虽然只有野营场所，但在靠近多非诺或尤克莱特的海岸上散布着海滩旅游胜地旅馆。所有旅馆都是以私人海滩为中心，把汽车野营用的空间和简单的住宿设施组合在一起而形成的长住型旅游胜地旅馆。附近虽然除了海和森林之外一无所有，但周围大自然的那种深远和广大是在一般的海岸线上所无法想像的。总的来说，没有车的话不容易去。另外，想在此处悠闲地享受野营生活，需自带帐篷、睡袋、食品等。另外还有汽车旅馆式的住宿设施。

最靠近多非诺的海滩

●*Mackenzie Beach Resort*

P. O. Box 12, Tofino, B. C. (V0R 2Z0)

电话/传真(604)725－3439

这一家海滩旅游胜地离多非诺两

公里左右，周围的森林非常漂亮，可以让人体会没被人类影响过的大自然。Ⓓ$59～79、Ⓣ$79～119。在面向大海的松林中还散布着汽车旅馆和野营场所。没有汽车的话很难利用这些住宿设施。带厨房、洗澡间的小别墅的房间在旅游旺季(6月15～9月30)住3晚以上Ⓢ$139、Ⓣ$150～160，其它住两晚以上Ⓢ$89～99、Ⓣ$99～119。10月～3月有优惠。VM

● *Tin Wis Resort*

1119 Pacific Rim Highway

电话(604)725－4445

传真(604)725－4447

这是一家豪华的小别墅式旅馆，阳台跟前就是大海。旅游旺季ⓈⒹ$120、Ⓣ$130、4人$140，淡季ⓈⒹ$95、Ⓣ$105、4人$115。

TOUR 旅游团介绍

● 阿尔巴尼港出发

Pacific Rim Wilderness Adventures

3835 Redford St. Port Alberni, B. C. V9Y 3S2

电话(604)723－8111/(1－800)663－6677

· Scenic Circle Tour

这是从阿尔巴尼港出发前往环太平洋国家公园的当天往返的旅行。A 线从港口码头乘坐 M. V. 罗斯小姐号轮船前往布罗肯群岛、尤克莱特。午饭后，乘公共汽车前往长滩游览，在高速公路上一边沿途停车观看风景一边开回阿尔巴尼港。B 线与此相反，乘公共汽车去，乘船返回。有开车去旅馆接游客的服务。(6～9 月的周一、三、五)。

● 尤克莱特出发

Canadian Princess Resort

P. O. Box 939, Ucluelet, B. C. V0R 3A0　电话(604)726－7771

这是用一艘豪华客轮直接原封不动用作接待的旅馆。只有住宿的客人可以参加去长滩的免费公共汽车旅行。旅行方式为黄昏 5 点从旅馆出发，游览优美的海岸线、拉达山、康巴斯海滩，在 Wickaninnish Centre 休息 25 分钟后返回旅馆。所需时间约两小时。

● 多非诺出发

鲸鱼观光旅行

在春天的鲸鱼迁徒期(3 月左右)有可能看到数千头蓝鲸的鲸群南下。其它时间，则只能看见定居在这附近的几头蓝鲸。

Jamie's Whaling Station　电话(604)725－3919

● Lady Serkirk

乘坐喷气船的旅行。3～10月每日两次，每次2～3小时。

● Devilfish & Ocean Thunder Zodiac

乘坐高速橡皮艇进行的约两小时的痛快游览。不适于高龄者和孕妇。3月～10月每天9:30、12:00、15:00出发。

● Hot Spring Adventure

这是把鲸鱼观光和在温泉海湾进行的岩石浴组合在一起的6小时旅行。3月～10月每天1次11:00出发。

Sea Trek Tours & Expeditions LTD.

441 B Campbell St. Tofino　电话(604)725－4412

● Whale Watching

在Clayoquot海湾进行的2～2.5小时的游船观光旅行。成人$46、儿童$30。

● Hot Spring/Whale Cruise

温泉海湾的岩浴和鲸鱼观光组合的游船观光旅行。6.5～7小时。成人$60、儿童$40。

海上皮艇运动

Tofino Sea－Kayaking Company

320 Main St. Tofino　电话(604)725－4222

这是以初学者或有经验的游客为对象的2.5～6小时的带授课的旅行，费用为$38～75。两天一晚的旅行(6～9月，星期二、四、六)含住宿、伙食费用共$260。

OKANAGAN VALLEY

奥卡那甘谷 ● BRITISH COLUMBIA

位于温哥华和洛基山脉之间的奥卡那甘地区全年少雨，气候温暖而干燥，因此是一个很受游客青睐的湖滨旅游胜地。南北长 50 多公里的细长的奥卡那甘湖因有关怪兽奥格波格的传说而广为人知。湖畔从南到北有三个城市：彭提格顿、克卢那和瓦农，都已成为旅游观光的根据地。

PENTICTON

彭提格顿 ● BRITISH COLUMBIA

这是一座位于奥卡那甘湖和苏卡哈湖之间的小城。一到黄昏，总有敞篷车载着一些光着上身、戴着太阳镜的年轻人在湖边公路上行驶。这里还是有名的桃子和草莓等水果的出产地，湖周围的果园令人不禁想起加利福尼亚和地中海地区。

ACCESS 交通工具

在临近城市的机场，有来自温哥华等地的飞机，但航班很少。从温哥华出发开车需 4 小时，而乘灰猎犬公共汽车则需 6 个半小时（途中在 Hope 和 Princeton 休息/吃饭），单程$42.59。

↓			↑	
8：00	16：30	Vancouver	14：15	20：05
10：10	20：20	Hope	12：05	17：50
12：30	22：20	Princeton	10：20	15：45
14：25	23：50	Penticton	8：30	13：45

WALKING 游览路线

主要街道是 Main St.（意思就是"主要街道"）及其西边的第一条街 Martin St. 餐厅、商店和夜总会等几乎都在这附近，离公共汽车站也很近。面对奥卡那甘湖的 Lakeshore Dr. 靠湖的一侧是沙滩，而靠城的一侧则是汽车旅馆和套间旅馆、小餐厅、餐厅等。最具旅游胜地气氛的地方主要集中在奥卡那甘河边汽船西加玛斯号停泊处的附近，虽然也有公共汽车，但班数很少。从公共汽车总站到奥卡那甘湖，奥卡那甘河一带完全可以走路去游览，而再远一些的地方租自行车（Riverside Park 和 Rotary Park

等处出租)去更为方便。

INFORMATION 旅游问询处

Penticton Chamber of Commerce Information

185 Lakeshore Dr.

在 Martin St. 与湖相接处附近的 Rotary Park 中，可以通过"Coast Lakeside Resort"这块招牌来辨认。

ACTIVITY 旅游活动

湖滨

奥卡那甘湖和苏卡哈湖的沿岸几乎都是公园和湖滨。湖中没有波浪，水温也很高,但没有什么成年人下湖游泳。这里还可以租到游泳圈和水上滑艇。

水上运动

在 Coast Lakeside Resort 和旅游问询处之间的 The California Connection(电话(604)490－7844)可以租借到喷气滑水板($35/小时)、水上滑艇($10/小时)和游艇等。隔着旅馆,在相反一侧的湖滨上有 Okanagan & Skaha Para－sail(电话(604)492－2242),不管有无经验,每次花$40 就可以享受帆伞上的空中散步。此外,这里还出租喷气滑水板($10/小时),也可以花$100/小时租船游玩。

漂流运河

有人也许会认为这是加拿大最愚蠢的活动，但这却是彭提格顿有名的特色活动,内容为坐在游泳圈上沿连接两个湖的 4.3 英里的运河顺流漂下。运河的水像湘南海岸一样干净(经笔者调查),下去游泳没问题。并且河中有很多鲤鱼、鳟鱼和鲇鱼等,清晰可见。另外,河岸的堤坝上也有很多野鸟,有时还会有野鸭带着小鸭游近游泳圈,这些都令人非常愉快。所需时间为 1.5～2.5小时,途中有三个上岸休息地点。

几个人一起带上水枪、绳子(用来联结游泳圈)和啤酒等乘船游玩也很有意思,但一个人就太冷清了。游泳圈可以在出发地

点 Riverside Park 里的 Coyote Cruises Ltd. 公司租借(电话(604)493－2115)。另外，还可以花$8 享受从苏卡哈湖来的专用公共汽车的接人服务，并寄存行李。河的深度虽然几乎都只有一人高，但不放心的话也可以租救生衣。

出租自行车

Coast Lakeside Resort 前面的公路上出租带顶篷的四轮自行车。在运河沿岸的 Riverside Dr. 也有 Sicamous Bike Rental，并可以租到带动力的自行车，但价格相当贵。在青年旅馆也有自行车出租，每人$13.50。

参观葡萄酒厂

彭提格顿周围是加拿大葡萄酒的产地，有二十几家私人经营的小葡萄酒厂。酿酒是由德国移民开始的，历史虽不很长，但采用手工加工，非常讲究质量，因而获得了成功，在加拿大国内的评价直线上升。在春天到夏天酿酒工作不太繁忙的时候，有的酿酒厂也会在农场内开设可以品酒和买酒的商店，每瓶$10 左右。如果有兴趣的话，人们还会让游客观看酿酒的大桶。一边看着葡萄的绿叶随风摇动，一边在院子里喝着葡萄酒，真是别有一番风味。

在旅游问讯处等地方可以拿到简单的小册子和地图，有车直接开车去，不需要特别预约时间。到离彭提格顿很近的那拉马他有 20 公里左右。尽管路途起伏很大，但即使作为自行车道，也是一条非常令人愉快的路线。

HOTEL 饭店

城中心有 Three Gables Hotel 和 Penticton Inn 两家旅馆。其他都是汽车旅馆和套间旅馆，集中在 Lakeshore Dr. 和 Riverside Dr. 路边。开车的游客可以去这些地方，但乘公共汽车的自助旅行者最好去离公共汽车总站很近的青年旅馆，这样安排比较理想。由于是旅游点，房价较贵。

紧挨着旅游问询处的旅馆

● *Penticton Slumberlodge*

274 Lakeshore Dr.

电话(604)492－4008

传真(604)492－7528

这是一家离湖滨和 Main St. 都很近的非常方便的汽车旅馆。旅馆内有温水游泳池，带相当丰盛的早餐。房间非常清洁，电视机效果也很好。情调虽然比

湖滨西侧聚集的汽车旅馆逊色，但在乘公共汽车旅游的情况下，这个位置是不应该放弃的。旅游旺季Ⓢ$75、Ⓓ$80、Ⓣ$85，淡季$15。

位置绝妙的漂亮的青年旅馆

●*Penticton Hostel*

本书读者优惠$1（要会员证）

464 Ellis St.

电话(604)492－3992

传真(604)492－8755

位于城中心的方便的位置，设施也很漂亮。从公共汽车总站走到Ellis St.一侧后再过一个街区即到。离湖边很近，可以轻松地步行前往（但不能穿着游泳衣去）。会员Ⓢ$14.50，ⒹⓉ$29。

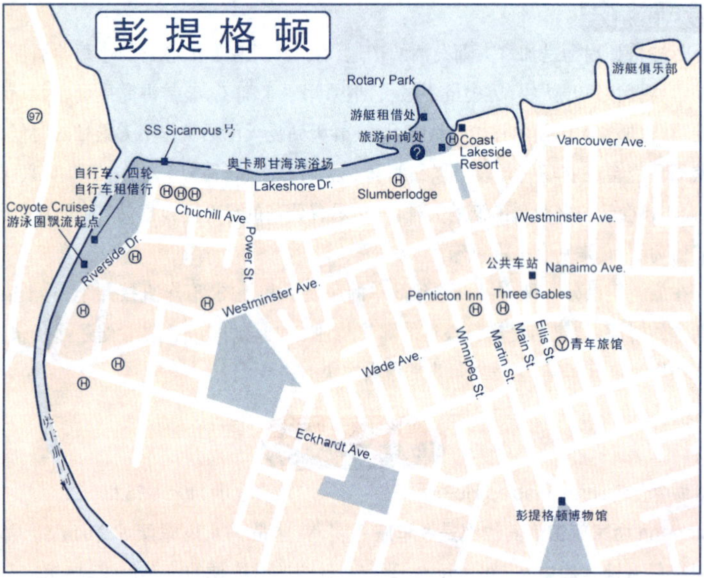

KELOWNA

克卢那●BRITISH COLUMBIA

在萨利谢·印第安语中，克卢那的意思是“铁棒筛”。它是奥卡那甘地区最大的城市，位置恰好在奥卡那甘湖的正中附近。奥卡那甘湖的湖面在这一带变得相当狭窄，因此，从湖滨隔着湖水能清楚地看见对岸平缓的丘陵。这是个相当大的城市，没有车的话很难看到其全貌。

ACCESS 交通工具

公共汽车 加拿大灰猎犬公共汽车是一种长途公共汽车，从温哥华出发，每天4班左右，行程约5个小时。另外，彭提格那与克卢那之间，每天也有很多班公共汽车来回($7.12)。公共汽车总站在市区东部的边缘，去市中心要在总站跟前的公共汽车站乘10路公共汽车，然后在终点站购物中心换乘11路公共汽车等($1)。

8:00	10:30	12:30	1:00	↓ Vancouver ↑	13:15	23:20	5:30
13:35	15:40	17:50	6:45	↓ Kelowna ↑	8:00	18:00	23:45

飞　机 温哥华和卡尔加里每天有数班飞机飞往克卢那机场。从机场到市内的旅馆之间有数人乘的出租车进行客人接送服务($7.50)。所需时间为30分钟左右。Airporter　电话(604)763－8687

WALKING 游览路线

克卢那是奥卡那甘地区的中心，是个相当大的城市。住宿设施和景点散布广泛，没有车的话游览起来很吃力。面对奥卡那甘湖的城市公园是观光的起点。在面向公园的路上，有漂亮的游览胜地、汽车旅馆和餐厅。从这儿隔两、三个街区就是市中心，商店鳞次栉比，非常繁华热闹。

INFORMATION 旅游问询处

Kelowna Chamber of Commerce

544 Harvey Ave. Kelowna, B. C. V1Y 6C9

电话(604)861－1515/(1－800)663－4345

面对着97号高速公路。从城市公园步行约15分钟。

SIGHTSEEING 主要景点

城市公园和芬蒂女王号轮船　City Park, Fintry Queen

城市公园位于架设在奥卡那甘湖上的一座难得的浮桥边，是一个非常美丽的地方，闪闪发光的金黄色湖面上辉映着对岸丘陵的倒影。一直到加拿大夏天迟来的黄

昏时分，这儿散步的人还络绎不绝，湖的北面水边上停泊着一艘叫作 Fintry Queen 号的观光游览船。游船旅游每天两次($9)，另外还有黄昏游。晚上，这艘游船被用作水上餐厅，游客可以在此享受晚餐、跳舞($18)。一些嬉皮士一样的年轻人在船上一直吵到很晚，因此日落后外出最好注意一些。

克卢那博物馆　Kelowno Museum

470 Queensway Ave.　电话(604)763－2417

博物馆位于市区的中心，虽然不大，但展品非常齐全，展示了印第安人、毛皮动物猎人和参加了铁路建设的中国移民等的生活情况。博物馆隔壁有一座叫作 Kasugai Garden Park 的日本庭园(克卢那和爱知县的春日井市是友好城市)。

开放时间：(夏)周一到周六 10:00～17:00　(冬)周二到周六 10:00～17:00 免费参观。

果树种植业博物馆　Orchard Industry Museum

1204 Ellis St.　电话(604)763－0433

奥卡那甘地区利用当地温暖的气候，从19世纪90年代开始大规模开展果树种植业，在国内获得成功的同时，还成功地向美国北部各州进行出口。这家博物馆就是以果树种植业为主题的。

开放时间：(夏)周一～周六　10:00～17:00　(冬)周二～周六　10:00～17:00 免费参观。

如果还想了解更多关于果树种植业的情况，可以去拜访在克卢那设有工厂的果汁名牌公司 Sun－Rype，该公司接待游客参观。电话(604)860－7973

想亲临果园的游客可以参加 Okanagan Orchard Tours(电话(604)762－8092)。这个旅游项目的内容就是访问附近的果园，参观果树种植操作过程($6.50)。

ACTIVITY　旅游活动

Kelowna Marina Rent a Boat　电话(604)861－8001

这是一家租船店，位于城市公园的尽头，机动船每小时$29.50起价，也可以按半天或一天的时间计算租金(外加燃料费和保险费)。租船时须交押金$300(或出示信用卡)。不需要驾驶执照。同时还出租水上滑雪的全套用具。5月～9月开放。

HOTEL
饭店

在克卡那有很多住宿设施，但夏季游客很多，因此最好提前预定好旅馆或者早一些办理住宿手续。虽然在面向City Park的地方也有几家旅馆，但几乎都位于距离很远的97号高速公路(Harvey Ave.)旁。从位置上来说City Park附近的旅馆当然是最理想的了，但除Willow Inn之外都相当贵，而且这一带还有一些品行不端的青年聚集，没有男性同行的女游客难以放心居住。

位置和设施都超出了价格应有的水平

●Willow Inn

235 Queensway Kelowna (V1Y 6S4)

电话(604)762－2122

传真(604)762－2077

这家旅馆位于City Park的北部尽头，在博物馆的方向，价格便宜，但设施非常清洁。有的房间还能从窗口看见湖面，是一家理想的旅馆。有人说一层的酒吧是当地流氓的聚集场所，但至少我住的时候没有感觉到危险的气氛(不过，当时也有脱衣舞表演)。房间带早餐为Ⓢ$48(含税金)。

离市中心稍远的青年旅馆

●Kelowna Backpackers Hostel

2343 Pandosy St.

电话(604)763－6024

从市中心乘1路公共汽车($1)沿Pandosy St.向南，过综合医院后在第二个街区下车即到。虽然打扫得不能说很细致，但气氛活跃，有家庭味道。附近没有餐厅和食品商店，所以要事先买好。但紧靠着附近的地方有湖滨。宿舍式房间$10。

HIGH COUNTRY

海康托利 ● BRITISH COLUMBIA

海康托利在于奥卡那甘溪谷和加利伯地区之间，处于不列颠·哥伦比亚省内陆部分的心脏地区，北面以落基山脉和女伯塔省相邻。由于这个地方从古代开始就一直是冒险开拓者的贸易路线，后又成为金矿开采路线，因而具有发达的交通网。但是，其周围延伸的却仍然是未知的荒野世界。这儿有屹立的群山、幽深的溪谷、广阔的丘陵、干燥的高地，以及贯穿其间的弗雷泽河、汤普森河和到处散布的湖泊。它的北部则有因充满原始气息的瀑布而闻名的广阔的韦尔斯格雷省立公园。即使在不列颠·哥伦比亚也找不到像这个地区地形如此富于变化的景观。这里的旅游活动非常丰富，有木筏、钓鱼和篷船。这个地区的大门是其中心城市坎卢普斯。

ACCESS 交通工具

海康托利的中心城市坎卢普斯处于连接温哥华与加拿大落基地区的交通要道上，有多条飞机、灰猎犬公共汽车和铁路路线与其他城市相连(参看坎卢普斯部分)。陆地一般利用从温哥华经过霍普、梅丽特的五号高速公路，也可以走经过惠斯勒、加休河的另一条路线比伯大道。

比伯大道 ● BRITISH COLUMBIA

这是一条从温哥华经陆地去加拿大落基地区的新路线，最近几年才迅速得到完善。其魅力在于能欣赏到不列颠哥伦比亚省的各种自然景观：温哥华到惠斯勒之间的海岸线、惠斯勒到里卢埃特的茂密森林地带，以坎卢普斯为中心的干燥的牧草地带、及从韦尔斯格雷到曼特罗普森的山岳地带。另外还有很多令人想起淘金热时代的城市和观光牧场，这一点也不能忽视。

SIGHTSEEING 主要景点

惠斯勒 Whistler

作为滑雪胜地而闻名的惠斯勒是一个都市型的山岳旅游胜地，各种住宿、餐饮、购物设施和旅游活动都非常丰富。在国立公园中享受不到的运动型的户外生活是这儿的魅力所在，如喷气船、直升飞机旅游等。

彭伯顿　Pemberton

位于科斯特·马温顿的山谷之中的彭伯顿是一个安静的城市，牧场上点缀着一户户的农家。这里到惠斯勒可以当天返回，非常适合前去享受骑马和高尔夫球运动。另外，从这儿向北流去的米甘河还有充满野趣的露天浴场。

乔弗里湖　Joffre Lakes

彭伯顿和里卢埃特间的 99 号高速公路是一条穿过印第安人保留地和茂密针叶林的，能欣赏到充满变化的风景的公路。途中的乔弗里湖是个高原湖，其对岸的冰河依稀而见，沿着通往湖边小道散步，可以呼吸到针叶林沁人心脾的香味。

里卢埃特　Lillooet

一过乔弗里湖，周围完全是另一番景象，眼前不断出现凹凸不平的石山。在像月球或火星上的干燥沙漠地带一样的地方，可以看到沿弗雷泽展开的里卢埃特城。里卢埃特是在淘金热刮遍加拿大西部的时代，作为淘金的中继站和基地而发展起来的一座城市。在当地的博物馆，现在还能看到当时采矿者们的工具。城市虽然有点萧条的感觉，但仍有不少的景点，如用铁和木材建的老桥，过去曾非常受当地人尊敬的日本移民医生的住宅等。

加休河　Cache Creek

加休河相当于全加拿大高速公路和 97 号高速公路的会合地，是一个作为开拓时代的交通要道而繁荣起来的城市。紧挨着公路接合处的哈特河餐厅，是这条公路旁保留的一个有历史意义的旅馆兼牧场。

朱恩湖　Lac Le Jeune

离坎卢普斯约 20 公里的地方就是幽静的湖滨旅游胜地朱恩湖。这个湖与加拿大落基地区风格有所不同，湖面安详平静，是钓鳟鱼的圣地。

哈特河餐厅车站马车

KAMLOOPS

坎卢普斯
BRITISH COLUMBIA

位于温哥华以东350公里处的坎卢普斯是南北两条汤普森河的会合处，城市的名字来自休斯瓦普·印第安语，意思是“会合处”。这个城市是从古代就开始作为贸易和开拓的重要枢纽而繁荣起来的，它不仅作为从陆路去落基地区的中继站，而且还作为前往不列颠·哥伦比亚省内陆地区海康托利游览的基地而引人注目。海康托利由于新的观光路线“比伯大道”的完善，也开始在外国游客中间有了一定的知名度。

当地以夏季炎热而出名，跟加拿大人一提起这个地方，他们总会异口同声地说：“那儿非常热”，这里从古代开始就曾是休斯瓦普·印第安人冬天的居住地，所以周围有宽广的印第安人保护区，并有博物馆和文娱活动等，因此，对于对印第安人的文化有兴趣的人来说，是一个不可错过的城市。

ACCESS 交通工具

飞机

从温哥华每天约有10个航班。所需时间为50分钟。机场在城市西北的汤普森河边，乘出租车进城约需$16，多人共乘则只需$10。有1、2路市内公共汽车一直开到城内。(电话(604)376－1216)

公共汽车

从温哥华每天有5班，其中3班是特别快车，只需4小时左右就能抵达坎卢普斯。从班府每天有3班，需约7小时。从贾斯珀每天4班，需约5个半小时。

公共汽车总站在可俯视全城的高地上，离市中心附近的火车站约3公里，步行30～40分钟，乘出租车需约10分钟，$8左右。

铁路

VIA在温哥华和贾斯珀之间每周开3趟火车(周一、四、六)，途中在坎卢普斯停车。

温哥华 20:00 发车→坎卢普斯到站 4:26

坎卢普斯 23:05→温哥华到站 8:30

WALKING 游览路线

坎卢普斯城沿汤普森河的南岸铺开。旅游问讯处位于全加拿大高速公路旁，离市中心相当远。主要街道是 Victoria St.，银行和商店都集中在这里。最南边的 Columbia St. 在城外与全加拿大高速公路相连，街上汽车旅馆很多。火车站前的汤普森公园林荫道市场是一个巨大的购物中心，买东西很方便。

如果只参加市中心，仅靠步行就足够了，但如果没有车，去城市周围的景点就相当于一次小小的远足了。从公共汽车总站不在市中心可以看出，在这座城市，汽车是理所当然的交通方式。虽然也有市内公共汽车运营，但班数很少，特别是星期天更少，很不方便。在 Victoria St. 有微型出租车站，去机场和公共汽车总站时可以使用这种交通工具。城市北部是土著居民 Shuswap 印第安人的保留地。

另外，在面向汤普森河的河滨公园内有河边沙滩，还有面向儿童的玩水场所。穿着泳装来这里抵御在加拿大也属罕见的坎卢普斯的炎热，也别有一番风味。

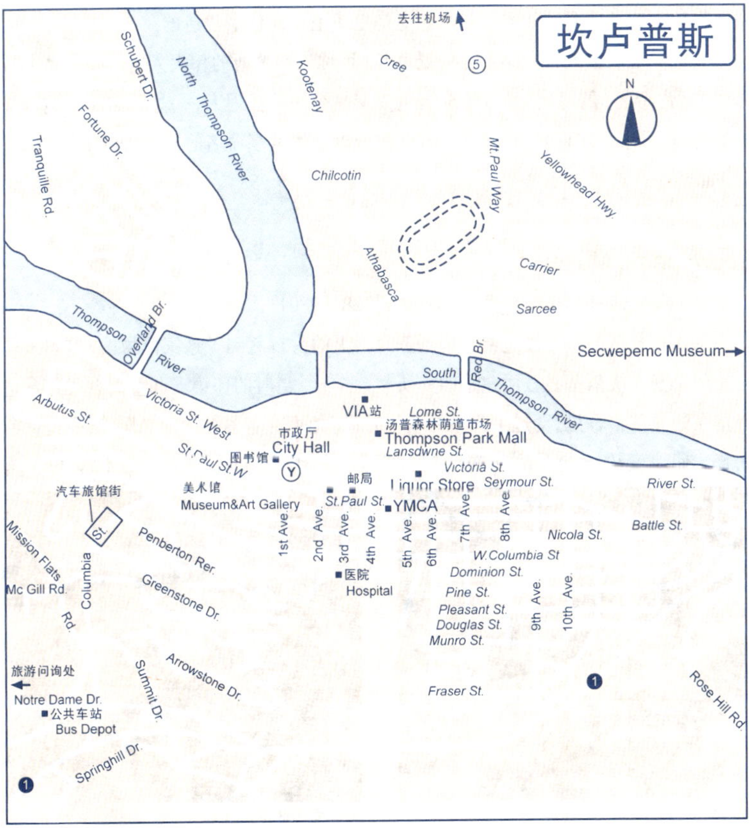

INFORMATION 旅游问询处

City of Kamloops Travel Infocentre

1290 W. T. C. Hwy. Kamloops 电话(604)374-3377

迁到了全加拿大高速公路旁的埃伯丁沼地前面。

SIGHTSEEING 主要景点

坎卢普斯博物馆 Kamloops Museum & Archives

207 Seymour St. 电话(604)828-3576

这是一个用照片和资料回顾坎卢普斯历史的博物馆。博物馆位于市中心，可以轻松地前往参观。馆中展示了开拓时代城市的生活情况，作为汤普森河渡船使用的蒸汽船，驼鹿和美洲狮的毛皮剥制过程等，非常有趣。其中尤其引人注目的是被移建到博物馆内的圣保罗的住宅。整个住宅是模仿毛皮商住宅建造的。

圣保罗是法国人和印第安人的混血儿，堪称坎卢普斯的伟大人物。在加拿大被称作“毛皮帝国”的时代，他一边充当毛皮交易公司的代理人，一边致力于当地基督教的传播。后来在坎卢普斯周围，一直保留着以他的名字命名的 Mt. Paul、Paul Lake、St. Paul St. 等地名。

Secwepemc Museum

355 Yellowhead Highway 电话(604)828-9801

从坎卢普斯的市区渡过架在南汤普森河上的大桥就到了这家博物馆，它本来是为使印第安人皈依基督教而建造的一所教会学校。当时的印第安儿童离开父母身边寄宿在这儿的宿舍里，度过了悲惨的童年时代。他们穿着紧绷绷的制服，只要说休斯瓦普·印地安语就会受到体罚。现在，顺应时代的潮流，这儿被改作保护土著

用树皮作的独木舟

印第安人的冬季住宅

居民文化的设施。馆中展品虽不算很多，但是用树木缝制而成的独木舟等展品足以让参观者追忆起当时印第安人的生活。游客也可以参加导游旅行，导游将围绕河岸边仿造的休斯瓦普人冬季的半地下式住房（类似日本古代的竖洞式住房），向游客解说印第安人过去的生活，值得一看。那儿有用 Red Willow（红柳）细枝做成的圆拱搭建的横洞，乍一看像是出入口，但实际上是女子专用的所谓后门。大门是天花门正中的一个直径 1 米左右的洞，兼作烟囱和采光的窗户。人可以从这儿沿一架在圆木上刻槽制成的梯子下到洞中。

据说对印第安人来说，因下雪而不能外出的冬季是举行祭祀活动的时候。人们唱歌、讲故事、走村串户，以此来度过寒冷的冬天。Red Willow 对印第安人来说是一种特别重要的，有某种象征意义的植物，它柔软而富有韧性，印第安人用它来做拦网捕鱼的工具，还把煮过它的树木之后的水当茶一样饮用。留心倾听导游唱的民谣，眼前会浮现出火炉旁打盹的老人，甚至一边高声欢呼一边上下楼梯而被母亲责骂的孩子们的身影。

开放时间：9：00～20：00　票价：$5

M. V. 旺达·苏号轮船　M. V. Wanda-Sue

2472 Thompson Dr.

电话(604)374－7447/1505

这是一艘停泊在旅游问询处附近的蒸汽船，只在夏季用作轮船旅游。这艘船是一个名叫 George Slack 的轮船爱好者在退休后锲而不舍地建造出的，能乘坐 100 号人。在沿南汤普森河缓缓行驶的两个小时的行程中，BGM 中流动着乡村音乐，因此可以享受到别具一格的轮船旅游。

汤普森河上架着铁桥，但在旺达·苏号轮船等船只通过的时候，桥桁会转开让船通过。

近郊

哈特河牧场　Hat Creek Ranch

Cash Creek, B. C. 电话(604)457－9722

在坎卢普斯周围有很多观光牧场，但哈特河牧场是和这些观光牧场截然不同的“史迹”。这座牧场所在的加休河是从温哥华到坎卢普斯的 1 号国道、从温哥华到贾利珀地区的 97 号国道，从惠斯勒翻山越岭延伸过来的 99 号国道相会的重要接合处。从很早以前开始，坎卢普斯就是一个开拓者乘坐的带篷马车或扛着铁锹的淘金工人来往不断的、沿大道延伸的城市。哈特河牧场是1861年开垦的面对这条大道的牧场，在那以后也曾作过大道旁的旅馆。绵延130万平方米的牧场、堆房和草场都复原成当时的原貌，整个都变成了一座博物馆。

馆里有导游引导游客参观主要建筑物（免费），带游客参观有旧式炉灶的饭厅、牧童们的简朴卧室（从这儿可以看出当时的加拿大人个子很矮）和旅馆的酒吧（酒吧一角曾经有一间邮局），等等。仔细观察床上的铁钉就会发现针头不整齐，是四方形的。这种钉子并不是工业制品，而是牧场的铁匠利用打马掌的间隙打造的。现在，入口处附近的作坊里还现场表演打铁的情景。酒吧间的隔壁是 Men's Wash Room，但这只是字面意思的洗手间，里面并没有厕所。看来本来室内就没有厕所，因此卧室里放着便桶。不管怎么说，在这儿能非常切身地体会到开拓时代加拿大人的简朴生活。

此外，沿过去的贾利布大道行驶的驿站马车旅游和骑马旅游也是面向游客的服务项目之一。在礼品店中摆放着附近的人们手工制作的日用品等，都很有意思。汽车普及之后，作为中继站的哈特河牧场已成为一个被人们遗忘的地方，但正因为如此，现在还保留着当时的情调。想探访加拿大美好古老时代的游客不可不去。

开放时间：10:00～18:00（5月中旬～10月中旬） 票价：$2（只接待集体游客）。路线：沿加休河城往里卢埃特方向，从97号公路进入99号公路后前行片刻，去农场的路就在左边。约100公里。

RESTAURANT 餐厅

火车站前只有小餐厅，餐厅在主要大街 Victoria St. 旁。

面对汤普森河的风景优美的餐厅

● *Sinbads*

1502 River St.

电话(604)372－1522

这是一家小型餐厅，位于5号高速公路桥旁的 River St. 上。在餐厅面向汤普森河的走廊上吃饭令人非常愉快。午餐$8左右，晚餐$11左右起价，菜单上除各种肉类之外，海味也很丰富，不愧是一家以海为主题的餐厅。午餐可以只吃简便的汉堡包和三明治等。

能将坎卢普斯尽收眼底的观景餐厅

● *Chapters Viewpoint*

610 W. Columbia St.

电话(604)374－3224

位于从高速公路进入市区的 Columbia St. 上的 Hospitality Inn 和 Panorama 之间。从这家餐厅远眺风景非常优美，

朱恩湖钓鱼体验——野生动物的呼声

坎卢普斯周围是广阔而荒凉的丘陵地带,但同时也到处散布着碧绿的山谷和幽静的湖泊。一提起坎卢普斯鳟鱼,钓鱼迷无人不知,1993年还在这儿举行过世界假饵钓鱼锦标赛。我所去的朱恩湖离坎卢普斯乘车不到1个小时,这也是一个被茂密的森林围绕着的假饵钓鱼圣地。在这儿担任钓鱼向导的 Gordon Honey 先生曾是一家电视片制片公司的上层人物,因为对钓鱼的兴趣越来越浓,最后开始干上了这一行,他现在仍担任着电视台钓鱼节目的主持人。他对我说:"这儿虽然没有大家伙,但是即使像今天这样的坏天气也一定有鱼。"他带我去了河的另外一侧。假饵钓鱼时,鱼钩很轻,又没有铅坠,感觉就像挥舞鞭子一样,只能利用钓线自身的重量,把钓钩扔到瞄准的地方。看专家做起来似乎非常简单优美,但一旦自己试试,就会发现鱼竿的挥动和钓鱼线放出的时机都很难掌握,鱼钩不仅不按自己的想法飞出去,而且弄不好还会勾住自己。不过,这种不能得心应手的滋味也正是"体育运动"的感觉,和只是垂着钓鱼线长时间傻等的钓鱼比起来别有一番情趣。高登先生还经常指导小孩们钓鱼,由此看来,最近连女性也喜欢来这儿钓鱼是可以理解的。钓到的鱼当然还要放回湖里。高登先生说得一点不错,连初次体验钓鱼的我都感觉有所收获。

金光闪闪的湖面非常浪漫。我往高登先生手指的方向一看,水面上浮着几只略带黑色的水鸟,这就是铸在加拿大$1硬币上的䴙䴘母子。听着它们略带哀愁的叫声掠过湖面,消失在针叶树的森林中,令人不由地深切体会到自己正身处野外。据说作为未被人类破坏的大自然的象征,对加拿大人来说是一种非常特别的鸟,䴙䴘有时候会突然从水面上消失,然后又在相隔几十米的地方钻出水面。我一边用视线追随着它们的身影,一边想起了小时候读过的英国探险小说。Lac Le Jeune 是一个美丽的湖,但它的美不是路易斯湖那种站在湖边眺望的静态美,而是一种只有亲临野生动植物中间,随时间微妙变化之后才能感受到的动态美。

我们住的 Woody Life Village 是一座圆木建造的木屋,离湖1.5公里左右,从粗达30厘米左右的云杉和洋松的圆木中漂来阵阵树香味。湖边的 Lac Le Jeune Resort 建造得更有旅馆的特点,那儿住着山岳漫游旅行团的成员。

■高登先生的联系地址

The Stillwater Ghillie

电话(604)828-1286/(604)371-2343

地处高原的幽静的湖滨旅游胜地旅馆

●*Woody Life Village*

电话(604)374-3833

传真(604)374-3800

双人间每晚$100左右。晚餐是海盗式烤肉餐,但也可以自己做饭。

交通方式:从坎卢普斯沿1号高速公路向霍普、温哥华方向行驶7公里,再从那儿进入去梅丽特方向的5号高速公路。

可以看见以汤普河为中心扩展的 Kamloops 城及其对面荒凉的石山。餐厅早晨很早就开始营业，既适合前去吃早餐，夜景也很漂亮。还能喝到鸡尾酒等。

HOTEL 饭店

由于坎卢普斯地处交通要道，而且还是有名的夏季旅游胜地，因此汽车旅馆很多。汽车旅馆分布在市中心的 Columbia St. 旁，靠近公共汽车总站的 Sahari 地区，和城东的全加拿大高速公路边三个地区。

邻近高尔夫球场的全新的观光牧场

● *South Thompson Guest Ranch*

R. R. #2, Site 12, Comp 25(VAC 2J3)

电话(604)573－3777

传真(604)573－2853

这个观光牧场位于一个面向汤普森河的地方，从 Kamloops 沿1号高速公路向 Calgary 方向乘车行驶10分钟左右。牧场对外开放，并在宽广的丘陵地带上用白色栅栏围出了整齐而宽敞的草场。客房统一刷成明亮的色调，因此有一种令人想起迪斯尼乐园的童话似的氛围。附带的马厩很漂亮，里面养着许多各种调教得很好的马匹，令人不由地感觉到：骑上马登到附近干燥的山脊上一定很愉快。这个牧场的另一个吸引人之处是，宿舍紧挨着的隔壁是一家叫做 River Shore 的高尔夫球场，从门口都可以看见击球的练习场地。牧场和高尔夫球场放在一起令人有些意外，但仔细一想，在拥有宽广的绿草地这一点上，两者确实是相同的。在 Kamloops 周围共有七个高尔夫球场。旅游淡季ⓈⒹⓉ$105。

位置方便的坎卢普斯青年旅馆

● *"Old Courthouse" Hostel*

7 West Seymour St.

电话(604)828－7991

传真(604)828－2442

这是一家由近100年前建的法庭改建而成的漂亮的青年旅馆。过去曾是法庭的餐厅里还保留着被告席和审判官席等。离公共汽车总站虽然很远，但离 VIA 火车站和市中心非常近，位于从 Seymour St. 刚进入1st Ave 的地方。会员每晚$13.50。还有三间家庭用双人席间，会员$31、非会员$41。

这里看汤普森河岸边的夜景最美

● *Hospitality Inn*

500 West Colwmbia St.

电话(604)374－4164

传真(604)374－6971

位于 Columbia St. 公共汽车总站南面的汽车旅馆街最靠近市中心的地方。由于地势较高，从这儿可以眺望到蜿蜒曲折的汤普森河和河两岸充满绿色的坎卢普斯城，非常漂亮。而且一到夜间，远处的夜景也非常好看。另外还有游泳池。房价$60左右。

展示民族自豪的狂欢集会

正如欧洲有各种各样的文化和民族一样，被称作印第安人的北美土著居民也有着各种各样独特的文化。加拿大的印第安人中，制作图腾柱的西北印第安人非常有名，但这儿居住的主要是被称为内地萨利休族的居民。内陆萨利休族和以温哥华为中心的海岸萨利休族有着迥然不同的文化，比如，他们冬天住在半地下型的冬用住房里，而夏天则住在TD型的夏用住房中。并且又可分为五个集团，其中居住在以坎卢普斯为中心的弗雷泽河流域的部落是休斯瓦普族。

北美平原的印第安人之间，每年都要举行一次叫作POW－WOW(狂欢会)的集会，散居各地的部族成员聚集一堂，互通近况、比赛跳舞等。Shuswap族过去好像也曾轮流举行过这种集会。现在，在坎卢普斯郊外邻近博物馆的地方搭建了一块场地作为常设的集会场所，全加拿大，甚至阿拉斯加和美国的印第安人都举家出动会集这里。野营车、小汽车和卡车等也把空旷的河边空地填得满满的，蔚为壮观。

接近会场，最先听到的是鼓声。在一架感觉像弹床一样的小鼓旁，男人们围成一圈一齐敲着。伴随着这种令人不禁出神的鼓的节奏，飘荡着一种似日本民谣式的悠扬歌声。看台上满坐的观众中，80%是印第安人，他们很多都穿着整齐的民族服装。观众中也有穿着盛装的小孩在互相追逐，而老太太则坐在角落里吮着马哈鱼干，仅这些就

非常有趣。节目基本上根据安排进行，似乎采取类似比赛的形式，场内的广播一叫：“喂……，青年组参加××舞的请出场。”在一旁和亲戚交谈的年轻人就会陆续从观众席向中央的广场走去。节目就这样依次进行，让人感觉像是举办运动会。尽管如此，一旦跳舞开始，一般总会给人一种雄壮的感觉，跳的人非常认真，跳得也很有感染力，有的舞蹈让人看着不由得内心受到很大的震动。

Shuswap族虽然也是以马哈鱼为主食的部族，但生活方式更为接近平原地区的印第安人，服饰也很华丽，装饰着鸟的羽毛，与常人印象中的印第安人形象差不多。沉默寡言的老大爷显得气度不凡，穿着民族服装的少女更是可爱。人们来这儿纯粹是出于自己的乐趣，完全没有为吸引游客而表演的感觉。但现场呈现出的轻松的家庭式气氛，使游客能迅速地融入其中，并深切地体会到亚洲人和印第安人亲近的血缘关系。与白人不同，在黄种人的眼中看来，印第安人是“亲戚”，让人总觉得有种亲切的感觉。

会场周围还摆着很多出售民族工艺品和食品的小摊，但因为附近来来去去的都是地地道道的印第安人，因此买的人不多。尽管如此，庆典活动还是离不开小摊。我试着买了一个捉梦娃娃，据说只要把它挂在窗口，噩梦要进来的时候就会被它给抓走。

※1996年是8月16日～18日举行的。

WELLS GRAY PROVINCIAL PARK

威尔斯·格雷省立公园 ● BRITISH COLUMBIA

加拿大落基地区确实有很多野生动物，但游客太多、太拥挤。对这点无法忍受的人应该去威尔斯·格雷省立公园。这个公园与班府、贾斯珀等国立公园不同，班府和贾斯珀等公园是随着铁路的铺设，很早以前就作为国立公园和观光场所来开发的，而威尔斯·格雷省立公园则是最近开始完善的一种尚未开放的大地。在南北约100公里、东西约60公里的区域里，只有入口处的5公里铺上了柏油路。公园内是绝对纯粹的野外世界，不要说商店，连一座山间小屋都没有。公园位于加拿大落基山脉以西，其基地是处于坎卢普斯和贾斯珀之间正中的克利阿沃特城。

威尔斯·格雷公园的自然魅力通过瀑布和湖泊加以体现。这里的主要湖泊有默特尔湖 Murtle Lake、清水湖 Clearwater Lake、霍布森 Hobsen Lake、阿苏尔 Azure Lake 和马胡德 Mahood Lake 湖等五处，长度都在 20 公里以上。其中，沿湖岸一边野营一边周游 Clearwater 和 Azure Lake 的全程 120 公里的独木舟/皮艇游简直可以说是梦幻船的冒险旅行。虽然说是“冒险旅行”，但并不危险。如果在中国，去这种还没有大众化的、保留着大自然原始风貌的地方去旅游，有一定的危险，需要特殊的技术和非常强壮的体魄。但在加拿大不是这样，父母带着放假的孩子，简直像是坐在游乐场的小船上一样，悠然自得地在大自然中把船向前划去。这就是加拿大真正的美妙之处。

由于威尔斯·格雷保留着原始的大自然，当然也就有很多野生动物：驼鹿、驯鹿、黑熊、狼、海狸……。据说在乘独木舟旅行的间隙，常有机会在岸边看见这些动物，相反乘车去的话，碰到野生动物的可能性比班府国立公园要小得多。这是因为这个公园的动物们还没有习惯人这种动物的存在。

清水湖

INFORMATION 旅游问询处

旅游问询处　在5号高速公路和通往公园的公路和交叉处稍稍往东的5号高速公路旁有问询处。从这儿可以得到地图和介绍附近大自然的书,非常方便。

SIGHTSEEING 主要景点

多松瀑布　Dawson Falls

这个瀑布在公园入口附近,虽然没有什么落差,但丰富的水量在岩石上滚落,宽度达91米,很有动感。因而经常被拍进商业广告。

霍尔姆肯瀑布　Helmcken Falls

这个瀑布可以说是威尔斯·格雷的象征,它落差达137米,垂直落入呈圆形的水潭中。所谓的瀑布,实际上几乎都是从高度不同的岩石上下落,但这个瀑布的上部却完全冲到了空中,在空中形成一条白色的流线直落水潭,因此落差大,非常漂亮。从水潭中溅起的水花飞到了比瀑布口还高的空中,数公里之外都能看见树冠上方水花形成的白雾。据说由于瀑布下落形成的风压力太大,人连水漂都无法靠近。

从水漂中流出的溪流流入深达100米左右的溪谷的下面,要去那儿的话,必须从相当远的下游逆流而上。在加拿大落基山脉地区有不少有名的瀑布,但可能还没有一处能超过这个瀑布。

HOTEL 饭店

活跃的西部开拓村式旅馆

● *Wells Gray Guest Ranch*

P. O. Box 1764, R. R. #1, Clearwater

电话(604)674－2774

传真(604)674－2197

在这个有一排排原木小屋的观光农场中,除了乘用马之外,还养着肉牛。有西部酒馆特色的酒吧 Black Horse Saloon,气氛浓重。农场主人往这个酒吧中一坐,看起来像是个墨西哥老人(性格也似乎是拉丁式的),但他实际上是德国移民。他饲养着很多与西伯利亚爱斯基摩种狗有亲缘关系的阿拉斯加雪橇狗和加拿大爱斯基摩种狗,冬天还参加狗拉雪橇比赛。他还组织了一家叫作 KANATA 的户外探险公司,教人们学习他熟悉的骑马、划独木舟、钓鱼、远足和狗拉雪橇、打猎、冬季雪鞋旅行等各种活动。带淋浴的原木小屋房价旅游旺季为ⓈⒹⓉ$100。此外还可以和各种活动费用一起计算房价。一周的独木舟旅行费用为$500 左右。牧场在从 Clearwater 去公园的路旁,离公园还有一小段路的地方。

像阿尔卑斯山山间小屋的旅馆

● *Helmcken Falls Lodge*

P. O. Box 239, Clearwater, B. C.

电话(604)674-3657

传真(604)674-2971

这家小旅馆虽然在离公园入口还有几步的地方,但感觉就像在公园里一样。在山坡的斜面上,排列着山间小屋风格的旧楼和新建的原木小屋。这家旅馆起源于 1948 年猎人为打猎而建的小屋子,原来的那间小屋现在还能过夜。旧楼的二层是餐厅,据说旅馆对这儿的欧洲菜很自信。同时这儿也饲养着马匹,从中可以享受到骑马的乐趣(每天$95,带盒饭、向导),另外也很适于钓鱼和远足。据说一到初夏,这里的高山植物非常漂亮。房价带三餐Ⓢ$154、ⒹⓉ$95。还有把各种活动和住宿组合在一起的项目。另外也有从坎卢普斯来车接送的服务项目(收费)。

ALBERTA

艾伯塔省

省会：埃德蒙顿

时间：山地标准时间

与中国的时差 -17 小时

省税：商品税 0%、旅馆税 5%

CALGARY

卡尔加里
ALBERTA

卡尔加里是翻过落基山脉后见到的第一座大城市，同时也是进入加拿大大平原的入口。城市西面是落基山脉的雄姿，东面则是广阔的大草原。这个城市可以说是一座双手拥抱着加拿大大自然活力的城市。卡尔加里别称"牛城"，艾伯塔牛肉制作的牛排是它的特色名菜。一年一度的"卡尔加里西部庆祝会"也吸引着来自全世界的游客。

ACCESS 从机场到市内

卡尔加里国际机场在市区以北15公里处。由于地处平原，所以从这儿可以看见卡尔加里高耸的高层建筑街及其对面若隐若现的落基山脉。

●机场班车

在机场到达厅的正面右边，靠近出租汽车乘车处。单程$8.50，往返$14。只需30分钟即可进入市区，并开往各主要旅馆。如果在Palliser或Radisson Plaza下车，正好是卡尔加里塔的正下方、市区的中心。

●公共汽车

出到达厅后，右边的尽头是公共汽车站。#57。到C－Train的东北线火车终点站怀特霍恩$1.50，但班数很少。

●出租汽车

约20分钟，$20左右。

ACCESS 从公共汽车总站到市内

Greyhound Bus Depot

公共汽车总站在市区的西部边缘，16th St. 和8th Ave. 的交叉处附近。离旅游点集中的中心地区稍有一段路程。

●出租汽车

5分钟，$5左右。

●短途公共汽车

从4号大门到C－Train的10th St. S. W. 火车站之间有免费的短途公共汽车运

营。采用普通的布猎犬公共汽车。但每小时只有一班。从 10th St. 到市中心的 C－Train 免费。

● 徒步

到 10th St. S. W. 也可步行。大概需要 20 分钟左右。

INFORMATION 旅游问询处

Convention & Visitors Bureau

9th Ave. & Centre St. S. E.　电话(403)263－8510

卡尔加里塔的一层。

时间:(夏)8:30～17:00　(秋)周一到周六8:30～17:00　(冬)周一到周五8:30～17:00

WALKING 游览方法

市中心被波尔河和 VIA 铁路线包围着，东西约 3 公里左右，完全可以步行游览。市区的中心在火车站和旅游问询处所在的卡尔加里塔附近。这一带的高层建筑之间有桥相连，可以互相来回走动而不需离开大楼。在休息日市中心安安静静的时候，可以充分利用公共汽车和免费城市内火车 C－Train 去郊外看看。乘车向西行驶两小时，就是落基山脉地区的中心城市班府。

TRANSPORTATION 市内交通机构

卡尔加里交通公司同时经营着市内公共汽车的城市的火车 C－Train，因此使用换乘票可以在市内公共汽车和 C－Train 之间换乘。

票价均为$1. 50。而换乘的乘客要向公共汽车索要换乘票。从自动售票机上购买的车票也可兼作换乘票。

市内公共汽车 City Bus

公共汽车线路很多，几乎覆盖了市内的所有地区。有关线路的详细情况请先向旅游局查询。

C－列车 Sea Train

C－Train 是新型列车，乘坐非常舒适。市区内在公路上行驶，而郊外则行驶在铁路线上，在 10th St. S. W. 和 City Hall 火车站之间免费。火车路线往返市中心的 7th Ave.，从 City Hall 火车站开始分为南线和东北线两条线。乘车时，先在火车站的自动售票机上购买火车票，上车时，各入口处的按钮中的灯一亮，即按上按钮，门就会打开（※即使没有车票也能乘车，但这当然是违法的，因此不要无票乘车，$1、2、5的钞票也可以使用）。

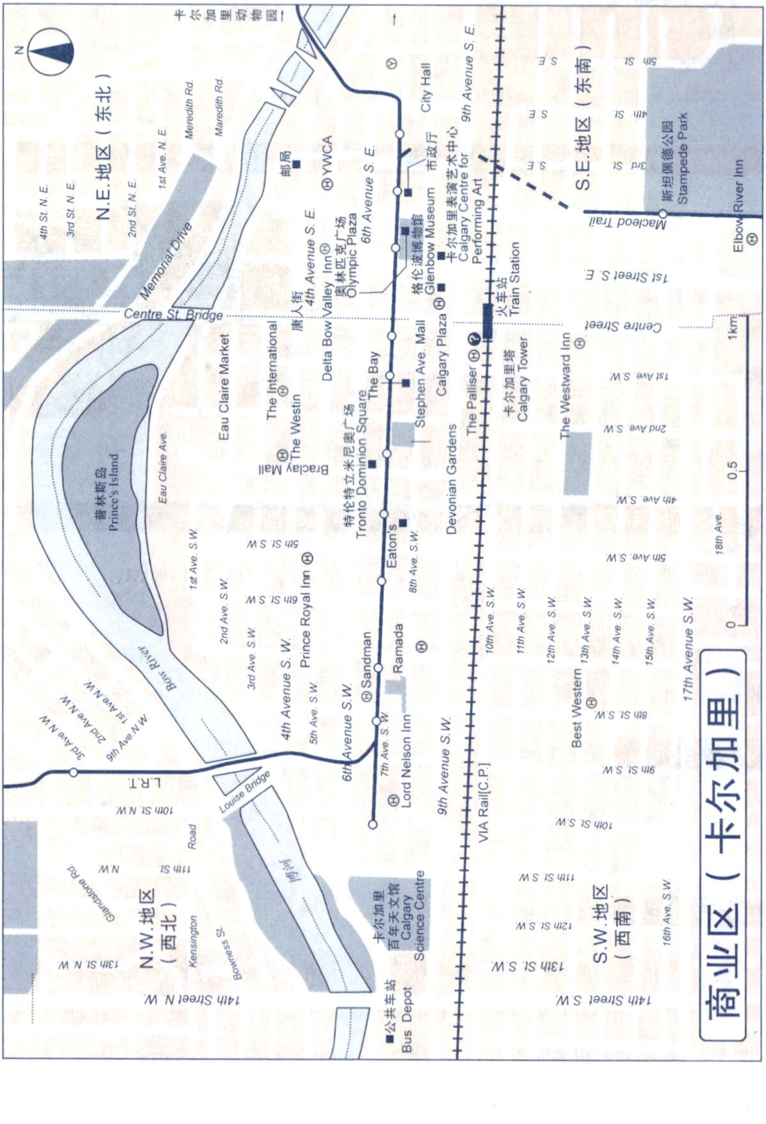

商业区（卡尔加里）

市中心及其周围

卡尔加里塔 Calgary Tower

101－9th Ave. S. W. 电话(403)266－7171

这座塔从城市的任何地方都能看见。塔高191米，建于1967年，位于9th Ave. S. W. 和 Centre St. 街角处的 Palliser Square 内。

在一层购票之后，可乘电梯一口气登上瞭望台。天晴时，可以清楚地看见西面雄伟的落基山脉。塔的正下方就是高楼林立的市中心及其周围的住宅区，以及像车轮一样向外扩展的宽阔的大草原。波尔河弯弯曲曲地流淌着，铁路线也从塔的脚下呈一条直线向前延伸。如果以这座塔为据点，卡尔加里城的市区游览非常方便。

开放时间:7:30～深夜 票价:成人$4.95、儿童$1.75、老年人$2.95

在卡尔加里塔上吃早餐

以卡尔加里塔的瞭望台为中心，上面是休息厅，下面是叫作"全景屋 Panorama Room"的旋转餐厅。从中可以一边观赏360°的全景一边吃早餐。连瞭望台门票在内共$9.50。

旧式洗衣机

格伦波博物馆 Glenbow Museum

130－9th Ave. S. W. 电话(403)264－8300

这个博物馆在紧靠卡尔加里塔东面的一栋楼里，二层是美术展厅（长期展出着19、20世纪的加拿大美术作品等），三层为民族学展厅，其中一半展示的是从毛皮商人到现代的欧洲移民加拿大人的历史，另一半展示的是与印第安土著居民各民族集团有关的内容。不列颠·哥伦比亚省的博物馆是以西北部印第安人为中心的，而这里展示的印第安土著居民的范围很广，从因纽特人到美国国内的印第安人集团，无所不包，因此更容易看出各民族间的差别。因纽特人的渔具非常精巧，简直像艺术品一样。而其中关于东部森林地带印第安人的内容中则没有什么特别值得一提的东西，这不是因为他们的文明程度低，而是因为东部很早就沦为殖民地，他们的文化被白人破坏所致。外国人心目中的(好莱坞电影中的)印第安人形象仅限于苏族和夏依安族等平原印第安人,其中的原因从这点就能明白。

在关于欧洲移民加拿大人的展厅中,人们就会明白,为什么在《爱丽斯漫游仙境》中,三月兔和帽子店老板的茶会上,人们说帽子店老板的头很奇怪,这其中的理由要追溯到加拿大产的海狸的毛皮。二层展厅不怎么有意思,所以参观三层和逛逛博物馆商店总共花一、两个小时就足够了。

开放时间:5月中旬~9月中旬每天9:00~17:00　除此之外的月份星期一休息,门票:成人$5、学生$3。

卡尔加里百年天文馆　Calgary Centennial Planetarium

701-11th St. S.W.　电话(403)221-3700

位于7th Ave.和11th St. S.W.的交叉处。它是为纪念加拿大建国100周年而建造的。讲解全部使用英语,不过只须仰望屋顶上闪闪发光的星星就足以被其浪漫的气氛所吸引。参观内容和时间随时变化,需事先确认。

开放时间:6-8月10:00~20:00　票价:成人$6.50、儿童·老人$4.50。

卡尔加里堡垒　Fort Calgary

750-9th Ave. S.E.　电话(403)290-1875

从卡尔加里塔前出发沿9th Ave.向东6个街区即到。这儿是1875年西北骑警修筑堡垒的历史性的地方,但现在已经无踪无迹了,只是一座有宽阔草坪的漂亮的公园。

公园一角的资料中心保存着当时的历史资料,还可放映15分钟的电影。

开放时间:5月1日~10月7日每天9:00~17:00　10月10日-4月30日周三到星期天9:00~17:00

票价:免费

卡尔加里郊外

卡尔加里动物园和史前历史公园　Calgary Zoo, Prehistoric Park

1300,Zoo Rd. N.E.　电话(403)232-9372

在市中心的东侧、波尔河中的圣乔治亚岛上。走过波尔河上的桥所到之处是主要部分,有白熊、海狸、山羊、鸟和爬行动物。园内中央的建筑物是温室,里面种植着茂密的热带植物。附近的幼崽动物园中有专门收集的动物幼崽,看起来非常可爱。

最大的景点是史前历史公园。园中塑造出了在史前曾活跃过的恐龙的模型,恐龙形象生动逼真，眼睛似在瞪着游客。加上周围的似原始大自然的风景，令人有种像凭借时间机器回到过去太古时代一样的感觉。而和实物同样大小的恐龙，站在只有火山和沼泽的杀气腾腾的环境中，也充满了感染力。

文化遗产公园历史村　Heritage Park Historic Village

1900 Heritage Dr. S. W.　电话(403)259－1000

19世纪90年代初期的开拓时代的街道在其中的"加拿大牌明治村"、"文化遗产公园"中得以再现。这里排列着西部开拓时代的建筑物，其间有蒸汽火车机车和老式马车往来穿梭。工作人员也穿着当时的服装，简直像是实实在在地生活于当时的情景中。在这儿还能够感受到面包坊中手工烤制面包散发出的阵阵香味，体味古老时代的先驱者们的原汁原味的、充满活力的生活。

历史村是1964年开始开放的，这里的建筑物和交通工具都是从加拿大各地收集来的，并曾真正用过。历史村园内很宽阔，足有60万平方米，从此能够望见市中心以南10公里处埃尔波河上的格伦摩尔水库(Glenmore Reservoir)。

进园之后索要一张地图，可乘蒸汽机车绕园一周。公园中到处都有保留着浓重的开拓村面貌。其中特别值得一去的是温莱特旅馆所在的一角。这儿有香气扑鼻的面包店，孩子们喜爱的粗点心店和游乐场，一到休息日满是全家出游的游客，热闹非凡。晴天不妨乘上格伦摩尔水库中的蒸汽船"SS Moyie"号，享受一下游览观光的气氛。这儿最适合家庭游客。

开园时间：5月中旬－6月 10:00～16:00　7－9月 10:00～18:00　9－10月中旬 10:00～17:00　票价：$7.50 路线。乘向南开的C－Train，在Heritage火车站下车，换乘80或20路公共汽车在紧靠Heritage Park旁边的公共汽车站下车，步行1分钟即到。或者从Heritage火车站前向左拐，然后一直往前走，步行20分钟左右即到公园入口。

加拿大奥林匹克公园　Canada Olympic Park

S. S. #1 Calgary, AB T2M 4N3　电话(403)247－5452　传真(403)286－7213

沿 Trans－Canada Hwy. #1 开车向班府方向行驶，不久就会看见左侧滑雪的跳台。距离卡尔加里国际机场约20分钟的路程。圣火台前面的建筑物中一层是礼品商店，二层是自助餐厅和酒吧。也可以步行去跳台。在前往加拿大落基山脉旅行的途中，不妨顺便去这个公园看看。

在公园入口处的奥林匹克殿堂中，有介绍关于冬季奥运会的电影和展览。另外，在夏季还进行弹力跳。

开馆时间：(夏)10:00－20:00　(冬)10:00－17:00

票价：免费(特殊旅游项目和奥林匹克殿堂收费)

AMUSEMENT 娱乐活动

卡尔加里的主要娱乐活动多数在 Galgary Centre for the Performing Arts 中举行。Olympic Saddledome、Calgary Centre for the Performing Arts 和 Jubilee Auditorium 中的节目的门票，可以在出售公共汽车票的百货公司的售票处购买。

牛仔的夏季盛典 卡尔加里西部庆祝会

卡尔加里西部庆祝大会是牛仔的庆典。在作为石油城而得到迅速发展之前，卡尔加里是个以大平原为舞台的畜牧业中心。曾在这里活跃过的牛仔们每年聚集一次举行竞技大会，这个传统一直延续到了今天。尽管相似的庆典活动在其他城市也有，但不管怎么样，卡尔加里的规模之大是其他地方无法相比的。在每年7月竞技大会期间，城中到处都是远道而来的脚穿西部皮靴、头戴牛仔帽的牛仔军团。有的活泼爽朗，有的体格魁梧、浑身泥味，从中可以看到加拿大人的另外一个侧面。

卡尔加里西部庆祝会的主要节目总是牧人竞技表演和西部送货马车比赛。牧人竞技就是骑在烈马和狂暴的牛背上进行的那种表演。很多游客听起来还很陌生的西部送货马车是一种四匹马拉的带篷马车。紧靠在一起的马匹拉着车轮吱吱作响的马车冲入跑道，连大地都在轰隆作响，此情此景让人觉得有种特别的感染力。现场的观众在比赛中押注赌钱，使场面更加白热化。

另外，在作为会场的庆祝会公园里还有移动游乐园和印第安人的TP型住房、加拿大军方带进来的坦克、西部商品商店和快餐摊点等，非常混乱。在庆祝会期间，还举行乡村音乐的现场表演和音乐会等。

因为这些原因，大会期间十分拥挤，所以需要提前相当长的时间安排好旅馆。关于门票和资料信息可向下列地址询问。

Calgary Exhibition and Stampede：
P.O.Box 1860,Calgary,AB T2P 2M7
电话(1－800)661－1260　(从加拿大或美国拨打)。

在西部庆祝会公园体验马车赛马

那天是星期天，因为没什么事情可做，于是登上了卡尔加里塔，正好看见西部庆祝会公园中在进行赛马比赛，就赶紧去看。这是一种叫做 Harness Raging 的小型马车的比赛。在入口处买了一张看台席的入场券（$4.50，一般席位$2.25），坐在装有玻璃的舒适的看台上观战。场内出售$1的预测单（叫做进度表）。《马车出场顺序表》和《初学者指南手册》可以免费领取。比赛从13:30开始，每天赛10场，每两场之间间隔15分钟。赌马券主要有单胜（Win）、赌前两名（Place）、复胜（Show）和连胜复式（Quinella）、连胜单式（Extor）几种。后两种每场比赛时出售。赌马券非常简单，连第一次赌马的我都觉得很愉快，顺便告诉大家，赌马券以$2为单位出售。

SHOPPING 购物

卡尔加里所在的艾伯塔省没有商品税，因此和班府、贾斯珀一样，购物时除 GST 之外不需付其他税款。

市中心的购物区

8th St. 是 C－Train 行驶的大街南边的第一条街，这儿是购物区。从 1st St. S. E. 到 3rd St. S. W. 的 4 个街区是步行街，街两侧商店鳞次栉比。其中引人注目的是卖西部商品的商店，的确不愧是世界有名的牛仔庆典“卡尔加里西部庆祝会”的举行地。从靴子、衬衣、皮带、

卡尔加里的历史

1875年，为了保卫加拿大的“法律和秩序”，西北骑警在波尔河和埃尔波尔河会合的这个地方修筑了卡尔加里堡垒。这就是卡尔加里的开始，以堡垒为中心，逐渐发展为一座城市。现在的市中心所在地正好是修筑堡垒的一带。当时，这里不过是一个小镇，只有少数开拓者和五个部落的印第安人来这儿进行贸易。

1880年，和西部的其他城市一样，卡尔加里由于铁路的铺设而有了很大的发展。从那以后，来自世界各地的移民成群结队地来到这里。当时，加拿大政府为了开拓卡尔加里周围大片未开垦的土地，提出了一个大胆的政策，即向来此定居的人免费提供自耕土地。

来到这儿的都是农民和精力充沛的牛仔。大平原最适于发展畜牧业，因此从那以后，畜牧业便成了这个地区的中心产业。

促使卡尔加里发展成为现今规模的大城市的，是“黑色黄金”——石油。1914年和1947年，分别在斯特德勒巴和勒达库相继发现了油田，现代化的高层建筑群也便由此逐渐出现在卡尔加里。据说现在的高层建筑几乎都是石油公司的。

牛仔裤到各类小商品种类齐全，应有尽有。购物区中最主要的地方是多伦多德、米尼翁广场。这是一家四层楼的购物中心，里面有很多出售精制时装的商店。四层是一个叫作德弗尼昂花园的温室(免费)，里面不仅有植物，还有喷泉和雕塑，舞台上还表演节目。

郊外的跳蚤市场

● *Crossroad Market*

2222 16th Ave. N. E.

电话(403)291－5208

这个跳蚤市场在一个巨大的仓库里面，其中聚集着从私人小店到旧汽车店共四百多家商店，每周六、周日的10:00－16:30开张营业。市场里商品无所不包，有手工缝制的巴比玩具娃娃(甚至还有巴比帐篷)和旧装饰品、CD唱盘等。其中还有些让人觉得肯定没人会买的东西！门票¢25，但必须坐车，所以请叫一辆出租车。

RESTAURANT 餐厅

卡尔加里是座大城市，餐厅很多，其中尤以购物街8th (Stephen)Ave. 最多。另外，在东北部有唐人街，可以吃到便宜可口的饭菜。由于这儿是艾伯塔牛的原产地，因此可以品尝到美味的牛排。

正以享受正宗韩国料理的餐馆

● *Korean Village*(韩国馆)

101A 10th S. E.

电话(403)269－7940

艾伯塔的牛肉非常有名，但要说全世界最懂得美味牛肉吃法的民族，恐怕要数韩国人。这家餐厅在卡尔加里塔的后面，与塔上间隔着铁路。餐厅的内部装修吸收了韩国建筑风格，显得非常素净。在这儿可以享受到真正正宗的韩国牛肉烧烤。

而且，在用餐前还会摆上五碟像是韩国套菜的韩国泡菜。价格也很适中，一定不可错过。另外还有$6、$7的午餐。

※ ※ ※

这儿的饭菜真是太好吃了！！这是一家非常好的餐厅。如果顾客拿着菜单犹豫不决，不知挑什么好的话，韩国经理会热情地给顾客提出建议。

名字不太协调的面馆

● *Cafe de Tokyo*

#6,630－1st Ave. N. E.

电话(403)264－2027

去唐人街可以吃到面条，但还是这儿的日本老厨师做的最好吃。这儿的面条和饺子出类拔萃，在当地的报纸上都提到过几次。餐厅的名字不太协调，这是因为那位老厨师过去是做法国菜的。

※ ※ ※

市中心北面的一家不错的中国餐厅

● *Hung's (B. B. Q) Noodle House*

1423 Centre St. N. W.

电话(403)277－5989

从市中心乘3路或64路车沿Centre St. 向北，在 New Asia Market 下车（7－8 分钟）。这家位于购物中心里的餐厅的菜比较清淡，吃起来很合口味。特别是价格在$2.80－$3.25 之间的粥，装在像脸盆一样的大碗里，而且添了海味汤调味，非常好吃。如果是女孩子的话，可以要一份炒饭($5.75)和一份馄饨汤($2.50)分着吃，完全足够。

HOTEL 饭店

卡尔加里是一个迅速发展起来的城市，一到晚上市中心就没有了行人，给人一种危险的感觉。与其为了寻找便宜旅馆而在这儿转来转去，还不如住在郊外的旅馆或汽车旅馆里。想住在市中心的话，必须狠下心住进大型高级旅馆，或者住青年旅馆。卡尔加里是一个商业城市，因此有很多大型旅馆在周末（星期五和星期六）实行优惠房价。房间数量很多，除了夏天举行西部庆祝会期间外，都能毫无问题地找到房间。

旅馆和青年旅馆

一家难得的市中心的便宜旅馆

● *Regis Hotel*

124 7th Ave. S. E.

电话(403)262－4641

乘城市火车在 Centre St. 下车，从 7th Ave. 向右（东）稍走一段即到。现在 York Hotel 已经停业，因此这便是市中心惟一的一家便宜旅馆了。大厅感觉很阴暗，电梯陈旧，地毯也不知是什么时候开始铺的，但交通方便，外出观光和吃饭也很便利。晚上这一带治安不好，女性游客最好不要去住。Ⓢ$43。

形象凝重的传统旅馆

● *The Palliser Hotel*

133 9th Ave. S. W.

电话(403)262－1230

传真(403)260－1260

这是一家与卡尔加里塔并排而立的具有古典风格的 CP 系老牌旅馆。游客从宽敞的大厅和衣着华丽的门童的服务中，可以切实地体会到国外旅游的滋味。ⓈⒹⓉ$260－310。

位置便利的高级旅馆

● *Radisson Plaza Hotel*

110 9th Ave. S. E.

电话(403)266－7331

这里过去是斯凯莱茵广场。这家大型旅馆紧挨着卡尔加里塔，位置非常便利，和格尔波尔博物馆在同一个街区。从这儿搭乘机场班车也很方便。Ⓢ$139、Ⓓ$149。

市中心北部的一家价格适中的高级旅馆

● *Westin Hotel*

320 4th Ave. S. W.

电话(403)266－1611

位于市区中心3rd St. 和4th Ave. 的交叉口附近。离唐人街只有两个街区，位置很方便。这是一家设施和服务都超群的一流旅馆。Ⓢ$155、ⒹⓉ$165＋税金。

靠近超级市场和购物区的旅馆

● *Prince Royal Suite Hotel*

618 5th Ave. S. W. (T2P 0M7)

电话(403)263－0520

传真(403)262－9991

这是一家宽敞清洁得惊人、令人倍感舒适的旅馆。除电视机、电话外，房间里还放置着烤炉、烤面包箱，因此可以随心所欲地像住在自己家里一样。从机场乘机场班车可到达这家旅馆(单程$8.50)。

＊＊＊

Ⓢ$95、ⒹⓉ$105。周末优惠价为Ⓢ$57、ⒹⓉ$67。

舒适的都市型旅馆

●*Ramada Hotel Downtown Calgary*

708 8th Ave. S. W. (T2P 1H2)

电话(403)263－7600

传真(403)237－6127

这是一家位于 8th Ave. 和 6th St. S. W. 的交叉口的都市型旅馆。离旅游观光的中心地区 Centre St. 稍远，但离 C－Train 的火车站很近，购物也挺方便。Ⓢ$125、ⒹⓉ$135。

靠近灰猎犬公共汽车车站的旅馆

●*Lord Nelson Inn*

1020 8th Ave. S. W. (T2P 1J3)

电话(403)269－8262

传真(403)269－4868

这是一家离重新装修过的灰猎犬公共汽车终点站最近的旅馆。从终点站正面的 9th Ave. 向左走，过 Bow River 上的桥来到和 10th St. 交叉的一带之后，左边就能看见这家旅馆。徒步 15 分钟即到。从终点站出发有免费的短途区间公共汽车。ⓈⒹⓉ$72.80。旅游旺季为ⓈⒹⓉ$84。这是一家便宜而漂亮的旅馆，值得推荐。

卡尔加里南部的旅馆

●*Elbow River Inn*

1919 Macleod Trail S. E. (T2G 4S1)

电话 (403) 269－6771/(1－800) 661－1463

由于地处埃及波尔河沿岸，风景很好，其所处的位置是五星级的，离城市火车车站仅一个街区。穿过西部庆祝会公园即可到这家旅馆。房价为带洗澡间·卫生间的Ⓢ$66.08～99.68、ⒹⓉ$77.28～110.88。

＊＊＊

如果带上旅游问询处等的减价优惠券去的话，带洗澡间·卫生间的客房房价降为Ⓣ$49＋税金。这儿还带早餐，房间也很干净，是一家不错的高级旅馆。由于离火车站很近，非常方便，可以步行去市中心。

充满豪华气氛的高级旅馆

●*Chateau Airport－CP Hotel*

2001 Airport Rd. (T2E 6Z8)

电话(403)291－2600

传真(403)250－8722

这儿价格虽然偏高，但可以体会到豪华的气氛。这是一家 CP 系旅馆，位于卡尔加里国际机场的正前方，大厅里有专门提供航班信息的电视机。它对于深夜到达卡尔加里或者要在清晨出发的人非常方便。到公共汽车总站乘出租车需 20 分钟，$15。

* * *

房价为Ⓢ$140、Ⓣ$155 + 税金。到公共汽车总站乘市内公共汽车需 60 分钟，$1.35；乘出租车需 12 - 15 分钟，$12。

靠近公共汽车总站，只接受女性住宿的青年旅馆

●YWCA (Mary Dover House)

320 - 5th Ave. S. E. (T2G 0E5)

电话(403)263 - 1550

传真(403)263 - 4681

从公共汽车总站往东仅 3 个街区，在 5th Ave. 和 Macleod Trail 的交叉处。房子很大，很容易找到。地下有自助餐厅。Ⓢ带洗澡间$35、Ⓢ无洗澡间$30、Ⓣ带洗澡间$45、Ⓣ无洗澡间$40、宿舍式房间$18。另外，ⓈⓉ还可以按周包房，每周房价为$150 ~ 225。房客可以免费使用游泳池和健身房。宿舍式房间为 7 人间，房间里放着衣柜，每人一把椅子。有服务员收拾房间，还提供毛巾和香皂，价格和青年旅馆一样。钥匙押金$5。

B&B 旅馆和青年旅馆

市中心东部边缘的旅馆

●Calgary International Hostel

520 7th Ave. S. E. (T2G 0J6)

电话(403)269 - 8239

位于市中心的东部边缘，7th Ave. 和 4th St. 的交叉口附近。对于市中心便宜旅馆很少的卡尔加里来说，这儿是一个很方便的地方。离 C - Train 和唐人街都很近。

* * *

公共厨房很宽敞、舒适。洗澡间 · 卫生间虽是公用的，但因为是刚刚改装过的，非常干净。房间为 8 人间，免费出借枕头、毛毯。小柜子的锁要各人自己准备。前台 24 小时服务，所以即使晚归也不要紧。旅游旺季会员房价为$14、非会员为$18 + 税金。

日本人经营的新 B& B 旅馆

●难波先生的住处

279 Scenic Park Pl. N. W. (T3L 1N5) 电话(403)241 - 8395

在卡尔加里机场，到市中心乘车约 20 分钟。用车从机场来迎接游客的服务收费$25。有两个房间，大房间能住 10 人，带早餐共$40。晚餐为$30。人多的话还有优惠。

高级住宅区的 B& B 旅馆

●Elbow River B& B

802 Riverdale Ave. S. W. (T2S 0Y3)

电话(403)243 - 9442

传真(403)243 - 2829

正如旅馆名字所显示的，这家旅馆位处埃尔波尔河边风景优美的高级住宅区内。它是一栋红色屋顶的白房子，外表华丽，看起来都并不像是一家 B&B 旅馆。它的后院很漂亮。房价为带洗澡间、卫生间的Ⓢ$70 ~ 90、Ⓓ$90 ~ 120。西部庆祝会期间提价。需要预定。

像迎接亲朋好友一样的热情接待的旅馆

●Betty's B& B

12427 Lake Fraser Way (T2J 3T3)

电话(403)278 - 7960

这儿的店主免费开林肯轿车去机场和公共汽车总站接送房客，客人一到旅

馆，马上就会被请到内院喝饮料。早晨提供全套的丰盛早餐。面包和松饼都是自己家里做的。因此早晨一起床就会闻到烤面包的味道和咖啡的香味，令人垂涎欲滴。到高尔夫球场乘车5分钟，店主还免费把他儿子的高尔夫球棒借给了我们夫妇二人。每晚$60。旅馆位于幽雅的住宅区内，从城市东南部的城市火车终点站安德森步行15分钟即到。

亲切的B&B旅馆

●Beers' Parlour B&B

3605 Parkhill St. S. W.

电话(403)243-1905

这家旅馆位于幽静的住宅区中，从市中心乘公共汽车需15分钟，从机场去需10分钟(有接送服务)。女主人玛丽安女士据说喜欢户外活动，几乎走遍了加拿大落基山脉的所有地区。除卡尔加里城的情况外，她一定会向客人介绍去落基山脉享受旅游乐趣的最佳方法。早餐的手工制馅饼非常好吃。Ⓢ$35~45，Ⓓ$60~65。房间都很清洁，有种家庭的气氛。

带豪华早餐的住宅区内B&B旅馆

●Rosedale House B&B

1633 7A St. N. W. Calgary, AB (T2M 3K2)

电话(403)284-0010

这家旅馆位于可俯视波尔河的一个高地上，到市中心乘出租车5分钟。在这里仅一边散步一边欣赏周围住宅漂亮的院子就令人非常愉快。这儿的早餐也非常豪华，菜谱每天都不一样，千万不要错。手工制作的面包和果酱也很好吃。还有带专用淋浴的房间。Ⓢ$55、Ⓓ$70。

USEFUL INFORMATION 有用的信息

●交通机构

Greyhound 电话(403)265-9111

Calgary Transit 电话(403)276-7801

航空线：Air Canada 电话(403)298-9111

Canadian Airlines International 电话(403)235-1161

●气温(℃)

月	1	2	3	4	5	6	7	8	9	10	11	12
最高	-6	2	2	3	16	20	23	22	17	12	3	-2
最低	-18	-13	-10	-9	3	7	9	8	4	1	9	-14

TOURS 旅游公共汽车指南

布鲁斯特旅行公司 Brewster Transportation & Tour

808 Centre St. S. E. Calgary, AB, T2G 5J2 电话(403)221-8242、(403)762-

6700(班府)

在卡尔加里塔对面的 Radisson Plaza Hotel 后面有布鲁斯特公司的旅行事务所。参加旅行时,有开车前来旅馆接人的服务,因此,只须事先确认好时间,然后在附近的旅馆门前上车即可。

●Tour C2: Calgary City Sights

游览奥林匹克公司,卡尔加里堡垒和斯科茨曼山等处,成人$25、儿童$13,需时4小时。5月21日~9月30日 每天13:00从 Radisson Plaza Hotel 发车。

●Tour C3: Lake Louise Tour

游览路易斯湖周围的景点,并顺路去班府。

成人$46、儿童$13,需时9小时。6月1日~9月30日的周一、二、四、六早8:00从 Radisson Plaza Hotel 发车。

BAD LAND

巴德兰德 ● ALBERTA

卡尔加里周围一眼望去是宽阔的大陆景色，平缓起伏的平原上是一片片宽广的绿色麦田。但是从卡尔加里向东走140公里左右，就会来到一片荒凉的土地，这就是巴德兰德。平原当中是被冰河时期的冰水浸蚀而成的红鹿河 Red Deer River，河不宽，但相当深。河两边的地区看起来像火星上的风景一样，据说曾经作过科幻电影的外景地。一些与中国桂林的石林相似的，蘑菇形石柱(Hoodoos)也非常奇妙。由于巴德兰德像是在绿色的平原上突然出现在人们眼前的一片沙漠，这不可思议的风景使人觉得，哪怕就是为了这点也都值得一去。但是，不能忘记了梯莱尔古生物博物馆。它就建在实际发掘现场的旁边，馆内收藏的恐龙标本可以说是全世界首屈一指的，因此，恐龙迷绝对不要错过。

ACCESS 交通工具

巴德兰德是一片一无所有的宽广的荒凉土地，因此最好是开车去。单程需要2小时左右，途中大平原上宽阔的麦田风景非常令人愉快。灰猎犬公共汽车每天从卡尔加里发几班车去巴德兰德的中心地区(也不过只是个小乡村城镇)德拉姆赫拉(往返$30左右)，但当地没有交通工具，很难当天返回。

租不到出租车的时候，最好从卡尔加里参加团体旅游。这儿和落基山脉附近地区不一样，参加的人数不多，可以慢慢地不慌不忙地游览，就是不喜欢公共汽车旅游的人也会觉得很愉快。不过，对于那些对别的不感兴趣，只想慢慢观看梯莱尔博物馆的游客来说，最好还是自己确保自己的交通工具。如果以团体方式事先联系的话，还可以包车或者自己指定旅游线路。

TOURS 旅游指南

Hammerhead Scenic Tours

4714 14th St. N. W. Calgary, AB, T2K 1J6　电话(403)547－1566

6～9月每周二、四、六举行12人以下的团体旅行，早9:00从卡尔加里出发，游览巴德兰德的景点之后于18:00返回($45)。参观霍斯休卡尼昂、梯莱尔博物馆(含门票)和石柱等处，最后去罗斯代尔的拉斯特昌斯酒吧喝啤酒。在过去煤矿城的旅馆和街道都已是荒废的今天，这个酒吧仍然保留着当时的独特的气氛。这家公司还组织前往 Head－Smashued－In Buffalo Jump(联合国教科文组织指定文化遗迹)的旅行($49)。

Exclusive Mountain Tours

32 Hudson Rd. N. W.　电话(403)274－2281　传真(403)282－1148

在卡尔加里让这家公司的车来接，然后游览古生物博物馆、石柱，接着去霍斯西去溪谷。这儿一眼望去全是非常有巴德兰德特色的荒凉风景。这是家1993年才成立的小公司，据说还非常欢迎游客自己指定路线旅行($45＋博物馆门票)。

WALKING 游览路线

有一条连接该地区景点的路线叫作恐龙路(绕行一周48公里)，步行游览是不可能的，开车去的话可以沿这条路行驶。如时间充裕，再向南一些的地方有宽阔的恐龙省立公园，那儿可以看到发掘恐龙化石的情景。

如是不得不乘公共汽车去，灰猎犬公共汽车的汽车总站中的旅游问询处（电话(604) 823－2112）会为游客联系合乘的公共汽车，这样至少花$12可以往返博物馆。

SIGHTSEEING 主要景点

梯莱尔古生物博物馆　The Royal Tyrrell Museum of Palaeontology

电话(403)823－7707　传真(403)823－7131

离德拉姆赫拉镇约6公里。这儿不仅是恐龙，而且是世界少有的一家关于古生物的自然历史博物馆。馆内排列着一排排的剑龙、霸王龙、三角龙等的骨骼标本，令人觉得非常壮观。但是，也不能放过不起眼的古代鱼类展和再现恐龙生活场面的内容。这儿还可以触摸真正的化石。展品的陈列非常讲究，在参观的途中还会经过收集着从古代一直生存到现在的羊齿类植物的温室等。附属餐厅中的午餐很好吃，价格为$4.25。门票为$5，但星期二免费。夏季一直开放到晚上9点。一边看说明一边游览至少需要3个小时。

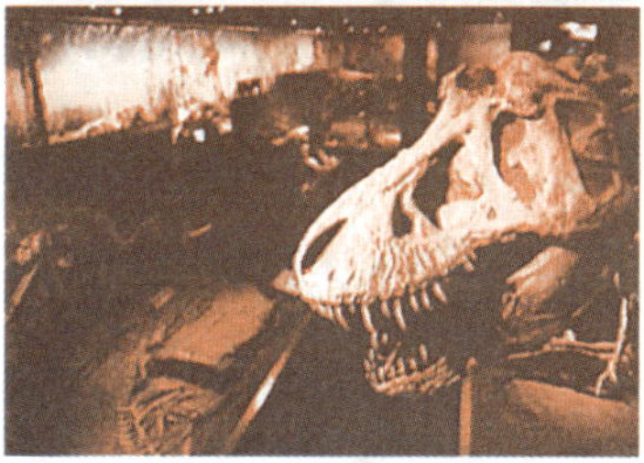

SHOPPING 购物

●*The Fossil Shop*

61 Bridge St. Drumheller, AB

电话(403)823－6774

传真(403)823－6774

位于从德拉姆赫拉镇向北过 Red Deer River 河上的桥之后的附近。这是一家专卖化石的商店，恐龙和一些贝壳等的化石很便宜，花$5左右就可以买一件作礼物，花$500的话就能买到一件可以作为传家宝的东西。据说以前店内还出售仿制品，但商店嫌顾客一一地问是不是真品太麻烦，就不再卖了。可以用信用卡付款。

HOTEL 旅馆

德拉姆赫拉周围有几家面向开车游客的汽车旅馆。镇上虽然有同时经营礼品的博物馆，但小镇本身不是什么特别有趣的地方，一般都是从卡尔加里出发当天返回。

WATERTON LAKES NATIONAL PARK

华特顿湖国家公园

华特顿湖位于艾伯塔省的南端、落基山脉即将消失在美国国境对面的地方，这个湖的旅游口号是“群山与大平原相会之处”。尽管群山不断的冰原公园和卡尔加里附近的360度的地平线对许多外国游人来说也很新奇，但是这两种地形相会的华特顿地区更是一个令人感触很深、不能放弃的地方。由于这种特殊的自然环境，使得这个地区有各种复杂而丰富的动植物资源，这也是这个国家公园的特征。与班府等地不同，这儿几乎没有团体旅游的游览，因此，即使在作为公园基地的华特顿镇里，也洋溢着悠闲的家庭式气氛。

华特顿湖国家公园与美国的格雷西亚国家公园从国境两边形成一个成对的公园，可以越过国境进行自由的交流。实际上，格雷西亚国家公园的面积要大得多。

ACCESS 交通工具

华特顿湖国家公园在卡尔加里以南264公里处。从卡尔加里等大城市没有直接到华特顿的公共汽车，因此必须在中途的城市换车继续前行。但是公共汽车班数很少，而且当地的交通很困难，如果没考虑长期呆的话，最好租车开着去。

从卡尔加里出发，一般沿2号高速公路从马克罗德要塞进3号高速公路(Crowsnest Hwy.)，经宾查河，或者直接南下经卡德斯顿进入公园。沿途公路在大平原中穿行，开车飞驰非常愉快。从班府出发，可以先到卡尔加里再按前面的同样路线走，也可以使用从卡那那基斯直接沿落基山脉南下的海伍德公路（这是北美海拔最高的高速公路）。乘飞机一般也是从卡尔加里出发，但莱斯布里奇也有机场。

野牛牧场

INFORMATION 旅游问询处

Waterton Park Chamber of Commerce & Visitors Association
P. O. Box 55 - 6, Waterton Lakes National Park, TOK 2M0
电话(403)859 - 2203

位于华特顿镇的入口处。

华特顿湖

威尔士亲王饭店 Prince of wales Hotel

WALKING 游览路线

游览活动的起点是位于湖畔的华特顿镇。只有这儿才有住宿和餐厅设施。这个镇非常小，让人感觉到在这里可以见到来华特顿的所有游客。小镇面对着湖泊，因此，顾客可以享受漫步湖畔的乐趣。小镇周围还有完善的野营场地。

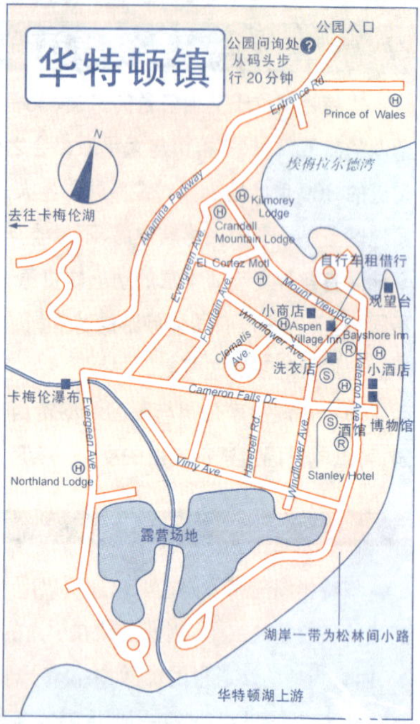

位于一个较高的山丘之上，并可俯视华特顿湖的威尔士亲王饭店（POW）可以说是华特顿的象征。湖中的景色也数从这儿看起来最漂亮，因此不妨走路过去看看。下午还提供烤肉大餐式的正式茶点（味道不怎么好吃）。

没有车的话，可以使用出租的自行车或摩托车。镇上一家叫做Pat's的加油站可租到。

SIGHTSEEING 主要景点

高特杭特 Goat Haunt

从华特顿镇的栈桥出发从湖中南下，到对岸的Goat Haunt有观光船往返。途中需要两个小时，中途在美国国境线对面的Goat Haunt停留30分钟。游客可以在这儿下船，参加直接进入美国的漫步旅行。观光船从早晨9:00到黄昏19:00每天开5班（仅限于夏季）。途中经常可以看到野生动物。

Waterton Inter = National Shoreline Cruise 电话(403)859－2362

克利普特湖 Crypt Lake

从华特顿到克利普特湖的这条路线途中要穿过天然的隧洞，绕过绝壁，这在为数不多的加拿大落基山脉的山间小径中也是与众不同的。用船把游客送到出发地点（$9），这一点也是独一无二。这是一条往返约需6个小时的一日游路线。

卡梅伦湖　Cameron Lake

沿离镇16公里的Akamina Parkway前行，不久就会到达幽静的卡梅伦湖。这一带是加拿大的大雪地带，冬季积雪深达数米，因此植被也与落基山脉的其他地区不同。湖上有出租的游船等设施。

RESTAURANT 餐厅

吃便餐的餐厅很多，但是要吃讲究一些的正餐最好去威尔士亲王旅馆的餐厅（味道很好）。在Bay Shore Inn和Kilmorey Lodge里面也有餐厅。在New Frank's Restaurant里有模仿中国菜的菜肴。份饭$8.75-9.75，面类价格也差不多。随意点菜的话，一个菜加啤酒和小费共$20，但是味道不能说好吃。博物馆旁边的酒吧到晚上就用作迪斯科舞厅。

HOTEL 饭店

华特顿湖的住宿设施（除野营场地外）客容量很小，一到夏天的旅游旺季很快就会住满。并且附近可去的住宿设施也很少，因此事前预约非常必要，建议游客在半年前向POW预约。小旅馆也要在4个月前，汽车旅馆在1个星期前预约。野营场地不能预约，帐篷$13、RV $17，有冲水厕所和淋浴。

华特顿湖的象征

●*Prince of Wales Hotel（POW）*

Waterton Townsite, AB Canada

电话（403）859-9311　预约电话（406）226-5551

这是一家公馆式的旅馆，建在一个可俯视湖面的较高的山丘上。它的照片经常被用在旅行手册上，是加拿大有代表性的景观之一。旅馆采用了山庄式的建筑风格，客房布置在高大的大厅上空的四周。旅馆整体形象为苏格兰风格。它虽然没有班府的斯普林斯旅馆和夏托湖路易斯旅馆那种高级的感觉，但有一种家庭式的气氛，令人倍感亲切。休息室中的午餐价格为$8-8.5。房价Ⓢ$109~130、ⒹⓉ$118~142。（仅在夏季营业）。

面对湖泊的山中小屋式旅馆

●*Kilmorey Lodge*

P. O. Box 100,　Waterton Park（T0K 2M0）

电话（403）859-2334

传真（403）859-2342

位于紧挨着小镇入口处的地方，旅馆后面正对着湖。这是一家乡村风格的漂亮旅馆，旅馆虽然很小，但正因为小，给人一种家庭式的舒适氛围。感觉就像在瑞士一样。全年营业。房价为Ⓢ$87.36、Ⓓ$100.80、Ⓣ$134.40。

对细微之处都煞费苦心的山间小屋式旅馆

●*Crandell Mountain Lodge*

P. O. Box 114, Waterton Park（T0K 2M0）

电话/传真（403）859-2288

这是一家对细微之处都非常重视的乡间小屋式的小旅馆，有精心制作的院子，每个房间的内部装修和家具都不一样。房价为ⓈⒹ$79－139，Ⓣ$89－149。旅游淡季便宜$10～30。这家旅馆和Kilmorey Lodge一样，最适合新婚旅游。全年营业。

位置方便的大型汽车旅馆

●*Bay Shore Inn*

P. O. Box 38, Waterton Park(T0K 2M0)

电话(403)859－2211

传真(403)859－2291

位于小镇中最热闹的一带，后面正对着湖。和POW一样，客容量为70名，因此，即使没能预定到房间，如早一点去等着退房，也很容易得到房间。旅馆设有餐厅和礼品店。仅在夏季营业。旅游旺季ⓈⒹⓉ$85～95。

惟一的便宜旅馆

●*Stonley Hotel*

Waterton Ave. Waterton Park(T0K 2M0)

电话(403)859－2335

Waterton Ave.的博物馆斜对面的杂货店二层的9个房间是这儿最便宜的旅馆。房间非常简朴，洗澡间·卫生间公用(只有室内盥洗台)。墙壁很薄，可以清楚地听到隔壁的声音，但是感觉很亮堂，没有什么坏处。房间的价格非常合理。因为要从杂货店主人那儿要钥匙，所以必须在商店关门前抵达。房价Ⓓ$40。

EDMONTON

埃德蒙顿
ALBERTA

艾伯塔省的省会过去曾是去育空山金矿的“北大门”，战后在附近发现了油田，又作为加拿大的“油都”而得到飞速发展。从城中央流过的北萨斯卡丘旺河的北岸是现代化高楼林立的市中心，南岸则是住宅区和省立大学的绿地。这里环境优美，市民人均拥有的公园面积居加拿大第一位。

这座城市引以骄傲的是世界最大的购物中心。这是一个巨大的购物区，其内部的商店、餐厅、旅馆、游乐场和人工湖都用玻璃制的圆屋顶覆盖着，即使在下雪而不能外出的严寒冬季，在这里也能得到愉快的享受。另一方面，这座城市还以“节日城”闻名，人们为了尽情享受短暂的夏天，因此在整个夏季都不断举行各种庆祝活动。

ACCESS 从机场到市内

埃德蒙顿国际机场

在市中心以南29公里处，国际线和国内线的几乎所有航班都在这儿起飞和降落。

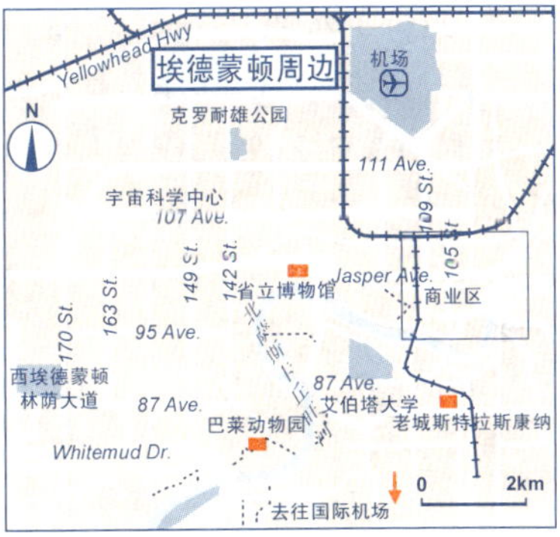

● 机场班车 / The Grey Goose Airporter

电话(403)563－1520/463－6537

这是连接机场和市内的公共汽车服务，每20分钟发车一班，到市内需45分钟，票价单程为$11、往返$18。从市内前往机场时，如提前预约，可到旅馆接运游客。

● 出租车

到市内需30分钟，价格为$40。

市内机场

在市中心以北3公里处，国内线的短距离航班在这儿起降。这个机场和国际机场所处位置正好在相反的方向，因此，乘国内航班离开埃德蒙顿时，注意确认飞机从哪个机场出发。乘出租车价格为$10。

ACCESS 从公共汽车总站到市内

Greyhound Bus Terminal

10324－103rd St. Edmonton, AB T5J 0Y9　电话(403)421－4211/421－4242

位于市区的中心。时间:5:30～1:00

ACCESS 从火车站到市内

在市中心的 100th St. 和 104 th Ave. 的交叉处旁边。

INFORMATION 旅游问询处

Edmonton Tourism Visitor Information Centre

Edmonton City Hall, #1 Sir Winston Churchill Square

电话(403)496－8400　在市政大楼里。

时间:5～9 月周一～周五的 9:00～16:30 周六和周日的 11:00～17:00,其余时间每周六、周日休息。

Gateway Park

2404 Calgary Trail Northbound S. W.

在 2 号高速公路旁,全年营业,时间随季节变化。

Edmonton Tourism

9797 Jasper Ave. No. 104 Edmonton, AB T5J 1N9

电话(403)426－4715/422－5505

这是位于会议中心里的旅游局,只提供基本的情况。

时间:5 月中旬～9 月上旬每天 8:30～16:30　其余时间周一～周五的 8:30～16:30。

Alberta Tourism

10155－102nd St. Edmonton, AB T5J 4L6

电话(403)427－4321/(1－800)222－6501(省内),(1－800)661－8888(省外)

位于从公共汽车总站向东一个街区,向南两个街区的地方。

时间:周一～周五的 8:15～16:30。

WALKING 游览路线

这座城市坐落在萨斯卡丘旺河两岸很大的范围内,但景点不在市中心而在城市周围的地方，因此游览必须巧妙地利用公共汽车。市内道路都是垂直相交的，南北向的叫路(St.)，东西向的叫街(Ave.)，都用数字命名，数字越往东南方向越小，对游客来说非常便于记忆。不过，很多公共汽车路线都是以市区为中心向外呈放射状延伸的，因此，想一一参观景点而不用每次都回到市区的话，需要好好研究一番公共汽车的路线。城中还有很多沿街载客的出租车，集体旅游时，乘出租车也是一个办法。

城市的中心地带有很多通过地下街道联系在一起的购物区，因此即使在寒冷的季节也能够享受购物和餐饮的乐趣。相反，在地上行走反而不那么有意思了。

TRANSPORTATION 市内交通机构

市内有被叫做LRT的轻型铁路线和非常发达的公共汽车路线。票价一律为$1.60，90分钟以内有换乘票，可以在LRT和市内公共汽车间换乘。乘公共汽车时可以索要换乘票。LRT的车票上盖有印时戳，可以直接使用。一天内任意乘坐的Day Pass。票价为$4.75。

在Jasper Ave.和100A St.交叉处的埃德蒙顿客运公司的问讯处、旅馆或公共汽车上可以得到叫做“RIDE GUIDE”的地图，图上印有详细的路线十分方便。在市中心，前往不同目的地的公共汽车站各不相同，没有这张地图的话容易漫无边际的转来转去。

Edmonton Transit　电话(403)421－4636

市内公共汽车 City Bus

班数很多，非常方便。去往郊外时往往要在University、Jasper Place等换乘中心换车，如果知道它们的位置，换乘就很方便。

LRT

这是由两节车箱组成的轻型铁路列车，从萨斯卡丘旺河南边的University延伸到市中心的东北部，进入市中心后便在地下行驶。营业距离很短，特别是在市中心的火车站之间的间隔很近，因此在方便这一点上还不如公共汽车。除开往艾伯塔大学和体育场等处外，车次很少。市中心的Grandin到Churchill之间免费，所以，特别是冬天不想在室外行走的时候，乘这种火车比较方便。平日每隔5～10分钟发一班车。顺便提一下，火车的车门是自动开关的。

市中心

穆塔特植物园 Muttart Conservatory

9629－69A St. 电话(403)496－8755 传真(403)496－8747

从埃德蒙顿市内眺望北萨斯卡丘旺河，可以看到河对岸的绿地上有四座玻璃金字塔。这些融古代和未来于一体的梦幻般的建筑物就是穆塔特植物园，里面培育着热带、温带、沙漠地带等各种气候带的植物。

四个金字塔是按植物种类划分的温室，分别为“The Show”（花卉）、“The Arid”（仙人掌）、“The Tropical”（热带植物）和“The Temperate”（树木）。金字塔围绕着的中间是售票处，自助餐厅和礼品店。

开放时间：星期天～星期三 11:00～21:00　星期四～星期六 11:00～18:00

票价：$4

路线 到穆塔特植物园从市中心步行需约20分钟。最近的路线是走下会议中心后面的阶梯，穿过河堤上的草坪，然后过一座木桥。也可乘坐从市中心101st St.向南的51路公共汽车，一渡过北萨斯卡立旺河马上就能看见金字塔。但由于距离不远，没有必要乘坐，最好还是一边欣赏大自然的景色，一边慢慢地步行前往。

省议会大厦 Legislature Building

97th Ave. & 109th St. 电话(403)427－7362

这是一座背靠北萨斯卡丘旺河而建的T字形建筑。它所处的位置是一个有历史意义的地方，曾经建有埃德蒙顿堡垒，因此可以说是这个城市的发祥地。

尽管这块地面的地基是流沙，建筑非常困难，但这座“建筑的杰作”还是于1912年完成了。这是一座四层楼的建筑物，中央耸立着55米高的圆顶，其内部装饰着玻璃砖。圆顶下的宽敞大厅Rotunda中使用的大理石是从宾夕法尼亚、意大利和魁北克三个地方运来的。大厅的中心有喷泉，与从那儿可以仰望到的顶上的圆顶形成了非常精致的对比。

大厦的五层有图书馆、艾伯塔历史展览室和为纪念加拿大建国100周年而铸造的“卡里翁”大钟。据说，当人站在某一特定位置上的时候，即使没有任何人碰这座钟，它也会传出钟声。因此，时时都会有游客在那儿表情神秘地倾听着传出的钟声。

参观省议会大厦时，在下列时间内，每隔 30 分钟有导游带领游客参观。所需时间约 30 分钟，免费。省议会大厦的入口在北侧，所以要从 99th Ave. 的方向进去。在省议会大厦的服务台可以得到有关艾伯塔省的小册子和公路图等。

时间：(夏)星期一～星期五 9:00～20:30　星期六、星期日 9:00～16:30

(冬)星期一～星期五 9:00～16:00　星期六、星期日 12:00～16:00

唐人街　Chinatown

在市中心的东侧有唐人街，中华门(102nd Ave. 和 97th St. 的交叉点)可以说是唐人街的标志，是作为埃德蒙顿与其中国友好城市哈尔滨之间的友谊象征而建造的。这座门 1987 年完工，宽 23 米，高 12 米。周围虽然有不少中国餐厅和杂货店，但还是有些冷落的感觉。实际上，最近在离这儿不远的地方形成了一个新的唐人街。新唐人街在从 97th St. 向北穿过 VIA 高架桥之后的一带。在中华门周围，还有很多越南人经营的中国餐厅和越南餐厅。

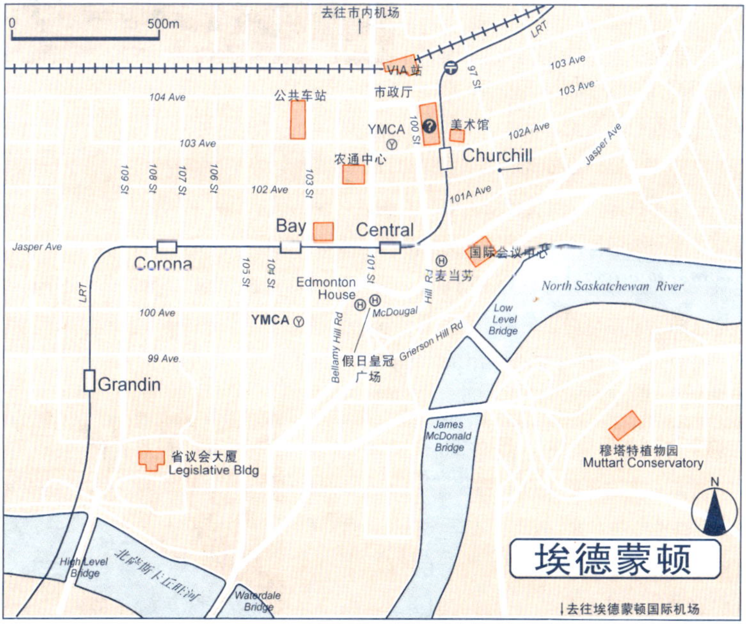

市中心周围和郊外

艾伯塔省立大学　University of Alberta

87th Ave. & 114th St.　电话(403)492-2325

艾伯塔省立大学在北萨斯卡丘旺河的南侧，市中心的对岸。大学的周围被住宅区包围着，形成了一所以大学为中心的城镇。这所大学是加拿大第二大大学，创立于1906年，学生总数约3万人。校园内部像公园一样，散步其中非常愉快。

在宽阔的校园内，有"Hab"和"Sub"两家购物中心夹杂在宿舍之中。在"Hab"购物中心里有食品店、文具店、时装店、唱片店等，但价格并不便宜。晚上，有的商店也经营临时性的酒吧，可以花很少的钱享受喝酒的乐趣。"Sub"购物中是"Student Union Building"(学生会大楼)，一层是大学生协会。这儿有很多印有大学标志的商品，从T恤衫到帽子、文具、咖啡杯、紧身衣等，应有尽有。另外，还有各种品种齐全的印有大学篮球队和曲棍球队吉祥物"金熊"图案的商品。在这里可以买到价格合理的礼物，T恤衫$10~18、打火机$2.50。此外，"Sub"购物中心一层还有一家书店，从专业书到小说、儿童读物都有，喜欢看书的人一定要去看看。

营业时间:5~8月周一~周五8:00~16:00　周一~周五8:30~16:30

● **拉扎福德纪念馆**/Rutherford House

11153 Saskatchewan Dr.　电话(403)427-3995

它位于校园内，是艾伯塔省首任首相同时也是艾伯塔大学创始人A.C.拉扎福德的住宅。房子建于1911年，拉扎福德和他的家人在这里一直住到1940年。房子的建筑风格和古董家具等原封不动地保留着当时维多利亚王朝的优雅风采。夏季可以在这儿的茶室中享受下午茶。门票由游客随意捐赠。

开放时间:5月~劳动节10:00~18:00　其余时间12:00~17:00

老城斯特拉斯康纳　Old Strathcona

这儿本来是埃德蒙顿的邻城，但由于人口的增加，它似乎已被吞并，成为了埃德蒙顿的一角。由于这个原因，与发达的埃德蒙顿中心地区相比，这儿完好地保留着本世纪初加拿大的街道格局。与商店主要集中在购物区、高层建筑之间变成单纯通道的市中心不同，这里可以品评橱窗中的商品，在路边的长凳上一边晒太阳一边喝茶，昔日的街道仿佛就活在我们眼前。也就是说，这个地方非常适宜在休息日携家人一起散步。如果想感受一下原汁原味的加拿大人的生活，你不妨在这儿过上一个有意义的下午。以 82nd Ave. 为中心，从 103~105th St. 向北的地带非常热闹，还有玩具博物馆等。

在 103rd St.，星期二下午、星期六早晨到下午的农夫集市在一个本身就是仓库的空旷的会场上举办。这个非常简朴的集市，令人感觉似乎是附近的农家在出售刚摘下来的蔬菜和家庭加工的食品。集市上常能见到一家几口抱着一包包的蔬菜和鲜花，一边嚼着香肠或饼干一边走动。虽然这不是面向游客的集市，但在这儿也许会碰到意想不到的便宜货。

路线 从市中心乘43或46路公共汽车过萨斯卡丘旺河，在82nd Ave. 和104th St. 的交叉处附近下车。也可以乘 LRT 在 University 下车，再乘46路公共汽车。

艾伯塔省立博物馆 Provincial Museum of Alberta

12845-102nd Ave.　电话(403)453-9100

博物馆虽然不大，但里面有丰富的自然科学方面的展品，因此，正打算去落基山脉的人如果先去这家博物馆看看的话，可以很好地了解动物的名称和生态。紧挨入口处右边是艾伯塔的代表性动物布景展厅，把动物标本放在它们生活的环境中展出。驼鹿和麋鹿、驯鹿的区别在这儿一目了然。二层的展厅一半是昆虫、鸟类、矿物、化石等展品。人们一提起艾伯塔就会想起恐龙，但这儿的古生物方面的展品出人意料地缺乏感染力。另一半是历史、民族学展厅，原样展示了开拓时代的生活和印第安人的文化。

开放时间：(夏)9:00~20:00　(冬)9:00~17:00(休息日之外的星期一闭馆)

门票：$3.25　星期二免费

路线 乘坐从 Jasper Ave. 向西开的1、2、10路公共汽车，进入102nd Ave.，越过 Groat Rd. 上空的高架桥之后，马上就能看见左边的博物馆。然后在128th St. 附近下车。返程相同。

西埃德蒙顿购物区(WEM)探访记

即使是断言不喜欢购物中心的人，但如果面对的是世界上最大的购物中心，那又会怎么样呢?西埃德蒙顿购物区是一家世界闻名的巨大购物中心，同一座屋顶下分布着店铺800间，餐厅和食品售货摊100多家，并在内部还设有旅馆、游乐场和人造波浪游泳池。正因为加拿大是一个有着漫长的零度以下寒冬的国家，才诞生了这座极其舒适的“空调城”，人们可以从中饶有兴趣地去体会“追求便利、清洁而安全的人工环境城的结果”。

●娱乐设施完美无缺

让我们首先从娱乐设施开始介绍。Fantasyland虽然没有高空观景车，但是有可以享受从13层楼高度做自由落体运动的Drop of Doom，和令人惊叫不止的翻滚列车Mindbender等设施。所以，不能小看这个地方的娱乐设施，以为不过是比一般游艺中心好一点而已。另外，室内还有一个室内湖(Indoor Lake)，因为建在宽阔的拱顶大厅中，因此从厅中的各个不同角度都能俯视得到。这个人工湖的正中浮着与实物同样大小的哥伦布圣玛丽亚号帆船，湖中还有微型潜水艇游弋(数量比加拿大海军保存的还多)。其中的海豚表演(海豚呆在颜色像厕所芳香剂一样的水里，让人觉得有点可怜)和微型水族馆也不可忽视。

此外，World Waterpark($18.95)是一个拥有各种完备的滑水设施的人造波浪游泳池。在大得都可以进行曲棍球比赛的滑冰场Ice Palace滑完冰之后，在湖边的休息处喝上一杯鸡尾酒饮料，感觉真是心旷神怡。

●领略加拿大人的乐园观

在商店方面，时装店很多，虽然数量惊人，但专卖店和满意的商店不多。总之给人的感觉是不管走到哪里都是相似的商店。既然有这么多商店，应该也设置一些“秋叶原街”和“强盗胡同”之类的地方。在这一点上，餐厅街独具匠心，比如在巴本街昏暗的煤气灯光下站着音乐家和妓女(都是雕像)，让人觉得不像是在百货公司的顶层，

而像来到喧闹的大街上。

在走得精疲力尽之后（也可以租用电动轮椅），我得出结论：来这儿与其说是来购物，不如说是来体会加拿大人的乐园观。仔细想来，在这样一个狭窄的地方塞进各种各样的东西，人群蜂拥而至，然后又会有更多的人被吸引到人群中来，这些都是我们亚洲人的拿手好戏。但不同的是，尽管如此拥挤，但这个购物中心里却并没有因拥挤而产生人为性的喧闹。那种亚洲式的杂乱尽管非常令人厌倦，但这里的加拿大式人造空间也让人觉得格格不入，从而更强烈地感觉到自己毕竟不是加拿大人。

●精彩的翻滚列车

游乐场的翻滚列车还是非常精彩的。几乎是呈直角突然垂直下降。列车的环状轨道多达三处，险象环生，非常值得一试。有 7 张票就可乘坐（1 张$0.95）。

在美食家世界里，建议游客去肉桂卷店 CINNaBON。店里飘来阵阵肉桂的甜香，很容易找到，肉桂卷由卷入一层层肉桂糖的面包烤制而成。Cinnabon（大）$2.25，量非常大，可以先买一个 Minibon（小）$1.65试试。另外还有礼品包装。（这种商店在温哥华的地铁城的购物区里也有）

West Edmonton Mall
8770－170th St. Edmonton, AB, T5T 3J7
电话（1－800）661－8890（顾客服务）
电话（403）444－5304（观光指南）
开放时间：各区不同，但多数商店10:00～21:00营业（节假日外）。
路线：从市中心可以乘10路市内公共汽车前往。也可以乘1、2路公共汽车到 Jasper Place 的换乘中心转乘11、16路公共汽车。
注：返回时如果不在换乘中心转车的话又会回到购物区，要注意。

自动足部按摩器

巧克力制作工场

微波起浪的游泳馆

太空科学中心　Space Sciences Center

11211 - 142nd St. Edmonoton　电话(403)452 - 9100

这是位于市中心西北部的科罗纳辛公园中的科学殿堂。其骄傲是拥有加拿大最大的天象仪 Star Theatre 和可以在四层楼高的银幕上观赏电影的 IMAX Theatre。另外,还有瞭望台,只在天气好的时候开放。

开放时间:6月26日 ~ 9月4日　星期日 ~ 星期四10:00 ~ 22:00　星期五、六 10:00 ~ 22:00　9月5日 ~ 6月25日　星期二 ~ 星期六10:00 ~ 22:00　星期日 11:00 ~ 22:30　星期一休息。　门票:$6

路线 从市中心 Jasper Ave. 和 103rd St. 的交叉处旁乘坐 22 路公共汽车,在相当于科罗纳辛公园右端的西山下车,再步行到位于公园左端的该中心。

埃德蒙顿堡垒公园　Fort Edmonton Park

Whitemud Dr. & Fox Dr.　电话(403)496 - 8787　传真(403)496 - 8797

这是能体会到从殖民地时代开始的埃德蒙顿历史的所谓"蓝天历史博物馆"。

埃德蒙顿的历史始于哈德逊湾公司 1846 年在此建筑埃德蒙顿堡垒。这座堡垒过去曾是从今天的艾伯塔省到萨斯卡丘旺省这片广大领土内的"毛皮交易中心"。实际上堡垒原本建在现省议会大厦所在地,但现在只作为珍贵的历史遗迹重建于此。公园内除堡垒之外,还复原了过去的 Jasper St. 的街道。

在公园最靠里面的堡垒里,人们按原状复原了毛皮中间商的首领琼·罗旺德的住宅。在周围还有教会、马厩、宿舍以及挂着很多毛衣的交易所的印第安式房子等。

从堡垒向入口处走去,　路上按年代顺序再现了从 1871 年 ~ 1891 年的 Jasper Ave. 的历史。这里真实表现出了 19 世纪市中心的气氛,有面包坊、药店、学校、报社等。请注意,这里的一切都是完全照当时的原貌建造,工作着的人们身上穿的服装、放置的商品和家具等细节都下了一番功夫。在宽敞的公园里,可以乘微型火车和马拉街车游玩。不要忘了先在入口处要地图。

开放时间:5月中旬 ~ 6月　星期一 ~ 五10:00 ~ 16:00　星期六、星期日10:00 ~ 18:00　7 ~ 9月第1个星期一每天10:00 ~ 18:00　9月第1个星期一的次日 ~ 10月上旬的星期日、节假日11:00 ~ 17:00　冬季不开放。

门票:包括交通工具费用共$6. 25。

路线 从 102A St. 西边或 101st St. 南边乘 32 或 132 路公共汽车。埃德蒙顿堡垒的公共汽车站离大门很远,但这条路像高速公路一样,一眼看去什么都没有,所以最好事先告诉司机自己要下车。

山谷动物园　Valley Zoo

134th St. & Buena Vista Rd. Edmonton　电话(403)496－6911

这是一个以童话故事中的角色为原型的别具一格的动物园。动物的围栏都起了童话般的名称，像“七只小山羊”、“三只小猪”等，并分别制作有故事的背景。另外还有微型机车可以拉上孩子们绕园一周。

公园在市中心的西南，北萨斯卡丘旺河的沿岸，可以和附近的埃德蒙顿堡垒公园一起游览。

开放时间：(夏)每天 10:00～18:00　门票：成人$4.75、儿童$2.50

路线 从市中心的 102nd Ave. 向西，乘坐 12 路公共汽车，沿 142nd St. 一直南下，在拐入 80th Ave. 前下车。从这儿到 134th St. 的动物园步行八个街区。

埃德蒙顿周围

埃尔克岛国立公园　Elk Island National Park

这个国立公园位于从埃德蒙顿沿 16 号高速公路 Yellow head Hwy. 向东 45 公里处的野生动物保护区内，是以温哥华为起点的比伯大道的终点。

20 世纪初，人们把濒临绝灭危机的麋鹿用栅栏围在一大片土地上进行保护和管理，便成为这个公园的开端。现在，公园内放养了 350 头麋鹿、驼鹿和野牛等动物。

公园里有完善的野营和远足设施，每到周末都有埃德蒙顿市民来此享受烤肉野餐的乐趣。夏季可进行远足，观赏鸟类以及游泳、钓鱼和划船等活动，冬季则可进行越野滑雪。

开放时间：除少数时间外全年开放。问讯处：公园管理局　电话(403)992－6392

路线 去公园必须用车，在公园内游玩也不能没有车。车可在埃德蒙顿城内租，除驾驶执照外，还需要 VISA 等信用卡。

AMUSEMENT　娱乐

夜生活

到晚上，可以去观赏加拿大人喜欢的电影，也可以去为数不多的餐厅。

电影消息登在 Edmonton Sun 报和 Edmonton Journal 报的娱乐栏内，去之前可确认好上映的内容和时间。

在埃德蒙顿要吃晚餐的话无论如何要算艾伯塔牛肉。在到处都是牛的加拿大，牛排是老百姓日常的食品。在这儿花不多的钱就可以尽情享用份量十足的牛排。

● 西塔德尔剧场　Citadel Theatre

电话(403)426－4811

在市区的中心 98th St. 和 101A Ave. 的交叉处有一座显眼的建筑物，这就是埃德蒙顿表演艺术的中心——西塔德尔剧场。西塔德尔是个综合性的大规模剧场群，里面共有 5 个剧场，包括新建的室内庭园李·帕比里昂。

剧场之间有漂亮的纪念性建筑和热带植物园，以及从二层楼把水花扬到高处落下的人工瀑布，另外还带餐厅，是一个豪华的文化活动场所。特别是晚上，情调极好。因此即使不是为了去观看戏剧表演，这个豪华的文化活动场所也绝对不能错过。

节日活动

埃德蒙顿的夏天是庆典活动的高峰期

埃德蒙顿是加拿大闻名的“节日城”。这儿冬季很长，整个冬季人们都被大雪困在室内。正因为如此，人们为了尽情享受短暂的夏季，就在夏季举行非常丰富多彩的庆典活动。

● 克隆戴克节　Klondike Days

这是于 7 月后半个月举行的埃德蒙顿最大的庆典活动。为了再现约一百年前的淘金热的情景，人们举行游行、淘沙金、化装游行和木筏比赛，最后还赌博，喧闹异常，就像是游乐场和赌场一齐搬来了一样。　电话(403)471－7210

● 文化遗产节　Heritage Festival

这是在 8 月的第 1 个周末举行的民族庆典。埃德蒙顿移民很多，居住着四十多个民族。每个民族的社区都会在庆典上表演各自的民族舞蹈和音乐。另外还有特产商品的展销和民族食品的品尝。舞蹈和音乐等的表演时间各社区都不相同，要事先核实。

● 弗林治剧场节　Fringe Theatre Event

在 8 月中旬的 9 天中，埃德蒙顿整个城市都会变成一个大剧场。不只加拿大国内，从全世界汇集而来的艺术家们在 14 个剧场、公园和街头，表演各种各样的节目，如戏剧、舞蹈、音乐、哑剧等。在这期间，花很少的钱，或者根本不花钱就能看到高质量的戏剧。电话(403)448－9000

另外，还有国际爵士舞节(7 月上旬)、民间音乐节(8 月上旬)等各种各样的庆典活动。

全城欢庆的庆典活动：克隆戴克节

每年7月的最后两个星期（从星期四到第二周星期六的十天期间）举行克隆戴克节。活动场所在地铁LRT的科罗内姆站下车后很近的地方，在节日举行期间，从市中心到科罗沙姆之间可免费乘车，这一点非常让人高兴。

会场内有赌场、时装表演、狗展、巡回马戏团表演，猪、鸭和公鸡赛跑等许多节目。游客在确定自己的观赏计划前先仔细看看节目单。

在此期间还举行贸易和文化展。展馆会上，每年以一个国家为主题举行各种节目、展出和展销会等。另外还有商业展览，给人感觉像是一个大的自由市场，小商店一家挨一家，也很有意思。

在克隆戴克节期间，不仅是节日会场内，全城都有克隆戴克早餐、汽球和游行等各种活动。在星期天的逍遥音乐会上，很多人穿着淘金热时代的服装在市中心游行，并在特设的舞台上进行歌舞表演。

一定要在这个时期去埃德蒙顿。举行时间从11：00开始，赌场开放至凌晨3点。

SHOPPING 购物

没有时间去西埃德蒙顿购物区，而想在市中心购物时，建议大家去埃德蒙顿中心。中心入口处是黑色的，很不起眼，一不留神就会即使从它旁边走过也注意不到。一进门，自然光线充足的明亮的高天花板式凉台立刻就会出现在眼前。中心中央的空间一直通到三层，有电梯上下载客。

它位于市中心正中央102nd Ave.和101st St.的交叉处。这里除商品种类较齐全之外，还有天桥和伊同兹百货公司相连。伍德瓦斯的地下室是一个大超级市场，食品应有尽有。

RESTAURANT
餐厅

如果要在埃德蒙顿的市中心找地方吃饭，可首选伊顿中心和埃德蒙顿中心所在的 100th St. 和 102nd Ave. 交叉处附近、蒙特利尔银行后面的 100A St.。这儿并排有三家餐厅：Bistro Praha（东欧菜）、Ristorante（意大利北部菜）和 Mongolian Food Experience（东方无国藉菜），肯定会有一家让你满意的。三家价格相仿，简单地吃一顿$10，吃得正式一些也不过就$20。如果是吃午餐的话，也可以从这儿去 101A Ave.。一进街口就有一家都铎王朝英国式的酒吧 Sherlock Holmes，可在此吃一顿英国式的酒吧午餐。想吃得更简单一些的话，可以去地下拱顶走道里的食品市场，那儿快餐食品种类齐全。不过，食品市场关门很早，不适合去吃晚餐。

此外，在位于 102nd Ave. 和 103rd St. 交叉处的 Boardwalk Market 附近，集中分布着 Old Spaghetti Factory 等一些更适合年轻人的气氛轻松的餐厅。在老斯特拉斯科纳的 82nd Ave. 和 104th St. 两旁也有很多小餐厅。一离开市中心，路旁餐厅就非常多，如果是乘车旅行，游客很容易找到自己喜欢的地方。

凝重的气氛让人感受到欧洲风格的餐厅

● *Bistro Praha*

10168 – 100A St.

电话(403)424 – 4218

餐厅照明淡雅，家具古老而舒适，从

老斯特拉斯科纳的小餐厅

外面看像是一家内部装饰时髦的咖啡店。实际上店内也可以喝茶，且店里的菜非常好吃。菜单上的主菜是炸牛排，另外还有东欧风味的菜魁粗牛排($13.50)。我点了烤鹅，味道很浓，很好吃。连同浸肉汁的面包和蕃茄和洋葱的蔬菜沙拉一共$15，非常便宜。不管以什么为主菜，连啤酒一起一定不会超过$20。另外，餐前小吃的火腿和香肠之类的量也很大，还带马铃薯沙拉和面包，仅这些就完全可以当一顿饭了，却只需$7 左右。总的来说，这是家很不错的餐厅，只是味道稍微油腻了些。

加拿大式 B 级美食家的餐厅

● *Mongolian Food Experience*

10160 – 100A St.

在 Bistro Praha 隔壁。是一家蒙古菜餐厅，但实际上还经营炸虾和麻婆豆腐等，味道也不像中国菜。吃该店的招牌菜 Mongolian B. B. Q 时，首先要一些碗，然后将蔬菜条和肉（牛、羊、鸡）、鱼和贝类（乌贼、虾、白鱼肉）等自由选择盛在碗里。再选择四川风味、牡蛎风味等调味汁适当地浇在菜上交给厨师，挑好米饭或面条之后，厨师就在顾客眼前烹调。我选了海味汁和面条，做好之后非常接近混合炒面的味道。一共花了$10。菜单上虽然写着每 100 克$1.8，但并不怎么计量。另外，中国式、泰国式主菜都在$10以下。虽然都和正宗的味道有差距，但还是很好吃。

老斯特拉斯科纳的健康的小餐厅

New York Begle Cafe

8209 104th St.

电话(403)439－6574

这家小餐厅位于 104th St. 和 82nd Ave. 的交叉处。正如店名所显示的，是一家以纽约风味的贝格尔(犹太式面包)三明治为主的餐厅，除主菜外，配菜也相当精细。但是，这儿的人行道狭窄，路边的桌子也太小，对吃三明治来说，花的钱和时间都很多，所以在这最好只喝咖啡。

可以放心用餐的日本餐厅

老家

10012－82nd Ave.

电话(403)439－1335

这家日本餐厅在市中心南边，82nd Ave. 旁。店主是一对日本夫妇，是一家气氛很好的令人轻松愉快的餐厅。原料也很新鲜，非常好吃。在此可以体会到一种像在日本本土一样的感觉。店内常客很多，总是非常拥挤，所以要尽可能地提前预定座位(不过星期五、六晚上不能预定)。

埃德蒙顿第一的中国餐厅

Marco Polo Restaurant

208－9700 105th Ave. (Pacific Rim Mall)

电话(403)428－2288

埃德蒙顿由于中国人(香港人)很多，所以中国餐厅也不少，但这一家被人们誉为埃德蒙顿第一。菜很好吃，价格在埃德蒙顿算是比较贵的，但在异国他乡能吃到地道的中餐也很值得。

气氛淡雅的意大利餐厅

La Casa Ticino

8327－112nd St.

电话(403)432－7275

在艾伯塔大学医院对面。这家餐厅由一栋很小的单门独户房子改建而成，很容易被人忽略。内部装饰很淡雅，环境安静，菜也很好吃。

市中心的英国式酒吧

Sherlock Holmes

这家酒吧是一栋中世纪风格的木造建筑，位于 101A Ave. 现代化建筑街的一角，好像在现代化建筑群中掏了一个洞一样，与周围的建筑物对比鲜明，很容易找到。店内客人都是些年龄偏大的商人似的人，非常噪杂，说话都听不太清楚。店内还有乐队现场演奏，气氛活跃。但可以从前院直接进去，因此即使是那些不习惯的人也不会有抵触感。啤酒价格为一品脱$4.50 左右。和英国的酒吧不同，这儿晚上也可以吃到简单的晚餐。但是没有当地的啤酒。

麦克唐纳饭店

崭新的 CP 系豪华旅馆

● *Hotel Macdonald*

10065 100 St. (T5J 0N6)

电话 (403) 424－5181/(1－800) 268－9411

传真(403)429－6481

这是一家比较新的 CP 系豪华旅馆，位于市区的正中，可以俯视北萨斯卡丘旺河，位置极好。另外，旅馆的建筑物像 1915 年建造的城堡一样。内部装饰也很庄重，表现出一种与豪华气氛相适应的凝重感。房价每晚Ⓢ$240，ⒹⓉ$260。

适合喜欢相同环境的人的旅馆

● *Crowne Plaza Chateau Lacombe*

10111 Bellamy Hill(T5J 1N7)

电话(403)428－6611

传真(403)425－6564

位置在从伊顿方向沿 101st St. 的尽头，和穆塔托植物园正好隔萨斯卡丘旺河相望。屋顶是旋转餐厅，在上面可以愉快地眺望到因石油暴发致富而不断冒出来的埃德蒙顿摩天楼夜景和穆塔托植物园的翠绿。内部装修很新，非常舒适。房价为ⓈⒹⓉ$1160。三人间和四人间为$170。

公寓式的舒适旅馆

● *Edmonton House Suite Hotel*

10205－100th Ave. (T5J 4B5)

电话(403)420－4000

传真(403)420－4008

这是一家新建的高层旅馆，在市区的正中央、假日旅馆隔壁。位置处于可俯视萨斯卡丘旺河的高地上，穆塔托植物园的远景在下方延伸展开。所有房间都是起居室和卧室加厨房的公寓式房价，每晚$84＋税。厨房里有冰箱、烤箱、烤炉、微波炉等，一应俱全。旅馆内还有通宵营业的小卖部。如提出要求，还可能得到团体价或周末优惠价。

豪华套间

* * *

果然不错。旅馆内有健身房、温水游泳池、游艺室（台球、乒乓球、推盘游戏），房客可以自由使用。而且一直开至凌晨 1 点，这一点非常令人满意。另外，也可以打电话让一层的 Teal's Restaurant 把饭送到房间。这虽属于客房服务，但收费合理。还可以接送房客去西埃德蒙顿购物区。

●Howard Johnson Plaza

10010－104th St.（T5J 0Z1）

电话（403）423－2450

传真（403）425－1783

这是市区的中心位置的一家中档旅馆，其中的室内游泳池和健身房等设施很好。房价ⓈⒹ$89、Ⓣ$99。

对房客关怀备至、令人难忘的 B＆B 旅馆

●*Edmonton B& B*

Dave & Pat Yearwood

13824－110A Ave.（T5M 2M9）

电话（403）455－2297

这家 B&B 旅馆可以从机场打电话预约住宿。店主 Pat 和 Dave 先生的热情令人难忘。我英语会话不行，双方不能交谈，他们立刻就打电话叫来了城里的朋友为我翻译。第二天早上 5 点又叫醒我，送来早餐之后，还准备了午饭让我带上，一直把我送到了去贾斯帕的公共汽车站。对他们的热情，我心里感到热乎乎的。其夫人也很热情，这是一个令人对加拿大充满好感的家庭。

＊＊＊

在太空科学中心旁边。虽然开车到机场和公共汽车总站来接客人是收费的，但比公共汽车和出租车还要便宜一些。Ⓢ$40～60、Ⓣ$60。从市中心乘开往 West Mount 的公共汽车到终点下车，再往回走两个街区之后右拐即到。店主 Dave 先生的座右铭是“来时是陌生人，走时是朋友”。他做的鸡蛋沙拉三明治评价很高。另外，由于这儿还是艾伯塔省和不列颠·哥伦比亚省的广大范围内的 B&B 的代理店，因此可以在这儿商谈其他目的地的住宿旅馆。

带桑拿浴室而价格相对便宜的旅馆

●*McKernan Heritage B& B*

11023－81st Ave.（T6G 0G3）

电话（403）482－1096/（403）439－7669（夜间和周末）

传真（403）452－1052

每个房间都有个人洗澡间·卫生间。地下房间是原木结构，而且带桑拿浴室，十分豪华。Sam 做的早餐非常好吃，特别是薄煎饼。房价非常便宜，为Ⓢ$45－50、Ⓓ$60～65。需要预定。这儿也可以使用计算机房并提供秘书服务，另外精通英、法、德语的店主夫人 Marilyn 是名律师，可以在这方面为房客提供意见。到这家旅馆从市中心乘 8、43、46 路公共汽车到 111St. 和 82 Ave. 交叉处下车，向南走 个街区再沿 81 Ave. 向东走一个街区即可。还可以从此步行去老斯特拉斯科纳和艾伯塔大学。

＊＊＊

旅馆还有和面向非英语地区游客的英语教学课程配套的住宿方式。房费之外，另加80小时的集中英语教学、早餐、午餐，一共$2，495。课程从每月的第一个星期一开始，平日每天9:00～11:00和13:00～15:00上课。

体会到了加拿大家庭温暖的旅馆

Chez Suzanne

18603－68th Ave.（T5T 2M8）

电话(403)483－1845

从西埃德蒙顿购物区乘公共汽车约10分钟。有3个房间。房价为Ⓢ$45、ⒹⓉ$55，如果住上5天，第6天免费。早饭有新鲜水果和Suzanne亲手制作的点心。还可以在起居室看录相节目，咖啡、红茶和汤可以随便喝。并开车迎接客人。我只住了一晚，但是体会到了加拿大家庭的温暖。

方便、设施优良和清洁三者俱全的旅馆

YWCA

10305－100th Ave.（T5T 3C8）

电话(403)429－8707

传真(403)425－7467

埃德蒙顿的YWCA非常清洁，拥有完善的设备。

位于103rd St.和100th Ave.的交叉处，从公共汽车总站出发只需往前走三个街区。离主要街道Jasper Ave.也只隔一个街区，是一个非常方便的地方。在市区中心YWCA的后面绿地很多，也有好几家小型超级市场，在觉得肚子有点饿的时候，走一点路就能买到吃的。

一层有一个很大的自助餐厅，三层是房客专用的大厅。无洗澡间的房间Ⓢ$29.43、带洗澡间的Ⓢ$36.11、Ⓣ$45.48、宿舍式房间$13.28。

好像几乎所有的房间都带阳台（宿舍式房间也有），房间清洁美观。盥洗室也很宽敞，打扫得非常干净，还有投币式洗衣机。

当然，因为是女性的专门旅馆，因此可以放心地住宿，值得向女性游客推荐。6～8月期间需要预定。从机场乘机场班车（$11）需45分钟。从公共汽车总站乘出租汽车（$3.20）需10分钟。

位置极其方便的合理的旅馆

YWCA

10030－102A Ave.（T5M 0H5）

电话(403)421－9622

传真(403)428－9469

无洗澡间的房间Ⓢ$27、Ⓓ$42、Ⓣ$50，宿舍式房间$15，带洗澡间的房间Ⓢ$37，按周计价$110～120。房间虽简朴但非常清洁，淋浴・卫生间也很干净（没有浴缸）。一层有台球、电视机、自动售货机、自助餐厅。它位于市区的中心，埃德蒙顿中心的正前方（希尔顿酒店隔壁），位置极佳。距公共汽车总站2个街区，步行7分钟。

埃德蒙顿的青年旅馆

Edmonton International Hostel

10926－88th Ave.（T5H 1S6）

电话(403)429－0140

传真(403)421－0131

为宿舍式房间，带洗澡间，会员$13、非会员$17.28。在公共汽车总站以南12

个街区，乘1、2路市内公共汽车在91 St.下车。乘出租车约$5。

* * *

离公共汽车总站步行约10分钟。旅馆里有老年人按月包租在此生活，因此气氛不能说活跃，但幸运的是可以一个人使用宿舍式房间。房间虽然简朴，但宽敞、舒适。

Useful Information 有用的信息

●交通机构

Airport Bus Service 电话(403)463－7520

VIA Rail 电话(1－800)665－8630(预约)、(403)422－6032(到站·出发)

Co－op Taxi 电话(403)425－8310

Yellow Cab 电话(403)462－3456

●气温(℃)

月	1	2	3	4	5	6	7	8	9	10	11	12
最高	－11	－6	－1	9	17	21	22	22	17	11	0	8
最低	－22	－17	－12	3	3	7	9	8	3	－2	－11	－19

埃德蒙顿的气候即使在夏季早晚也很冷，有时还会接近零度，因此，一定要带上风衣，还可以带上冬天穿的大衣、手套。不过，白天经常日照很强，最好把太阳镜也带上。

埃德蒙顿的历史

18 世纪末，垄断加拿大毛皮贸易的哈德逊湾公司和西北公司，为了把交易扩大到西部，在这儿建起了中转中心。埃德蒙顿的历史便由此开始。

1821 年西北公司被哈德逊湾公司合并之后，哈德逊湾公司开始越过落基山脉一直向西扩展其交易路线。埃德蒙顿作为西部开拓的中心，逐渐成为了一个重要的地方。

埃德蒙顿是一个一直以其辉煌气氛发展起来的城市，但在其发展过程中也曾有过阴暗的时期。这是因为在铺设加拿大太平洋铁路的时候，铁路线没有经过埃德蒙顿，而只经过卡尔加里。尽管当时埃德蒙顿稍微落后了一些，但到 19 世纪末其他的铁路线从这儿通过后，它又重新获得辉煌。

1896 年到 1899 年这期间，原本只有 400 人的这座城市人口一下子膨胀到了 3000 人。这是因为在现在的育空准省境内的克隆戴克河的支流发现了黄金，形成人们说的“克隆戴克淘金热”。此后又发现了各种各样的矿物资源，因此，埃德蒙顿便作为“北大门”而繁荣起来。

1905 年加拿大获得了自治权，艾伯塔省随之设立，并成为加拿大联邦的一员，埃德蒙顿也就成为该省的省会。1947 年在市郊的莱达克发现了油田。据推测莱达克的石油储量为 3 亿桶。另外，艾伯塔全省的原油和天然气的产量占全加拿大的 80%，它与东部的城市及美国的工业城市都有输送管道相连。

艾伯塔省不仅是工业、畜牧业和谷物生产也很突出。作为其中心的埃德蒙顿现在是一个不停地向前发展的城市。

萨斯喀彻温省

SASKATCHEWAN
MANITOBA

马尼托巴省

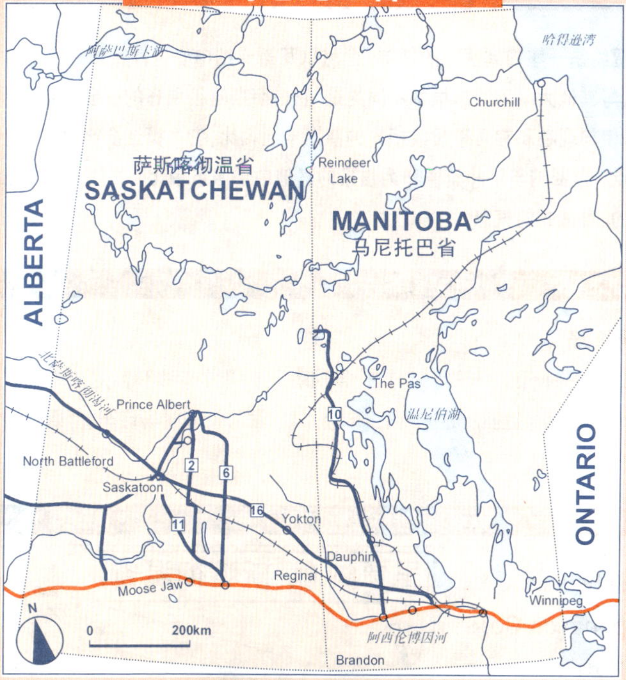

(萨斯喀彻温省)

省会：里贾纳

时间：中央标准时间(除西北部一部分地区外) 与中国时差 −16小时

省税：物品税·旅馆税 9%

(马尼托巴省)

省会：温尼伯

时间：中央标准时间 与中国时差 −15小时

省税：物品税·旅馆税 7%

REGINA

里贾纳
SASKATCHEWAN

里贾纳是一座规划优美的城市，全城以瓦斯卡纳中心这片宽阔的绿地为中心向外延伸，与其他大平原城市根本不同的是，它是萨斯喀彻温省的省会。如果不是这样的话，即使与现在和它几乎规模相同的萨斯卡通相比，它大概还要小得多。也许正因为这一点，里贾纳与以朴素谦和为信条的其他中部城市相比，总让人觉得充满着一种人为的、官僚式的气息。

ACCESS 从机场到市内

里贾纳机场

距温哥华两小时，卡尔加里1个半小时。另外从多伦多和温尼伯等城市每天也有数班飞机抵港。机场在市中心西南7公里处。尽管没有机场班车，但即使乘出租汽车到市中心也不过$7左右。

ACCESS 从公共汽车总站到市内

Saskatchewan Transportation Co.

2041 Hamilton St.

电话(306)787－2240

从市中心南边的Victoria Ave. 沿 Hamilton St. 向南走一点即到。位置很好，离热闹的市中心街道只有几个街区。

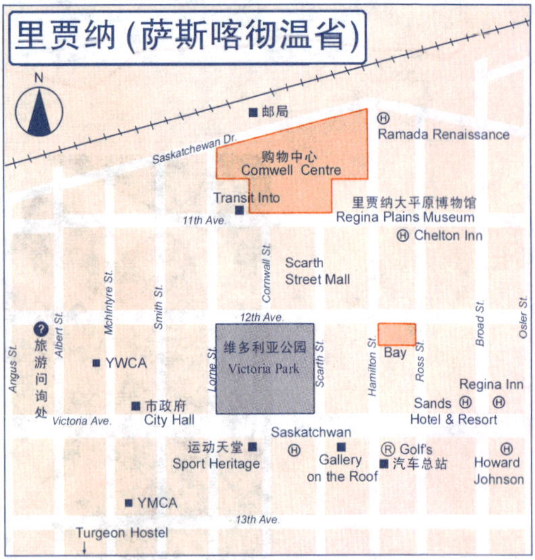

里贾纳（萨斯喀彻温省）

INFORMATION
旅游问询处

Tourism Regina

1900 Arbert Ave. Regina

电话(306)787－2300

问询处在12th St. 和Albert Ave交叉处的外装黑色玻璃的CDSL大楼的五层。由于地处市内的中心位置，非常方便。从这儿还能得到里贾纳周边地区的信息。另外，还可以通过电话(306)789－5099进行查询，且周末照常服务。

营业时间：周一～周五 8:00～12:00　周六 13:00～17:00

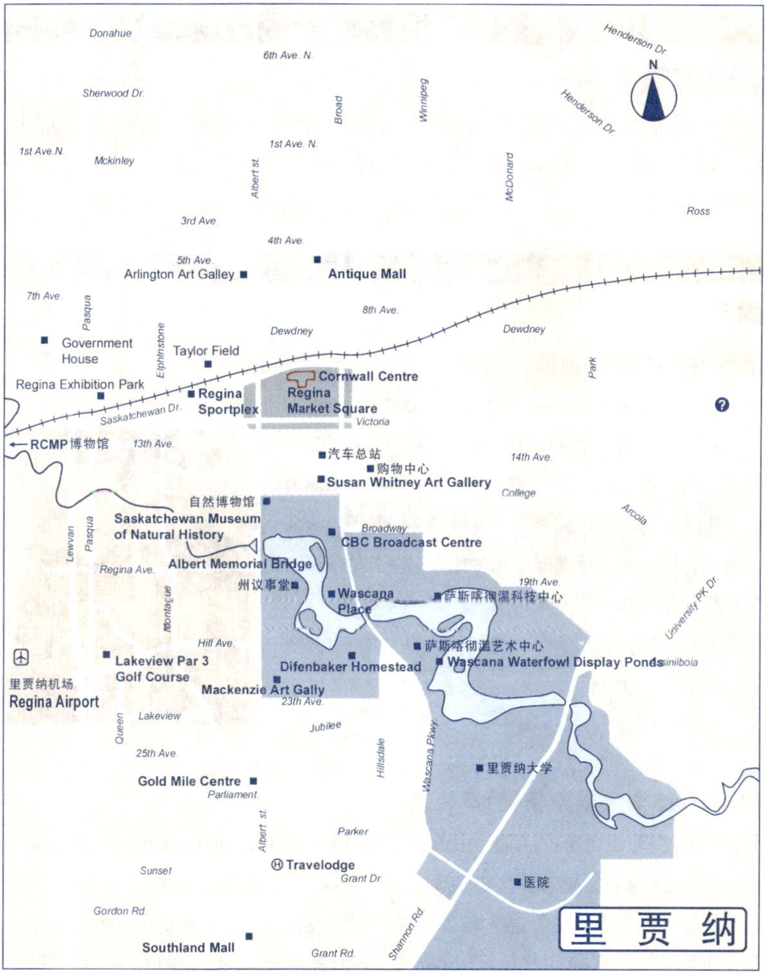

WALKING 游览方法

城市的中心非常紧凑,可以步行游览。去稍远一些的 RCMP 和政府大楼可以乘市内公共汽车,交通工具没有问题。在城市的北部边缘处是火车站,紧靠火车站南面是一个面积相当于三个街区的巨大的购物中心——康韦尔中心。从该中心向南延伸的 Scarth St. 是步行街,两旁商店、小餐厅鳞次栉比。这一带就是城市游览的起点——市场广场。街的前方是宽广的维多利亚公园,与之垂直相交的 11th、12th Ave. 附近是最热闹的地方。从维多利亚公园再向南走几个街区,就会来到瓦斯卡纳中心这片巨大的绿地。

TRANSPORTATION 市内交通机构

市内公共汽车 Regina Transit

共有 15 条市内公共汽车路线,分别每隔 10 分钟左右发车一班,而且几乎所有线路都经过 11th、12th Ave. ,非常好记。票价$1. 10。在面对 11th Ave. 的康韦尔中心一角的问讯处可以得到公共汽车线路图。

SIGHTSEEING 主要景点

市中心

里贾纳大平原博物馆 Regina Plains Museum

1801 Scarth St. Regina 电话(306)352-0844

在旧市政府大楼的四层开设了一家讲述里贾纳发展历史的小博物馆。这个博物馆似乎是城市的志愿者们怀念先辈们的辛劳而建造的,规模很小,但正因为如此才有一种细致的生活感觉,令人愉快。特别是发展初期居民住的用土块堆积而成的房子一定不可不看。

开放时间:夏季每天 10:00~16:00 冬季(周一~周五)10:00~16:00

门票:成人$2、学生$1。

RCMP(加拿大皇家骑警)博物馆
The Royal Canadian Mounted Police Centennial Museum & Depot

Dewdney Ave. W. 40. 电话(306)780-5383

穿深红色上衣的骑警就是 RCMP,骑警可以说和枫树叶一样是加拿大的标志。这个组织是为了在加拿大大平原建立法律和秩序而设立的,开始的名称是 NWMP

RCMP 的制服

(西北骑警)，且总站就设在里贾纳。后来本部移到了渥太华，旧址就保留作了博物馆，现在还是新警察的实习场所。平日每天从12:45开始，可以在中间的院子里参观演习阅兵。另外，7、8月间每周1次的日落仪式场面壮观，一定不要错过。

博物馆的展品以西北骑警的历史和加拿大中西部的发展为线索展开，但和其他以教育为目的的博物馆不同，感觉似乎与退伍军人协会的博物馆相近。也就是说，这是一个令制服迷、兵器迷着迷的地方。

开放时间:(6/1~9/15)8:00~18:45　(9/16~5/31)10:00~16:45　免费入场

交通工具 从市中心乘8路公共汽车(开往 RCMP 方向)，或1路、14路公共汽车。

市政厅　Government House

4607 Dewdney Ave.　电话(306)787-5717

100 年前，现加拿大领土的西半部分不是它的管辖区。但是，它为了统治西到落基山脉，北到北冰洋，南到美国国境这一块广大的地区，就设立了西北领土行政公署(North West Territorial Government)。在当时只不过是一个偏僻村落的里贾纳修建了这座市政厅，作为执政官的居室。市政厅在 1945 年完成其使命之后，经过装修，于 1978 年开始作为史迹向公众开放。在这儿，人们可以缅怀当时执政官们的优雅生活。

开放时间:周二~周日 13:00~16:00　免费入场

交通工具 从市中心乘1路、14路公共汽车，在过 Lewvan St. 之后的那一带下车。

瓦斯卡纳中心

从市中心位置向南走，就会来到一片中间有一个人工湖(瓦斯卡纳湖)的广阔绿地瓦斯卡纳中心。这个地方可以说是单调的中部大平原景观中的绿洲，但它是按照城市规划而人工造出的绿地，本来只不过是在平原上流着一条小河而已。不用说这儿是附近居民休息的场所，也可以在此烤肉、野餐，同时，这也是一个观光点，有美术馆、博物馆等。

除了在周围运行的市内公共汽车之外，没有其它在中心内部运送乘客的交通工具。因此，要在面积达 930 万平方米的广大区域内游览非常费力。而且，不管怎么说它毕竟是人工造就的自然，游览之后会让人觉得并不特别有意思。

自然历史博物馆 Museum of Natural History

College Ave. & Albert St. 电话(306)787-2815

复原后的原住民的生活情景

这家博物馆位于瓦斯卡纳中心的西北角，展品以时间先后为顺序，以里贾纳为中心，把萨斯喀彻温的自然历史从地质形成年代到现代的生态系统都展现在游客面前，浅显易懂。尽管邻近艾伯塔省的恐龙很有名，但当时中部平原是北美大陆的一个巨大的内陆海，其大部分处在海面下，里贾纳附近就在这个海岸边。因此，馆内与海龙有关的展品很丰富。另外，近年在附近发现了难得的近乎完整的霸天龙骨骼化石（通称 SCDTTY），发掘完成之后一定会成为这儿引人注目的焦点。

开放时间：夏季每天 9:00~20:30　冬季每天 9:00~16:00　※圣诞节闭馆　免费入场

萨斯喀彻温省议会大厦 Legislative Building

Legislative Dr. 电话(306)787-5358

主要大街艾伯塔大街跨过瓦斯卡纳湖的地方就是艾伯塔纪念桥。在桥的前方，以公园的绿色为背景，威严地耸立着的建筑物就是省议会大厦。里贾纳的城市规划是以这座省议会大厦和作为它周围景观的瓦斯卡纳中心为中心进行构思的。大厦内使用了 34 种大理石。里面有土著居民的美术展览，并有导游引导游客参观。

瓦斯卡纳广场 Wascana Place

这是瓦斯卡纳中心的管理事务所所在公园中的一块显眼的地方，有画廊和小卖部等。它的地图可以从问讯处等地方得到，从 5 月到 8 月期间，有带导游的公共汽车从这儿出发进行为时 1 小时的园内不停车游览（$20）。开放时间：夏季 9:00~18:00，冬季 9:00~16:00。

诺曼·麦肯齐美术馆 Norman Mackenzie Art Gallery

2475 Albert St. 电话(306)522-4242

美术馆是 1990 年迁到现在这座现代化建筑物里的，设施和气氛都不错，但是收藏的作品，以北美的现代美术为主，所以如果对那方面没兴趣的话，可能会觉得没什么意思。相比起来，7~8月期间周三到周五晚20:00上演的《路易·利艾尔的审判》要有趣得多($10)。100年左右以前，在加拿大发生过一场梅蒂斯人和英裔势力之间的内战。被称作梅蒂斯人的种族是法裔移民和土著居民的混血儿，他们有自己独特的文化。这场内战大致可以说是地方分权派和中央集权派的对立，前者主张"当地的事由当地人管理"，而后者坚持"加拿大始终是英国的殖民地，为了维持秩序，要服从英国女王和加拿大政府"。路易·利艾尔作为梅蒂斯人的精神领袖参加了战斗，失败后，被处死在RCMP的大本营里贾纳。路易被政府看作企图颠覆国家的暴徒，而在梅蒂斯人看来，他则是民族革命的英雄。

开放时间:11:00~18:00　周日、周六11:00~22:00　免费入场

印第安人的朋友——加拿大皇家骑警

人们熟悉的加拿大皇家骑警身穿红色上衣，黑色裤子，他们作为正义的朋友非常有名，为加拿大开拓不久的西部带来了"法律和秩序"。

1867年加拿大联邦成立的时候，此前属哈德逊湾公司所有的广大的大平原都成为了加拿大联邦的领土。当时大平原上居住的只有靠猎取海狸和野牛为生的平原印第安人、参加印第安人毛皮交易的梅蒂斯人（法裔移民和印第安人的混血儿）和开拓者们共4万人。但从那以后，由于美国印第安人、向印第安人出售威士忌酒的奸商以及不列颠·哥伦比亚淘金热爱好者的大量流入，使得大平原的人口陡增。

为了维护当时几乎接近无政府状态的这块大平原的治安，1873年，成立了皇家骑警的前身：西北骑警。本部设在里贾纳，在大平原的各处都筑有堡垒。当初编制为300人的这支国家警察部队的目的始终是维护和平，它继承了深受印第安人信赖的英国军队的传统。有一个小插曲可以象征这些警察们的勇敢和绅士风度。

在美国骑兵队和印第安人的战争史上最有名的1876年的小比格霍恩战役中，被卡斯特将军击败的西亭格·布尔酋长等人逃入了加拿大。当时面对印第安人的只有四个骑警。但是，他们非常冷静。

"只要遵守我国的法律，你们可以在这儿和平地生活。在女王的国家里所有人都是一家人。子弹只能打野牛，不能向人开枪。"据说布尔酋长无声地接受了他们的话。

此后，由于他们取得的伟大功绩，1904年，英国国王允许他们加上"皇家"这一称呼，成为西北皇家骑警。又于1920年把总部迁到了渥太华，名称也改为了今天的加拿大皇家骑警。现在共有1万7千名成员，正在为加拿大做着贡献。

SHOPPING 购物

构成市中心的核心的是里贾纳市场广场。广场北边以铁路线沿线的Saskatchewan Dr. 、南边以 Victoria Ave. 、东面和西面以 Albert St. 和 Broad St. 为界形成一个方形区域，其中集中了250几家商店和50多家餐馆。里贾纳有很多购物区，具有代表性的是这一带最北部的康沃尔中心。从 Victoria Park 走过一条有树干和长椅的散步道之后，即到它的南边的入口处。这儿与伊都锦和西阿兹百货商店连在一起，除时装店和餐厅之外，还有4家电影院，是一个非常现代的购物中心。这一带白天虽是生机勃勃的商业区，但一到晚上就完全封闭，杳无人烟，因此，女性不宜夜间单独经过。

RESTAURANT 餐厅

维多利亚公园前的朴素的便餐厅

●*The Copper Kettle*

1953 Scarth St.

在维多利亚公园的东侧并排有几家大众餐厅和漂亮的小餐厅，这便是其中的一家。这儿的饭菜给人感觉是夹着意大利和英国风格的北美风味，很难说是正宗。店中的老厨师做菜很好吃，但这儿与其说是以美味取胜，不如说是它所保留的昔日情调受到了大家的青睐。汉堡包和面食等$5~7。主菜也在$10以下。菜的量也很大，非常适合年轻人。

康沃尔中心旁边的中国餐厅

●明园 *Royal Barbecue Restaurant*

Rose St.

也许是因为中西部中国移民少的缘故，走进中国餐厅多数情况下会让人失望。这家餐厅在其中算是味道不错的，而且紧靠拉玛达文艺复兴旅馆后面，非常方便。餐厅正面挂着烤猪，和一般的大众中国餐厅风格一样。它并非是专门的烤肉店。米饭类价格在$4以下，价格比较便宜，而且量也大。不想在餐饮业中心的中国菜外卖店吃饭的人应该来这儿。不过，菜的材料和烹调技术方面不能指望和多伦多、温哥华一样。

HOTEL 饭店

主要旅馆都集中在里贾纳市场广场。也许与地域性有关，这儿就算是高级旅馆，多数价格也定在$100以下。另外，如果按周末优惠价计算，那会变得相当便宜。所以，高级、中档和廉价旅馆的价格差距很小。另一方面，青年旅馆和YM-CA/YWCA也很清洁，很有地域优势，可以说是一个非常令人愉快的城市。

欧洲风格的有特色的老旅馆

●Hotel Saskatchewan Radisson Plaza

2125 Victoria Ave. (S4P 2P8)

电话 (306) 522－7691/(1－800) 667－5828

传真(306)757－5521

这是一家面对市中心维多利亚公园的有名的老店。1992年整个旅馆重新翻新。旅馆豪华漂亮，采用欧洲风格，在大厅中喝茶，似乎会让人产生身处伦敦的感觉。中西部的城市不管去什么地方都给人一种直率、坦白的印象，因此这儿这种厚重的气氛非常新奇。周末有优惠房价。旅馆里有英国王室喜欢使用的一套房间，值得一看。旅游旺季期Ⓓ$156、Ⓣ$179，淡季优惠幅度很大。

位置很好的高级旅馆

●Ramada Hotel

1919 Saskatchewan Dr. (S4P 4H2)

电话 (306) 525－5255/(1－800) 228－9898

传真(306)781－7188

这家现代化的高级旅馆在市中心的康沃尔中心旁边。旅馆的室内游泳池设施完善，有人工起浪游泳池等。旅馆采用塔式结构，因此从上面较高的楼层不仅能看见里贾纳城和瓦斯卡纳中心，还可以看到大平原一直延伸到远处的地平线，非常有感染力。普通房价Ⓢ$125、ⒹⓉ$145。周末大幅度降价，可降到Ⓢ$65。本书读者即使在平日也能得到ⓈⒹ$88的优惠价。

市中心的中档旅馆

●Chelton Inn

1907 11th Ave. (S4P 0J2)

电话(306)569－4600

传真(306)569－3531

这家旅馆交通非常方便，紧挨着康沃尔中心，离公共汽车总站也只有两个街区。房价Ⓢ$79，周末(周五和周六)为Ⓢ$59。

铁路线旁边的典型的廉价旅馆

●Empire Hotel

1718 McIntyre St.

电话(306)522－2544

从康沃尔中心沿11th大街向西走，再从McIntyre St.向北一点即到。这是一家廉价旅馆，一层是酒吧，档次较低，而且附近一到晚上就没有行人了。不过，这儿和青年旅馆及Y旅馆在同一个方向，所以在青年旅馆和Y旅馆满员的时候可以很方便地去这家旅馆。并且离公共汽车路线很近，非常方便。

房价Ⓢ$23.40、Ⓣ$23.80。

被誉为加拿大第一的舒适的青年旅馆

●The Turgeon International Hostel

2310 McIntyre St. (S4P 2S2)

电话(306)791－8165

传真(306)721－2667

位于瓦斯卡纳中心旁边很近的地方，自然历史博物馆北边的街区。到公共汽车总站步行10分钟。这儿是幽静的住宅区，环境出类拔萃。带白色拱门的建筑物是经过改装的Heritage Home。房间和淋浴室都明亮而清洁，还有完备的厨房设施。5 个宿舍式房间最多可住 50 个人。会员房价为$12,非会员$17。需要写信或打电话预定。

* * *

在为数不多的加拿大青年旅馆中，这家旅馆是数一数二的，值得向大家推荐,游客一定会满意的!乘机场班车到机场只需 30 分钟。价格适中,位置方便。

交通便利的旅馆

●YMCA

2400 13th Ave. (S4P 0V9)

电话(306)757－9622

传真(306)525－5508

这家旅馆位于市中心和瓦斯卡纳中心的中间,去两个方向都可以步行前往。从公共汽车总站往西四个街区即到。宿舍式的旅馆,淋浴室公用,每晚$18.53(含税),住一周一般为$78.48,学生$56.68。还可以使用游泳池和健身房。

●YWCA Residence

1940 McIntyre St. (S4P 2R3)

电话(306)525－2141

紧挨着市中心的市政厅，地理位置十分有利。共有 32 个带洗澡间・卫生间的房间,每晚$33,每周$107。只允许女性入住。前台 24 小时服务。

适合开车旅行者的 B＆ B 旅馆

●B and J's Bed & Breakfast

2066 Ottawa St. (S4P 1P8)

电话(306)522－4575

从市中心向东七个街区，紧靠总医院的背侧。共有 4 个房间,淋浴室公用。每晚Ⓢ$25、? $30。咖啡和小点心等免费供应。并备有免费停车场,所以非常适合驾车旅行的游客。

* * *

房间整洁，令人喜爱。早餐有橙汁、牛奶、烤鸡蛋、面包、小甜饼等等，多得让人吃不完。我为一对看起来非常和善的老夫妇弹了首钢琴曲子，他们非常感动，还给我拍了照片。旅馆对顾客照顾得无微不至，并负责用车送客人去公共汽车总站。可以按周或按月计算优惠房价。

幽静的瓦斯卡纳湖畔

Useful Information 有用的信息

●交通机构

Regina Transit Information－Centre

2124 11th Ave.　电话(306)777－7433

Bus Depot　2041 Hamilton St.

Greyhound / STC Lines　电话(306)787-3340

●气温(℃)

月	1	2	3	4	5	6	7	8	9	10	11	12
最高	-13	-8	-2	9	18	23	26	25	19	12	0	-8
最低	-23	-19	-13	-13	4	9	12	10	5	-2	-10	-18

里贾纳的历史

现在的里贾纳的前身叫作"骨头山",是印第安人屠宰野牛的屠宰场。它是萨斯喀彻温省的省会,并作为周围地区的农业中心而繁荣发展着,现在的情况来看,怎么也难以想象这个城市曾经是个屠宰场。

里贾纳的建设和发展与其他中西部城市一样,和加拿大太平洋铁路是分不开的。铁路当初本来计划从北部通过,但在最后关头改从南部,于是就通过了印第安语叫做"瓦斯卡纳(=骨头山)"的现在的里贾纳。接着,铁路为这个当时只不过是一个开拓者小村落的城市带来了大量的移民。

1882年,为了纪念维多利亚女王对铺设该铁路的支持,这座城市改名为"里贾纳"(里贾纳是拉丁语,意思是"女王")。同年,在这儿设置了西北骑警(后来的加拿大皇家骑警)的总部,为加拿大中部带来了"法律和秩序"(当时,加拿大中部有很多被军队从美国赶到北方来的印第安人和威士忌酒贩子非法入境,秩序十分混乱)。接着,第二年(1883)年,里贾纳成了西北准省的省会,就这样一直顺利地发展起来。

1885年,在实现了和平发展的里贾纳周围发生了"叛乱"。这起被称做"路易·利艾尔叛乱"的事件发生的原因,是因为大量移民的流入开始威胁本来以这个地区为活动根据地的梅蒂斯人的利益,引发了梅蒂斯人的不满。他们深孚众望的领袖路易·利艾尔建立起了临时政府,但后来被骑警镇压了,利艾尔也在里贾纳的骑警总站被处以绞刑。在纷争很少的加拿大近代史上,这也是法国裔移民和英国裔移民之间武力冲突的一个少见的事件。

1905年,准省升级为萨斯喀彻温省,里贾纳也同时成为了省会。里贾纳在美加国境线以北160公里处,现在是加拿大中西部工农业及运输的要冲。它真正的发展在第二次世界大战后特别显著,人口也增加到了167,500人。里贾纳虽然有多民族化的倾向,但现在英裔市民仍约占总人口的56%,城市也飘荡着一种英国情调。

SASKATOON

萨斯卡通
SASKATCHEWAN

在水流平缓的南萨斯喀彻温河沿岸展开的这座城市有一个爱称，叫作"桥城"。萨斯卡通是以大平原丰富的生产力为背景发展起来的，它是一座充满人情味的健康的城市，这儿没有加拿大西部城市常见的那种因迅速发展带来的不自然的感觉，和长期的经济不景气带来的荒废的景象。城市的中心集中在步行可及的范围内，城里虽然有几个购物区，但过去的老式商业街还完好地保留着。这是一个任何人都可以悠闲地生活的令人愉快的地方。

ACCESS 从机场到市内

机场在城市的西北方向，因为没有豪华客车和市内公共汽车，去市中心只能利用出租车，15分钟，$10左右。

ACCESS 从公共汽车总站到市内

Saskatchewan Transportation Co.

公共汽车总站在市中心西部边缘的23rd St.。沿23rd St.向东只要走三个街区就是市中心最热闹的地方。

INFORMATION 旅游问询处

Tourism Saskatoon
#6 – 305 Idylwyld Drive North
电话(306)242 – 1206　传真(306)242 – 1955

旅游问询处在市中心的西部边缘，步行去有些远。由于萨斯卡通是一个小城市，因此没有太大必要去旅游问询处。地图和观光点的情况在密瓦辛河谷中心也能得到。

WALKING 游览路线

密瓦辛河谷的林荫小路

热闹的地方是主要大街2nd Ave.，及与垂直相交的21st St.附近。在公共汽车终点站所在的23rd St.附近有一家家的餐厅和快餐厅。成为观光点的是这条2nd Ave.

和南萨斯卡通河沿岸的散步道。美术馆和博物馆也在河的沿岸。

TRANSPORTATION 市内交通机构

城市很小,可以步行游览。市内公共汽车票价$1.25。

SIGHTSEEING 主要景点

市中心

密瓦辛河谷中心 Meewasin Valley Centre

402 - 3rd Ave. S. 电话(306)665 - 6888

这个河谷缓缓地落入南萨斯喀彻温河,河谷两岸是郁郁葱葱的公园。在美丽的河谷上架着很多桥,这种景色在缺少变化的大平原上,可以说是带来生机的绿洲。这儿和许多地方的那种在混凝土的护岸工事旁边修出的河岸不同,水边的一切都保持自然的状态,还有水鸟群集。

密瓦辛河谷导游图

但是,当第一批欧洲移民来到这儿的时候,这儿连建一所小房子的树木都没有,只有满是尘埃的草地向远处延伸。要想弄明白这个地方是怎么实现其发展的,可以沿 3rd Ave. 向南走,去参观一下位于河边不远处的密瓦辛河谷中心。萨斯喀彻温河沿岸一带的博物馆、美术馆和大学等都被一条叫做密瓦辛河谷小路的散步道联系在一起,很适合散步和骑自行车游玩。

开放时间:周一~周五 9:00~17:00

周六、周日及节假日 10:30~17:00 免费入场

加拿大乌克兰博物馆 Ukrainian Museum of Canada

910 Spadina Crescent E. 电话(306)244 - 3800

萨斯喀彻温在加拿大是乌克兰移民最多的地方,而体现其文化和传统的就是这家小博物馆。尽管对很多人来说乌克兰是一个陌生的国家,但博物馆中展示的鲜艳的刺绣和涂成五颜六色的复活节彩蛋所表现出来的色彩令人惊叹不已。博物馆在密瓦辛河谷旁边很近的地方。

开放时间:周一~周六10:00~17:00 周日13:00~17:00

门票:成人$2

郊外

西部开拓博物馆　Western Development Museum

2610 Lorne Ave. S.　电话(306)931－1910　传真(306)934－0525

博物馆是一个巨大拱顶建筑物，里面再现了1910年移民高潮时的城市格局。和其他城市博物馆的"仿古景物"相比，规模暂且不提，景物加工也不够精致，让人觉得美中不足。对比之下，馆中一起展出的老式汽车反而更有趣一些，里面展出着各种各样的有名的T形福特车和50年代的流线型汽车。另外，联合收割机和耕地机等大型农业机械也是非常值得一看的。用这种像坦克一样的机器来耕地，加拿大这个国家的实力令人印象深刻。还有具有当时情调的小餐厅也很别致。

开放时间：全年　门票：成人$4.5　学生$3.5

路线 从3rd Ave. 和23rd St. 交叉处乘1路公共汽车，在大草原中心站下车，沿大草原中心左侧走500米即到。

瓦奴斯卡温文化遗产公园　Wanukewin Heritage Park

R. R. #4 Saskatoon　电话(306)931－6767

这个公园在市区以北5公里左右处，从此可以置身于优美的大自然中去体验曾在本地区繁荣过的平原印第安人瓦奴斯卡温人的文化。这儿作为一块圣地，到几年前为止一直保持着没被人为破坏过的状态。因此，先古时代留下来的遗迹很多，现在还在不断地进行发掘调查。室内的展品再现了这些印第安人长达6000年的历史，令人兴趣盎然。但是更有意思的是环绕遗迹和发掘现场的小路，它会令人不由自主地在脑子里浮现出曾在此地奔驰往来的野牛群和印第安人的生活，有种身临其境之感。如果把室外散步也包括在内的话，半天不能完成全部参观。最好早一些去，以可以提供传统印第安菜菜单的餐厅为主要目标。

开放时间：夏季9:00～20:00　冬季9:00～17:00　门票：成人$5

路线 因为没有去公园的公共汽车，要租车或乘出租车($20左右)去。也可以在拉玛达文艺复兴旅游等地方租一辆自行车去。

SHOPPING 购物

位于1st Ave. 的米德唐广场是一个建在旧火车站房屋旧址上的购物中心，其两侧分别是伊顿和西阿兹商场。不过，在萨斯卡通，商店街也很活跃，特别是在2nd Ave. 和河东侧的Broadway两旁有不少时装店和餐厅。

如果星期天呆在这个城市里的话，一定要去参观一下23nd St. 和3rd Ave.

交叉处开设的露天市场。人们从周围的农场开着装满新鲜蔬菜和鲜花、手工制作的点心的大篷车来到这里出售。在市场中能享受到一种与和平的小城相适应的、和谐的家庭式的热闹气氛。

农场集市

RESTAURANT 餐厅

以萨斯卡通的城市规模来说，这儿的小餐厅不少，可以一边在路上漫步一边轻松地进去用餐。小店里还预备有$5 ~7 左右的份饭，这点很难得。不过，一般说来对味道不能期望过高。快餐店则在 21st St. 或 23rd St. 附近很多。在米德唐广场里还有日本式快餐。

能让人吃得满意的、价格适中的法国南部菜餐厅

● *St. Tropez Bistro*

243 3rd Ave. S.

电话(306)652 – 1250

在 3rd Ave. 和 21st St. 的交叉处附近。从餐厅外面看，觉得非常难以接近，但一进去就知道其实并不是这样。菜单上只有套餐，但是味道相当好吃。意大利面食$7 ~ 9、肉菜$14 - 17。另加$2 可以吃到汤和蔬菜沙拉。仅在夜间营业。内部装修和家具也很朴素，并不豪华，但让人不由得感觉到一种理性的精美，值得一去。

家庭式的意大利餐厅

● *Taverna*

219 – 21st St. E.

电话(306)652 – 6366

在 3rd Ave. 和 21st St. 的交叉处。从外面看似乎很贵，但实际上内部是家庭式的包厢座，菜单也是以套餐为主，是一家大众化的餐厅。套餐由意大利面食和主菜组成，都盛在同一个盘子里端上来，这种不拘小节的风格是加拿大式的，味道也是如此。套餐$15，只吃意大利面食的话$10，不管怎样吃对一般人来说都会觉得量太多了。

HOTEL 饭店

这个城市非常小巧，所以能够在方便的地方找到适当的便宜旅馆，但另一方面，大型的现代化旅馆也很完善，是一个得天独厚的城市。因为不是观光地，所以只要没有什么特别的情况，找旅馆应不会有什么问题。

萨斯卡通的廉价旅馆

● *Patricia Hotel*

245 2nd Ave. N.

电话(306)242 – 8861

这家旅馆价格便宜，位置方便(25th Ave. 和2nd Ave. 的交叉处)，气氛也不

错。而且还有更便宜的宿舍式房间。离公共汽车总站也仅有几个街区。问题是，一层是酒吧（气氛不错），周末之类的日子有乐队现场演奏，非常吵闹。因此最好向服务员提出要一个尽量安静的房间。值得推荐。房价Ⓢ$30.75、Ⓣ$38.28。

价格虽然便宜，但地方和气氛不好

●Barry

201 20th Ave. N.

电话(306)244－6193

这家旅馆与离它很近的 Albany Hotel（比 Barry 便宜）感觉相似，都是一层作酒吧的便宜旅馆。这一带是萧条的商店街，旅馆的气氛也和周围的环境一样，显得阴暗。要选择便宜旅馆，看来似乎没有理由不选 Patricia 而选这儿。房价Ⓢ$32。

环境良好的健康的场所

●YMCA of Saskatoon

510 25th St. E.

电话(306)244－0944

这家旅馆地处邻近美丽的密瓦辛河谷的一片宽阔之地。离市中心稍远，附近又没有餐厅等设施，有些冷清，但如果晚上不打算离开旅馆外出的话，这地方是最好的。仅限于女性旅客住宿。沿25th 大街向河的方向走，离桥不远的地方就是这家旅馆。房价Ⓢ$28（含税）。

城市正中的老旅馆

●King George Hotel

157 2nd Ave. N.

电话(306)244－6133

旅馆位置很好，挨着主要大街 The Bay。旅馆门口挂着一块很大的招牌，上面写着"KG"两个字，很容易找到。尽管整体感觉有些陈旧，但大厅的气氛和住客们的情况让人觉得这儿倒像是一家"宾馆"，与便宜旅馆截然不同，而价格相对来说比较便宜。周末时双人房间的价格降到和单人房间相同。Ⓢ$45.83、Ⓣ$50.42。

附近有很多餐厅、非常方便的旅馆

●Senator Hotel

243－21st St. E.

电话(306)244－6141

这家旅馆所在的 3rd Ave. 和 21st St. 附近在萨斯卡通市中心也属于餐厅集中的地方。如果到达旅馆已经晚了，想在附近吃饭的话，这儿非常方便。旅馆欧洲风格的大厅非常雅致，给人一种高档的感觉。房价Ⓢ$46.95、Ⓣ$53.31。

几乎是公园景观的一部分

●Delta Bessborough

601 Spadina Cre. E.

电话(306)244－5521

从2nd Ave. 出发沿21st St. 向萨斯喀彻温河方向走去，有一座像古城堡一样威风凛凛的古老建筑。这是德尔它从加拿大人手中买下来的 Bessborough 旅馆。即使是那些不愿意住没有特色的现代化高级宾馆的人，对这儿也不会有什么不满的地方。房价Ⓢ$95～，周末为$76～。

WINNIPEG

温尼伯格
MANITOBA

温尼伯格是平原正中央的一个城市，从19世纪初开始它便是该地区的毛皮交易中心，1812年西尔考克勋爵在此建立了红河殖民地。温尼伯格的迅速发展是从1881年通往西部的铁路线到达该地区之后开始的，现在已经是一个拥有65万人口的繁华的大城市了。

温尼伯格尽管在地理位置上正好位于加拿大的中央，但城市给人的印象和美国中西部的城市很相似。对加拿大来说，这儿的东亚移民较少，而相反黑人数量很多。街上行驶着一辆又一辆破破烂烂的美国汽车，这一点也让人产生与美国中西部城市相似的印象。从这个意义上来说，温尼伯格是一个没有什么特色的城市，但其市中心非常小巧精致，而且没有贫民区，因此是一个可以悠闲地散步的令人心情愉快的城市。同时也可以看出，市民对城市的重新开发和文化事业非常支持，为此付出了很大的努力，这也使人对这个城市产生好感。

ACCESS 从机场到市内

Winnipeg International Airport

626 Chemin Ferry Winnipeg　电话(204)783－8000

离市中心约8公里。出机场大楼后，在右侧最靠边的公共汽车站乘15路公共汽车可以去市中心，$1.35。但相反，去机场的时候，同样是15路却有好几条线，要注意乘坐开往机场的那一条。需时约20分钟。

乘出租车去只有$10～12左右。而乘坐机场豪华客车，反而比出租车贵，需要注意。

ACCESS 从公共汽车总站到市内

Greyhound Bus Terminal

487 Partage Ave.　电话(204)783－8857/(1－800)661－8747

公共汽车总站位于温尼伯格的市区中心 Portage Ave. 旁。

ACCESS 从火车站到市内

140 - 123 Main St.　电话(204)944 - 8780

在市中心的东南边缘。火车站建筑物的一部分经过改装，成为了一家叫做联邦火车站市场的购物中心。另外，火车站背后原来的调度场也被重新开发成一个叫做福克斯购物中心的多用途的空间，这也是本地最大的观光点。

位于城市南部的火车站

INFORMATION 旅游问询处

Tourism Winnipeg Info Centre

电话(204)943 - 1970

开放时间:8:00 ~ 17:45

在机场的一层。备有地图和旅游手册等。

● Tourism Winnipeg - The Forks

320 - 25 Forks Market Rd.　电话(204)943 - 1970　传真(204)942 - 4030

开放时间:8:30 ~ 16:30　周一 ~ 周五

在福克斯购物中心的约翰斯顿终点商场的三层。乘电梯上下。这儿可以为顾客提一些建议，但资料很少。备有公共汽车路线图。

● Manitoba Travel Idea Centre

电话(1 - 800)665 - 0040

在约翰斯顿终点商场的一层。与 Tourism Winnipeg 不同，这儿可以提供附近地区的情况。另外还有旅馆的资料。

开放时间:10:00 ~

WALKING 游览路线

温尼伯格不算一座很大的城市，而且公路都是垂直相交的，高层建筑和河流也可以作为醒目的路标。因此只要有一份带插图的地图 Tourism Winnipeg、一份景点导游手册(Walk Winnipeg)和一份公共汽车路线图(Winnipeg Transit)，就能够去任何地方。

历史景点和博物馆等都在城市北边那片旧商业街(Exchange District)一带。Main st. 从这儿可以一直通往位于南部边缘的联邦火车站和福克斯购物中心。

Portage Ave. 与 Main St. 垂直相交之后通往西边。Portage Ave. 是温尼伯格最繁华的商业街，街上有贝依和伊顿等众多的百货公司。只要在脑子里记住这两条大道和从联邦火车站向西的 Broadway，就不会迷路。

温尼伯格的观光点分为三个区域：市中心北部的旧街道、南部的 VIA 火车站附近和红河对岸，各个区域之间靠步行来往的话距离较远。最有效的方法是：先计划好按什么顺序游览，各区域之间乘公共汽车直接往返。

TRANSPORTATION 市内交通机构

市内公共汽车 Transit Information

电话(204)986－5700

Winnipeg Transit 公司经营着公共汽车。公共汽车每隔 10～15 分钟一班，而且公共汽车站还标有时刻表和路线图，对旅行者非常方便。公共汽车票价为$1.35。另外还有按乘车次数计总价的车票($13)和面对游客的周票($11～)。

99 市中心飞车

作为市中心的交通工具，从 1995 年开始有一种叫做 FLYER(飞车)的区间公共汽车投入运营。线路有沿 Main St. 往返、连接百年中心所在的旧商业街与福克斯购物中心的线路和环绕 Portage Ave.、Main St.、Broadway、Memorial St. 之间的新市中心外围的线路。公共汽车站上悬挂着一块很显眼的站牌，非常容易辨认。使用的车辆的车体本来似乎最终会统一成和站牌一样的设计，但现在也有和普通公共汽车一样的车型在使用。

FLYER 的优点是把游客可能想去的地方紧凑地连接在一起，并且价格比较便

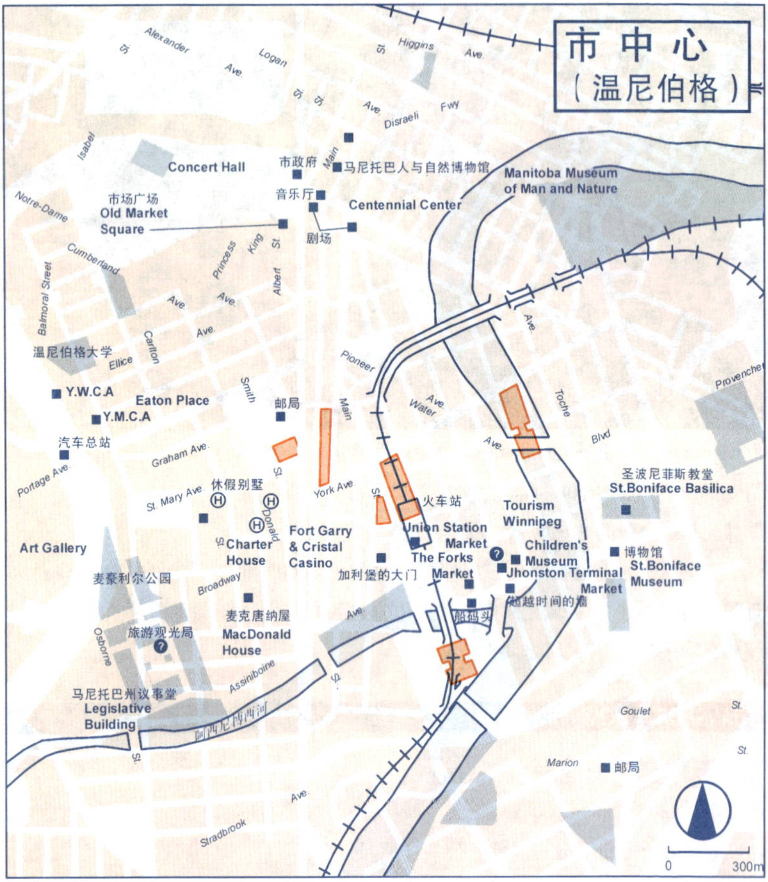

宜，仅 25¢。不过，FLYER 只运行到黄昏 4 点左右，要注意。

SIGHTSEEING 主要景点

福克斯购物中心 The Forks

联邦火车站的东侧、红河和阿西尼波因河之间的广大土地过去一直被用做这个地区印第安人物物交换的场所，后来又成为他们和欧洲人进行毛皮交易的地方。19 世纪末，横贯美洲大陆的铁路通过这个地方之后，这儿便成了火车调度场和仓库区。由于近年来铁路的衰退，又曾一度变成了一个冷冷清清的地方，但 1989 年开始进行了重新开发，使其作为一个保留着历史气息的独特的购物中心“福克斯”而复苏了。

福克斯购物中心里排列着一家又一家的卖新鲜蔬菜和各国食品原料的食品店、工艺品店、快餐店、小餐馆和餐厅，非常适合一边漫步一边品尝奇异的食品，寻觅合适的礼品。室内河边的富于变化的地形建成了一座美丽的公园，在天气好的夏日里特别令人愉快。在一块不大的空地上，立着一块模仿 Bus Stop (公共汽车站)的牌子"BUSK STOP"，在休息日等日子里，街头艺人(Busker)的表演会吸引着大批人围观。另外，邻近的大草坪上有时还会举行露天音乐会。这是一个非常方便的地方，既能享受用餐和购物的乐趣，又能免费欣赏到精彩的表演。

莱德河上的游船码头

福克斯市场夜景

路线 从市中心南部去的话，在联邦火车站两侧有从铁路线下通过的公路。乘公共汽车去，则可以从 Portage Ave. 乘 38 路、或从 Broadway 乘坐 45 路。另外，FLYER 也一直开进福克斯购物中心。

福克斯市场 The Forks Market

福克斯购物中心的中心是福克斯市场，这是三栋细长的石结构建筑物，用明亮的玻璃墙相连，设计非常独特。市场里还有四周全部用玻璃镶嵌的了望台，能够愉快地眺望阿西尼波因河和温尼伯格城的景色。

市场中有 16 家各具特色的食品店，14 家快餐店和熟食店、4 家餐厅。另外，建筑物内部的大厅里还有不少出售水果和鲜花的摊点，周围的人行道上则摆放着露天餐桌，使建筑物看起来比其本身的规模要华丽得多。

营业时间：周五 9:30 ~ 21:00　其余时间 9:30 ~ 18:30(冬季周一休息)

约翰斯顿终点商场 Johnston Terminal

这是一栋包括小餐厅、玩具店、文具店和民间工艺品店于其中的购物大楼。这儿出售的东西比以食品、日用杂货为中心的福克斯市场范围更广。三层和一层有旅游问讯处。另外，这儿还开放着一个叫做 Manitoba Sports Hall of Fame 的大厅。

马尼托巴儿童博物馆　Manitoba Children's Museum

这是一家少见的专门面向儿童的博物馆。这儿的一切都安排得可以让孩子们实际地用手接触、体验，从而从中学到知识。它在约翰斯顿火车站后面。

码头和"超越时间的墙"　The Wall Through Time

福克斯购物中心的南部边缘呈阶梯状向河边倾斜，每到夏季的午后，这儿就聚集了一对对情侣和一个个和睦的家庭，热闹非凡。河边有码头，一艘艘游船从那儿进进出出。向河的方向缓缓而下的坡道左边的墙上，用英语、法语和印第安语(?)三种语言记录着从史前时代开始的当地历史。现在在这块土地上还在进行发掘作业，游客也可以亲自参加体验一下。

市中心

加利堡的大门　Upper Fort Garry Gate

在 Main St. 和 Broadway Ave. 的交叉处稍微向里凹进的地方有一座小石门。这就是大约 150 年前，哈德逊湾公司修筑的堡垒的遗迹，因为这儿是阿西尼波因河和红河的汇合处，是一个具有战略意义的地方。现在这儿是一个小公园，向游客展示着堡垒还存在时的照片等。

麦克唐纳屋　MacDonald House

61 Carlton St. Winnipeg　电话(204)943-2835

这栋位处安静住宅区中的美丽的维多利亚式建筑是加拿大第一任首相麦克唐纳的儿子约100年前修建的住宅，别名叫 Dalnavert。这儿和别处的"仿真住宅"有着不同的特色，可以从中看到100年前的"现代化生活"，如集中供暖、对讲机和冰箱等。宅前有一个简单的小卖部，如果在这儿提出要求的话，有人会为游客担任导游。

开放时间：除周一、周五、节假日外每天开放　夏季 10:00~18:00　冬季 12:00~16:30

门票：成人$3

马尼托巴省议会大楼 Legislative Building

这是一栋新哥特式建筑，中央是圆拱顶，生气勃勃地耸立在周围纪念公园宽阔的草坪中。屋顶上是“金男孩”的雕像，用23.5K黄金镀金。随意入内参观。夏季还有导游讲解。

温尼伯格美术馆 Winnipeg Art Gallery

300 Memorial Blvd. 电话(204)876－6641

美术馆外形非常独特，呈楔形，像一片乳酪饼。与因纽特人有关的作品和北美艺术家的作品很多。在贝依百货店对面。

开放时间：周二、五、六日11:00～17:00 周三11:00～21:00 6月中旬～9月上旬10:00开放。

门票：成人$3、学生$2、周三免费。

马尼托巴“人与自然”博物馆 Manitoba Museum of Man and Nature

190 Rupert Ave. 电话(204)956－2830

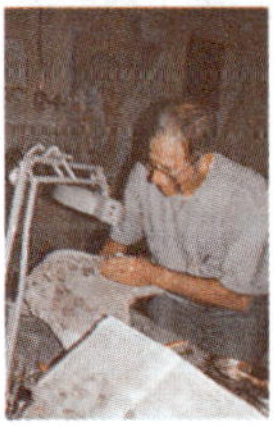

发掘恐龙化石的实地作业

这个街区被称做百年中心，除博物馆之外，还把天文馆、音乐厅连为一体，是一个文化中心。展出的内容和各地的博物馆相同，有自然历史、土著居民文化、加拿大殖民历史，以及现代的生态系统等，但游客注目的对象则是联系英国和加拿大的帆船“Nonsuch”号的复制模型。这艘船是哈德逊湾公司的财产，建于17世纪。展厅中以这艘船停泊的码头为中心，把港口城市的模样也再现了出来（而且再现的是夜景），让人觉得仿佛是误入了童话世界。另外还有一处把20世纪20年代的城市、包括当时的商店和旅馆的内部都再现了出来，也非常有意思。这是一个构思精巧的好博物馆。

开放时间：夏季每天10:00～18:00 冬季周二～周五10:00～16:00 周六、日和节假日10:00～17:00

门票：成人$4(天文馆$3.5、科学中心$3.5、通票$9)

商业交易地区 Exchange District

十九世纪末，温尼伯格以中部大平原的谷物交易为中心，实现了其在北美也属屈指可数的发展。在从Portage Ave. 和Main St. 的交叉处向北延伸的地区，至今还排列着不断注入着当时的技术和资本的大楼，因此是一个有历史意义的地方。现在，虽然过去曾在这儿左右世界经济的多数大企业要么在别的地方修筑大楼，要么已经从历史上消失了，但人们仍然可以追忆起那些曾被称为“芝加哥式”的街道。对建筑有兴趣的人一定不能错过这个地方。这一类的地方多数情况下要么已经变成了贫民区，要么由于后来移民的到来而气氛完全改变，但是这儿却让人觉得时间似乎已经停止。在温尼伯格旅游问讯处的小册子“Walk Winnipeg”上有非常详细的解说，但另外还有一本专门介绍这里的叫做“The Exchange District”的小册子（免费），有兴趣的人可以向问讯处索取。

圣波尼菲斯　St. Boniface

在市中心东部，红河的对岸。这儿是除魁北克省之外最古老的法国移民城市，1818 年两个神父从魁北克来此传播天文教，这就是这个城市的开始。尽管 1972 年这个城市成了温尼伯格的一部分，但这儿的住宅风格和街道的气氛至今还保留着独特的“法国味”。每年 2 月，这儿都要举行“Festival du Voyageur”（旅行者节），为我们再现法裔加拿大人的传统。

仅余建筑正面墙的圣波尼菲斯

城里的博物馆 St. Boniface Museum 是温尼伯格最古老的建筑物，建于 1848 年。橡木的白色很有异国情调。紧挨着博物馆的地方是 1818 年修建的大教堂 Basilica（不过，由于遭到火灾，现在只留下了建筑物的正面）。教堂内的墓地里有路易·利艾尔的墓。利艾尔是梅蒂斯人（法国移民和印第安人的混血儿）的领袖，为了保卫梅蒂斯人的利益，于 1885 年成立了临时政府，掀起了针对当时殖民地政府的叛乱，后来被处以绞刑。

博物馆开放时间：（夏）周一～周五（9:00～21:00、周六、日和节假日～17:00、冬季每天只开放到 17:00。

路线　从市中心乘 10 路公共汽车过红河即到。

郊外

阿西尼波音公园　Assiniboine Park

位于从市中心向西 5 公里处。在 376 英亩宽大的公园里有微型蒸汽机车行驶往来，还有英国式庭园、温室、小动物园。

路线　去公园可乘坐 21、22 路公共汽车，傍晚或星期天可乘坐 11 路公共汽车，去动物园则可乘坐 17 Academy Assiniboine Park 公共汽车或仅在周末运行的 18 Carydone Assiniboine Park 公共汽车。从市中心出发约 20 分钟即到。

下加利堡　Lower Fort Garry

电话(204)785 - 6071

这是一家位于温尼伯格以北 32 公里处的国立历史公园。这个堡垒一开始是哈德逊湾公司在红河岸边的毛皮交易中心，建于 1830 年，是北美洲最古老的石头堡垒。堡垒是用坚固的石灰岩建造的，因此，到 1911 年为止，一直按其修建时的原状使用着。现在保存下来的堡垒尽管经过了一些修复工程，但是仍然是刚修建时几乎没有任何变化。在加拿大保存着很多殖民地时代的石头堡垒。而这儿与其他堡垒不同的是，除堡垒之外，还再现了当时参加堡垒周围进行的毛皮交易的普通人的生活原貌。

Big House 是建于 1832 年的、哈德逊湾公司董事长的住宅。在这所房子里，身着 19 世纪服装的人们装扮成家里的管家或女佣在忙碌地工作，往厨房里一看，挂着围裙的中年妇女们在精心地制作面包。另外，在中间阳光明媚的院子里，还可以看见中年妇女在缝制裙褶，铁匠铺和城里的杂货店也正在营业，店里有各种和 19 世纪时一模一样的东西。这儿真不愧是毛皮的交易所，里面张挂着许多动物毛皮，有的地方还有印第安人的帐篷。

开放时间:5 月中旬 ~ 9 月中旬 10:00 ~ 18:00(6 ~ 8 月 9:00 ~ 21:00)

门票:成人$5、学生$2.5

路线 由于没有市内公共汽车这种方便的交通工具，只能利用私家车或者观光公共汽车。

AMUSEMENT 娱乐

●赌场

温尼伯格市内有好几家赌场，但 Hotel Fort Garry 里的水晶赌场最有意思，它的大门非常豪华，外观像座城堡一样，让人一看就觉得有赌场的那种气氛。除大家熟悉的轮盘赌、扑克牌赌博和黑杰克牌戏之外，还可以玩好几种赌博。除自动售货机的房间外，男性必须穿西服系领带。不过，只要出示自己的身份证，可以从账房借用西服领带。赌博下注的金额各赌台都不相同，但是似乎可以看到一些像是以领退休金为生的中年人和附近的中年妇女在这儿一注以小赌注玩，体会其中的喜怒哀乐，看来赌博性质似乎还不如弹珠球游戏高!?注意场内禁止摄影。

●温尼伯格最大的活动／Folklorama

每年8月上旬举行，为期两周。在这期间，整个城市一家挨一家地排列着50多个展厅，在各个展厅中分别举行各国独特的活动，如舞台表演、试餐会、娱乐节目、手工艺品展览等，热闹非凡。举办这个Folklorama的目的，是希望人们通过这个活动去理解各个不同国家的文化、风俗习惯和独特的魅力。这确实是一个只有在加拿大这个移民国家才可能举行的活动。有关Folklorama的情况可查讯电话（204）944－6221。

其他的活动还有：2月份的Festival Voyageur、3月份的Festa Italiana、6月份的International Children's Festival、Jazz Winnipeg Festival、7月份在Birds Hill Park中举行的Winnipeg Folk Festival、9月份的Oktoberfest等。

SHOPPING 购物

市中心的购物区域在Portage Ave.两旁以及Main St.和Memorial Blvd.之间的大约十个街区内。各建筑物之间都用天桥相连，不用跨出室外一步就能享受购物的乐趣，即使在寒冷的冬季也不用担心。东端有Lombard Concourse、西端有贝依百货商店。在Portage Ave.街边、Donald和Hargrave St.之间有伊顿兹商场，隔着Graham Ave.和Eaton Place相连。在Eaton Place里约有120家商店和餐厅。从贝依百货商店处和伊顿兹用天桥相连的Portage Place中约有100多家商店和餐厅。在这儿还有IMAX和电影院等。

难得的直销批发商店

再提供一条好消息。因为加拿大制造成本低，有利可图，所以在温尼伯格周围，有很多美国企业开设的工厂，这些工厂多数都有一个所谓的直销批发商店（Outlet），如果游客在那儿发现了自己喜欢的品牌的话，比商店里便宜很多。

Olympic Sports Factory Qutlet:

1500 Notre Dame Ave.

只在旅游旺季营业。

Pace Setter:

665 Logan Ave.

经营运动服、海滨服、浴衣等。

Western Bag Co. Ltd:

经营提包、围裙、毛巾、床单等。

RESTAURANT 餐厅

温尼伯格有各种各式丰富多彩的餐厅，但遗憾的是，没有一个餐厅集中的地区。也就是说，想要一边漫步一边挑选自己喜欢的餐厅是很困难的。因此，很多时候就得在旅馆设立的餐厅或附近的快餐店里凑合一下。惟一的例外是在福克斯购物中心，这儿除了有好几家餐厅之外，白天还有很多可以把食物带走的家常菜餐厅营业，让人简直不知挑什么好。

西方情调的烤肉

●*Prairie Oysters*

1 Forks Market Rd.

电话(204)942－0918

这家餐厅位于福克斯商场中央大厅的二层,它是一家空间开放式的餐厅,餐厅的一半似是通道。内部装修虽然很漂亮,但由于是烤肉店,气氛轻松、令人觉得一点不拘束。店内也有柜台,游客一个人单独进去也不会引人注意。全菜$18～25,汉堡包等便餐$7.5～11,价格虽然稍高,但份量很足。餐厅的一部分是模仿轮船甲板的露天餐厅，从那儿可以看见阿西尼波因河。餐厅外表看起来虽然粗糙，但味道出人意料地好。紧挨着的隔壁有一家更气派些的法国餐厅The Sandpiper(也许是同一个店主经营的),店里还铺着桌布。

代表温尼伯格的法国餐厅

●*Le Beaujolais*

131 Blvd. Provencher

电话(204)237－6276

这家高级法国餐厅在法国人居住区圣・波尼发斯。从市中心渡过红河上架的桥之后，很快就能到位于路左边的这家餐厅。

Prairie Oysters餐厅的套餐

HOTEL 饭店

温尼伯格的便宜旅馆集中在Portage Ave. 以北的Exchange District。但是,这一带晚上很冷清,而且旅游的气氛也很阴暗，所以女性游客最好不要去。旅馆的价格本身总的来说倒很便宜，而且在比较方便的地方还有好几家中档旅馆和汽车旅馆,因此,普通游客最好去这一带。

去任何地方都很近的较高级的汽车旅馆

●*Carlton Inn Best Western*

220 Carlton st. (R3C 1P5)

电话 (204) 942－0881/(1－800)528－1234

房价Ⓢ$51(双人房间一人使用)、Ⓓ$57。旅馆为三层建筑的汽车旅馆,但客房和高级旅馆一样。当然,房间都带洗澡间、卫生间和彩电。这家汽车旅馆南边挨着市中心卡尔顿街的会议中心,离公共汽车总站步行8分钟。处于这样的位置来说,旅馆的这个价格是很便宜的。可以向游客推荐。“西部精华”(Best Western)是世界最大的汽车旅馆连锁店。通过东京的预约中心(电话)0120－42－1234就可以预定,非常方便。

靠近 VIA 火车站的中档旅馆

● Charter House Hotel

330 York Ave.（R3C 0N9）

电话（204）942－0101/(1－800)782－0175　传真(204)956－0665

位于 Donald st. 和 York Ave. 的交叉处。尽管功能很齐全，但建得像一家冷冰冰的汽车旅馆。可从此步行去福克斯购物中心，非常方便。一层有餐厅，附近还有比萨饼店和超级市场。带洗澡间、卫生间的ⓈⒹⓉ房间价格为$98＋税，除会议期间，其他时候可以减半优惠！

邮局旁边的旅馆

● St. Regis Hotel

285 Smith St.（R3C 1K9）

电话(204)942－0171

在邮局旁边，离伊顿广场一个街区。这是一家中档旅馆，尽管并不豪华，但气氛舒适。地点在从 Portage Ave. 沿 Smith St. 向南稍走一点的地方，所以可以乘机场开出的市内公共汽车去，这点很方便。对于购物来说也是一个不错的位置。房价Ⓢ$45＋税、Ⓓ$49＋税。

外观古色古香的高级旅馆

● Hotel Fort Garry

222 Broadway Ave.

电话(204)942－8251

旅馆紧靠阿西尼波因河，其外观古色古香（1913 年建），从很远的地方都能看见。大厅和房间刚经过装修，显得焕然一新，气氛豪华，似乎像坐着高级豪华轿车直到大门口一样。但是，价格便宜得令人感到意外，因此非常合算。旅馆

Hotel Fort Garry 的大厅

内部有赌场，离福克斯购物中心很近，这些都使其档次得到提高。在旅游淡季房价为$59～，带洗澡间的房间$69。周末优惠 10%。

步行去市中心只需约 15 分钟的旅馆

● Ivey House International Hostel

210 Maryland St.（R3G 1L6）

电话(204)772－3022

传真(204)784－1133

沿省议会大厦前的 Broadway St. 向西走，在 Maryland St. 向左拐，马上就能看见位于路左侧的这家青年旅馆。房价会员$13.5、非会员$16。从机场去的话乘 15 路再转 29 路公共汽车，需 30 分钟，从公共汽车总站步行 15 分钟。

设施完善的宾馆

● Guest House International

168 Maryland St.（R3G 1L3）

电话(204)772－1272

传真(204)772－4117

宿舍式房间$11、Ⓢ$15、Ⓓ$22。洗澡间公用，配套设备有冰箱、厨房和洗衣房。并且还有游艺室，可借自行车。在市中心西南 Maryland 和 Alloway 的交叉处。离公共汽车总站步行 10 分钟。从 VIA 火车站出发乘 29 路公共汽车在 Sherbrook St. 下车即到。

Useful Information 有用的信息

● 交通机构

Canadian Airlines 电话(204)632－1250

Air Canada 电话(204)943－9361

Greyhound 电话(204)783－8857

Grey Goose 电话(204)784－4500

VIA Rail 电话(204)944－8780/(1－800)561－8630

● 气温(℃)

月	1	2	3	4	5	6	7	8	9	10	11	12
最高	－13	－10	－2	10	19	23	26	25	19	11	0	－10
最低	－24	－21	－12	－2	5	10	13	12	6	0	－9	－19

TOUR 游览项目介绍

温尼伯格灰色旅游路线 Gray Line of Winnipeg

P. O. Box 3930 Postal Stn. "B", Winnipeg 电话(204)942－4500

● 一号游览路线"M. S. Paddlewheel Queen"Sunset Dinner Cruise

乘汽船游览红河，观看岸边的风景和草原上美丽的落日。游览途中，可以喝葡萄酒和鸡尾酒，享用豪华的饭菜。不过，伙食费要另付。5～10月每天19:00出发。3小时，$8.95。

● 二号游览路线"M. S. Paddlewheel Queen"Sight－Seeing Cruise

乘汽船游览红河，观赏河两岸的有历史意义的景致。5～10月每天14:00出发。2小时，$8.15。

● 五号游览路线 See Winnipeg

乘双层公共汽车游览市内主要景点和名胜。7月1日～9月7日每天9:00出发。2个半小时，$14.15。

● 六号游览路线 Bus tour, Boat Cruise

这是把二号和五号游览线路组合在一起的项目。伙食和饮料另外收费。5月15日～9月15日每天9:30出发。3小时、$20.65。

加利堡的大门

CHURCHILL

丘吉尔 ● MANITOBA

哈德逊湾就像是加拿大领土内陆部分掏出的一个大洞一样。在它的周围是大片覆盖着冻原的北极世界。丘吉尔是面对哈德逊湾的一个北极城市，附近就有白熊、北极狐和抹香鲸出没。一来到这儿，就会有一种不像在加拿大、而像是在北极旅行的感觉。丘吉尔以北的地方有好几个因纽特人等土著居民生活的部落，但北纬60度以北的加拿大北部连公路都没有，去那儿只能坐飞机，而且很贵。乘坐VIA列车即可到达的丘吉尔可以说是个人旅游者在合理的费用下能够到达的最北部的城市。

ACCESS 交通工具

飞机 加拿大航空公司早晚各有一个航班从温尼伯格飞往丘吉尔（周六周日除外）。所需时间3小时左右。机场到市内乘车只需15分钟左右，但没有公共交通工具，只能让旅馆用车接送。

铁路 从温尼伯格出发的VIA列车每周有3班。途中需34个小时，在火车上住两个晚上，早晨到达丘吉尔。如果没赶上当天晚上回来的列车的话，游客就不得不在高物价的丘吉尔多呆两天，乘第三天晚上的火车返回。因此，在利用坎雷尔小路的自助负重游客中，也有不少勇敢的人当天往返。VIA火车站在城市的中心，能够步行去任何一家住宿的地方。另外，没有通往丘吉尔的公路。

INFORMATION 旅游问询处

Parks Canada Visitor Centre

与市中心小区仅隔一条街，其所在的楼内还有银行和酒吧。但仅在夏季营业，营业时间分别为10:00～17:00、18:00～21:00。问讯处内有关于周围自然环境、因纽特人的生活以及丘吉尔历史方面的简单的历史展览，还可以获得周围景点的有关情况。到晚上还上映北极熊生态等方面的电影（收费）。

WALKING 游览路线

丘吉尔给人的印象与其说是个城市，不如说是一个殖民地或者基地。这儿的自然环境非常恶劣，人们为了维持自己的生活，互相帮助，共同支撑着这个只有最低限度公共服务设施的现代化城市。并且这儿还像是一个部落聚居地，城市的外侧除了自然界什么都没有，只花1小时就能走遍每一个角落（但要在天气好的时候。天气恶劣时走100米都困难）。这儿虽然也有面向游客的礼品店和博物馆，但离悠闲

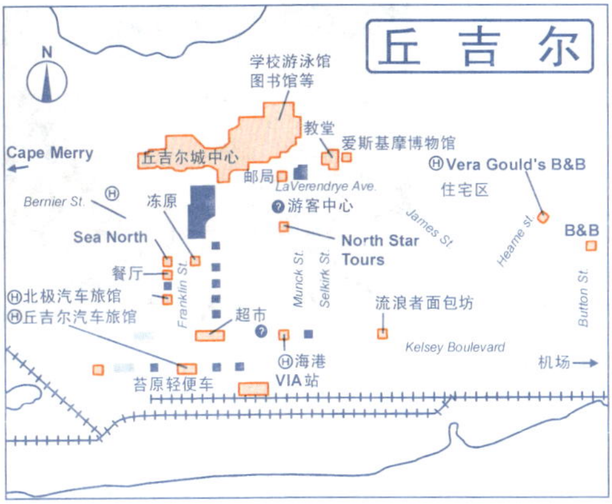

漫步的气氛还很遥远。因此，在城里没有什么事可做，旅游观光仅限于参加团体旅游观赏大自然。

虽说一出城马上就是北极的自然环境，但这同时也意味着离遇难很近。即便是在夏季，天气如果恶化，都有冻死人的可能，这可不是开玩笑。而且，从秋天到冬天这一段时间，还很有可能会碰上比灰熊危险得多的北极熊。尽管附近的 Cape Merry 等景点都可以步行前往，但在离开城市之前，要充分收集情况，进行准备，并最好和当地人商量一下。如果想体会北极圈和哈德逊湾的感觉，仅在市中心小区后面的海岸上散散步就足够了。

注意：即使在盛夏时去，也最好带上长外套、风雪衣、手套、帽子等严冬用品。另外，7 月份蚊子很多。

SIGHTSEEING 主要景点

市中心小区 Town Centre Complex

面对哈德逊湾的地方有处巨大的建筑，里面有行政设施、学校、剧场、公园和健身房。这样大的规模与这个小城很不协调，但据说这儿一到冬季，即使白天外面也是漆黑一片，风暴肆虐，一步都不能离开室内，所以在这段时间里，这个建筑物内部是整个城市本身。

爱斯基摩博物馆 Eskimo Museum

博物馆以过去传教士收集的东西为主，展出着爱斯基摩人的艺术品。其中用海狗的牙制作的玩具船非常漂亮。传统的石雕也在变形的外表下生动地表现出人的感情和动物的形态。馆内还有展销厅。

冰原马车旅游 Tundra Buggy Tours

P. O. Box 662, Churchill, Manitoba, R0B 0E0　电话(204)675－2121

这个旅游项目是丘吉尔的招牌项目，几乎所有来访的游客都会参加。它是一种豪迈的冒险旅游，游客乘坐一种装有能在没有公路、不时还有沼泽的冰原上自由行驶的大型特殊轮胎的车辆，走遍整个荒原。冬天，北极熊要在哈德逊湾上生活，丘吉尔就是白熊为了去哈德湾而从内陆聚集而来、等候结冰的地方，因此从10月中旬到11月，北极熊很多。游客几乎肯定能够亲眼看见白熊，全世界恐怕也只有这一处。在冰原马车旅游中，游客可以从近两米高的平台上近看北极熊。8小时旅游$162。夏季有$74的4小时旅游。即使看不见北极熊，这个旅游项目也是轻松地观赏体会冰原风景的最好手段。

自然观察旅游

在丘吉尔可以观察到四季不同的自然风光。春天哈德逊湾的冰层融化时（6月中旬～）是观赏候鸟的旺季，鸟类观赏爱好者都很熟悉这个地方。同时这儿也很适合观看海豹。夏天(7～8月)是观赏白色抹香鲸的季节。在岸上都能看见鲸鱼。秋天是看北极熊的季节(10～11月上旬)。夏天虽然也能见到北极熊，但在这个季节里看到的可能性要大得多。9月前后城周围还常常能看见北极狐。冬天(12～3月)是观赏北极光的季节。北极光越往北、往东越经常能看到，因此丘吉尔是和阿拉斯加齐名的北极光观赏圣地。

Sea North Tours 公司(39 Franklin St. 电话(204)675－2195)等经营有当天往返的乘船旅行($40)。此外，还有远离丘吉尔进行的为期几天的旅行，在离丘吉尔很远的山庄里过夜。比如 Polar Inn 公司在丘吉尔河对岸有一所叫作 White Whale Lodge 的山庄，人们可以在这儿钻进笼子里观察北极熊。另外还有自己造雪屋、乘雪橇游览史迹的旅游项目等。

历史性景点

丘吉尔一直被用做欧洲人和土著居民的交易场所、海上结冰轮船不能航行期间船员越冬的场所和英法两国的探险和军事基地。因此，在其附近有很多当时的堡垒等历史建筑物。离丘吉尔最近的是步行40分钟左右可到的丘吉尔河河口的 Cape Merry，它是作为哈德逊湾公司的交易所兼堡垒而于18世纪初建造的。作为历史遗迹，这儿保存着当时的城墙和弹药库等。在这儿还可以看见哈德逊湾沿岸的自然环境和生活情景，非常有趣。

由 Cape Merry 遥望威尔士王子岛

Cape Merry 的对岸是 Fort Prince of Wales，可以看到部分修复的城墙。那也是作为对抗法国的要塞而由哈德逊湾公司建造的，但在实际作战的时候，由于守卫人员不足，立刻就投降了。那里只能乘船接近，所以需要参加集体旅游。在更靠南的地方还有一处史迹叫做 Sloop's Cove，它是哈德逊湾公司的避暑处。不管是乘火车还是乘船都可以前往丘吉尔，这个地方近代以来一直被用做马尼托巴省的小麦集散地，与城市邻近的地方有巨大的仓库。由于同样的理由，这儿还曾被用做宇航基地，在城市的南边还保留着火箭发射场的遗迹。

RESTAURANT 餐厅

越是接近丘吉尔，就越能感觉到"有饭吃就是天堂"。真正能吃饭的地方只有几处而已。

Trader's Table 是惟一的一家现代化的餐厅，备有套餐，每天改变菜的品种：晚餐$30 左右。Tundra Inn 的餐厅采用会员制，只对住客营业，中午也营业，在没能参加集体旅游的时候可以在这儿用餐。菜单上的品种虽然很少，但有令人满意的套餐（自助形式）。

Churchill Motel 的餐厅给人感觉像是火车站前的小饭馆，价格虽然便宜，但味道不能指望太好。好像当地的工人之类的人常在里面吃饭。土豆份量很大。

还有一家叫做 Gypsy's Bakery 的面包店，这儿的食物和火车站前超级市场买来的食品是最便宜的。不过，由于物价本身高，自助游客最好在去丘吉尔前事先买好食品。

HOTEL 旅馆

住宿设施只有汽车旅馆和山庄式旅馆，所以无论住在什么地方，价钱和位置都没有太多差别（设施都不怎么样，但价格却很贵）。

Polar Inn（P. O. Box 1031 电话（204）675－8878　传真（204）675－2647），房价 Ⓢ $77、Ⓓ Ⓣ $84。Churchill Motel（P. O. Box 218　电话（204）675－8853　传真（204）675－8228）房价Ⓢ$70、ⒹⓉ$80。Seaport Hotel（P. O. Box 218　电话（204）675－8807　传真（204）675－2795）房价Ⓢ$75、ⒹⓉ$85 左右，价格适中。住宿设施的客容量很小，建议事先预约。另外，不预约的话就没有人去机场接送。

B&B 旅馆只有两家，Peruse House（P. O. Box 894 电话（204）675－2254）是安女士经营的，屋子很漂亮，有两个房间，房价Ⓢ$35。在城东的住宅区。另一家是她母亲经营的 Vera Gould's B&B（电话（204）675－2544）。当然也有一些老百姓的房子在必要时会留游客住宿，总之，与安女士商量一下就可以了解清楚。

装点北极天空的光的梦幻——北极光之城

Yellowknife●耶罗乃夫

最近，由于北极光受到了游客的喜爱，因此有越来越多的游人去西北准省的省会耶罗乃夫旅游，据说每年超过1000人。由于耶罗乃夫位处大斯勒布湖边，周围又没有山，因此比阿拉斯加更能看到漂亮的北极光。逗留3天的话，看见北极光的概率为98%！但尽管如此，这始终要依赖自然条件，所以最好尽可能抽时间在这儿呆上4天。当然最好的季节是11月～3月。注意严冬时温度达零下40℃左右，需要准备相当的御寒用品。顺便说一下，在这儿与其说是北极光(Aurora)，不如说是 Northern Lights 更确切。

在这个城市，还可以享受到北极地区的各种活动，如观看北极光，狗拉雪橇和机动雪橇，越野滑雪等。不过，物价非常高。旅馆也只有两家，非常贵，因此住宿最好住汽车旅馆或者 B&B 旅馆。

在交通方面，尽管从各主要城市都有飞机飞往耶罗乃夫，但如果在当地买飞机票的话也相当贵。因此可以在购买从中国出发的往返机票时预先指定在耶罗乃夫中途停留。这样在埃德蒙顿转机就行了。

旅游问询处

Visitor Information Centre

#4，4807－49th St.电话(403)873－4262

在这儿可以得到城市的地图和旅馆名单、独木舟路线图和钓鱼等方面的情况。时间：周一～周五 8:30～18:00　周六周日12:00～16:00。

TOUR　集体旅游指南

Raven Tours

电话(403)873－4776

传真(403)873－4356

经营以北极光旅行为主的各种旅游活动，曾接待过很多外国游客。在 Explorer Hotel 内有集体旅行服务台。

Canadian Ex.

P.O.Box1874，Yellowknife，NT，X1A2P4

电话(403)669－9645

这是一家日本人经营的公司，经营者铃木诚二先生夏季在北极圈内担任直升飞机飞行员。

Canadian Ex.公司组织的北极光旅行每天三个小时，$60。可以在离城15分钟左右的湖边小屋中观赏极光。这个湖的湖畔视景开阔，像是一个360°的冰上全景电影院。在爱斯基摩人修的雪屋里听极光解说，那种感受也是无法比拟的。我参加的是和便宜的 B&B 旅馆等住宿设施配套的住3晚的北极光旅行。包括市内观光、伙食、北极防寒用具一套共$350，比分别支付要便宜得多。我请人把我和北极光一起拍了下来，这张照片是旅行的珍贵纪念品。

HOTEL　饭店

●极光屋

152 Bromely Cort，Yellowknife(X1A2Y1)

电话(403)669－9200

这是设在 Canadian Ex.公司的经营者铃木先生家里的 B&B 旅馆。住一晚连早饭共$35～。

●YWCA Bayview Apt・Hotel

5004 54th St.

带小厨房的Ⓢ$70、Ⓓ$85。宿舍式房间($20)基本上是长期逗留者使用，一般都已订满。男女都可住宿。

●Explorer Hotel

电话(403)873－3531

全市最高档的旅馆。房价Ⓢ$145～。

ONTARIO

安大略省

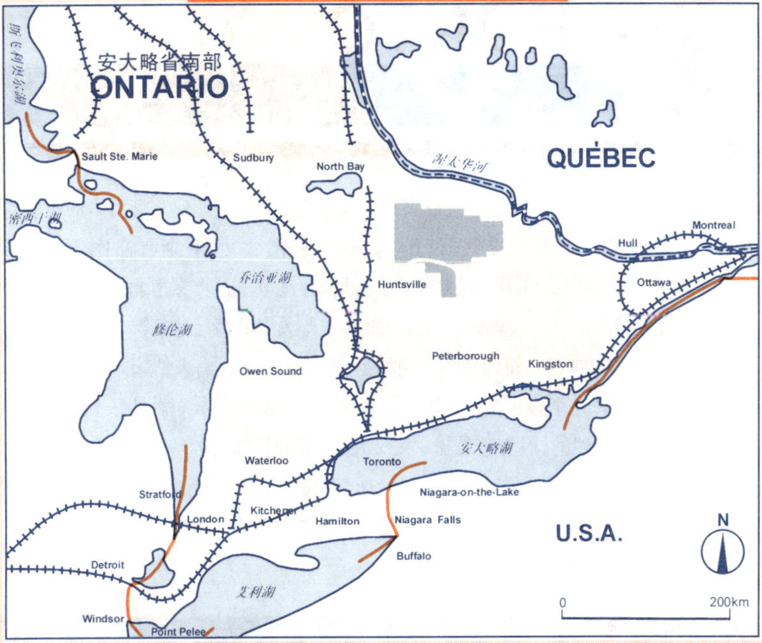

省会： 多伦多(Toronto)

时间： 东部标准时间(除部分东部地区外)

和中国的时差 -15 小时

省税： 购物税 8 %、旅馆税 5 %。

TORONTO

多伦多
ONTARIO

多伦多是安大略省的省会，加拿大第一大城市，而且是一座充满活力的美丽的城市。多伦多处在交通要冲的地理位置上，从安大略湖沿圣劳伦斯河而下，不久就可通过大西洋。在多伦多的对岸，是美国的纽约州。这座城市以贯穿南北的扬格大街为中心呈棋盘状排列，从安大略湖上远眺，耸立在蓝天中的高层建筑群令人想起纽约的摩天大楼。但是，据说与纽约迥然不同的是，这儿是一个充满人情味的城市(people city)。多伦多不愧是个移民城市，在大街上走动的人肤色各异，而且每个人都很时髦。这也是理所当然的，因为它是加拿大文化、经济的发源地。多伦多也是一个文化都市，最新的电影在这儿和纽约同时上映，且全年都能看到长期上演的音乐剧。美术馆、歌剧院和体育运动设施也很完善，城里既能欣赏戏剧和艺术，还能享受购物和餐饮的乐趣。简直是魅力无穷！

ACCESS 从机场到市内

皮尔逊国际机场 Pearson International Airport

皮尔逊国际机场拥有三个停机坪，是加拿大最繁忙的机场，机场根据目的地和航空公司分为第一～第三停机坪。各停机坪之间借助公共汽车或者出租汽车联系。机场位置在市中心西北30公里处，但除其他交通工具外还有机场班车频繁开往市内，约40分钟左右即可达各主要旅馆。

●**机场班车/Toronto Colony Airport Express** 电话（905）564－6333/(1－800) 387－6787

每隔20分钟就有一班区间公共汽车开出，把机场和市中心的主要旅馆联系在一起。除在Westin Harbour Castle/Royal York/Sheraton Centre/Marriot等处停车外，还在公共汽车总站停车，非常方便。去市中心东部的Novotel和Howard Johnsons等旅馆的话，要先在Royal York下车之后再换乘别的公共汽车。单程$11.45，往返$19.70，所需时间40分钟左右。学生优惠10%，也可以用信用卡付款。走出停机坪的大楼之后，在那儿售票处买票。并可得到一张时刻表，上面有机场地图和主要旅馆的位置，非常方便。开往机场的班车5点左右发车。

从同样的地方出发，还有开往地铁 Yonge－University 线的 York Mills 站，Yorkdale 站、Bloor－Danforth 线的 Islington 站的班车。且都是每隔40分钟发车，票价为单程$6.40～7.95。所以如果去的目的地不是主要旅馆，而又离地铁车站近的话，坐这些班车更方便。开往旅馆的区间班车在各个旅馆让乘客下车要花不少时间，在这一点上也是开往地铁的班车更为方便。

●出租车

到市中心30～40分钟，$40左右。

●机场豪华客车

价格固定，$40多一点，外加小费。由于是大型客车，可以装很多行李，非常方便。

去多伦多机场的较便宜方法

乘地铁的 Westbound 线到终点站 Kipling，换乘45路公共汽车。再在 Dixon Rd. 换乘58A路公共汽车，直至机场停机坪。如果采用这种方法，只需两枚地铁硬币和$1.50，即总共不到$5就能到达机场，所需时间为约一个半小时。顺便告诉大家，最后的$1.50是因为机场在 TTC 公司的营业区域外而追加的费用，在下车时付款。乘出租车要花$40以上，因此可以说这是一个比较便宜的方法。

ACCESS 从公共汽车总站到市内

多伦多公共汽车总站●Toronto Bus Terminal

610 Bay st. West, Toronto　电话(416)393－7911

位于市区中心伊顿中心的附近，市政厅以北一个街区，在 Bay St. 和 Dundas St. 的交叉处，位置十分方便。最近的地铁车站是 St. Patrick 或 Dundas。总站隔一条公路被分成两个部分。新的总站气氛活跃，地下有小餐厅、小卖部、投币式存物柜、厕所，1层有售票处，2层有快餐店和餐厅。公共汽车的开车和到站时间通过各处的电视屏幕显示。

ACCESS 从火车站到市内

联邦火车站●Union Station

位于市中心的港口前沿附近，在皇家约克旅馆的正面。在联邦火车站，有 VIA/CNR 铁路、Go Transit(Go)、Ontario Northland Rail Services(ONRS)的列车出入。去尼亚加拉和纽约、汉密尔顿和奥克维尔、玛斯科卡地区分别乘 VIA 火车、Go 和 ONRS 去。VIA 和 Go Transit 的检票口在地下，两条铁路线都是到发车时间后通过检票口再到地面上的月台。开往尼亚加拉和纽约的“枫叶”号列车非常拥挤，要提前排队。

INFORMATION 旅游问询处

Visitor Information Ontario

Eaton Centre, 290 Yonge St. Level 1　电话(406)314 - 0944

在伊顿中心的地下一层，位置非常方便。这儿不光是多伦多，还提供安大略省的旅游情报。情报地图、小册子很多，并且为旅游者介绍旅馆。这儿还有官方护照，持有者去各地景点价格都会优惠；有免费小册子，可向问询处索取。

时间：周一～周五 10:00～21:00　周六 9:30～18:00　周日 12:00～17:00

Tourism Toronto

电话(416)203 - 2500

这是多伦多市旅游局，位于港口前沿的 Queen's Quay Terminal。同样为游客介绍观光、住宿等情报。

时间：周一～周五 8:30～17:00　周六周日 9:30～17:30

此外，在旅游旺季，各主要观光点都设有临时问询台。而且，市内的快餐店和加油站等地方还设置有 24 小时工作的计算机旅游信息终端。

WALKING 游览路线

多伦多是北美公共交通网最发达的城市。东西和南北方向有两条地铁线路，公共汽车和地面电车在全城纵横交错。几乎所有的观光点都可以乘电车或公共汽车游览，多数景点也集中在市中心及其周边地区。市内交通非常方便，只要在市中心就没有必要使用汽车。

即使在寒冬也温暖如春的多伦多地下城

在多伦多市中心，有一个巨大的地下城，南起联邦火车站，北至 Dundas St. 的 Atrium On Bay。这个地下城是多伦多从 60 年代开始的城市规划的一个环节，其设想目的是在气温降到 -30℃的寒冷冬季保护人们的生活。因此，在下雨或下雪的日子里不用在外面走动，非常方便。另外，由于地下城还是一个大的购物中心，因此即便在雨天也十分地活跃。并且如果从联邦火车站出发走过 Sky Walk 向前的话，可以直接到达 CN 塔和天顶大厦。地下城的地图可从旅游问讯处索取。

TRANSPORTATION 市内交通机构

多伦多交通局(TTC)经营着市内公共汽车、地铁和地面电车。乘坐这其中的任何一种交通工具价格都一律为成人$2、19 岁以下学生$1、12 岁以下 50¢、2 岁以下免费。可以用现金付款，但要是把代替车票使用的代币归纳在一起买的话更便宜一些。代币 2 枚$3、5 枚$6.5、10 枚$13。另外，如果买 Day Pass 票的话，从周一到周六期间，多伦多和周围 6 个城市的公共汽车可以随意乘坐一天，价格为$5，非常合算。市内公共汽车、地铁、地面电车都一样，如果是在 1 小时以内换乘，只要在换乘车站索取一张换车票(均为通用)，不必重新买票。换车票的领取处，地铁在检票出口附近，公共汽车和地面电车只需向司机说一声 “Transfer, Please” 就能得到。另外，如果在售票处或旅游问讯处领一张 TTC 公司发行的 Ride Guide 会很方便。

Toronto Transit Commission

1900 Yonge st. Toronto, Ont. M4S 1Z2　电话(416)393－4000

市内公共汽车(地面电车) City Bus(Street Car)

细长的红色牌子上画着公共汽车的图样，这就是 TTC 的市内公共汽车(地面电车)车站。汽车从前门上车，往司机旁边的收款箱里投入$2 或代币。车上不出售代币和车票，且司机不找零钱，要事先准备好车费。另外，需要换乘的时候，向司机提出来。车上很少报停车的站名，不知道该在什么地方下车时，应该向司机或其他乘客询问。下车时，拉一下车上窗框边安的绳子，即通知司机有人下车。下车从前门和后门都行。有的车是自动门，而有的车上安着一盏灯，灯一亮乘客就可以自已推开门下车。

乘坐市内公共汽车，需要一张叫做 Ride Guide 的路线图。在路线图上标有市内和郊外的主要景点，和地图一对照，一眼就能看出该坐哪一路公共汽车去。

市内公共汽车有的路线 24 小时运行，在站牌上写着 24hr。另外，地铁收车后，在 1:00～5:30 之间，每隔 30 分钟左右有深夜公共汽车运行。在深夜公共汽车的车站上有 Blue Night Network 标志。路线和时间等的详细情况请打电话(416)393－4636(7:00～23:30)查询。

夜间乘坐 TTC 交通工具的注意事项

夜间火车站没有人的时候，请在指定候车区内(DWA)等车。这个区域是车站工作人员能看见的范围或得安装有防暴力监视器的区域。夜间乘地铁要坐有乘务员的中央部分的车箱。乘务员室窗口上装着电灯，很容易发现。万一遇到危险，即按窗口上的 Emergency Alarm 电铃，乘务员就会立刻赶到。

地铁 Subway

多伦多的地铁分为 Yonge – University – Spadina 线和 Bloor – Danforth 线两条线。前者从南到北呈 u 字形通过城市的中心地带，后者几乎呈直线东西横贯市中心。乘坐地铁的时候，往投币口中投入与票价相等的硬币或代币数额之后推开铁栏通过检票口，或者在检票口旁的窗口付钱。一般情况下都能在那儿买到车票，但也有完完全全的无人车站，因此最好预备好代币或与票价相当的硬币，这样比较保险。进入检票口之后，通往站台的方向标示得非常清楚，初次乘车的人也不会迷路。地铁列车非常安静舒适，而且一直开到深夜，非常方便。运行时间：周一 ~ 周六 6:00 ~ 次日 1:30、周日 9:00 ~ 次日 1:30。

港口前沿 LRT Harbourfront LRT

想去女王码头总站等港口前沿方向的时候，要乘坐这种地面电车。它的起点是联邦火车站，一直通往港口前沿的 Spadina Ave. 车站，行程 10 分钟。从地铁换乘 LRT 的时候，先要走上港口前沿方向的阶梯，再通过 Harbourfront LRT 专用的通道到站台上。

运行时间：周一 ~ 周六6:00 ~ 次日凌晨1:00　周日9:00 ~ 次日凌晨1:00。票价 $2。可以使用和地铁、公共汽车及地面电车等通用的代币。

地铁和 LRT 路线图

出租车 Taxi

如果在市中心，可以乘沿街揽客的出租车，但还是从旅馆坐比较保险。出租车乘车处在联邦火车站前等处。多伦多的出租车实行打表计价，起价$2.40，然后每1公里加$1。价格要加上15%左右的小费。主要的出租汽车公司如下。

- Co－op Cab　电话(416)364－7111
- Diamond Taxicab　电话(416)366－6868
- Metro Cab　电话(416)363－5757

SIGHTSEEING 主要景点

港口前沿附近

在开始游览多伦多宽阔的城区之前，要想对其有一个整体印象的话，CN塔正好是一个合适的地方。它附近有VIA火车站、天顶大厦，任何时候都挤满了世界各国来此观光的游客。从这儿穿过公路就是安大略湖畔，湖畔的港口前沿地带经过重新开发，已经变成了市民们的休息场所和观光点。在安大略湖畔，有用散步道联结在一起的购物中心和餐厅、剧场、活动场所、旅馆、游艇学校等，还有游览观光船开出。夏天旅游旺季和9～10月的周末，这个同时充当露天市场和各种活动的场地，每年都举行4000多次展览。另外，周末还有一些出售手工装饰品和手工艺品的小摊开张营业，并举行音乐会等。最新的情报请打电话(416)973－3000联系。

紧挨港口前沿地区的北边一带是摩天大楼鳞次栉比的商业街，西南面的湖畔是多伦多岛、安大略广场和约克堡等公园地带。

路线 去港口前沿地区，从地铁联邦火车站乘Harbourfront LRT列车，在Queens Quay或York St. 下车。夏季，从Front St. 的联邦火车站正面到女王码头总站有免费区间运行，这种浅蓝色的中型公共汽车，顶上有显眼的金色钥匙图案。

CN塔　CN Tower

301 Front St. W. Toronto　电话(416)360－8500

这是世界最高的塔，也是多伦多最受欢迎的旅游观光点。塔身呈细长的火箭形，从市内的任何地方都能看到。塔高553.33米，本来不是为旅游观光而建的，它的首要目的是作为电视台、广播电台、微波设施的信号输送塔。

CN是加拿大国营铁路(Canadian National Railway)的简称。CN塔从地面向上

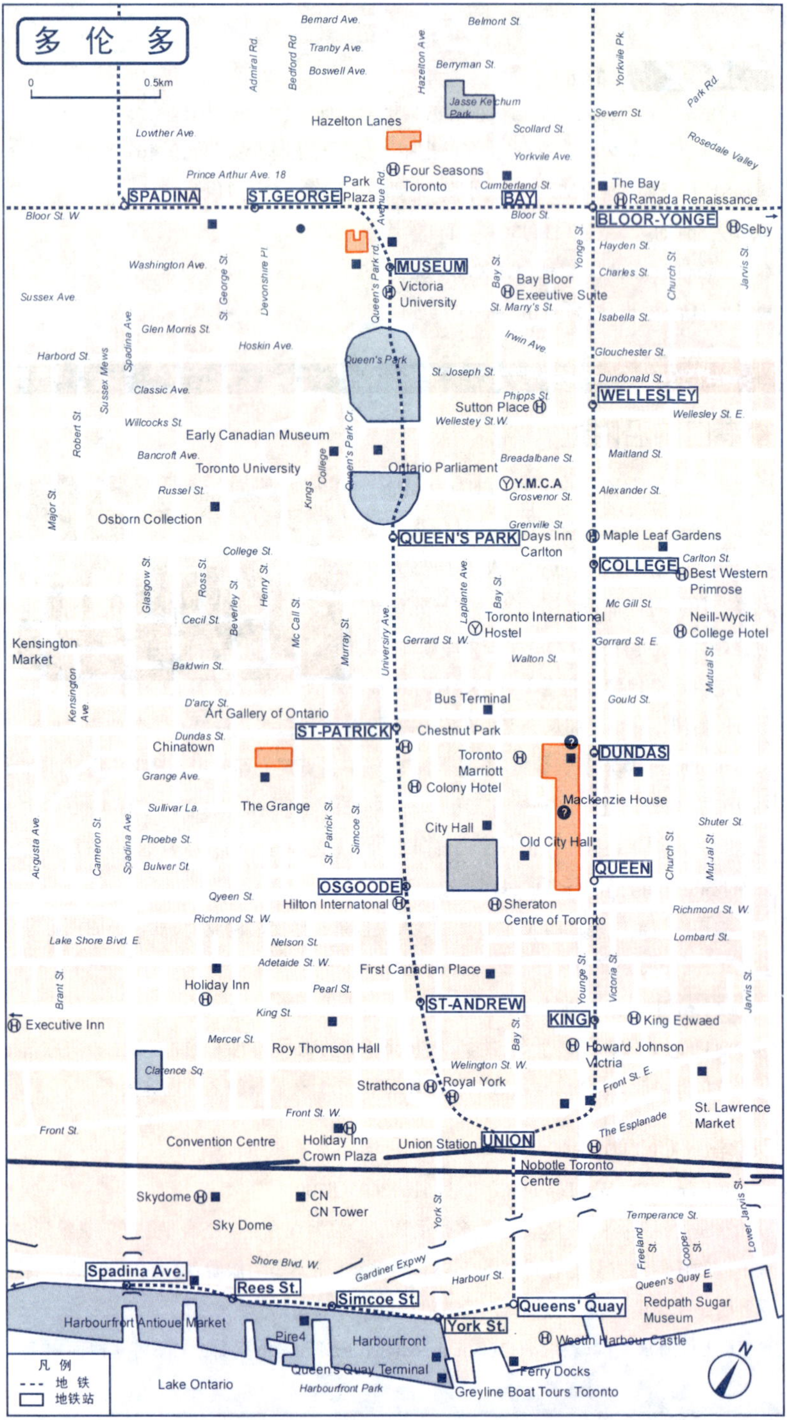

多伦多
0
0.5km
Bernard Ave.
Belmont St.
Tranby Ave.
Boswell Ave.
Berryman St.
Admiral Rd.
Bedford Rd.
Hazelton Ave.
Yorkville Pk.
Park Rd.
Jasse Ketchum Park
Severn St.
Hazelton Lanes
Scollard St.
Rosedale Valley
Lowther Ave.
Yorkvile Ave.
Four Seasons Toronto
Prince Arthur Ave. 18
Park Plaza
Avenue Rd.
Cumberland St.
The Bay
Ramada Renaissance
SPADINA
ST.GEORGE
BAY
Bloor St. W.
Bloor St.
BLOOR-YONGE
Selby
Hayden St.
Washington Ave.
MUSEUM
Yonge St.
Charles St.
Church St.
Jarvis St.
Sussex Ave.
St. George St.
Devonshire Pl.
Queen's Park rd.
Victoria University
Bay St.
Bay Bloor Exeeutive Suite
St. Marry's St.
Isabella St.
Glen Morris St.
Spadina Ave.
Hoskin Ave.
Irwin Ave.
Glouchester St.
Harbord St.
Sussex Mews
Queen's Park
St. Joseph St.
Dundonald St.
Classic Ave.
Phipps St.
WELLESLEY
Sutton Place
Wellesley St. W.
Wellesley St. E.
Willcocks St.
Robert St.
Early Canadian Museum
Queen's Park Cr.
Maitland St.
Bancroft Ave.
Breadalbane St.
Toronto University
College
Ontario Parliament
Y.M.C.A
Alexander St.
Russel St.
Kings
Grosvenor St.
Major St.
Osborn Collection
Grenville St.
QUEEN'S PARK
Days Inn Carlton
Maple Leaf Gardens
College St.
Carlton St.
Glasgow St.
Ross St.
Beverley St.
Henry St.
Laplante Ave.
COLLEGE
Best Western Primrose
Mc Gill St.
Cecil St.
Mc Call St.
Murray St.
University Ave.
Toronto International Hostel
Neill-Wycik College Hotel
Kensington Market
Gerrard St. W.
Gorrard St. E.
Baldwin St.
Walton St.
Mutual St.
Kensington Ave.
D'arcy St.
Bus Terminal
Gould St.
Art Gallery of Ontario
ST-PATRICK
Chestnut Park
Dundas St.
Chinatown
Toronto Marriott
DUNDAS
Grange Ave.
Colony Hotel
Mackenzie House
Sullivar La.
The Grange
Shuter St.
St. Patrick St.
Simcoe St.
City Hall
Augusta Ave.
Cameron St.
Phoebe St.
Old City Hall
Bulwer St.
QUEEN
OSGOODE
Qyeen St.
Hilton Internatonal
Sheraton Centre of Toronto
Richmond St. W.
Richmond St. W.
Lake Shore Blvd. E.
Nelson St.
Lombard St.
Adetaide St. W.
First Canadian Place
Victoria St.
Holiday Inn
Pearl St.
Younge St.
Brant St.
ST-ANDREW
King St.
KING
King Edwaed
Executive Inn
Mercer St.
Roy Thomson Hall
Howard Johnson Vctria
Clarence Sq.
Welington St. W.
Front St. E.
Strathcona
Royal York
Front St. W.
St. Lawrence Market
Front St.
The Esplanade
Convention Centre
Holiday Inn Crown Plaza
Union Station
UNION
Nobotle Toronto Centre
Skydome
CN
CN Tower
York St.
Temperance St.
Lower Jarvis St.
Sky Dome
Freeland St.
Cooper St.
Shore Blvd. W.
Gardiner Expwy
Harbour St.
Spadina Ave.
Queen's Quay E.
Rees St.
Simcoe St.
Queens' Quay
Redpath Sugar Museum
Harbourfront Antioue Market
York St.
Pire4
Harbourfront
Westin Harbour Castle
Queen's Quay Terminal
Ferry Docks
Lake Ontario
Harbourfront Park
Greyline Boat Tours Toronto
N
凡 例
地 铁
地铁站

CN塔和天顶大厦

约三分之二高度的地方是一个瞭望台，再往上是以世界第一高度而自豪的空中甲板。白天人多的时候会排起长队，所以最好早点去。晚上去的话，除人少之外，还能看到美丽的摩天楼夜景，别有情趣。

营业时间:6月下旬~9月上旬每天9:00~24:00(星期天到22:00)9月中旬~6月中旬星期天~星期四10:00~22:00 星期五、六10:00~23:00　票价:成人$12。

●瞭望台　Observation Decks

乘坐四面都是玻璃结构的电梯只需60秒钟就能到达空中花盆(346米)。随着高度不断上升，脚下的景色变远，远处的景色渐渐展开在眼前，令人非常愉快。还有露天的瞭望台，可以观赏安大略湖和越过摩天楼的楼顶向远处延伸的多伦多城的景色，这是CN塔最精采的部分。另外，地板的一部分铺着玻璃，上面可以站人。上面一层是观景餐厅。并有叫做EcoDek的多媒体展示。$12的门票只能登到这儿为止。

●空中甲板/Space Deck

在空中花盆处付$3,就可以乘上去空中甲板的电梯。这的确是世界上最高的瞭望台，高度达447米。上面备有一架望远镜，可以环视周围120公里的几景。用这架望远镜四处了望一番，很有意思。

由瞭望台欣赏脚下的高楼大厦

●娱乐场

在CN塔的地下，有实际体验型的剧场Simulator Theatre和参观者用光线枪互相射击的生存游戏Q-Zar。这儿出售和登塔门票搭配在一起的优惠通票，登塔时如果要等很长时间，在这里消磨时间也是一个办法。

天顶大厦　SkyDome

227 Front St. W. Toronto　电话(416)963-3515

这是世界上第一座带可自由开闭屋顶的体育场，位于CN塔的旁边。这里大家熟悉的Toronto Blue Jays棒球队和Toronto Argonauts足球队的主场，每年举行多场比赛，可容纳观众5~7万。另外，天顶体育场引以骄傲的是场内还设有一家叫做天顶旅馆的旅馆,从旅馆的房间里就能看到比赛。旅馆共有346个房间,约半数房间朝体育场圆顶内侧,供比赛观战用。旅馆整体设计豪华气派,园顶的一侧全部采用玻璃结构。内部的房间也设计得简单而别致。房间还配有观战用的椅子,共可供五人观战使用。并配有小型酒吧,可以一边喝酒一边观赏比赛。在圆顶内,还有以哈德多克等四家餐厅,餐厅中也能看到体育场,吃晚餐时,顺便看一下比赛也不错。另外,地下还有麦当劳餐厅,除了有与旁边CN塔联络的通道外,还有特色商品店和游艺厅以及其他娱乐设施。另外还有为时1小时的游览活动(SkyDome Tour Experience 电话(416)341-2770)

Event & Ticket Information(活动与票务信息)

时间表 电话(416)341-3663

棒球·Blue Jays 电话(416)341-1234

足球·Argonauts 电话(416)595-1131

音乐会 电话(416)2870-8000

其他活动 电话(416)872-1111

天顶大厦

联邦火车站 Union Station

York St. & Front St.

火车站大楼是用22根巨大的圆柱支撑的新古典式建筑,可以说是多伦多城的象征。大楼面对着Front St.,位于地下的VIA铁路和地铁等的列车驶入的剪票处附近非常拥挤,但只要一踏进车站大厅,立刻就会被大楼的优雅所征服。27米高的天花板整个是豪华的意大利风格,自然光线从拱形的窗口倾注进来。车站大楼的设计是1907年最后定稿的,完成于1927年。这栋房子酷似1892年芝加哥博览会上修建的建筑物,据说按这个样式修建,是因为当时的英国王子的近臣提出了不可争辩的意见。火车站有咖啡馆和餐厅、理发店,大厅的侧面还有候车室。这是一栋很有价值的建筑物,希望游客至少去看一次。

女王码头总站 Queen's Quay Terminal

207 Queen's Quay West 电话(416)203-0510

这是一栋绿色的8层楼建筑。60年前,这儿还是一个食品贮藏仓库,花了$60万才把它改造成了一条充满时髦时装店和餐厅的街道。这儿的商店星期日和节假日照常营业,游客的评价也很高。商店的商品从最新流行的时装到小商品、加拿大工艺品等,品种齐全,应有尽有。一层有带院子的餐厅Harbour Diner,三层有舞蹈剧院du Maurier Theatre Centre。

营业时间:10:00～21:00 （圣诞节和元旦休息）

发电站现代美术馆 The Power Plant Contemporary Art Gallery

231 Queen's Quay West 电话(416)973－4949

在女王码头总站的旁边。80年代以前这儿一直是一所发电站,后来才建成现代美术馆。展出的作品主要是加拿大的现代艺术作品。

开放时间:12:00～18:00(星期三～20:00)星期一闭馆。

门票:成人、学生$2

古董市场 Antique Market

390 Queen's Quay West 电话(416)340－8377

这是加拿大最大、在世界也是前十名的大规模的古董市场。在宽敞的市场里,有100多家来自安大略省南部的商店开设的分店,市场里出售有关古董的杂志、宝石、古董家具、陶器和玻璃制品、时针等,比较拥挤。

营业时间:5月1日～10月31日周二～周五 11:00～18:00 周六 10:00～18:00、周日 8:00～18:00

11月1日～4月30日周二～周五 11:00～17:00 周六 10:00～17:00 周日 8:00～18:00

路线 在港口前沿 LRT Rees St. 站下车。

多伦多岛 Toronto Island

从港口前沿乘渡船10分钟即到。可一边吹着舒适的凉风,一边出神地看着映在空中的高层建筑。这个岛本来是个半岛,和多伦多市区陆地相连,但是1853年发生了激烈的大风暴,半岛和陆地的连接部分被分开,半岛也就变成了岛屿。

全岛分为三个部分:有公园和海滩的 Centre Island、约有600人居住的 Ward's Island 和私人飞机不断起降的 Island Airport 所在的 Hanlan's Point。有渡船频繁来往的 Centre Island,可以乘有轨电车绕行一周,这儿还有海滩和小型游乐园,一到周末就会有很多家庭和恋人来此消遣,热闹非凡。到岛上之后,可先在问讯处要一张地图再出发。这个岛还是眺望多伦多夜景的绝好场所。

驶往多伦多岛的渡船有 Ward's、Centre、Hanlan's 三条航线。Centre Island 航线只在夏季运行。每条航线都从西部城堡旅馆正后方的 Island Ferry Docks(电话)(416)392-8193 出发。

运行时间:周一~周五 9:00~23:00　周六周日和节假日 8:00~23:45　每隔 15~30 分钟一班。

票价:往返成人$3

约克堡　Fort York

on Garrison Road off Fleet St.　电话(416)392-6907

1793 年，当加拿大还是英国殖民地的时候，英国为了保护 Upper Canada(现在的安大略省)不受美国的威胁，打算建设一个防卫安大略湖的海军基地。约克堡是为了保护这个基地，由英国代理总督西姆科建造的。通过外交努力，战争已经避免，后来，由于海军基地也被多切斯特总督迁到了金斯顿，这儿就再没有修筑坚固的防御设施。但是，1812年，美国最终还是进攻了多伦多。边境上展开了激烈的战斗，堡垒也被破坏，但在1815年又重建了兵营和要塞。解除了和美国的冲突之后，英国军队以加拿大联邦的独立为契机，于1870年把堡垒移交给了加拿大军队。1934年之后，这个堡垒便成了多伦多市的史迹。堡垒中还能看到1815年时的兵营和要塞。另外还上映有关被称为"约克之战"的1812年战争的电影。身着当时军服的卫兵的换岗仪式也很值得一看。

开放时间:5月23日~9月30日每天9:30~17:00　10月1日~5月22日周一~周五9:30~16:00　周六周日10:00~17:00　门票:成人$5、老人和学生$3.25、儿童$3。

路线　乘坐从地铁 Bathurst 站出发沿 Bathurst 大街向南的 511 路地面电车在 Garrison Rd. 下车。乘车去的话，沿向东绕行的 Queen Elizabeth Way 向 Lakeshore 方向表，在 Jameson Ave. 下车，然后按路标指示走就行了。

安大略广场　Ontario Place

955 Lakeshore Blvd. West, Toronto　电话(416)314-9811

这是一个人工岛，在港口前沿以西 Lakeshore Blvd. 的对岸。它由三个岛构成，占地面积达 38 万平方米。据说岛的内部是模仿哥本哈根的齐柏林庭园建造的，由 East Island、Marina Village、Pod Complex 和 West Island 等 4 个宽敞的主题公园构成。其中最受欢迎的是玛丽娜村中像高尔夫球一样的圆顶型电影放映馆。这儿全年上映最新的电影和 70 毫米的 IMAX 电影。另外,在东岛上夏天旅游旺季时有 The Forum 大型野外音乐厅,在那儿可以听到多伦多交响乐团和托尼·本耐特等一流爵士乐手的表演,一定不要错过。

门票在当地的问讯处或者市内的售票处购买。虽然只在夏季营业,但很受多伦多周边地区的加拿大人欢迎。最好在得到演出情报之后再去。

营业时间:5 月中旬~9 月中旬周一~周六 10:00~次日 1:00　周日 10:00~22:00

门票:$7 全天通票(Play Allday Pass)$16.95

路线 乘车沿 Bathurst St. 向南的 511 路地面电车,在 Exhibition Place 下车。入口分中央入口和西入口两处。可在入口处索取带地图的小册子。

●博览会场　Exhibition Place

Lakeshore Blvd. 电话(416)393-6000

多伦多最有名的活动是 5~9 月举行的加拿大全国博览会。该博览会有 100 多年的历史,每年仅于夏季在野外举行 3 个星期。在此期间可以欣赏到一流流行乐手的音乐会和空中表演,还有很多连美食家都会满意的食品摊,可以享受到加拿大所有品种的菜肴。全国博览会的会场就是这儿。虽然博览会只举行 3 个星期,但在此外的时间里这儿会充当各种各样商业博览会的会场。

市中心地区

呈 u 字形连接南北的地铁扬格线和呈直线贯穿东西的地铁布鲁尔线的周围就是市中心地区。这儿在很大的地域内都是一个又一个的商业区、企业街和住宅区,错综复杂,如果不把握好自己的目的地的话,很难抓住城里的方向。其实整个市中心地区可以基本上分为下面三片来考虑。

紧靠港口前沿北面的 Front St. 和与之交叉的 Bay St. 附近是加拿大最繁华的企业街,到处都能看见穿着西服革履的公司职员。街上游客很多,所以也不乏漂亮的餐厅、咖啡店和酒吧。

伊顿百货商店所在的地铁 Dundas 站附近是多伦多最热闹的地方,杂乱无章地排列着一家家的电影院、剧场、商店、餐厅等,给人感觉像是东京的新宿。从这儿沿 Dundas St. 向西有公共汽车总站,再向西可到唐人街和安大略美术馆,因此只要是游客,一定都会多次光顾。唐人街的西北是肯星顿市场,东南则是一个叫 Queen St. West 的购物区,该区内的商店都很有特色。

扬格线和布鲁尔线交叉处的地铁 Bloor-Yonge 站前是贝依百货商店,从这儿往西的 Bloor St. 旁有很多高级商品商店。另外，这一带还有皇家安大略博物馆、巴特鞋博物馆、乔治·加迪那陶瓷器美术馆等。

加拿大的华尔街

Bay St. 和 Front St. 交叉的一带是加拿大五大银行聚集的多伦多的华尔街。看到西服革履的公司职员在这儿精神抖擞地走过，可以深切地体会到多伦多的加拿大经济中枢地位。其中最醒目的是闪耀着金光的皇家银行广场。据说楼的表面使用了2500 盎司真正的黄金。另外，在 Wellington St. 有 56 层的多伦多自治领事中心。King St. 的高楼是蒙特利尔银行的办公楼，加拿大第一广场，这儿白天虽然很热闹，但晚上非常安静。

伊顿中心　The Eaton Centre

电话(416)598－8700

这儿是多伦多的购物圣地。在这个面对 Yonge St. 、Dundas St. 和 Queen St. 的完工于 1977 年的巨大购物中心里，除了有伊顿和辛普森这两家加拿大最大的百货商店之外，还有 350 多家商店在这儿租有场地。除时装和杂货店之外，还有出售书籍、唱片、鞋、珠宝首饰的商店、银行，可以边看电影边吃饭的餐厅和酒吧、食品店、快餐店等，几乎所有的东西都可以在这儿买到。一层有观光问讯中心。另外在旁边还有以房间数目之多而自豪的拥有 459 个客房的多伦多马里奥特伊顿中心宾馆。店内明亮而热闹，对于散步或休息也很合适。

营业时间：周一～周五10:00～21:00　周六9:30～18:00　周日12:00～17:00　节假日营业情况请打电话(416)598－8700询问。中心还配有可容纳1633辆车的停车场。

市政厅　City Hall

100 Queen St. W.

新市政厅大楼在市区的中心，是一个很好的路标，其形状似贝壳，由两栋弯曲的大楼构成，中间包围着拱顶形的市议会大楼。建筑大楼之前举行了一场设计比赛，从520 份作品中选出了这件独特的设计作品，设计师是芬兰的建筑师 Viljo Revel。大厦

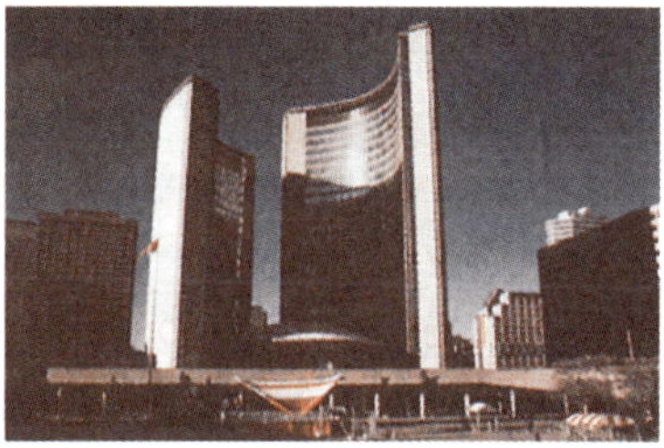

完工于 1965 年，由于其设计新奇，一时成了人们纷纷议论的话题。市政厅的正面被称为内森·菲利普广场，取的是决定修建市政厅的市长的名字。中央安放着亨利·摩尔的青铜塑像，靠近 Bay St. 的那一侧是为祈祷世界和平而修建的 Peace Garden。正面的水池冬天是免费的滑冰场，而夏天则是凉爽的喷水池。广场是市民们休息的场所，周六和周日还举办露天市场，灯光照射下的夜间市政厅也颇具梦幻般的色彩，值得一看。

集体旅行：根据人数而定，周一～周五有参观旅行。电话(416)392－7341

唐人街　Chinatown

以从 Dundas St. 的 University Ave. 到 Spadina Ave. 的这一块地方为中心的唐人街是全世界规模最大的唐人街，并还在迅速扩展。它给人的印象与其说是在加拿大领土内有一片中国人的区域，不如说是香港的一部分(来自台湾的人也不少)原封不动直接搬到了加拿大。唐人街的餐厅和商店一直挤到了大街上，拥挤不堪，其旁若无人的架式令人不敢想像这是在秩序的国家加拿大。除规模大外，这个唐人街还有一种横滨、伦敦，包括温哥华的唐人街都无法相比的“浓厚的华人气息”。

去唐人街最有趣的当然首先是吃饭。店铺的数量多得数不清，而且味道的水平也是其他城市的中国餐厅无法相比的，无论进哪家餐厅都不错，而且价格也便宜。到周围的市场一看就会明白，这儿的中国菜材料非常丰富，简直都不知道是从哪儿弄来的。唐人街还能买到茶叶、中文歌 CD 之类的有特色的东西。另外，与温哥华不同，这儿有很多商店关门时间很晚。实际上，从 CN 塔看夜景也是这儿最亮。

路线 从地铁 St. Patrick 出发步行，从公共汽车总站和伊顿中心步行去也完全没有问题。在 University Ave. 和 Spadina Ave. 之间还有地面电车。

肯星顿市场 Kensington Market

Spadina Ave. 以西，以与唐人街相邻的一带是肯星顿市场。这儿本来是纯犹太人聚居区，后来又有葡萄牙和西印度群岛的移民进入，于是变成了一个少数民族聚居区。市场内有摆满五颜六色的水果和新鲜蔬菜的蔬菜水果店、葡萄牙餐厅、维多利亚工民房改建的旧服装和庞克风格的咖啡馆等，范围宽达好几个街区，在这儿走一走非常令人愉快。

西女王街 Queen St. West

从地铁 Osgoode 站向西的 Queen St. 两旁，集中了主要以年轻人为对象的色调调配得很有情调的商店。区域内时装、音乐、艺术方面的商店很多，也有个人电脑商店和漫画、卡通、游戏等与幽默有关的商店。另外，还有避孕套专卖店，吸毒用品专卖店。路旁也有很多看起来令人轻松愉快的咖啡馆，如果想一边漫步街头一边寻找一些值得买的东西，累了再抽支烟的话，去这样的地方似乎正合适。

安大略省议会大厦 The Ontario Parliament

1 Queen's Park　电话(416)965－4028

大厦傲然耸立在女王公园的中央，从 1893 年开始，这座房子一直作为安大略省的议会大厦履行着它的职责，到 1993 年正好迎来了它的 100 周年。大厦内部使用了大量的大理石和红木，非常豪华。走廊里悬挂着加拿大建国之父们的肖像的复制品。据说肖像画原作实际上在渥太华火灾中已经消失。大厦内部可以自由参观。夜晚，用灯光照射的大厦，更显得富丽堂皇。集体旅行：每天 9:00～15:30、免费。

多伦多大学　University of toronto

这是一所创建于1827年的古老的大学。其前身是在上加拿大首都约克顿(多伦多的前身)诞生的金斯学院。1851年,学院改名多伦多大学,现在已成为一所拥有学生总数达五万人的大型大学。在学校的人文学科中,中世纪历史研究非常出色。另外,医药学也颇受好评,因1921年发现了治疗糖尿病的胰岛素,而名声大振,之后并进行了研究开发。校园里还有专门收藏儿童书籍的图书馆 Boy's & Girl's House,藏有英国从14世纪开始出版的珍贵的儿童书籍:Osborn Collection of Early Chidren's Books。在金斯环形区中,还保留着金斯学院。

路线 地铁 Queen's Park 站下车。

多伦多郊外

郊外有游乐园、主题公园和历史村等。距离都相当远,交通不太方便,需要用车去。在宽阔的高速公路上开车非常舒适惬意,特别适合全家集体旅行的游客。

高地公园　High Park

高地公园是一个面积达141万平方米的宽阔的公园。离布鲁尔路才一步之遥的都市正中竟然有如此安静的地方,这实在令人难以置信。周末,这儿有很多人全家在草坪上享受日光浴,或者参观动物园(免费),热闹非凡。夏天可以在这儿打网球、散步、慢跑,冬天则可以滑雪或滑冰,全年都能给人各种不同的乐趣。

另外,从地铁 High Park 车站到 Jane 车站之间的 Bloor St. 两旁有很多漂亮时髦的时装店、厨房用品店等商店。

安大略科学中心　Ontario Science Center

770 Don Mills Rd. Don Mills　电话(416)429－4100

中心位于市中心东北11公里处,是一个汇集了现代科学而建造的科学博物馆。不过,博物馆里没有任何生硬难懂的东西,从幼小的儿童到喜欢科学的成人,都可以在此通过操作按钮来享受求知的乐趣,这就是这家博物馆的用心良苦之处。中心由三个展厅构成,其设计令人想起未来世界的城市。博物馆1969年由雷蒙德·森山设计完成,是建筑界人们常常谈论的话题。三个展厅建在很陡的斜面上,高度各不相同,互相以带玻璃结构小亭的自动楼梯连接在一起。展厅所在位置一目了然,没有必要要找导游。OMNIMAX 剧院定于1996年开放。

●**第一区　塔式建筑:**有地球、分子和宇宙三个展览室。其中的宇宙食品和空间厕所很有趣。

●**第二区　山谷式建筑：**这儿更进了一步，展示的是生命、通讯、环境、能源、原子等展品。最让人觉得亲近而有趣的是生命角。在这儿能够用最先进的仪器测自己的身高、体重、握力和反射神经等。还有标准表，可以对照检测一下自己的体力水平。

开放时间：10：00～18：00（周三为10：00～21：00）　门票：$7.50

路线　地铁Pape站下车，乘East 25路公共汽车到St. Dennis Dr.。

派拉蒙加拿大游乐园　Paramount Canada's Wonderland

9580 Jane st. Vaughan　电话(905)832－7400

位于多伦多以北32公里处，占地300万余平方米，有140多个游乐点，是加拿大最大的露天游艺场。这里除了悬挂死亡滑行机Vortex、Wild Beast、急流下滑Timberwolf Falls、离心力骑马Wild Knight Mares等令人兴奋的游乐项目之外，还能享受到体验赛车乐趣的模拟游戏Days of Thunder、冰上表演Paramoant on Tce等节目。游乐场深受人们喜爱，一到周末，在受欢迎的骑马游戏处总会排起长队。

开放时间：5月下旬～9月劳动节期间每天10：00～22：00　5月和9～10月中旬　周六周日10：00～20：00。

门票：成人$30.95、儿童$15.45

路线　Go Transit公司有从地铁Yorkdale站和York Mills站出发的直达公共汽车运行，所需时间30分钟。旅游旺季时，从公共汽车总站也有直达公共汽车开出。

麦特罗多伦多动物园　Metro Toronto Zoo

Meadowvale Rd. Hwy. 401 in Scarborough Ont. 电话(416)392－5900

这个动物园可以说是一座有笼子的狩猎旅行公园。动物园整体和各个动物区域都很大，要想全部看完的话，几乎需要和远足一样的时间和精力。动物园基本上按世界动物分布进行设计，热带动物等与加拿大气候不相适应的地区的动物都一起收容在巨大的展厅里。园内有一种叫做Zoomobile（动物园车）的游览车，它用40分钟周游整个动物园，并且一边走一边向游客解说各种动物的情况。在这儿需要采用与别处不同的游览方法，首先乘游览车了解一下大概情况，然后拿着地图专门去看自己感兴趣的动物。另外，动物园为游客准备了世界之旅World Tour、狮子之路Lion Trail、骆驼之路Camel Trail、灰熊之路Grizzly Bear Trail等几条路线合理的标本游览线路，都标在园内的通道上，随着其中一条路线游览也是一个办法。另外，园内有单轨火车运行，但1995年夏天时没有开。制订园内游览计划时要记住的是，饲养员给动物喂食，和游客谈话的时间都是规定好了的。如果愿意选择的话，可以看看喂企鹅和北极熊，骑一骑骆驼和小马。这些活动的时间也都标示在园内的地图上。

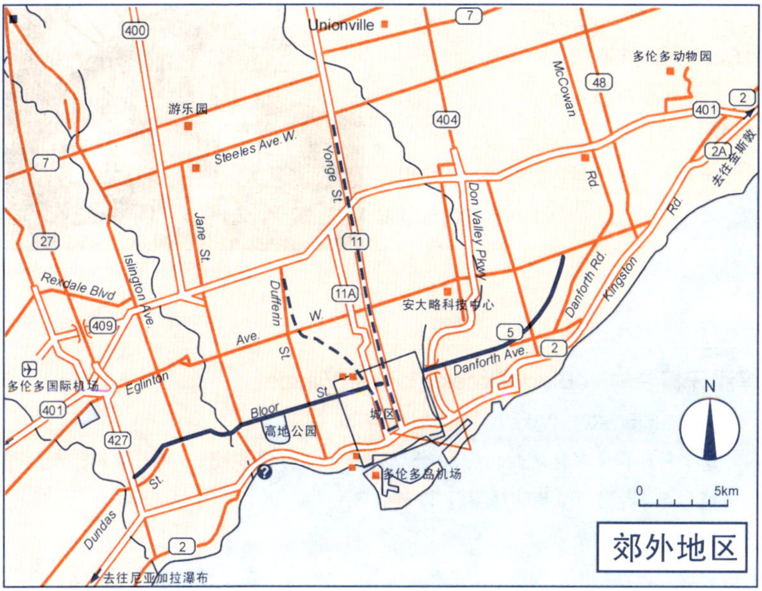

国内值得一看的是猎豹、雪豹、西伯利亚虎和斯马托拉虎等濒临灭绝的大型猫科动物。虽然没有大熊猫，但有小熊猫，大猩猩也很多，很有看头。另外，还有机会看见即使在加拿大旅游都可能看不到的麝牛和狼等动物。园内虽然有麦当劳餐厅，但动物园里面太大，因此最好还是事先准备好午餐。

开放时间：夏季 9:00～19:30 其余时间依季节不同而变更，要事先确认。

门票：成人$9.95　动物园游览车$2.50。

路线 从地铁 Kennedy 站（离 Bloor 约 25 分钟）出发乘 86A 路公共汽车再走 30 分钟。如乘公共汽车需要换乘，可以免费。由于公共汽车班次少，而且花时长，因此几乎所有的游客都是乘小车来。

联邦城　Unionville

从多伦多市内往东北方向乘车约 20 分钟的地方有一个历史村。它从 1794 年开始移民，现在还保留着浓厚的昔日气息。这一条仅 100 米左右的路上有 60 家漂亮的餐厅和工艺品商店首尾相连。每一家商店都是砖结构房子或漆得五颜六色的木结构房子，非常可爱。周末有很多人来这儿享

受购物和散步的乐趣，非常热闹。

● Old Country Inn

198 Main St. Unionville

电话(416)477－2715

这是一家德国风格的餐厅，价格很合理。女服务员上菜的节奏和餐厅的气氛都很好，令人对这个城市充满好感。一定要去一次。

餐馆客栈 Old Country Inn

黑溪开拓者村 Black Creek Pioneer Village

1000 Murray Ross Parkway 电话(416)736－1733

这个村庄位于多伦多西北约30公里处，再现了19世纪60年的维多利亚式社区的情景。身着当时服装的村民们，以自给自足为宗旨，生产各种各样的东西。能在此参观他们生产的情景。

在参观者接待中心购票进去之后，马上就会有一个在小册子上也作过介绍的可亲的老太太一边织着毛衣一边出来迎接。在紧靠右侧的房间里，可以看介绍19世纪加拿大的电影，从中学到一些有用的知识。从碾面粉的碾房到用这儿碾出来的面粉烤面包的面包店、印刷厂，村子里都有，还有三家餐厅。

开放时间：5月1日～12月31日 10:00～17:00 门票：成人$7.5、学生$5

路线 乘地铁在Jane站下车，再换乘开往North的公共汽车（开往North的公共汽车也有不通过这个村子的线路，要事先确认），约40分钟就到入口。另外，从地铁Finch站乘60路公共汽车也能去，但这路车的车站在与村子入口方向相反的Steeles Ave.，因此要向司机提出下车的要求才行。

卡伦花园和微缩模型村 The Cullen Gardens & Miniature Village

300 Taunton Road West, Whitby

电话(905)668－6606

这个庭院占地10余万平方米，位于多伦多东北，有100多处微缩花园、玫瑰园、花钟、野花剧场。在这儿可以从一家富于浪漫情调的餐厅中眺望微缩模型的院子。

开放时间：夏天 10:00～20:00

门票：成人$8.95 儿童$3.95

有奖游行行列

经历了多伦多历史的三座宅院

漫步市中心必不可少的宅院，那就是卡萨·罗玛和斯帕迪纳，以及麦肯齐宅院。如果说前二者是大富豪之梦的遗迹的话，那么后者就是19世纪典型的中产阶级住宅。三所宅院都是具有很高历史价值的一流建筑物，保存得非常精心。

大富豪的房子建在市中心西北部，俯视街道。卡萨·罗玛宅院的外观和风格都像中世纪的城堡，其主人是亨利·米尔·派拉特勋爵，他既是资本家又是军人，是一个从尼亚加拉瀑布的水力发电中赚取了巨大财富的实业家。据说他修建这所宅院花了3年时间(1911年～)，耗费的资金以当时的货币单位来计算到了300万美元。宅子的建筑材料和家具都是从欧洲直接进口的，镶嵌式地板没有使用一颗钉子，在新哥特式的城堡里，有98个房间和通往马厩的地下通道。但是，由于耗费了庞大的建筑费，宅院的主人于1923年破产。城堡里的室内游泳池至今还保留着未完工的状态，似乎在诉说着主人的这段遭遇。

在与之邻近的地方，斯帕迪纳宅院的主人詹姆斯·奥斯汀曾仇视地注视着这个暴发户的资产阶级情调的城堡。据说詹姆斯·奥斯汀是投资煤气公司而发财的名门世家，但由于被不断出现的新兴资产阶级超过而逐渐没落。

1835年，在被这样的一小撮富豪支配着的多伦多，威廉·里昂·麦肯齐获得了民众的支持而当选为首任市长。他于1837年举起了反对资本家的大旗，揭起了叛乱，但终于失败，亡命美国。后来，他于晚年回国，在多伦多度过了自己的余生。他的家现在已对社会开放。这所宅子是维多利亚风格的漂亮房子，有半地下的厨房，是当时中产阶级宅院的典型结构。宅子里有身穿当时服装的女导游员作向导。

从建筑物来看历史，这也是很有意思的。

●卡萨·罗玛宅院　Casa Loma

1 Austin Terrace

电话(416)923－1171

开放时间:10:00～16:00(夏季9:30～)。庭院仅在5～10月开放。票价:$8

路线:地铁 Dupont 站下车。

●斯帕迪纳宅院　Spadina

285 Spadina Rd.

电话(416)392－6827

开放时间:周一～周五9:30～17:00　周六周日节假日12:00～17:00　票价:$5、学生$3.25

●麦肯齐宅院　Mackenzie House

82 Bond St.

电话(416)392－6827

开放时间:1月7日～5月31日周一～周五9:30～16:00　周六周日节假日12:00～17:00;6月1日～8月31日周一～周六9:30～17:00　周日节假日12:00～17:00　9月1日～1月6日周一～周五9:30～17:00　周六周日节假日12:00～17:00。

票价:成人$2.75、儿童$2。

路线:地铁 Dundas 站下车。

对于对艺术感兴趣的人来说，多伦多是一个非常刺激的城市。美术馆和剧场很多，游客稀少的冬天也许正好是参观这些美术馆的绝好机会。所有美术馆和博物馆对65岁以上游客都有优惠票价,并备有轮椅,老年人可以放心地前去参观。

安大略美术馆
Art Gallary of Ontario

317 Dundas St. West

电话(416)977-0414

这家美术馆因收藏有英国雕刻家亨利·摩尔的作品而在全世界享有盛誉。市民们把它亲切地称为AGO(Art Gallery of Ontario)。美术馆于1993年1月完成全面的重新装修，并新开了30个陈列室。馆中收藏的主要是杜菲、旺冬根和玛格丽特等人的现代艺术作品，同时也收藏了不少毕加索、梵高等欧洲画家的优秀作品，在加拿大艺术作品方面，也收集了很多“七人社团”和因纽特人的作品。在明亮的美术馆里，洋溢着现代艺术的气息。美术馆后面并设的佐治亚式的宅院The Grange是AGO的前身。主馆的自助餐厅在中间充当了连接通道的作用。馆内的商店商品种类也很多。

开放时间:10:00~17:30(周三~22:00，除夏季外，星期日闭馆)。The Grange从周二~周日12:00~16:00(周三~21:00)。

票价:成人$7.50　老人、学生$4(17:00后免费入馆)

地铁:St. Patrick站下车。

皇家安大略博物馆
Royal Ontario Museum

100 Queen's Park

电话(416)586-5551

博物馆被人们亲切地称做ROM(Royal Ontario Museum)。其主要内容是考古学、美术和生物学。为了使观众愉快地参观，博物馆在展品的陈列上下了一番特别的工夫。在考古学方面，再现明代坟墓的中国美术作品角和怀特主教陈列室的中国佛教壁画收藏品、古代埃及美术作品等特别有名。另外,还有300多种鸟类标本和再现蝙蝠巢的Bat Cave、恐龙展示角等,非常受小孩喜爱。一层靠里的地方还有可以愉快地用餐

AGO的前身 The Grange

的咖啡厅和游客一定能够找到价廉物美的称心礼物的品种丰富的礼品店。博物馆隔壁是可以凭通用票一起参观的天文馆 MoLaughlin Planetarium，在里面可以观赏到华丽的天体演示。凭通用票还可以进路对面的乔治·加德纳陶瓷器美术馆。

开放时间：三、四、五、六 10：00～18：00　周三 10：00～20：00　周日 11：00～18：00；夏季（5 月的维多利亚女王诞辰纪念日～9 月的劳动节）周一也开放。

票价：成人$7　地铁：在 Museum 站下车。

乔治·加德纳陶瓷器美术馆

The George R. Gardiner Museum of Ceramic Art

111 Queen's Park

电话(416)586－5551

这是北美惟一的一家真正的陶瓷器美术馆，陶瓷器爱好者不可不看。馆中可以欣赏到 15～19 世纪欧洲瓷器的精品。其中，色调丰富的意大利马乔利加陶器和英国的德尔夫特、荷兰的波鲁塞莱恩美术馆的藏品非常值得一看。另外，馆内还有墨西哥、委内瑞拉等中南美的陶器和南美洲秘鲁的独特的彩色陶器。作为一家专门收藏陶瓷器的美术馆，在全世界的评价之高也是屈指可数的。

开放时间：周三～周日 10：00～17：00、周二～19：30、周一休息。票价包括在 ROM 的票价内。

巴特鞋类博物馆

The Bata Shoe Museum Collection

327 Bloor St. West

电话(416)979－7799

馆中收藏着从全世界各地收集来的鞋子约 450 双。最古的是从 4000 年前的埃及墓中挖掘出来的鞋，现代的有埃尔维斯·普雷斯利（猫王）穿过的鞋。在清真寺院中要脱鞋光着脚进去的伊斯兰教徒的鞋是容易脱下来的冰鞋型；讨厌杀生的耆那教徒为了不踩死虫子，采用的是极其尖细的鞋跟。只有一只的当然是特丽·福克斯的长跑鞋。另外，欧洲中世纪到近代的女式鞋也很多。因此不管是对于对流行时尚感兴趣的人来说，还是从民族学的角度来看，都是一个独特的、妙趣横生的博物馆。博物馆最近已经搬到了一栋四层楼的漂亮的新楼中。展品的陈列也很讲究。

开放时间：周二、三、五、六10：00～17：00　周四10：00～20：00　周日12：00～17：00

票价：成人$6、学生$4　地铁：St－George 站下车。

麦克米高加拿大艺术收藏品

McMichael Canadian Art Collection

10365 Islington Ave. Kleinberg, Ont.

电话(416)893－1121

克伦伯格是多伦多北部一个安静雅致的小镇。在小镇的一角，森林中隐隐约约地有一个原木结构的博物馆。这个博物馆因收藏“七人社团”的作品而著名。馆中有参观游览活动，周三下午和周末还有免费游览活动。另外，每个月第一星期天的下午有钢琴音乐会(9月~6月为第三个星期天)。

开放时间：5/22~10/9每天10:00~17:00、10/10~5/20周二~周六11:00~16:00、周日节假日~17:00、周一休息。票价：成人$6、老人和学生$3、老人周三免费。

路线：从多伦多乘出租车往北约40分钟。乘车的话，沿Hwy.400北上，在Major Mackenzie Dr.下车后往西，沿Islington Ave.向右拐。或者在地铁Islington站下车乘37路公共汽车到Steeles Ave.后换乘Vaughan公司的公共汽车到Kleinberg下车。确认时间安排证请拨电话(416)832-2281。

加拿大艺术的精神 七人社团

在加拿大近代绘画史上占据重要地位的艺术家就是"七人社团"。他们绘画作品的主题都是通过画家的眼睛描绘加拿大的大自然。这些画家都经历过第一次世界大战，且都到欧洲学习过美术，他们以1920年的最初画展为契机结成了一个团体，被人们称做"七人社团"。初期成员有富兰克林·卡迈克尔、罗兰·哈里斯、A.Y.杰克逊、佛兰茨·约翰斯顿、亚瑟·利斯马、J.E.H.麦克唐纳、F.H.瓦莱等7人。尽管后来约翰斯顿离开了团体，成员也发生了变动，但他们仍然在加拿大近代绘画史上留下了很大的功绩。曾促使这个团体形成的汤姆·汤姆森在1917年参观阿尔根金省立公司的学生旅行中溺死在Canue Lake，因此没有列入这个团体的成员之中。

这些画家都以多伦多为根据地进行绘画活动，他们的画风和其他画家迥然不同。他们经常深入大自然，以有力的笔触不断描绘着原始的风景，就像要吸取那片土地的灵魂一样。从佐治亚海湾一直到阿尔根金、阿尔哥玛、斯佩里奥尔湖的北岸，从落基山脉一直到北极，在这片广袤的大自然的怀抱里他们尽情地吸收营养。写生回来之后，他们再把画在小画布上的风景加工绘制成巨幅作品。对他们最为理解的，是Robert McMichael和他的妻子Signe。他们夫妇两个从罗兰·哈里斯和汤姆·汤姆森的作品开始，陆续买下了其他成员的作品和因纽特人(或者叫印第安人)的作品。随后，这种热情促使他们把自己的土地、房屋和收藏品都捐赠给了安大略省，设立了七人社团美术馆。这是1956年的事情。七人社团虽然于1931年已经解散，但他们的灵魂现在还一直生存着。美术馆的背后是一片很大的森林，"七人社团"的成员中有几位就长眠在这里。

多伦多的娱乐内容丰富多彩,有戏剧、歌剧、音乐会、舞会、电影、各种展览、体育比赛……等等。每天都有地方在进行刺激的活动,这就是多伦多。但如果没抓住这些娱乐信息,就可以说是只能玩半个多伦多。幸好多伦多的信息杂志发行很兴盛,各种信息很容易得到,所以不用担心这一点。

信息杂志

- Metro Toronto Happenings(一年发行 4 次)
- Toronto Life(每月发行 1 次)

  59 Front St. East　电话(416)364－3333
- Toronto Tonight(每月发行 1 次)

  366 Adelaide St. West Suite 703　电话(416)340－6284
- Now(每周四发行)

  150 Danforth Ave.　电话(416)461－0871

  杂志容量相当大,四开 100 页,信息也相当丰富。在大型书店、超级市场、大的唱片店的"A&A"柜台等处都能免费得到。
- EYE(每周四发行)　电话(416)971－8421

  四开变形 64 页。内容和 Now 没有什么两样,但体积稍小,阅读比较方便。

买票的方法

看了信息杂志之后打订票电话,或者去售票处购买,或者直接在演出场所的票房购买(这是最保险的方法)。不过,要是票已卖完,就只能求助于票贩子了。反过来说,如果票有多余的话,演出当天有的地方会减价出售,买这种票很便宜(售票地点经常变更,要好好看清信息杂志上的广告)。

售票处

- Ticketmaster　电话(416)345－9200

  主要经营在枫叶花园、沃其夫中心、罗伊·汤姆森大厅等地举行的体育比赛和音乐会的门票。售票窗口在伊顿中心的售票亭和天顶大厦等市内多处。
- T. O. TIX　电话(416)596－8211

  在这个售票处可以买到半价的当日票,非常便宜。位于 Yonge St. 和 Dundas St. 的交叉处,伊顿中心前的售票亭是它的售票窗口。还经营大湖的尼亚加拉剧团表演节和斯特拉特福德莎士比亚节的门票(正常票价)。

（周二～周六 12:00～19:30　周日 11:00～15:00）

● Edwards & Edwards　电话(416)363－1288

除了多伦多的主要表演之外，这儿还经营纽约百老汇和伦敦西区等地的海外音乐剧的门票。

主要音乐会会场和剧场

● Royal Alexandra Theatre　260 King St. West　电话(416)872－3333

● The Princess of Wales Theatre　300 King St. West　电话(416)593－4142

● Pantage Theatre　244 Victoria St.　电话(416)362－3218

● The Elgin Theatre　189 Yonge St.　电话(416)872－5555

● O' keef Centre　1 Front St. East　电话(416)393－7469

在联邦火车站旁边，是加拿大歌剧院和加拿大国家芭蕾舞团的主场。也经常举办音乐会。

● Roy Thomson Hall

60 Simcoe St.　电话(416)593－4824

这儿是多伦多交响乐团的根据地，有出色的最新音响设备。也举办爵士乐和流行音乐的音乐会。

● Maple Leaf Gardens

60 Carlton St. East　电话(416)977－1641

本来是举行冰球赛的场地，但经常用来举办作摇滚音乐会等。

Royal Alexandra Theatre

● SkyDome　1 Blue Jays Way, Ste. 3200 Tronto　电话(416)341－1000

这儿还经常举办麦当娜等超级摇滚巨星的演唱会和歌剧表演。

多伦多是加拿大最漂亮的城市，也是购物的天堂。这儿有大规模的地下街和漂亮的购物中心、古董市场、大众化的市场、以及能享受豪华的购物乐趣的高级时装店街等，可以根据自己的目的和预算自由自在地购物。但是，卖礼品的商店很少。如果一定要选择那些能使你回忆起自己独特的加拿大之旅的东西，建议游客购买加拿大的工艺品、鞋和提包等皮革制品、文具、毛皮等衣料、CD唱盘式唱片等。一般所有商店星期天都不营业，需要注意。

多伦多最别致、充满高档感觉的街是 Bloor St. 的 Yorkville 周围，可以优雅舒适地购物。在 Bloor St.，夏耐尔和路易·威顿等高级名牌商店一家挨着一家。

●*Holt Renfrew*

50 Bloor St. W.

电话(416)922－2333

商店外表虽然朴素，但似乎是一家能够悠闲地购物的高级百货商店。

营业时间:10:00～18:00　星期日休息。

●*Hazelton Lanes*

55 Avenue Rd.

电话(416)968－8600

这是一条高级时装店街，拥有埃尔梅斯、瓦伦丁诺、阿尔马尼、费勒、威尔萨其等许多欧洲名牌商品店。还有一家带院子的不错的咖啡馆。

营业时间:10:00～18:00　周四、五到20:00。周日12:00～17:00。

旧版画、旧地图专卖店

●*The Allery*

322 1/2 Queen St. West

电话(416)593－0853

商店在女王西街，专门经营旧木版画和铜版画。店里的地图价格很贵，但是从旧书上拆下来卖的小插图价格不高，可以买回家作礼物。商店虽然叫 The Gallery(画廊)，但也有一点旧书店的感觉，可以轻松进去看看。

令人惊异的小商店

●*Silver Snail*

367 Queen St. West

在女王西街有好儿家经营美国漫画、棒球和数字卡等的商店。Magic the Gathering 的卡片可以一张一张地买，对爱好者来说实在是太好了。其中，这家商店销售的漫画、卡通画非常丰富。令人吃惊的是，店里竟然还摆着盖博的车库工具箱。要是仔细寻找的话，在店里也许说不定能找到意外的好东西。

●*Zephyr*

292 Queen St. W.

电话(416)593－0795

这家商店除卡片、包装用品、小饰物和宝石等之外，还出售许多特别的室内装饰小商品。其中给人印象最为深刻的是一种气球下挂个小丑的墨西哥制纸糊悬挂式装饰品。还有小猪形的彩灯装饰品。像是艺术家的作品一样，非常精巧。

●Legends of the Game

32－A King St. W.

电话(416)971－8848

这是北美最大的运动器材商店。商店一层有足球、蓝球等各种运动器材，除带签名的制服和照片外，与电影和喜剧角色有关的商品品种很多，数量也很大。一走进商店，就会被它的规模之大所震惊。这家商店对体育迷来说值得推荐，其商品也适合作礼物。离地铁 St－Andrew 站很近，在与 John St. 的交叉处。

艺术性很高的西北印第安人的作品

●Bay of Spirits Gallery

156 Front St. West

电话(416)971－5190

紧靠 CN 塔。店内有很多各种各样的西北海岸印第安人的艺术作品，如绘画、面具等。对那些想买一些不仅能作礼物，而且还可以作室内装饰品的高质量的作品的人来说，这家店中的商品值得推荐。对于那些在去西海岸之前想先了解高水准的艺术作品的人也很合适。

请来这儿买多伦多的 T 恤衫!

●Oh Yes Toronto!

101 Yorkville Ave.

电话(416)924－7198

这是一家设计得很漂亮的 T 恤衫商店。每一件 T 恤衫都色彩鲜艳，非常好看，不会让人觉得是随意买给别人的礼物，因此非常令人满意。T 恤衫每件 $18 起价。还有各种各样的儿童 T 恤衫。在多伦多机场、伊顿中心、女王码头总站也有分店。

独特而别致的文具店

●Museum ＋ Design

161 Cumberland St.

电话(416)969－9360

这里出售各种从有名的美术馆的商店收集来的独特的文具。文具性能都很好，设计简单而别致。价格虽然稍微偏高，但一定会在店里看到自己喜欢的东西。Cumberland St. 是时髦商店的宝库。

营业时间：10：00～18：00　周四～21：00　星期天休息

因为雅致而备受顾客青睐的旧服装店

●Pineapple

2 Kensington Ave.

在为数不多的旧服装古董店里，这一家在情调和条件上都是最好的。由于当地人都很喜欢来这儿购物，因此商店始终在进新品种的商品，不妨去看看。从 Dundas St. 进入 Kensington Ave. 后马上就到。

●What A Bargain!

从 St. Clair Ave. W. 和 Dufferin St. 的交叉处往西一点即到。在这儿能够很便宜地买到明信片和钥匙链等具有多伦多特色的礼品。另外还出售玻璃杯和锅等日用品，对于居住在多伦多的人来说很方便。

世界最大的书店!?

● *World's Biggest Bookstore*

20 Edward

电话(416)977－7009

历史、小说、自然、计算机等各种书籍应有尽有。在伊顿中心以北一个街区。

音乐迷一定要去的商店

● *Disk Counts*

800 Steele Ave. West

电话(416)738－2373

这是一家大型的唱片、CD唱盘商店，在多伦多有三家分店。店内还出售折价的商品。CD盘价格$12左右起价。有时还会有意外的发现。游客可以购买比较有名的艺术家的加拿大版专集等。另外还有首发唱片和SAM等。

● *HMV*

333 Yonge St.

这是一家和Sam规模同样大的CD唱盘店。尽管同样的东西，但价格和伊顿中心里的HMV不同，品种丰富，降价幅度也大。

出售各种各样日本食品的商店

● 古屋贸易 *Furuya Trading*

460 Dundas St. West

电话(416)977－5451

这是一家居住在多伦多的日本人必定会去的日用杂货、食品商店，位于唐人街边上。店内还有酱汤和茶泡饭、大福茶、抹茶的冰淇淋、焙茶的袋茶等。饭团售价$1.99。商店同时还是当地日本人的信息交换场所。

日本食品和礼品店

● *SANKO*

30 Queen St. W.

电话(416)367－4550

日本移民和长住的日本人经常去这家商店。在旅途中想吃日本食品的时候，或者忘了给朋友买礼物时去这家商店似乎很合适。如果住的是带厨房的旅馆房间，从这儿采购材料做饭要便宜得多。营业时间：10:00～19:00，星期二休息。

工厂直销的皮革制品

● *James Moto Enterprises*

315 Adelaide St. W.

电话(416)977－2603

店里出售由日本时装设计师设计的独创的名牌时装J. M. E. by Chako，非常符合亚洲人的体型和美感。而且由于是工厂直销，因此价格很适中。

RESTAURANT 餐厅

在多伦多，有意大利人街、唐人街、希腊人街、犹太人街、波兰人街等80多个少数民族集团(以英语和法语以外的语言为母语的人)在这儿生活着，食品非常丰富多彩，数量也很多。从Bloor St. 到Yorkville之间，是一家时髦别致的酒吧。在Queen St. West，则是很多标新立异、与众不同的时髦的俱乐部和餐厅。港口前沿地带的海鲜非常好吃。在伊顿中心地下的快餐角，可轻松地享用快餐。可根据各人目的和预算的不同，来选择适当的餐厅。日本菜和中国菜的餐厅也很多，在开始想念日本菜的时候看见日式餐厅，可谓如获至宝。

港口前沿地带/市中心

以世界第一高度而自豪的旋转餐厅

●360 Revolving Restaurant

Sky Pod, CN Tower

电话(416)362－5411

这是一个离地面340米的旋转餐厅，在天晴的时候，甚至能看见远处尼亚加拉瀑布飞溅的水花。旋转1周约需1小时。建议大家星期天去吃一吃那儿的周日早餐。连税在内每人$25。一般仅登塔就要收$12，所以这个价格相当合算。不过一定要预约之后再去。

营业时间：7：30～10：00、11：00～15：00、17：30～22：30　星期日只供应正餐。

吃的也很可口的英国式酒吧

●Spinnakers

207 Queens Quay W.

电话(416)362－3406

在女王码头总站内，最吸引人的是可以一边眺望安大略湖一边喝啤酒！我在这儿吃的浇了芥茉蛋黄酱的 Fish & Chips 非常好吃。浇白色酱法的生菠菜也很新鲜，向大家推荐。营业时间：11：30～22：00

简直是个食品市场的餐厅

●Marché

42 Yonge St.

Tel(416)366－8986

这个餐厅位于 Yonge St. 和 Front St. 交叉处，在漂亮的拱形高天花板结构的 BCE 广场的一层，是一个非常独特的餐厅！进去时有服务员会问你“Have you been here before?（来过这儿吗？）”，如果回答“No(没有)”的话，他会把你带进餐厅里面，这一点首先就会令人大吃一惊。和普通的餐厅不同，在宽敞的店内设有像小摊点一样的小店，有买意大利菜的、中国菜的、烤肉的，总之，种类很多。店员会递给你一张卡片，每点一个菜他就在卡上盖一个戳，离开时在付款处一并付钱。可以说只是看看这些小店都很有意思。我从不同的小店点了小羊肉羊排、蔬菜沙拉和果汁，然后坐在摆放在开放式大厅中的餐桌上用餐，味道、气氛和心情都非常好！在这里一边体会多伦多公司职员们的活力，一边吃午餐，也不错。

营业时间：7：30～2：00　不休息。

＊＊＊

这儿的菜非常受欢迎，总是排着长队，要等20儿分钟。每种菜都有各自的柜台，采用自助餐形式，点好自己喜欢的东西到自己的餐桌上去吃。店员会在你领到的卡片上盖戳，离开时在收款处付

款。进店时得到的这张带条形码的卡片如果弄丢的话，会被处以$1000罚款，或者洗两天盘子，所以一定要小心！

鱼类品种丰富的餐厅

The Fish House

144 Front St. West

电话(416)595－5051

位于皇家约克旅馆旁边、Front St.和University Ave.交叉处，正如它的名字所体现的，是一家鱼餐厅。店里的牡蛎酒吧很受欢迎，此外还能品尝到用4种烹调方法烹制的15种左右的鱼。最有名的是一种西海岸印第安人式的烹调方法，在杉木板上放上鱼，下面用火烤。花$18左右就能吃一顿午餐，味道也很好。

市中心的西部式酒吧

Armadillo

146 Front St. West

电话(416)977－8840

紧靠CN塔。和常见的加拿大式酒吧情趣稍有不同，是一家西部式的德克萨斯便餐馆。店内还备有餐桌，可以吃到份量充足的饭菜。这儿给人的感觉是一家公司职员下班回家时顺路进去吃饭的餐厅，但因为它一直营业到深夜，而且地方好找，所以住在附近的旅馆去这儿喝酒很合适。价格稍高，啤酒一品脱$5。

在生产地喝生啤酒

Al Frisco's

133 John St.

电话(416)595－8201

作为多伦多最早的酿酒酒吧而小有名气的Amsterdam把名字改为了Al Frisco's。这儿至今还有House Brewed Red Ale和Nut Ale等富有特色的当地啤酒，但店子本身却变成了一个时髦的地中海式餐厅，所以对于只想品尝啤酒且喜欢喝酒的客人来说不是太自在。不过不管怎么说，这一带路旁有好几家酒吧餐厅，而且都是开放式的，气氛轻松自由。所以是一个非常适合从CN塔附近前去用餐的地方。

稳重的随意海鲜店

Alice Fazooli's

294 Adelaide St. W.

电话(416)979－1910

这家餐厅一开张就立刻受到了顾客的热烈欢迎。最有名的菜是丹牛耐斯蟹($19.78)，但其他所有的菜份量也很足。内部装修很明快，看来能够在里面轻松愉快地享用海鲜。

现在很受年轻人喜爱的牙买加风格的餐厅

Bamboo

312 Queen St. W.

电话(416)593－5771

这是一家漆成鲜艳的红、黄、蓝三色的牙买加风格的餐厅酒吧。雷格摇摆乐、早期爵士乐和非洲音乐的现场演奏每晚从22:00和24:00开始，如只想听听演奏，在入口处只付桌位费就可以了。室内有五颜六色的灯光照射，使摆满绿色观赏植物的店内看起来像是丛林一样。价格也很合适。

伊顿中心里的英国式酒吧

Elephant and Castle

The Eaton Centre L－2

电话(416)598－4455

柜台上排放着拉格酒、苦味酒、淡啤酒和品种齐全的各种啤酒，苏格兰威士忌和葡萄酒等酒精饮料，各有数种。当然也可在购物的间隙里进去喝点红茶、咖啡和软饮料等。牛肝馅饼、壶形馅饼等英国食品和汉堡包加炸土豆片等食品价格也很合理，而且份量充足。

营业时间：11:00～24:00　星期日休息。

●*La Maison du Croissant*

385 Yonge St.

电话(416)597－1971

位于 Yonge St. 和 Gerrard St. 的交叉处，是一家以羊角面包为主要经营范围的面包店。对于喜欢面包的我来说，其惊人的美味简直无法抗拒。走近商店，慢慢就会飘来诱人的香味，使人不由自主地就会走进去。最好的是阿芒德羊角面包($1.75)，味道和份量都非常令人满意。也可以在店里的柜台边吃。这家面包店在当地人中也很受欢迎，值得向大家推荐。在 Yonge St. 和 Charles St. 的交叉处也有分店。7:00～12:00营业。

●*Gourmet Express*

330 Bay St.

电话(416)866－7488

这儿经营水果、意大利面食、蔬菜沙拉、中国菜等各种食品，自己挑好喜欢的东西放在盘子里，然后到收款处按重量付钱。要是买到店外吃很便宜。这家餐厅在一栋办公楼的一层，非常清洁。想吃蔬菜的话一定要来这儿。菜谱每天都不一样，其种类之多，一定会让你满意。

唐人街

咖啡酒吧式的中国餐厅

●味香村 *Wey Shiang Tsuen Restaurant*

526 Dundas St. West.

电话(416)340－1528

在多伦多的唐人街，由中国人开的为中国人服务的中国式餐厅很多，可以随意挑选，这儿介绍一家气氛稍微与众不同的。餐厅室内装饰整体上很单调，可以说是一种时髦的形式。它给人的印象是大学生情侣和第二代移民的新型家庭常来用餐的地方。但是味道一点都不含糊。水饺等点心$1.5～3.5、肉和蔬菜$6.5～$13、面类$4。真正的中国餐厅每一家的拿手菜都不同，点菜前要先有点基本常识。从这个意义上来说，如果是第一次体验海外的唐人街，去这样的餐厅比较方便。特别是在人少时更是如此。

●国际城酒楼

421－429 Dundas St. W.

电话(416)593－0291

这是唐人街一家非常宽敞的中国餐厅。午餐时间后，14:00 开始有下午茶，点心都是$2 一盘，几个人结伴同去的话，每人花$6 左右就能吃到很多东西。这儿的粽子体积大，味道也好得令人无法想像。需要给小费。这家餐厅是古屋贸易商店向我推荐的。

中国素食餐厅

●菩提缘 Bo De Duyen

254 Spadina Ave.

电话(416)601－1247

要是厌倦了吃肉可以去这家餐厅。它位于唐人街的正中(南侧)，是一家大众化餐厅，价格很便宜，环境安静舒适。这儿的“三种蘑菇炒面($5.50)”非常好吃。

种类多样的简便中餐厅

●Mr. Wong's Super Buffet

222 Spadina Ave.

电话(416)596－1234

在唐人街中心大厦的三层，店面很大，菜的种类也很多，令人惊叹。餐厅除螃蟹、龙虾之外，还有生啤酒和北京烤鸭，十分豪华。价格仅为每人$11.99，非常合算(周末$13.99)。肚子饿了的时候一定要去。

唐人街最合理的餐厅

●皇上皇饭店

在 Dundas St. 北侧，安大略美术馆和 Spadina Ave. 之间。餐厅虽然小而朴实，但菜的品种很丰富，有烤鸭、烤猪肉饭、面类、汤类和炒菜类等，价格也合理。不断有附近的人来买了带走。要是每样要半份的话，可以每样尝一点。

●吉祥酒楼

Golden Country Restaurant

466－468 Dundas St. W.

电话(416)977－4555

这是一家唐人街的中国餐厅。中午在这儿喝茶是最惬意的。客人都是当地人，店里只能听到用中文说话的声音。味道虽然是天下第一，但店里的服务员极其冷淡。当然，看在味道和价钱的面上也就原谅他们了。餐厅在买日本食品的古屋贸易店往西第二栋楼的二层上。喝茶仅限于中午。

●Baldwin St. Bakery

184 Baldwin St.

电话(416)595－7326

这是位于唐人街旁边的肯星顿市场中的面包店。品种有比萨饼、馅饼、羊角面包、松饼、面包等三十种左右，每一种都是刚烤好的，热腾腾的，软乎乎的。店中的比萨饼已经成了它的名特产，体积大，价格低，仅$1.25。商店门前总是拥满了来吃比萨饼的人，商店附近也都充满了活力，十分有趣。

城中心地区

气氛轻松自如的小餐厅和餐厅

●Hemingway's

142 Cumberland St.

电话(416)968－2828

有酒吧台和餐厅两种席位，不管是吃饭还是喝酒都很随意。在屋顶平台的露天席位上一边看路上的行人一边不慌不忙地消磨时间，大概也很不错。晚9点以后还可以欣赏钢琴和唱歌的现场表演。营业到深夜1点钟。全年营业。

约克镇受人欢迎的餐厅

●Movenpick

165 Yorkville Ave.

电话(416)366－5234

这家餐厅经营以瑞士菜为主的欧洲菜，很受顾客欢迎，其蔬菜沙拉的味道和种类之多也颇受好评，一到周末就会排起长队。此外，在 York St.、Front St. 的天顶大厦前、BCE 广场内的 Marche 等市内各处还四家连锁店。车身画着牛的图案，同时也会发出"哞"的叫声的区间公共汽车"MOOBUS"在五个餐厅和各主要旅馆、观光点、剧院街等地之间循环运行，只要坐上这个区间公共汽车，就能自动抵达这些分店。7:30～2:00 营业。

令人不由得一下子想起日本的餐厅

● *Zero*

69 Yorkville Ave.

电话(416)961－8349

这儿的气氛和日本的大众酒吧套餐店完全一样。店里的成员包括两个中年妇女、一个中年男性和一个从 11 岁开始就一直在多伦多学做寿司的青年厨师。这儿的气氛让人总觉得是戏剧作品中常见的那种充满人情味的气氛。午餐寿司套餐$13.50、盖饭套餐$8.50、油炸食品套餐$9.80。由于这儿卖的是"日本味"，所以食品的原料全部从日本进货，寿司材料也一概不用冷冻保存过的，这是该店引以自豪的地方。另外，即使在晚上关门(22:00)之后，厨师也会非常乐意地为常客，或者从日本刚回国就直接来这儿想吃寿司的多伦多人制作寿司。

HOTEL
饭店

在以市中心为中心的区域里有很多旅馆，但比其他大城市稍贵。不过，这儿的旅馆设施完善，游客会享受到非常好的旅馆生活。旅行路程不远的游客最好住在市区的中心。虽然在市中心周围也有 B&B 旅馆，但并不便宜。其中所谓的便宜旅馆，适合长期逗留的游客。另外，在 Bloor st. 附近还有带厨房和家具的公寓旅馆，很受长期逗留的公司职员好评。旅馆一般夏季较贵，但 9 月中旬一过就实行旅游淡季价格，可便宜两、三成。另外，周末还经常实行优惠房价，如果赶得好，住宿会出乎意料的便宜。秋天，由于企业开会和培训需要使用旅馆，有时会很拥挤，最好提前预约。

市中心

支撑多伦多社交界的旅馆

● *The King Edward Hotel*

37 King St. E. (M5C 1E9)

电话(416)863－9700

传真(416)367－5515

这是1903年创业的老牌旅馆。古典的外观非常优雅，散发出奢华、高贵的气息。它是一家迎宾馆式的旅馆，英国原首相撒切尔夫人和不少外国要人都曾在此下榻过，其高雅的格调与其他旅馆也完全不同。房价Ⓢ$249、ⒹⓉ$269。

现代化的大型旅馆

● *Holiday Inn Crown Plaza*

225 Front St. W. (M5V 2X3)

电话(416)597－1400

传真(416)597－8128

这家旅馆原来叫L'HOTEL。它是一家现代化的大型旅馆,里面经常召开各种会议和集会,商业界人士使用很多。旅馆内还有非常完善的游泳池和桑那浴等设施。房价Ⓢ$170～200、ⒹⓉ$180～210,周末或旅游淡季优惠10～20%。

气氛很好的中档旅馆

●Best Western Primrose Hotel

111 Carlton St.(M5B 2G3)

电话(416)977－8000

传真(416)977－4874

从Yonge St.和Carlton St.的交叉处向Jarvis St.方向徒步走1分钟左右。房间宽敞、整洁。房价含早餐ⓈⒹⓉ均为$69～89、三人间$79～99＋税,在卡里巴那节期间则分别为$139、$149。好像房客多为公司职员和老年夫妇。

伊顿中心里的旅馆

●Toronto Eaton Centre Marriott

525 Bay St.(M5G 2L2)

电话(416)597－9200

传真(416)597－9211

这家旅馆处在市中心最方便的位置。出门一步就有很多电影院和餐厅,是一个享受大都市乐趣的绝好场所。由于是新旅馆,每一个角落都干干净净,让人非常满意。房价Ⓢ$160～178,Ⓓ$178。

大厅是日本式的,但内部装修很漂亮的旅馆

●Metropolitan Hotel

108 Chestnut St.(M5G 1R3)

电话(416)977－5000

传真(416)977－9513

旅馆1989年开业,非常干净。大厅总让人觉得有点日本情调,但客房布置得看来很讨女孩子喜欢。单人间很宽敞,舒适。旅馆的服务员也很热情,他们非常乐意地向发烧的我介绍了附近的医院。紧挨着旁边是市中心城市旅馆。

* * *

这家旅馆是以前的Chestnut Park Hotel。房价为Ⓢ$99、Ⓓ$180。

住满了游客的旅馆

●Toronto Colony Downtown－City Hall

89 Chestnut St.(M5G 1R1)

电话(416)977－0707

传真(416)977－1136

这儿的游客很多,最适合观光旅游者。另外,在大厅里还可以申请参加集体旅游,有专人帮助游客选择旅游的内容(尼亚加拉公共汽车旅行成人$70～)。房价Ⓢ$69～。房间也很宽敞,床很大,这些都让人满意,但厕所有时不通。旅馆内部还有健身房、桑那浴室和小卖部等设施。

* * *

这儿离伊顿中心很近,餐饮、购物完全不用担心。缺点只有一点:没有热水壶,不能烧开水。

* * *

这家旅馆即是以前的Ramada Hotel。房价在旅游旺季时为Ⓢ$155、ⒹⓉ$170,淡季为Ⓢ$130、ⒹⓉ$145。根据情况有可能大幅度优惠。

联邦火车站正面的高级旅馆

●*Royal York Hotel*

100 Front St. W.(M5J 1E3)

电话(416)368-2511

在现代化高层建筑群中，这座旅馆显出与众不同的优雅，这正是它引以自豪之处。大厅非常古典，给人的印象是成年人的社交场所。

旅馆的餐厅和酒吧以其一流的服务款待客人。房价Ⓢ$140~180、Ⓓ$160~200。

位置方便，靠近CN塔的旅馆

●*Strathcona Hotel*

60 York St.(M5J 1S8)

电话(416)363-3321

传真(416)363-4679

整体上显得阴暗，公共的空间很狭窄。但是，需要的东西一应俱全，而且最主要的是位置方便，紧挨着Royal York。如果到多伦多已经很晚了，不能保证能找到便宜旅馆时，这儿可算是一个选择。房价ⓈⒹⓉ$79+税。

从客房中可以观看棒球比赛的旅馆

●*SkyDome Hotel*

1 Blue Jays Way(M5V 1J4)

电话(416)341-7100

传真(416)341-5090

这是天顶体育馆里的旅馆。旅馆的结构是划时代的，从客房中可以俯视下面的球场。在体育馆里有棒球比赛或其他活动时去住最好。和棒球比赛观战配套的房价为一个房间$269~，平时房价为$152.15~228.23。

安大略湖的景色一目了然。

●*Westin Harbour Castle Hotel*

1 Harbour Square(M5J 1A6)

电话(416)869-1600

传真(416)869-0573

这家旅馆在港口前沿地带，如果想充分体会旅游胜地的气氛，值得推荐。房价Ⓓ$135-270。

城区

世界有名的加拿大高级旅馆

●*Four Seasons Hotel*

1 Avenue Rd.(M5R 2G1)

电话(416)964-0411

传真(416)964-2301

紧挨着约克镇，外观虽然朴素，但格调高雅，是号称多伦多第一的超高级旅馆，也是安大略省惟一的一家五星级宾馆。客房为东方风格，气氛雅致，服务员的语言举止也极其优雅。旅馆为游客备有拖鞋和浴衣，并可以提供日餐。适合蜜月旅行的游客。房价Ⓢ$240~、Ⓓ$270~。周末有优惠。

最适合长期逗留的公寓式旅馆

●*Bay Bloor Executive Suite*

1101 Bay St.(M5S 2W8)

电话（416）968-3878/(1-800)263-2811

传真(416)968-7385

共有9个种类的客房，都带有家具和设施齐全的厨房，除工作间式的房间外均为带起居室的套间。住在这儿最大的好处是可以不受任何人干扰。当然，也有桑拿浴室、游泳池、投币洗衣机等。

旅游旺季房价为Ⓢ$101.92、Ⓓ$166.88，淡季为Ⓢ 66.08、Ⓓ$110.88。尽管可以按日住宿，但如果住7天以上，有按周住宿的优惠房价。离地铁 Bay 站3~4分钟，紧挨着超级市场和酒吧，离公共汽车站也不远，位置十分方便，如果想和朋友或家人一起旅行，或是公司职员长期住宿，值得推荐。

经济型旅馆

●*Journey's End Hotel*

280 Bloor St. W. (M5S 1V8)

电话(416)968-0010

这是一家很整洁的旅馆，位于高级商店林立的布鲁尔街。房价Ⓢ$70~。一层有酒吧。到 ROM 徒步仅5分钟，去附近的女王公园散步也很愉快。如果一边浏览商店橱窗一边漫步繁华街道，可以了解多伦多大部分的景点。

只在5~9月期间能够入住的大学宿舍

●*Victoria University*

140 Charles St. W. (M5S 1K9)

电话(416)585-4524

传真(416)585-4530

虽然卫生间·淋浴室是公用的，但房间很干净。早餐是自助餐，7:30~9:00之间供应。在地铁 Museum 站下车，从与 ROM 相反方向的出口出站后向 Bloor St. 的方向走，从第一条路向右拐，左侧出现的建筑物就是食堂。接待处在食堂前方左侧大楼的一层。带早餐无洗澡间的房价Ⓢ$47.04、Ⓣ$67.20，带洗澡间的则为Ⓢ$67.20、Ⓣ$78.40。接待处24小时接待预约。旅馆还配有停车场。

独特的住宅改建旅馆

●*Hotel Selby*

592 Sherbourne St. (M4X 1L4)

电话(416)921-2142

传真(416)923-3177

在便宜旅馆很少的多伦多，这家旅馆小有名气。旅馆由一栋维多利亚式住宅改建而成，这在绝大多数都毫无特色的多伦多旅馆建筑物中可谓别具一格。不过，供水设备很陈旧，整个建筑物也很破旧，有一种令人想起 YMCA 的感觉。前台服务员穿的是随意的便装，让人感觉很轻松。有投币洗衣机。旅馆在地铁 Sherbourne 站旁边，附近已经变成了移民聚居区，因此晚上的治安不太好。旅馆后面有美男子充当侍者的酒吧，这一点也很有名。早餐是自助餐式的炸面饼圈。旅馆虽然并不舒适，但有点与众不同，很有意思。房价Ⓢ$80。

向想长期逗留的人推荐的便宜旅馆

●*Neill-Wycik College-Hotel*

96 Gerrard St. E. (M5B 1G7)

电话 (416) 977-2320/(1-800) 268-4358

传真(416)977-2809

房间非常简单，给人感觉像是开放式的学生宿舍。床也很小，可以说是适合负重自助游客的旅馆。旅馆内还有公用厨房、桑拿浴室和投币洗衣机。房价为Ⓢ$33.04、ⒹⓉ$44.64，学生优惠20%。在地铁 College 站下车，沿枫叶花园向右拐，再左拐之后，左侧就是这家旅馆。

在加拿大人人都熟悉的连锁旅馆
●Days Inn – Carlton

30 Carlton St. (M5B 2E9)

电话(416)977 – 6655

传真(416)977 – 0502

Ⓣ房间$99。非常清洁。离地铁车站很近,从旅馆门前还有开往机场的公共汽车开出。

※ ※ ※

旅馆功能齐全,给人感觉是一个简朴的商业旅馆。ⓈⒹⓉ在旅游旺季都是$85 ~ 109、淡季则为$69 ~ 95。

女性负重自助旅游者专用的便宜旅馆
●YWCA Woodlawn Residence

80 Woodlawn Ave. E. (M4T 1C1)

电话(416)923 – 8454

传真(416)923 – 1950

旅馆管理非常完善,可以放心入住。在地铁 Summerhill 站下车,出站后沿 Yonge St. 往右沿坡道向上走两个街区,就到了 Woodlawn Ave.,再向前走250米左右就会看见左侧这家旅馆的招牌。带简单早餐、无洗澡间的Ⓢ$45、ⒹⓉ$60、宿舍式房间$20、带洗澡间的Ⓢ$47、ⒹⓉ$63。

搬迁了的青年旅馆
●Hostelling International Toronto

90 Gerrard St. W. (M5G 1J6)

电话(416)971 – 4440

传真(416)9971 – 4088

这家旅馆于 1995 年 5 月搬到了 Gerrard 和 Laplante 街东北侧的一角,和一所医院共用一栋高层建筑。以前旅馆24 小时营业,但现在深夜零点后停止接待住宿。不过,安全性比以前的青年旅馆好多了。房价Ⓢ$31. 25、Ⓓ$20. 09。

红色屋顶是显眼的标志
●Karabanow

9 Spadina Road(M5R 2S9)

电话/传真(416)923 – 4004

因为 YWCA 客满,所以别人向我介绍了这家游客旅馆。离 Spadina 站很近,回来晚了也不用担心。房间非常干净、舒适,并且紧挨着咖啡店和超级市场,很方便。带洗澡间・卫生间的Ⓓ$68 ~,不带洗澡间和卫生间的房间当然更便宜。

外观雅致、内部装修也漂亮的 B & B 旅馆
●The French Connection

102 Burnside Drive(M6G 2M8)

电话(416)537 – 7741

传真(416)537 – 0747

这是在青年旅馆都满员之后,我从别人向我介绍的几家 B&B 旅馆中挑选的一家。对我这个穷学生来说虽然价格有点贵,但因为店主人很好,于是我住了4晚。房费包括早餐在内为Ⓢ$45 ~ 55、Ⓓ$55 ~ 65,带阳台和单独洗澡间的房间另加$10。旅馆是建于20年代的雅致的房子,其周围也有很多漂亮的旧房子。店主戴安会说英语和法语,是个很有魅力的人。室内装饰也很有情调,总共4个房间,分别按不同的颜色起名中 Pink、yellow、blue 和 green。从地铁 St – Clair W. 站徒步只需约6分钟,也可以乘公共汽车和地面电车去。总之,从卡萨・罗玛和斯帕迪

纳宅院徒步只需5分钟，距离很近。

● *Granby House*

101 Granby St.（M5B 1H9）

电话（416）596－8703

传真（416）977－3067

我4个星期以前就提前预订了B&B旅馆Accommodation（192 Herbourne St.），但到旅馆之后却不见一个人，也没有人接电话。我焦急地返回联邦火车站，在车站大楼里的tourist aid，工作人员为我介绍了这家B&B旅馆。旅馆有3个单人间、两个双人间等5个房间。洗澡间和卫生间公用。太阳西晒的靠近屋顶下的房间很窄，即使整晚开着窗户，扇着电风扇，温度一点也降不下来。尽管住宿期间不换床单和毛巾，我还是在这儿住了3天，主要是因为这儿的早餐非常棒（有羊角面包或者馅饼、水果拼盘、酸奶、低脂肪牛奶、橙汁、咖啡、红茶等），并且北面紧挨着Church St. & Carlton St.，位置也非常方便。房价Ⓢ$50。旅馆既没有招牌也没有广告牌，所以到达之后要按最上面的门铃。

店主虽然土气，但很热情

● *Maligold Hostel*

2011 Dundas St. W.（M6R 1W7）

电话（416）536－8824

传真（416）588－2678

从地铁Dundas West站乘505路地面电车几分钟即到。旅馆在街道右侧，是一栋黄色的建筑物。店主初看很土气，其实人很好。他非常亲切地向客人打招呼，问他一件小事他也会查阅各种资料之后认真地回答。咖啡和炸面饼圈免费享用。建筑物虽然外表很脏，但房间非常清洁，像新的一样。绝对值得推荐。

* * *

房价为每人$22.35。有投币洗衣机和投币储存柜。退房没有时间限制。

中等规模的经济旅馆

● *Executive Motor Hotel*

621 King St. W.（M5V 1M5）

电话（416）504－7441

传真（416）504－4722

位于King St.和Bathurst St.的交叉处。从机场去的话，先乘机场班车到皇家约克旅馆，再从那儿乘出租车，约需$5。早餐的咖啡和炸面饼圈免费供应。房价经常变动，旅游旺季为ⓈⒹ$79.95～、Ⓣ$86.95。

住宿信息咨询

■ Accommodation Toronto

电话（905）629－3800

传真（905）629－0035

这是多伦多市内的旅馆协会的预约中心。

■ B & B Guest Houses Association of Downtown Toronto

P. O. Box 190, Station B, Toronto（M5T 2W1）

电话（416）368－1420

传真（416）368－1653

Useful Information 有用的信息

●交通机构

· VIA Rail　电话(416)868－7222/7211

· GO Tranist　电话(416)869－3200

· Toronto Transit Commission(TTC)　电话(416)393－4636

●警察局

590 Jarvis St.　电话(416)324－2222　紧急情况下拨911(警察、火灾、救护车)

●气温(℃)

月	1	2	3	4	5	6	7	8	9	10	11	12
最高	－1	－1	4	12	18	24	27	26	21	15	8	1
最低	－8	－7	－3	3	9	14	17	17	13	7	2	－5

有大量书籍、杂志和报纸的图书馆

Metro Toronto Library: 789 Yonge St.　电话(416)393－7000

即使是不喜欢看书的人也值得去看看。这座四层建筑物是国际建筑师 Raymond Moriyama 设计的,其结构不管从什么地方都能看到主屋。图书馆里有非常熟练的工作人员或计算机帮助读者检索要找的书籍。在地铁 Bloor 站下车。

TOURS 集体旅行项目介绍

Toronto 灰色线路旅行

184 Front St. East, Suite 601　电话(416)594－0343

●一号旅行线路　Greater Toronto

游览伊顿中心、约克镇、湖滨等。

成人$19.50。需2个小时。3月30日～11月9日每天10:00、14:00出发。

●三号旅行线路　Niagara Conducted Falls

当天往返,游览尼亚加拉瀑布、大湖的尼亚加拉等。

成人$74。需9个半小时。3月30日～11月9日每天9:00出发。

●ON1 旅行　Niagara Falls Overnight

两天一晚的尼亚加拉观光旅行,可以享受一边看瀑布一边吃饭、以及乘坐"雾之少女"号游船等乐趣,在斯凯莱因·布洛克旅馆或维莱金旅馆住宿。

旅游旺季6月16日～9月30日成人每人Ⓢ$175～、Ⓓ$130～,淡季3月30日～6月15日、10月1日～11月8日Ⓢ$146～、Ⓓ$114～。

多伦多的历史

"多伦多"在印第安语中意为"人们相会的地方"。汉伯河从这儿注入安大略湖。据说还曾是密西苏加印第安人毛皮交易的场所。白人首次来到这片土地是在1615年，当地抵达的是法国人萨缪尔·德·香普兰的探险队。

●多伦多的价格

1759年以前，多伦多一直是法国军队构筑堡垒的要塞。虽然是法国的领地，但这儿居住的却是印第安人。于是，法国军队与印第人进行谈判，把多伦多弄到了手。作为代价支付给印第安人的仅仅是170英镑和140桶美国面粉及一些斧子。这竟然就是大部分多伦多的价值。后来，1759年，英法之间经过7年战争之后，法国把在美洲大陆的领土全部让给了英国，多伦多也便成了英国领土的一部分。

●上加拿大的首都

多伦多真正的城市建设计划始于1793年。因为上加拿大(现在的安大略省)的首都大湖的尼亚加拉城太靠近美国，加拿大总督多切斯特勋爵考虑要在安大略湖畔建设一个新首都。就这样产生了一个新城市，并且根据英国国王乔治三世的次子弗雷德里克·约克公爵的名字，起名为约克城。

这之后的短暂和平被1812年的美英战争打破了。这场战争中，约克城被烧得干干净净。为大火之后的废墟重新带来活力的是来自英国的移民。随着移民的流入，约克城又出现了生机，到19世纪30年代后期，这座城市恢复了以前的名字"多伦多"。

●麦肯齐的叛乱

从英国来的新移民都是在欧洲拿破仑战争结束之后迁来的，经过努力，他们慢慢地增强了自己的经济实力，把上加拿大的财富攫取到了自己的手里。与之相对抗的，是苏格兰裔的革新派威廉·里昂·麦肯齐。1835年他得到了民众的支持，被选为多伦多的首任市长。但是，由于受到来自英裔财阀的压力，这位市长掀起了一场席卷整个上加拿大的叛乱。叛乱最后虽然失败，麦肯齐也逃亡到了美国，但是不管是对多伦多还是对整个加拿大来说，这场叛乱都带来了重大的影响。其中之一是，叛乱者被英国授与了自治权，这成为了加拿大殖民地的责任政府成立的契机。另一个影响是，在以盎格鲁·萨克森移民为主的市民们中间，培养了一种努力把多伦多建设成一座非暴力的清教徒式的和平城市的愿望。

●大都市多伦多

19世纪末，多伦多作为加拿大的工商业中心而得到了迅速的发展。19世纪30年代多伦多人口仅1万人，而到1901年，则已达到了20万。

此前，多伦多的英裔移民占人口总数的80%，是一个盎格鲁·萨克森移民的城市，但1941年以后，城市的这种状况已大大改变。这是因为加拿大政府开始积极地采取移民政策，来自全世界各地的移民开始集中到多伦多。随之，多伦多也变成了一座既保留着清教徒式的气氛、又属加拿大极富国际色彩的大都市。

ALGONQUIN PROVINCIAL PARK

阿尔根金省立公园 ● ONTARIO

从多伦多向北约两小时路程的马斯科卡地区别名叫小别墅和乡村胜地。这是一个能够远离喧嚣、优雅地度过休息日的都市绿州。一到秋天，平缓起伏的丘陵地带上的森林就会变成一片鲜花的颜色，其景色之美在枫树大道上首屈一指。这里的大自然总是非常地温和，湖岸边的游览胜地旅馆也都有完善的运动设施，因此的确是一个非常适合全家进行户外活动的地方。另外，在森林的深处，有被深深的森林包围着的广阔的荒野地带——阿尔根金省立公园。无数的湖泊是划独木舟的圣地，从湖的远处还不时传来水鸟鹡鹏的鸣声，完全是一派大自然的世外桃源。

HUNTSVILLE

汉茨维尔 ● ONTARIO

位于从多伦多沿 11 号高速公路往北的马斯科尔地区北部。这座城市离阿尔根金省立公园最近，湖边排列着一家又一家的旅馆和汽车旅馆。游客可以在 60 号高速公路旁的游览胜地全身心地投入高尔夫球、网球和划船等活动中，尽情享受愉快的休息日。

ACCESS 交通工具

火车 从多伦多的联邦火车站出发，乘安大略省政府经营的 Ontario Northland Rail Services 列车约 3 小时。除星期六之外，每天运行一个来回。

Ontario Northland Rail Services　电话(416)314 - 3750

12:00	发	↓	Toronto	↑	到	8:35
14:47	到	↓	Huntsville	↑	发	15:50

票价：单程成人$43.66、老人(60 岁以上)$32.74。

公共汽车 从多伦多的公共汽车总站乘坐 Ontario Northland 公司开往 Hearst 或 North Bay 的公共汽车，所需时间 4 个半小时。每天 3 ~ 4 班。

Ontario Northland Bus Toronto　电话(416)393 - 7911

Huntsville　电话(705)789 - 6432

9:30	14:30	19:00	发	↓	Toronto	↑	到	7:50	12:00	17:30	2:30
13:45	18:15	10:50	到		Huntsville		发	3:30	7:45	13:40	18:15

票价:成人$ 37.88、老人$ 34.13(含税)

TRANSPORTATION 市内交通机构

城市很小,公共汽车只在内很有限的一些地方通行,因此很难用来作为交通工具。游客能利用的大概只有租车和计程车了。一到火车到站的时候就会有计程车在 Huntsville 火车站前等候。

市营公共汽车	Transit	电话(705)789-1751
计程车	Al's taxi	电话(705)789-2374
	Courtesy Cab	电话(705)789-0205
租车	Arrowhead Motors	电话(705)789-5507
	Bickley Ford	电话(705)789-5524
	West End Motors	电话(705)789-5591
	Festing Toyota	电话(705)789-8818

INFORMATION 旅游问询处

Huntsville/Lake of Bays Chamber of Commerce

8 West St. North, Huntsville

电话(705)789-4771　传真(705)789-6191

位于汉茨维尔市中心,可提供阿尔根金省立公园和旅馆等的有关信息。

营业时间:(夏)周一~周四 8:30~16:30　周三~19:00　周六周日 10:00~16:00　(冬)周一~周五 8:30~16:30　周六 10:00~15:00

中心大街

Muskoka Tourism Information

RR #2 Kilworthy, Ont. P0E 1G0

电话(705)689-0660

传真(705)689-9118

为游客提供马斯科卡的所有信息。

营业时间:(夏)每日 8:30~18:30　(冬)周一~周三 8:30~17:30　周五~18:30　周六 10:00~16:00

马斯科卡开拓者村

WALKING 游览路线

从火车站乘车只需5分钟，就到了主要大街。在这条街约200米长的范围内聚集着市政厅、银行、超级市场、餐厅、时装店和旅游问讯处等。这儿离市内的瞭望台Lions Look－out很近，开拓者村也在附近。观赏红叶最好的时候，是夏季的喧嚣告一段落的9月中旬～10月中旬。

SIGHTSEEING 主要景点

市中心及其周围

马斯科卡开拓者村　Muskoka Pioneer Village

P. O. Box 2802, Huntsville　电话(705)789－7576

来到这个村庄，时间仿佛又回到了过去。村子里再现了19世纪90年代的马斯科卡开拓者的生活情景。身着当时服装的人们，在1860年～1910年间修建的铁匠铺和蜡烛作坊里劳动。另外，在村里的Gramma's House里还能品尝到当年开拓时代的食物，并能乘马车绕村内一周。1995年，村里又新修了一条木板散步小道和一条林间小路等。

开放时间：Museum全年开放，每天11:00～16:00　Village 5/25～7/1期间仅周末开放，7/1～9/30期间每天11:00～16:00开放　9/30～10月的第二个星期一期间仅周末开放。

票价：成人$5、儿童$3

狮子瞭望台　Lions Look－out

瞭望台是一个高高的土丘，从Brunel Rd. 出发进入Park Dr. 之后马上向左拐，沿坡道走到尽头就是。登上瞭望台，眼前下方流淌着Muskoka River，对面延伸的则是像盆景一样的城市。红叶的景色简直就像铺开了一张织锦的地毯。瞭望台上还有长凳，可以说是一个很舒适的野餐场所。

拉基德瀑布　Ragged Fall

从汉茨威尔沿60号高速公路向东32公里处有一个壮观的瀑布。秋天，沿着红枫叶搭成的隧道走3分钟，就能来到飞落的瀑布顶部。含铁的瀑布水颜色发黑，发出轰隆隆的声音向下流着。周围的森林非常平静安全，连老年人都可以去散步。

SHOPPING 购物

主要大街上有几家卖家用杂货和家具等的简朴的商店。具有当地特色的礼品大概要算鹡鹛的石雕像和录满鹡鹛叫声的 CD 唱盘

向女性游客推荐的家用杂货店

● *Flotron's*

18 Main St. Huntsville

电话(705)789－4220

在市政厅前面。商店里各种花花绿绿的小商品很多，从日用杂货到餐具、食具、玩具、圣诞节用品、文具和卡片等，应有尽有，像弄翻了玩具箱一样热闹。对女性来说，这是一家进去就不想出来的当地有名的商店之一。星期天，这家杂货店很受和家里人一起购物的顾客的欢迎。

营业时间：(夏)周一～周三及周六 9:00～17:30　周四、五～21:00　周日12:00～17:00(冬)周一～周四及周六 9:00～17:30　周五～21:00　周日休息。

用本色木材作原材料的手工家具店

● *Muskoka Country Furniture & Gift*

6 West St. N. Huntsville

电话(705)789－8241

这家天然木材家具店充满了好木材的香味。家具很贵，都在$100 以上，但是用铁丝做的壁挂和带本色木框的镜子等的价格比较适中。

营业时间：(夏)周一～周六 9:30～17:30　周日 12:00～16:00　(冬)周二～周六 9:30～17:30　周日休息。

Blackburn's Landing 内的小餐厅

出售从小商品到乡村便服的商店

● *Tradition*

Blackburn's Landing, Huntsville

电话(705)789－6465

在一栋集中了数家餐厅和商店的两层楼服装大楼里。除穿着舒适随意的衬衫和毛衣外，还摆放着一些可以作为礼物的小东西。

营业时间：周一～周六9:30～17:30　周日12:00～16:00

RESTAURANT 餐厅

汉茨维尔的市中心周围有很多吸引人的面向家庭的餐厅，但是如果从距离稍远的 60 号高速公路或者郊外去的话，没有车很不方便。在游览胜地旅馆里有餐厅和咖啡厅，因此没有必要担心。60 号高速公路旁的汽车旅馆和旅馆的餐厅一般普通游客也可以用餐，但是一进入公园，除了旅馆和新建的游客接待中心之外，就没有别的餐厅。

HOTEL 旅馆

由于汉茨维尔是一个传统的游览胜地，因此住宿设施非常完善。价格方面也多种多样，从花$40～50 就能入住的 B&B 旅馆、汽车旅馆和山庄式小旅馆到一晚$100 以上的豪华的游览胜地旅馆，应有尽有。马斯科克地区的游览

胜地旅馆都建在水边，幽静的环境是它们吸引游客的招牌。红叶观赏高峰期(10月上旬)一过，冬天就有很多旅馆关门歇业，所以一定要事先确认好。另外，在汉茨威尔火车站前也有几家汽车旅馆。

●*Deerhurst Resort*

1235 Deerhurst Dr. Huntsville

电话 (705) 789－6411/(1－800) 461－4393

传真(705)789－2431

这是一家全年营业的CP系统的豪华游览胜地旅馆。在被高尔夫球场和森林包围着的宽阔的旅馆占地范围内，松散地建着55栋高级公寓式的山庄旅馆小屋，共370个客房。房间分为各种不同的类型，其中带厨房的别墅式房间特别多。骑马、网球、独木舟、越野跑、滑冰、雪橇等体育运动设施非常完善，桑拿浴室、演出等设施也无可挑剔。由于是一家典型的长住型的旅馆，因此旅馆内部什么都不缺。旅游旺季标准间一晚$99～159。旅馆还有前往阿尔根金的一日游($30)旅游项目和开往汉茨威尔火车站的区间公共汽车(单程$4)。

●*Granview Inn*

939 Hwy. #60, Huntsville(POA 1K0)

电话 (705) 789－4417/(1－800) 461－4454

这家旅馆给人的感觉像是一家乡村客栈。但旅馆拥有高尔夫球场、网球场、室内游泳池。房价旅游旺季Ⓢ$77～、淡季Ⓢ$62～。春秋两季，对所有两人以上的住客房价一律为每人$80～。

●*King William Motel*

23 King William St. Huntsville(POA 1K0)

电话(705)789－9661

传真(705)789－7871

这家汽车旅馆位于市中心，价格合适。房间带洗澡间・卫生间。到阿尔根金公园约30分钟。旅游旺季房价为Ⓢ$54、ⒹⓉ$65。

●*Dee Dee's B& B*

832 Riverlea Rd. R. R. #2 Huntsville

电话(705)789－1497

到汉茨威尔开车15分钟左右。从高速公路上沿3号线右拐，再沿第二个交通信号处的Brunel Rd. 向右拐，约2.5公里后公路进入Mary LK. Rd，再走2.5公里，左边就是这家旅馆的招牌。住客可以随意使用独木舟和小船。房价为Ⓢ$40、Ⓓ$55。学生和青年会会员优惠5%，但只能用现金付账。

● *Falcon Lodge B& B*

Falcon Rd. R. R. 1 Huntsville(P0A 1K0) 电话(705)789－2603

洗澡间·卫生间公用，房价为Ⓢ$48、Ⓓ$58、Ⓣ$68。

希望留给未来的阿尔根金的森林

10月2日，我动身去阿尔根金。回头一看，身后是一大片鲜红色的枫树的森林。枫叶比两天前红多了，红得似乎要把人都融进去。我开着车在60号高速公路上飞驰。虽然有时候也会碰到车上载着独木舟的一行人，但因为是旅游淡季，森林里飘荡着闲散的气氛。树林的间隙中，湖水约隐约现。看来森林管理的严谨超出了我的想像，我本来以为会看见原始的森林，对有这种心理的我来说，森林的井然有序就显得非常奇妙。

顺便提一下，这儿的森林和离多伦多只有两小时路程，对这块土地抱有深厚感情的汤姆·汤姆森和"七人社团"的成员们常去的时候的森林不一样。自1893年被指定为省立公园以来，已经有103年的历史。据说过去这儿是少数印第安人狩猎和采集以维持生活的松树林。可是后来，由于一小撮木材商人沿圣劳伦斯河顺流下来到这里，松树被慢慢地采伐掉，狼和驼鹿居住的森林消失了，驯鹿便开始走向灭绝的命运。正当急剧的变化袭击安大略的森林和湖泊的时候，在为将来担忧的人们的努力下，公园条例制定了，森林便为公园得以保护起来。

而在阿尔根金公园，也有的区域为了向周边地区提供经济援助而进行着森林采伐业。这是一种尝试，目的是要通过砍伐旧森林，营造新造林带而使森林得以再生。对于森林，人们不仅仅是保护，还得通过自己的双手来管理和经营下去。从中可以看出人们希望用最好的方法来把森林留给未来的苦心。在人们努力保护森林的同时，我们却在享受着森林带给我们的乐趣。

在独木舟湖的Potage店中我第一次乘坐了独木舟。听说湖面除一部分外几乎都没有波浪，我这才放心。我一边向工作人员Shawn请教一边操纵船桨。只划了很短的一段距离我的手就已经力不从心。Shawn手指着岸边，让我看了海狸修在那儿的一座水坝。因为有森林我们才能生存，小动物也是如此。为了使我们赖以生存的大自然免遭破坏，每一个人都应该关心。

ALGONQUIN PROVINCIAL PARK

阿尔根金省立公园●ONTARIO

在面积达7600平方公里的广阔森林中，纵横交错着总长达2400公里的独木舟路线。阿尔根金公园的规模在加拿大省立公园中位居第二，园中非常盛行利用湖水进行独木舟野营和远足等。初次参加者也可以放心地试一试。

ACCESS 交通工具

去阿尔根金省立公园有两种途径：一是从西边的汉茨威尔走60号高速公路，二是从东面的渥太华方向走17号高速公路再转60号高速公路。省立公园内有60号高速公路这一条线，汽车不能进入除这条公路沿线和园内8个地方的野营场之外的其他地方。尽管Hammond Transportation公司每天从汉茨威尔向阿尔根金省立公园发一班公共汽车。但还是租车或乘计程车更为方便(开到公园内单程$45)。

Hammond Transportation　电话(705)645－5431　13:45从汉茨威尔发车单程$12

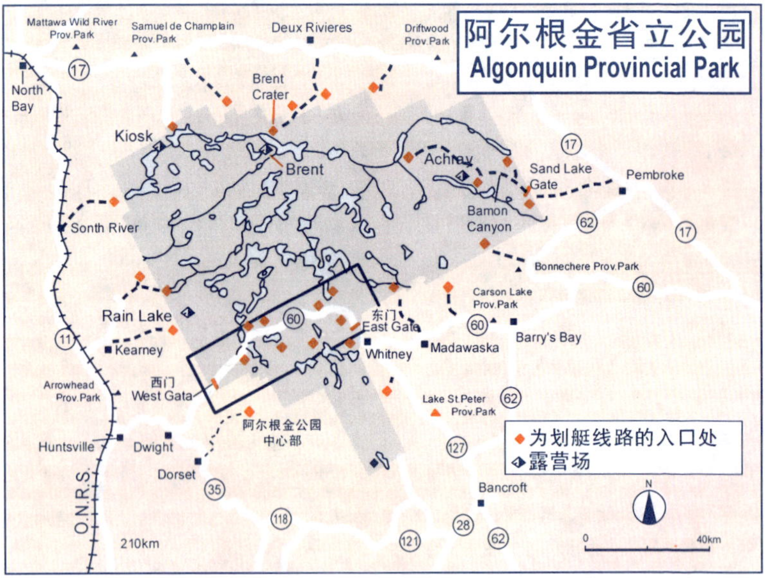

WALKING 游览路线

不管使用什么交通方式，乘车也好，徒步也好，坐船也好……，都必须到29个入口之一去交纳入园费(有的地方是无人收费处，也有的在独木舟商店交费)。另外，公园有West Gate和East Gate两个进出口，除了能从公园管理员那儿收集信息之外，还可以在全年营业的游客服务中心和博物馆等地方收集信息。你可以去这些地方，交纳入园费，索要地图和资料，并收集一些关于野营的信息。

Portage Store

许可证的种类及其价格

Day Use	交通工具使用许可证	每天$6 全年$50
Car Camping	野营车使用许可证	每台每天$9～
Interior Camping	森林深处野营许可证	每人每天$4.25(18岁以上)

公园内的野营场使用时间各不相同，详情请向下列中心确认。

INFORMATION 旅游问询处

Visitor Centre

离West Gate 43公里。在东面的60号高速公路旁。

电话(705)633－5572

营业时间：全年9:00～17:00　但是11月1日～5月24日期间仅周末营业。12月26日～31日期间也是每天营业。

West Gate　电话(705)633－5572/East Gate

营业时间：4月下旬～10月中旬每天营业，早晨7:00左右～22:00左右。East Gate位于离东端的街道Whiteny五公里处。

SIGHTSEEING 主要景点

阿尔根金的新游客服务中心　Algonquin's New Visitor Centre

该中心是为了纪念阿尔根金省立公园创立100周年而于1993年建造的。中心设计为低层建筑，外观时髦，与周围的森林很协调。中心还有一个瞭望台，能俯视据说经常有驼鹿出没的Sunday Creek Vally，同时也是眺望森林的绝好去处。

馆内分三个展厅，从森林的地势和动植物的生长状态，到人和森林的关系等，都用全景图的形式作了浅显易懂的说明。馆内还设有餐厅和阅读中心等，也是一个适合休息的地方。

ACTIVITY 各种活动

独木舟 这儿最大的乐趣就是独木舟野营。一边在像网一样四处延伸的湖中划独木舟，一边沿路游览，遇到岛的话就把独木舟扛在肩上走。根据划船技术制定不同的路线，所以初学者也不会有什么问题。一般一天的游程为 10 ~ 20 公里，需时 4 ~ 6 个小时。公园中有两个独木舟中心(Portage Store、Opeongo Store)，只要是与独木舟有关的事情都可以与他们商量，想尝试一下的人可以去那儿。独木舟的旺季是 5 月下旬 ~ 11 月下旬。

远足 公园内共有 12 条远足路线。其中，真正能享受到环山漫游的是西部高地和高地这两条小路。Potage 商店旁边的一周为 1 公里左右的 Hardwood Lookout Trail 和最后能眺望远处风景的 Look Trail，这儿是最适合悠闲漫步的地方。每条小路都修得很完善，指路牌下还放有带地图的小册子。但是，公园内禁止采集任何植物标本。关于这些路线的信息都可以从大门口的问讯处得到。

钓鱼 鱼的种类不多，但是能钓到湖鳟鱼和河鳟鱼。

钓鱼期 鳟鱼：4 月最后一个星期天 ~ 9 月最后一个星期天

鲈鱼：7 月上旬 ~ 11 月下旬

独木舟旅行

Potage Store

Algonquin Park, Ont. (P0K 1K0)

电话 (705) 633 – 5622/(705) 789 –

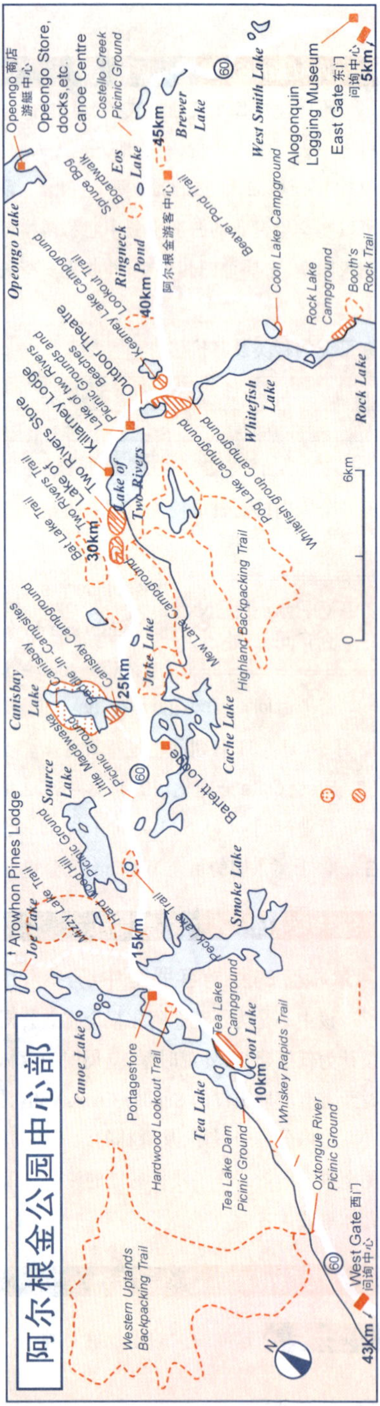

3645(冬)

在西门外14公里的独木舟湖附近。独木舟装备一应俱全,连初学者都可以放心参加的带导游的一日游收费约$30。

营业时间:4月下旬~10月上旬

Algonquin Outfitters

R. R. #1 Dwight, Ont. (P0A 1H0)　电话(705)653-2243　传真(705)635-1834

在Dwight(全年)和Opeongo(4~10月)有基地,独木舟旅行项目也很丰富。

独木舟1日游:7~8月期间的周六和周日从Dwight出发,周二周四从Opeongo出发。成人$29.95。

独木舟5日游:带导游,最适合初学者。成人$625~(6/20~9/26)。

HOTEL 旅馆

公园里的旅馆虽然贵,但环境出色,而且带三餐。但是,对于正统派的游客来说,大概没有比野营更好的住宿方法了。

●*Killarney Lodge*

Algonquin Park(P0A 1K0)

5~10月　电话(705)633-5551

传真(705)633-5667

11~4月　电话(416)482-5254

离西门32公里,旅馆的占地是突出到Two River LK.中的一个刀形半岛。客房都是小山庄式的,建在松树林中。原木建的房子,室内环境朴素优雅。有成人三人用和五人用房间两种。一栋$69~,旅游旺季时$89~。带三餐。5/14~10/18营业。

●*Arowhon Pines*

Algonquin Park(P0A 1K0)

夏:电话(705)633-5661

传真(705)633-5795

冬:297 Balliol St. Toronto(M4S 1C7)

电话(416)483-4393

传真(416)483-4429

客房均为小山庄式,所有房间都带洗澡间。独木舟、帆船和网球等免费。房价为每人每晚带三餐$150~。不过6/1~22优惠20%,7/14~8/14加价10%,9/4~10/5优惠5%。不能使用信用卡。6/1~10/9营业。

NIAGARA FALLS

尼亚加拉大瀑布 ONTARIO

位于多伦多对岸的尼亚加拉既是美国和加拿大的国境，也是过去沿尼亚加拉河而上的探险家被巨大的瀑布挡住去路的地方。伊利湖的湖水在湖的尖端处形成尼亚加拉瀑布猛落下去，流过溪谷，一直注入安大略湖。

瀑布以山羊岛为界分为加拿大瀑布和美国瀑布两部分，但是巨大的马蹄形的加拿大瀑布更为雄大，也更受欢迎。在尼亚加拉，为了让游人充分地享受到瀑布的所有乐趣，而准备了各种精彩的活动。

ACCESS 交通工具

尼亚加拉是加拿大安大略省和美国纽约州之间的边境城市。因此去尼亚加拉有两条途径，一条从加拿大的多伦多出发，另一条从美国的布法罗出发，分别有公共汽车和铁路联系。

●从多伦多

公共汽车 多伦多机场有 Niagara Air Bus 公司的直达尼亚加拉的公共汽车开出。所需时间约两小时，票价$44。在机场进港大厅的 Ground Transportation Counter 处申请。

从多伦多的公共汽车总站出发，每天都有 Trentway – Wagar 公司和灰猎犬公司的公共汽车运行，两家公司每天各开 10 班左右。到尼亚加拉约需两小时，单程$21.35，两家公司价格相同。Trentway – Wagar 公司的往返优惠价为$40.61（学生$29.90），当天，往返则为 32.05。去尼亚加拉的公共汽车首班车 7:15、末班车 21:59，每隔 1 小时发一班，比铁路更为方便。Trentway – Wagar 公司的票可以在灰猎犬公司的柜台购买，但不能换乘，要注意。

Niagara Bus Terminal

4555 Erie Ave.　电话(905)357 – 2133　营业时间:7:00 ~ 22:30(10/16 ~ 5/14到22:00)

公共汽车终点站在尼亚加拉的北部边缘、西班牙高空车的附近，离旅馆等集中的热闹地区相当远。与城市的中心地区之间有红色线路瀑布区间公共汽车相连，但是旅游旺季之后班数很少。乘出租车的话，到瀑布周围$10 左右。

铁路 从多伦多的联邦火车站出发乘 VIA 铁路列车需约两小时，每天开两班，单程$20。其中一班被称做枫叶号，从多伦多出发穿过尼亚加拉和美国全国铁道旅客公司联运，开往纽约。从尼亚加拉～纽约之间这一段约$160。不过，也许是因为这趟车的出发和到达时间正好合适的缘故，所以总是非常拥挤。火车站紧挨着公共汽车终点站。

VIA Toronto　电话(905)366－8411

●从布法罗

公共汽车 在纽约州的 Buffalo Bus Terminal 和加拿大一侧的 Niagara Bus Terminal 之间，Trentway－Wagar 公司每天开 6 班公共汽车，灰猎犬公司开 5 班。所需时间约 1 小时。从美国一侧的布法罗的公共汽车总站和机场乘 24 路市内公共汽车（US$1.25)约 30 分钟。事先不要忘了兑换钞票。

Buffalo Bus Terminal 181 Ellicott St.　电话(716)852－1750

铁路 有美国全国铁道旅客公司的列车连接纽约和尼亚加拉。花时 8 小时 30 分钟，每天一班。

INFORMATION
旅游问询处

[加拿大一侧]

Niagara Falls Visitor & Convention Bureau

4673 Ontario Ave. Suite 202　电话(905)356－6061

离瀑布的中心很远，不太方便。除旅馆之外，在"雾之少女"号乘船码头(5～9 月 8:00～17:30)、Table Lock House 和广场大厦等处都能收集到信息，并且较为方便。时间：周一～周五 8:30～16:30

[美国一侧]

Information Centre

在 Niagara St. 的右边。到瀑布步行只需 10 分钟，和公共汽车总站在同一栋楼里。这儿除了可以得到旅游资料、公共汽车时刻表之外，还可以把美国美元兑换成加拿大元，并能介绍旅馆。

时间：每天 9:00～17:00　夏季 8:30～20:30

New York State Park Visitor Centre

在紧挨着瀑布的纽约州公园内。对于从机场直接去瀑布附近的旅馆住宿的游客也许很方便。里面有资料角，导游柜台和小喷泉等，在一家叫做节日剧院的剧场里还上映 70mm 影片。影片主要以空中拍摄的镜头为主，向人们展示着从各个角度拍摄的瀑布的图像，很值得一看。音响郊果也很好。约 20 分钟，票价$2。

WALKING 游览方法

尼亚加拉瀑布附近的交通虽然可以利用下面这些面向游客的集体乘坐公共汽车，但除旅游旺季(6 月中旬到整个 8 月)外，班数很少。每天多次地上车下车的话，会浪费很多时间在等车上。观光点虽然散布在很大的范围内，但是河边有完善的散步道，因此，如果没有行李的话，很多地方走路去游览反而效率更高。租车去虽然方便，但是由于停车场数量有限，因此要走很多的路。

公共汽车

美国瀑布(左)和加拿大瀑布(右)

People Mover

P. O. Box 150, Niagara Falls　电话(905)357－9340

这是由两节车厢组成的地面电车，沿着尼亚加拉公园路，在停车场和游客服务中心所在的主要终点站和 Queenston Heights Park 之间循环往返，一直开到深夜(23:00)。旅游旺季以外的时候 18:00 收车，要注意。在各公共汽车站和游客服务中心都有售票处，付款后会得到一枚图章，贴在胸前当日有效。每天$4。

瀑布区间公共汽车　Falls Shuttle

Niagara Transit, 4320 Bridge St.　电话(905)356－1179

有红线(Downtown/Lundy's Lane)和蓝线(Falls"View"Loop)两个系统。红线对于从公共汽车总站或 VIA 火车站去市中心地区的游客很方便。蓝线可以用于克利夫顿山和 Table Pock House 等上游一侧的景点之间的交通，或者用于从河边的散步道回离河很远的汽车旅馆街，两个系统都是每隔30分钟发车，但红线系统在旅游淡季改为每隔60分钟一班。票价每天$3. 50，购买这种票之后 People Mover 是$2。

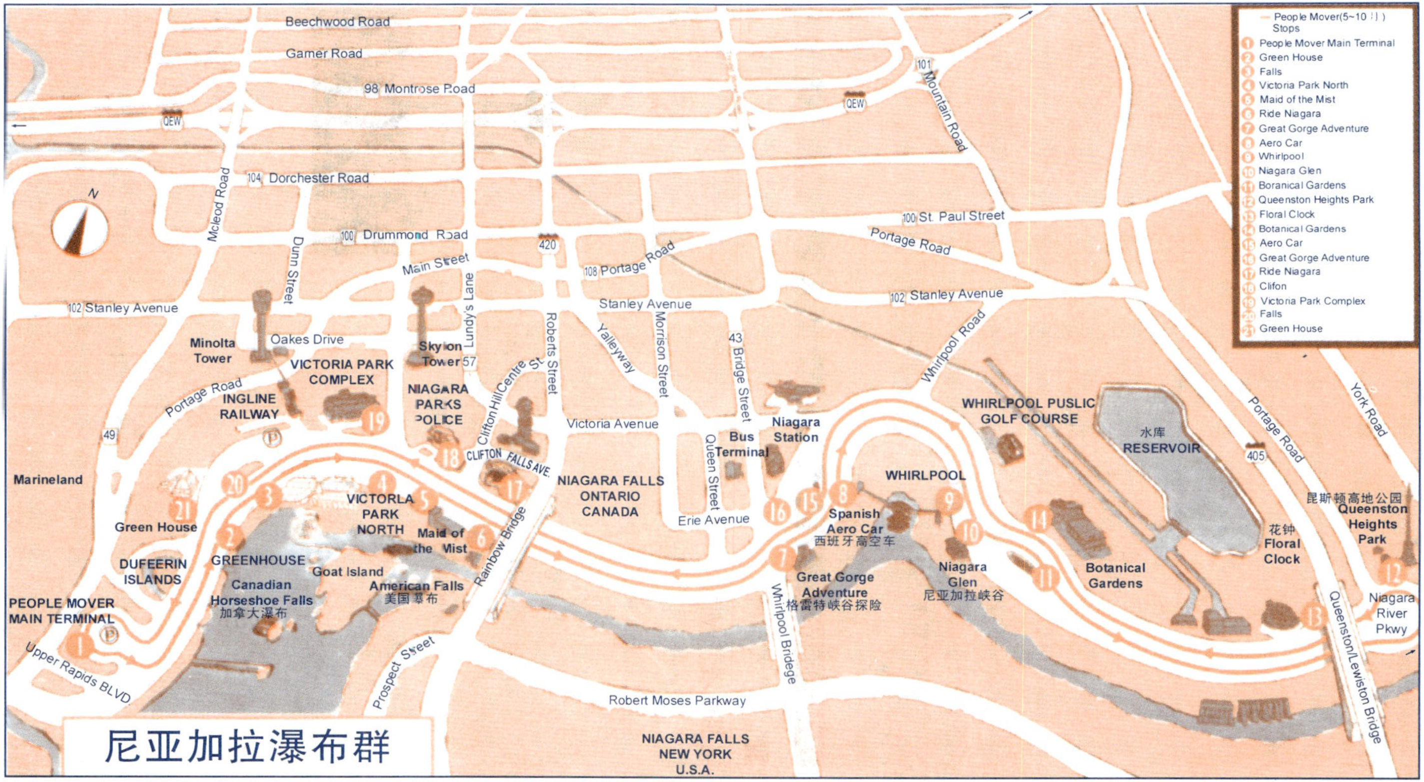

尼亚加拉瀑布群
People Mover(5~10 !!)
Stops
1 People Mover Main Terminal
2 Green House
3 Falls
4 Victoria Park North
5 Maid of the Mist
6 Ride Niagara
7 Great Gorge Adventure
8 Aero Car
9 Whirlpool
10 Niagara Glen
11 Boranical Gardens
12 Queenston Heights Park
13 Floral Clock
14 Botanical Gardens
15 Aero Car
16 Great Gorge Adventure
17 Ride Niagara
18 Clifon
19 Victoria Park Complex
20 Falls
21 Green House
Beechwood Road
Gamer Road
98 Montrose Road
QEW
104 Dorchester Road
Mcleod Road
Dunn Street
100 Drummond Road
420
Main Street
108 Portage Road
101 Mountain Road
100 St. Paul Street
Portage Road
102 Stanley Avenue
Stanley Avenue
102 Stanley Avenue
Minolta Tower
Oakes Drive
VICTORIA PARK COMPLEX
Skylon Tower
57
Lundy's Lane
NIAGARA PARKS POLICE
Roberts Street
Yalleyway
Morrison Street
43 Bridge Street
Whirlpool Road
Portage Road
INGLINE RAILWAY
49
Clifton Hill Centre St
CLIFTON FALLS AVE.
Victoria Avenue
Niagara Station
Bus Terminal
Queen Street
Erie Avenue
WHIRLPOOL PUSLIC GOLF COURSE
水库
RESERVOIR
405
Portage Road
York Road
Marineland
Green House
DUFEERIN ISLANDS
GREENHOUSE
Canadian Horseshoe Falls
加拿大瀑布
Goat Island
American Falls
美国瀑布
VICTORLA PARK NORTH
Maid of the Mist
Rainbow Bridge
NIAGARA FALLS ONTARIO CANADA
WHIRLPOOL
Spanish Aero Car
西班牙高空车
Great Gorge Adventure
格雷特峡谷探险
Whirlpool Bridege
Niagara Glen
尼亚加拉峡谷
Botanical Gardens
花钟
Floral Clock
昆斯顿高地公园
Queenston Heights Park
Niagara River Pkwy
Queenston/Lewiston Bridge
PEOPLE MOVER MAIN TERMINAL
Upper Rapids BLVD
Prospect Street
Robert Moses Parkway
NIAGARA FALLS NEW YORK U.S.A.

Falls Incline

这是一条小缆车线路，连接 Table Rock House 前面的尼亚加拉大路 Niagara Parkway 和美能达塔所在的 Main St.。因河边的散步道和旅馆、美能达塔等所在的尼亚加拉城有数十米的落差,步行上下很困难。每次 75¢、时间 9:00～24:00。

●合算的尼亚加拉游玩方法

① Niagara Parks Explorer's Passport Plus

Niagara Parks Commission, P. O. Box 150, Niagara Falls　电话(905)356－2241

在游客服务中心等处花$16.85 买一张这种探险者护照之后(只在 5 月上旬～10 月中旬出售),除 People Mover 之外,还附有下列票:瀑布后面的冒险、格雷特峡谷、西班牙高空车以及礼品店减价$1 的优惠券,非常合算。

②在游客服务中心要一札赠券"Super Saver"。除各塔楼便宜$1～2 之外,还有娱乐活动的优惠。

SIGHTSEEING 主要景点和游玩方法

■加拿大一侧

美能达塔　Minolta Tower

6732 Oakes Dr. Niagara Falls

电话(905)356－1501

这是日本照相机公司美能达公司出资修建的瞭望台,是最靠近瀑布的地方。一层是礼品商店,27 层是餐厅,28 层是瞭望台,29 层是室外瞭望台,30 层是美能达相机的展厅,从那儿上楼梯可以到达屋顶。从屋顶的平台上,可以享受 360 度的大全景。由于这儿没有栅栏和玻璃等,特别适合照相。

营业时间:9:00～23:00

票价:$5.95、学生$4.75

斯奇隆塔　Skylon Tower

5200 Robinson St. Niagara Falls　电话(905)356－2651

这是加拿大 CP 旅馆系统最高的塔楼,高 160 米。开往瞭望台的电梯一半镶着玻璃,可以一边升降一边欣赏风景。塔楼离美国瀑布的正面很近,因为高度高,似乎个塔的位置在三个塔中是最好的。最上层是旋转餐厅。营业时间:9:00～22:00

票价:$5.95

尼亚加拉德拉德沃塔楼　Niagara Deredevil Tower

Maple Leaf Village

在克利夫顿山上的枫叶村中，即以前的柯达塔楼，高118米。由于它离瀑布距离最远，所以从这儿看瀑布缺乏气势，但它所在的地方晚上很热闹，适合在晚饭后不近不远地去眺望瀑布远景。要是男女两人同游的话，建议乘坐村中的大游览车欣赏夜景。

营业时间:10:00~深夜12点左右　票价:$5.50

直升飞机游览 Niagara Helicopters Limited

3731 Victoria Ave. Niagara Falls　电话(905)357-5672

在西班牙高空车前方一点,步行10分钟左右。乘坐最多可乘4个人的直升飞机,可以享受15~20分钟的飞行。每人收费$61(含税),天气好的日子里,飞机可以从早晨9:00一直飞到日落时分。1、2月份飞行时间和是否飞行都不确定,要事先询问。从飞机上能够眺望瀑布全景,并能从近处俯视瀑布,非常有气势。飞机窗户都全部打开着,因此还可以拍照。如果4人团体乘坐,可以便宜到$200左右。

岩石瞭望台 Table Rock House

Table Rock House 瞭望台

突出到非常靠近加拿大瀑布的这个位置是尼亚加拉观光的圣地，扶手栏杆旁总是拥满了人。在这儿一边淋着瀑布飘来的水花一边观赏瀑布，是参观尼亚加拉瀑布最主要的、也是最根本的内容。在尼亚加拉逗留期间,可以一有时间就来这儿，专心致志地观看变幻多姿的瀑布,将会是一种很好的享受。24小时开放,免费。

“雾之少女”号游船 Maid of The Mist

Steamboat Company Ltd. 5920 River Rd. P. O. Box 808, Niagara Falls

电话(905)358-5781

这是尼亚加拉瀑布游览中最有名的项目,乘船直接体验瀑布下的水潭。乘船码头在美国瀑布的正面,从克利夫顿山上下山后。路尽头处的 Maid of The Mist Village

中。出发前要穿上上船时领的蓝雨衣。游船先经过美国瀑布，然后开往加拿大瀑布，在瀑布前停留一会儿，尽情地淋一番水花之后返回。注意把照相机装进塑料袋，以免弄湿。一靠近瀑布水潭之后，船就会被落下来的水冲得上下左右大幅度摆动，船上也会顿时惊慌一片。来这儿的目的似乎与其说是看瀑布，不如说是在亲身体验瀑布。因为会被水花淋湿，所以一定不要忘了带毛巾。

营业时间：5月中旬～8月每天9:15～19:15　9月～10月中旬9:15～16:45

票价：$9.55

这个项目在美国一侧也有，路线完全相同，但人相对较少。

营业时间：夏 9:15～19:45　其余季节 10:00～17:00　票价：$6.75

瀑布后面的冒险旅行 Journey Behind the Falls

The Niagara Parks Commission　电话(905)354－1551

这是由西尼克隧道改名而成的一个必看的景点。在 Table Rock House 内的入口处领一件黄色的斗篷，然后乘电梯降到地下，那儿挖着两条很长的隧道，可以从后面观看加拿大瀑布。由于瀑布的水不断激烈地吹进瀑布后面，根本无法拍照。从后面来到平台上，则是加拿大瀑布的正侧面！在这个几乎伸手就能摸到瀑布的地方，一边淋着加拿大瀑布的水花一边观赏瀑布，感觉就像是进入了瀑布的里面一样。

营业时间：全年营业。旅游旺季 9:00～22:30　票价：$5.25

美国一侧

卢那岛　Luna Island

只要到山羊岛上，走过贝尔瀑布之前的河上的桥就能到达卢那岛。这儿可以从很近的地方看见气势雄伟的美国瀑布和贝尔瀑布。因距离近，好像伸手就能摸到。并能看见正下方参加风洞旅行的游客和在河中往来的“雾之少女”号游船。

乌龟角　Terrapin Point

在加拿大和美国的边境上，可以从美国观看加拿大瀑布。这儿靠近加拿大瀑布的侧面，可以清楚地看到流到这儿的河水一下子落到瀑布中去的情景。但看不到瀑布的全景。

风洞旅行 Cave of the Winds trip

在山羊岛上的入口处交纳费用，穿上领到的雨衣和鹿皮软鞋，并把领到的贵重物品袋戴在身上，乘电梯下去之后，两侧耸立着发出轰轰声的美国瀑布和贝尔瀑布。这个旅行项目的内容就是从这儿出发沿贝尔瀑布脚下的岩石上修造的木结构路线游览。

随着轰的一声巨响，像刮台风一样的水花就会猛扑过来，气势雄伟。游览途中可以一边被水淋得浑身湿透一边体验瀑布的惊人气势，非常有趣。

营业时间：周一～周五 9:30～18:00　周六周日 9:30～20:00

票价：$3.75

直升飞机游览 Rainbow Helicopter

454 Main St. Niagara Falls, NY

电话(716)284－2800

这趟直升飞机游览从美国一侧的山羊岛出发。可以相对便宜地体验空中观赏瀑布的乐趣。

营业时间：4～11 月 9:00～20:00

票价：$25

瀑布周围

彩虹桥 Rainbow Bridge

是连接加拿大和美国的边境桥。据说在美国越南战争时期社会动荡的年代里，有很多年轻人为了逃避兵役而渡桥到了加拿大，但这已成为过去的事情。桥旁两国各自设立了海关，但两国之间自由来往。从加拿大到美国进行 90 天以内的观光和商务旅行，只要有护照，不需签证。但是必须填写入境卡。进入美国和再次进入加拿大的时候都要付 25 加拿大元。紧靠桥的旁边有建于 1827 年的尼亚加拉瀑布博物馆（The Niagara Falls Muesum）。

由彩虹桥附近所观赏到的两个瀑布

克利夫顿山 Clifton Hill

从克利夫顿山到维多利亚大街的坡道是尼亚加拉的繁华街道。街上的商店一家挨着一家，有好儿家鬼怪屋和蜡像馆等几乎可以说品味不高的小的参观场所和餐厅、礼品店。在它的一角是游乐园和购物中心集中的枫叶村。

尼亚加拉公园路两旁

格雷特峡谷探险 Grate Gorge Adventure

电话(905)374-1221

离瀑布4公里。虽然位于旋涡翻滚的尼亚加拉河边，但河的样子从这一带开始完全变了。可以乘电梯下到河滩上，沿溪谷边的小路散步。周围的悬崖和瀑布景象完全不同，非常好看。悬崖被尼亚加拉的瀑布切削而成，这说明瀑布每年都在往后退。瀑布的威力简直太大了。

营业时间:4月下旬~10月下旬 9:00~20:15　票价:$4.25

西班牙高空车 Spanish Aerocar

电话(905)354-5711

离瀑布5公里。游客们在这儿乘上无盖游览高空车，观看尼亚加拉河转向东流产生的巨大旋涡。鲜红色的高空车一边摇晃着一边从激流的上空渡到对岸，这约需10分钟。高空车离水面高度为76米，驶过的距离为539米。这是50多年前就有的尼亚加拉著名的游览工具，正因为如此，车上没有玻璃窗，风迎面吹来，既愉快又可怕。

营业时间:3月中旬~11月末 9:00~20:45　票价:$4.50

尼亚加拉峡谷 Niagara Glen

离瀑布7.5公里。从西班牙高空车再向北，有一家在宽大的草坪院子里备有自助餐厅的公园，公园中很多家庭在悠闲地野餐。从这儿可以一直走到离Whirlpool（旋涡）很近的地方。而从瀑布沿尼亚加拉河而下的河边小路被称为尼亚加拉公园路，是一条非常惬意的小路，在河边还有远足的路线。到瀑布往返约需1个小时。

再从这儿继续北上，有一个18洞的高尔夫球场Whirlpool Golf Course、美丽的鲜花盛开的Niagara Parks Botanical Garden和加拿大惟一的一所园艺学校等。

花钟和莱拉克花园 Floral Clock & Lilac Garden

花钟

离瀑布11公里。位于亚当·贝克爵士发电站旁的就是用25，000株花构成的花钟。钟的设计图案每年都不一样，是拍照的旅客很喜欢的景点。附近还有莱拉克花园，一到5~6月的开花季节，公园里就像铺上了一条紫色的鲜花地毯。

昆斯顿高地公园 Queenston Heights Park

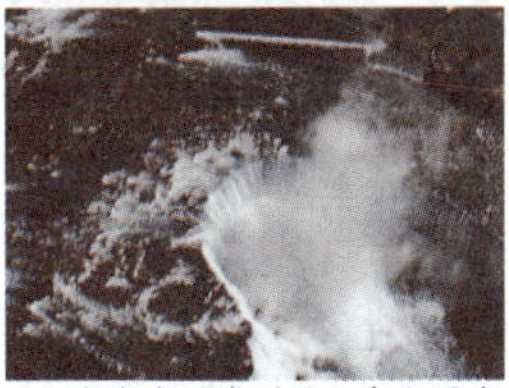

由空中观赏到的加拿大瀑布

离瀑布14公里。从尼亚加拉公园路旁的Queenston Lewiston Bridge附近可以看见在一个高高的山丘上有一座塔，这座塔是建立在昆斯顿高地古战场遗址上的布罗克将军的塑像。1812年，美国军队突然进攻当时还是英国领土的加拿大的昆斯顿村，并占领了这一带。当时指挥加拿大军队英勇奋战，最终夺回阵地的就是布罗克将军。现在这儿被开辟为公园，在其一角有风景秀丽的餐厅Queenston Heights Restaurant。

公共汽车

清晨想去机场！但是没有公共汽车！怎么办？

在尼亚加拉周围的城镇和市内，有接送游客去多伦多、汉弥尔顿和布法罗机场的公共汽车服务，可以专程来迎接游客(这家公司收购了以前的共同乘坐出租车公司Laskey's Airport Transportation)。如果住在近郊，这种公共汽车可以像出租车一样到家门口来迎接，因此在即使乘坐首班公共汽车也赶不上的清早班机的时候，非常方便。车费单程约$35、往返约$60。需要预约。

Niagara Air Bus

电话(905)374-8111

传真(905)374-0932

RESTAURANT
餐厅

对精通饮食的美食家来说很遗憾的是，在尼亚加拉瀑布那儿也许很难找到令人满意的餐厅。常见的做法是选择观赏风景，在瞭望餐厅吃饭，或者在快餐店或餐者总会简单地凑合一顿。较便宜的店子都集中在从克利夫顿山到维多利亚大街的地段。

位于雄壮的加拿大瀑布正前方的餐厅

●Table Rock Restaurant

电话(905)354－3631

在 Table Rock House 的二层，是一家方便的家常餐厅式的餐店。价格很适中，因此总是挤满了人。

午餐$6.95～、晚餐$9.95～、早餐$2.45～，早八点开始营业。

气氛安静雅致的餐厅

●Victoria Park Restaurant

电话(905)356－2217

这家有露天平台的餐厅位置极佳，可以从正面看到美国瀑布。而且由于位处满眼翠绿的维多利亚公园旁边，因此可以享受到在花丛中用餐的乐趣。味道也不错，特别是面包被公认为好吃。傍晚16:00～19:00可以享用 Early Dinner，花$11左右就能吃到排骨和鸡肉组成的套菜。

可以一边看夜景一边用餐的旋转餐厅

●Summit Suite Dinning Room

Skylon Tower 内

电话(905)356－2651

这是斯凯隆塔楼上的旋转瞭望餐厅，是自助餐式的。把位置因素考虑在内，这儿的价格并不太贵。

Breakfast	8:00～10:30	$9.95
Lunch	11:30～15:30	$15.95
Dinner	17:30～22:00	$26.50
Sunday Brunch	11:00～15:30	$15.95

从这儿看加拿大瀑布远景最漂亮

●Top of The Rainbow

Minolta Tower 内

电话(905)356－1501

价格虽然稍贵，但一边慢慢地眺望加拿大瀑布一边用餐，是只有在尼亚加拉才有的乐趣。预算较紧的人如果在午餐时间去的话会出人意料地便宜，而且不用花塔楼的门票费用，非常合算。

晚餐汤$2.50～、蔬菜沙拉$3.50～、主菜$13.50～，此外还要$5的桌位费，所以每人一道菜要估算$30左右。

加拿大日本侨民专用的餐厅

●雪国

5980 Buchanan Ave.

电话(905)354－4440

这是一家日本餐厅，离 Skylon Tower 约两个街区。交通虽然不太方便，但味道很出色，价格也便宜，只要有$15就足够了。据店主说，当地的日本人是店里的常客。店子虽然不大，但有很浓郁的家庭式气氛。尼亚加拉虽然另外还有日本餐厅，但这家最好。可以穿便装用餐。全年营业。

* * *

在从 Victoria Ave. 进到 Buchanan

Ave. 的地方。附近晚上很冷清，要注意。

经济的餐厅

● *Niagara Clifton Restaurant*

4945 Clifton Hill

电话(905)356－7410

这是位于克利夫顿山的一家充满家庭气氛的餐厅。早晨的面包和蛋糕很好吃。面包和蛋糕组成的套餐带果汁一共才$4。备有各种各样的套餐，最便宜的$2。

克利夫顿山的意大利餐厅

● *Mama Mia*

5719 Victoria Ave.

电话(905)354－7471

登上克利夫顿山后，走到 Victoria Ave. 的附近便是。味道虽然一般，但是有很多以意大利面食为中心的菜色。每餐$10 左右，气氛轻松愉快，不管是一个人还是团体都可以轻轻松松地进去用餐。

枫叶村

HOTEL 饭店

尼亚加拉是一大观光地，正因为如此，旅馆费很贵。而且在整个夏天的旅游旺季期间，便宜的好旅馆立刻就会住满，下午各旅馆就会挂出“客满”的牌子。从价格上看，从$40～50 左右的 B&B 旅馆到$50～70 的汽车旅馆、$100 以上的高级旅馆都有，种类齐全。中档旅馆和汽车旅馆在从 Buchanan Ave. 到美能达塔的这一大片区域内。乍一看靠近瀑布，似乎很方便，但是如果想住下来慢慢地享受尼亚加拉的乐趣的话，由于观光点散布在一直到彩虹桥之间的大范围内，因此，靠近河边，交通和吃饭方便的克利夫顿山附近反而更方便。另外，瀑布附近的旅馆周围晚上会变得非常冷清，所以女性徒步旅行者最好住在克利夫顿附近的旅馆里。不过，如果想在近处观赏夜景的话，那就值得考虑一下。以方便和便宜这两条来看，住在彩虹桥再下游一些的尼亚加拉公园路也许更好。

克利夫顿山周围

● *Venture Inn*

4960 Clifton Hill(L2E 6S8)

电话 (905) 358－3293/(1－800) 263－2557

传真(905)358－5738

这是克利夫顿山一家清洁的汽车旅馆。旅馆内有游泳池，适合携家人旅行的游客。房价旅游旺季为ⓈⒹⓉ$79～149、淡季$49～129。

● *Fallsway Quality Inn*

4946 Clifton Hill(L2E 6S8)

电话 (905) 358 - 3601/(1 - 800) 263 - 7137

传真(905)358 - 3818

所有房间均带洗澡间和卫生间。旅馆内有游泳池、餐厅以及会冒泡的澡池,是一家非常令人愉快的旅馆。6 月下旬 ~ 9 月上旬ⓈⒹⓉ均为$79 ~ 149,其余时间$49 ~ 129。

●Niagara Clifton Motor Inn

4965 Clifton Hill

电话(905)356 - 8212

位于克利夫顿山最热闹的一带。旅游旺季ⓈⓉ$68 ~ 129。

●Pilgrim Motor Inn

4967 Clifton Hill

电话(905)356 - 3170

在克利夫顿山最高处附近。旅游旺季ⓈⒹ$78. 50。紧靠着的附近还有一家同一个主人经营的叫做 Hilltop Motor Inn 的汽车旅馆。虽说是家汽车旅馆,但位置很方便。

Buchanan Ave. 周围

●Renaissance Fallsview

6455 Buchanan Ave. (L2G 3V9)

电话(905)357 - 5200

传真(905)357 - 3422

房价　旅游旺季ⓈⒹⓉ均为$159 ~ 299、淡季为$89 ~ 169。

* * *

离瀑布距离步行仅 10 ~ 15 分钟。房间装饰有花窗帘和花床罩,非常好看,但是前台的态度不好。

●Sheraton Fellsview Hotel

6755 Oaks Dr. (L2G 3V9)

电话(905)374 - 1077

传真(905)374 - 6224

从这儿看加拿大瀑布比什么地方都漂亮。设施和环境也无可挑剔,并有会讲日语的工作人员。旅游旺季房价为$185 ~ ,淡季为$105 ~ 。

●Horseshoe Falls Motor Inn

5481 Dunn St. (L2G 2N6)

电话(905)358 - 9353

传真(905)354 - 7298

离美能达塔徒步仅几分钟路程。附近还有餐厅、礼品店,乘 Falls Incline 公共汽车去瀑布很快就到。这家旅馆是隔壁的 USA 汽车旅馆的店主经营的。据说在同一家旅馆占地范围内的更新的一家汽车旅馆靠瀑布一侧的房间贵$10。

* * *

房价在旅游旺季为Ⓢ$89. 5、ⒹⓉ$98. 50 ~ 119. 50,淡季为ⓈⒹ$38. 50 ~ 48,Ⓣ$48. 50 ~ 68. 50。隔壁的 USA 汽车旅馆设施虽然差一些,但是更便宜。

●Romax Villa

4468 Eastwood Cr. Niagara Falls (L2E 1A9)

电话(905)356 - 9376

这是一家 B&B 旅馆，从 People Mover 的 Ride Niagara 向北徒步 5、6 分钟，离瀑布也仅 5 分钟的距离。游客一到旅馆，立刻就会受到史蒂芬尼老奶奶亲手做的小甜饼和茶的款待。史蒂芬尼夫人是个性格爽快的人，同时对人很热情。房价为两人住宿每人$20。虽然洗澡间・卫生间是公用的，但是非常清洁。

Butterfly Monor

4917 River Road, Niagara Falls(L2E 3G5)

电话/传真(905)358－8988

这是一对意大利夫妇经营的非常漂亮的新 B&B 旅馆。从这儿都能徒步去公共汽车总站和瀑布，尼亚加拉河就从眼前流过。店主夫人非常开朗，她为客人做的早餐和松饼非常好吃。每个房间内部装饰都很讲究，所有房间都带洗澡间・卫生间，每晚$50～。

Holiday Inn By the Falls

5339 Murray Hill(L2G 2J3)

电话(905)356－1333

离瀑布相距一个街区。旅游旺季房价为ⓈⒹⓉ$173.60，但在淡季仅为ⓈⒹⓉ$84。

The Liberty Inns

6408 Stanley Ave. (L2G 3Y5)

电话(905)356－5877

传真(905)356－9452

旅游旺季为$99、淡季为$74，价格很合适。

The Oaks Inn

6546 Buchanan Ave. (L2G 3W2)

电话(905)356－4514

传真(905)356－3651

在紧挨着美能达塔的地方。从房间里虽然看不到瀑布，但房间很清洁，单人房间都大得能住下两个人。另外，这家旅馆的咖啡店营业到深夜，所以也有很多当地人来。退房时，我得到了一个钥匙链作为礼物。7、8 月旅游旺季的房价为$97～，冬天则为$54.88～。

Maple Leaf Motel

6163 Buchanan Ave. (L2G 3V7)

电话(905)354－0841

这家汽车旅馆从美能达塔步行 7、8 分钟、离瀑布两个街区。旅馆是一个性情温和的家庭经营的，感觉很好。房价Ⓢ$48、Ⓓ$54、Ⓣ$58＋税(带洗澡间・卫生间)，旅游淡季为Ⓢ$32、Ⓓ$34、Ⓣ$38＋税。旅馆可以为游客联系到旅馆进行接送服务的市内观光公共汽车。路旁的红色枫叶招牌是它的标记。

其他地区

Shemara B& B

4901 River Rd. (L2E 3G5)

电话(905)354－2024

由Mrs. Mary O'Shea 经营，离公共

汽车总站600米，到瀑布徒步20～30分钟。带早餐、无洗澡间的房价Ⓢ$20、Ⓓ$40，带洗澡间的为Ⓢ$25、Ⓓ$45。

●Niagara Falls International Hostel

4699 Zimmerman Ave.（L2E 3M7）

电话(905)357－0770

传真(905)357－7673

沿公共汽车总站前的Queen St.向河的方向走两个街区即到，位置极好，在Whirlpool Rapids Bridge的旁边。离瀑布虽然远，但是可以利用People Mover的公共汽车，所以乘公共汽车到达之后，可以放下行李马上去观光，以充分有效地利用时间。不过，周末和旅游淡季的交通不方便，晚上大概很难去观光。房间带厨房。营业时间为9:00～11:00、17:00～23:00，每晚会员$12、床单$1，非会员$16。

●4745 River Rd. Tourist Home

4745 River Rd.（L2E 1E2）

电话/传真(905)374－8051

离公共汽车终点站徒步5分钟。从青年旅馆出发，在第四个路口向河边拐弯，朝瀑布方向走去即到。洗澡间和卫生间公用，有的房间有电视机，有的则没有。旅馆是一对巴斯斯坦夫妇经营的。在旅游淡季如果住两晚以上据说可以优惠。房价夏季为每晚$17～＋税。

据说同处于River Rd.的B&B旅馆Rose & Kangaroo中，店主曾闯入一个白人女性的房间，不能向游客推荐。

●Glen Mhor Guest House

5381 River Rd.（L2E 3H1）

电话(905)354－2600

传真(905)354－2600

从公共汽车总站出发来到River Rd.，朝瀑布方向往南走10分钟左右即到。

店主夫妇很爽朗，带着叫麦琪和姆斯的两条狗一起来接游客。客房和餐厅都非常漂亮整洁。丰盛的早餐是这儿的自豪。另外可免费借用自行车。如事先联系，还可以到公共汽车总站或火车站来迎接游客。房价为带洗澡间・卫生间的Ⓢ$45、Ⓓ$75，洗澡间・卫生间公用的Ⓢ$45、Ⓓ$65、Ⓣ$68。旅游淡季优惠10%。

●YWCA of Niagara Falls

6135 Culp St.（L2G 2B6）

电话(905)357－9922

传真(905)357－6440

有两个带梳妆台的漂亮宽敞的房间，可两人合住。工作人员很热情，除为早晨8点必须去多伦多机场的我介绍了合乘出租车之外，早晨5点还来敲门叫我起床。

*　*　*

每人$26。还有商量优惠的余地。

美国一侧

●Niagara Falls International American Youth Hostel

1101 Ferry Ave. Niagara Falls, N. Y.

电话(716)282－3700

住旅馆无论如何要推荐这一家，离瀑布步行20分钟左右。可容纳44人住宿。店主August Euman先生人很好。房间很干净,厨房设施也非常好,有十分温馨的家庭式气氛。我住过几家美国的青年旅馆,但这一家是我最满意的。旅馆还出租自行车。

* * *

房价为US$13、非会员$16。从市中心的公共汽车总站沿Niagara St.向东走,再沿Memorial Pkwy.向左一个街区即到。

TOURS 旅游指南

要想用一天时间游览瀑布及其周边地区，并顺河而下，效率高的办法是参加乘观光公共汽车进行的团体游览。

双层旅游公司 Double Deck Tour Ltd.

3957 Bosser Rd. R. R. #3, Niagara Falls 电话(905)374－7423

The Niagara Park Commission的红色双层公共汽车在瀑布和昆斯顿高地间循环

千姿百态的尼亚加拉

●夜间的照明

尼亚加拉瀑布一到晚上灯火通明，映出五颜六色的灯光。夏天旅游旺季照明时间为21:00～24:00。最好的观赏位置在塔楼等高处或者尼亚加拉公园路旁的维多利亚公园附近。在这些地方还能倾听瀑布落下的声音，欣赏到和白天大不相同的尼亚加拉瀑布。

●Winter Festival of Lights

一到冬季，尼亚加拉瀑布就会覆盖上雪和冰，晚上，在灯光的照明下显得特别漂亮。灯光的色彩变化也非常奇妙，能使人产生浪漫的情调。这个冬天节每年都举行，在这期间，即使是旅游淡季，灯光照明也从17:30～22:00。

●Niagara Blossom Festival

每年4月到5月期间，公园路上鲜花盛开。这时候要举行各种各样的活动，如游行、选美、民间工艺品集市、健美大赛、美国和加拿大警官之间进行的国际拔河对抗大赛(拔河游戏)等。

往返，一天内上下自由。7、8 份从 Table Rock House 每隔 15 分钟发车。5 月中旬 ~ 10 月中旬营业。票价：成人$16 ~ 。

红地毯观光旅游　Red Carpet Scenic Tours

134 Jarvis St. Toronto　电话(905)869 – 1372

这是带导游的一日游，乘小公共汽车从多伦多出发，途经大湖的尼亚加拉。在昆斯顿高地餐厅吃完午饭后，再前往尼亚加拉瀑布。到瀑布后，各人根据自己的愿望参加各种活动(都收费)。18:00 到多伦多。

出发：10:00(到各主要旅馆接人)　所需时间：约 8 个小时　价格：成人$79、儿童$50

灰色线路　Gray Line

● Niagara Falls Tour

这是从多伦多出发的带导游的一日游。游览完大湖的尼亚加拉、大漩涡和花钟后前往瀑布。包括乘坐“雾之少女”号游船(4、5 月为 IMAX 剧院)和在斯凯莱恩·福克斯海德旅馆的自助午餐的费用(还有在这些费用之外再加在旅馆住宿一晚费用的二日游)。3/30 ~ 11/9　9:00 从公共汽车总站出发。

Useful Information　有用的信息

● **市外长途局号**：905

● **交通方面**：

Niagara Airbus　电话(905)374 – 8111　传真(905)374 – 0932

Niagara Transit　电话(905)356 – 1179　班数虽少，但有市内公共汽车运营，把公共汽车、铁路火车站和瀑布周围地区联系在了一起。$1.40。

● **气温(℃)**

月	1	2	3	4	5	6	7	8	9	10	11	12
最高	-1	0	5	12	19	25	27	26	22	16	8	2
最低	-8	-8	-4	2	8	14	17	16	13	7	1	-5

NIAGARA ON THE LAKE

湖上尼亚加拉
ONTARIO

位于尼亚加拉瀑布北部的湖上尼亚加拉 niagara on the lake，是一个被果园环绕的小城。它的位置正处于尼亚加拉河从多伦多出发注入瀑布的途中——坐落于流入安大略湖的河口上。在殖民时代它曾作为上加拿大(现在的安大略省)的首都一夜繁荣，现在该城还依然残留着浓厚的开拓时代的遗风，是一个独具魅力的田园地带。虽然位于加拿大东部，但由于受安大略湖的影响，该地气候温暖，并且利用了此种独特气候所生产出来的葡萄酒也是远近驰名。小城中有豪华的别墅宅邸点缀其间，令人流连。让人期盼能够下榻于充分体现了建筑美的 B&B 旅馆，享受悠闲自在的观光乐趣。

ACCESS 交通

从尼亚加拉的公共汽车总站出发有能乘坐 20 人左右的区间公共汽车，一日往返三次。票价为单程成人$10、学生 8¢;往返成人$15、学生 112¢。途中还有少量观光指南服务。其中主要旅馆还备有途中接送服务。由于距离并不很远,团体游客若将步行至公共汽车总站的时间也考虑在内的话,乘出租车($25 左右)也许会更方便些。

尼亚加拉发车	10:15	12:45	17:00
湖口尼亚加拉发车	11:00	14:00	18:00

INFORMATION 旅游问询处

The Niagara – on – The – Lake Chamber of Commerce
153 King St.
电话(905)468 – 4263

位于 Simcoe Park 的正前方。是于 1812 年战后建立的历史性建筑，还代行作为总商会的问讯处。该所资料丰富,也可代订房间。

营业时间:(夏)星期一 ~ 星期五 9:00 ~ 19:00
星期六:11:00 ~ 19:00　星期日 11:00 ~ 18:00
(冬)星期一 ~ 星期五 9:00 ~ 17:00　星期六、星期日休息

WALKING 游览方法

以惟一的一条主要街道——Queen St.（皇后大街）为中心形成了一个小型商业区，商业区中鳞次栉比开设了许多面向旅游者的时髦店铺。在大街的正中央耸立着一座从1922年就已开始计时的钟塔，这座塔如今作为一种旅游观光的标志物被人欣赏。从大街上稍稍转向小巷，眼前便是宁静的住宅区，那里排列着的是颇具维多利亚时代风格的高级住宅，是漫步的绝妙去处。当你厌倦了街上的散步店，还可沿 King St. 北上到安大略湖畔的罗亚尔皇后公园或者到位于尼亚加拉河边的乔治堡垒去看看。疲劳的购物和散步之后，可以在餐馆或优雅的宾馆就餐。像这种悠闲自在的生活方式与该小城的气氛恰为调和。此外，你还可以在尼亚加拉自行车旅游租赁公司 Niagara Bicycle Touring Company（电话(905)468－1300）以半天12美元的价格租辆自行车自由出入于田园之中。

女王大街上的钟塔

女王大街上的咖啡屋

SIGHTSEEING 主要观光点

乔治堡垒 Fort George

电话(905)468－4257

由英军建于与美国关系紧张的1796～99年之间，后成为两军持续激战的重要据点。以1799年的设计图为基础得到再现的堡垒之内复原了当时的军队生活，有身着军装的军人为游客解说，此外还安排着音乐、行进队列等精彩节目。

开馆时间：5月24日~6月30日、劳工节（9月份第一个礼拜~）~10月31日每天9:30~16:30，夏季每天10:00~17:00

尼亚加拉历史协会博物馆　Niagara Historical Society Museum

43 Castlereagh St.　电话(905)468－3912

是一个再现了湖上尼亚加拉Niagara on the Lake历史的小型博物馆，里面陈列着当时的生活用品以及战争时代的器物。从结婚礼服、衬衣裤到农机具、餐具等一应俱全，且都是以前使用的器物，可以帮助人们更好地理解当时的生活状况。在礼品商店还可以购到当地制作的褶式裙、民间工艺品以及书籍等。

开馆时间:5~10月　每天10:00~17:00　其余时间每天13:00~17:00　1、2月份只在星期六、日开馆

票价:成人$2.50　学生$1

伊尼斯吉林酿酒厂　Inniskillin Wine Boutique

Niagara－On－The－Lake

电话(905)468－3554

从瀑布乘车30分钟左右到达的下游小城——Niagara－On－The－Lake，是知情者所熟知的尼亚加拉葡萄酒的名产地。在为数众多的酒厂中，伊尼斯吉林虽是1974年才渐渐创业的较新的酒厂，但却享有着很高的声誉。尤其是将1月份严冬期所收藏的葡萄经冷冻保存并发酵后所特制成的冰葡萄酒，作为餐后酒以其特有的高质量甜味曾在国际葡萄酒节上获得过金奖。葡萄酒商店有各种葡萄酒，价格在2.50$以上不等，为葡萄酒爱好者所必看。此外还可安排免费学习观光。

营业时间:5~10月　10:00~18:00　11~4月　10:00~17:00

观光:6~10月　每天10:30~14:30　11~5月　只限星期六、日14:30~

＊由于此外还有许多酿酒厂，几乎都接待观光客，因此只要有车，大可以从这家

喝到那家。并且，每天还有 9:30/13:30 出发的自行车旅行($35)，其中有 3 个酒厂提供品酒。

SHOPPING 购物

对购物爱好者而言，这是一个具有无穷魅力的小城。在 Queen St.（皇后大街）的沿路两旁，排列着手工艺品店、老字号的点心店、服饰用品商店以及老字号书店等各种独特的店铺。

Greaves

●*Greaves*

55 Queen St.

电话(905)468－7831

若论起皇后大街上有名的老字号，当数此店最具古风。毕竟是不愧为 4 代相传的果酱店，该店制作的果酱、橘子酱、果子冻等种类繁多、味道甘美，并且均由自然糖和成熟的果实制成，绝不使用任何添加剂。连标签也似乎手工制作，一小瓶售$3.25，物尽其值。迷你果酱 6 瓶合装只售$6.30，非常便宜。

营业时间：(夏)周一～五 9:00～20:00、周六、日 10:00～20:00　(冬)周一～五 9:00～17:00、周六、日 10:00～18:00

●*Walker's Fruit Market*

在 Niagara－On－The－Lake 城周边的果园之中，有几家进行产地直销，自从 1937 年起就开始在此地栽培果树的 Walker's 就是其中之一。该果园位于尼亚加拉林园式大路下面靠内一些的地方，农场内除备有供摘取的水果外，还有果酱和桔子汁等招待客人。

营业时间：5～10 月　8:30～21:00

●*Maple Leaf Fudge*

114 Queen St.

电话(905)468－2211

巧克力奶糖是用经熬制的砂糖中加入水果、巧克力等制成后，再切制而成的甜而软的糖果。大概类似中国糖果中的羊羹。该店是经营制造直销的老字号，在尼亚加拉也有它的分店。这间颇有前世纪面包坊风格的小店，正与它朴素、自然的食品味道相映成趣。1 个$4 虽然贵一点，却有足够两三回分食的份量。

营业时间：(夏)9:00～21:00

(冬)10:00～18:00

●*Just Christmas*

34 Queen St.

电话(905)468－4500

圣诞节用品专卖店。在店内看后你

会不由得感叹，因为那里有如此多漂亮可爱的装饰品。而且，那些形象地再现了nigara on the Lake城风貌的陶器陈设也令人爱不释手。你甚至还可以在一个装饰用的金属球上，写上自己的名字。

营业时间：（夏）10:00～21:00

（冬）10:00～18:00

枫叶巧克力奶糖

RESTAURANT 餐厅

要想真正沉浸其中，品味该城闲静、优雅的气氛，还是应该去紧靠皇后大街钟塔旁边的Prince of Wales Hotel或者它前面的moffat Inn的明亮的餐厅中，斟满一杯当地的葡萄酒。在Prince of Wales享受午餐约需$15左右，而一杯葡萄酒的价格$3起价，不一而足。但是若备齐了从皇后大街的小餐馆中搞到的家常菜，从途经的露天市场购到的新鲜水果，再手捧家制的面包，在雪马利考公园野餐一顿，也别有情趣。如果你想来点儿甜点和茶很容易，在皇后大街上有许多适合你的小咖啡馆。

●Moffat Inn Cafe

电话(905)468－4116

这里有上好品质的低糖美味的蛋糕。建筑上镶嵌玻璃，像一个大日光室，令人心情舒畅。14:00～16:45供应下午茶$6.95。午餐$7.25以上不等。汤$2.25、色拉$3.75。

●Buttery Theatre Restaurant

19 Queen St.

电话(905)468－2564

餐桌摆放在屋外的阳台上，是一处颇具法国咖啡馆风格的餐厅。汤$4.50以上不等、三明治$6.95～、咖啡$1、大陆式便餐$6.95，此地用餐，快捷方便。

Buttery Theatre Restaurant

HOTEL 饭店

多为重视气氛的环境优雅的饭店或由古宅邸改建的乡村宾馆。但无论在哪个饭店，游客都可享受到独到细致的服务。若您需要静养，那么奉劝您住到这里要比在尼亚加拉瀑布旁强得多。舒适的宾馆生活最适合于中老年夫妇的悠闲

Prince of Wales Hotel

旅行或是新婚旅行。有些宾馆还专门准备了两人两天付餐饮的一揽子服务。在旅游问讯处可以索取 B&B 旅馆的目录。

●Prince of Wales Hotel

6 Picton St. (L0S 1J0)

电话(905)468－3246

传真(905)468－1310

这是一所维多利亚风格的优雅饭店，即使如今在此仍可感受到那种开拓时代的气氛。它开业于 1864 年,位于城的中心。这个极具个性化的住所能让我们品味一种与城市一起生长至今的历史沉重感。饭店为两层建筑,共有 104 个房间，不同客房的气氛和房价均有比较大的差别。旅游旺季房价Ⓢ$114～、ⒹⓉ$120～,淡季Ⓢ$97～、ⒹⓉ$102～。

●Moffat Inn

60 Picton St.

电话(905)468－4116

面向雪马利考公园，是一处由 1835 年建造的宅邸改造而成的小型饭店，仅能接纳 22 人。明亮而小巧舒适的客房中到处清洁整齐，墙上张贴的可爱的壁纸又给客房增添了一些豪华。饭店的中央是一片绿色的太阳室风格的自助餐厅，在那里可以享受到尼亚加拉葡萄酒。旅游旺季房价ⓈⒹ$88.48～123、Ⓣ$106.40～128.80。

●Queen's Landing Inn

155 Byron & Melville St.

电话(905)468－2195

传真(905)468－2227

这是一所地处乔治堡垒附近的砖造乡村宾馆。和都市型高级饭店或游览胜地宾馆有所不同，堪称是一个真正能得到贵族式饭店生活享受的所在。该宾馆建于宽阔场的地中,闲适优雅,也听不到城市的喧嚣。ⓈⒹⓉ房价同为$162.40～179.20。

●Gate House Hotel

142 Queen St.

电话(905)468－3263

传真(905)468－7400

坐落于皇后大街的尽头,是一座规模虽小却颇具现代气息的旅馆,格调高雅,由维多利亚风格的宅邸业经全面改造而成,客房数 10 间。位于一层的 Giardino 餐厅供应美味的意大利菜,其精美甚至让人不忍下筷。房价Ⓣ$100～140

●The Kiely House Heritage Inn

209 Queen St.

电话(905)468－4588

建成于1823年，内有各式温馨家具，是一所时髦漂亮的小宾馆。含早餐旺季房价为ⓈⒹ$109.76、Ⓣ$133.28，淡季ⓈⒹ$61。

The Colonel Butler Inn

278 Mary St.

电话(905)468－2050

传真(905)468－3103

外观为维多利亚式建筑，古朴典雅；内部装修结实而华丽。在该宾馆内您可尽情享受浪漫之夜，对长期居留者还有折扣服务。房价Ⓢ$95，ⒹⓉ$105～。

The Old Bank House

10 Front St.

电话(905)468－7136

这是一处可以远眺安大略湖的B&B旅馆。该建筑原本是作为上加拿大银行的首家分店而建的。每日房价$84～112。

Oban Inn

160 Front St.

电话(905)468－2165

由该城最古老的宅邸改造而成。共有23间客房，小巧精致。若想远眺安大略湖，此地位置绝佳。夏季房价Ⓢ$123.20、ⒹⓉ$153.44～207.20，淡季Ⓢ$89.6、ⒹⓉ$112～168。

The King's Way B&B

308 Nassau St.

电话(905)468－5478

这是一处设有游泳池的B&B旅馆。浴室公用，旺季房价为Ⓢ$75、Ⓣ$85，淡季Ⓢ$45。

Blairpen House Guest Lodge

287 Davy St.

电话(905)468－3866

传真(905)468－3270

临近博物馆。是1995年由芭芭拉、提姆夫妻将私宅进行改装而成的高级B&B旅馆。内部装修豪华、庭园葱绿。房价虽然偏高，但您若想享受niagara on the Lake的真正乡村生活情趣的话，这里不失为一个极好去处。

from TORONTO

德国情趣的小城和麦诺奈特人的村庄

KITCHENER & ST. JACOBS●基哥纳/圣·杰伊科普斯

●德国移民的聚居地基哥纳

从多伦多出发乘车往西大约一小时，就能到达基哥纳——以最为盛大的十月节闻名于北美。该城与其所毗邻的沃特卢并为双城，共有21万居民，由于其中大半以上均为德裔从而使此地成为了德意志移民在加拿大的聚居区。同时，这里也是仍旧固守着19世纪自给自足生活方式的麦诺奈特人的活动中心。

商业区的中心是一个位于King St.和Frederick St.街角的集市。这个农贸市场从1839年开始一直存续至今成为基哥纳的一景。在每周六开市(6:00~14:00)的集市上，近邻的麦诺奈特人摆放着他们生产的面包、果酱、奶酪、香肠及新鲜蔬菜等等待出售。站在柜台边的这些麦诺奈特人，妇女戴无沿女帽、着长裙，男人着黑色衣服、留胡须，全都一目了然。市场也在5~10月份每星期四的12:00~19:00开市。

●十月节

目前它的举办规模已接近其发源地慕尼黑。约有70万从世界各地人赶来聚集于这个秋季的盛典。节日期间，城中到处可见身着巴伐利亚地方服装的人们。排列在主要街道皇后大街两旁的大约20家左右的啤酒馆、大帐篷内，每天都举办铜管乐、民族舞蹈以及食品节等独具浓厚民族色彩的活动。举办日期为每年10月上旬的9天时间。

●麦诺奈特人的村庄圣·杰伊科普斯

来到了基奇纳，可再稍向北走，顺便到麦诺奈特人的村庄去看看。麦诺奈特与阿米希相同，也是起源于瑞士的再洗礼派中的一派。他们经由美国的宾西法尼亚于19世纪初移到此地。麦诺奈特人严守教义规定，仍旧坚持着19世纪时的简朴生活方式，至今马车仍是他们所利用的主要交通工具。

几家由19世纪的房屋改建的工艺品店和其他小店点缀在村庄的主要大街上。位于这条街道上的本杰明餐饭店，外观依旧维持着1852年建成的模样。在那里供应的温馨的乡村风味饭菜会使您感到意想不到的收获。与精美饭菜一起，餐馆还同时给您提供自家栽培的蔬菜、田园风味馅饼以及家制芥末等。

在距基哥纳3公里处往圣·杰伊科普斯的途中，有圣·杰伊科普斯的农贸市场和工业产品集散地。市场上共摆着400多个出售食品和日用百货的柜台，非常繁荣。市场全年开放时间定于星期四7:00~16:00、星期六7:00~15:00，同时在6月~9月上旬的星期二8:00~15:00也开放。

并且，在村子东北约10公里处，还有一道连通马迪逊郡桥的带顶篷的桥梁，称为West Montrose Covered Bridge。

ACCESS 交通

●从多伦多出发

乘车：从401号高速公路向西，进入8号公路后很快就到。若去圣·杰伊科普斯需从8号路转入86号公路，再从Northfield的出口驶出沿Weber St.向西。

公共汽车：停车场开往Greyhound的基奇纳专线一日四班次，约两小时。

铁路：一日两班次，星期一~六7:50、18:15发车；星期日11:50、16:25发车。约一个半小时。

from TORONTO

莎士比亚剧场城

STRATFORD●斯特拉特福

从多伦多驱车向西约两小时即到达斯特拉特福德，位于清幽的田园地带，是一个仅有2万8000人的小城。但是，小城整体却俨然成为一个领导世界演艺界的莎士比亚剧场。

●莎士比亚之城

由于19世纪30年代该城以"莎士比亚酒馆"为中心初具规模，城市名称也取自于莎士比亚的故乡斯特拉特福·阿蓬·伊文。穿城而过的河流也因此更名为伊文河，整个城市整洁清爽，俨然一座英国式公园。城中甚至还有哈姆雷特高中和朱丽叶高中，真是一色"莎士比亚"。

●莎士比亚戏剧节的诞生

此事的起源要追溯到1952年，为重振业已衰败的城市，本地的新闻记者托姆·帕塔森作出了上演莎士比亚戏剧的提案。翌年7月，在设置于伊文河畔的帐篷中，上演了阿勒克·吉奈斯主演的《理查德三世》，并获得极大成功。从那以后，上演次数年年增加，如今已经成为每年接纳50万观众的世界性戏剧节。

●三个剧场

5月~11月中旬，三个剧场内除上演莎士比亚作品外，还上演其他古典、现代剧和歌剧等。普通票价为$30~40，学生票$20。另外，星期二还有两人付一人票价的打折优惠。

电话(519)271-4040　传真(519)271-2734

戏剧节剧院

为能接纳2300人的主要剧场。舞台呈五角形，可以从三个不同方向欣赏表演。该剧院坐落于树木蓊郁的皇后公园旁边。

伊文剧院

和市政府同处Downie St.，共有1100个座席，整洁漂亮。常上演喜歌剧及近现代新作品。

托姆·帕塔森剧院

地处伊文河畔，位于从旅游问讯处去戏剧节剧院的途中。是一处只有500席的小剧场，并且只在5月下旬~9月中旬的高峰期开放作为会场。

WALKING 游览方法

以伊文河为背景，并排矗立着许多古式英国风格建筑，这使整个城市看起来给人一种像是戏剧布景的印象。Downie St.和横亘东面的Ontario St.是城市的主要街道，其中Downie St.上以维多利亚式建筑的市政府为中心聚集着许许多多的餐馆和咖啡厅。位于西尽头桥旁的莎士比亚花园，是一座有着香草园的美丽庭园。从那里开始直延伸到河畔的旅游问讯处的York St.大街上并排着许多气氛温馨的时装店和自助餐厅等。并且，稍稍走下表面大街，便到处可见潇洒的别墅和有着枫树林荫道的住宅区，林间还有小松鼠在奔跑跳跃着。

TOUR 导游

这里有演艺论谈会Meet the Festival，您可以与戏剧节的演员、导演和制作人展开精彩讨论。(每周三、五9:30~10:30在托姆·帕塔森剧院，免费入场)还安排有参观戏剧节剧院舞台的后台之旅Back Stage Tour(每周日9:00~10:30，15分钟一次。$5)等节目。大好机会，戏剧迷不可错过。

ACCESS 交通

●从多伦多出发

公共汽车：乘Greyhound的公共汽车到基哥纳(1日4趟)，换乘去伦敦方向(1日3趟)，但汽车衔接不便。约需3个半小时。

铁路：1日2趟：周一~周六7:50、18:15发车，周日11:50、16:25发车。约2小时。

汽车：由401号高速公路进入8号公路后，再转入7/8号高速路向西。约2小时。

OTTAWA
渥太华
ONTARIO

1857年，渥太华由英国女王维多利亚选定为加拿大的首都。将这里作为首都的最大原因是由于其特定的地理条件；既可稍稍远离美国的威胁，同时又正处于英国圈和法国圈的中间位置上。春天是这个城市最为辉煌的时节，每到那时，色彩绚烂的郁金香花便掩映了整个严肃的城市。在面向渥太华河的坚固山岗上耸立着国会大厦，形成俯瞰全城之势，其周围集中着全国的中枢机关。城市到处点缀着公园和美术馆，并由桥梁与渥太华河对岸的魁北克省的赫尔连接在一起。位于赫尔郊外的宽广的卡蒂诺公园内的大片森林是观赏红叶的名胜。渥太华作为行政中心虽不免欠缺华美，但去为数众多的美术馆逛逛、坐坐利多运河的游览船或者同时参观赫尔城，仍能使您享受到充实而愉快的旅行。

ACCESS 交通

飞机 有连通加拿大各地和国外的频繁往返的各趟航线。从多伦多出发约一小时。从早7点到晚21点，1小时1~2趟班机。此外，从蒙特利尔出发30分钟，魁北克出发1小时，从温哥华出发则有5小时20分的距离。

Air Canada　电话(613)237－5000　Canadian Airline International　电话(613)237－1380(预定)

VIA铁路 连通蒙特利尔、魁北克和多伦多等地。从蒙特利尔至渥太华每日平均3~4趟班车运行，所需时间为2小时10分。

从多伦多至渥太华每日平均2~4趟班车运行，所需时间为4小时20分。

VIA Ottawa　电话(613)244-8289

公共汽车 Voyageur Colonial Bus运行于多伦多、蒙特利尔、金斯敦和渥太华之间。多伦多出发约每日10次，所需时间为4小时30分。从早6点~23点与蒙特利尔之间的班车一小时大约发1次，所需时间2小时30分。

渥太华　电话(613)238－5900　赫尔　电话(819)771－2442

ACCESS 从机场到市内

麦克唐纳·卡特国际机场 Macdonald – Cartier International Airport

●机场公共汽车 电话(613)523 – 8880

连接城内主要宾馆，从早 5:00 至最后航班每隔 30 分钟运行一次。到市内约需 20 分钟。

票价：单程$9、往返$14

●出租车

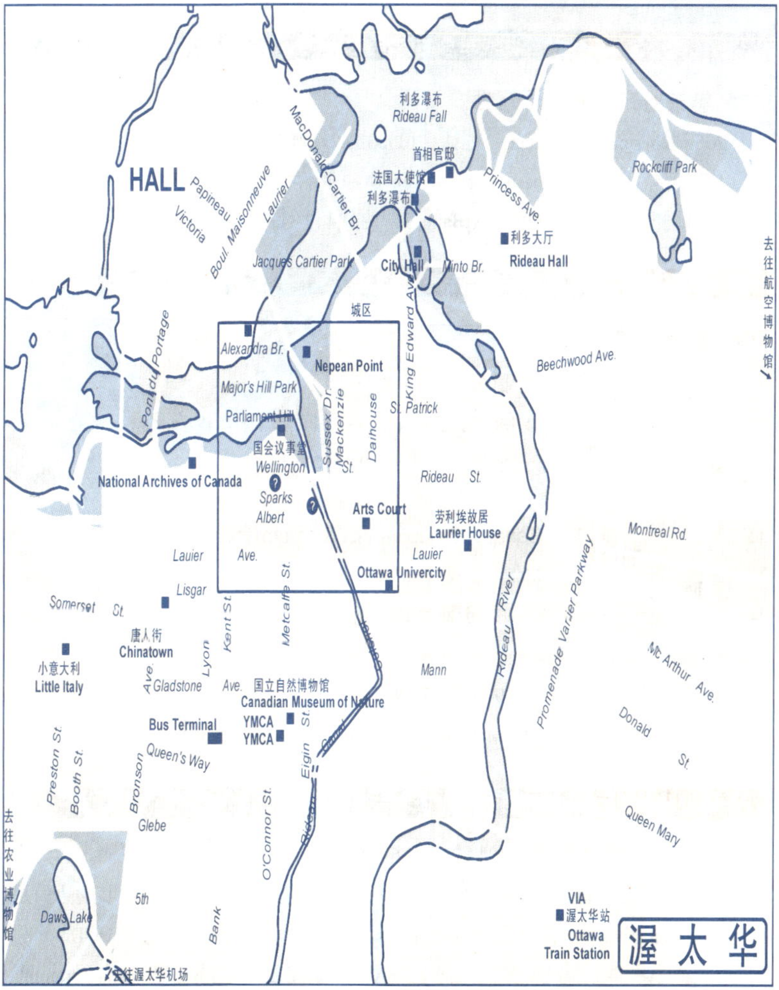

$20～30、20～30 分钟。

Blue Line Taxi 电话(613)238－1111

Crown Taxi, Hull(赫尔) 电话(819)777－1645

●**市内公共汽车**

96 号公路的市内公共汽车到达利多中心。

●**租用汽车**

Tilden 电话(613)521－3367 Budget 电话(613)521－4844

Hertz 电话(613)521－3332 Thrifty 电话(613)737－4510

ACCESS 从公共汽车总站到市内

渥太华旅游定期巴士终点站

265 Catherine St. at Kent 电话(613)238－5900

位于商业区以南 Catherine St. 和 Kent St. 的街角。从公共汽车总站外乘 4 号路市公汽可去向商业区。也可以从 Bank St. 乘 1、4、7 号路公汽向北。

ACCESS 从火车站到市内

VIA 渥太华车站

200 Tremblay Rd. 电话(613)244－8289

由于距商业区稍远，可乘市内公共汽车或出租车。若乘市内公共汽车则在 95 号路夏托·劳利埃附近下车。乘出租车约需 10 分钟，$10 左右。

INFORMATION 旅游问询处

Canada's Capital Visitor Information Centre

65 Elgin St. Ottawa 电话(613)237－5158

位于地处利多运河岸边的国立艺术中心的一层，办理从住宿商谈到旅馆安排及汽车路线指南等各项业务。

营业时间：5/1～9/2 9:00～21:00

9/3～4/30 周一～周五 9:00～17:00、周日 10:00～16:00

WALKING 交通路线

和实行情况不同，由于商业区的地图是以西北方向为上，让我们以利多运河为界沿东西大街看一看。街的正中央是议会山，国会大厦就坐落于此，围绕其周边的是 Confederation Blvd。面向大厦笔直延伸的是 Elgin St.，向右走则是 Sussex Drive 和 Mackenzie Ave，再穿过架于渥太华河上的 Alexandra Bridge，经赫尔的 Rue Laurier，再次过河来到横贯国会大厦前的 Wellington St.。这就是该城的环状道路。

国会大厦的南部是购物和商业中心。尤其在利多中心附近有一个购物区。越过利多运河向东，四处散落着几所独特的博物馆和观赏点。若想高效率地参观这些地方，市内公共汽车是必不可少的代步工具。而且，乘水上游览船来欣赏这座由渥太华河、利多河及利多运河三条河流所环绕的城市也很受欢迎。如乘船远眺这座城市，你还可以领略到一种别样的旅游风情。

TRANSPORTATION 市内交通机关

市内公共汽车 OC Transpo

绕 Rockcliff 公园周边的观光汽车

渥太华的市内公共汽车由 OC Transpo 承担运行。游客若从旅游局或办公室领一份路线图则旅行方便。由于开往国会山的市内公共汽车全都从利多中心前通过，因而大大有利于观光旅游。

根据车行路线不同，公共汽车站牌也以不同颜色区分。请您记住：绿色代表开往卡纳塔市和格洛斯特市等地的郊线公共汽车，市内线公共汽车为车身上横画一道蓝线；而往赫尔的公共汽车则是一道红线。

从 1995 年始废除了时间别票价制，实行统一票价。上车除缴纳现金外也可以使用票券（一张 80¢），使用票券比交现金便宜 25¢，但没有面向学生和老人的打折优惠。其中，仅限 Express Bus 成人需$2. 70、儿童$1(或成人 3 张票、儿童 1 张)。

票价：成人$1. 85　儿童(6 ~ 11 岁)$1

或成人 2 张票、儿童 1 张票

旅游汽车 Tour Bus

Gray Line/OC Transpco Sightseeing Tour

电话(613)784 - 4426/741 - 4390

5 ~ 10 月间，从位于夏托·劳利埃劳的 Confed eration Square 发车。

出租自行车 Rental Bike

骑车旅游是一种可以享受到别有情趣的旅游的最佳方式。在渥太华周边包括赫尔在内的地方共备有 8 条骑车旅游线路。即有约需 1 小时左右的面向初习者的线路，又有真正过硬的半天线路。

出租自行车店是一处位于夏托·劳利埃停车场旁的名叫 Rent A Bike 的地方。

从普通车到山地车应有尽有，租价也非常合理，$7 以上不等。快拿上您骑车旅游用的地图准备出发吧！

Rent A Bike　电话(613)241－4140

1 Rideau St. Chateau Laurier Hotel

每天上午 9:00～日落前 1 小时

	1 小时	4 小时	8 小时	24 小时	一星期
自行车	7	16	20	25	55
MB	8	20	25	30	65
滑板	*12	18	25	30	65

※单位为$。租金中包含有 GST7％＋PST8％

＊单指两小时的租金

SIGHTSEEING　主要游览区

商业区／利多运河西侧

国会大厦　Parliament Building

坐落于国会山上，有俯瞰渥太华河的国会大厦，是渥太华乃至整个加拿大的象征。这是一座新哥特式的厚重建筑。它以格外引人注目的和平钟塔为中心，中间为中央大厅，两侧佐以东厅和西厅。实际上这座建筑已是第二代，初期建筑（除去和平塔与国会图书馆创建于 1859－1866 年）已于 1916 年 2 月 3 日的一场火灾中烧毁。火因来自图书阅览室，虽然藏书并未遭到焚之一炬的噩运，但大厦除去图书馆和西北房梁，其余全都被烧得焦黑。至今图书馆的背面还留有当时的痕迹。之后新的国会大厦又在原地按同来样式重建，于 1922 年完工。

中央大厅气氛庄严肃穆，西端为下院议场（下院议员 295 名）、东端为上院议场（上院议员 104 名），中间有联邦厅和位于优雅的圆形天井下的光荣走廊厅将其东西相连。而其尽头则坐落着纤细且弥漫着一种旧世界情趣的国会图书馆。钟塔是为给战亡者安魂所建，它同时也是渥太华的最高展望台，站在这里眺望，全城尽收眼底。

利多运河

华丽的卫兵交接仪式

上面还挂有53个组钟定期演奏。在东大厅内还有按原型重建的首任总理约翰·亚历山大·麦克唐纳的办公室,一般公开接受参观。

位于广场中心还有为纪念加拿大建国百年的长明火台,火台之火点燃于1967年除夕夜,它会一直燃烧到未来永劫。火台四周雕刻着10个州和2个准州的纹章,并且还记载着它们分别加入联邦的日期。

从宽阔的场地上散步到大厦后面,您还可以隔渥太华河眺望赫尔城。

●国会大厦免费参观旅行　Parliamentary Guide Service

Parliament Hill　电话(613)992-4793

限于7~9月份,在位于左侧面向中央大厅的Infotent申请并由此出发。其他季节则在中央大厅提出申请。但只有中央和东部两个大厅对外开放。同时配备有英、法语导游,定员定时出发。

营业时间:6~8月平日9:00~20:30、周末9:00~17:30

9~5月　9:00~16:30　施工中中止钟塔参观

●卫兵交接式　Changing Guard

夏季,在国会山的草坪上,每天都要举行卫兵交接仪式。该仪式完全遵照加拿大皇家骑警的仪式来进行,其魅力绝不逊于英国。卫兵交接式9:30从Cartier Square Drill Hill出发向Elgin St.行进,10:00到达Parliament Hill。然后从Wellington St.的正面入口走进,举行典礼仪式约30分钟。场地是长明火台右侧的草坪。

举行时间:6月末~8月末　电话(613)239-5000

●光与声的展览　A Symphony of Sound and Light Show

电话(613)239-5000

每年5月初至9月劳动节左右在国会山上举办的Sound and Light Show,是渥太华著名的旅游点之一。到时大厦及各处的雕像全都用灯点亮,以让大厦拟人讲话的形式,用光与声来揭示说明加拿大的建国史。不但极具幻想性、语言也极易理解,对于不了解加拿大历史的游客来说,正是一个很好的学习机会。晚9:30和10:30开始,每日两次(英、法语各一次),每次展览约需45分钟,免费。

通货博物馆　Currency Museum

245 Sparks St.　电话(613)782-8914

是位于Bank of Canada内的货币博物馆。共有8个陈列室,每间分别是不同主题的展示内容，您可以从中详细了解有关加拿大货币的历史和收集方面的知识。展品中还包括些稍显奇怪的东西，会令你不由得想："这也是钱吗？"独具特色的博物馆会带给您货币方向的知识。并有配备导游的旅行服务。

开馆时间：5~9月包括第一个周一　周一~周六10:30~17:00、周日13:00~17:00

9~5月周一闭馆　导游旅行：12:00~15:00

票价：$2.5　周二免费

路线　1、2、4、7、16、18路市内公共汽车

拜城博物馆　Bytown Museum

P. O. Box 523, Station "B"　电话(613)234-4570

丈量渥太华河南岸，建起拜城（渥太华的前身）的，不是别人，正是约翰·拜大佐。该博物馆就是为纪念他的丰功伟业，将渥太华最古老的住宅改建而成的。这里展示着有关拜城历史及利多运河建设等方面的资料。

开馆时间：5/11~10/11 周一、周三~周六 10:00~16:00、周日 14:00~17:00

4/1~5/8、10/12~11/30 周一~周五 10:00~16:00

票价：$2.25

路线　7、14、16、18路市内公共汽车

利多运河　Rideau Canal

穿过市中心悠悠东流的运河全长202公里。运河连通了渥太华和金斯敦的安大略湖，初建之始是为吸取与美国1812年战争的教训，将其作为从蒙特利尔安全地运输军事物资到五大湖的新路线而开凿的。运河由乔治·拜大佐带领英国士兵从1826~1832年花了6年时间才建成。

整条河共设有40多个水门，其构造利用了河流的水位落差来行船。

运河上有许多游览船，尤其是夏季，格外兴旺。冬季运河结冰，这里就成为天然溜冰场，常能见到有些市民们溜冰上下班的身影。

路线　1~7、14、16、18路市内公共汽车

国立艺术中心　National Arts Centre

245 Sparks St.　电话(613)782-8914

被冠以NAC爱称的这项设施，是一座位于利多运河沿岸的六角形建筑物，设有歌剧院和戏院。在此能欣赏到以NAC交响乐团为首的各种各样的表演，每年公演数在900次以上，且每月定期更换节目。此外这里还有面向利多运河的四星级餐厅Le

Café。

Box Office　营业时间：12:00～21:00　Ticket Master　电话(613)755－1111

Le Café　营业时间：12:00～1:00　电话(613)594－5127

国立自然博物馆　Canadian Museum of Nature

Mcleod St. at Metcalfe　电话(613)996－3102　传真(613)990－7582

位于商业区以南，Argyle St. 和 Mcleod St. 之间所夹地段。从国会山出发徒步约15分钟左右。将原名 Victoria Memorial Museum Building 的古旧建筑物内部精心改装后，分主题区别展示。该博物馆的特征是，为让成人和孩子都能欣赏，其展示尽量做到简单明晰。最令这里引以为自豪的是收集有恐龙的骨骼，展示着作为查尔斯·斯坦贝克博物研究成果的极具魅力的恐龙骨骼体。其中大部分都是从艾伯塔省发掘出的。此外人们还能见到加拿大的动物、鸟类、昆虫等标本。一层还设有礼品专柜，在那

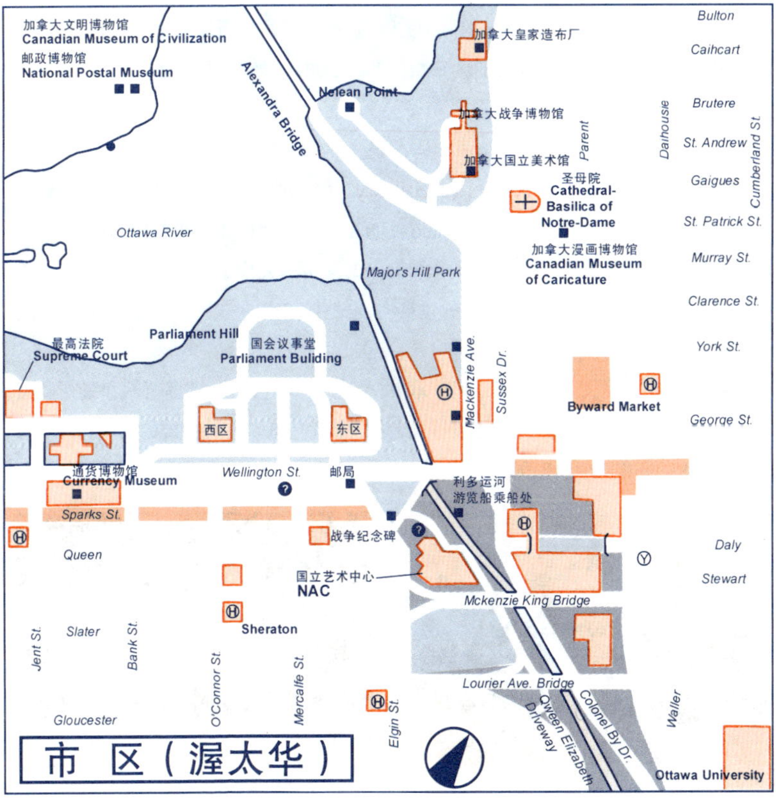

市　区（渥太华）

能买到恐龙商品。并且在西侧的广场上还有瑙曼象的母子模型，可谓游客歇息消乏的公园。

开馆时间：5月～9/4　周日、一、四 9:30～20:00、其他时间至 17:00 为止
9/5～4/30　每日 10:00～17:00、周四～20:00(17:00 以后免费入场)

路线　5、6 路市内公共汽车　票价：$4

商业区／利多运河东侧

苏塞克斯·驾车之旅　Sussex Drive

自夏托·劳利埃之侧沿渥太华北上就是我们的苏塞克斯·驾车之旅 Sussex Drive。也是渥太华普通的行车路线，经过郁金香节的举办地大山公园 Major' s Hill Park、国立美术馆，其正面为圣母圣堂、战争博物馆、皇家造币厂等。然后道路向右大转弯，渡过利多河。在利多河的绿岛上，有一座城市大厅，可以向左眺望利多瀑布。

越过利多河，就来到了坐落着总理官邸及利多厅等的豪华住宅区。驶入 Princess St.，前面是被称做 Rockcliff Park 的宽阔的高级住宅区。每到新绿或红叶的时节，这条豪邸相继的街道就变得格外美丽。在路深处的一角还有外国大使馆，其中公认最高级的是日本使馆。

加拿大国立美术馆　National Gallery of Canada

P. O. Box 427, 380 Sussex Dr. Statio A Ottawa　电话(613)990－1985

坐落于渥太华河畔、连接渥太华和赫尔的亚历山大桥 Alexandra Bridge 头的美术馆，是一座用玻璃镶嵌的现代化的建筑物，也是加拿大的骄傲。这里以丰富的收藏品、高水准的展示内容而备受欢迎。

一层设有加拿大人展厅和当代艺术展；二层有欧美展厅、亚洲艺术和爱斯基摩艺术等版画和照片部门。此外还设有聚会厅及商品专柜，并且二楼的图书馆〔电话(613)990－1970〕每天 12:00～17:00 对外开放。

郁金香花节

战争纪念碑和国会议事堂

加拿大国立美术馆

圣母教堂

展示内容除充实有描绘加拿大大自然为主题的"七人团"画家的作品外,还有加拿大独具的爱斯基摩艺术的作品集。欧洲绘画从14世纪意大利的宗教画开始,其他如格列柯、伦勃朗、梵·高、皮萨诺、德加、莫奈、米勒、马蒂斯、塞尚、高更等人的作品,均为一级品。

导游旅行除11:00和14:00从问讯台出发的服务外,还有称做"迷你谈话"的小型导游,用20分钟探讨一件作品,除夏季外这项服务,在9月~6月间每周四的12:15~、于Great Hall进行。此外还开设有利用起展厅内外的特别展。

开馆时间:5/1~10/9　每日10:00~18:00(周四~20:00)

10/11~4/30　周一、二休息、周三~周日10:00~17:00、周四~20:00

票价:免费、特别展需交费

内皮安瞭望点　Nepean Point

这座位于亚历山大桥头处的较高的瞭望台,上面矗立着曾于1613年探险渥太华河的萨缪埃尔·德·沙波雷的铜像。站在这里可以远眺渥太华河及其对岸的赫尔、国会山和加提诺公园等地。此外还设有野外剧场,夏季常有音乐会在此上演。轻风习习,令人神清气爽。

加拿大皇家造币厂　Royal Canadian Mint

320 Sussex Drive　电话(613)992-2348

以极负盛名的枫叶金币为首,这里制造加拿大发行的各种纪念币。备有免费的导游参观,但需电话预约(由于一般中午前截止定员人数,所以请及早联系申请)。非此种形式的导游参观谢绝入内。参观约需60分钟,先用10分钟左右时间看录像片,而后去硬币展示厅,在这里也可以购买纪念币等物,最后参观工厂内部。

开馆时间:夏季的工作日(只对预约者)

加拿大战争博物馆　Canadian War Museum

330 Sassex Drive　电话(819)776－8600　传真(613)776－8623 展示加拿大至今所经历过的战争资料,用声音和 图像使其生动的得以再现。此外还有有关加拿大建国内容及站在女性立场所见到的战争等的展览,意味深长。

开馆时间:每天 9:30～17:00(周四～20:00)、10/9～4/30 周一闭馆

票价:$2.50

路线　3 路市内公共汽车

利多瀑布　Rideau Halls

利多瀑布

是利多川飞流而下注入渥太华河时所形成的瀑布。所谓“利多”为“窗帘”之意。并非极为宏大,但一般认为它从冬到初春的那一段冻结期时是最美的。

在瀑布周围,是利多瀑布公园。

利多大厅(总督公邸)　RideauHall

1 Sussex Drive　电话(613)998－7113(1－800)465－6890

为代行伊丽莎白女王权利的杰涅勒克总督的宅邸。加拿大总督是一个履行象征性元首职责的人物。该公邸创建于 1838 年,是一座维多利亚式建筑。预约团体客可进入公邸参观公共大厅。7～8 月份即便未经预约,也在周末对外开放。夏季每天 10:00～18:00,每隔一小时还能观看到卫兵交接式。

位于利多大厅的近旁还有加拿大总理公邸 Prime Minister's Residence。

路线　3 路市内公共汽车

劳利埃故居　Laurier House National Historic Site

335 Laurier Ave. E.　电话(613)692－2581

是加拿大具有代表性的政治家威尔布莱多·劳利埃生活过的住宅。仍然完整地保留着 19 世纪后期所流行的建筑样式。

开馆时间:4～9 月周二－周六 9:00～17:00　周日 14:00～17:00

10～3 月请打电话确认。周一闭馆　票价:$1.25

路线　5 路市内公共汽车

郊区

国立科学技术博物馆 National Museum of Science & Technology

1867 St－Laurent Blvd.　电话(613)991－3044

科学技术博物馆内设有天文学、气象学等部门。除展览外,该博物馆还有一个特征就是您可以自己操纵按钮和杠杆玩一下。因此即便对科学一无所知的人也能在此地尽兴。

开馆时间:5/1～9/4 全天、9/6～4/1 周二～周日 9:00～17:00　周四～21:00(17:00 以后免费)

票价:$6

路线 8 路市内公共汽车

国立航空博物馆 National Aviatton Museum

Rockcliff Airport C. P. 9724　电话(613)993－2010

1988 年夏重新对外开放的保存着珍贵飞机的博物馆。在二战中使用过的三个飞机库中展示着 100 架以上的飞机。如此好的收集展,航空迷们千万不可错过。此外这里还设有录像间,您可在此了解加拿大的航空史。

开馆时间:(夏)每天 9:00～17:00、周四～21:00　(冬)周二～周日 9:00～17:00

票价:$5

路线 在 Sussex Drive 的东面稍远处有区间公共汽车。乘市内公共汽车可从 95 路换乘 198 路

SHOPPING 购物

为喜爱市场的人所必见

● *Byword Market*

处于离苏塞克斯车道一条路东的大街上。这个市场是渥太华市内的大厨房。虽然面积并不是很大，却充满了生机与活力。历史悠久，始于 1846 年，水果、蔬菜非常便宜!新鲜的食物将狭窄的街道挤得满满的，此外还排列着许多肉店、奶酪店、面包店及熟食店等。由于这里食品不付税金，因此您只需花$3 就可以买到新鲜的东西。这附近还集聚了几家物美价廉的小餐厅，将市场浏览一圈散步过后大可以在此饱餐一顿。

巨大的购物中心

● *Rideau Centre*

电话(613)236－6565

这座巨大的购物中心坐落于利多运河沿岸、夏托・劳利埃的前面。外观朴

素，内部却是热闹非凡、充满活力。中心内除伊顿商场外，还设有230多家专卖店。一楼的那些快餐店一溜儿排开，在此您可享受到实惠的饭菜。且内部还设置有为方便旅行的问询处和旅行公司。

RESTAURANT
餐厅

和式牛排受欢迎

●*Japanese Village*

170 Laurier Ave. West

电话(613)236－9519

这是一片以漂亮动作用蔬菜和牛排当着客人面制作铁板烧的牛排店。游人可在此大饱口福。

中午茶要排队

●扬子江　*Yangtze*

700 Somerset West

电话(613)236－0555

萨莫塞特街是渥太华的唐人街。这是唐人街口最大的餐馆。尤其每天的中午茶大受好评，所以特别是每到星期六、日，餐馆里都会挤满了本地携家带口的客人和恋人们。由此人们甚至需要领到顺序排号卡。味道当然是好极了，一群人一起去会很热闹。

穿戴漂亮去尝法国菜

●*Le Verlan*

160 Metcalfe

电话(613)232－6827

整洁雅致的法国料理店，位于一座二层建筑的一层。由于地点好，中午常会见到西装笔挺的商人或董事模样的人光临此地。午餐菜单包括汤或沙拉、正餐鱼、鸡肉、牛排等，此外还附有甜点心(有好几种可从中选择)，价格为$12～15(税另加)。价钱虽不便宜，但其饭菜造形精美、味道可口。即便在白天，也应尽量避免穿牛仔去就餐。

劝您逛趟泰国料理店

●*Coriander Thai Cuisine*

282 Kent St.

电话(613)233－2828

走在萨莫塞特街上，无意中发现这间泰国料理店的招牌。虽然外观简朴，但由于此地距中华街似乎很远，所以决定在这里吃顿晚饭。走进去，内部装修却是清洁整齐。泰国汤尝起来是一种又酸又辣的清爽味道。绿咖喱是一种椰奶味浓浓的、点以药草苦味的丰富味道。汤、咖喱和米饭加一起$7～20(含税)，虽并不便宜，却非常令人满意。由于这里的服务、接客态度都非常好，所以15%的小费也不算什么。

气氛优雅的海鲜馆

●*The Old Fish Market*

54 York St.　电话(613)563－0186

真正论起来，渥太华并没有特别好

日本村

吃的海鲜馆，但这里味道还算可以。蚬肉汤之类虽是太咸了点，但此地气氛却给人以如至渔家的感觉，故此特别推荐。

在渥太华品尝波兰菜

● *Polonus Restaurant*

87 George St. (Market Mall 2F)

电话(613)241－6143

是一间位于波兰乡间小城的富有民族色彩的可爱餐馆。热情的老板常会和你轻松地谈话。兔肉等珍稀料理都味美而便宜。浓浓的咖啡也是不可多得的绝品。

适合您的五星级餐馆

● *Le Café*

National Art Centre

电话(613)549－5127

政府高官及各国名人常光顾该五星级餐馆。其规格之高在渥太华也是首屈一指。到了夏季，位于利多运河沿岸草坪的庭院对外开放。特种晚餐价格为$12.95～。葡萄酒、啤酒等种类丰富。特别要对女性游客提一句的，是能令人大饱口福的蛋糕类。虽然加拿大的蛋糕太甜了点，但这里的却是极品。

HOTEL 饭店

利多运河从战争纪念碑西侧流过，以之为中心，商业区分为东西两部分。

饭店大都点缀在以商业区为中心的地方，其中高级饭店集中于国会山周围。利多运河的西侧主要为商业地区，东侧则让人感觉像是商品街。最近以来Byword Market周边地区的治安稍差，因此想在这一带得到便宜住宿的客人一定要检查一下房间是否有锁。此外，由于常有政府关系的住宿者滞领渥太华，因此有很多带厨房的公寓型饭店。另外，即便这种饭店内也一定会有不带厨房的价廉物美的合适房间，奉劝想找便宜住处的客人不妨去找找看。

商业区/多利运河以东

堪称渥太华象征的宾馆

● *Charteau Laurier*

1 Rideau St.

电话(613)241－1414

传真(613)562－7030

CP系的宾馆。俨然像一座城耸立于利多运河之滨。豪华宾馆，规格堪称渥太华第一。共450个房间。房价Ⓢ$159、ⒹⓉ$179，淡季各减$30。

位于利多运河边、潇洒漂亮

● *The Westin Hotel Ottawa*

11 Colonel By Dr.

电话(613)560－7000

传真(613)560－7359

建于利多运河沿岸，是一座现代化的功能性宾馆。这里不但地处最适于观光的位置，且每个房间内都配备有吹风机等方便旅客的设施。基本房价为ⓈⒹ$115、Ⓣ$125，旅游旺季Ⓢ$125、ⒹⓉ$135。还有专门为残疾人考虑装配的房间。

最适合团体游客的便宜宾馆

● *Town House*

319 Rideau St.

电话(613)789－5555

传真(613)789－6196

劳利埃宫底下

位于 Downtown 的利多大街上。虽然外观看起来较脏，但房间很整洁，令您轻松愉快。带洗澡间、卫生间，内设两张双人床的房间可以住进 4 个人，一天收费$22. 70。从这里步行到 Parliament Hill 只需 10 分钟左右。

● *L' Auberge du Marché*

87 Guigues Ave.

电话 (613) 241－6610/(1－800) 465－0079

房价为带洗澡间ⓈⒹⓉ$75，不带洗澡间Ⓢ$49、ⒹⓉ$59。当然付费中包含早餐。虽然地处住宅区，但到主要观光点都可以徒步去。

真特别!!监狱青年旅馆!?

● *Ottawa International Hostel*

75 Nicholas St. Ont. (KIN 7B9)

电话(613)235－2595

传真(613)569－2131

旅馆的正前方是伊顿商场——城市的中心。自公共汽车总站出发乘 4 路 North 市内公共汽车在利多中心前下车。在 Nicholas St. 上走过两个半街区即可到达。或从 VIA 车站乘 95 路 West 的市内公共汽车也可。

该旅馆之独特性在加拿大大概是首屈一指。就那样将原来的监狱利用作用今日的旅舍。房间、走廊都很阴暗，代替房门的是铁格子。在八楼至今还保存着绞刑用的吊绳以及死囚的监狱等。每个房间里摆放六张床，您想不想住到这里体味一下罪犯的心情?但是，活动厅和前台却是很明亮的，虽说这里曾是监狱，但是淋浴、洗手间、厨房及自动洗衣机等设备齐全，并免费出借床单等。这里还为想在利多运河口冬季玩滑冰、夏季玩划艇的游客准备了用具出租处。房间价为$19、Ⓢ$35、Ⓣ$35。从机场搭乘机场公共汽车 ($9) 需 30 分钟，在 Novotel Hotel 下车。

渥太华大学的学生宿舍

● *University of Ottawa－Residences*

100 Thomas More P. O. Box 450 (KIN 6N5)

电话（613）562－5885/预约（613）564－5400

传真(613)564－3390

其地点位于 Laurier & King Edward 和商业区的利多运河旁，到国会大厦、博物馆只需步行5分钟。虽然使用期间较短，即于5月5日~8月26日，却很便宜。公共浴池、洗手间房价为一般Ⓢ$32、Ⓣ$39.50，学生Ⓢ$20.50、Ⓣ$35。设有自助餐厅，且菜单充实，您不必为饮食担心。

* * *

我在那里住了3天，关闭上窗户有霉味，打开吧，窗外又不分深夜清晨车声隆隆，实在烦人。预约时指定朝向校园一侧的房间或许为上策。在问事处旁边的一楼大厅里设有自动售货机，因此饮用水不成问题(没有酒类)。学生宿舍前的楼上二层设有自助餐厅。

宁静的住宅区、徒步到利多中心只需15分钟

● ***Australis Guest House B& B***

35 Marlborough Ave.（K1N 8E6）

电话(613)235－8461

可以自己打电话联系。有专门到公共汽车总站或火车站迎接客人的服务。一楼有两个房间,二楼四个。

您可以领到大门钥匙，夜间晚归也没关系。早餐为吐司、桔子汁、鸡蛋、咸肉的系列套餐。房价4~10月带浴室、洗手间的为Ⓢ$55、Ⓓ$70、Ⓣ$72，浴室、洗手间公用的是Ⓢ$45、Ⓓ$52、Ⓣ$55。从机场乘机场公共汽车($9)大约25分钟，搭出租($22)约需20分钟。此外还有由此到机场的接送服务。

商业区/利多运河以西

设老人优惠、令人欢喜

● ***Lord Elgin Hotel***

100 Elgin St.

电话(613)235－3333

传真(613)235－3223

建于 Elgin St. 上的豪华宾馆。从此处无论去哪都很方便。客房312间。基本房价为ⓈⒹⓉ$96。旅游旺季Ⓢ$109、ⒹⓉ$115。年长者(60岁以上)为$85。

商业区的中心

● ***Delta Ottawa***

361 Queen St.

电话(613)238－6000

是一座有着大型游泳池的城市宾馆。房价ⓈⒹⓉ$135,周末为$95。

充满高级感的城市宾馆

● ***Sheraton Ottawa Hotel Towers***

150 Albert St.

电话(613)238－1500

传真(613)238 8497

是一座内部装修漂亮、稳重的高级宾馆。配有网球场、高尔夫及骑车道等各项娱乐活动设施,餐厅、酒吧也非常完备。房价为ⓈⒹⓉ$189。

公寓型宾馆

● ***Embassy Hotel & Suites***

25 Cartier St.

电话(613)237－2111

传真(613)563－1353

由此可步行前往商业区。既有带厨房的也有普通的房间。不带厨房的房价为Ⓢ$84、ⒹⓉ$95.20、带厨房的Ⓢ$89.60、ⒹⓉ$100.08。周末房价ⓈⒹ均为$78.40。

功能性公寓型

●*Ramada Hotel*

111 Cooper St.

电话(613)238－1331

传真(613)230－2179

原为Park Lane Hotel，构造简洁的功能性公寓型旅游。基本房价淡季为$99.68，旺季$117.60。

方便观光的B＆B

●*O' Connor House B& B*

172 O'Connor St.

电话（613）236－4221/(1－800) 268－2104　传真(613)236－4232

距国会大厦很近，只有五个街区，环境比较宁静。这里最引以为自豪的是丰盛的早餐！自助方式以法国吐司为首，分量足。免费租借自行车及冰鞋，特别实惠。浴池、洗手间公用的房价为Ⓢ$56、Ⓣ$66、Ⓓ$69＋税，带浴池、洗手间的Ⓢ$66、Ⓓ$69＋税。(还有三人优惠套间)。

老板很有学问

●*Rideau View Inn*

177 Frank St.（K2P 0X4）

电话（613）236－9309/(1－800) 658－3564　传真(613)237－6842

位于国立自然博物馆附近。是爱德华七世时代风格的建筑，起居室和餐厅均装饰豪华。早餐味道很好。老板乔治先生，在大学和医院从事有关心脏方面的研究，话题丰富。

＊＊＊

一年中房价不变，浴池、洗手间公用的为Ⓢ$58～63Ⓓ65～70，带浴室的Ⓢ$73、Ⓓ$80。对长期居留者根据其居住日数有相当的优惠。1～2星期内降价15％、3个星期未满20％、4个星期以内30％、28天以上则降价40％。

虽是朴素，但环境很好且舒适

●*YM/YWCA*

180 Argyle Ave.（K2P 1B7）

电话(613)237－1320

传真(613)788－5095

位于方便地段，徒步15分钟左右即可到达国会山或利多中心。建筑外观、房间都很干净，房间还有淋浴间(也有澡盆)，一层设有自助餐厅。此外还有游泳池和电视房等。房价全年不变，带洗澡间・洗手间的为Ⓢ$48.50、Ⓣ$49.28，无洗澡间的为Ⓢ$41.89、Ⓣ$49.28。

Useful Information 有用的信息

●交通机构

· Macdonald – Cartier International Airport: 电话(613)998 – 1427

区间公共汽车:电话(613)523 – 8880

· Ottawa Train Station: 200 Tremblay Road　电话(613)244 – 8289

· Voyageur Colonial Bus Station: 265 Cataerine St. Ottawa

电话(613)238 – 5900/238 – 6668

· OC Transpo: 电话(613)741 – 4390

· Vogager Colonial Bus Station: 238 St – Joseph Blvd. (Hull): 电话(819)771 – 2442

· Société de transport I'Outaouais(STO)(Hull): 电话(819)770 – 3242

●住宿信息

· Accomodation Ottawa(加拿大国内及美国)　电话(1 – 800)465 – 1867

5/1 ~ 9/5　9:00 ~ 21:00、9/6 ~ 4/30　9:00 ~ 17:00　周日 10:00 ~ 16:00

●气温(℃)

月	1	2	3	4	5	6	7	8	9	10	11	12
最高	–6	–5	1	11	19	24	26	25	20	13	5	–4
最低	–15	–14	–7	0	7	12	15	14	9	3	–3	–12

Tour 旅游团介绍

Gray Line of Ottawa

Operated by: Carleton Bus Lines

电话(613)725 – 1441/(1 – 800)440 – 9317　传真(613)725 – 9240

●Discover The Caprtal　参观国会大厦、利多运河、国立美术馆、文明博物馆等渥太华和赫尔的主要景点。2 个半小时。

时间:5/15 ~ 10/15(7/1 休息)10:00　11:30　13:30　14:30　15:30　19:00　票价:$16

●Heart of The Capital – Cruise The Scenic Rideau Canal　上述行程外加利多运河游览船。3 小时。

时间:5/15 ~ 10/15(7/1 休息)10:30　11:30　13:30　14:30　15:30

票价:$28

* 其他还有 Deluxe Capital Tour(5 小时)及在赫尔乘上真正蒸气机车的 Discover The Capital Tour & Ride Historical Steam Train(6 个半小时)等旅游路线。

Capital Trolly Tours

P. O. Box 1162, Station B　电话(613)241－0658　传真(613)241－7424

绕经14处景点的无轨电车。可在任一景点下车参观后再乘下一趟车。在Confederation Square的Info购票，在主要饭店还有接送服务。(夏季每隔30分钟运行一次，其他时间为1小时)

时间:5/1～10/29每天10:00～16:00　票价:$16

Paul's Boat Lines

219 Colonnade Rd. Nepean　电话(613)225－6781/235－8409(dock)

传真(613)228－8310

● **渥太华河上游览船由渥太华闸门出发**　为时1个半小时的利多瀑布等处的游览。

时间:5月中旬～10月14日　11:00　14:00　16:00　17:30(夏)票价:$12

The Ottawa Riverboat Company

30 Murray St. Suite 100　电话(613)562－4888　传真(613)562－7364

● **渥太华河上游览船**　1个半小时的利多运河和渥太华河等地的游览。

时间:5/1～10/14每天12:00　13:30　15:00　淡季和夏季16:30　17:45　19:00(夏)　票价:$12

渥太华棒球场探访(AAA级/Ottawa Lynx)

渥太华棒球场是蒙特利尔有名的AAA级队——渥太华山猫队的根据地。乘95路市内公共汽车到渥太华棒球场下车。从商业区出发约需50分钟，因为路途太远或许感觉很难，但向司机打听会得到热情的指引。在郊外矗立着许多照明灯，你只需朝着它们走下去即可。

1993年，伴随山猫队一同诞生的这座球场极为漂亮。这支球队也非常强大，从1995年夏，已经加入了优胜战线。入场票常常一售而空，连看台上也都常常挤满了人。若想买到好座位，须在比赛开始两小时以前去才会有保证。最贵的席位价值$8.45(包括税金)。大约能容纳1万人左右的观众席上，被一种恰似偏僻乡村的温暖情调所包围。比赛在良好的气氛中展开，让人不由联想到过去时代的棒球准则……。梦想着未来的职业棒球明星，转而望着眼前这些全力比赛的年轻选手们，让你无论如何都想为他们大声加油。Lynx是山猫之意，该队的队徽就是以山猫为原型设计的可爱图形。您可以在此买些印有该标志的T恤衫做为礼物，当然在商业区的体育用品商店及礼品店也有出售。由于这是支AAA级的球队，所以您兴许还会意外地碰见超级明星哩……。

Ottawa Stadium

300 Coventry Road. Ottawa Ont.K1K 4P5

渥太华的节日

●郁金香节

Canadian Tulip Festival

是为了庆祝加拿大和荷兰之间交流的历史性节日。会场上,为了表述两国关系之深,除荷兰的手工艺品、舞蹈、音乐等文娱活动之外,渥太华的"好吃处"也摆出摊床,孩子大人都可以品尝。

在会场里工作的人全都出于自愿,并希望任何人都可以轻松愉快地加入进来。

在利多运河上还举办小艇游行。您可以欣赏到经过独特化装的小船连成一串在河上行进的情景。整个会场共植有300万株之多的荷兰所赠送的郁金香,它们就像一块块的花地毯,点缀在城的各处。

时间:1996年是5/15~20

地点:大山公园 Major's Hill Park(夏托·劳利埃的后面) 电话(613)567-5757

塔夫兹湖·利多运河 电话(613)562-1480

●冰雪节

Winterlude

以利多运河为中心,开办冰上雕刻展、冰上结婚仪式、滑冰比赛等各种项目,游客也可以参加。

结冰后的利多运河是世界上最大的溜冰场。若想溜冰,您可以在National Art Centre前租借冰鞋。结冰信息可打电话(613)232-1234问询。

时间:1996年是2/2~4、9~11 16~18的大约两周时间。

地点:利多运河 电话(613)239-5000

渥太华的历史

●上加拿大、下加拿大是怎么回事

渥太华被选定为首都,究其原因是和加拿大的诞生及其社会本质之间有着深刻的关系。

"加拿大"这个名称,始于英属殖民地之一"加拿大殖民地"。如今的安大略省和加魁北克省大致就包含于原加拿大殖民地之内。其中加魁北克省是原内韦尔·法兰西(法属北美殖民地)的中心地区,并且即便如今也是作为法属加拿大广为人知,和其他英属系诸省之间可谓泾渭分明。

加拿大殖民地在1791年的阶段被分割为上加拿大和下加拿大两部分。其背景为1776年美利坚合众国的独立。独立宣言后,反对美国政策的国王派(即亲英派)大量流入此地,大约有1万人涌入上、下加拿大。当时该地区是以蒙特利尔为中心的法裔移民的世界,亲英的美国移民讨厌法式风俗习惯,于是形成了自己的英系社区。

以此为契机,渐渐分割形成英系的上加拿大和法系的下加拿大。而流经渥太华市北的渥太华河则成为上下加拿大的分界线。

●19世纪初叶的渥太华 粗野的伐木工人来来往往的村庄

当时在渥太华的周边地区,除原居民印第安人以外没有人定居。白人移住此地始于1809年以后。之后这里便作为木材集散地聚集了许多伐木工人,村子也开始起到毛皮交易所的作用。

以1812年的战争为契机,渥太华周边地区开始引起了人们的注意。1812年的战争是美军入侵上加拿大,战争的结果,在英法两加拿大同时面临美国的威胁下,虽仍然抱有成见,但还是团结起来了。而这也成为推动加拿大国诞生的重要原因之一。

那次战争的结果,使英方迫切感到:为代替离美国太近的圣劳伦斯河,大有开凿一条水路的必要性。于是在约翰·拜大佐的率领下开始建设贯穿渥太华的利多运河。同时,那时的渥太华也因为功勋卓著的拜大佐而被称为拜城。

●几度变化的首都,最终定于渥太华

此后,在1841年,上下两加拿大合并成为"加拿大殖民地",也即形成了后来联邦的核心。最初被定为加拿大殖民地首都的是安大略省的金斯教。此后一直到1859年之间,加拿大殖民地首都变动频繁,蒙特利尔、多伦多、加魁北克,然后又是多伦多。其变动的潜在原因是英、法两加拿大的反目。

而将此烦恼一下去除的人就是被称为"情绪化女王"的维多利亚女王,她将位于上下加拿大连界点的渥太华作为殖民地政府的首都。乍看似乎是个漫不经心的决定,实际上也是有着远离美国的战略性考虑在内的。并且,于1867年,终于从英国手中取得自治权,加拿大联邦成立。同时,渥太华也即成为一国的首都。

1900年,渥太华遭受大型火灾,城市大部都被烧毁。但同时,那也是建成如今理想化城市布局的契机。

from OTTAWA

跨文化都市　魁北克省赫尔

HULL ●赫尔

从渥太华的国会大厦后面滔滔流过的渥太华河同时也作为省界与对岸魁北克省的赫尔隔开。和安大略省不同，那里的餐馆和酒吧会一直营业到凌晨3点，因此渥太华的年轻人常越过省州境去那边的夜总会。比起渥太华，赫尔庶民性的气氛让人流连。

ACCESS 路线

从渥太华渡过亚历山大桥，徒步即可到达。若乘坐公共汽车，可以搭乘Hull 8路市内公共汽车。出租车从国会大厦出发需$12~15。在渥太华沿岸还有令您心情愉悦的骑车道。

旅游问询处

Association Touristique de L'Outauais

25 rue Laurier Hull (Quebec)

电话(819)778-2222

位于穿过文明博物馆前的劳利埃大街旁的市厅舍内。还给介绍宾馆。

WALKING 路线

夏季，区间公共汽车约60分钟绕市内1圈，电话(819)771-6526。主要景点大概就数文明博物馆和郊外的加提诺公园了。文明博物馆就位于渥太华对岸附近，而去加提诺公园就只能乘车了。公园入口共3个。若从赫尔的Taché Boul.出发，沿Hwy.5向北在12出口下车的Old Chelsea Rd.入口，再从105路、366 West路可进入Philippe湖方面。

在宽广的丘陵地上有许多枫树。夏季野营、秋赏红叶、冬季越野，一年中四时各得其乐。

●加拿大文明博物馆

Canadian Museum Civilizasion

100 Laurier St. & St-Laurent Blvd. Hull　电话(819)776-7000

1990年开馆。展示在大厅中的巨大图腾柱不可不看，它会让您体味一种崇高的气氛，感受昔日繁荣在西北海岸边的印第安人的丰富文化。馆内还设有能放映Imax或Omni-max电影的CINEPLUS，实为电影爱好者所必看。同一处场地内还有国立邮政博物馆National Postal Museum。

票价：$5

开馆时间：7/1~9/4每天9:00~18:00、5月~10/9　9:00~17:00(周四~20:00)、10/10~4/30周二~周日9:00~1:00

●马肯基别墅

The Mackenzie King Estate

Gatineau Parkway

电话(613)239-5000

位于加提诺公园一角。曾是加拿大第十代总理威廉·里恩·马肯基的夏日别墅。主要观赏点为其英式庭园等。5~10月只对团体游客开放。

票价：汽车1辆$5、公共汽车1辆$11

赫尔近郊

●乘机车去威克费尔德

从赫尔车站到Wake-field，乘真正的蒸汽机车旅行。单程1个半小时。在有趣的历史村庄威克费尔德Wake-field，您将有两小时自由活动的时间。既可以到古董店转转，也可以在乡间饭馆饱餐一顿。

The Hull-Wakefield Steam Train

营业时间：4月上旬~10月底。

询问电话：(819)778-7246

●沿渥太华河逆流而上去往豪蒂贝洛

Montebello

距赫尔东北/U公里的蒙蒂贝洛Montebal-lo，有一处高级的休养宾馆Le Chateau Monte-bello(210室)，是1930年使用了1万棵的木材建成的真正原木屋。1981年渥太华高级会议曾在此召开。在宽阔的场地上，高尔夫、网球、游览车自不必提，还可在此享受射击、骑马以及滑冰等各项运动的乐趣。并且，在其中一角的里·乔斯福·帕皮诺(1937~38年掀起加魁北克叛乱的领导人)逃亡后所居住的宅第，目前作为博物馆对外开放。

路线：从赫尔走148号线向东约1小时。

KINGSTON

金斯敦
ONTARIO

曾是水运要塞的金斯敦，还曾在 1840 年至 1844 年之间作为加拿大联邦的首都，是一座水城。如今整座城市依然是以水边为中心向外扩展，景点大部分也都位于水边，一字排开。城中并排建有许多维多利亚风格的宅第，城市整体充溢着一种古都气氛。从城中走出去，由安大略湖发源的圣劳伦斯河形成了萨藏德群岛的多岛城，既是风光明媚的避暑地，也是江上游览胜地。再加之以 Old Fort Henry 的探访，这些即为代表该城风貌的主要观光点。

ACCESS 路线

● 由多伦多出发

公共汽车 Voyageur Colonial LTD. 的公共汽车一日8次，运行终点为金斯敦。其中，还有一日发车6次的区间公共汽车 Express Bus。快车情况下所需时间约为3小时。

VIA 铁路 乘座 VIA 铁路从多伦多出发约 2 小时，一日运行 7～10 次。

飞机 Canadian Air、Air Canada 运行于主要城市。从多伦多出发每日 5 班，所需时间约 1 小时。

机场位于商业区以西 8 公里处，Jack's Amherst Taxi〔电话(613)384－7000〕连接商业区，并负责迎送。无区间公共汽车。票价：约$11

Canadian Air　电话(613)384－7072　Air Canada　电话(613)924－8211/924－8361

● 由渥太华出发

公共汽车 乘 Voyageur Colonial LTD. 的公共汽车约 2 小时，1 日运行 7 次。

VIA 铁路 1 日运行 2～5 次，不到 2 小时。

ACCESS 从公共汽车总站到市内

包运・公共汽车终点站　● Voyagear Colonial Ltd Terminal

175 Counter St.　电话(613)547－4916/548－7738

现在的公共汽车总站位于由 Division St. 拐向 Counter St. 后再稍向前的地方，

比以前的公共汽车总站位置更远。

●市内公共汽车

商业区离得很远，从公共汽车总站内乘2路的市内公共汽车。在上下班高峰期每隔15分钟运行1次，其他时间间隔30分钟。到达市内约需25分钟。星期天公共汽车停运,可乘用出租车。

票价:$1.25

●出租汽车

从公共汽车总站到商业区约需20分钟。票价约$6。

Amherst　电话(613)384－1550

ACCESS　从火车站到市内

VIA车站●VIA Rail Station

800 Counter St. Kingston　电话(613)544－5600

1路的市内公共汽车通往商业区，但其站牌并不在VIA火车站的正面，需步行约10分钟到Princess St. 和Counter St. 的十字路口。由于距商业区很远,可能的话,劝您最好还是乘出租汽车去。

INFORMATION 旅游问询处

Greater Kingston Tourist Information Office

209 Ontario St. Kingston, Ont. K7L 2Z1

电话 (613)548－4415

位于市政府正前方、海港岸边的联盟公园院内。

工作人员都非常热情,并认真办理寄存行李、预定住处等业务。

营业时间:5月18日～9月12日　周一～周日8:30～19:00　其他时间周一～周五9:00～17:00

WALKING　路线

城市的中心是位于市政府前的联盟公园的周边地区。距旅游问询处、自行车出租及去向萨藏多群岛的游览船起始处都很近,该地也是去往主要观光点的起点。其中,城市的主要街道是Princess St. 沿街,咖啡店、时装店鳞次栉比,是该城最为繁华的大街。从Princess St. 到Ontario St. 走大约一个街区,进入北侧的King St. 再向西,就可以将商业区的史迹饱览一遍。最后,就只剩下金斯敦的两大旅游胜地——亨利堡垒和去向萨藏多群岛的水上游览。

TRANSPORTATION 市内交通机构

市内公共汽车 Kingston Transit

电话(613)544 - 5289

由于机场、铁路和公共汽车总站等都离商业区很远，因此市内公共汽车必不可少。但是因为班次较少，30 分钟运行 1 次，所以乘坐并不方便。

商业区的汽车终点站，位于 Bagot St. 与 Brook St. 的交叉处。去往商业区的公共汽车均由此经过。到了星期天，普通路线全都停运，代之以特别路线 A、B，从 10:00 ~ 18:00 平均每小时运行 1 次。B 线是经过公共汽车总站去往商业区的，但 A、B 线均不去往 VIA 车站。在平时从公共汽车总站出发的 2 路市内公共汽车去往商业区。

票价:$1. 25　运行时间:6:30 ~ 23:00

旅游火车 Tour Train

The Confederation Tour Train

209 Ontario St.　电话(613)548 - 4453

游览金斯敦市，Tour Train 是非常合适的交通工具。是用两辆车编制的开放性游览，约 50 分钟兜遍市内主要观光点。但其缺陷是你只能在车中欣赏一遍，而不能下车到各观光点游览。

当然，司机会用热情洋溢的广播为游客导游，由此您可以把握金斯敦的概观。喜欢的地方以后还可以慢慢去观赏。该旅行从旅游问询处前出发，每隔 1 小时运行 1 次。

运行时间:5 月中旬 ~ 6 月 30 日每天 10:00 ~ 17:00　7 ~ 9 月第一个星期一 10:00 ~ 19:00　票价:$7. 50

自行车出租 Rental Bike

Bongo Barry's Bike Rentals

位于联盟公园院内。由于所租借的自行车上全都插有三角红旗，非常醒目。对于这座并不很大的金斯敦城而言，骑自行车旅行最恰当不过。去往亨利堡垒方面也很方便。

营业时间:夏季每天 10:00 ~

SIGHTSEEING 主要景点

■商业区及其周边

老亨利堡垒　Old Fort Henry

Fort Henry P. O. Box 213　电话(613)542 - 7388　传真(613)542 - 3054

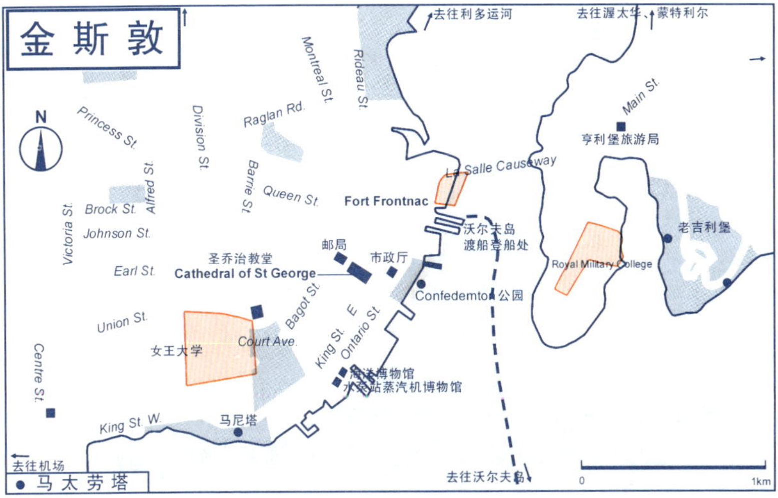

位于从圣·劳伦斯河突出的一个较高半岛的前端。城堡被石造的坚固城壁和堑壕所围住，其内部如今已被作为军事博物馆，生动再现了当时军队生活的军营、武器库等，传递给您19世纪的堡垒气氛。

最初，堡垒建于1812年战后。为保卫过于薄弱的金斯敦，英军开始在现在的亨利要塞挖掘堑壕。此后，英国与美国的关系再度紧张，需要更为坚牢的防御设施，于是在1832年修筑了亨利堡垒。当时堡垒还有保卫弗莱德里克要塞的造船厂不受陆上进攻的作用。堡垒于1848年完工。但是，那以后堡垒并未遭受到任何攻击，也就于1885年以后被弃置不用了。到了20世纪30年代受美国经济大萧条的余波冲击，失业者剧增，为增加就业，政府决定重建堡垒。就这样，到1938年，这里就作为加拿大政府的史迹对外开放。

在堡内，有身穿纯红制服的威风凛凛的卫兵们为游客导游。扮成这些强大卫兵的，都是王立陆军军官学校的学生。当您欣赏到那些英姿飒爽的展览时，会不由觉得好似回到了过去的19世纪。

开馆时间：5/21～10/8　每天10：00～17：00

7/22 Grand Military Tattoo、9/9～10 Celtic Festival

票价：旺季$9.50、秋季$8.15、活动节$10

路线　5、6路市内公共汽车经过它附近。从旅游问询处步行至此约需30分钟，而乘出租只需3分钟（约$6～7）。从“亨利堡垒”的招牌处，通过那条两旁设有栅栏的通道就离入口不远了。

老亨利堡垒

千岛　Thousand Islands

从金斯敦的安大略湖岸向东沿圣·劳伦斯河顺流而下，有一片散布着 1070 多个大小不一的岛屿的多岛域，这里即为千岛。它既是金斯敦的避暑胜地；同时，每到夏季，从对岸的纽约州赶来的避暑客也常出入于此地。

要访问此地，可以乘坐金斯敦出发的游览船。由各个港口出发的游船，在河上缓慢行进，似把各个岛屿连在了一起。岛上还散落着加拿大和美国亿万富翁的别墅，建筑风格极为优雅。其中，建于哈特岛上的巴尔特城，从属于纽约的沃尔多尔夫·阿斯特里饭店的名下，是生于德国的巴尔特先生特为其妻所建。那远近闻名的“千岛汤”即由巴尔特先生饭店的厨师长所制，也因该别墅所处的位置而命名。

乘车到 Howe Island 岛上，有一座能尽览各岛的瞭望台。同时这一地区还是世界闻名的盛产梭鱼和鲈鱼的渔场。在这里您尽可以乘出租艇或渔舟泛舟河口，享受一整天专心垂钓的乐趣。

●去向千岛的江上游览

由金斯敦出发的千岛江上游，在安大略观光中极受欢迎。所以平时当天订票尚可，但一到周末由于游客极多，最好提前预订。江上游的出发点位于旅游局后、金斯敦港的栈桥处。在 5 ~ 10 月间每天保证运行。

●去向 Wolfe 岛的免费渡船

从位于金斯敦的 Ontario St. 和 Barrack St. 街角的埠头出发。每天早 6：15 ~ 晚 12 点多每隔 1 ~ 1.5 小时发一次。从 Wolfe 岛的埠头到岛上的村庄约 3 英里的路程。冬季由于河水结冰，有时会暂停运行。除去江上游览外，倘若您还想探访体验一下千岛之美，不妨在您的游览计划上增加 Wolfe Island Ferry 这一项？

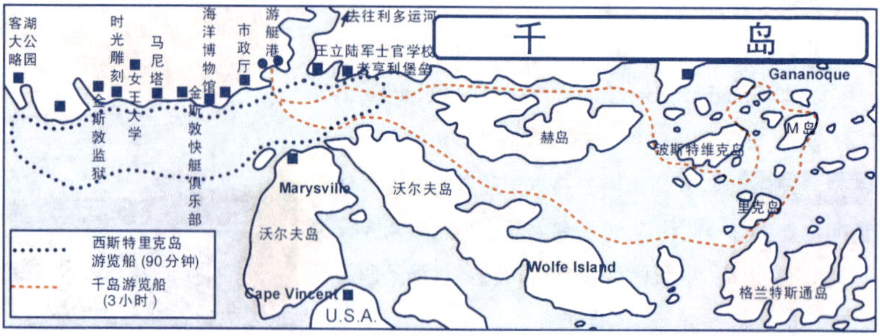

省议事堂

● 徒步参观 King St. 的史迹

King St. 延伸于安大略湖畔，街上排列着许多金斯敦的历史建筑。您可以在这约2.5公里的旅程中，一边浏览该城独有的石灰岩建筑的房屋、博物馆以及安大略湖，一边充分体验散步的乐趣。如想仔细看看，则约需4个小时。

劝您也不妨租辆自行车，享受骑车观光的乐趣。

那么，就让我们以城市大厅为起点，徒步沿 lcing St. 向西出发吧！

● 城市大厅　City Hall

216 Ontario St.　电话(613)546-4291

是一座极为庄重的建筑物，建于1943年，用上加拿大的石灰岩建造而成。

● 圣·乔治教堂　Cathedral of St. George

该大寺院位于 King St. 和 Johnson St. 的街角，1852年建造。

开馆时间：每周三 14:00～，周日在弥撒后也接受参观。

● 海洋博物馆　Marine Museum of Great Lakes

55 Ontario St.　电话(613)542-2261

从 King St. 向南一个街区，位于 Ontario St. 街边。由始于1790年的造船厂改建而成。展示有帆船和蒸气船等。同时还纪录着安人略湖岸的造船史及造船方法等，也承担着流传后世的历史使命。

开馆时间：4～12月每天 10:00～17:00　1～3月周一～周五 10:00～16:00

12月中旬～下旬闭馆

票价：成人$3.75(Marine, Ship, Pump Museum 的通票$6.25)

● 水泵站蒸气机博物馆　Pump House Steam Museum

23 Ontario St. Kingston　电话(613)546-4696

博物馆原为建于1849年的水泵站，经复原而成。这里陈列着现已退役的各种蒸汽机。其中包括1897年制造的巨大水泵。作为专门收集蒸气机的博物馆，这里恐怕是世界上绝无仅有的!

开馆时间:6月1日~9月的第1个周一　每天10:00~17:00

票价:成人$3.75

●玛尼塔博物馆　Murney Tower Museum

和亨利堡垒一同建成,是用于海上监视的塔。现已成为博物馆,其塔上还雄踞着能一览湖岸的炮台。

开馆时间:维多利亚女王诞辰日(5月24日)~9月的第1个周一　每天10:00~17:00　票价:$2

●女皇大学　Queen's University

位于从King St.向北约一个街区的地方,是加拿大的名牌大学之一。

●法院　Court House

Court Ave. & Barrie

位于您行进方向右侧,是建于1855年的历史建筑。

●贝尔维尤城　Bellevue House

35 Centre St.　电话(613)545-8666　传真(613)545-8721

沿湖畔的King St.向前,就会看到贝尔维尤城,它与这一带的石灰岩建筑风格迥然不同。这里也是King St.散步的终点。

这座建筑与其庭园一起被指定为国立历史公园。建于1838~1840年间,当时曾一度成为热门话题。其原因据说是因为在金斯敦绝大多数都是用石灰岩所建的英式建筑。而与之相对,独有此处为意大利风格的别墅建筑,因此它总给人一种较奇特异国情调的印象。正由于其独特的外观及感觉,人们还曾赋予它"红茶塔"和"茶筒城"等绰号。

并且,贝尔维尤城也由于曾是首任总理马可多奈尔多的宅邸而闻名遐迩。马可多奈尔多是促成加拿大联邦化的官员之一。

开馆时间:每天10:00~17:00、6月1日~9月第1个周一9:00~18:00

票价:$2.50

SHOPPING 购物

从 Brock St. 开始，穿过 Ontario St. 再到 Prince St.、Princess St.，这一带可以让您充分享受到“逛”的乐趣。各类手工艺品店、民间工艺品店、书店掺杂其间，还有老字号的食品店及面包坊。此外，位于城市大厅后的广场上，还有加拿大历史最悠久的农产品市场。附近的农家都拿出自己的得意的各类产品，摆满了市场的柜台。

历史悠久的农产品市场

Market Square

位于城市大厅后广场上每周的周三、四、六三次开市的农贸市场，是从1801年始持续至今的加拿大最古老的户外市场。因为出柜台的都是附近的农家，所以无论是水果、花、蜂蜜还是家制糖果、面包、盆栽等全都极为新鲜，看来味道也不错。其实，仅仅欣赏这些色彩斑斓的柜台也不失为一件快乐事。在靠里一些的地方，还设有手工艺者的店铺，那些陶器、雕塑以及手工包等又为这市场增添了几许华丽。

营业时间：清晨6点半左右～傍晚在4～10月的每周日还开设古董市场。

品味高雅的手工艺品店

Cornerstone

253 Ontario St.

电话(613)546－7967

这座格调高雅的手工艺品店展示有各种陶艺、木工、玻璃、皮带工艺、小饰品等当地艺术家制作的漂亮作品。

营业时间：周一～周五 10:00～21:00、周六 9:30～18:00、周日 10:00～17:00

仅沉稳的店内都很值得一看

Cook's Old World shop

61 Brock St.

电话(613)548－7722

这是一家老字号食品店，创业至今已达125年多。不必说种类丰富齐全的食品，仅那沉稳的维多利亚风格的店内设计就很有参观价值。里面还设有饮食摊，您可以在此享受香浓美味的咖啡。

营业时间：9:00～17:30 周日休息

RESTAURANT 餐厅

城市虽是清洁整齐，但餐馆却不少，夏天还有露天茶庄。在很多餐馆可以一边眺望大街一边用餐。另外也可见临时性公共酒吧和爵士歌厅等，夜生活非常丰富。

Chez Piggy

68R Princess St.

电话(613)549－7673

这个小餐馆位于由大街进入小巷的地方。还有个中庭，天气好时可以在屋外饮茶。菜谱中包括海鲜和肉菜等，味道好极了。

营业时间:11:30~24:00　周一休息

- Max

39 Brock St.

电话(613)547-2233

这是一个意大利餐馆，面向农贸市场并带有庭院。店内装修豪华，常有许多家庭及恋人们光顾，生意兴隆。身着白衬衣黑长裤的女服务员动作麻利，服务无可挑剔。菜也相当不错。晚餐价格为一人$20左右,非常合适。

营业时间:11:00~23:00　周末至深夜

- Papa Pete's

168 Division St.

电话(613)631-9099

劝您一定要尝一下这里的面包卷三明治和油酥饼。味美个大,价格为$3.75以上,星期四特价优惠两个$3.99。还可送货上门。

- Bubba's Pizzeria

401 Princess St.

电话(613)549-5425

该店位于 Princess St. 和 Division St. 的交叉点附近,供应汉堡包、比萨饼及三明治等。这里的特色在于11:00~23:00之间，所有的食品全都半价出售。火腿三明治原价$3.95只售$2。汉堡包也是分量充足。

营业时间:11:00~2:30AM、周末到3:30AM　不休息

HOTEL 饭店

若作最方便观光的要数城市大厅旁边的饭店,但由于那是绝好的观景地,所以价格也很高。假如您想找房价更加便宜的住处,那就只能到郊外了,但如果没有车的话交通很不方便。

在这里您尽可以活用B&B。和其他城市相比，B&B数量众多，并且也是最适合于该城的住宿方式。但您最好要提前确认一下房间是否有销、地点是否位于商业区内等。另外，还需提醒您注意的是：在某些B&B内，有许多人将那里当成家住,全家迁入。否则,等发生了什么事则悔之晚矣。

在金斯敦还有许多小型旅馆(Inn),并且都是历史性建筑，内中摆设着许多精美家具。如果您要享受优雅而豪华的氛围,这种旅馆大概最合适不过了。

石头角

Howard Johnson Hotel

饭店&小客栈

●Ambassador Resort Hotel

1550 Prince St.

电话(613)548－3605

传真(613)548－4673

这是一家功能齐全的饭店，其中配备有餐厅及带滑水道的室内泳池。房间宽敞而漂亮。还设有区间车负责接送。房价为Ⓢ$135、ⒹⓉ$145。

●Holiday Inn Kingston Waterfront

1 Princess St.

电话(613)549－8400

传真(613)549－3508

建于城市大厅附近的水边，最适合远眺。有餐厅和酒吧，设备十分齐全，共197个房间。房价为旺季ⓈⒹⓉ$119、淡季ⓈⒹⓉ$150。

●Hotel Belvedere

141 King St.

电话(613)548－1565

传真(613)546－4692

这是一家三层建筑的小型饭店，建筑优雅，是维多利亚风格宅第。进入大理石镶地的大厅，里面是配有暖炉和温馨家具的古典式房间。且建筑物已经过现代式改造，宽敞明亮。客房虽然数量较少，只有20间，但每个房间都很清洁舒适。早餐可凭喜好自由选择，在外面露台上或在客房内均可。房价为Ⓢ$79、Ⓓ$99、Ⓣ$119、套间$149。

●Hochelaga Inn

24 Sydenham St.

电话/传真(613)549－5534

位于商业区的住宅街，建于19世纪80年代，是一座非常醒目且有来历的宅第。旅馆被大树所遮蔽，虽光线稍暗，但其内部装修厚重，感觉温馨。住在这里，您会觉得时间的流逝是那么的悠闲。房价为旺季Ⓢ$130、Ⓓ$140、淡季Ⓢ$120、Ⓓ$140。由机场或公共汽车总站乘出租车至此都需20分钟。

●Howard Johnson Confederation place Hotel

237 Ontario St.

电话(613)549－6300

传真(613)549－1508

该旅馆正位于城中心，靠游览船的栈桥最近，因此最适合远眺。也正因为如此，常常会很快客满。房价为Ⓢ$79～、ⒹⓉ$89～99。

●Gardiner House

9 Kennedy St.

电话(613)544－0933

建于1819年，是由市里列为保护对象的历史性宅第，为佐治亚式的红砖建筑。房间内是统一的温馨家具，由布鲁斯先生制作的早餐也非常精美。下榻于此绝对值得。房价为Ⓢ$55、Ⓓ$70。

B&B、信息

●Bed & Breakfast Kingston Area

P. O. Box 37, Kingston(K7L 4V6)

电话(613)542－0214/542－6058

B&B协会为满足游客愿望特意介绍位于商业区的舒适的B&B。淋浴、厕所公用，房价为Ⓢ$38、Ⓓ$49、Ⓣ$52(＋税)。想提前预定的游客请按上述地址写信或电话联络。

若您已到当地，旅游局备有同样的B&B的一览表供您查询。另外，您只要从公共汽车总站等地打个电话，就会得到介绍住宿的服务，同时还会告诉您去的路线。对一星期以上的滞留游客优惠10％。

●The O' Brien House

39 Glenaire Mews

电话(613)542－8660

从公共电话亭中的小册子上，您可以查到这家B&B。打个电话，就会有专车到公共汽车总站来迎接。早餐为系列套餐，您尽可以随便吃。此外还备有鸡蛋料理和咖啡。房间很漂亮，公共浴室也非常清洁。也有带淋浴的房间，当然房价相对较高。房价旺季为Ⓢ$55、ⒹⓉ$65，淡季Ⓢ$45、Ⓓ$55、Ⓣ$60，带淋浴的房间Ⓢ$55、Ⓓ$60、Ⓣ$56。在9/10～4/1期间还会提供特别优惠房价。

●Kingston International Hostel

210 Bagat St.

电话(613)546－7203

传真(613)546－3715

12/15～1/15暂停营业。订房登记时间为7:00～9:00、17:30～深夜1:00。从VIA车站乘从6路市内公共游车在Kingston shopping Centre下车，或从公共汽车总站乘2路在旅馆前停，也可以在Bagot St.与Brook St.交叉处的汽车终点站下车，再向南走约一个街区，路途很近。房价为会员$12、非会员$16、Ⓣ$28。

Useful Information 有用的信息

●交通机构

VIA铁路　电话(613)544－5600

Voyageur Colonial LTD. 175 Counter St.　电话(613)548－7738/547－4916

TOUR 旅游团介绍

千岛游

游览船从Brook St.尽头的栈桥处出发。在栈桥的售票亭或旅游问询处购票。不同的轮船公司路线不同,但差别不大。船上很冷,因此即使是夏季,也绝对有必要带上外套。

Island Queen & Island Bell Ticket & Departures

电话(613)549-5544　传真(613)549-1608

●3 小时的千岛游

乘上女王号或铃号,进行为期 3 小时的船上旅行。游览船路线经过多个岛域,您可欣赏到千岛上的别墅。船内还有表演,可使旅途愉快。

运行时间:5/6~6/23 和 9/4~10/4 每天 12:30 出发,6/24~9/3 每天 11:00、12:30、4:30、18:30 出发　票价:女王号$15.95

●1 个半小时的伊斯特里克·哈巴·河上游

乘铃号的船上之旅,从河上欣赏金斯敦城,并绕道参观亨利堡垒及皇家军事学院等地。只在夏季运行。

运行时间:6/24~9/3 每天 10:30　16:00　票价:$9.35

游览船上的表演最棒。我当时参加了 18:30 出发的旅行,还能欣赏到晚霞,请人拍的照片在返程中就可取出,真是太棒了。当然也有不带表演的游览船,但那种表演的确很值得一看。此外还有附带晚餐($35.85)或午餐($20.20)等的各种服务,旅游公司不同,服务也多少有些差异。

金斯敦的历史

金斯敦,由于其所处"五大湖连结点"的重要位置,因此自殖民时代初期,它就已被作为毛皮交易中心地。1673 年该地出现最初的村落时,被称做"弗朗特奈可",是法属殖民地内韦尔·法兰西的一部分。1758 年遭到英国攻击,在一夜之间陷落。城市名称也由此更名为金斯敦。1841~1844 年间,这里还曾一度作为统一后的上下两加拿大殖民地的首都。

英法抗争结束后,等待金斯敦的命运则是美国的威逼。在 1812 年的战争中,金斯敦成为英美对抗的战场。此后,为抵御美国入侵,这里建造了坚固的堡垒——亨利堡垒,其建筑一直保留至今。

金斯敦虽然绝对称不上是一个大城市,但却实在是承载并保存了从古至今加拿大历史的变迁。

街道上,上加拿大(现安大略省)所特有的石灰岸建筑的宅第整齐有致。那里镌刻着大小各样的加拿大史。这样一个将维多利亚王朝式宅邸保留至今的金斯敦,是最能让人享受历史散步的绝好城市。

from KINGSTON

历史村一日游

UPPER CANADA VILLAGE●上加拿大村

再现了19世纪开拓时代情景的历史村，在加拿大有好几处，但就其规模和内容的充实度来讲，上加拿大村是众所公认的第一位的。不仅村庄的建筑及生活用具仍有当时的遗风，还可以见到身着当时时装——长裙加围裙的女人们在劳动，面包及蔬菜等也是现场制作。您可以尽情体会，花上一天时间来此访问，非常值得。

ACCESS 交通

在渥太华、金斯敦和蒙特利尔三个城市都有汽车出发来此。

若从金斯敦或蒙特利尔乘汽车来此，都需要在村里住上一夜。

若从渥太华出发，根据星期几的不同有时有直达公共汽车。星期五的18:20从U.C.V出发→20:30到达渥太华——只花两小时。

17:55	8:00	Kingston	11:55	11:55
20:55	10:50	U. C. Village	8:50	9:00
	14:05 ↓	Montreal	6:00 ↑	

WALKING 旅游方法

U.C.V.（上加拿大村）不仅仅是一个历史公园，也是坐落于圣·劳伦斯河畔的一个村庄。仅值得一看的观光点就有30多个，此外还有各种各样的实地演出，全部逛遍的确要一整天时间。

Upper Canada Village

电话 (613) 543-3704 传真 (613) 543-2847

开馆时间：5/20～10/15 每天9:30～17:00 票价：$9.50

○乘马车和船绕村一周后再参观

先在入口处买到地图，过桥走进村里。为了把握村庄的整体风范，坐船和马车最为简便。

过桥以后就是Cook's Landing，船由此出发。这些船都是由马从岸上拉着行进的。您可以一面悠闲地徜徉在这条通过圣·劳伦斯河和村庄之间的运河上，一面眺望村庄全景。然后您还可以乘马车绕村一周，同时记住您漫步时想去的风景点。马车就从距村庄入口处不远的小仓库前出发。

●一个真正的村庄!

游客绕村参观时，如按农耕、工商业的现场表演及住宅建筑等分类别进行，则更觉其乐无穷。在运河沿岸的农业地区，您可以看到那些放牧着的家畜，以及仍旧使用着过去的铁锹和锄头的田间劳作。在村中的主要大街上，并排着各种式样的房屋、建筑，有商店、农家小院、寓意宅第、学校、教会等，真正形成了一个完整的村庄。那些建筑物内部当然也是19世纪的装饰。其中尤其以学校教师的家、富商的宅第和牧师住宅最吸引人的注意。

●有趣的现场表演

在绕村参观过程中，您还可以详细欣赏到各种现场表演。有奶酪工场、手工艺、由原毛纺成毛料布、活版报纸印刷等16种之多。身著当时服装的表演者，完全就像是生活在那个时代的“居民”，他们同时也是这个村庄的向导，向他们轻松地打个招呼，怎么样？

RESTAURANT 餐厅

在位于村内的Willard's Hotel，有供应绝好古典食物的餐厅，在此可以享受充实的美餐。想吃便餐的话，小餐馆就有三家。此外村外停车场旁还有一家快餐厅。

HOTEL 旅馆

停车场前就是汽车游客旅馆街，找住处丝毫不用犯愁。从停车场到村庄是一条直路，距离约300米。

QUÉBEC

魁北克省

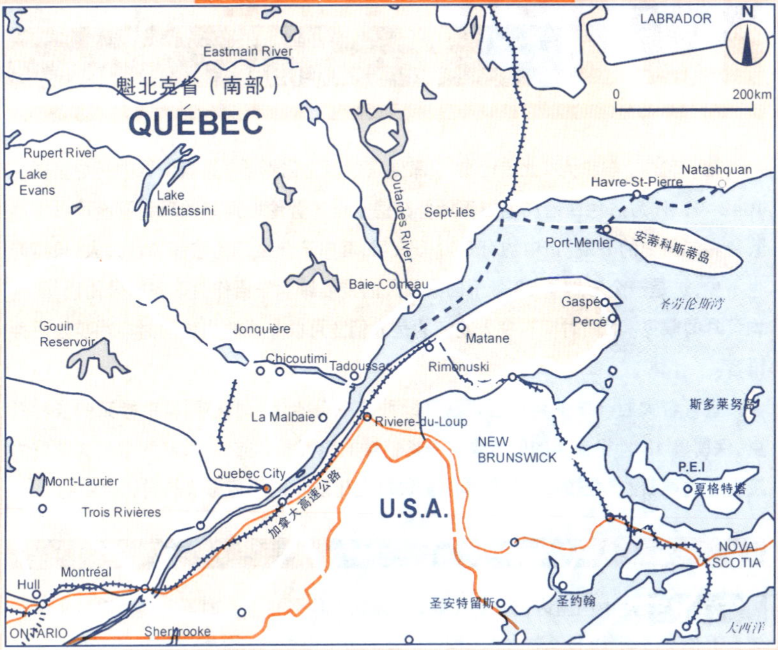

省府：魁北克城

时间：东部标准时间（部分西部除外）
与中国时差 –15 小时

省税：商品税 · 住宿税 6.5%

MONTRÉAL

蒙特利尔
QUEBEC

蒙特利尔，被称为“北美巴黎”，深受法兰西文化影响，有着浓厚的历史氛围。1642 年，作为法兰西殖民地由麦泽努布建于圣·劳伦斯河岸的玛利亚城可以说是蒙特利尔历史的开端。市中约有 300 万人口，其中三分之二为法裔加拿大人，但英裔也不少，这是一个容纳了 30 多个国家移民的混居城。法语作为该省的公用语，到处均可耳闻眼见。而同时实在令人吃惊的是人们竟可以毫不吃力地同时换用英法两种语言。

进行着大胆开发的商业区，从其跃动感中仍能让人们感到其中掺杂的乡村气息，保留着 18 世纪遗风的旧市也有一丝悄然的新气象。或许，蒙特利尔最大的魅力正在于这种新的和旧的、法兰西和少数民族文化融和的不可思议的对比之中吧！

ACCESS 路线

飞机 从中国国内没有直飞航班，须在多伦多转乘。即便是经由温哥华也仍须在多伦多续乘。多伦多至此约 1 小时，温哥华出发则约 6 小时。乘 JAL 一般在芝加哥续乘，NW 则在底特律。

公共汽车 多伦多～蒙特利尔之间有包运 Voyageur Colonial 快车，一天运行 6 次。渥太华～豪特利尔之间每天每隔 1 小时就有一辆服务快车出发，所需时间约两小时。魁北克～蒙特利尔之间，Orléans Express 的快车每天隔 1 小时出发 1 次，约 3 个小时。

铁路 乘 VIA Rail 从渥太华出发约需两小时，每天运行 3～5 次。但需注意由于星期几的不同，运行次数和时间有所不同。由多伦多出发一天运行 6 次约需 5 小时，除周六以外每天还有一列快车出发，约 4 小时。从魁北克出发运行约 3 小时，每天 3～5 次。

ACCESS 从机场到市内

多维尔国际机场　Dorval International Airport

位于商业区西约 22 公里处。国内线和美国出发的班机在此起降。从加拿大国

内出发的航班均可到达该机场。电话(514)633－3105

● **机场公共汽车**　Autocar Connaisseur Inc.　电话(514)934－1222

Connaisseur 区间公共汽车车体带有灰色线条，去往商业区的主要宾馆和停车场。走出机场后，在位于右侧靠里的售票亭买票。每隔 20～30 分钟发车一次，到达商业区约需 30 分钟。票价单程$9、往返$16.50。

● **市内公共汽车**

从机场终点站乘 211 路公共汽车可去往地铁 Lionel－Groulx 站，非常方便。或乘免费区间公共汽车到 VIA 的多维尔车站，再转乘郊区电车到达 Windsor 车站。

● **出租汽车**

约$25～30。

米拉贝尔国际机场　Mirabel International Airport

位于商业区北 55 公里处。除北美以外的所有国际航班均在此起降。乘区间公共汽车到商业区约 50 分钟，票价单程$16。乘出租车约$55。电话(514)476－3010

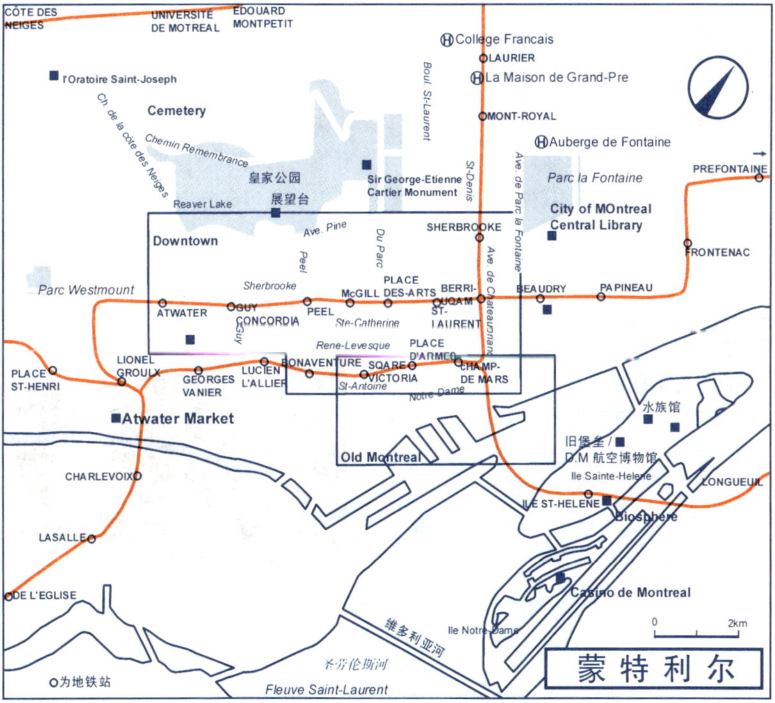

ACCESS 从公共汽车总站到市内

汽车终点站 Voyageur Terminal

505 Blvd. de Maisonneuve Est

电话(514)842－2281

是连接西部包车和东部的奥尔良公共汽车的始发终点车站。位于拉丁区的麦泽努布街和贝里街的路口处。若去往中心街,可走连通的地下通道向西一街区，从地铁 Berri－UQAM 站乘地铁去也很方便。

ACCESS 从火车站到市内

两个铁路终点站,都位于商业区的中心。

中央车站 Central Station/Gare Central

895 De la Gauchetiéra Quest 电话(514)871－1331

VIA 及美国全国铁道旅客公司列车从此发车或到达此地。在地下将上比尔玛丽、上波纳温彻以及 Bonaventure 站、McGill 站都连接起来。

温泽车站 Windsor Station/Gare Windsor

位于中央车站稍靠西南一些的地方，有地下通道相连。地铁站也同样是 Bonaventure。西行郊区线路车在此发车或靠站。从多维尔机场开出的电车也开抵此地。

INFORMATION 旅游问询处

[商业区]

Infotouriste

1001 Square－Dorchester 电话(514)873－2015/(1－800)363－7777

设在位于商业区中心面向多尔彻斯特广场的建筑物一层。有“?”标志。内部设有5～6个服务台，职员们对顾客都很热情。此外还设有有关住宿、餐馆等专门的咨询台。

魁北克省的城市及地方的导游小册子种类齐全,备有英语、法语两类。由于这里兼作全省的问询处，因此想去加魁北克城等地的游客，可以提前在此收集信息。另外，旅游公共汽车的柜台也设在这里，可预定游览事项。旅游车在该建筑物的正对面发车、到达。

营业时间：6/1～劳动节 8:30～19:30　其他时间 9:00～17:00　12/25、1/1休息

地铁：Peel

[旧市区]

Branch/Vieux－Montréal

Place Jacques Cartier, 174 rue Notre－Dame E.

在旧市区杰克区广场上的尼尔逊塑像旁有一处旅游问询处。位于面向主要大街——圣母大街的一角。这里专门从事旧市区的导游业务。您一定要在这里领一份记录着旧市区主要观光点和模拟路线的小册子（英、法语）。

营业时间：6/1～劳动节 9:00～19:00　其他时间 9:00～17:00

WALKING 游览方法

蒙特利尔是圣·劳伦斯河中所隆起的岛屿。从立体角度来看，该城由市区的平地部分、罗威亚尔山为中心的山地部分和地下街纵横的安达古拉文多这三部分构成。同时该城中现代化的商业区与保留了历史的旧市区之间也有清晰的分界。

商业区的中心是多尔彻斯特广场。由于正处在商业街的中心部位，广场上设有旅游问询处以及旅游汽车、机场汽车的停车场，作为旅游出发点非常方便。乘地铁的话则 Peel 车站离此最近。位于广场北侧一个街区横贯东西的圣·卡特利努大街 rue Ste－Catherine，是商业区中最繁华的购物天堂。

蒙特利尔的大街和方向

市区以圣·劳朗大街 Blvd. St－Laurent 为界分为东西两部分。由于长长的大街横跨两方，因此常在其大街名称后加上 Ouest（西）或 Est（东）以示区分。由此，即便是同一名称的大街，东与西有可能距离相当远，这一情况需加以注意。只是，由于市区部分是按东北～西南这样一条大斜度的轴线延伸的，所以通常是把东北称为东，西南称为西。市内地图也是将这种倾斜表示为水平，因此为方便起见，蒙特利尔一项将地图的上方（正确应为西北）当做北来记述。此外，街道名称方面也存在英语、法语混用，我们统一将 Street 表示为 rue。而将阿韦纽大街和布尔巴多大街略称为 Ave.、Blvd.（或者 Boul.）。

商业区的南侧，沿圣·劳伦斯河拓展的旧市区是蒙特利尔城的发祥地，那里的建筑物、街道都保留着殖民时代的遗风。

* * *

蒙特利尔的治安一年比一年差。特别需要注意的地区是，Ste – Catherine、St – Laurent、St – Denis、René – Lévesque 所包围的地带。那些地方有许多色情店，即使是白天，也常见一些奇怪的人在附近逛来逛去，气氛很差。此外，在 St – Laurent 和 St – Denis 地区虽然餐馆和咖啡厅很多，但其中很多店家不懂英语。而西部的 Bishop 和 Crescent 还不错。

TRANSPORTATION 市内交通机构

市内代步工具为 STCUM(Société de transport de la Communauté urbaine de Montréal)所经营的地铁和市内公共汽车。票价均为$1.85(六张合订票为 7.50)。90 分钟以内换乘可以得到换车票。如果是从地铁换乘公共汽车，只需乘车前从中央大厅的自动售票机中自由提取。相反，如果您先乘公共汽车，则只需向司机说一声“换乘(transfer)”即可得到换车票。而地铁、公共汽车通用，尽可以随便乘坐的游客卡(Tourist Card/la Carte touristique)，售价为一天$5、三天$12，在多尔彻斯特的问询处及宾馆都可以买到。

蒙特利尔地铁路线图

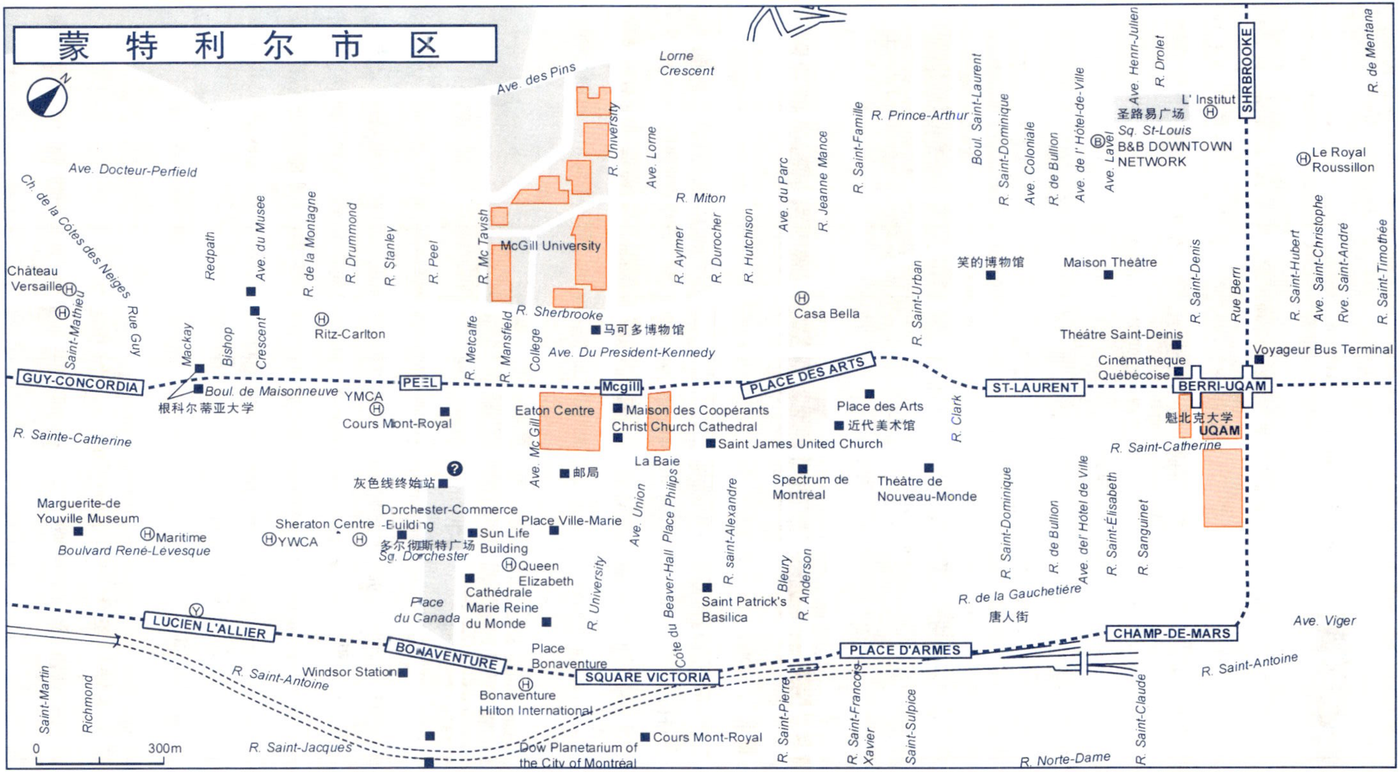
蒙特利尔市区
Ave. des Pins
Lorne Crescent
Ave. Docteur-Perfield
Ch. de la Côtes des Neiges
Château Versaille
Saint-Mathieu
Rue Guy
Redpath
Mackay
Bishop
Crescent
Ave. du Musee
R. de la Montagne
R. Drummond
R. Stanley
R. Peel
Ritz-Carlton
R. Mc Tavish
McGill University
R. University
Ave. Lorne
R. Metcalfe
R. Mansfield
College
R. Sherbrooke
马可多博物馆
Ave. Du President-Kennedy
R. Miton
R. Aylmer
R. Durocher
R. Hutchison
Ave. du Parc
R. Jeanne Mance
R. Saint-Famille
R. Prince-Arthur
Boul. Saint-Laurent
R. Saint-Dominique
Ave. Coloniale
R. de Bullion
Ave. de l' Hôtel-de-Ville
Ave. Laval
Ave. Henri-Julien
R. Drolet
L' Institut
圣路易广场
Sq. St-Louis
B&B DOWNTOWN NETWORK
SHRBROOKE
R. de Mentana
Le Royal Roussillon
Casa Bella
R. Saint-Urban
笑的博物馆
Maison Théatre
R. Saint-Denis
Rue Berri
R. Saint-Hubert
Ave. Saint-Christophe
Rve. Saint-André
R. Saint-Timothée
Théatre Saint-Deinis
Cinematheque Québécoise
Voyageur Bus Terminal
GUY-CONCORDIA
Boul. de Maisonneuve
根科尔蒂亚大学
YMCA
PEEL
Cours Mont-Royal
Mcgill
PLACE DES ARTS
ST-LAURENT
BERRI-UQAM
R. Sainte-Catherine
Eaton Centre
Ave. Mc Gill
Maison des Coopérants
Christ Church Cathedral
Place des Arts
近代美术馆
Saint James United Church
R. Clark
魁北克大学
UQAM
R. Saint-Catherine
La Baie
邮局
灰色线终始站
Spectrum de Montréal
Théatre de Nouveau-Monde
Marguerite-de Youville Museum
Maritime
Boulvard René-Levesque
Sheraton Centre
YWCA
Dorchester-Commerce -Building
多尔彻斯特广场
Sq. Dorchester
Sun Life Building
Place Ville-Marie
Ave. Union
Place Philips
Côte du Beaver-Hall
R. saint-Alexandre
Bleury
R. Anderson
R. Saint-Dominique
R. de Bullion
Ave. del' Hotel de Ville
R. Saint-Élisabeth
R. Sanguinet
Queen Elizabeth
Cathédrale Marie Reine du Monde
Place du Canada
R. University
Saint Patrick's Basilica
R. de la Gauchetiére
唐人街
Ave. Viger
CHAMP-DE-MARS
LUCIEN L'ALLIER
BONAVENTURE
Place Bonaventure
SQUARE VICTORIA
PLACE D'ARMES
R. Saint-Antoine
Windsor Station
R. Saint-Antoine
Bonaventure Hilton International
Cours Mont-Royal
Dow Planetarium of the City of Montréal
Saint-Martin
Richmond
0
300m
R. Saint-Jacques
R. Saint-Pierre
R. Saint-Francois Xavier
Saint-Sulpice
R. Norte-Dame
R. Saint-Claude

地铁 Le Metro(Subway) STCUM

电话(514)288－6287

别名称为“安达古拉文多城”的蒙特利尔，其地下街和地铁(Metro)功能高度发达。共有四条干线，其中游客利用最多的恐怕要数贯穿东西的1号线和交叉成U字型的2号线。此外还有将圣·泰莱努岛与对岸连接起来的南北方向延伸的4号线，沿东西方向贯穿城市北部的5号线(不知为何惟独没有3号线)。地铁之间贯通需换乘。在旅游局或大车站都有路线图出售，买一份图会使旅游更为方便。

乘坐方法很简单。先买票，走进检票口，推动旋转横杆即可通过。如果您接下来要换乘公共汽车时，千万不要忘记走下站台前要在中央大厅取到换车票。由于所有的指引牌只标明终点站名，因此旅客乘车前需要查路线图确定目的站的行进方向。在5:30～1:00期间每隔3～7分钟运行一列。其中5号线不同，运行到23:00左右。蒙特利尔的地铁开通于1966年，和巴黎地铁一样，也采用橡胶轮胎，安静而舒适。最让当地人引以为自豪的是65个车站全都来自于不同的设计者，每个车站设计绝无雷同。

SIGHTSEEING 主要观光点

商业区

与旧市区相对照，这里被称为新城(new city)或摩登城(Mordel city)，是商业和购物的中心，最最充满活力的地域。其中还包括好几所大学和中国城。尤以贯穿东西的圣·卡特里努大街(rue Ste－Catherine)、和平行连通其北部的麦泽努布大街(Blvd. Maissonneuve)、及夏布鲁可街(rue Sherbrooke)等，是商业区中最为繁华的部分。

多尔彻斯特广场 Square Dorchester

位于商业区的中心，商贸街的正中央。立有劳利埃总理铜像和波阿战争纪念碑。面向广场的北侧建筑内有旅游问询处的总部(Infotourise)。为方便旅游者获取信息，这里收集有很全面的蒙特利尔地图和小册子。由于此地距VIA及美国全国铁道旅客公司的列车终点站(CN站)都很近，因此很多游客选择这里作为旅游出发点。南侧隔Rene－Levesque大街与加拿大广场相继。坐落于广场东侧的大型教堂(Cathedrale Marie Reine du Monde)，是按罗马的圣·彼得教堂的四分之一复制而成。

地铁:Peel

圣·卡特里努大街 Rue Ste－Catherine

说起商业区一般是指这条街。它东西方向，贯穿于多尔彻斯特广场北侧。街道两旁以伊顿、拉贝等著名商场为首，还有许多内设时髦服装店的综合大楼 Cours Mont - Royal、Les Promenades de la Cathédrale 等，鳞次栉比。这些建筑都有通向地下街的入口。在 rue Bluery ~ rue Guy 之间并排着许多餐馆、咖啡厅等，一直热闹到深夜。

夏布鲁可大街　Rue Sherbrooke

是一条贯穿了蒙特利尔岛一半的长街。在商业区北侧靠东一带，通常被称做“黄金地带”(Golden square mile) 的这一地域，是 19 世纪末英裔富豪占据、建造宅邸之地。据说住在这里的 100 左右的居民竟然支配着加拿大 70% 的财富。如今这条街上仍旧残留着些许当时的遗风，被称为是蒙特利尔的第五条街，里茨・卡尔顿等高级商场、美术馆及艺术商店等鳞次栉比，整条街弥漫着一种浓厚的知识气息。

夏布鲁可大街

蒙特利尔美术馆

蒙特利尔美术馆　Montréal Museum of Fine Art

1379&1380 Sherbrooke St. O.　电话(514)285 - 1600

位于夏布鲁克和新月街的路口。开设于 1860 年，是加拿大最古老的美术馆。除以加拿大、魁北克美术为中心的内容外，馆中还收集有版画、素描、绘画、雕刻、家具等重要内容。1991 年开放的南馆，其外观和内部均为暂新的设计。正在计划举办两三个充满热情活力的展览。

开馆时间：周三 ~ 周日 11:00 ~ 18:00　周三・六到 21:00　周一闭馆

入馆费：成人$12、学生$7　周三 17:00 ~ 21:00 半价

地铁：Peel 或者 Guy - Concordia

马吉尔大学　McGill University

Welcome Centre, 805 rue Sherbrooke O.　电话(514)398 - 6555

以毛皮贸易商人詹姆斯・马吉尔的遗产为基金于 1821 年设立，1829 年开学。以医科名牌学校而闻名。位于校园内部的莱多帕斯博物馆(859 rue Sherbrooke O. 电话(514)398 - 4086 免费)里，展览着复原后的恐龙骨骸及珍稀化石、埃及的古境和

日本的甲胄等物。同时，大学的书店 McGill Bookstore(3420 Mctavish　电话 (514) 398－7444)内，不仅仅是法语书，英文的图书也很充实，此外还销售校园商品。如果是夏季，游客还可以投宿在这里的学生宿舍。

从比尔玛丽广场一直通向大学的 Ave. McGill Collage 位于蒙特利尔建筑群的最前端。由于商业区的再开发而面目一新。

地铁：McGill

马可多博物馆
McCord Museum of Canadian History

690 rue Sherbrooke O.　电话(514)398－7100

位于马吉尔大学的斜前方。常年展示着 18 世纪以后的魁北克及加拿大有关服饰、装饰艺术、美术、民族学等七个展览。馆内曾于 1992 年经过改装，非常安静，弥漫着一种浓郁的学院式气氛。还设有茶座及礼品店等。

开馆时间：10:00～17:00　周一闭馆

票价：成人$5　学生$2

新月大街　Rue Crescent

假如您要享受成人式的夜生活，则不妨到位于地铁站 Guy－Concordia 和 Peel 之间的这条大街来。街上开设有许多带阳台的餐馆、咖啡厅(包括您熟悉的硬摇滚咖啡厅)及迪厅等，一直热闹到深夜。此外该街上还可见艺术走廊、礼品商店等。从 rue Peel 到 rue Bishop 之间的平行街区也有着相似的景象。

加拿大建筑中心　Centre Canadien d' Architecture

1920 rue Baile　电话(514)939－7026

是一座位于新月大街西部的石灰岩建筑，将面朝雷天斯克大街的肖奈希邸围住，呈"コ"字型。它是世界上惟一的国际性建筑美术馆和研究所，因此常举办各种建筑及城市规划等的展览。其周边地区是集中了 19 世纪宅第的别墅城，但是，由于受 20 世纪 60 年代开发热的影响，大部分有来历的建筑均遭到破坏，惟独剩下 Ave. Seymour 旁小路的一段仍旧留存着一些当时的遗风。维多利亚风格的肖奈希邸也是免遭解体的珍贵建筑，如今作为建筑中心的办公室。隔雷夫斯克大街相望，对面设有配置了建筑模型等物的建筑庭园。

开馆时间：周二～六 11:00～18:00(周四～20:00)周一、日休息

票价：成人$5　学生、老人$3

地铁：Guy－Concordia、Atwater

地下街

大教堂地下街

在冬季气候严寒的加拿大，商店区和地下街一般都非常发达。尤其以蒙特利尔地下街的发展更引人注目。以始于20世纪60年代的商业区再开发为契机，在那些设计时髦的复杂大厦的地下，建设商品街和步行道，并使之与主要地铁站直接相联。以比尔玛丽地区为开端，这个新兴城市的细胞就在蒙特利尔的地下像网眼一样增殖，目前业已形成全长达29公里的巨大地下街网络。

在这个网络上，连着2个火车站、汽车终点站、1700个公司和45家银行的分行、7个主要宾馆、2所大学、2家商场和1600个商店、200家餐馆、34所电影院、剧场、集合1600多个家庭的住宅以及奥林匹克体育场等。也就是说，只要能在地下呆得住，无论怎样的坏天气都不用去地上，就基本上能解决所有生活问题。

比尔玛丽地区　Place Ville Marie

是地下街建设最早着手的地区，也是地下街的中心。其地面上建有以45层高的罗亚尔银行为首的四幢高楼大厦，且与其相邻的伊丽莎白女王宾馆、圣拉尔车站在地下相连。罗亚尔银行大厦顶上所发出的光线可照亮85公里，因此这一带即便在晚上也是一目了然。

地铁：Bonaventure

大教堂地下街　Les Premenades de la Cathédrale

由于Christ Church Cathedral的老化，伴随地基的改建，建设了这条地下街。被誉为再开发中规模最大也是最大胆的设计。与教会相邻，建造了一幢34层的写字楼Masion des Cooperants，与庄严肃穆的新哥特式建筑的教堂呈现出对照之妙。教堂地面的正下方是与伊顿和拉柏相连的地下区，此外还与地铁McGill站直接相连。

拉丁区的周边

圣劳朗大街以东地带，作为少数民族区弥漫着一种独特的气氛，因此对年轻人别具吸引力。

圣劳朗大街　Blvd. St – Laurent

是贯通城市正中，南北走向的大街，通常被称为主街(The Main)。它不但是将蒙特利尔分为东西两部分的城市分水岭，同时也是法语圈和英国圈及其少数民族语言圈的合流点，是蒙特利尔城的象征。

圣苏朗大街曾被称做“移民回廊”，在它的 Sherbrooke 街以北的周边地区，以犹太人为首，散落着希腊、意大利、斯拉夫、葡萄牙、美系拉丁等少数民族。街上建有反映各民族特色的店铺和餐馆。烟薰食品、烤制食品，从德国点心到素食食品等一应俱备，是一个活力充沛的刺激性地域。不知是否由于少数民族热所引发，这一带也似乎正处于急速变化发展中。尤其是挟劳利埃大街(Ave. Laurier)被称做普拉托的地区，其南北周边气象大改，成为于少数民族气氛之中又点缀有新式店的最先端地域。

笑的博物馆　Un neuveau Musée... Pour rire

2111 Blvd. St – Laurent　电话(514)845 – 4000

1993年开馆不久就关闭，又于1994年夏得到“奇迹般复活”的新名胜。自夏布鲁克街向南拐向圣劳朗大街，马上就可以见到这座由19世纪的啤酒酿造所改建的建筑物。内部那些“搞笑”的房间以古今东西的文学、艺术、映像、戏剧、喜剧等为主题，导游还附带有生动表演。精心设计的参观内容系游客参与型，约费时两个半小时，它会使您尽情沉浸于由笑话、魔术、拙劣模仿、讽刺等营造出的“搞笑”的丰富内容之中。

开馆时间：周二～六 13:00～22:00　周日 13:00～19:00　票价：成人$5 加税

地铁：St – Laurent

圣路易广场和亚瑟王子大街　St – Louis Square & Rue Prince Arthur

位于地铁 Sherbrooke 站以西一个街区，被树木和温馨宅第所环绕的公园即圣路易广场，从那向西延展的是亚瑟王子大街。这一带在 20 世纪初叶之前曾为法裔精英的住宅地，60 年代，诗人和艺术家们移居此地，该地区亦即成为嬉皮村。如今这里较以前虽是俗化了许多，活力衰退，但依旧是青年文化的中心。圣劳朗和拉瓦尔大街 Ave. Laval 之间是步行者的天堂，希腊、越南、意大利、波兰风格的民族餐馆、廉价食堂等挤满了整条街。一般进这一带的餐馆需自带酒类，所以大家都是在就近的酒店

笑的博物馆

圣路易广场附近

买上一瓶再进餐馆。每到夏季，还有马路音乐及表演等，非常热闹。但是入夜后，在圣路易广场附近常会令有可疑人物出设，所以提醒女孩子应避免单独逗留此地。

圣但尼大街　Rue St－Denis

与圣劳朗大街并驾齐驱，该地区也极受年轻人欢迎。圣劳朗－圣但尼一带，过去是蒙特利尔大学，如今则为魁北克大学蒙特利尔学院 Universite du Quebee a Montreal（UQAM）跨两代法语系学生的据点，由此将这里通称为拉丁区。近年来，在地铁 Berri－UQAM 站和 Mt. Royal 站之间，不断涌现出一些新型的爵士酒吧、餐馆、艺术走廊和时装商店等。作为青年及艺术家们的不夜城，一直到深夜都非常热闹。如果说西边 Peel 附近是以马吉尔大学为首的英语系学生的聚集处，这里则为法语满天飞的法语系学生的据点。游客若将两地气氛比较来体味，就更有趣。

唐人街　Chinatown

是 19 世纪 60 年代作为铺设铁路和开采矿山的劳动力来此的中国移民的聚居区。由其主要大街 De la Gauchetiére 的两个大门所挟的一带，餐馆、食品店、理发店、药店等鳞次栉比，为步行者天堂。在与圣劳朗大街的交叉路口附近，集中了许多超市，其中略显狭窄局促地摆放着各式生鲜食品及调料、罐头、点心等，令人感受到生活力充沛的亚洲式的日常生活。

旧市区

在商业区之南，穿过唐人街后其街市景象为之一变。那石造的古色古香的建筑、旅游马车通过铺石道路时哒哒的马蹄声都别有情趣。位于圣劳伦斯河沿岸，保留了

18世纪城市模样的这一地带是蒙特利尔城的发祥地。这座大都市起源于1642年，作为法国殖民地建设起来的小城——比尔玛丽 Ville - Marie。当初那些为防御外敌入侵而建筑的城墙，由于业已成为阻挡城市发展的障碍，已于19世纪初被拆除。而局部保留了城墙的 rue McGill 和 rue Berri、rue St - Jacques 和 rue de la Commune 地区，则以旧城墙为界形成了旧市区。随着城市中心向外拓展，该地区也日渐萧条。到20世纪60年代倚靠省政府所提出的保护政策，为数众多的史迹、古迹才得以复活。如今成为蒙特利尔极具代表性的旅游名胜。在旧港，还有各种各样充满魅力的节目及河上游览等活力。

杰克·卡尔契埃广场　Place Jacques – Cartier

面向圣母大街，高高耸立于广场入口处的圆柱上，有在特拉法尔加海战中闻名的英国海军司令官尼尔逊的塑像。就在其旁边一角，是旅游问询处。朝向港口狭长延展的公园，其平缓斜坡的视野营造出一种开放式的氛围。在广场的铺石道路上还有鲜花和水果摊位，两侧的步行道旁边则建着感觉良好的咖啡店、餐厅。

地铁：Champ de Mars

蒙特利尔市政大厅　City Hall（Hôtel de Ville）

275 rue Notre – Dame Est

电话(514)872 – 3355

隔着圣母大街，建于广场对面的石造建筑。建于1878年，后在火灾中大部分烧毁，如今的建筑是经修复过的。1967年戴高乐将军访问魁北克时，曾在该楼正面阳台上作过《自由魁北克万岁》的有名演说。(该事件为主张独立的魁北克省展开独立外交、震惊了联邦政府的事件之一)。

开放时间：8:30 ~ 16:30　免费

夏托·拉姆塞博物馆　Château Ramezay Museum

280 rue Notre – Dame E.　电话(514)861 – 3708

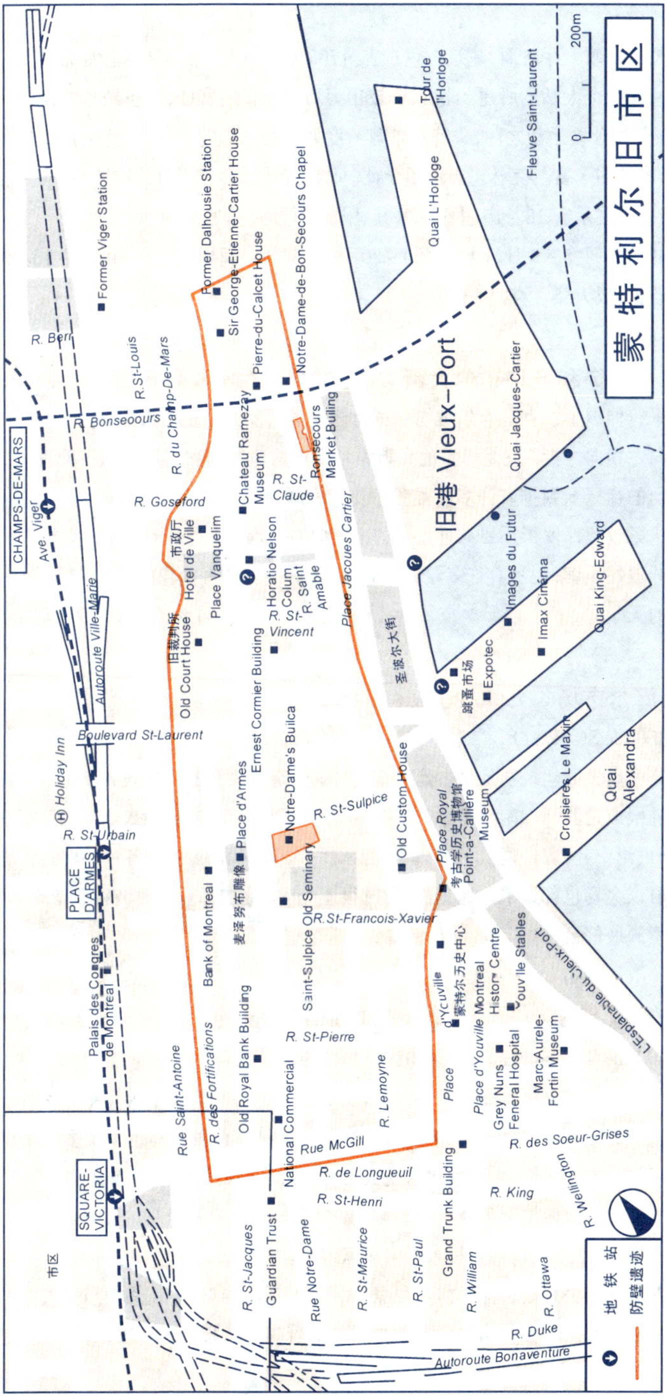

蒙特利尔旧市区
0 200m
Tour de l'Horloge
Quai L'Horloge
Fleuve Saint-Laurent
Former Viger Station
Former Dalhousie Station
Sir George-Etienne-Cartier House
Pierre-du-Calcet House
Notre-Dame-de-Bon-Secours Chapel
R. Berri
R. St-Louis
R. du Champ-De-Mars
R. Bonseoours
CHAMPS-DE-MARS
Ave. Viger
R. Goseford
Chateau Ramezay Museum
R. St-Claude
Bonsecours Market Builing
旧港 Vieux-Port
Quai Jacques-Cartier
Place Jacoues Cartier
市政厅 Hotel de Ville
Place Vanquelim
Horatio Nelson Colum
R. St-Amable
R. Saint Vincent
Images du Futur
Imax Cinéma
Quai King-Edward
Autoroute Ville-Marie
旧裁判所 Old Court House
Ernest Cormier Building
圣波尔大街
跳蚤市场
Expotec
Boulevard St-Laurent
Holiday Inn
Notre-Dame's Builca
R. St-Sulpice
Old Custom House
Place Royal
考古学历史博物馆 Point-a-Callière Museum
Croisieres Le Maxim
Quai Alexandra
R. St-Urbain
PLACE D'ARMES
Place d'Armes
麦泽努布雕像
Bank of Montreal
Saint-Sulpice Old Seminary
R.St-Francois-Xavier
蒙特尔历史中心 Montreal History Centre
You'lle Stables
L'Esplanade du Vieux-Port
Palais des Congres de Montreal
Rue Saint-Antoine
R. des Fortifications
Old Royal Bank Building
R. St-Pierre
Place d'Ycuville
Place d'Youville
Grey Nuns Feneral Hospital
Marc-Aurele-Fortin Museum
R. Lemoyne
National Commercial
Rue McGill
R. des Soeur-Grises
R. de Longueuil
R. St-Henri
R. King
R. Wellington
SQUARE-VICTORIA
市区
R. St-Jacques
Guardian Trust
Rue Notre-Dame
R. St-Maurice
R. St-Paul
Grand Trunk Building
R. William
R. Ottawa
R. Duke
Autoroute Bonaventure
地铁站
防壁遗迹

位于市政大厅对面，建筑古色古香。1705年，当时的蒙特利尔总督克劳多·德·拉姆塞作为个人私宅所建。此后，曾被用为历代总督的官邸，还曾经是贸易公司的仓库。在美国独立运动之际，蒙特利尔曾一度处于叛乱军的支配下，这里被作为军队的总部，本杰明·富兰克林也曾滞留于此。现在依然保存着当时的内装潢，成为历史博物馆，公开展示着18~19世纪的家具、服饰、美术品等收藏物。

开馆时间：5~9月每天10:00~20:00　其他时间周二~六10:00~16:00

票价：成人$5　学生$3

圣保罗大街和圣玛布尔大街　Rue St - Paul & Rue Ste - Amabie

平行伸展于杰克·卡尔契埃广场南侧的圣保罗大街是旧市区的主要街道。从广场上向左拐向大街，就是厚重的邦斯库尔市场的建筑物和邦斯库尔圣母教会；而拐向右面的街区上则排着许多高雅餐厅及艺术画廊等。从杰克·卡尔契埃广场上看，还有一条较圣保罗街还要靠近广场的窄街向右伸展，那就是圣玛布尔大街。街上有一个开放性画廊，展示着许多绘画和版画，还有专为游客画像的画家，不愧是一个步行者的天堂。

邦斯库尔市场　Bonsecours Market

350 rue St - Paul E.　电话(514)872 - 4560

这幢高大的建筑物足足占地一个街区，建筑样式为新古典式，极易令人联想到希腊神殿或是罗马寺院。其耸立于正中央的银制穹庐曾被作为入港船的陆标。它建于19世纪中叶，曾一度成为市政厅、音乐厅、公众市场等，用于各种各样的目的。联邦政府议会场也曾设于此地，虽然为时很短。但如今内部业已改装得非常豪华，常作为大型画展的会场。

邦斯库尔圣母教会　Chapelle Norte - Dame - de - Bonsecours

400 rue St - Paul E.　电话(514)845 - 9991

与邦斯库尔市场毗邻。以作为"海员的教会"而闻名，是最为完整地保留了殖民时代遗风的建筑之一。1657年，由蒙特利尔最早的传教士马尔克里多·布鲁乔所建。当初为木造建筑，由于数次遭受火灾，如今的建筑是1771年重建的。

礼拜堂殿内使用彩色玻璃、壁画和雕像等装饰得极为华丽。天井上则垂着几条船的模型，那是海员们为了祈求保佑而献纳的。

内殿的左手处是去往博物馆和瞭望塔的入口。博物馆中使用微型偶人对马尔克里多·布鲁乔的生涯作出解说。而如果您沿着螺旋式楼梯来到塔顶，则还可饱览圣劳伦斯河和旧市区的整体风貌。

开馆时间：礼拜堂 5～10 月 9:00～16:00 11～4 月 10:00～15:00

达尔姆广场 Place d' Armes

位于旧市区的中心。蒙特利尔的祖先——麦泽努布的塑像就立于此。塑像是为纪念市政 250 周年而制作的，麦泽努布的脚下被那些在建设中作出过贡献的人们及其当时的战斗对手易洛魁、印第安的像所环绕。该地区过去曾是经济、金融以及宗教的中心地带，因此其周围有着圣母教堂、圣朱尔庇斯修道院和银行以及保险公司等很有重量感的建筑。其中面向广场的蒙特利尔银行是模仿罗马的旁泰温而建的厚重石造建筑物。在向内的左手处还有一家小型美术馆。游客到广场来可在地铁达尔姆广场车站下车后出来向右。

邦斯库尔圣母教堂

达尔姆广场

圣母堂

Basilique Notre – Dame

116 rue Notre – Dame O.

电话(514)842 – 2925

隔圣母大街位于达尔姆广场对面的这座新哥特式建筑的教堂是旧市区中最大的观光点，建成于 1829 年，也是北美最大的圣堂。在 1874 – 1880 年间内部装饰曾经全面改装，在神秘之中更增添了几许壮丽。蓝色之中略呈祖母绿的天井和使用钴蓝灯照明的祭坛，在那些由蔷薇窗和彩色玻璃处射进的光线和几百支蜡烛的灯光的烘托中，显得恍若浮动。位于圣堂里面的另一座礼拜堂 Sacred Heart Chapel，一色金黄，装饰更为华丽。其殿内的管风琴由 5772 根管组成，绝对是最大级的器物。这里每年定期举办音乐会，其中尤以夏季的莫扎特音乐会最为著名。教会内还设有博物馆（票价$1，星期六、日 9:30~16:30），展示有关宗教艺术、祭服以及精致银器等收藏品。

与圣堂毗邻的圣朱尔庇斯修道院(Vieux Seminaire St - Sulpice)为市内最古老的建筑（1685 年）。其正面镶嵌着的巨大时钟是 1701 年制成的北美最古老的公共时钟。但这里如今一般不对外开放。

开馆时间:6/25~劳动节 7:00~20:00　其他时间 7:00~18:00　免费入场

5 月中旬~10 月中旬配有英、法语的导游讲解。

旧港　Old Port / Vieux Port

位于圣劳伦斯河畔占地约 2.5 公里之广的旧港(Vieux Port)，和铺石的德·拉·科米努大街（de La Commune）并行，是一条植有草坪的散步道，形成干净整洁的港口地面。乘旅游马车(约 30 分钟$25，定 1 小时约$40）或电动汽车 Vedette(1 周约 40 分钟$2)来浏览此地也不失为良策。

在坐落于旧港中央的爱德华国王埠头（Quai King Edward）处，能够欣赏到用 7 层楼高的大屏幕放映 3D 的大魄力录像的 IMAX($11.75，学生$9.75)，还有每周变更路线的 2 公里的迷路 S. O. S Labyinthe（$8.25）等精彩节目，也可去逛跳蚤市场，那里的商品从旧衣到宝石，应有尽有。从杰克·卡尔契埃埠头(Quai Jacques - Cartier)有几条不同的江上游览和游艇观光船在那里出发并靠岸。此外，连续起对岸的西泰·德·阿布尔公园（Parc de la Cité du Havre）和圣泰莱努岛的水上出租 Navette Fluviale(5~10 月$2.75)也由此出发。该埠头上还设有咖啡厅、餐馆及问询处等。

游览活动

● **Jet St - Laurent Speedboating**　电话(514)284 - 9607

乘高速游艇，间以模仿动作片中急转弯的极具魅力的活动。

5~9 月$18　Quai Jacques - Cartier 出发

● **"Le Bateau - Mouche"**　电话(514)849 - 9952

乘坐客轮隔玻璃窗欣赏景致的圣劳伦斯河上游览。(5~10 月需要 3 小时$17.95)，宴会江上游为$599.75，从 Quai Jacques - Cartier 出发。

考古学历史博物馆　Pointe – à – Calliére

350 Place Royale　电话(514)872 – 9150

是加拿大著名的有关历史和人类学的博物馆。那里有全市最古老的天主教墓地,并和面向旧港的别馆有地下通道相连。

开馆时间:星期二～星期日 10:00～17:00(星期三及 7、8 月～20:00)星期一闭馆　票价:$7。

蒙特利尔历史中心　Centre d'Histoire de Montréal

335 Place d'Youville　电话(514)817 – 3207

原是旧消防署的建筑,从圣保罗大街西行,位于一个小广场的对面。中心内以视听觉方式分时代再现了的蒙特利尔的历史，虽然装置简单，但却凝集了各种不同趣向,非常有趣。

开放时间:(夏)每天 9:00～18:00(5/8～6/18～17:00)　9/5～12/10　周二～周日 10:00～17:00。　票价:依展览内容不同而不同。

蒙特利尔历史中心

旧港的巨大仓库

记者在采访老字号餐馆

圣泰莱努岛周边

位于圣劳伦斯河中的岛屿——圣泰莱努岛和圣母岛，利用了 1967 年万国博览会的会场遗迹,目前全岛业已成为一座休养公园。

圣泰莱努岛　L'île Ste - Hélène

作为万国博览会存留的遗痕，您可以在此欣赏到曾用作美国展览馆的巴克泯思塔·弗拉穹庐和亚历山大·卡尔达的雕刻"Man"。其他的游览点还有位于岛北侧的拉隆多游乐园和岛中央的古老堡垒。从市区去往此地，可乘车渡过杰克·卡尔契埃桥或昆科尔多桥；假如徒步的话则乘坐地铁4号线 Lile Ste - Helene 非常方便。

●拉隆多/La Ronde

电话(514)872 - 6222

这是一座有着多达35种交通工具的大型游乐园，其中最受人欢迎的滑行铁道车称为"妖怪"。夏季，马戏、水上滑行表演及焰火等一系列精彩节目接连上演。在与其相邻的水上游乐园 Aqua Parc，还有时速能高达75公里的21副冲浪板和大型温水泳池。

开放时间：5月13日～28周末、5月30日～9月4日每天11：00～深夜（6月5日、6月12日、8月28日～9月1日休园）

入场费：$17.30（焰火大会时特别票价）

路线　地铁 L'île Ste - Helene 下车，在车站前乘去往拉隆多的区间车。

●旧堡垒和斯图尔特博物馆　Old Fort & David M. Stewart Museum

电话(514)861 - 6701

1822年建于岛中央部位的雕堡。在夏季能欣赏到军队演习的示范表演，他们身穿着18世纪时驻屯在此的法军和苏格兰军的制服。此外，在位于雕堡内的斯图尔特博物馆里还展示着当时的武器、军服及船的模型等，对了解殖民时代的历史大有裨益。

开馆时间：10：00～17：00（夏季～18：00）周二休息

入场费：成人$5　学生、老人$3

●毕奥斯费尔　La Biosphère

160 Chemin Tour de l'île Ste

电话(514)283 - 5000

开放了四个展示大厅，形象而生动地介绍了圣劳伦斯河和五大湖等处水的生态系统。

比奥斯费尔

开馆时间：6～9月每天10：00～20：00(10～3月周一休息)

入场费：成人$6.50　学生、老人$5

旧堡垒

圣母岛　L'île Ste Notre－Dame

是作为万国博览会会场而堆砌的人工岛。在人工的沙质海滩上，夏季是冲浪运动、独木舟、皮艇等；冬季则为滑冰、越野滑雪等爱好者的乐园。一年四季不同的休暇运动会使您沉浸其中，乐而忘返。在1～2月期间还会举办冰雪节。

种植着全世界各地奇花异草的弗罗拉尔公园（Floral Park）和该岛由水路隔开，可乘独木舟或短桨划艇到达。岛上有汽车拉力赛，最高奖的F1赛事所用过的环形路线，平常作为自行车运动专用道。1993年，将旧法国展厅改装后开放的大赌场，长时间门庭若市，络绎不绝。如今已俨然成为该岛的魅力中心。从地铁L'île Ste－Hélène站有发往各游览点的公共汽车。

● Casino de Montréal：1 Ave. du Casino　电话(514)392－2746

游戏分几种：黑杰克、巴卡拉、轮盘赌、老虎机等。每桌等级不尽相同。黑杰克$5～，老虎机等有¢25、$1、$5三种，¢25的机器常常满席。每天11：00～3：00开放，但夜晚经常可见排起的长蛇阵。入场免费。场内有着装规定，不得穿牛仔、T恤、运动鞋入场。并且，严禁摄影和给游戏工作人员付小费。

路线　乘坐往返于地铁Ile Notre－Dame站与赌场之间的167路公共汽车。

蒙特利尔的赌场

皇家公园周边

皇家公园　Parc Mt－Royal

为全市最大的公园，以街名由来的皇家山的山峰(232米)为中心。该公园的设计与纽约的圣拉尔公园出自同一造园建筑家之手。

站在木制展望台上可以一览商业区的景色，尤以夜景最为浪漫。从展望台旅行招待所的后面沿斜坡而上，在超过山顶的高度，建了一个高30米的铁制十字架。入夜后的照明更使其有浮动之感，晴天时在100公里以外也能看到，成为一处醒目的陆标。

公园西侧的海俚湖周边，常有许多慢跑或蹬车的人，冬季人们则越野或滑冰，非常热闹。还有马车由此出发带您去展望台。此外，公园里侧的山麓下扩展开的宽阔的庭园是蒙特利尔大学。它是除巴黎以外的法语系最大的大学。这一带的住宅在夏季一般都对住宿者开放。

公园西南侧的汽车道，直接通往蒙特利尔最高级住宅地——西山。在那里，体现英式、意式、南法式等各种不同风格的漂亮住宅整齐排开，仅是欣赏这些精美建筑就让人留连忘返。

路线 从商业区出发沿 rue Pell 一直向北走约20分钟左右。从公园入口处登上很陡的台阶就能到达展望台。如果乘车则从 Mt. Royal 路进入。

圣约瑟夫礼拜堂 Oratoire St - Joseph

3800 Chemin Queen Mary 电话(514)733 - 8211

建于皇家山山脚下的这座壮大圣堂，是奉祀给加拿大的守护圣人——圣约瑟夫的。其原型是由“奇人”安德莱修道士所建的数米见方的礼拜所。他死后，以其热心和诚意作为原动力，人们从1924年开始投入新的建设，并于1960年完工，目前已成为每探访200万人次的世界最大规模的巡礼地。据传，安德莱修道士曾以信仰的力量治愈了许多人的疾病，这里就密密麻麻地供奉了许多那些已重新站起来的人们废弃不用的松叶杖。在礼拜堂的博物馆里还保存并展示着安德莱修道士的心脏，尽管稍显奇异。站在耸立于其上部的大寺院的穹顶处，即蒙特利尔的最高点(263米)，眺望城市景观真是一览无余。

开放时间:7:00 ~ 20:00 免费

路线 地铁 Côte des Neiges 下车。沿站前街向礼拜堂方向走，再从 Queen Mary 街向右拐即到。徒步约5分钟。

奥林匹克公园周边

1976 年的蒙特利尔奥林匹克会场业已作为一大体育成套设施向公众开放。除却有着世界最高倾斜塔的奥林匹克体育场和游泳池以外，还有 1992 年开放的环境博物馆拜奥多姆等。原来的选手村已被利用作为公寓或餐馆。此外，与此地毗邻的麦泽努布公园内还有蒙特利尔植物园，夏季设有免费区间车与奥林匹克公园相接。

奥林匹克体育馆　Olympic Stadium

4141 Ave. de Pierre de Coubertin　电话(514)252－8687

设计独特的体育馆，能容纳 8 万人。其最后竣工竟然是在奥林匹克运动会结束 14 年之后！开闭式的屋顶从订做处的巴黎运来时已是 5 年以后，而为了筹集设置所必需的资金又需要好几年。夏季，蒙特利尔展览会及足球比赛在此举行。

与体育馆并设于一起的倾斜塔，是堪称世界第一高度的奥林匹克体育馆。据说，站在高 190 米的展望台上，晴天可以远眺 80 公里的范围。乘缆车只需 2 分钟即可沿倾斜的壁面上到展望台上。

开放时间：(夏)周一～周四 10:00～21:00　周五～周日 10:00～23:00　(冬)每天 10:00～18:00(周一为 12:00～)　票价：$7

地铁：Pie－IX 或者 Viau

拜奥多姆　Blodôme

4777 Ave. Pierre de Coubertin　电话(514)872－3000

与体育馆相毗邻的该自然博物馆外观独特，自 1992 年开放以来大受欢迎。在全密闭的穹顶内部，再现了热带雨林、南北极地圈、加拿大的落叶阔叶林带和东部海洋性四个生态系统。几千种动物、鸟类、鱼类生活在这与实际毫无差别的自然环境之中。透过热带丛林的树叶，野兽和色彩鲜艳的鸟隐约可见；还有海狸就在您眼前的海狸房中出出进进。热带雨林中的闷热使照像机上都蒙上一层雾，但到了高原气候中又非常凉快，人们置身于此环境中，一气体验气温、温度差别极大的南北环境，真是其乐无穷。

开馆时间：每天 9:00～18:00(夏季～20:00)

入场费:成人$9.50　学生、老人$6.50　儿童$4.75

地铁:Viau 或者 Pie－IX

蒙特利尔植物园　Montréal Botanical Garden

4101 rue Sherbrooke E.　电话(514)872－1400

隔 Sherbrooke 街与奥林匹克体育场相望。其规模仅次于伦敦和柏林的植物园,为世界第三位。在10个温室和30处户外庭园中,栽培着2万6千多种植物。其中尤其受到很高评价的要数日本庭园和1991年竣工的中国庭园。每年夏季在日本庭园举行盆景展览。此外,能欣赏到世界上各种昆虫的昆虫馆 Insectarium 也极受欢迎,可与拜奥多姆相媲美。

开放时间:(夏)9:00～20:00(冬季～18:00)

票价:(旺季)成人$7　老人$5　儿童$3.50(淡季)成人$5　老人$5　儿童$2.50　植物园、昆虫馆、拜奥多姆的通票为$12.50

中国园林

路线　地铁 Pie－IX 下车　5～9月间有连续地铁 Viau 站、体育馆和植物园的免费区间车。

AMUSEMENT　娱乐

信息表

想迅速及时地了解有关滞留期间的信息的话,本地的小型信息报最为便捷有效。在蒙特利尔,有英语的"MIRROR""HOUR"、法语的"VOIR"等三种。均为小型版面,每周四发行。内容也大致相同,登载有关音乐会、展览会、电影及音乐等的信息。在旅游问询处、地铁站内、书店、咖啡厅、餐馆等处免费发送。此外,如果在旅游问询处等领到名为"POM"的小册子则更方便。里面有关于博物馆、精彩节目的信息,并附各种优惠赠票。

电影

蒙特利尔的电影业非常兴隆,其中还涌现了许多打出主题的个性化剧院。一般性娱乐作品的上映馆大都几个集中在一起,形成电影城。电影院最为集中的地方是 Ste－Catherine。而且剧场分为英语系与法语系,即便是同一种电影,其字幕或配音也常采用两种语言,这也是蒙特利尔的特征。去看电影之前一定要先读一下报纸或信息杂志确认是什么语种。票价通常为$8.50、白天优惠$5,此外每周二的电影日(Hot

Tuesday)为半价。

● **主要的电影院**

英语系 Imperial: 1430 rue de Bleury 电话(514)2288 - 1702

Centre Eaton: (伊顿中心内 5 层)

705 Ste - Catherine O. 电话(514)985 - 5730

法语系 Complexe Desjardins:

rue Ste - Catherine O. (rue Jeanne - Mance 和 St - Urbain 之间)

电话(514)525 - 8600

Parisien: 480 Ste - Catherine O. 电话(514)866 - 3856

Cinématèque Québecoise Musée du cinéma

335 Blvd. de Maisonneuve E. 电话(514)842 - 9763 票价$3

是位于学生街上的影片资料馆,主要上映魁北克省的新作和名片。

剧场

● **艺术广场** Place des Arts

260 Boul. de Maisonneuve 电话(514)285 - 4200

在众多的剧场和大厅之中,惟独可以称得上蒙特利尔艺术据点的就要数商业区靠东的这片艺术广场了。这里是将一座有喷泉的广场围住,由大型音乐厅和 4 座剧场、近代美术馆所组成的一大艺术中心。每时每刻都在上演着话剧、音乐会及芭蕾等。此外,这里也是蒙特利尔交响乐团和蒙特利尔歌剧团等的根据地。

地铁:Place des Arts

事件

[主要事件及节日]

● **Grand Prix Molson du Canada(每年 6 月)**

加拿大惟一的 F1 赛车。在圣母岛上的环形路线上进行。电话(514)392 - 0000

● **蒙特利尔 - 国际爵士音乐节**

Montréal International Jazz Festival(每年 6 月底至 7 月初)

是北美最大的爵士音乐节,有 350 多场音乐会。在中心会场的艺术广场一带搭有十座舞台。除大厅内的音乐会以外,其他全部免费。电话(514)871 - 1881

● **喜剧节** **Jast for Laughs Festival(每年 7 月)**

聚集着来自 15 个国家的 500 名艺术家,以旧市区为中心,12 天内有 400 多场展览。电话(514)845 - 3155

● **蒙特利尔国际电影节** **World Film Festival(每年 8 月底 9 月初)**

600 多部电影作品从清晨到深夜持续放映,30 万观众大动员。

电话(514)848 - 3883

体育

在蒙特利尔，最受欢迎的体育运动应首推冰球。如果是专业队，您能看到令人吃惊的速度与比赛。其中尤其以蒙特利尔加拿大队 Montréal Canadians 为响当当的职业队。自 1929 年以来，他们 24 次将斯汤莱杯握于手中。每到决赛夜，全街骚动。比赛从 10 月至次年 3 月（复赛时至 6 月）在公共赛场（2313 Ste – Catherine W. 售票电话(514)932 – 2582）进行。

而专业棒球队中，Montréal Expos 队加盟了全美国家联盟。在 4 ~ 10 月的赛季中，您还可以在奥林匹克体育馆（售票电话(514)790 – 1245）欣赏大联盟队在比赛时的魅力。

奥林匹克体育馆探访
(Montréal Expos)

在地铁橙黄线的 Pie – IX 下车。月台上张贴有 EXPOS 的标志。由于体育馆和车站之间有联络通路相连，所以只要沿 Stade（Stadium 的法语）表示的方向走即可。

最高价席位售价$26（含税、EXPOS 的区侧）。坐在此座席上，会有可爱的姑娘拿来菜单，您可预订餐饮。令人高兴的是还可以用信用卡支付。最值得品尝的是量非常足的烤牛肉三明治，售价$6.25。这也是餐饮类中价格最高的菜谱。软性饮料$1.75 ~ 3.00、咖啡$1.25、啤酒$3.80、葡萄酒$3.75、掺水酒$5.75，全部含税金。

体育馆内照明极佳且音响效果出类拔萃。迪斯科风格的音乐，重低音形成震撼效果，使人精神为之一爽。而且这里也显示了蒙特利尔法语圈的突出特征：记分牌、场内广播都使用英法两种语言，酿造出一种令人稍感不可思议的气氛。不管怎么说，在这奥林匹克体育馆中最有人缘的要算 EXPOS 的吉祥物——Youppi，它体现着卓越的艺人风范。

此外，场内还设有棒球酒吧、游戏中心、精彩节目（球投中时，就有穿着地区内对手——阿特兰塔·布莱布斯队运动服的少年落入泳池中的玩法）、以美国一流职业棒球队联盟的著名投手为画面的击球机器以及能制作自己的棒球卡的服务角（EXPOS 的运动服、球棒、球等一应俱全），非常好玩。球场内的职员也都很热情。当日去购票估计也能买到，还能邮购票证，您不妨一试。在 1994 年度最优秀领队费里佩·阿尔（第一位中南美出身的领队，多米尼加共和国出生）的指导之下，击球员，其子毛伊塞斯·阿尔、威尔弗莱德·科德罗、隆德尔·霍怀特、克里弗·弗罗伊德、迈克·兰辛古、达连·弗莱查、托尼·塔勒斯科，投手白德罗·马尔切奈斯、卡尔罗斯·白莱斯、杰克·法塞罗、迈尔·罗哈斯等为该队效力。其特色为云集了较多年轻选手的清新队风。请大家一定去支持他们！

Montréal Baseball Club Inc.
P.O.Box 500，Station M，
Montréal，PQ.H1V 3P2

商业区中有名的商场

La Baie

585 Ste – Catherine O.

电话(514)284 – 4422

英语圈中购物首推 The Bay，魁北克省则为 La Baie。较伊顿更大众化。

营业时间：周一～周三 10:00～18:00、周四五～21:00、周六 9:00～17:00、周日 10:00～17:00

Le Centre Eaton Montréal

705 rue Ste – Catherina O.

电话(514)288 – 3708

1990 年竣工，为商业区中最大的购物中心。地下与 La Bare 相连。

Ogilvy

1307 rue Ste – Catherine O.

电话(514)842 – 7711

创业于 1866 年的老字号商场。内设高级名牌时装店。

营业时间：周一～周三、周六 10:00～18:00、周四、五～21:00 周日 9:00～17:00

Holt Renfrew

1300 Sherbrook O.

电话(514)842 – 5111

装饰精美的建筑物全层均为此高级时装店。由于各层都很小，可能进出较难。而电梯女郎私语似地告知楼层，令人感到一种假绅士感，非常有趣。

市场

想买新鲜食品还是去公共市场

Atwater Market

位于商业区的西南，出地铁 Lionel – Groulx 站后沿阿特渥塔街向南走几分钟即可到达。户外的柜台上琳琅满目，摆满了 60 多种蔬菜、水果和花等。两层楼的建筑物中卖肉、鱼、干酪和香辣调味料等的专卖店一溜排开，都很便宜且种类丰富。

阿特渥塔市场

Jean – Talon Market

该公共市场位于意大利裔移民众多的小意大利一带的中心地区。规模是阿特渥塔的 倍。带拱廊，除生鲜食品店外还有许多皮革制品店。从附带少数民族餐厅的地铁站 Jean – Talon 下车后徒步约 5 分钟。

营业时间（两市场均为）：周一～周三 7:00～18:00(周四五～21:00、周六日～17:00)

给想吃日本食品的人提供的好消息

建荣贸易公司　Kein Vinh Co.

1060 St. Laurent Blvd.

电话(514)3939－1030

是日本食品专卖店。许多食品仅此地有售。而且，比其他唐人街上的超市还要便宜。

●联兴超级市场

Supermarche Luen Hing

1050 St. Laurent Blvd.

衣橱用防虫剂、料理用日本酒、日清制粉的即食米粉等类物品均只此地有售。而其他大致都可在建荣贸易公司购到。

●新胜隆　*Sun Sing Lung*

72A La Gauchetière W.

店虽小，但集中了很多物品，还有梅干和加利福尼亚大米，非常方便。也有S&B咖喱。

蒙特利尔的三大超市

Metro、Provigo、IGA均为值得信赖的连锁超市。杂货店Pharmaprix也很方便，但24小时全天营业的商店在St－Andre × Ste－Catherine和Queen Mary × Côte des Neiges地带。

●*Metro*

由于便宜，常有顾客光顾。从YH走约三个街区，位于Ave. du Parc和rue Prince Arthur街角Les Galeries du Parc的一层。美国产的日清杯装方便面（虾味95¢）十分美味！这里还有电影院、衣物杂货店、邮局等，同时也是娱乐享受的场所。

24小时营业的杂货店

●*Pharmaprix*

著名的普洛毕哥虽然食品种类丰富，但日用品粗陋。我劝您来位于St－Andre和Ste－Catherine的交叉路口处的这家商店，不但日用品丰富，而且便宜，24小时全天营业。其附近还有食品超市，若在附近住宿则再方便不过了。

供应咖啡的书店

●*Paragraphe*

2065 Mansfield

电话(514)845－5811

该书店位于与夏布鲁克街的街角处。书籍丰富充实，且都经过精心挑选，适合爱书者的品味。光线明亮的店内还供应咖啡，并可买到便餐。因此最适合买到书后立刻翻开就读。

RESTAURANT 餐厅

商业区

熏肉老铺

●*Bens*

990 Maisonneuve O.

电话(514)844－1000

经营蒙特利尔名产熏肉的老铺。店内装饰着好莱坞50～60年代明星的照片和亲笔签名。营业时间为晚7:00～凌晨4:00，非常方便。

挤满 McGill 大学学生的公共酒吧

●*Peel Pub*

1106 Blvd. de Maisonneuve

味道虽是一般，但量却极足，价钱也很公道。我去那天正赶上有棒球明星赛，因此店内几处大屏幕也在播放着比赛，热闹非凡。由于每次叫菜时即便是一杯酒也须付小费，因此作为熟客的常识通常是开始一下订完全部所需。有许多客人将菜和啤酒摆满桌子，然后一气吃完饮过之后出门。

* * *

在后面的 Ste – Catherine 一侧也有一间酒吧，尽管较为古旧，但商人、学生和游客出出进进，无论何时去都能看见长长的队伍。

* * *

由于音乐音量过大，在此谈话很不尽如人意。我承认的确便宜，但却不大喜欢。况且，在入口处还要接受保安人员对所持物品的检查。

美味蛋糕和咖啡的店铺

●*Calories*

4114 Ste – Catherine O.

电话(514)933 – 8186

位于地铁 Atwater 的附近。还供应便饭类。由于距冰球赛场 Forum 很近，因此赛后人们常会在此排出长队。

内韦尔·库亚吉努的豪华店

●*Vent Vert*

2105 rue de la Montagne

电话(514)842 – 2482

位于里茨·卡尔顿后面的内韦尔·库亚吉努风格的法国餐馆。如果订主菜为前面摆好的菜和白身鱼并配以甜点的套餐，葡萄酒和咖啡另算；价格为$39.5(税另加)。虽然算不上便宜,但清新而上乘的味道却是您意想不到的收获。该店面朝大街，虽位于装设了玻璃的半地下，但店面时髦，气氛良好，店员亲切随和而并不装腔作势。

细面条味美价廉

●*Beaujalais*

位于 Montagne 和 Maisonneuve Ouest 的街角。那不勒斯风味细面条加之美味蕃茄风味的汤和面包只售$5.75。由于服务小姐身着超短裙网状连裤袜出场，开始认为肯定是进了黑店会被敲竹杠，但却是一家普通店。

●Dynaste de Ming

3407 rue Peel

位于 Mcgill 大学左邻宾馆 Shangri-la 一层的四川菜餐馆。我在这里吃过的午饭菜谱中包括花样翻新的汤类、春卷、虾和酒牡蛎等，米饭加温蔬菜、茉莉花茶配以家制甜点心售价$11.95(税另加)。午餐有 10 多种，$9.95 起价。雪白的桌布并配以餐巾，令您产生一种高级感的同时，又觉得一切都合情合理。当地的报纸也曾经介绍过这家店的情况，您不妨去实地体验一下。

●*El Coyote*

1202 rue Bishop

电话(514)875 – 7082

在主菜做好之前的一段时间内，会端上一些特色小食品。喜欢喝酒的人可以喝到啤酒和龙舌兰酒。

中国城

●庆州饭店　*Mets Canton Szechuan*

84 R. de la Gauchetière

电话(514)397－9410

来到席边的侍者问我菜单是要英语的还是要中文的。我很想吃北京烤鸭，但英语菜单上却没有写，中文菜单上写有"酥皮北京鸭（两食）"，$17.95 很便宜。将酥脆的烤鸭和着辣味料醮酱正吃着时，北京鸭肉炒豆芽又端上了来，菜也很美味。汤分大小，如果两人吃，小的也足够了。壶中盛有乌龙茶，甜点则供应橙子。

●鹿苑　*Restaurant Jardin du Cerf*

1162 Blvd. St. Laurent

电话(514)861－1056/866－7138

唐人街上最令人中意的餐馆。1995 年初夏菜谱焕然一新，菜价也有所上调，但味美价廉却依旧未改。对于蒙特利尔的重食吃倦了的肠胃，最适合的莫过于辣酥酥很有效果的生姜粥了（$3.75）。$2.90 的馄饨汤和$3 的酸饺子汤味道虽然很淡但很美味。还有加入鸡蛋、蔬菜和虾的咖喱风味的宽面条（Fried rice stick in Singapole style)，能使旅人得到满足。即便在周末，午饭时间顾客也较少。但是晚上 8 点以后常有排队等候的现象。

●北京饭店　*Rest Beijing Inc.*

92 La Gauchtière W.

电话(514)861－2003

馄饨汤虽然味道一般，但加入了生蛋的牛肉粥($3.50)非常美味。同时劝您不妨尝一下春卷、唐卷及各种开胃小菜。还有加入皮蛋的猪肉粥，味道腻人，不太好劝你尝。该店位于唐人街的大致中央部位。

●香港　Restaurant Hong Kong

1019,1023 Blvd. St. Laurent

电话(514)61－0251

这是最值得一尝的要数冬季登场的黑豆酱汁蒸牡蛎$1.50/ch，在肉非常厚的牡蛎上加上焦糊的黑豆酱汁，感觉非常好。还有精制宽面条味道也很棒。

放开吃、物品价廉的中国菜

●玉园——畔溪酒楼
Jardin de Jade－Poon Kai Restaurant

57－67 La Gauchetière O.

电话(514)866－3127

店内非常宽敞，菜单丰富。有饺子、烧卖、包子、豆腐皮卷、叉烧猪肉、鸡脯肉、小虾、贻贝、排骨、炒面、炒饭、汤、糖醋里脊、绿豆粉条等。除去 50 种左右的菜以外，还有色拉、蛋糕、水果、冰激凌、菜、桔子汁之类，可以放开吃，敞开喝。刚出锅的饭菜不断端上来，每种都美味极了。碟子也会很快给予更换。价格为中午(11:30～14:00)$6.50，特殊时间（14:00～16:30)$5.50，夜(16:30～21:00)周一～周四$9.75，周五～周日$10.75、21:

00～23:00$7.50,非常便宜!全年营业。

● *Saigon City*

1021 Blvd. St. Laurent

电话(514)395－8699

唐人街上有许多越南风味的餐馆。虽然对中国人来讲或许会感觉香菜味太浓，但您不妨尝一下在无味的米粉上加入生肉、烹调肉、腱子肉和生豆芽的典型的东奇诺瓦兹汤。各种米粉都分小($3.75)、大($4.25)、特大($5.25)三种。

● *Cristal de Saigon*

1068 Blvd. St. Laurent

电话(514)875－4275

经常是顾客盈门。与典型的越南菜有所不同，这里的米粉类，根据汤的不同，面的种类也有所区别。同时区别于其他店，不存在大、中、小的差别。此外还有感觉上接近于日本拉面的菜谱，但实际上却是一种不可思议的截然不同的味道。

拉丁区周边

意大利餐馆

● *Eduardo' s*

404 rue Duluth E.

电话(514)843－3330

晚餐时间常常超员。因此在此就餐必须有排队等候20分钟左右的心理准备。店员技巧高明，很快端上来的蒜头面包味道很好，像比萨饼一样酥脆。这里的饭菜价格也很合适，两个人吃饭如果点上里脊烤肉加面食、牛腰肉加海鲜的配餐（均佐以意大利浓肉汁菜汤式的汤和咖啡）计价$31.80。还可自己携入酒类。店内很窄小，餐桌之间几乎连在一起，没什么空隙，但家庭式气氛很浓，感觉非常舒适融洽。

传说性的爵士乐俱乐部

● *Café Cumpus*

57 Prince Arthur E.

电话(514)844－1011

原本位于蒙特利尔大学前，但由于噪音过大而招致抱怨，从而移至亚瑟王子大街的传说性爵士乐俱乐部。由于这里是法语系大学生的聚集场所，因此多瓦兹和查贝利等的老式摇滚拥有很多听众。星期天有法语乐队在此演出。欣赏舞台表演从20:30～、入场费为$2－3。

在《一千零一夜》的气氛中品尝北非菜

● *Le Tagine*

5168 Blvd. St－Laurent

电话(514)495－3976

位于圣劳朗人街的摩洛哥&北非餐馆，坐落在密密匝匝挤满了餐馆和爵士乐俱乐部的繁华区域内。照明昏暗的店内，椅子和餐桌也深成暗色，形成色调的统一。

$19.95的套餐菜单中包括汤或色拉、焖乳羊或是品种齐全的蔬菜，此外还有饭、甜点与薄荷茶。假如是两个人点了不同菜种的话，那么样汤和色拉就会各半。菜肴多用香料，味道鲜美。邻室为阿拉伯夜生活气氛的茶沙龙，从室内的天井处有帷幔垂下作装饰，在此可以享受到甜点与茶。

可以边看电影边用餐的小餐厅

●Café Cine Lumière

5163 Blvd. St－Laurent

电话(514)495－1796

位于 Le Tagine 的斜对面。在店内的屏幕上放映着《市民手杖》等名片。花上$2 可以借到微型耳机收听。此地略带旧式巴黎的小夜总会风格，菜单也是法式菜肴。葡萄酒种类丰富，还有好几种当地啤酒。啤酒加便饭大致$10 左右。

●Citypub

3820 Boul. St－Laurent

电话(514)499－8519

将牛排、色拉和油炸薯条盛在一起的牛排套餐售价$4.95,在这一带可算是最便宜的。黑啤(杯)99¢(没有的话小杯 2 杯$3.75)及其他菜肴也相当便宜。

经常排起长蛇队的熏肉店

●Schwartz' s

3895 Boul. St－Laurent

电话(514)842－4813

劝您一定要尝一下这里的 Ribsteak ($6.75)、Smoked Meat(L $8.50、S $7.00)、Combo(是熏肉、牛排等的配合菜，可品尝到各种味道的简易盒餐。售价$10.45)等。柔软味浓而不腻的熏肉 C 型的足有 8 两，当地人能够很快吃得一点不剩。只是店内不设酒精饮料。当时看到邻桌点了樱桃可乐，热天试一下竟着了迷。由于饭菜可以带出，何不试试一边喝着清凉啤酒一边品尝饭菜的感觉!

营业时间：周日～周四 9：00～13：00　周五～14:00　周六～15:00

＊＊＊

虽有带出的客人，但队伍还是长长的一直排列到人行道上。对面虽然也有一家熏肉餐厅，却是冷冷清清的让人同情。

旧市区

有着老传统的波兰餐厅

●Stash' s Café

200 St－Paul O.

电话(514)845－6611

该餐馆前身位于圣母圣堂前，在那间古旧而漂亮的建筑内，老主顾一边呷着伏特加一边展开热烈的讨论，但原建筑却于几年前遭火灾烧毁，如今移至此地重新改装后开业。说起这里饭菜的话劝您不妨尝尝旧时风格的丸子（奶酪及肉馅的波兰风味丸子)和卷心菜。

在石造馆中品尝 18 世纪的风味

●St. Gabriel

426,rue St－Gabriel

电话(514)878－3561

创业于 1754 年的厚重石造法式餐馆。店内餐桌上烛光摇曳,给人一种格调高雅之感，而且即便穿着不那么正式也没关系。到这里尝一下再现了创业时期菜单的传统菜 L' Esccriteau 1754 ($20.95)看看味道如何?

气氛良好的法式餐厅

● *Le Grill*

183 St－Paul E.

电话(514)297－1044

夏季,在露台上,您可以一边欣赏手风琴演奏一边用餐。古老的建筑是17世纪的遗物。套餐价格为$16.95～。

蒙特利尔大学周边

纯正咖啡店铺

● *La Brûlerie St－Denis*

5252 Chemin Côte des Neiges

电话(514)731－9158

门口旁边堆积着一些装满了咖啡豆的麻袋，还有炒豆的机械稳稳地摆在那里。这里不仅有真正正宗的煮咖啡和牛奶咖啡,还供应法国豪华咖啡,以及但丁咖啡。店里有多种独特风味的咖啡。三明治也很美味。此外这里还不仅出售咖啡豆，同时有咖啡杯及煮咖啡的壶出售。其本店为原先位于St－Denis的店铺（3967 rue St－Denis　电话（514）286－9158）。

颇有美食家志向的素食主义者餐厅

● *Le Commensal*

3715 Ch. Queen Mary

电话(514)733－9755

以自助餐的形式,从开胃菜到甜点,各种新鲜而健康的菜肴一溜儿排开。还有奶汁烤菜和炖菜,令人不由得想:"咦,这里真的有素食主义者食物吗?"这里还举办艺术展和音乐会。在St－Denrs有其总店（2115 St－Denis　电话（514）845－2627），马吉尔大学旁边也有新店开业（1204 McGill College　电话（514）871－1480）。

Le Commensal

HOTEL 饭店

游客除去可以看旅游指南直接预定外，还可委托旅游问询处代办预定（免费）。由于机场的出口附近设置有主要宾馆照片的镶板和自拨电话，因此游客可以边看照片边自行选择。也可以在导游亭委托预定。此外，在Reservation Québec(电话(514)878－1000或电话(1－800)363－7372)，可免费为您预约魁北克省内的所有宾馆。

公共汽车总站

特别适合女性的宾馆

● *Hotel Manoir des Alpes*

1245 rue St－Andre(H2L 3T1)

电话(514)845－9803

传真(514)845－9886

位于 St－Andre 和 Ste－Catherine 的街角近旁，公共汽车总站徒步只需 5 分钟左右。由多尔博机场乘公共汽车约 30 分钟，乘出租车 20 分钟左右即可到达。统一成白色调的整洁的房间内附带浴室、洗手间、电视和空调等，房价中包括早餐，旺季Ⓢ$55～65、Ⓓ$58～70 加税。淡季ⓈⒹ$48－58，Ⓣ$65－75 加税。服务员会交给您三把钥匙(大门、二层楼入口、自己房间)，前台服务非常热情周到。

最靠近公共汽车总站的经济型宾馆

●*Hotel le Breton*

1609 St. Hubert

电话(514)524－7273

传真(514)527－7016

宾馆虽较为古旧，但干净清洁。假如持有学生证，则可得到咖啡和附带羊角面包的免费早餐。旺季房价不带洗澡间的为Ⓢ$35～42、Ⓓ$35～45、Ⓣ$40～55，带洗澡间的则为Ⓢ$40～55、Ⓣ$50～60。宾馆邻近有餐厅和快餐店，卖啤酒及葡萄酒等的大型杂货店也距此很近。由公共汽车总站步行至此只需 2 分钟，乘地铁则在 Berri－UQAM 站下车。

●*Auberge Louisbourg Hotel*

1649 St－Hubert(H2L 3Z1)

电话(514)598－8544

从地铁 Berri－UQAM 站步行至此需 5 分钟。Voyageur 的汽车终点站也就在近旁。带彩电、空调、洗澡间、厕所的房间价格为Ⓢ$35～42、Ⓓ$28～35。从地域上来讲，该宾馆并非很好，然而房间宽阔而整洁，确实非常舒适。

闲逛学生街的据点

●*Hotel St. Denis*

1254 rue St－Denis(H2X 3J6)

电话(514)849－4526

传真(514)849－4529

从 Berri－UQAM 站徒步至此2分钟。建筑虽旧但清洁，前台服务热情周到。带洗澡间的房价为Ⓢ$59、ⒹⓉ$65，淡季Ⓢ$39、ⒹⓉ$45。设有停车场。一层邻接的餐厅内气氛宁静平和，菜肴味道也很好，只花$10左右即可吃得饱饱的。

东方风格的宾馆

●*Hotel European*

1620 St－Hubert(H2L 3Z1)

电话(514)282－8749

传真(514)524－5695

位于公共汽车总站附近。这里虽较为古旧，然而服务周到。带彩电、洗脸台、电扇外加洗澡间、厕所的房间房价为Ⓢ$34～41、Ⓓ$37～44、Ⓣ$43～52，不带洗澡间、厕所的则为Ⓢ$25～30、Ⓓ$28～34、Ⓣ$35～42。各层都设有公共厕所。宾馆内漂浮着一种独特的香味，别有一种异国情调的氛围。

●*Hotel Villard*

307 rue Ontario E. (H2X 1H7)

电话(514)845－9730

传真(514)844－6910

从机场乘出租车至此约$30。房间宽敞、干静整洁，令人心情舒畅。带彩电、冰箱、洗脸台的房价为Ⓢ$30~35、Ⓓ$40~50、Ⓣ$45~50,厕所和淋浴公用。带澡间的则为Ⓢ$35~45、ⒹⓉ$45~60。

商业区

与其周围环境共有一种华美气氛

●Best Western Ville - Marie

3407 Peel St. (H3A 1W7)

电话(514)288-4141

传真(514)288-3021

是由旧 L'Hotel Shangrila 经改名、改造重新开业的,位于蒙特利尔美术馆附近。房价为Ⓢ$99、Ⓣ$109,虽说略高了一点,但绝对能使您感受到一种豪华气氛。

高级宾馆的代名词

●Ritz - Carlton Kempinski

1228 rue Sherbrooke O. (H3G 1H6)

电话(514)842-4212

传真(514)842-4907

位于黄金地域中心位置的高级宾馆。房价为Ⓢ$195~205、ⒹⓉ$205。本书读者团体房价为$175。此外周末房价为$159(淡季$135)。从地铁 Peel 站下车后,无论是去往美术馆或是克莱森特人街,亦或去旅游问询处或马吉尔大学等处,均极为便利。

商业区中的合适宾馆

●Days Inn Downtown

1005 rue Guy(H3H 2K4)

电话(514)938-4611

传真(514)938-8718

该宾馆设有室外游泳池。住一夜房价为ⓈⒹ$60~65,3人/4人$70~75。由多尔博机场至此乘机场公共汽车约20分钟,乘出租15分钟即到($25)。

品味欧洲小宾馆风格

●Château Versailles

1659 rue Sherbrooke O.

电话 (514) 933-3611/(1-800) 361-7199　传真(514)933-7102

是将高级住宅地夏布鲁克的宅邸改装而成的欧式宾馆。随意摆放在走廊内及楼梯上的装饰性家具给人一种格调优雅的感觉。虽然房间不甚宽敞,但床铺舒适且浴室清洁。房价为ⓈⒹⓉ$105~135。周末还会延长时间。虽然对面也有塔别馆 (Tower Versailles), 但从气氛上来讲劝您还是住在宅邸这边较好。从地铁 Gay 到此 3~4 分钟。

适合长期滞留的公寓式宾馆

●Le Montfort

1975 Blvd. de Maisonneuve O. (H3H 1L5)

电话(514)934-0916

传真(514)939-2552

从画家风格到豪华套间,房间分为四种。全都带厨房,厨房内电烤箱、烤炉、冰箱以及餐具等一应俱全。靠南一个街区有一家卖啤酒及食品等的超市,生活极为方便。前台位于靠内的一个小房间,旅馆大门为自动式,由于这种门用自己的钥匙即可打开,因此旅客可以保留个人私生活的自由。内部还设有芬兰浴和游泳池。8晚以上的住宿费画室为1人$455(2人$490)、单卧房套间1人$595(2人$630)、双卧房套间1~2人$770、3~

4人$805。预订特餐每人追加$35、延长住宿则每晚追加$65～110。该宾馆地处地铁站 Guy－Concordia 和 Atwater 之间，徒步即可去往商业区的中心。因此那些想以自己的步调居留于此的游客大可下榻于此种具有家庭情调的宾馆。

经济型 B&B

地处繁华的克莱森特大街

●YWCA

1355 Blvd. René Lévesque O.（H3G 1T3）

电话：(514)866－9941

传真：(514)861－1603

由地铁 Lucian L' Allier 站下车，到鲁原·莱北克，通过大街后即来到该店所坐落的一角。每个房间都配有毛巾和肥皂，带洗澡间的房间房价为Ⓢ$40～45、Ⓓ$60，不带澡间的宿舍则为$22、Ⓢ$35、Ⓣ$50。各楼层均配有厕所和淋浴间。一层还设有一间咖啡店，每天早上7:30开始营业（周日休息）。旅客住在这里可以免费使用该馆体育设施和芬兰蒸气浴，还能参加各种团体活动。

还有着充实的自助餐厅

●YMCA

1450 rue Stanley（H3A 2W6）

电话(514)849－8393

传真(514)849－8017

去往该旅馆可乘地铁在 Peel 下车，位于出站口的正对面。房价为带澡间的Ⓢ$38、ⒹⓉ$54，不带澡间的则为Ⓢ$35、Ⓓ$48。由机场出发乘机场公共汽车至此需40分钟($8.50)。同时接纳女性旅客。

以红色 HOTEL 的文字作为标志的青年旅馆

●Auberge de Montréal (The Montréal Youth Hostel)

1030 rue Mackay(H3G 2H1)

电话(514)843－3317

传真(514)934－3251

从蒙·洛瓦伊亚尔公园旁迁移至此。交通要比以前方便，从地铁 Lucienl' Allier 站徒步至此只需1分钟。房价为宿舍（4、6、10张床）会员$16、非会员$18。租借床单为$1.25。这里没有投币洗衣店，可徒步去克莱森特大街，只需5分钟左右，洗涤与烘干价格均为$1.25。

* * *

这是一家非常干净的青年旅馆。今年夏天该馆的门均由卡式换成了自动锁式，地下食堂也很清洁。夏季经常组织市内观光等的小旅游($3、不算交通费)，这是和世界各国游客交朋友的绝好机会。晚上则可以40～50人一起逛公共酒吧、迪厅或俱乐部等，会给你一种超震撼的感觉！住在此地既清洁又安全，同时还可结交世界各国朋友，而房价更是便宜得没的说。

蒙洛瓦伊亚尔公园旁的大学宿舍

●Université de Montréal / Les Residences

2350 Blvd. Edouard－Montpetit

电话(514)343－6531

传真(514)343－2353

5月上旬～8月下旬期间对外开放。从地铁5号线 Edouard－Montpetit

步行至此约需5分钟。房间虽小但很整洁，住于此地可优惠使用大学内的游泳池等体育设施。校园内还有自助餐厅和邮局。总之，由于校园很大，绝不会让您感觉无聊。宿舍一层有投币洗衣机，浴室公用，房价为Ⓢ$26.20、Ⓣ$37.36。

便宜又方便的宿舍

● *Collège Francais (Vacance Canada 4 Saison Inc.)*

5155 rue de Gaspé(H2T 3B7)

电话(514)495-2581

传真(514)271-2823

注意不要搞错出口，否则会绕得很远。乘坐地铁2号线开往Henri-Bourassa方向的最前面的车辆在Laurier车站下车。从最前面的出口走出，直接向前。当看到左侧的国际银行时则穿过交通信号，在第三条街右拐稍向前进，便来到大楼和停车场旁边的路上。走上台阶后里面设有接待处。但是，由于这附近治安不尽人意，因此需随时提起注意，千万不要迷路。宿舍房价为$11.50~12.50，Ⓢ$19.50，Ⓓ$15.50。

* * *

此处虽有自助餐厅和体育馆，但淡季不营业。另外，用餐宜在外面进行。

有来历的建筑、好客的主人令人舒适愉快

● *Downtown B& B Network*

Bob & Mariko Finkelstein

3458 Ave. Laval(H2X 3C8)

电话 (514) 289-9749/(1-800) 267-5180

传真(514)287-7386

在位于圣·路易公园旁边的Laval大街上建有许多古老而潇洒的住宅，该B&B即为其中之一。外设螺旋楼梯，建筑外观非常优雅，室内地板到处都打磨得十分光亮，房间装设着法式窗户，各种设备齐全。旅客还可在厨房自己起伙做饭，市内电话更可以随便打，不收费。单人间房价为Ⓢ$40、ⒹⓉ$55，三人间$75，附私人洗澡间的房价只限ⒹⓉ$85~100。早餐中的羊角面包和咖啡味道极美，令人难忘。老板是一位性格安静的美国人，而其妻子则是位爽快的日本女性，对客人有问必答，应对流利使人心情舒畅。由于这里极有人缘，夏季如不很早预订的话就很难住上。另外，由于这里还是B&B网络的代表，所以会为旅客安排其他的B&B。预约住处时需要准备$15的押金。从地铁Sherbrooke站至此徒步约3分钟，由公共汽车总站乘出租至此约$3。由于亚瑟王的餐馆街就位于近旁，因此用餐也极为方便。

● *Bonheur d' Occasion*

886 rue Agnes(H4C 2P8)

电话(514)935-5898

在起居室我借用了店主的音响，这

使我发现蒙利利尔城即便是在加拿大范围内也算是一座独特的城市。从银行酒吧一直东进的我，在来到蒙特利尔之前一直认为"到加拿大还是听通俗音乐最棒"。然而，即便在这音响中放上最中意的CD，亦或是收听收音机中的通俗歌曲节目，却总觉得与周围气氛不相调和。不经意放入古典音乐，调好旋扭，却被那古典音乐的音色深深迷住了，还令我不由觉得似乎是看到了魁北克文化的另一个侧面。假如您住进那种整齐划一的宾馆的话，大概决不会品味到这种感觉的！这里的女主人人品极好，虽然英语不是特别得心应手。尽管4月份还很冷，她还是常常为我取出放在仓库中的自行车。早餐量很充足，尤其抹了果酱的法式吐司的味道令人难忘。房价为单人$45~50、双人$60~65。

盛情待客，令人愉快的B&B

Dormir a Montréal

4154 rue St－Hubert

电话(514)526－9302

在旅馆问询处的小册子上可以发现此间B&B。它是将19世纪宅邸的一部分改装而成的。从地铁Mont－Royal站徒步至此约5分钟。正位于住宿区中。当时店主带我看了三个Ⓢ用的房间，告诉我说可以随便选择自己喜欢的一个。房价为Ⓢ30~40、ⒹⓉ$55~65、套间(4人用)$75~90。洗澡间、厕所为旅客专用。由于我选的房间内没有电视，主人特地为我搬来了一台。店主达尼埃尔先生是法裔，英语说得不是很好。早餐时间为早晨9点，每天花样翻新，非常美味。若是市内电话，则可免费随便打。

家制美味

Gîte St－Bruno B& B

1959 Montarville (J3V 3V8)

电话(514)653－2149

此处为父子二人经营。洗澡间、盥洗室为旅客专用。即便是单人间，也大致有10张榻榻米的宽度，这里打扫得非常干净。由于这里地处郊外，周围环境优雅宁静，交通还比较方便。房间内的小花瓶中装饰着庭院中种植的花卉。庭院极为开阔，栽培着苹果、乌饭树、草莓等。早餐供应好几种家制果酱供人品尝，且菜谱每日有所不同，非常美味。房价为Ⓢ$30、Ⓓ$50，三人间追加$10、儿童(2~12岁)$5。住宿3天以上优惠10%。到此可乘地铁4号线在终点Longucuil下车，或乘99次公共汽车在St－Bruno下车。宾馆接待时间为5月15日~10月15日。

位于郊外的绝妙B&B

La Maison de Grand－Pré B& B

4660 rue de Grand－Pré(H2T 2H7)

电话(514)843－6458

传真(514)843－8691

在地铁Laurier站下车，徒步3分钟。建筑稍稍显古老(由于是19世纪建筑)，但内中非常清洁。或许由于其所处地理位置的原因，环境极为宁静。这里有一种家庭氛围，令人身心舒畅。能讲英法两种语言的店主所做的早餐是真正的豪华版，尤其煎蛋卷更是其中绝品！五个房间有两个带洗澡间。房价中包含早餐为Ⓢ$45～50、ⒹⓉ 65～70（含税）。若从机场乘机场公共汽车。可在保雅伊嘉站下车后换乘地铁。

USEFUL INFORMATION 有用的信息

●**交通机构**

航空公司：Canadian Airlines International　电话(1－800)426－7000

Air Canada　电话(1－800)422－6232

American Airlines　电话(1－800)433－7300

Delta　电话(1－800)323－2323

覆盖东部加拿大的格外便宜的交通服务 Allo Stop

该交通服务公司实行会员制，在东部15个地区都设有办事处。是司机和使用者的中介机构。入会金为$7（需要ID），能为游客调停安排去往目的地的公共汽车。大致价格为蒙特利尔～魁北克$29、渥太华$10、多伦多$24、纽约$50。

Allo Stop：蒙特利尔　电话(514)985－3032　魁北克　电话(418)641－0161

渥太华　电话(613)562－8248　多伦多　电话(416)531－7668

●**货币兑换**

Forexco：1250 rue Peel　电话(514)879－1300

虽然在机场或银行也能进行外汇兑换，但这里效率极高且不收手续费。加之离旅游问询处很近，因此劝您不妨来此兑换，只是，周末有时加拿大元会售空。营业时间：周一～周五 8:30～18:00　周六 8:30～15:00　周日 10:00～15:00

●**气温（℃）**

月	1	2	3	4	5	6	7	8	9	10	11	12
最高	－6	－4	2	11	19	24	26	25	20	13	5	－3
最低	－15	－14	－7	1	7	13	16	14	10	4	1.2	－11

TOURS 旅游公共汽车指南

灰线旅游／Gray Line of Montréal

1001 Dorchester Square　电话(514)934－1222

在蒙特利尔，虽然利用地铁和公共汽车都很方便，但为了迅速敏捷地浏览，则可乘坐旅游公共汽车。其中尤其以C－1和C－2对把握城市的地理来讲最为便利。

●**Tour C－1 Greater Montréal Tour**

可以游遍市内主要景点的旅游线路。夏季每日发车7次，成人$21　儿童$8　3小时

●**Tour C－2 Deluxe Montréal Tour**

较Tour C－1多出植物园、拜奥多姆、塔、奥林匹克公园等地游览项目的线路。成人$29　儿童$15.50　5小时

● Tour C－3 St. Helen's Island, St. Lawrence Seaway

圣劳伦斯河上风光及圣泰莱努岛内部的游览。成人$23，儿童$13　4小时

蒙特利尔的历史

从15世纪到16世纪，许许多多的欧洲人不懈地继续他们在北美大陆东侧的探险。其中，1535年，为加拿大命名的加拿大之父杰克·卡鲁契埃沿圣劳伦斯河逆流而上到达蒙特利尔。蒙特利尔用法语称为“蒙莱阿尔”，其含义为“伟大的山”。据说其由来是，卡鲁契埃曾手指蒙·洛瓦伊亚尔山，向先住居民印第安人询问过。

其后，于1611年，被称为“新法兰西之义”的尚普朗决定在蒙特利尔土地上进行法国殖民地建设。作为建设地，他首先的地方是圣泰莱努岛。然而实际建设的开始都不得不等到了30年之后的1642年5月17日——即由麦泽努布所率领的40个有勇气的同伴在比尔·玛丽的入殖。该地域是如今被称为“蒙特利尔发祥地”的旧市区，每年接待着众多游客的参观。此外，在位于旧市区中心的达尔姆广场上，还建有比尔玛丽的建设者麦泽努布的雕像。

1750～1770年，欧洲一时之间海狸的毛皮非常流行。由此，比尔玛丽依仗毛皮贸易而获得极大的繁荣。附带提一下，第一个沿美国的密西西比河而下来谋求毛皮的也是位法国人，名叫拉·萨尔。就这样，由于法国人的活动深入到了遥远的地域，他们与南侧英国人之间的冲突就仅是时间早晚的问题了。果然，于1763年，爆发了英法间的冲突。其结果是：法国人的殖民地变成了英属殖民地。但是，由于这一讲法语的原法国殖民地的加入，就与原先以英国人占绝大多数，以英语为通用语言的其他英属殖民地之间存在着很大差异。因此英国政府为了统一而备感踌躇。1774年制定出台的《魁北克法》即为英国政府的苦心之作。同时，法国人的天主教与法语也便由此而得到了保护。翌年，美国独立战争爆发，想从英国手中获得独立的人们，曾邀请在加法国殖民者们一起参加战争。然而，法国人殖民者满意于英国和平的统治，以此并未做出积极反应。

1788年，由亚历山大·马肯基在蒙特利尔创建了“西北公司”，进行皮毛交易。由在苏必利湖之滨狩猎海狸的印第安人乘独木舟沿圣劳伦斯河顺流而下，将许许多多的毛皮堆聚在蒙特利尔。而后，这些毛皮再通过西北公司而源源不断地向欧洲输出。

1809年，蒙特利尔与魁北克之间开始有汽船通航。然而，1820年后，西北公司的繁荣开始走下坡路，1821年终于被竞争对于“赫德森湾公司”所兼并。处于上述背景下，1833年，蒙特利尔作为城市得以确立。

就这样，伴随着19世纪的开始，加拿大也在继续着它越来越宏大的开发建设。

1847年，在蒙特利尔港设置了铁道机构，以此为契机，蒙特利尔实际上还成为了加拿大版图内的一个极为重要的部分。

加之1967年，世界万国博览会在此举办，这在北美地域范围内还是首次。接着，1976年的第21届世界奥林匹克运动会又在此胜利召开，其时有来自全世界132个国家的11,000人参加，蒙特利尔也开始作为世界性的大都市引起世人的注目。

LAURENTIANS

劳伦琴●QUÉBEC

位于蒙特利尔北部的宽广无际的劳伦琴高原一带是北美地区有名的疗养胜地之一。蒙特利尔人口中所谓的“去北边”即是指去劳伦系游山逛水。面积广阔的劳伦琴分为南部、中部和北部三个地区。以圣罗杰姆(St－Jerome)为中心的南部是劳伦琴的发祥地；而占据了整体面积三分之二的北部地区则是遍布森林湖沼，且未经人工雕琢的雄伟的自然旷野的世界。此外，从 Rivièr du Nord 稍稍靠北至 Mont－Tremblant 之间的中部地域为疗养胜地的中心。冬季滑雪；春夏则可尽情体验所有自然活动；秋季漫山遍野是红叶的海洋，一年之中的疗养，四时各有所不同。宾馆、餐饮、时装店及各种活动设施齐备的该地区，同时还是魁北克省的美食情报的发源基地。

ACCESS 路线

从蒙特利尔乘车至此约 1～2 小时。虽有 Limocar 的路线公共汽车由商业区发车，但由于其运行时间复杂加之各处停车，因此只适合时间特别充裕的游客。如果您想游览几个不同地方景点的话，则必须备车。主要的路卡大都设在 117 践线上，而直到圣特嘉多为止 15 号线都一直与其并行，因此不妨选择这条高速公路直至目的地近旁，速度较快。而假如一日往返的话，旅游公共最为高效。根据宾馆，有些还没有到蒙特利尔商业区或机场的迎送服务(有偿)。

公共汽车

Limocar Laurentides

Terminus voyageur, 505 Blvd. Maisonneuve E. Montréal

电话：(514)842－2281

从蒙特利尔博亚杰尔的汽车终点站出发至乔比特的公共汽车，每天发出数次。发往蒙特兰布兰的汽车只限于周五～周日，每天 1～2 次。车费为距离制，至蒙特兰布约$28。其发车时刻表每天有所不同，因此需要在汽车站领取一份时刻表后，再制定您的计划。

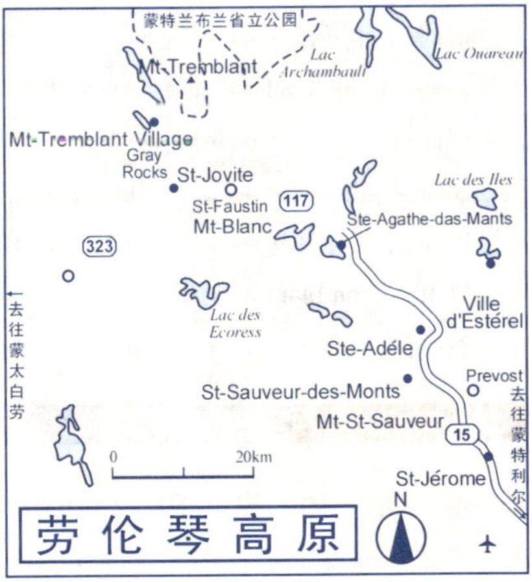

Limocar Basses – Laurentides

电话(514)435 – 8899

由地铁 2 号线的终点站、Henri – Bourassa 站出发。时刻表也在该站领取。但是，此路线只服务于南部劳伦琴地区，去往以下地点：Rosemère、Ste – Thérèse、St – Antoine、St – Jérôme。

旅游公共汽车

Gray Line

Tour C 6(Laurentian Mountain)

这是只限于旺季中的灰线一日往返旅游线路。该路线顺便去往圣索贝尔，在圣德尔湖畔的宾馆——尚特克莱尔用午餐，而后游戈于圣塔嘉多湖面上。导游以法律一样规范的英、法语为游客说明讲解，服务十分周到，令人精神愉快。

预约、买票请到位于蒙特利尔多尔彻斯特广场上的旅游问询处。

发车:6 月 1 日 ~ 10 月 8 日　10:00 发车　所需 7 个半小时

票价:成人$54　儿童$36. 50(包括税和白天饮食费)

INFORMATION 旅游问询处

虽然各景点实地都设有旅游问询处，但地处蒙特利尔多尔彻斯特广场的旅游问询处(电话(514)873 – 2015)可以咨询有关住宿、观光、旅游、活动等各个方面的问题。同时为方便观光，最好先搞到一本登载了详细导游情况的劳伦琴的小册子"Laurentides"。

[劳伦琴]

St – Sauveur – des – Monts: 75 Ave. de la Qare, Bloc N – 6, J0R 1R6
电话(514)227 – 2564

时间: 全年每日 9:00 ~ 17:00

Ste – Adèle: 333 Blvd. Ste – Adèle, JOR 1L0　电话(514)229 – 2644

时间: 全年每日 9:00 ~ 17:00(7、8 月 19:00)

Ste – Agatte – des – Monts: 190 rue Principale E. J8C 1K3　电话(819)322 – 1515

时间: 全年每日 9:00 ~ 17:00(7 ~ 9 月 18:30)

Mont – Tremblant: C. P. 248, rue du Couvent, J0T 1Z0　电话(819)425 – 2434

时间: 全年每日 9:00 ~ 17:00(7 ~ 9 月 21:00)

SIGHTSEEING 主要观光景点

圣·索贝尔·德·蒙　St – Sauveur – des – Monts

这是一座距蒙特利尔 60 公里，地处峡谷之中的城镇。其名字听起来酷似"圣索八"。它亦是劳伦琴滑雪地区之中集中有许多宾馆的疗养城。在建有教堂的狭小的主要大街上,时髦餐馆店及咖啡店、时装店和百货店等鳞次栉比。琳琅满目的茄克衫、大衣及靴子等便宜漂亮,且种类齐全,极能刺激人的购买欲。

圣德尔　Ste – Adèle

位于圣·索贝尔旁边。城镇的中心部为圣德尔湖,是水上滑艇和皮划艇等夏季活动的圣地。有许多宾馆和餐厅,此外由于还建有电影院和剧场等,令游客可以尽情享受愉悦的夜生活乐趣。去往埃斯泰莱尔的游客可从此进入 370 号线。

圣·塔嘉多·德·蒙　Ste – Agathe – des – Monts

位于由圣德尔更向北一些的地方,是德·萨布尔的湖滨城市。湖边有沙滩,夏季可在此游泳。快艇及海上游弋都非常兴盛。冬季从 1 月中旬开始每周末还举办各种演艺活动。

蒙·特兰布兰　Mont – Tremblant

中部劳伦琴的北端的城市。特兰布兰山是劳伦琴地区的最高山峰(649 米),该城即位于其山脚之下。Tremblant 原意为"震动"。人类危害自然,触怒神威而大山鸣动,这个土著印第安人的传说即为该城市命名的由来。它也是劳伦琴地区规模最大的滑雪场,同时还以美丽的红叶闻名遐迩。在其北部,是面积覆盖数百万平方公里的蒙·特兰布兰州立公园。夏季可在此享受野营、划船、垂钓等充满野性的生活乐趣。

劳伦琴的滑雪场

虽海拔较低，然而积雪 3 米以上的劳伦琴高原仍是北美最大的滑雪休养网络。尤其安装了照明的夜间滑雪设备更是世界一流。劳伦琴地区共有 21 个滑雪场，其中主要休养胜地为以下 4 处。

蒙·圣·索贝尔 Mont-St-Sauveurs

与旁边的蒙·阿比汤滑雪场相连。虽短线滑道较多，但其 28 条滑道的夜间照明设备之中却有 23 条为劳伦琴第一。而且其旅馆、餐厅及商店等的集中度也是首屈一指。滑雪后还可围炉漫谈，是一处尤受年轻人欢迎的滑雪休养地。

基本资料

时间:10 月下旬 ~ 5 月上旬

海拔差:200 米(213 米 ~ 413 米)

滑道数:28(初级 5　中级 9　高级 14)

最长滑行距离:15 公里

吊椅数：高速 3 把　上山吊椅 5 把　婴儿吊椅 1 把

吊椅票价:平时$28　周末$32　夜间券$24

营业时间:9:00 ~ 18:00(周末 8:00 ~)　夜场 15:00 ~ 22:30(周日 ~ 21:00)

路线：由蒙特利尔出发乘 15 路公共汽车，为时 1 个半小时。

联系地点:Station touristique Mont – St – Sauveur

350 St – Denis, St – Sauveur – des – Mont

电话 (514) 227 – 4771/(1 – 800) 363 – 2426

特兰布兰 Tremblant

劳伦琴最大的滑雪场。在南北两面均有许多从初级至超高级富于变化的滑道。还有船形雪撬专用的练习场。南面的山脚下还再现了因开发而消失的小巧可爱的历史村。

基本资料

时间:11 月下旬 ~ 5 月上旬

海拔差:650 米(915 米 ~ 265 米)

滑道数：57(初级 12　中级 16　高级 23　超高级 6)

最长滑行距离:6km

吊椅数：吊篮 1 把　高速 5 把　上山吊椅 4 把

吊椅票价:$43

营业时间:8:30~16:00

路线:从蒙特利尔出发乘15、177路公共汽车北上,在St-Jovit之前的Montee-Ryan左拐前行12公里左右。

联系地点: Tremblant

3005 Chemina Principal, Mt-Tremblant

电话:(819)425-8711/(1-800)461-8711

格莱·劳克斯 Gray Rocks

Station de ski Gray Rocks

P. O. Box 1000, St-Jovitte, Q. C. J0T 2H0

电话 (819) 425-2771/(1-800) 567-6767

位于蒙·特兰布兰的稍靠南一些位置，是劳伦琴开发最早的休养胜地。在平缓的坡面上设有20条滑道,有4把吊椅 (票价为$25),海拔差191米,虽略感不足，但此处却拥有此类第一的最富传统的滑雪学校。

蒙·布朗 Mont-Blanc

Station de ski Mont-Blanc

P. O. Box 122, Rte. 117, Saint Faustin

电话 (819) 688-2444/(1-800) 567-6715

由蒙特利尔出发驱车至此约需一个半小时。此滑雪场尤其面向行家开放，是一座滑雪教练及奥林匹克选手们进行强化训练的练习场。有35条滑道、吊椅8把(周末$30、平时$20)。

SHOPPING 购物

品味很高的杂货店

La Petite Ecole

153 rue Principale, St-Sauveur-des-Monts

电话(514)227-4227

传真(514)227-1991

地点位于圣·索贝尔主要街道的尽头。在为数众多的可爱店铺之中，这是一座格外引人注目的红砖色建筑。店内汇集了五彩缤纷的圣诞礼品、味道清雅的香皂以及当地并不常见的小瓶装槭糖浆等众多极有品味的小商品。女孩子如果进入该店的话大概30分钟以内也是不舍得走出来的。仅是饱饱眼福也大有趣味。

La Petite Ecole

豪华的老字号宾馆

Hotel Le Chantecler

P. O. Box 1048, 1474 Chemin du Chantecler, Ste – Adèle(J0R 1L0)

电话(514)229 – 3555

传真(514)229 – 5593

建于圣德尔湖畔的森林中，是一座石制的风格优雅的建筑。冬季，在私人活动场的22条滑道中，您还可以尽情体味下坡滑雪的乐趣。房价为一人$129 ~ 169。

Gray Rocks Resort

525 Ch. Principal, Mt – Tremblant(J0T 1Z0)

电话(819)425 – 2771

传真(819)425 – 3474

位于蒙·特兰布兰旁边的高级宾馆。在此可以进行高尔夫、骑马、水类体育等各种活动，是一处综合性的休养胜地。房价中包含两餐为Ⓢ$135. 60 ~ 147、ⒹⓉ1人$110. 55 ~ 121. 95、三人间$101. 40 ~ 110. 55。春～秋期间为Ⓢ$119 ~ 129、ⒹⓉ1人$97 ~ 107。

Auberge de la Place

49 Ave. de la Gare, St – Sauveur

电话(514)227 – 6661

传真(514)227 – 6410

圣·索贝尔的 B&B。房价 1 晚Ⓢ$50、Ⓓ$65、Ⓣ$70，4 人用别墅为$100。由米拉贝尔机场乘出租至此约需 15 分钟，$25。

Val – David 的漂亮的青年旅馆

Chalet Beaumont

1451 Beaumont

电话(819)322 – 1972

这里的青年旅馆非常棒，木式建筑，管理人员很和善。暖炉内燃着火，您可以坐在沙发上休息，打发长夜。此外，厨房等设备也配置完善，您不妨住到这里来享受一下。

* * *

宿舍房价为会员和 GIO 会员$15，非会员$17。近旁的家庭房间带洗澡间的为Ⓢ$45、ⒹⓉ$27，不带洗澡间的Ⓢ$35、ⒹⓉ$23。包含简便早餐。Val – David 是圣塔嘉多稍靠南一些的城镇，那里有许多民间工艺品店及画室。

完美的逗留型疗养地宾馆

Hotel d' Estérel

c. p. 38 ville d'Esterel,

P. Q. (J0T 1E0)

电话(514)228 – 2571

传真(514)228 – 4977

这座建于湖畔的四星级宾馆，位于 15 号线自圣德尔转入 370 号线后再向北行驶约 5 公里的地方。清晨，您可以领略到对岸森林的剪影以及湖面上晨雾缭绕的梦幻般的美景。整个埃斯泰莱尔村以该宾馆为核心形成一个疗养胜地。夏季除网球、高尔夫以外，还有冲浪、水上滑伞等活动。

冬季则有滑雪、滑冰、机动雪撬、狗拉雪橇等，活动极为丰富。此外还设有乘坐水上飞机的去往塔多萨克或尼亚加拉的一日往返旅行。真正地道的餐饮也是该地的享受之一，服务非常周到，5 月下旬～10 月中旬附带两餐的住宿价格为 1 宿Ⓢ$158～、Ⓓ$118(1 人)～，3 宿以上为Ⓢ$477～、Ⓓ$357(1 人)～。湖侧到夏季游客高峰季节时每类每宿加$10。

TROIS-RIVIÈRES

特鲁瓦·里维埃尔　QUÈBEC

位于蒙特利尔与魁北克之间，圣劳伦河沿岸的特鲁瓦·里维埃尔是加拿大第二古老的城市。流贯该城的圣·莫里斯河，在注入圣劳伦河的河口处分歧为两个砂洲，从河口外部看恰似三条水流，由此被命名为“三条河”。虽然过去依仗造纸业曾一度得到发展，但由于该地远离旅游的主要线路，因此整个城市弥漫着似乎时间已经停滞一样的静谧的气氛。尤其是残留着 18 世纪教堂及宅邸的旧市区更是姿容美丽。在城北 10 公里处，还有北美的代表性巡礼地——德·卡普圣母院。

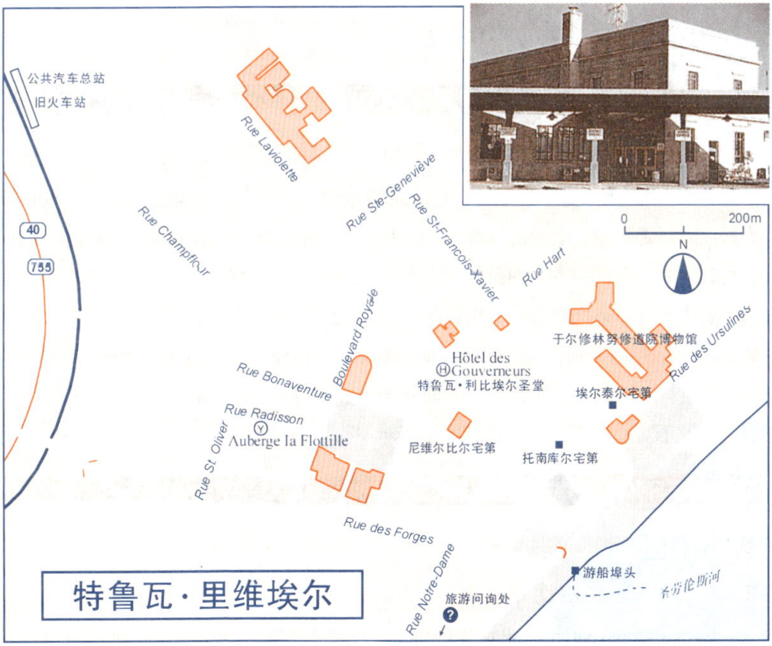

ACCESS 路线

由于 VIA 铁路从对岸通过,这里只有公共汽车或汽车。Orléans Express 的公共汽车从蒙特利尔出发 1 日 6 次 (约 2 小时$21.42)、魁北克发车 3 次 (约 1 个半小时$20.31)。由蒙特利尔出发的所有公共汽车都经特鲁瓦·里维埃尔到达德·卡普圣母院,发往魁北克方面的车有 3 次。

ACCESS 由车站到市内

Terminus d' Autobus Orléans Express

1075 rue Champflour　电话(819)374 – 2944

原是旧 VIA 车站,如今,成为货车用站。现在车站内部已改装得非常漂亮,还有一间咖啡厅。位置虽在城市北尽头,但徒步到市中心只需 10 分钟左右。乘出租车也不过$3 – 4,但却需要请车站工作人员帮助招呼。

INFORMATION 旅游问询处

Corporation du tourisme rt des congres de Trots – Riviẻrs

1563 rue Notre – Dame

电话(819)375 – 1122

位于 Notre – Dame 大街,穿过 Forges 大街向南走的地方。

营业时间:周一 ~ 周五 9:00 ~ 17:00

WALKING 游览方法

由于城市的主要观光点均集中于市中心,因此一天之内足可浏览一遍。尤其于尔修林努大街(rue des Ursulines)周边的旧市街地区为该城主要景点,以旅游问询处为起点沿河走到港口公园的尽头,穿过于尔修林努大街和博纳邦邱尔大街,再到有着大教堂和市政厅的香普朗公园,即可大致览尽该城的主要景观。若想就餐或购物则不妨去往与旧市区相邻的繁华街(rue des Forges),那里集中了许多餐馆、超市及时装店等。此外,由于特鲁瓦·利比埃尔艺术文化活动极为繁荣,所以到处都是由古建筑重新装修而成的艺术画廊。由 Forges 街走进去的 rue des Arts,也是一条挤满了小型画廊的小路。各店都有不同展览,游客也不妨去浏览一下。

SIGHTSEEING 主要观光景点

■旧市区

布歇·德·尼维尔比尔宅第　Manoir Boucher – de – Niverville

168 rue Bonaventure　电话(819)375 – 1122

建成于1730年左右的白色石造宅第。在一层室内展示着18世纪时魁北克的传统家具。二层顶楼则为枫木构造，非常漂亮。

开放时间：周一～周五9:00～17:00

免费入场

托南库尔宅第　Manoir de Tonnancour/Galerie d' Art du Parc

864 rue des Ursulines　电话(819)374-2355

从旅游问询处面向河的方向前行，到于尔修林努街后即可看到这幢位于左侧的建筑。原为大地主的私家宅第，18世纪初建成，后于火灾中烧毁，于1795年又重新修复。其后被利用作为兵营或学校等。几年前被市政府买断并重新进行了修复。如今则是美术馆和展览会事务局。上下楼层的墙壁及窗户的风格还有所不同，在那些安静的房间内展示着摩登艺术的画板，作为美术馆真是棒极了。免费入场。在该建筑的正对面是装置有大炮的上达尔姆公园。

开放时间：周二～周五10:00～12:00、13:00～17:00(周二、五19:00～21:30同样开馆)周一休息

埃尔泰尔宅第　Maison Hertel de la Fresnière

802 rue des Ursalines　电话(819)373-1887

18世纪初叶建成的法系贵族的私宅。是当时流行建筑样式的极好样板，装饰性的螺旋楼梯非常漂亮。现在这里已经成为酒馆，门口也只是挂了一块Maison de Vin标志的牌子。免费入场。其对面是建于18世纪中叶的圣杰伊姆兹英国国教会。

开放时间：周二三9:30～17:30(周四～18:00、周五～21:00、周六～17:00)周日12:00～17:00　周一休息

于尔修林努修道院博物馆　Musée des Ursulines

734 rue des Ursulines　电话(819)375－7922

博物馆内保存并展示着自1697年开始布教的于尔修林努修道院中的许多器物。其中包括餐具、家具、刺绣、绘画及雕刻等这些令人缅怀当年的物品。原建筑为1700年建造,但其间历经火灾,如今的建筑物是19世纪中叶以后才建成的。不过,仍旧保持着当初的样式,壮丽的穹庐圣堂为其标志。隔街对面的是面向河流整洁有致的公园。穿过此处,便来到港口的露台公园前面。

开放时间:博物馆:3/1～10/1 周二～周五 9:00～17:00(周六、日 13:30～)11～4月周三～周日 13:30～17:00　10月闭馆

入馆费:$2

博物馆

特鲁瓦·利比埃尔圣堂　Cathédrale de l'Assomption

362 rue Bonaventure　电话(819)374－2409

隔香普朗公园位于市政厅对面,是一座耸立着尖塔的宏伟壮丽的教堂。建于1854～1858年间,是北美惟一的威斯敏斯特样式建筑。其中那些美丽的彩色玻璃也非常有名。

开放:7:00～11:30、14:00～17:30　免费入场

市政厅

■卡普·德·拉·马德莱努

Cap de la Madeleine 城位于特鲁瓦·利比埃尔以北约10公里处,圣·莫里斯河的对岸。这里是魁北克省三大巡礼地之一,有着德·卡普圣母院。在面对着圣劳伦斯河的宽广的场地上,这座建有78米高尖塔的八角形大圣堂显得格外雄伟壮观。

德·卡普圣母院　Sanctuaire Notre－Dame－de－Cap

626 rue Notre－Dame, Cap de la Madeleine　电话(819)374－2441

该教会之所以会成为巡礼地是缘于两次奇迹。最初，小礼拜堂建于1714年。1878年，迫于扩大改建教会的必要，决定自圣劳伦斯河南岸运送作为建筑资料的石料。为搬运石头需要利用冻结后的圣劳伦斯河面，然而惟独那个冬天，都到了3月份，河却依然迟迟不结冰。然而奇怪的是当祭司发誓说将旧礼拜堂原样保存之后，河立刻就开始结冰，而当最后的材料终于运完之后，河又立刻解冻了。另一奇迹发生于1888年，据说祭祀和巡礼者3人突然发现作为圣所的礼拜堂内所供奉的玛丽亚像突然睁开了眼睛。从此以后，这里便成为世界各国众多信徒云集的一大巡礼地。如今的礼拜堂，便是使用当时的石料再建的。

开放时间：5～10月 8:00～19:00　淡季 8:00～12:00、13:00～16:00

路线：2路市内公共汽车由特鲁瓦·利比埃尔的 rue Notre－Dame 和 rue des Forges 的十字路口附近发车。此外，从公共汽车总站每天也有数次 Orléans Express 公共汽车（蒙特利尔出发的班次）发出。所需时间约15分钟。

RESTAURANT　餐厅

分量充足的法式菜

● *Café Mozart*

324 rue Bonaventure

电话(819)371－9483

干净整齐的店内布置，是一家很时髦的法式餐馆，气氛很随便和谐，服务小姐也令人感觉不错。我点了"本日菜谱"(Table d'Hôte)中的葡萄酒蒸贻贝，结果店家用大碗盛了约有50个满满地端出来，多得简直吃不了，味道也不错。芹菜汤非常美味，还附带饭后甜点，售价$14.95。一杯葡萄酒$2.81。如果是套餐菜单，其中还包括牛排。

HOTEL　旅馆

由于常有各类会议在该城召开，因此设备完善的大型宾馆也有3家。市内也有青年旅馆。沿商业区外的 Royal 大街，还有几家汽车旅馆。

经济又舒适的现代宾馆

● *Hôtel des Gouverneurs*

975 rue Hart　电话(819)379－4550

位于特鲁瓦·利比埃尔教堂近旁，面向 Hart 大街和 Laviolette 大街的大型宾馆。房间很宽敞，并以茶色色调统一装饰得非常和谐。虽然房价表上规定着住一宿$76；实际上平时$50即可住宿。设备和服务均达高级宾馆水平。虽距离繁华街较远，但去往旧市区很方便。

距商业区很近的青年旅馆

● *Auberge la Flottille*

497 rue Radisson(G9A 2C7)

电话(819)378－8010

传真(819)378－4334

位于 Radisson 大街上，该路通往有着市政厅的香普朗公园。全年营业，房价Ⓓ$36、宿舍$18、青年会员$15。另外，如果您和 Claude Dupont 先生交涉一下，也许还会得到读者优惠以及长期优惠。

QUÉBEC CITY

魁北克城 QUÉBEC

魁北克省和省会魁北克城，是作为法国殖民地的据点建立起来的。加拿大历史最悠久的城市。从很早开始这里就是法国和英国殖民地统治争夺的目标，也是屡遭战乱的地区。经历了英国统治时代之后的今天，其居民85%以上为法裔加拿大人，可谓彻底的法国文化圈。绝大部分人不仅以法语为母语，而且他们的气质及生活习惯都深深地渗透着法国色彩。仅是这些，这座将18世纪的历史原样封闭起来的旧城市，就比蒙特利尔更富有欧洲气息。

ACCESS 交通路线

飞机 如果乘坐从多伦多出发的CP的直达班机，1小时30分即可到达。直达班机周一~周六每天3个航班，周日两个。从渥太华、蒙特利尔每天有多趟班机，分别需要1小时45分和15分钟，一般从多伦多发需要2小时10分钟。

铁路 从蒙特利尔乘VIA Rail需2小时40分，每日运行4~5次。其中2次接续渥太华首发列车、3次接续多伦多首发车，每一次都在蒙特利尔换乘。从渥太华发需6个半小时~7小时，多伦多发需9小时。车内供应茶点，一定会使你旅途愉快。

公共汽车 从蒙特利尔出发乘Orléans Express的公共汽车需3小时。始发站为蒙特利尔的鲍耶加公共汽车站，终点站是洛尔站市的Gare de Palais。每天早晨6:00至夜间每隔1小时发车1次，途中只在Ste－Foy停。除此之外，也有从Montréal发经Trois－Rivières的班车，从Trois Rivières需2个半小时，1天有3次左右。从Montréal出发去Orléans Express的汽车也有数次运行。

ACCESS 从机场到市内

查鲁萨杜国际机场 Jean－Lesage Airport

位于魁北克·森特尔西23公里处。短程公共汽车把机场和旅馆连结起来，并和来往的几个班次的离着陆时间相协调，但是每天也不过3~5次。所以最好乘出租车，到商业区只需25分钟左右，价格约$25。

●机场公共汽车

Maple Leaf Sight－seeing Tours & Dupon

电话(418)649－9226

到闹市区约需 30 分钟。价格:成人单程$8.75。

ACCESS 从 VIA 铁路车站到市内

帕雷车站　La Gare du Palais

450 rue de la Gare du Palais 预约、咨询　电话:(418)524－4161/692－3940

有从多伦多方面始发的 Via Rail 往来。车站在城墙外 Rue Saint－Paul 路的邮局西侧,是一座砖瓦结构的宏伟建筑。旧式的院内有小卖部和餐馆,和车站周围的空旷气氛形成鲜明的对比。从大厅里侧可以到汽车站,乘出租时,在汽车站侧上车,到旧城区$5。步行需 10～15 分钟。

莱维车站　La Gare de Lévis

5995 rue Saint－Laurent　电话(418)833－8056

有哈利法克斯、蒙特顿、加斯佩方向来的 Via Rail 往来。车站位于旧城区崖下的街区 Place Royal 旁边圣劳伦斯河渡口的对岸(乘船渡河需 10 分钟)。渡船每隔 30 分钟 1 次,一直运航到深夜,非常方便。不下船的话,还可以乘船出游,往返$2.85。

ACCESS 从公共汽车总站到市内

公共汽车总站　La Gare Centrale d'Autobus(Interurbain)

320 rue Abraham－Martin　电话(418)525－3000

VIA 车站旁边建有一座现代化的高楼,汽车站就在它的一层,除有连结魁北克省各地的快车由此往来外,还有去塔得萨克方面的 Interear 或去 Beauport 方面的 800 路 Métrobus,院内清洁,有小卖部,交费自动收存随身携带的物品箱。STCUQ 的 25、125 路市内公共汽车穿过旧市区,通过圣让门旁边的 Place d'Youville。从车站步行需 10～15 分钟。

INFORMATION 旅游问询处

全年营业的问询处,有魁北克市旅游问询处和魁北克省旅游局。旅游问询处在广场公园的一个区中,魁北克省旅游局则在夹着达尔木广场的前奈克城堡的正面,其中还有证券交易所。

Centre d'Information de OTCCUQ: 60 rue d'Auteuil　电话(418)692－2471

营业时间:6月1日～9月2日　8:30～20:00　9月3日～10月10日　8:30～17:30　10月11日～4月15日　周一～周五9:00～17:00　4月6日～5月31日　周一～周五8:30～17:30

Maison du Tourisme de Québec: 12 rue Ste－Anne

电话(1－800)363－7777/(418)643－2280

营业时间:6月10日～9月2日　8:30～19:30　其余时间9:00～17:00

流动问询车:只在夏天，竖有绿底色配以"?"号标志和小摩托车会在旧市区巡回，回答旅游者提出的问题。

营业时间:6月8日～9月2日　9:30～17:30

魁北克市旅游问询处

WALKING 游览方法

所谓魁北克，阿尔贡基恩印第安人的话意为"河流狭窄的地方"。从远处望去，圣劳伦斯河确实在Cap Diamant之下河面突然变窄，从中也可明白这是一座可借大河和断崖防守的城堡城市。联合国教科文组织已指定它为北美最初的世界遗产城市，被誉为"美玉之城"。

作为旅游地区的闹市区分为3个大区。被城墙整个围在崖上的旧市区(旧魁北克Vieux Québec/Old Québec)、铺展在崖下的沿河的下层居住区Lower Town，以及从旧闹市区口向外延伸的现代化上层居住区Upper Town。无论哪个区都可以步行转到，着急的话，各需要半天即可。

TRANSPORTATION 市内的交通机构

市内公共汽车 City Bus · STCUQ

STCUQ从7:00～21:30有市内公共汽车运行。到达地区分别用编号分开，连结公共汽车终点站运行。即使没有直达目的地的班车，只要在终点站转乘得当，就能到达市区的所有地方。主要终点站的位置都在闹市区的地图上以编号标明，但对旅游者来说，最方便的是圣让门旁边的d'Yourville。沿旧闹市区有循环的3路或去

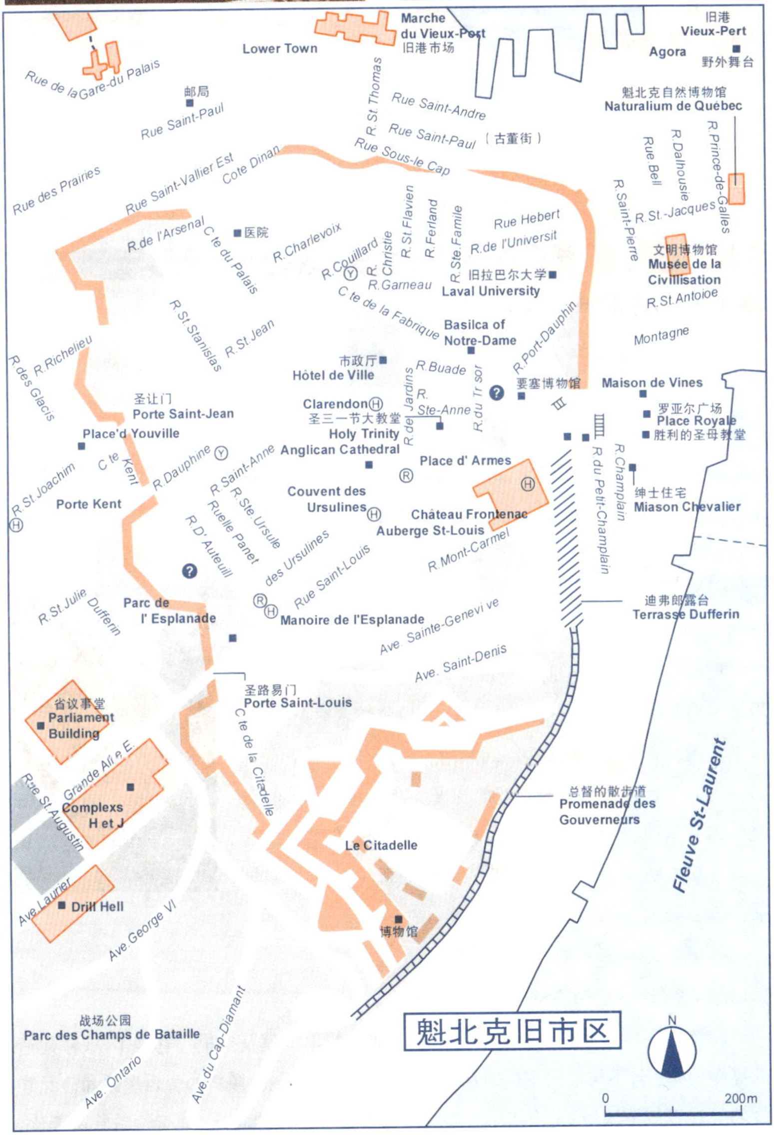
Lower Town
Marche
du Vieux-Port
旧港市场
旧港
Vieux-Pert
Agora
野外舞台
Rue de la Gare-du Palais
邮局
Rue Saint-Paul
R.St.Thomas
Rue Saint-Andre
Rue Saint-Paul （古董街）
Rue Sous-le Cap
魁北克自然博物馆
Naturalium de Québec
Rue des Prairies
Rue Saint-Vallier Est
Cote Dinan
R.de l'Arsenal
C te du Palais
医院
R.Charlevoix
R.Couillard
R.Christie
R.St.Flavien
R.Ferland
R.Ste.Famile
Rue Hebert
R.de l'Universit
Rue Bell
R.Dalhousie
R.Prince-de-Galles
R.Saint-Pierre
R.St.-Jacques
文明博物馆
Musée de la
Civilisation
R.St.Antoioe
R.Garneau
旧拉巴尔大学
Laval University
C te de la Fabrique
Basilca of
Notre-Dame
R.Port-Dauphin
Montagne
R.St.Stanislas
R.St.Jean
R.Richelieu
R.des Glacis
市政厅
Hôtel de Ville
R.Buade
R.des Jardins
R.Ste-Anne
R.du Tr sor
要塞博物馆
Maison de Vines
罗亚尔广场
Place Royale
胜利的圣母教堂
圣让门
Porte Saint-Jean
Clarendon
圣三一节大教堂
Holy Trinity
Anglican Cathedral
Place'd Youville
C te Kent
R.Dauphine
R.Saint-Anne
Place d' Armes
R.du Petit-Champlain
R.Champlain
绅士住宅
Miason Chevalier
R.St.Joachim
Porte Kent
Couvent des
Ursulines
R.Ste.Ursule
Ruelle Panet
R.D' Auteuil
Château Frontenac
Auberge St-Louis
R.Mont-Carmel
des Ursulines
Rue Saint-Louis
R.St.Julie
Dufferin
Parc de
l' Esplanade
Manoire de l'Esplanade
迪弗郎露台
Terrasse Dufferin
Ave. Sainte-Genevi ve
Ave. Saint-Denis
圣路易门
Porte Saint-Louis
C te de la Citadelle
省议事堂
Parliament
Building
Grande Al e E.
Rue St.Augustin
Complexs
H et J
Le Citadelle
总督的散步道
Promenade des
Gouverneurs
Fleuve St-Laurent
Ave.Laurier
Drill Hell
Ave. George VI
博物馆
战场公园
Parc des Champs de Bataille
Ave. Ontario
Ave.du Cap-Diamant
魁北克旧市区
N
0
200m

Saint – Foy 的 7 路，而且开往郊外的 800、801 路 Métro bus 也经过这里。去 Beauport 或蒙莫朗西水库可乘 800 路公共汽车到 Beauport 的终点站转乘 500、53 路。一律 $1.80，如果在 1 小时以内还可以换车。有关线路等的详细咨询可拔打电话（418）627 – 2511。

乘卡雷修漫步旧市区

卡雷修(calèches)是一种观光马车。在旧市区的圣路易门旁边有乘坐场所，把旧闹市区或旧市区和上层人的豪华居住区等的线路组合起来观光游览。夜晚，乘马车悠然走在像童话王国一样，点燃灯火的古老的石板路上，非常有情调。30 ~ 45 分一辆$50 ~ 60 左右。电话(418)687 – 9797。

SIGHTSEEING 主要景点

旧市区(旧魁北克)

是被城墙包围着的崖上地区。乘卡雷修游览最快捷，但有些街道是建于 17 ~ 18 世纪的，所以仅限于步行。达尔木广场周围的小路无论走到哪里都是难得的享受。厌倦了街道步行时请去西塔得尔。圣路易门前边的 Fortification of Québec 的 Powder – Magazine 中有游客中心，只有从此出发的导游人员才能进入。而且从迪弗朗露台登上总督小路前行，还有可以尽览圣劳伦斯河的展望台。

达尔木广场周围

达木尔广场　Place d' Armes

旧闹市区的中心。前奈克城堡近前的广场。从圣路易门沿圣·路易大道一直向前即可到达。此地旅游者总是很多。到处是围住街头艺人的人墙。街头演奏的音乐各种各样，从涌动的人流可以看出其受欢迎的程度。在带有南美印第安人哀愁的音乐中，所有人侧耳聆听；在欢快的阿拉伯乐队周围，还有手拉手跳舞的人群。魁北克省旅游局就在这个广场的近前。

前奈克城堡　Château Frontenac

在各种宣传小册子中必然要登出的魁北克的象征就是这里。它是 1893 年建造的高级旅馆，名字与法国殖民时期的杰出总督有关。急剧倾斜的青铜屋顶和砖瓦建筑的外观极似个城堡，无论从哪个角度都构成该地明显的路标。从旁边看壮丽无比，

前奈克城堡

神学校博物馆

尤其是傍晚从树缝中透出的影子更是美丽至极。

要塞博物馆　Musée du Fort

10 rue Ste - Anne　电话(418)692 - 2157

位于达尔木广场前面、旅游局旁边的并排的小型博物馆。将英国、法国及繁琐的魁北克的历史,利用地球全景图并配以音乐、灯光显示简明地加以介绍。

开馆时间:(夏)10:00 ~ 18:00　(春、秋)周一 ~ 周六 10:00 ~ 17:00(周日 13:00 ~)冬天按日期而有所不同,次数也少一些。票价:$4. 75。

持雷左尔街　rue du Trésor

是从面向达尔木广场的圣坦奴道(rue Ste - Anne)穿过旅游局近旁的小路。虽然只是一条仅有数十米长的不宽的小路,但路两旁却都是卖自己画的画家们,他们都把自己的作品摆放得整整齐齐。从这条路到圣坦奴道的沿路两旁,肖像画家们开的画店铺展开去,简直就像是巴黎的曼摩特尔。

圣母玛丽亚大教堂　Basilique - cathédrale Notre - Dame de Québec

16 rue Buade　电话(418)692 - 2533

在穿过特雷左尔道的地方有天主教的大教堂。它是一个有着 350 年历史的教堂,在历次的火灾之后被修复,现在的建筑物重建于 1925 年。天井、壁画的装饰及彩色玻璃等,非常精美。1993 年,作为有着现在大黄司教的遗迹的地方,出土了司教的棺柩,成为一时的话题。每日有 1 次导游讲解。

开放时间:6 ~ 10 月　6:30 ~ 20:00　免费入场

神学院博物馆(旧拉巴尔大学)　Musée du Seminaire de Québec

9 rue de l'Université　电话(418))692 - 2843

位于圣母玛丽亚教堂近旁的旧拉巴尔大学，是由拉巴尔司教1638年设立的从魁北克神学院发展起来的北美最古老的法系大学（1852年）。现在校园已转移至Saint－Foy，旧校与博物馆向公众开放。

开放时间:6～9月　10:00～17:30　10～3月　周二～周日10:00～17:00

票价:$2.25

尤尔修林努修道院　Chapelle des Ursulines/Musée des Ursulines

12 rue Donnacona　电话(418)694－0694

以魁北克女性教育为目的，于1639年法国殖民时期建立的尤尔斯拉派僧尼院，位于远离旧闹市区喧嚣的安静地区。在附属于教会的博物馆里展示着古乐器、刺绣，有关严冬没有暖气的严峻生活的书信，追忆当初生活的美术作品及生活用品等。而且修道院附属的教堂也渗透着一种沉静美，非常出众。

开放时间:修道院:5～10月 9:30～12:00 13:30～16:45　周日:12:30～17:15 月休免费

博物馆:1月7日～11月25日和修道院相同，票价:$2.50

圣三一节大教堂　Holy Trinity Auglican Cathedral

31 rue des Jardins　电话(418)692－2193

1804年由英国在国外建立的第一座国教派教堂，它是模拟伦敦的圣·马丁·菲尔德教会的建筑物，耸立云端的尖塔从旧市区各处都能看到。在法国系修道院的斜对面建立英国系教会，能使人深切感受魁北克的历史。

开放时间:5～6月　周一～周六　9:00～18:00(周日11:00～)7～8月　周一～周五到20:00　周六10:00～周日11:00～18:00　9～10月中旬　周一～周五10:00～16:00　免费

西塔得尔周围

迪弗朗露台　Terrasse Dufferin

从前奈克城堡前面沿河突出的铺板漫步路。冬日，结冰的圣劳伦斯河和对岸的景色非常美丽。在竖着魁北克·森特尔建设的鼻祖塞缪尔·杜·尚普朗像的旁边，有旅游问询小屋以及由联合国教科文组织赠送的世界遗产城市的纪念碑等。面向大河向右走，从总督的散步道 Promenade des Gouverneurs 的阶梯状的漫游小路可以走到战场公园。

西塔得尔　Citadelle

1 côte de la Citadelle　电话(418)648－3563

俯视着圣劳伦斯河的城墙内的高台上的一座星型要塞，它是由英军在1820～1850年建立的，现在仍有加拿大陆军第22连队驻扎在这里。宽广的中央地带有练兵场，到了时间，每天都能看到卫兵换岗的交接仪式。但和渥太华不同的是采用法语进行，白色的山羊作为吉祥物昂然登场这点是相同的。另外，这里总觉得洋溢着某种祥和的气氛，很是与众不同。傍晚还有士兵回营的仪式，不过是没有山羊登场的。

要塞内部的参观只有旅行社的导游才能参加。如果是去旅行，还可以看到展示着古代的火药库和监狱的军事博物馆　Royal 22e Regiment Museum。

导游时间：夏 9:00～19:00　5～6 初、9 月～17:00　3～4 月、10 月周一～周五～16:00、11 月周一～周五～14:00。冬季只能团体预约，旅行从圣路易门旁边 Powder－Magazine 内的游客中心出发。

卫兵交接仪式：6 月初～劳动节　每天 10:00

回营仪式：7、8 月　周二、四、六、日 19:00　票价：$4

低矮旧城区　Lower Town

迪弗朗露台正下方的沿河地区是魁北克·森特尔的发祥地。以 1608 年尚普朗建立最初居住地的罗亚尔广场为中心，小尚普朗等小路穿针走线般地各家各户古老的房屋连缀了起来。曾以商业及贸易而繁荣，但从 19 世纪中叶开始衰落的这一地区，从本世纪中叶开始实行复兴计划。计划包括要将狙击圣劳伦斯河的大炮排列起来，恢复巴塔利·罗亚尔 Batterie Royale（法军的堑壕遗迹）及过去的市场遗迹巴黎市场（Place de Paris）、整修沿旧港的海滨大道等，整治计划现在还在进行着。此地因在旧闹市区的崖下所以称之为低矮旧城区，但它的范围是包含罗亚尔广场以及从旧港附近到 440 号线两侧的沿圣夏鲁鲁河的崖下城区。

罗亚尔广场附近

小尚普朗　quartier petit Champlain

旧闹市区和崖下大道，被誉为“北美最古老的繁华街区”。狭窄的道路两旁，餐馆、咖啡馆、美术展览室、礼品店等紧密相连。

弗尼居拉　Funicular

是连结旧闹市区与崖下的缆车。有两座电梯型的车箱沿 45 度的急度倾斜角往返，单程$0. 90。上层街区街道两旁的建筑看起来像个小小庭园。上边的车站在迪弗朗露台旅游小屋旁边，下边的则在小尚普朗路拐弯路段，Break – neck Staircase 的下面，且由建于 1683 年的 Louis Jolliet（发现了密西西比河的人）的宅邸改建而成。

罗亚尔广场　Place Royale

立有路易 14 世半身像的这个小广场，是"崖下街市"的中心。1608 年上陆的尚普朗建立的殖民者居住地，17 世纪中叶建市，并成为富家房屋连排的商业中心地段。在广场的一个区内还有古老的葡萄酒店 Maison des Vins。

胜利的圣母玛利亚教堂　Eglise Notre – Dame des Victoires

Place Royal　电话(418)692 – 1650

面向罗亚尔广场，1688 ~ 1723 年建造的石头结构教堂。建于 1608 年尚普朗建立城堡的地方。对能艰辛地逃出 1690 年和 1711 年英国的攻击包含感激之情，故命名为"胜利"。内部正面的祭坛，模仿气质高雅的旧城模式，样式非常珍贵。天井里供奉着传说中尚普朗乘坐到达此地的 17 世纪的木造船 the Breze 的复制品。

开放时间：5/1 ~ 10/15　周一 ~ 周六 9：00 ~ 16：30（周日 7：30 ~ ）其它时间周二 ~ 周六 9：00 ~ 12：00（周日 7：30 ~ 13：00）　免费入场。

绅士住宅　Maison Chevalier

60 rue du Marche Champlain　电话(418)643 – 9689

位于从罗亚尔广场(rue Notre – Dame)左行走出大路的角上。石制的曲折建筑物分为 3 部分，为不同的人在不同时代所建。最新的当属富裕商人绅士的房屋用地(1752 年)。现在展示着 17 ~ 18 世纪的家具用品，成为再现当时日常生活的博物馆。

开放时间：6/15 ~ 9/30　10：00 ~ 17：00　免费入场

旧港附近　Vienx – Port

位于罗亚尔广场北侧。从旧闹市区出发沿 Rue Buad、Rue Sainte – Famille 或 Côte du Palais 都能到达。从 Rue Sainte – Famille 下 Côte Dambourgès，可以到达下层街区最古老的小路 Rue Sous – le – Cap，夹在房屋和悬崖中间，宽仅 2. 5 米。建筑物突出的

地方头顶部分即被堵住,很是绝妙。通过这家那家的屋檐下走到 Rue Saint－Paul,是一条古董店及高雅咖啡屋间间相连的古董街,热闹中可以让人感受到一种浮华的气氛。然后,从 Saint－Thomas 向 VIA 车站方向走,就是旧港市场 Marché du Vieux Port。平民样式和古董街形成鲜明的对比。既可以在市场内喝茶,也可以沿圣劳伦斯河的海滨大道一边眺望大河景色一边饮茶。在海滨大道的近前可以看见文明博物馆。

文明博物馆　Musée de la Civilisation

85 rue Dalhousie　电话(418)643－2158

这里展示着世界各地的工艺品及魁北克省的历史和文化。其中最主要的是据说从此处发掘的250年前的木造船拉·巴鲁库(La Bayque)。博物馆内也创作了一些小剧本,讲述一些颇为文明、进步的历史故事。馆内明亮富有现代气息。尤其是 Museum Shop 非常充实。

开放时间:夏 6/24～9月第一个星期一　每日 10:00～19:00　冬 9/3～6/23 周二～周日 10:00～21:00　12/24～25 闭馆　票价:成人$6　冬季星期二免费。

上层街区(新市区)　Upper Town

城墙外广阔的现代闹市区,是魁北克市民们的城市商业区(因在高台上所以成为上层城区)。它是政治、经济、商业的中心,现代化旅馆及高楼鳞次栉比,充满舒畅而明快的气韵。向东笔直延伸的格兰达雷大街,即为175号线,直通 Saint－Foy。这条路沿圣劳伦斯河铺展开去的还有广阔的战场公园,可让人呼吸到绿色的空气。

魁北克省议事堂　Hôtel du Parlement

Ave. Dufferin & Graude Allée　电话(418)643－7239

靠近城墙外侧。建于被称作议会小山斜坡上的白石构造的建筑物。1886年建造的法国复兴式样式，宏伟的外观像个宫殿，内部是超豪华设施。到了旅游季节平日9:00～16:30之间，有免费导游服务。位于中央的高50米的塔即是展望台。

格兰达雷　Grande Allée

从圣路易门向外延伸的大道，路两旁是成排的树木，被称为魁北克·森特尔的香榭丽舍大街。道路两旁有高雅的餐馆及现场加工咖啡的地方，它们都是大人们的世界，穿着黑色制服的中年侍者显得很利落。沿街还可以看到很多维多利亚式的古老的石筑宅邸，但基本上都已成为画廊或旅馆。

战场公园　Parc des Champs de Bataille

从西塔得尔走到城墙外，在沿圣劳伦斯河的高台上与格兰达雷大道并行、并铺展着大面积草坪的地方即是此地。被称为"亚伯拉罕平原"的这座丘陵是1759年英法两军的决战场地。魁北克建立以来，法国屡次与英国作战，但在这战役中英军取得了决定性胜利，并于1763年签订了巴黎条约，魁北克亦即而成为英国的殖民地。起伏平缓、到处都是绿地的这个地方已没有了当年激战的痕迹，只是在有的地方留下大炮及追悼碑等。现在已成为市民们野餐、越野、自行车旅行等的愉快休闲场所。夏季，有免费短程公共汽车绕史迹运行。而且，在去这个史迹公园的中途，还有与闹市区相连的贞德庭园(Jardin Jeanne d'Arc)。

魁北克美术馆　Musèe de Québec

Parc des Champs－de Bataille

电话(418)643－2150

从圣路易门步行 Grande Allée Est 约20分钟。位于从 Ave. Wolfe Montcalm 处向战场公园左拐后的一个区，是一座用现代时髦的玻璃屋顶连结着古老中央屋脊的建筑物。馆中收藏品有绘画、雕刻及工艺品等1万2千多件。收集着从魁北克艺术品到现代的艺术品，介绍了魁北克美术的全貌。对面左侧的建筑物中，还残留着1857～1860年间作为政治犯监狱使用过的遗迹，迷漫着一种超现实主义的氛围。

开放时间：5/20～9/2　每月10：00～17：45（周三～21：45）其它时间，周二～周日12：00～17：45（周三～20：45）

票价：成人$4.75

AMUSEMENT 娱乐消遣

与蒙特利尔相比，这里面向成人的夜总会与剧场要多一些。夏季的文娱活动也比较多，可以到各个剧场去打听最新消息或通过当地报纸“Le Soleil Journal de Québec”加以验证。浪漫的街区，您可尽享充实之夜。

●夜总会

Chez Dagobert

600 Grande Allée　电话（418）522－0393

一层是音乐厅、二楼是迪厅。

营业时间：18：00～3：00

Astral

1225 Place Montcalm　电话（418）647－2222

位于协和旅馆最上层的旋转瞭望酒吧&餐馆。从183米的高处眺望夜景，景色非常美丽。周日的早、中餐的美味更是极负盛名。

Théâtre Capitale

972 St. Jean　电话（418）694－9903

虽然有边吃边看的展览，但演出节目并不固定，一天一换或一周一换没准儿。

●剧场

Grand Théâtre de Québec: 269 Blvd. René－Lévesque Est

电话（418）643－8131

Palais Montcalm: 995 place d' Youville　电话（418）691－2399/670－9011（电话交换记录单）

Théâtre du Petit－Champlain: 78 rue Petit－Champlain

电话（418）692－2631

Agora du Vieux－Port: 720 rue Dalhousie　电话（418）692－4540

冬日的魁北克

早晨，太阳从结冰的圣劳伦斯河对面冉冉升起，把小山丘都染成了金色。从罗亚尔地区可以看到寂寂流动的圣劳伦斯河的浮冰。夜暮降临，被雪包围着的旧街区一下子复归宁静，街灯照亮的夜间的街道，是恋人们喜欢走一走的极富浪漫风情的地方。冬天的确是魁北克最具诗情的季节。

但冬天的乐趣远不止这些，还有滑冰、越野滑雪、摩托雪橇……。市内各处的广场一下子变成了免费溜冰场，是健康儿童们最好的游乐场。尤其是沿北侧 Lower Town 流动的圣夏鲁鲁河结冰而成的天然滑冰场更是广阔，谁都能在此免费滑行。战场公园中，还开辟了综合滑雪路线，在阳光照耀的晶莹的树挂下面，孩子们伴着欢快的笑声飘身而过。

而且，魁北克冬天的盛典——冬日狂欢节（Carnaval de Québec）一开始，整个城市更是喜气洋洋。冰雕比赛及冰上皮艇比赛，点燃小灯的雪城、雪人也出场亮相的游行等，都是大人孩子欢欣鼓舞、翘首企盼的事。尽管异常寒冷，但冬天的魁北克更加迷人。冬日盛典，约在每年 2 月上旬的约 10 天内（1997 年是 2/6～2/16）进行，它吸引着世界各地的游客，现已成为魁北克具有代表性的节庆活动。

Carnaval de Québec

电话(418)626－3716

SHOPPING 购物

极富个性的圣诞老人世界

La Boutique de Noël de Québec

40 rue Garneau, Vieu－Québec

电话:(418)692－2475

与圣诞节有关的商店。不多的圣诞用品中，最引人注目的是各种各样的圣诞老人玩偶。有头戴牧童帽正在套锁什么东西的、挥动钓杆钓鱼的，还有消防员、美式足球员、搭便车旅行的人、猎人、打高尔夫球的人等等。最令人惊奇的是还有墨西哥人和黑人的圣诞老人玩具，一只$20～50 左右。2～4 月周末营业。

还能买到小黄刀礼品店的礼物呢？

Magasin General P. L. Blouin

1196 rue St－Jean、Québec

这是一家生气勃勃的店，店内流动着魁北克西部舞曲的欢快旋律。这里物美价廉的商品是做成白熊模样的号码牌。这种样式是西部半个省正式的用品，相同的产品只能在小黄刀礼品屋才能看到。虽然和魁北克没什么关系，但请一定买来作礼物吧！一块$14，把到小黄刀的交通费用也考虑进去的话，的确很合算。

手工制作、无添加剂、新鲜美味的甜饼店
● *Monsieur Félix & Mr. Norton*

1061 rue St - Jean

电话(418)692 - 3805

位于 rue St - Jean 的手工制作甜饼店。在多伦多和蒙特利尔都有连锁店，但都遵循一贯作风：无添加剂、新鲜。点心种类也很丰富，每种都酥软可口、甜度适中。一只起卖，多者不限。作礼物时最好装入漂亮的罐中封严，1 罐$7.99 起价。

营业时间：10：00 ~ 22：00

种类繁多的印第安人、因纽特人工艺品店
● *Sachem*

17 rue des Jardins, Vieax - Québec

电话(418)692 - 3056

有加拿大原住民的传统工艺品及妇女衣饰配件、鹿皮鞋、零碎小道具等，种类多种多样。虽然昂贵物品很多，但$20 ~ 50 左右的妇女饰物作礼物很合适。全年营业。

RESTAURANT 餐厅

面向达尔木广场的露天餐馆
● *Auberge du Trésor*

20 rue Sainte - Anne

电话(418)694 - 1876

$4.95 的水果馅饼值得推荐。看见路过的人都津津有味地吃着，看样子十分香甜，所以也买来一尝，立刻便明白为什么了。新鲜的木莓、乌饭树的紫黑浆果、儿维果等都软软地附在里面，确实是自己制作的。也有只夹乌饭树浆果的馅饼，但还是混合在一起的味好。稍微带些酸甜的味道最好吃。

每晚都有吉他歌手演奏
● *La Caravelle*

681/2 rue St. Louis

电话(418)694 - 9022

这家餐馆最得意的是擅长法国、西班牙的海味烹制。我吃过龙虾，整个一只端上来，虾身新鲜而富有弹性，很难得。朋友要的是浓鱼汤，加入好多鱼和贝类，也非常好吃。只是搭配的藏红花、米饭和饭后食品只能当时用，这不免有点遗憾。面包、色拉加主要的饭后甜点、咖啡、啤酒（含服务费）共计$40.85。

尽享魁北克的传统菜
● *Aux Anciens Canadiens*

34 rue St - Louis

电话(418)692 - 1627

它是 1675 ~ 1676 年建造的魁北克最古老的房子，也是当时上层街区最宽敞的房子之一。红色的屋顶配着白色的墙壁，窗边为栽种着鲜花，为典型的加拿大式样的美丽庭院。从 1966 年开始作餐馆用，以传统的魁北克菜而闻名。其中 4 个餐厅按各自不同的主题加以装饰，我

们去的是以枪的收藏品装饰着墙壁的枪屋，点了色拉、面包、饭后食品、咖啡等，我们每人还订了2杯葡萄酒，价格$47。服务小姐也非常周到，无可挑剔的服务令人心情愉快。

在亮丽的气氛下享受柬埔寨茶肴

●*Apsara*

71 rue d'Auteuil

电话(418)694－0232

位于广场公园前面的柬埔寨、泰国、越南菜系餐馆。店内处处洋溢着皇家风格的亮丽氛围。作为当地精通饮食的行家们所熟知的超豪华的正餐店，名不虚传，味道确实极佳。老板是柬博寨人，姿势优雅而轻盈的漂亮小姐们的服务更是面面俱到。我点了推荐给我的一道菜，加上葡萄酒之类的，2人花了$70。绝伦的美味成为在魁北克终生难忘的享受。

以龙虾见长的海味餐馆

●*Poisson D' Auril*

36 côte de La Fablique

电话(418)692－1010

这是家海味餐馆，龙虾的味道非常鲜美。每日更换的汤$2.25、龙虾$18.95、蚌贝通心粉$8.95，虾、海扇、鲑鱼的烧烤和烩肉饭$9.95，特制龙虾为$12.95。在街道正中，大楼的一层。账单中有时写入了小费金额，请注意这一点。

有青蛙菜出场的正规法国餐馆

●*Café de La Paix*

44 rue des Jardins

电话(418)692－1430

充满高级享受的正规法国菜馆，请一定尝尝这里的兔肉和野鸡肉。侍者干净利落，像是经过专业训练的。不过，看到把烹制的青蛙腿直接端上来，虽然味道鲜美，可我最终还是弃权了。

繁华大街上的舒适咖啡馆

●*Aux Vieux Canons*

650 Grande－Allée E.

电话(418)529－9461

位于格兰达雷街上的咖啡名店。如名字称呼的那样，入口处设有一对古代的大炮，非常显眼。天气晴朗的日了里，在带有红色遮阳伞的露台上，边眺望街道边喝啤酒是最好的享受。鲜啤酒都用带有夸张底座的玻璃杯装着，喝的人很多。于几乎无客造访的早晨，在微暗而沉静的店内进餐也是很不错的。

虽然只是时令菜但味道绝对不差

●*Kyoto*

560 Grande－Allée E.

电话(418)529－6141

日本血统的人经营的牛排店。不明国籍的亚洲厨师，腰里挂着菜刀出来，在客人面前表演烤肉技巧。很受欢迎的菜

Minute Hibachi 是赛可乐牛排和虾、炒蔬菜的拼盘，共$14.50。把在铁板上巧妙地切开头、尾的虾，背着手放入客人的盘子里，孩子们会高兴地说“哇”！最后关掉照明，把浇到菜肴和点心上的白兰地点火烧掉，客人们会对着燃起的火焰拍手喝彩。重要的是味道，被希尔顿的厨师长赞叹不已的是加入上等牛肉中的酱油调味汁，味道非常绝妙。Special Kyoto ($21.50)等出人意料的菜谱，多种多样，值得一去。

在魁北克享受布刘塔尼的奶味薄饼

● *Au Petit Coin Breton*

1029 rue St－Jean

电话(418)694－0758

位于圣路易门近旁的薄饼屋。虽然说是饼屋，但和中国的不同，主要是盘装食品菜。蔬菜、金枪鱼、火腿及鸡蛋等都是奶油风味，被三明治化。对于这里，当地人比游客更愿意光顾。女服务员的服装也非常漂亮。平时的午餐菜谱带饭后食品及饮料$10 左右。主要的（奶味薄饼）有 7、8 种，饭后供应的食品可以从 5 个品种中挑选。

* * *

晚餐是固定菜谱，$19 左右。吃薄饼不可缺的苹果酒$191 升。

HOTEL
饭店

旧闹市区中，除了个别高级宾馆和前奈克外，大型旅馆几乎没有，但个人经营的小旅馆很多。虽然不能奢望它们有大旅馆的设备，但由旧建筑物改造的有情调的房间还是很多的。所有旅馆房间数量却在 15～25 间左右，如此规模在旅游旺季一定要提前预订。YH 是 2 个，都在城墙内，非常便于旅游。协和及假日等现代大型旅馆都在城外的 Upper Town。

旧闹市区 （城内）

非常舒适的旅馆

● *Le Château Frontenac*

1 rue des Carrières(GIR 4P5)

电话(418)692－3861

传真(418)692－1751

在俯视着圣劳伦斯河的崖上，矗立着象征着魁北克的这家旅馆。借建馆 100 周年之机改造后，非常舒适。我们通过 JTBI(JTB 的海外分店）比正规价格便宜$80。这一系统根据时期和旅馆来算很划得来。据说冬季可以达到$100 左右。即便在魁北克只住一晚，也应该享受这家豪华旅馆。

* * *

旺季ⒹⓉ$225～$315、淡季ⓈⒹⓉ $205～$275

古典风味的老式旅馆

● *Hotel Clarendon*

57 rue Ste－Anne(GIR 3X4)

电话(418)692－2480

传真(418)692－4652

在旧闹市区正中，是面向市政府而建的古典风格旅馆。是把艺术装饰和新艺术巧妙协调在一起的很有情调的建筑物。房价Ⓢ$99、Ⓓ$104、Ⓣ$124，淡季Ⓢ$79、Ⓓ$84、Ⓣ$104。这儿的法国菜餐厅Charles Baillarvge以美味闻名。有爵士乐酒吧、每周末还有音乐会。

面向广场公园

● *Manoir de l' Esplanade*

83 rue d' Auteuil(GIR 4C3)

电话(418)694－0834

传真(418)692－0458

进入圣路易门，立刻映入眼帘的就是这家旅馆。它是把1845年为尤尔斯拉派修女建造的建筑物改建后而成的。所以房间虽然很古老，但却很宽敞，法式窗子则更有风情。房价旺季ⓈⒹ$69、Ⓣ$86，淡季ⓈⒹ$46、Ⓣ$57。到旅游问询处为50米。

Auberge St－Louis

位置极佳的旅馆

●*Auberge St－Louis*

48 rue St－Louis(GIR 3Z3)

电话(418)692－2424

传真(418)692－3797

房间非常干净，几乎都是双人床+沙发的布置。我一人在带有厕所・淋浴的双人间住1晚花了$88加税。他们把大门的钥匙交给了我，所以，早晨，可以一边欣赏从对岸升起的朝阳一边沿河堤去散步。负责接待的女士非常亲切，她用不太熟练的英语，给了我对面餐厅La Petite Italian的早餐券。因它位于旧闹市区中心，所以非常便于旅行。房价旺季带浴室的Ⓓ$88、不带是ⒹⓉ$53，淡季带浴室Ⓓ$58不带ⒹⓉ$43。

＊＊＊

实在是一家好旅馆。接待女士的热情值得着意描绘一番，价格也便宜。带早餐，很有人情味，是我这次旅行中印象最深刻的事物之一。

价格合理的小旅馆

●*Au Petit Hotel*

3 rue des Ursulines (GIR 3Y6)

电话(418)694－0965

传真(418)692－4320

在旅游问询处斜前方小路的入口处，是一家仅有16个房间的舒适的小旅馆。主人是中国籍，待人非常热情。房价

Manoir Lafagette

旺季Ⓢ$50~69、Ⓓ$55~74、Ⓣ$65~91，淡季Ⓢ$35~51、Ⓓ$40~57、Ⓣ$50~74。

● *La Maison Acddienne*

43 rue Ste – Ursule

电话 (418) 694 – 0280/(1 – 800) 463 – 0280

传真(418)694 – 0458

它建于1882年，是市内最古老的建筑之一。位于St. Anne和St. Louis街之间一个静静的区中。从2楼和3楼中间的露台上，可以看见前奈克城堡的灯光。带电视机、电话、洗手间，淋浴和厕所在各层都有公用的。旺季带浴室、厕所的Ⓢ$62、Ⓓ$73、Ⓓ$86，不带浴室为Ⓣ$50、ⒹⓈ$56；淡季带浴室Ⓢ$55、Ⓓ$69、Ⓣ$75，不带浴室Ⓢ$47、ⒹⓉ$53。从公共汽车总站乘公共汽车10分钟，乘出租约5分钟、$8。

总督公园旁边的安静旅店

● *Au Jardin du Gouverneur*

16 Mont – Carmel (GIR 4A3)

电话(418)692 – 1704

传真(418)692 – 1713

位于前奈克城堡背面、面向Gouver – neur公园的一个角上。用精致家具统一起来的房间面向静静的后街。馆内禁止吸烟，房间都带浴室，带早餐。5~10月ⓈⒹⓉ$60~100、淡季ⓈⒹⓉ$45~70。距达尔木广场及沿河的露台都很近。

● *Hôtel au Château Fleur de Lys*

15 Ave. Ste – Geneviève(GIR 4A8)

电话(418)694 – 1994

也位于前奈克城堡的背面，是一家只有15个房间的舒适的家庭式小旅馆。房价Ⓢ$75~82、Ⓣ$92~98。

Hôtel au Château Fleur de Lys

新闹市区 (城外)

占据地利之便的旅馆

● *Le Manoir Lafayette*

661 Grande – Allée Est

电话(418)522 – 2652

传真(418)522 – 4400

靠近圣路易门，在州议事堂的斜对面。格兰达雷旅馆离旧闹市区最近，是改装了的维多利亚情调的建筑物。房间内的气氛很好，但旧馆的单人间过于狭窄。新馆夏季Ⓢ$79、Ⓣ$89，冬季Ⓢ$69、Ⓣ$79。旧馆Ⓢ$55、Ⓣ$79。客人可以去隔壁同系列的旅馆Château Laulier的体育俱乐部玩。

宽敞干净、感觉极好的旅馆

● *Château Grande – Allée*

601 Grande – Allée Est.

电话:(418)647－4433

传真(418)649－7553

刚刚改装过，非常漂亮。房间天井很高，也很宽敞。家具和用品色调高雅而协调。打开门，还有被分为独立的两个房间的家庭式用房。旺季ⓈⒹ$99、Ⓣ$114～129。淡季ⓈⒹ$69、Ⓣ$79～89，带早餐。前台服务很好，让人心情愉快。

有旋转展望厅作为明显标志的旅馆

● *Loew's Le Concorde*

1225 Place Montcalm

电话(418)647－2222

传真(418)647－1773

现在它是魁北克第一高级旅馆。面向装饰整齐的格兰达雷街的高层大厦，最上层有旋转休息室和餐馆。从俯视着战场公园的房间眺望，景色非常美丽。背后即是贞德公园。房价5月13日～10月26日为ⓈⓉ$200、Ⓓ$210，淡季ⓈⓉ$184、Ⓓ$194。

耸立于城外近区的高层旅馆

● *Québec Hilton*

3 Place Québec

电话(418)647－2411

可以说它是一家各方面设备都很完善的高级旅馆。在低层楼顶建有游泳池，游一游能使人心情舒畅。共565个房间，客人用房也很多。房价Ⓢ$166、ⒹⓉ高达$226。

有通魁北克广场的旅馆

● *Raddison Governeurs Québec*

690 Boul. René－Lévesque E.

电话（418）647－1717/(1－800)463－2820

直通魁北克广场，买东西、出门都很方便，高级宾馆的安静和洗练可能有4星半级的实力……从窗口眺望旧市区的景色非常美丽。共有377间客房，房价Ⓢ$140、ⒹⓉ$190。

● *RamadaHotelQuébec CityDowntown*

395 rue de la Couronne

电话（418）647－2611/(1－800)267－2002

传真(418)647－4317

紧邻商店街的塔式旅馆。旺季ⓈⒹⓉ$93.45～、淡季ⓈⒹⓉ$78.63～。学生可以优惠，1月1日～6月30日和10月16日～12月31日ⓈⒹ$66、7月1日～10月15日ⓈⒹ$82。每一项都含税。

青年旅馆&YMCA

● *Auberge de la paix*

31 rue Coillard(GIR 3T4)

电话(418)694－0735

是不需会员证的青年旅馆。浴室公用带早餐$18。有没有双人床、两个单人床的双人间和集体宿舍，但价格都相同。没带睡袋去的人还可以花$2借来睡觉用品。房间虽然各不相同，但都很干净。如有空房还可以选择自己喜欢的房间。公用厨房干净整洁，在里面院子里的郊游餐桌边，可以用餐。夜晚关门时间为2:00AM。

● *Centre International de Séjour de Québec(Youth Hostel)*

19 St – Ursule(GIR 4E1)

电话(418)694 – 0755

传真(418)694 – 2278

有两套集体宿舍，床位约 300 个。在旧闹市区的中心地段出入，非常方便。到了旺季如果不尽早预订房间就订不上。虽然他们要我当天上午去，但我去的时候还是已有很多野外旅行者，按先后顺序只接待稍稍空出床位的人数，有的人没能住上。有弹子球、乒乓球台、游戏机等。矿泉水免费供应，还有面向日本人的导游录音带。传达室在青年旅馆内，非常方便。晚上关门时间为 11 点。

* * *

'95 ~ 96 版中说是对方不接待电话预约，但两天前我竟顺利地预约好了。这里处处干净，娱乐也很齐全。传达室里有各种各样的旅游小册子。淋浴室只有女士用房有，是被隔开的。

* * *

集体宿舍会员$13 ~ 16、旺季ⒹⓉ$17 ~ 20、淡季$15 ~ 18。

● *L' Association YWCA de Québec*

855 Ave. Holland (GIS 3S5)

电话(418)683 – 2155

传真(418)383 – 5526

从闹市区乘去往 Ste – Foy 方向的 7 路市内公共汽车需 15 ~ 20 分钟。虽然在街的尽头，但去旧闹市区的 3、11 路公共汽车都经过这里。从机场到 YH 可以乘机场短程公共汽车，但从 YH 出发却只有市内公共汽车和出租车。浴室、厕所在一起。平时不供应饭菜。旺季Ⓢ$36.46、Ⓣ$30.77，淡季Ⓢ$28.48、Ⓣ$25.63。请带好睡袋。

USEFUL INFORMATION 有用的信息

● 交通机构

CP: Inter Canadian / Canadian International

电话(418)692 – 0912 / (1 – 800)361 – 7413

AC: Air Canada / Air Alliance 电话(418)692 – 0770 / (1 – 800)361 – 8620

Taxi: Co – op 电话(418)525 – 5191

● 气温(℃)

月	1	2	3	4	5	6	7	8	9	10	11	12
最高	–8	–6	0	8	17	22	25	23	18	11	3	–5
最低	–17	–16	–7	–2	5	10	13	12	7	2	–4	–13

● 兑换：Banque d' Ameriqne du Canada: 24 Côte de La Pabrique

电话(418)694 – 1931

星期日也可以兑换。就在市政府的近旁，汇率也合适。而旅游问询处的兑换汇率很高。

TOUR 旅游公共汽车指南

Gray Line of Québec 电话(418)653－9722 传真(418)653－9834

Tour 1 Rendez－Vous With History： 经过旧闹市区、罗亚尔广场等主要地点。6月22日～10月11日 每日10:00，10月12日～6月21日每日10:00、13:30出发。2小时，$17。

Tour 1 B City Tour & River Cruise: 市内旅行加上圣劳伦斯河航行。6月15日～9月6日每日12:30出发。3小时、$26。

Tour 2 Ste－Anne de Beaupré & Montmorency Falls: 沿着国土大道，顺路经圣劳伦斯河北岸鲍普雷海滨的玛丽面包屋等处，最后到达蒙莫朗西瀑布。6月22日～10月11日每日13:30，10月12日～6月21日每日13:00出发。4小时。$24.95。

魁北克的黎明——静静的革命

在魁北克相当长的时期内，法裔加拿大人不如英裔加拿大人地位高，而且收入也较低。经营者说英语、劳动者讲法语。

1940年后半期，在城市化已非常进步发达的魁北克，落后于时代的价值观念还无处不在。医院及教育等都在教会的统治之下，很多人只念完小学就参加工作，几乎没有法裔加拿大人会成为技术人员或经营者。

但是，到了1950年，这种状态必须改变的呼声越来越高，接着以魁北克为中心开放了改革运动。无论怎么说，对于81%人口都是法裔加拿大人的魁北克省来说，法裔加拿大人的问题就是魁北克省自身的问题……。这次改革运动，魁北克省年轻有为的人站在了前列，推动了魁北克的现代化和工业化，使教育与教会分离，削弱了教会的影响，进而增加法裔加拿大人的政治、经济实力。

这一系列的社会变革，得到1960年起拥有魁北克省政权的自由党的大力推动，作为一场“静静的革命”取得了很大成果。之后，高扬的民族主义一时竟发展到由叫嚣分离、独立的激进派发动引诱政治家、并大肆杀害的恐怖活动的状态中。这种状态在托鲁多首相的强硬政策下才得以平静下来。

1976年夏，在没有得到其他省正面帮助的情况下，成功地举办了蒙特利尔奥运会。第二年魁北克党通过了只有法语才是魁北克公用语言这条法语宪章。但是在现实中，也产生了诸如英、法语都不作母语的移民儿童的法语学校入学、法语教育的高费用等问题，由此关于法语化的新的审视动向正在产生。

魁北克周边的滑雪场

魁北克·森特尔周边的滑雪场，都有距市内不远的优势。主要的有 4 个，但受欢迎的是蒙圣坦奴和斯通哈姆，其他距市内有 30 分钟距离的有鲁鲁雷和蒙·桑卡斯特姆滑雪场。是周末城市居民携家游玩的好场所。

斯通哈姆 ● Stoneham

从魁北克森特尔出来乘车 25 分钟。仅是旺季就有 50 万人来到这里。因 1993 年举行了世界杯赛，所以设备非常齐全，还备有孩子们专用的夜校。夜晚，可以眺望魁北克的夜景。把市内旅游和滑雪结合起来则更有趣。

基本数据

时间：11 月中旬～4 月中旬

海拔差：420 米（海拔高 212～632 米）

滑道数：26（初级 30%、中级 40%、高级 22%、专业 8%）

最长滑行距离：3.2 公里

吊车数：四方形 4 台、双人 2 台、T 型扶手 1 台

到达方法：从魁北克市内出发，乘175号线或73号在158号出口下车，沿 Blvd, Talbot 北上。也有市内发车的短程公共汽车。

联络地点：Station touristique Stoneham 1420 Ave. du Hibou, Stoneham

电话：(418)848－2411/(1－800)463－6888

蒙圣坦奴 ● Mont－Sainte－Anne

从魁北克·森特尔出来沿鲍普雷海滨需 30 分钟。在山脚下有从旅馆到别墅等各种类型的住宿设备，人的停车场也很完备。开辟了南面和北面 77 平方公里的广阔的森林区，可以边俯视着圣劳伦斯河，一口气滑下去。如果骄傲地乘上 8 人座的吊车，那么到山顶只是瞬间的事。覆盖全线 85% 的模拟降雪机都是满负荷运转，总在沙沙地供应雪糁，还有儿童中心，带着孩子们的人可以把孩子托付给那里，自己轻松地尽情享受滑雪的乐趣。晚上营业到 22 点。

基本数据

时间：11 月中旬～5 月上旬

海拔差：625 米 （海拔 175～800 米）

滑道数：50（初级 22%、中级 48%、高级 20%、专业 10%）

最长滑行距离：4.83 公米。

吊车数：吊车 1 台、四方形 3 台、三人机型 1 台、双人型 2 台、J 型扶车 5 台

到达方法：从魁北克、森特尔走 138 号线。

联络地点：Station Mont－Saint－Anne Route 360, C. P. 400, Beaupre

电话：(418)827－4651/(1－800)463－1568

漫游在昔日的街道上

从鲍普雷海滨去奥尔良岛

魁北克、森特尔东部、沿圣劳伦斯河的鲍普雷海滨，是有着19世纪的房屋建筑及教会的历史街道。从Beauport到St－Joachim的360号线是被称为“国土大道”(Ave. Royaie)的北美最古老的道路。看一眼沿路的面包屋和艺术家的画廊，再到蒙圣坦得鲍普雷教堂去看一看……再走远一点，有在当地以避暑胜地闻名的夏鲁鲁波阿地区(Charlevoie)。

●绕蒙莫朗西瀑布周游一圈

瀑布在魁北克、森特尔东10公里，奥尔良岛的桥旁，落差83米，比尼亚加拉瀑布还高30米。冬天冻结后变成巨大冰柱的瀑布，到了夏天则又成了飞扬着凉爽飞沫的名瀑。坐空中索道到瀑布上面去、沿着木板路前行，走过瀑布正上方的吊桥，可以从不同角度眺望瀑布，然后再回到瀑布下边来。瀑布上面有素朴的餐馆，休息、购物都很愉快。50路市内公共汽车可到瀑布上方的Ave. Royale、53路则可到瀑布下面。从魁北克·森特尔出发的Gray Line的旅游线路有好几条。

蒙莫朗西瀑布

教室

圣玛丽城的妇女

●围绕国王大道的名店

“国王大道”是留有魁北克式民居及烤面包窖的历史街道。其中谢·玛丽(Chez Marie)的面包最有名。它是一种使用祖辈时就在使用的烤面包窑烤制，抹上淡棕色多用黄油的朴素无华的面包。香甜的味道在罗克密一传开，立刻吸引了北美各地的旅游者，如今，旅游公共汽车都直达各店。

进而汽车在几乎不能同时擦身而过的细长的道路上行驶，途中有板画艺术家帕雷先生的巴黎工作室美术馆Atlier Paré。沿138号线，还有铜加工店阿尔贝尔·吉尔(Albert Gille)、蜂蜜和葡萄酒店、蜂博物馆(Musée de L'abeille)等。这些和朴素的风景一起，都会充实你旅游的行囊，让你终生难忘。

●奇异的桑坦奴·得·鲍普雷大教堂

距瀑布有10分钟的路程。Basilique Ste－Anne－de－Beaupre，是北美天主教的三大朝圣地之一。有一次，船只遇难的水手向圣

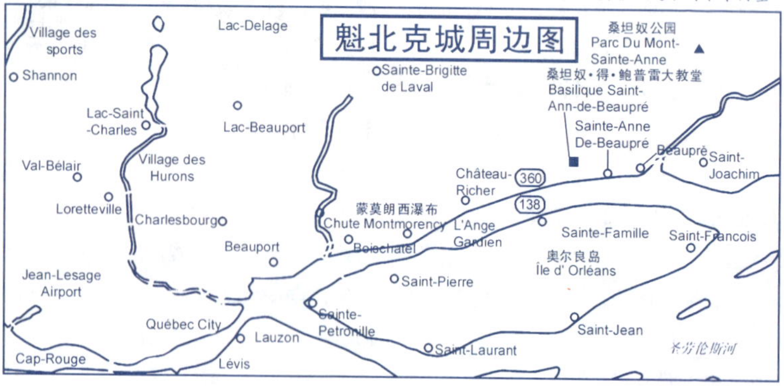

母玛丽亚的母亲——圣安努祈祷，奇迹便发生了。于是这里一下子变成了圣地。现在的圣堂是1932年建造的，在一排排壮丽的大立柱支撑的内殿的天井中，用美丽的镶嵌工艺品描绘着圣安努的一生。地板的贴砖和彩色玻璃非常漂亮。在入口的柱子中间，高高地堆积着体验过奇迹的信徒们奉献的松叶杖，好像要证明它的灵验似的。教会前边还有附属医院。

周围有为朝拜者提供方便的旅店及商店密集的门前街。近旁，有圆形画景Cyclorama，它把基督教处刑日的耶路撒冷的情景再现于大幅的全景画上，供游客观赏。

●留住了过去的奥尔良岛

从蒙莫朗西瀑布下面过可以去奥尔良岛。周长67公里的岛上，几乎都是果园和牧场。枫糖蜜、手工艺品等是此地有名的产品。

17世纪开始殖民者来此居住，岛的起源虽然很古老，但到架桥之前（1935年）它和本土的交流很少。得益于这一点，至今村里各处都残留着魁北克式的古老的房屋。遗憾的是离市内公共汽车线路较远，从瀑布来这儿只能乘车。

●围奥尔良岛兜风一周

360号线绕岛一周。这里被划分为6个教区、有6个教堂。村子以教堂为中向外扩展，但农家只是孤零零地散布着，其他什么也没有。每个村子的氛围都有些微妙的差异，从桥右拐的那个村子圣彼得罗尼(Saint－Pétronille)感觉是个优雅的别墅区。从Café Bellc Rivc前面过河，可以远望魁北克、森特尔，再稍稍往前一点有岛上第一的旅馆Auberge La Goéliche。向右转绕岛而行，是圣·罗朗(Saint－Laurent)。造船的木工村中，是非常非常有活力的，但一安静下来，却一点儿迹象都没有。过去的造船所遗迹现已成为海洋公园。接下来的圣约翰(Saint－jean)是个明快而舒展的村子。也许是住着很多富裕的作水路导航的人的缘故吧！这里集中固定住家很多。村中的第一豪宅——莫彼特·约内宅院也在这里。夏天，咖啡馆会开业。

从岛的东端，可以去圣·弗朗索瓦(Saint－François)。越过圣劳伦斯河可以看到蒙圣坦奴滑雪场，以及杰克、卡蒂埃沿岸探险时上陆的纪念碑。如果沿路出现水果店和显眼的旅馆农园的广告牌，那就是到了圣·法缪(Saint－Famille)，从桥边的村子向圣·皮尔(Saint－Pierre)方向，就可以回到原来地点。

由于不是旅游点，所以岛上的人情味很浓只是随时间在悠然地生活着。在旅游问询处旁边借来自行车，边骑车旅行，边拜访一下农园、教会、工艺作家的工作室及商店等，非常有趣。

HOTEL　奥尔良岛的旅馆

● *Aubege La Goéliche*

22 rue du Quai，Ste－Peronille
电话(418)828－2248

沿河而建的历史性旅馆。食物味道还不错，是很舒适的旅馆。房价夏Ⓣ$76～125。

● *Au Toît Blue*

3879 Ave. Royale. Ste Famille
电话(418)829－1078
传真(418)827－3052

可以到机场迎送。浴室、厕所一体。房价Ⓓ$45～65。

INFORMATION 旅游问询处

Distinations Côto－de－Beaupré

9694 boul. Sainte－Anne
电话(418)827－5113

营业时间：6月24日～9月第一个周一每日8:30～18:00其他时间，周一～周五8:30～17:00

Bureau Touristique de Lîle d'Orléans

490 côte du Pont，Saint－Pierre
电话(418)828－9411

营业时间：6～8月每日8:30～19:00　其他时间周一～周五8:30～16:30、5、9～10月，周六、周日10:00～16:00。

圣劳伦斯河的鲸鱼城镇

TADOUSSAC●塔杜萨克

从魁北克、森特尔乘公共汽车4小时。人口仅832人的这个小城位于辽阔的圣劳伦斯河和有着幽深峡湾的萨克讷河的汇合处。最近作为鲸鱼的观察基地备受世人瞩目。尤其是因能看到环绕北冰洋的海豚(白海豚)而闻名。有观察中心及海洋公园,是春、秋天很应去看一看的地方。

ACCESS 到达方法

从魁北克、森特尔的公共汽车总站 Inter-car 每天往返2趟。

魁北克发:9:30　18:00

塔杜萨克发:10:30、14:30

在 Baie-Sainte-Catherine 每次乘公共汽车都要坐渡船,渡过萨克讷河。在旅游向前公共汽车站停下。单程$34~53、周游券$58.69。

旅游问询处

Côte Nord Maison du Tourisme

197 des Pionniers,Tadoussac

电话(418)235-4977　能说英语、热情。

营业时间:6月初~8月　8:00~22:00　9月~4月9:00~18:00(5月~6月初到20:00)

WALKING 游览方法

看完塔杜萨克湾的海洋观察中心后,我想去看鲸鱼及萨克讷河的峡湾,步行去栈桥就能到。从海角的小路上或 Capde-Bon-Déir 的海洋公园里,可以观察鲸鱼。去海洋公园乘汽车或出租约30分钟。而且在郊外 Sacre-Coeur 的旅游农园 Ferme 5 Etoiles　电话(418)236-4551中,还可以看见狼等罕见的野兽,并可住宿。

●在海洋观察中心认识鲸鱼!

在塔杜萨克旅馆前,有受海洋影响很大的广阔的圣劳伦斯河。潮汐的落差激烈、早晨甚至出现干潟。旅馆右边的印第安教堂 Lo Vieille Chapelle 是1747年由耶稣基督会 Coquart 神父建造的加拿大最古老的木结构教堂。左侧有再现1600年建造的加拿大最古老的毛皮交易所的博物馆。而且不能不看的是,为观察研究白海豚而建的海洋哺乳动物观察中心(Centre d'interpréation des mammifèresmarins)。使用AV机器,可以观察到鲸的声音及生育镜头。

●看鲸,是从船上,还是从陆地上呢!

观察鲸鱼,有各种各样的船。从佐戴克型的小船到大型船只,真是五花八门。塔杜萨克旅馆的旅游船,是一艘带有休息室及厕所的大船。在行驶平移,必需要穿防寒服才行的船上,可以暖暖地享受旅行的乐趣。能几次看到背后长鳍的鲸鱼和白海豚母子两个,真是最妙最激动人心的3小时!

从塔杜萨克走138号线北上25公里处的 Cap-de-Bon-Désir 是作为海洋公园突出于河中的海岬在陆地上就能看到鲸鱼的地方。观察员是常驻的,景色也非常美丽。时间为6月中旬~9月中旬、早8点~晚8点(收费)。

电话(418)232-6751

HOTEL 旅馆

B&B及豪华旅馆等住宿设施很齐备。

● *Hôtel Tadoussac*

165,rue Bord de l'Eau

电话(418)225-4421

庭园和古雅的客房极具魅力,可以观察鲸鱼($34.20,1日3次)、巡游峡湾。冬天闭馆。房价6/24~10/9 Ⓢ$129、ⒹⓉ$149,5/3~6/23与10/10~20 Ⓢ$84、Ⓓ$104、Ⓣ$124。

● *Hôtel le Pionnier*

263 rue des pionniers

电话(418)235-4666

4~10月营业。房价ⓈⓉ$55起价。

GASPÉSIE

加斯佩半岛 ● QUÉBEC

魁北克省东部、圣劳伦斯河河口南岸向东突出的半岛就是加斯佩半岛。从半岛根部的马塔贝蒂亚(Matapédia)河到东端的海岬长度为 280 公里，宽 144 公里。半岛分为 4 个地区：位于半岛根部的溪谷地域、面向圣劳伦斯河的北侧沿岸地域、面向 Chaleurs 湾南侧的海岸地域，及端部分“土地的尽头”(Land's End)地域。内陆是被森林覆盖的山地，有很多湖泊和河流。

1534 年，杰克·卡蒂埃登上了这个历史性半岛。但由于地势险要，到本世纪以前，陆路交通尚未开发。因此沿岸的村庄都是孤立的，与魁北克及蒙特利尔地区的接触也很少，至今仍保留着过去的风俗习惯。

ACCESS 到达方法

公共汽车 像在描画半岛海岸线一样的 132 号线路上，有奥尔良(Orléans)的公共汽车运行。从蒙特利尔或魁北克到里穆斯基(Rimouski)(蒙特利尔发车约 7 小时、魁北克约 4 小时)1 天有数次运营。从那里到加斯佩方面去，分为北环和南环两条路线每条 1 天都有 2 趟车。从里穆斯基出发经马坦奴的北环要 7.5～8.5 小时，经阿马库伊的南环要 7～8 个小时。每条线路到达加斯佩时都是午后，深夜或是黎明时分。对有时间的人来说，公共汽车是简便的手段，但像阿马库伊那样，公共汽车站和信息处有 3 英里远的距离，再加上有时想多转几个地方，这时最好的快捷工具当属出租。

火车 从蒙特利尔到加斯佩之间乘 VIA 列车需约 17 小时，一周运行 3 次。从蒙·乔利(Mont－Joli)经过马塔贝蒂亚(Matapédia)运行，沿南岸在各车站停车。佩尔

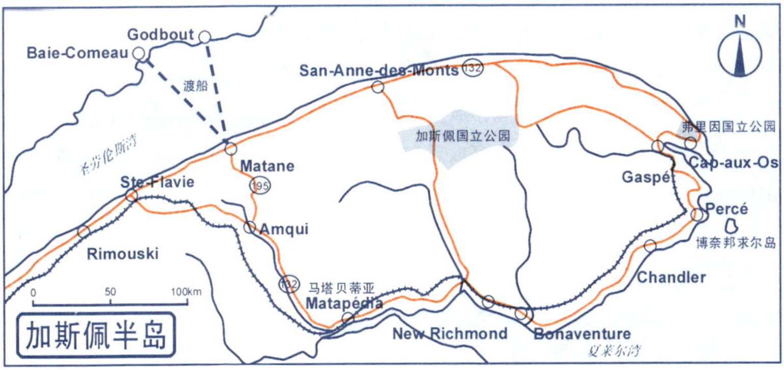

加斯佩火车站

赛在终点加斯佩的前两站。在魁北克上、下车时,要注意地点在对岸的莱维车站(Lévis)。

飞机 从蒙特利尔、魁北克等地每天有数次班机飞往加斯佩。从魁北克出发经由蒙·乔2小时。乘小型螺旋桨飞机从空中眺望半岛是很有趣的事,但运费非常高。从加斯佩机场去市内只能乘出租(约15分钟)。

GASPÉ

魁北克加斯佩●QUÉBEC

它是位于东端海湾的港口城市,是加斯佩半岛的行政中心。名字的由来是"Gaspeg",原居民印第安的米库马克族语是"土地的尽头"的意思。1534年,杰克·卡蒂埃在此登陆,成了宣布加拿大被法国占领的历史性城镇。城里到处都有和卡蒂埃有关的建筑物或纪念碑。

INFORMATION 旅游问询处

Information Touristique

27 Blvd. York Est C. P. 66 Gaspé

电话(418)363-6335

沿132号线,从南部进入城市时,在桥前稍靠右一点,是个白色的小别墅式的建筑物。信息员非常热情,英语也极好。

营业时间:6月中旬~9月上旬 8:00~20:00

WALKING 游览方法

旺季之外城市里的游客非常少,虽然感觉有点像个寂寥的农村城镇,但桥两侧有2个比较大的商业中心。所以在这里可以买好野营及驱车旅行用的东西,非常方便。若从南面进城,过桥即为公共汽车总站,在位于Adams街右侧的汽车酒店前面。在同样的一座建筑物中有公共汽车办事处,旅游观光期间可以免费为你寄存行李。VIA车站在桥头,可以看到被一下子切断的铁路引线,很有些终点站的味道。

由于它是去弗利扬公园的必经之地,所以这儿尽管城市自身几乎没有景点,但却是漫步城中的加斯佩教堂、加斯佩博物馆和卡蒂埃纪念碑的好地方。请一定去看一看。

加斯佩教堂　Cathédrale du Christ – Roi

20 rue de La Cathédrale　电话(418)368 – 5541

它是北美惟一的木结构(天主教)主教座堂。有1934年为纪念卡蒂埃登陆400年由法国赠送的彩色玻璃。在建筑物近旁的大花岗岩十字架是为纪念杰克·卡蒂埃而建造的。

加斯佩博物馆　Musée de la Gaspésie

80 Blvd. Gaspé C. P. 180　电话(418)368 – 5710

位于132号线离开城市的大拐弯附近。这里展示着生活于加斯佩海中的人们的历史。在能看到博物馆周围海景的小公园里有杰克·卡蒂埃纪念碑,6块平坦的大石头像史前墓的遗迹那样,摆放成圆形纪念碑,用浮雕描绘着卡蒂埃登陆时的情景。

开馆时间:6月24日~劳动节　8:30~21:30

其他时间　周一~周五　9:00~12:00,13:00~17:00

周六、日 13:00~17:00　门票:$3.50

弗利扬国立公园　Forillon National Park

Canadian Parks Service: 122 Blvd. de Gaspé　电话(418)368 – 5505

加斯佩半岛端部、形状像个海豚头的部分就是弗利扬国立公园。在海的侵蚀作用下,海岸非常富于变化,有长长的鹅卵石海岸及200米高的绝壁海湾等。在山道上可以迎头碰上刺猬、驼鹿等野生动物,5~10月还可以看到种类繁多的鲸鱼。有自行车旅行、野营、航海、钓鱼、潜水等各种各样的活动。野营地有森林、高台、海边3处,可以享受到各不相同的情趣。

卡波左 Cap－aux－Os

从加斯佩出来沿132号线向北、在3站地的公共汽车站牌处下车。有着白色屋顶并用红、蓝、黄涂料粉饰的各家房屋，点缀在绿色中间。村子并不大。所谓卡波左是“骨之岬”的意思。这个名称的由来好像是由于古时候，很多鲸骨被浪头推到这里的缘故。虽然是个信息闭塞的小村子，但公共汽车站就在YH和野营地的入口处，所以非常方便。在这个海岸上可以进行海水浴。从野营地沿132号线用10分钟左右下坡之后，就有这一带惟一的超级商场，蔬菜、肉、面包、葡萄酒一应俱全，但新鲜程度略显不足。

HOTEL 饭店

加斯佩

与公共汽车总站邻接的汽车游客旅馆

●*Motel Adams*

2 rue Adams, Gaspé(G0C 1R0)

电话(418)368－2244

传真(418)368－6863

因为我已在蒙特利尔的问询处预约好了，所以尽管深夜才到也没有丝毫畏惧。花$54.70虽然有点儿贵，但由于它就在公共汽车总站旁，甚至不用走路，这点实在是太方便了。

* * *

全年营业，房价ⓈⒹ$60～70、Ⓣ$70～80，还有外国人酒吧。

●*Motel Plante*

137 rue－Jacques－Cartier

电话(418)368－2254

在Motel Adams住了一晚，第二天，我又找到了比那儿更便宜的旅馆，于是来到了这里。Ⓢ$39.80(含税)。浴室、厕所公用。有冰箱和带炉、灶的厨房。从公共汽车总站步行3分钟左右有一高台——加斯佩教堂。它就在这旁边。旺季营业。

弗利扬国立公园

国立公园中的青年旅馆

●*Auberge de Jeunesse de Gaspé*

2095 Blvd. Grande－Greéve, Fovillon

电话(418)892－5153

从加斯佩的公共汽车总站乘奥尔良的公共汽车，如果告之到青年旅馆，自会在那里给你停车。因位于国立公园中，所以距旅游点很近。浴室、厕所公用，Ⓓ是1人$15，4～6人房间和大的集体宿舍是$13。房间并不很整洁，但睡觉足够了。隔壁有自行车租借店，住在青年旅馆的人给予10%的优惠。

●*Les Petites Maison du Parc*

910 Blvd. Forillion, Gaspé(G0E 1H0)

电话(418)892－5873

建于沿132线，俯瞰加斯佩湾的高

台上。是个2层建筑,房间28个,寝室有1~4室大小型号之分。带厨房、淋浴和浴室的1天$98~115。5~10月中旬的旺季营业,6月24日~8月22日住6晚以内(包括6晚)$485~615加税。到海滨5分钟。

●*Gîte du Parc*

2045,route 132 Cap - aux - Os

电话(418)892 - 5864

位于骨之岬的当地居民旅馆。带浴室、早餐Ⓢ$30~、Ⓣ$40~45。旺季营业。

PERCÉ

佩尔赛●QUÉBEC

从加斯佩出发沿132号线向东南乘公共汽车需50分钟。VIA车站离村子中心只有6英里。虽然是个人口不足5000人的小渔村,但如今已成为避暑和旅游中心。132号线的线路是繁华大街,路两旁排列着整齐的汽车旅馆、旅店、餐馆、礼品店。在稍稍偏离线路的里侧,有些白色的小别墅风格的居民和别墅,让人感觉有点童话般的意境,不过还没有脱去让人心情愉快的旅游观光海滨村庄的底色。那些风光明媚的景观中,画龙点睛的一笔可以说就是佩尔赛岩石。另外,也一定要去看一看浮出于远海域的天然圣地——波那班图尔岛。

佩尔赛问询处

INFORMATION 旅游问询处

Information Touristique

电话(418)782 - 2933

在佩尔赛中心,沿132号线的船码头旁边。从公共汽车站步行10分钟左右的右侧即是,对面是广阔的停车场。能当即回答你需要问的各种问题,如去波那班图尔岛的旅游、佩尔赛的漫步巡游、住宿问题等。

营业时间:(夏)8:00~20:00　(春秋)8:30~12:00　13:00~17:00(冬)停止营业

从VIA车站去村中只有出租

从VIA车站去村中只有出租(而且车站周围什么都没有),每当列车抵达时出租也能准时到来,二者的时间是很和谐的。尽管如此但这只是些前、后玻璃上贴着写有TAXI字样的纸牌的、没名的普通车。稍微有点惴惴地上了车,却发现开车的司机非常亲切、善良。价格和距离没有关系,一律/人$5。Taxi Pereé(L. R. BROCHET)

电话(418)782 - 2254

公园介绍中心

Centre d'interpretation du Parc de l'île – Bonaventure – et – du – Rocher – Percé

Rang de L'Irlande　电话(418)782 – 2721

就佩尔赛的历史、自然、及周边情况予以介绍说明。还有关于野生鸟类及海生物生态的展览和资料。　免费

营业时间:6 月初旬 ~ 10 月中旬　9:00 ~ 17:00

SIGHTSEEING 主要景点

佩尔赛岩石　Percé Rock (Rocher Percé)

它是耸立于距海岸 180 米的海中，长 483 米、高 88 米的巨大奇岩。所谓佩尔赛是"刺穿"的意思，如它的名字一样，在岸腹上穿插着一个高达 20 米的巨大的拱形构造物。这里曾经还有过一个洞，但在 1845 年塌陷了，残留部分像金字塔一样威然屹立着。经历过 3 亿 7500 万年风雨的岩石中埋藏着无数的化石，乳白色的地层与阳光交相辉映，非常美丽。但是重达 500 万吨的这块岩石出人意料地竟非常易碎，据说平均每年都要被风雨削去 300 吨。退潮时这里即成为陆地，步行可以走到岩石脚下。问询处和旅馆里都有退潮一览表，请确认好时间后再去。佩尔赛岩无论从哪儿都能看得到，而且哪个角度都很美妙，尤其是北侧从 Pic de I'Aurore、南侧从 Côte de La Surprise 眺望，景色非常美丽。

波那班图尔岛　île Bonaventure

从海岸上看，它像是鲸鱼露出的脊背，又像是一个浮动的馒头型岛屿。它是加拿大最初的殖民地之一，初期居民是从巴斯克来的渔民。但从 19 世纪中叶开始，爱尔兰籍、英国籍的移民都曾在此居住。现在被指定为海鸟保护区，尤其作为鲣鱼鸟的保护区而成为世界性的重要景屿。除鲣鱼鸟之外在此筑巢的还有海乌鸦、鱼鹰等 20 万只飞鸟，真是个海鸟圣地！植被接近高山地带，低矮的树木形成的郁郁苍苍的森林覆盖着整个岛屿。苔藓类、地衣类也很丰富，到处都开有高山植物的花朵。岛上有 4 条小路，哪条都通向岛相反一侧的鲣鱼鸟的领地。被 5 万只鲣鱼鸟淹没的这块鸟类属区的确有极大的魅力。从佩尔赛去岛上有数条游船，还有导游作指点。

乘小船旅游

邮局旁边有一条通往海岸方向的路，在路口处的船码头登船出发，售票处也在那里。航行中可以在岛上下船，也可游览岛和岩石周围，请一定要注意这一点。想在岛上下船时，请提前确认好船只返回的时间。

Le Capitaine Duval　电话(418)782－5355/(418)782－5401

10:00、12:00、14:00 出发，绕佩尔赛岩石半周之后，再绕岛的里侧巡游约 1 小时，之后去岛上的码头。$15。返回佩尔赛的最后一趟船是 16:00 出发，所以请考虑好在岛上的游玩时间再先择出发时间。

Capt. Ti－Jean　电话(418)782－2974

5 月，在波那班图尔岛下船的这次旅行中我到处转了转，仅这一次就把岛周围各处都游到了。船长性格爽朗，非常风趣。$11 的价格也很便宜。

桑坦奴山　Mont Ste－Anne

从海岸就能看见，是座山顶像平坦桌面的山(375 米)。从 132 号线稍稍往里进一点的地方是教堂，教堂后边有到山顶的路。步行 1 小时左右即能到达山顶，从那里眺望佩尔赛岩和大海，景色真是美极至极！途中，向右岔开的路可以通到岩石的清水流下的洞穴 La Grotte。虽然去山里的人很少，但静静的路旁，充满阔叶树的杂木，走在路上心情真是非常愉快。

HOTEL 饭店

沿 132 号线有很多汽车旅馆和旅馆，无论哪家都整洁而舒适，和有名的旅游景点比价格便宜得多。到餐馆或船码头所在的市中心步行即到，所以无论住进哪家都极其方便。但是，冬天停业的地方很多。

走进美丽的海滨游览区

● *La Normandie*

221 route 132 Percé(G0C 2L0)

电话(418)782－2112

传真(418)782－2337

它是加斯佩半岛上最豪华的旅馆之一。这里的餐馆都经过评定，有桑拿或健身房，从面向大海的院子中可以直接走到海岸。向住在这里的客人供应下午茶点。房价旺季Ⓢ$89、ⒹⓉ$89～127，淡季Ⓢ 59～89、ⒹⓉ 59～99。

面向大海的位于街角的房间最棒

● *Auberge Les Trois Soeurs*

83, route 132

电话(418)782－2183

由于是汽车旅馆，因此离公共汽车

站最近，所以步行的人也请放心。房间宽敞，从窗口可以看见佩尔赛岩石，夜晚海潮拍岸的声音也让人心情愉快。虽然不带餐馆，但是有冰箱，可以在公共汽车站前和商店里买好食物或啤酒，很方便。房价Ⓢ$38～60、Ⓣ$40～75加税。旺季营业。

●*Manoire Percé*

212，route 132

电话(418)782－2022

传真(418)782－5159

房价旺季Ⓢ$99、ⒹⓉ$105，淡季Ⓢ$55、ⒹⓉ$65。

带菜园的家庭式游客之家

●*Le Havre*

114，route 132

电话(418)782－2374

和靠近佩尔赛中心的旅游问询处并排，是由一位热情的老奶奶经营的家庭式旅馆。厕所、浴室公用Ⓢ$20、Ⓓ$25、Ⓣ$30，非常便宜。还有带浴室和别墅式，房间$35～40。全家营业。

旅游局旁边的B＆B旅馆

●*Les Floralis*

14 rue de L’eglise，C. P. 479 Percé (G0C 2L0)

电话(418)782－5506

从旅游问询处前边往右走，到邮局角右拐即是。老板夫妇俩非常热情，房间、浴室也非常干净。早餐是欧洲式的自助餐，有桔子水、简单的谷类加工食品、吐司、月芽形小面包、乳酪、水果、煮鸡蛋等，而且还有咖啡或红茶。住2晚，第3天按原先的约定必须离开，但可以用车送客人到有空房的系列B&B旅馆去。房价ⓈⒹ$45、Ⓣ$50。因此在魁北克省B&B叫作GÎTE。

观察海豹

îLES－DE－LA－MADELEINE●马得雷诺岛

马得雷诺岛是个四季如画的岛。夏季是海水浴者们嬉戏的好场所，冬季则笼罩在一片悲凉的静寂中。每年2月底，会有很多为哺育幼仔而到岛的近海来的海豹(竖琴海豹)。观察它们的旅游，是这个岛上最热门的娱乐。

●进入了吉尼斯世界大全的世界最长的砂州

这个岛位于被纽芬兰岛和加斯佩半岛、爱德华王岛挟在当中的圣劳伦斯湾中，与称为“比托”的不高的小山相连。在好像要被波浪吞没似的砂州中，岛与岛相接。

从南部开始依次是断崖的海岸线优美的阿布鲁·奥柏岛、位于中心的卡普奥穆尔岛、有机场的阿布鲁·奥·梅森岛；进入吉尼斯世界大全的长砂洲北部是：拉·格劳斯·依尔岛、拉·格兰德·安特尔岛。而且还有距南部和北部都不远的安特尔岛、普利奥岛。在卡普奥穆尔岛港口的沿岸警备队楼前有定期发往安特尔岛的船。

ACCESS 到达方法

飞机：从蒙特利尔、魁北克、森特尔出发CP电话(418)969－2764、AC电话(418)969－2888，每日5～6趟航班，需要2～

4 小时。

渡船： 从 P.E.I 的 Souris 出发，除 2～3 月外都到卡普奥穆尔岛。电话（418）986－3278

WALKING 漫步

虽然并不是什么隐秘所在，但是由于没有公共交通机构，所以没有车非常不便。出租或旅馆专用车、包车（公共汽车）、租来的汽车（轿车）等都行，只要有车就能充分领略到这个海岛的美丽风情。岛的中枢机构都集中在卡普奥穆尔岛，这里充满闲适的田园式城市的情调。

出租： Lafrance　电话（418）986－6649

INFORMATION 旅游问询处

Cap－aux－Meules Tourist Information

128, ch. du Débarcadère

电话：（418）986－2245

在渡船码头旁边。

营业时间： 夏 7:00～21:00　其它季节 9:00～17:00。

●观察海豹

乘坐直升机降落于冰原上的这次旅行，是观察海豹幼仔、溶入自然的绝好机会。飞机飞行 30 分钟后，终于降落到海豹的繁殖地点，令人吃惊的是竟然有厕所和帐篷。在天气骤然变化的冰上，有必要留住避难小屋。虽然在这小屋中也能住 1 晚，但听有经验的人说可以听到远处冰层断裂的声音，切实感到在这里是与危险相伴的。脚下，有真正的海豹的幼仔。但是，惊异和现实感不能统一。也许是乘直升机轻易降落下来的缘故吧！患有城市疲劳症的人们，要想正确理解这个现实，也许多少得需要些时间。

HOTEL 旅馆

观察海豹，大受欢迎

●*Château Madelinot*

323　Principale,　Cap－aux－Meules

电话（418）986－3695

传真（418）986－6437

从 1996 年开始，有机场出来的免费短程公共汽车运营。海豹观察旅行是 3/1～20。有住 3 晚和 4 晚的旅行，各 2 小时的海豹参观和岛内旅游 $774 起价。旅行要预约。穿上专用的套装，没必要特别准备，但必需带上帽子、手套。只住宿，夏季房价Ⓢ$105、Ⓓ$109、Ⓣ$119～，冬季ⓈⒹ$65、Ⓣ$75～。

ATLANTIC CANADA

新不伦瑞克省

NEW BRUNSWICK

省会：弗雷德里克顿
时间：大西洋岸标准时　与中国的时差 –14 小时
州税：物品税 · 住宿税 11%

新斯科舍省

NOVA SCOTIA

省会：哈利法克斯
时间：大西洋岸标准时　与中国的时差 –14 小时
省税：物品税 · 住宿税 11%

爱德华王子岛省

PRINCE EDWARD ISLAND

省会：夏洛特城
时间：大西洋岸标准时　与中国的时差 –14 小时
省税：物品税 · 住宿税 10%

纽芬兰 · 拉布拉多省

NEWFOUNDLAND & LABRADOR

省会：圣 · 约翰斯
时间：纽芬兰标准时　与中国的时差 –13 小时半
省税：物品税 · 住宿税 12%

加拿大大西洋沿岸地区
Aelantne · Canada
魁北克省
魁北克省
加斯佩半岛
加斯佩
凡尔赛
圣劳伦斯湾
U.S.A.
NEW BRUNSWICK
马多莱努岛
爱德华王子岛省
P.E.I.
Cabot Trail
新斯科舍省
NOVASCOTIA
纽芬兰·拉布拉多省
NEWFOUNDLAND&
LABRADOR
格鲁斯·蒙伦国立公园
纽芬兰岛
泰拉诺巴国立公园
圣约翰
大西洋
N

ATLANTIC CANADA

●加拿大大西洋沿岸4省

加拿大的东部面向大西洋的纽芬兰岛拉布拉多(NF)、新不伦瑞克省(NB)、新斯科舍省(NS)、爱德华王子岛(PEI)4省是加拿大最早由英、法开始殖民活动的地区。从4省中有3个省各带有"新"字，就可以看出当时是要开辟一片新天地。而且，NB、NS、PEI作为加拿大最小的组合，有时被统称为海洋诸省(Maritime Provinces)。

4省基础产业分别是PEI的农业，新不伦瑞克的制造业，新斯克舍的商业和纽芬兰岛的渔业。尽管都具有各自不同的风土和文化。

TRANSPORTATION 加拿大大西洋沿岸的交通设施

飞机 虽然从中国没有直达班机，但从加拿大的主要城市及大西洋沿岸各地，加拿大航空公司及其系列的大西洋航空公司、州航空公司及其系列的新斯克舍航空公司的航班都可进入。在加拿大东部中枢哈利法克斯换乘的班次很多。

●PEI

从主要城市去省会夏洛特敦，在哈利法克斯换乘时，1天有10多个班次带你前往。从哈利法克斯出发需35分钟。不久PEI航空公司将预定夏洛特敦和蒙特顿及哈利法克斯间的直达班机搭乘。

●新斯科舍省

去哈利法克斯、悉尼、雅茅斯的班机各城市都有。从弗雷德里克顿(NB)到哈利法克斯需50分钟，从多伦多两个半小时，从蒙特利尔1个半小时，从温哥华6个小时。从纽约或波士顿起飞的班机也很多。

●新不伦瑞克省

有去圣约翰·弗雷德里克顿、蒙特顿的班机。从哈利法克斯起飞都在1小时内到达。从多伦多出发到省会弗雷德里克顿只需3小时，从温哥华5小时。

●纽芬兰岛

省内的主要机场有三个，分别是省会圣约翰、甘德、迪斯莱克。从省外来一般都在哈利法克斯换乘(班机)，从哈利法克斯到圣约翰需1个半小时。

渡船 渡船线路如下：连结PEI和新不伦瑞克省的航线；新斯科舍省和PEI、新不伦瑞克、纽芬兰、美国主要州间的6条线路。在旺季，一定要确认一下有没有提前预约的必要，最好早点到达码头。

●PEI～新不伦瑞克省 Marine Atlantic

从博登岛Borden(PEI)～托门塔周角Cape Tormentine(NB)每天有14～20班通航。所需时间45～60分。往返成人$8、儿童$4、车$19.50～。因是往返计价，只在进PEI时(在博登)付钱。

Borden 电话(902)437－2030 Cape Tormentine 电话(902)538－7873

●PEI～新斯科舍省 NFL Ferries

伍德岛Wood Islands(PEI)到卡里布Caribou(NS)，从早晨6:00～20:30每隔1个半小时(1班)，一天8～14趟，旺季运营(5月1日～12月20日)。约需1小时15分。单程成人$9.25、老人$8、儿童$4.50，车$29.75～。

电话(902)566－3838/(1－800)565－0201

●新斯科舍～新不伦瑞克 Marine Atlantic

迪戈比Digby(NS)到圣约翰(NB)之间需3小时到达，全年运营。夏季每天2～3趟，淡季1天1～2趟。夏季单程成人$23、儿童$11.50、车$50～，淡季成人$16.75，儿童$8.50、车$42.50～。

Digby 电话(902)245－2116 Saint John 电话(506)636－4048

●新斯科舍～纽芬兰 Marine Atlantic

北悉尼North Sydney(NS)～奥斯巴斯库港Port aux Basques(NF)全年通航，所需时间5～7小时。旺季和周日日程都分得很细，但在夏季(5月下旬～9月下旬)1天2～3趟，除此之外1天1趟。单程成人$18.50、儿童$9.25、车$57.25～。

而且，夏季有连结北悉尼～阿让特伊(Argentia)的航线周一、五各1趟(6月21日～8月30日周三也有)，旺季运行。所要时间为14小时。单程成人$51，儿童$25.50，车$114～。

North Sydney　电话(902)794－5700　St. John's　电话(709)772－7701

Por taux Basques　电话(709)695-7081　Argentia　电话(709)227-2431(只限夏季)

●新斯科舍～缅因州(USA)

虽有两条线路,但每条都从NS的雅茅斯出航。

雅茅斯～巴哈巴(Bar Harbor),是Marine Atlantic的季节航运(5月12日～10月13日)。6月21日～10月13日每天1趟,雅茅斯16:30出发,巴哈巴为8:00。5月12日～6月20日,每周日、二、四3趟运行,需7小时。夏季单程成人$52,儿童$26,车$68～;淡季成人$34,儿童$17,车$62～。

雅茅斯～波特兰(Portland)是由Prince of Fundy Cruises5月初～10月的季节航运(5月2日～10月26日)。雅茅斯10:00出发,波特兰为21:00。夏季每周2～3趟运航,需11小时。成人$20,车$80～,舱内有娱乐场。

Marine Atlantic: Yarmouth　电话(902)742－6800

Bar Harbor, Maine　电话1－207－288－3395

Prince of Fundy Cruises: Yarmouth　电话:(902)742－6460/(1－800)341－7540

Portland　电话1－207－775－5611

公共汽车 新不伦瑞克省、PEI是SMT公共汽车,而新斯科舍省全为阿卡迪亚公共汽车,但两个公司彼此间可以接续运营。在新不伦瑞克～PEI之间每辆公共汽车都可直接驶入渡口。

●PEI～新不伦瑞克省(SMT)

周五·周日	每日				每日	周五·周日
7:45	12:00↓	到	Charlottetown	发	↑17:45	23:45
9:10	13:25	发	Borden	发	16:20	22:20
(游船)						
10:20	14:50	发	Cape Tormentine	发	15:10	21:10
11:55	16:00	发	Moncton	到	14:05	20:05
14:30	20:05	发	Saint John	到	11:15	17:40
	20:00↓	发	Fredericton	到	11:05	18:00
Acadian Lines						
17:15	0:15↓	发	Halifax	到	↑7:30	13:00
23:30		发	Sydney	到		7:30
略省(Voyager Coloria)						
1:30	6:00↓	发	Montréal	到	↑22:30	6:00
	15:30	发	Toronto	到	14:15	

※从蒙特利尔、多伦多出发的还有其他班机,但途中不住宿换乘时,只能是上记班机。

●新不伦瑞克省内(SMT)

圣安德鲁斯～圣约翰～蒙克顿

每日						每日	
	16:10	↓	发	St. Andrews	发	↑ 15:30	
	17:30		到	Saint John	发	14:40	
11:15	17:40		发		到	14:30	20:05
13:30	19:50		到	Moncton	发	12:20	17:55

圣约翰～弗雷德里克顿

9:30	18:25	↓	发	Saint John	到	↑ 12:50	19:35
11:00	19:55		到	Fredericton	发	11:20	18:05

●新不伦瑞克～新斯科舍

弗雷德里克顿～蒙克顿～哈利法克斯

11:50	18:00	↓	发	Fredericton	到	↑ 14:45	20:00
13:40	20:00		到	Moncton	发	11:55	17:50
14:00	20:15		发		到	11:35	17:10
18:00	0:15		到	Halifax	发	7:30	13:00

※NS 内是 Acadian Lines, NB 内是 SMT 运行。

●新斯科舍省内(Acadian Lines)

哈利法克斯～悉尼

8:00	14:30	12:50	16:45	↓	发	Halifax	到	↑ 15:00	17:45	22:50
9:35	–	14:55	18:30		发	Truro	发	13:40	16:30	21:45
–	19:35		22:15		发	Baddeck	发	8:50	–	17:45
–	20:35		23:00		发	North Sydney	发	7:55	–	17:00
14:50	21:00		23:30		到	Sydney	发	7:30	11:00	16:30

SMT: NB　电话(506)648－3500/859－5060　PEI　电话(902)566－9744

Acadian Lines: NS　电话(902)454－9321－8279　NB　电话(506)859－5060

纽芬兰岛内

连结西部的通路、奥斯巴斯库港和东部省会圣约翰的贯穿加拿大的高速公路(1路),全长905公里,有 CN Roadcruiser Service 的长途汽车(运营是 Terra Transport)驶过。1天1趟，从奥斯巴斯库港、圣约翰出发都是8：00，约需14小时，票价单程$79.75。渡船的来往不是连续的,所以去北悉尼时需在奥斯巴斯库满住1晚。只在夏季才有渡船连结阿让特伊和圣约翰的 Newhook's Transportation 的公共汽车,与渡船的来往时间同步，让阿让特伊是周三、六的 6:00 出发，从圣约翰发车时间为周二、五 10:00。需 1 个半小时，单程$15。

CN Roadcruiser Service: NF　电话(709)737－5912

Newhook's Transportation: NF　电话(709)726－4876

火车 从蒙特利尔经魁北克、森特尔蒙特顿到哈利法克斯有 VIA 的“大洋号”运行。这之前的另一条路线，经过美国的缅因州在蒙特顿交汇的“大西洋号”已于 1995 年春废止。被一体化了的“大洋号”，在车箱中都有快餐和饮料供应。而且，还有带淋浴的客房，带早餐的 Eastarly 这种高档次的享受。“大西洋号”和去加斯佩的“夏莱尔号”在到斯塔佩迪尔之前的一段行驶路线相同。

蒙特利尔～蒙特顿～哈利法克斯

周二以外每日 ↓				周三以外每日 ↑
19:00	发	Montréal	到	8:25
22:30	发	Lévis(Québec)	发	5:05
4:32	发	Matapédia	发	22:47
11:10	发	Moncton	发	18:42
15:30	到	Halifax	发	14:00
周三以外每日				周二以外每日

※伴随着“大西洋号”的废止，从新城到弗雷德里克顿，从蒙特顿到圣约翰都有公共汽车的接续运行服务。

Halifax　电话(902)492－8421/(1－800)561－3952

Moncton　电话(506)857－9830　Montréal　电话(514)871－1331

NEW BRUNSWICK
新不伦瑞克省

西连美国、北接魁北克省的新不伦瑞克省，处于加拿大本土和沿海各省的连结点上。其北部是加拿大东部最高的山岳地带，大部分是幽深的丛林。城市在流过国境线的圣约翰河的河口地带，像是要避开森林似的集中在一起。每个城市都缺乏强烈的个性，但生活安定祥和，也许正是这种超凡脱俗的生存方式才是这个省的独特之处。法裔居民很多，占人口35%。这儿还是国内惟一的正式使用英法两种语言的省。

FREDERICTON
弗雷德里克顿
NEW BRUNSWICK

新不伦瑞克省的省会弗雷德里克顿是个被称为"榆之城"的美丽城市。市中心有圣约翰河悠然流过，在城市各处还残留着已有200年建筑历史的保皇派的大宅邸。路旁的树影投过来，斑斑驳驳。1762年，在被遗弃的阿卡迪亚殖民地上，迁来了从美国独立战争中逃亡的保皇派们，构筑了城市的基础。这是一座有很多公园的行政都市，在这儿可以享受到稳定时期那种祥和的氛围。

ACCESS 到达方法

飞机 CP、AC等不仅是国内，也连续着圣约翰(Saint John)(1天3~5趟)，蒙特顿(Moncton)(周六、日各一趟)。

CP 电话(506)446-6034 AC 电话(506)452-0166 (都提供往来指南)。

铁路 由"大西洋号"连结着蒙特利尔、蒙特顿、哈利法克斯，一周3次。弗雷德里克顿中继车站(Fredericton Junction Station)距闹市区有40公里之遥，但有VIA公共汽车与市内相接。

VIA 电话(1-800)561-3952

公共汽车 SMT连结省内各地。从圣约翰出发需1小时30分，从蒙特顿出发为2小时45分。1天都只有2~3趟，所以最好提前掌握好时间。

ACCESS 从机场到市内

弗雷德里克顿机场 Fredericton Airport

在市东南16公里处。连结着闹市区和机场的机场公共汽车一天有数次运行,单程$6。乘出租到闹市区约$15。

ACCESS 从公共汽车总站到市内

SMT 弗雷德里克顿 SMT Fredericton

在 Regent St. 和 Brunswick St. 的角上,SMT 公共汽车全部到达此地。有咖啡馆,出 Regent St. 向南2个街区是 Queen St. 。

101 Regent St. 电话(506)458-6007/458-6000

INFORMATION 旅游问询处

Tourist Information Centre

City Hall, Queen St. & York St.

电话(506)452-9500

在带有钟塔的市政府大楼1层的入口处有信息服务台。虽然朴素而狭小,但职员都非常热情。参观议会现场的旅游,也由此出发。

营业时间:10月~5月中旬 8:15~16:30(周一~周五) 5月中旬~9月第一个星期一 每天8:00~20:00 9月每天8:00~17:00

WALKING 游览方法

城市以圣约翰河为界分南北两部分,有3座桥连接两岸,其中1座为铁路专用。旅游者值得走一走的是,像突起一样伸向河道的南侧的半岛。沿河有被称作 The Green 的漫步道。只在闹市区走一走需要10分钟。道路被划成十字,非常易于通行。从东西走向的 Queen St. 和 King St. 、南北走向的 Northumberland St. 在 St-John St. 的中间部分是城市中心。Queen St. 在城市东部名字即变为 Waterloo。这附近大宅邸相连,是最适合散步的地方。

TRANSPORTATION 市内交通工具

市内公共汽车 Fredericton Transit

Fredericton Transit 除周日、活动日外,都运行公共汽车。周六停运线路也很多,详细情况请打电话咨询。有线路图。

P. O. Box 130, Fredericton 电话(506)454-6287

价格:成人$1

闹市区

市政府楼　City Hall

是面向 Queen St. 的带钟塔的瓦造建筑物。1 层是信息服务台。俯瞰 2 层的议会现场，为纪念弗雷德里克顿诞生 200 周年制作的 27 张壁毯被高高挂起，一定要看一看。从 Maliseet Indian 的集落开始，到城堡的建设、保皇派的到来等，构成了弗雷德里克顿 200 年鲜明的历史。

开放时间：5/20～9/5　每日 8:00～17:30

其它时间　周一～周五　8:15～16:30

由 Council Chamber Tour，可以免费参观议会现场。

军人广场　Officers' Square

是夹在 Carlton St. 和 Regent St. 中间的 Queen St. 的历史性一笔。原来是英国陆军（1785～1869 年）及加拿大陆军（1883～1914 年）的驻军营地，但现在已成为市民的休息广场。7 月中旬～8 月第三个星期的周一～周五的 10:10，可以看到身着红色制服的威风凛凛的士兵们的交接仪式。而且夏天的时候，从每周周二的 19:30 开始，有免费的乐团音乐会。广场的一角还竖立着比佛布鲁克的铜像。

约克・桑巴利历史博物馆
York – Sunbury Historical Society Museum

电话（506）455－6041

军人广场西侧的建筑物是历史博物馆。从省内各地收集来的历史文物，排列得整整齐齐像个古色古香的仓库。那些陆军使用过的东西，装饰保皇派房间的家具，阿

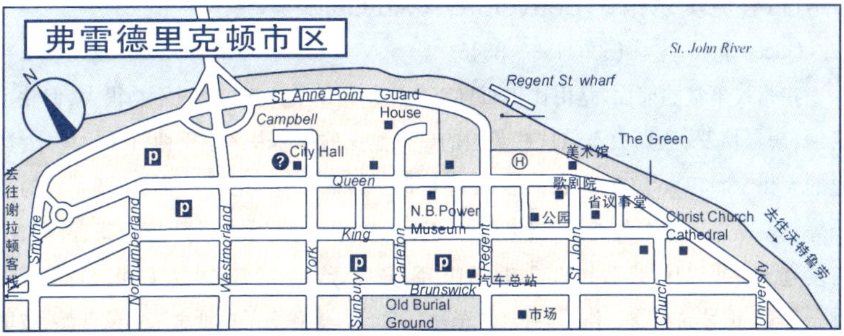

卡迪亚人的工艺品等，虽然只是些看起来破破烂烂的东西，但最精湛的当属放在最上层的一只重19公斤的青蛙。据说这只青蛙是地方旅馆的经营者们的一只宠物，但此话……当真吗？

开馆时间：5/1~8/31　周一~周六10:00~18:00(7~8月:周二三~21:00　周日12:00~18:00)、9月第1个星期一~10月中旬　周一~周五9:00~17:00　周六12:00~16:00、10月中旬~4/30　周一、四、五11:00~15:00　其它时间需要预订。价格:$1

士兵营房　Soldiers Barracks

电话(506)453-3747

矗立于Carlton St. 和Queen St. 角上的3层石制建筑物，是1827年英军建造的驻军住所。包括其斜后侧的石制平房The Guard House，都被指定为历史遗迹公园，可以旅游参观。

开放时间:6月初~9月第1个星期一10:00~18:00　免费。

州议事堂　Legislative Assembly Building

电话(506)453-2527

改造了1880年因火灾被烧毁的旧省政府楼，1882年建成。古典的银色穹面顶子和砂石的反差非常美丽。从面向Queen St. 的中央入口进入，登上漂亮的木制螺旋阶梯就可在导游的指点下从旁听席参观议会场地。召开立法议会时也可以听一听议事现场，但必须保持绝对安静。馆内也可摄影。免费参观。

开放时间:6月6日~8月26日　每天9:00~20:00

8月29日~6月2日　周一~周五9:00~16:00(旅游从9:15开始，每隔30分钟1次)

比佛布鲁克美术馆　Beaverbrook Art Gallary

Queen St.　电话(506)458-8545

在州议事堂的前面，是由比佛布鲁克先生捐赠的美术馆。虽说不是很大，但除了泰纳、庚斯博罗、康斯太布尔这些英国的一流画家的作品及诞生于西班牙的鬼才、达里的大作《Santiago EL Grande》之外，还精选了加拿大美术名作、汤姆·汤普森的绘画等收藏品。比佛布鲁克先生(本名William Maxwell Aitken)，生于安大略省，在NB省度过了少年时代，之后到达英国(1910年)并成为第一位加拿大人首相，是授予“比佛布鲁克”称号的人物。作为《每日快车》的创始者，他登上了报纸之王的的宝座，城里还留有他很多捐赠品。新馆有宗教绘画及贮藏物、20世纪欧洲绘画的杰作等。

开馆时间:9月~6月　周二~周六10:00~17:00　周日、周一12:00~17:00　7、8月周日~周三10:00~17:00　周四~周六10:00~19:00　票价:$3

圣约翰河上游

金斯·蓝汀

金斯·蓝汀　Kings Landing

电话(506)363-5805

从弗雷德里克顿上溯到圣约翰河向西37公里,在向河流突出的广阔的海岬上有加拿大最得意的历史村。通过圆木屋的接待处,就进入了18世纪的殖民地。被森林环抱的偏僻的土地,充满一种悲凉而野性的味道,非常美好。在此并不能感受到太多的旅游色彩,在广阔的土地上,至今还有忙碌运作的磨面水车、学校、冶炼房、交货房、药店、典型的保皇派的房屋、教会及客栈等,一切都生气勃勃,在此还能令你直接感受到宛如当时的人们认真工作的场景。渡过能看到磨面水车的桥即是The King Head Inn这个极品餐馆。

开放时间:614~10/10　每日10:00~17:00　票价$7.5

交通　从闹市区乘Trans Canada Hwy,要30分钟,在259号出口下车后即到。

SHOPPING　购物

市政府楼前的Queen St. King St.一带是商店区。沿King St.有许多杂货店等集中在一起,非常有意思。而且从周六的早晨~13:00左右进行的少年农场主集市(Boyce Farmer's Market)是个历史悠久的集市,每周一次可供你享受一番。挟杂其中的、当地民间艺术品作家的陶器等也是异彩纷呈,作礼物很合适。地点在Regent St.和St. John St.之间一座监狱的背后。

妙趣横生的工艺品店

Mul House

Lower St. Marys

电话(506)459-8859

从闹市区稍稍往东一点儿,是不大为世人所知的漂亮的小杂货店。非常受女士欢迎,还有朴实的男性用品,如毛衣或包等,非常有趣。桌上餐具及玻璃器皿自不必说,包、衣料等也都经过严格筛选,品种齐全,水平很高。店里人非常友好,在Sheraton Inn还有专卖赠品的分店。

营业时间:周一~周五10:00~20:00　周六~17:00　周日12:00~16:00

RESTAURANT　餐厅

舒适味美的龙虾店

The Lobster Hut

1216 Regeut St.

电话(506)450-9900

从 Regent St. 径直朝和闹市区相反的方向走，坐车 10 分钟左右即到（最好不要徒步前往）。

虽是 City Motel（1 晚$49 ~ 60）的餐馆，但在当地是很受欢迎的海味和牛排店。整个餐馆像是船舱一样，煮得滚烫的龙虾是本店的极品。一人有$20 ~ 足够多。

HOTEL 旅馆

具有现代气息的美丽的游览区旅馆

●*Sheraton Inn*

225 Woodstock Rd.

电话(506)457 – 7000

从闹市区徒步前往需 10 分钟。有面向 St. John 河建立的舒适旅馆、游泳池、餐馆、会议会场。房价ⓈⒹⓉ$65 ~ 112。

虽为老店，却有着中级旅馆氛围

●*Lord Beaverbrook Hotel*

659 Queen St.

电话(506)455 – 3371

传真(506)455 – 1441

位于市中心，房价Ⓢ$79、ⒹⓉ$89。还有能使用轮椅的房间。

SAINT JOHN

圣约翰
NEW BRUNSWICK

圣约翰是拥有8万人口的新不伦瑞克省最大的城市。它拥有加拿大有数的几个贸易港，承担着工商业枢纽的作用。遥遥相望的港口的大联合企业和瓦制的建筑物，洋溢着现代而思乡的气氛。它收容了3000名保皇派和19世纪中期因饥荒逃难来的爱尔兰人。它虽是省内第一个作为工商业城市发展起来的城市，但另一方面它也致力于街道建筑的保存，到处留有古代建筑物和历史遗迹。让人深切地感受到对那段无法割舍的历史的怀想。从世界第一的潮水落差、激烈的芬迪湾发生的海潮倒进，至正日益精湛的鲜美海味，放眼这个城市的历史，就能看到整个加拿大的开拓史。

ACCESS 到达方法

飞机 弗雷德里克顿·蒙特顿当然不用说，和加拿大主要城市都有频繁往来。从多伦多发需1小时45分钟、从蒙特利尔1小时。

铁路 曾由VIA与蒙特顿连，但由于“大西洋号”被废止，统一到大洋号上，所以1996年还没有圣约翰车站。使用VIA时，从蒙特顿车站有SMT公共汽车运行。周三、周二1趟，其它时间每天2趟。

公共汽车 SMT连结省内各地。从弗雷德里克顿发需1个半小时(每天2趟)、从蒙特顿发需3小时(每天2趟)、从圣安东尼出发约需1个半小时(每天1趟)。

渡船 从NS省迪戈比发约需3小时，夏季每天2~3趟。电话(506)636-4048

ACCESS 从机场到市内

圣约翰机场 Saint Johu Airport

在闹市区东北14公里处。有连接闹市区和市内的机场公共汽车运行($7)。

● 出租车：Vets Taxi 电话(506)634-1554 约$22。

ACCESS 从公共汽车总站到市内

SMT Saint John

300 Union St. 电话(506)648-3566

在通过 King Square 的 1 区北侧的 Union St. 和 Camarthen St. 的角上，位于极富现代气息的市政府大楼的 1 层。大体为闹市区的中心位置，到 King Spuare 徒步只需 5 分钟。

INFORMATION 旅游问询处

City Centre Tourist Information Centre

Market Slip, Little Red School House

电话(506)658－2855

紧邻商业广场的 Barbour’ s General Store。可洽谈观赏海潮倒进的导游及住宿等。另外，在市政府楼的 11 层也有问询处。工作人员无论对谁都热情、周到，值得信赖。

营业时间：5 月中旬～10 月中旬　9：00～18：00

Saint John Visitor & Convention Burean

11F City Hall, King St.　电话(506)658－2990

营业时间：全年　周一～周五 8：30～16：30

Reversing Falls Tourist Information Centre

Route 100 at Reversing Falls Bridge

电话(506)658－2937　(West Side)

营业时间：5 月～10 月中旬 9：00～18：00

WALKING 游览方法

在 Saint John Harbour 东侧、向海上以 U 字形突出的半岛是城市的闹市区。在半岛的根部，繁华街道非常宽阔，在 Uptown 的中心有国王广场 King Square。横穿广场的小路，设计成英国国旗的形状，很像发誓效忠英王室的保皇派(王党派)的街道。北侧有市内公共汽车的运行地带，西侧是旧城商业中心，东侧是保皇派基地，南侧是 Imperal Theatre，由这些标志点将它围在当中。从该广场向西而下的坡道是 King St.。下来之后右手是市府大楼，江边就在眼前。

码头前面是餐馆、商店集中的商业中心，前面的广场上有 Barboor’s General Store 和旅游问询处。从2楼开始，镶有玻璃的空中走廊把商业中心和其旁边的市府大楼连接在一起，并进而把隔壁的商店区 Brunswick Square 以及 Old City Market 都连接了

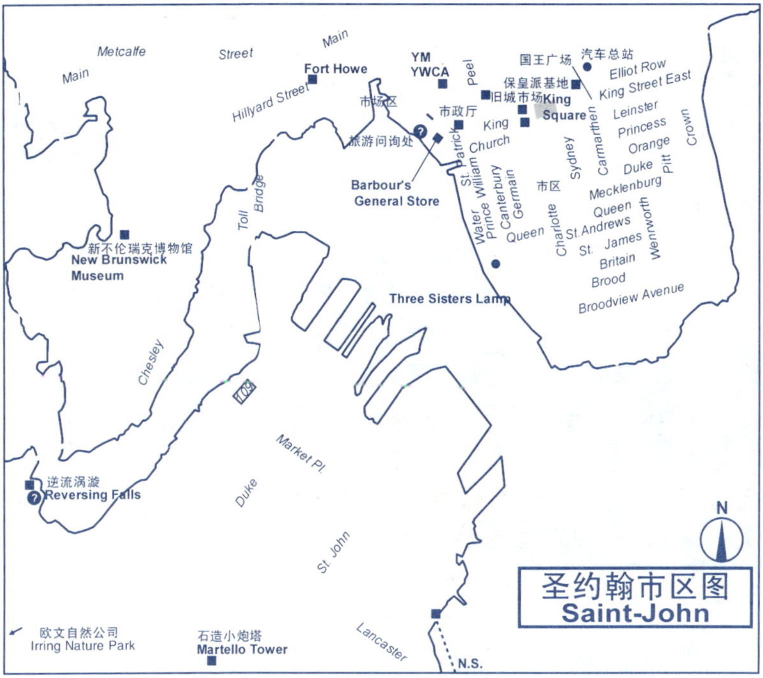

起来。

逆流漩涡、博物馆、马提洛塔都在隔着海湾的对岸。

TRANSPORTATION 市内交通机构

市内公共汽车 Saint John Transit

从早6:00～晚12:00频繁运行。去看逆流旋涡、博物馆、马提洛塔乘4路公共汽车。

价格:$1

旧城商业中心

SIGHTSEEING 主要景点

商业中心

旧城商业中心　Old City Market

47 Charlotte St.　电话(506)658－2820

面向King Square的这个市场,曾有过维持圣约翰市民基本生活的历史。从1876年以来一直在同一场所营业,也已成为城市的历史遗迹。外观改装得非常时髦,但店内依如从前。新鲜的蔬菜及水果中有刚烤好的面包,手工制作的日用杂品中也夹杂着卖些新鲜的海味,还有镶着玻璃的饮食区,想休息一会儿是非常非常方便的。占据King Square 侧入口位置的 Billy's Seafood Restaurant,是一个有牡蛎菜肴的漂亮餐馆。饭菜充满生气而且味道鲜美,请一定去品尝品尝。

营业时间:周一~周四、六 8:30~17:30 周五~21:00 周日休息 全年营业

保皇派的房屋 Loyalist House

120 Union St. 电话(506)657-3590

是建于1810年的保皇派的房子。作为当时怀乡的历史遗迹被珍贵地保存着。夏季,身着当时服装的导游小姐会为你导游,而且有时旅客还能和突然前来拜访的市长一起喝茶。夏季以外的季节参观需要预约。

开馆时间:5月~9月 9:00~17:00 价格:$2

巴伯的普通商店 Barbour's General Store

是建于江边南岸的生姜色美丽小店,后移至圣约翰河上流的村中,源于19世纪的杂货店兼理发店。店内展示着100年前销售的杂货,也可以看到过去的桌子及熨斗等生活用具。现在是市内主办的徒步旅游的出发点。

营业时间:5月中旬~10月中旬每天,免费

商业广场 Market Square

是重新开发于江边的象征性商业区。其中有餐馆、快餐食品店,漂亮的酒吧及咖啡店等,另外还有各种服装店、免费开放的图书馆等。和 Hilton Hotel 相连。前面的广场是纪念保皇派登陆的地方,并立着石碑。

商业区郊外

观望台 Fort Howe Lookout

Main St. (North End)

从商业中心坐车只需5分钟,它是建在俯视着港口的高台上的圆木要塞,最初于1777年建在哈利法克斯,本着防守圣约翰港的目的才移到了这里。现在可以将商业区一览无余,是座奇绝壮观的台子。

逆流涡漩 Reversing Falls

Route 100, Riversing Falls Bridge(West Side)

电话(506)658-2937

Saint John 河被深削的地方有一座桥，漩涡就位于桥的旁边，可以看见各景“涡潮的逆流现象”。芬迪湾是世界上潮汐涨落最激烈的地方，落差有时能达到 15 米。由于流动的河水和海潮在这座桥下猛烈撞击，河底被深削而产生了大逆流漩涡。这一带作为公园被整理出来，甚至有免费的停车场和带有信息中心的展望台。馆内有能饱览涡潮的餐馆，和为不能看到涡潮的人设置的剧院。Rooftop Theatre($1.25)。逆流漩涡间隔 12 小时，每天发生两次。但每天时间都不同，所以最好在旅游问询处等确认之后再出发。夜里点灯，能清楚地观看。

开馆时间：5 月中旬～10 月中旬从屋外看没有时间限制。免费。

新不伦瑞克博物馆　New Brunswick Museum

277 Douglas Ave　电话(506)643－2300

它是加拿大最古老的博物馆，到 1992 年，创立已达 150 年。除了展示着帆船模型的 NB 省的历史及展示着动物、昆虫、化石等的生物学展览室外，展示着当地作家同期艺术品的美术室也占一半。

开馆时间：5 月～9 月　每日 10:00～17:00　价格：$2

卡尔顿石造小炮塔　Carleton Martello Tower

Charlotte St. Extention(West Side)　电话(506)636－4011

国家史迹，是现在残留于加拿大的第十一座塔。对魁北克、森特尔、哈利法克斯、金斯顿等，我们已经熟知，但在圣约翰却只有这儿。1812 年发生战争时，为防御美国对港口的威胁，由英军建造。但它并未受过实际攻击。第二次世界大战中，曾作火灾监视塔用。

开放时间：6 月 1 日～10 月 15 日　9:00～17:00　免费

欧文自然公司　Irving Nature Park

off Sand Cove Road(West Side)

电话(506)632－6464

从 Martello Tower 向西，乘车 10 分钟。在 225 万平方米的自然森林中延伸着一条 65 公里的小路，可以观察鹿、松鼠、海豹等动物，还可以观察许多野鸟。其中 40～60 头海豹很受人欢迎，为了便于观看，在岩石上设有 Seal Deck。在园内可坐车移动。带上孩子一起去享受一下吧。全年开放，日出～日落。

HOTEL 饭店

可眺望美丽海港，气氛优雅的旅馆

● *Saint John Hilton Hotel*

One Market Square

电话(506)693－8484

是圣约翰的高级旅馆，连结着商业区，餐馆和酒吧充足。共 197 个房间，房价ⓈⒹⓉ$105～145。

Brunswick Square 内的多功能旅馆

● *Delta Brunswick Hotel*

39 King St.　电话(506)648－1981

环境舒适，价格合理，ⓈⒹⓉ$79～135。

由古代房屋改建的优雅旅馆

● *Parkerhouse Inn*

71 Sydny St.

电话：(506)652－5054

从 King Square 徒步 5 分钟。带电视电话、浴室、厕所。房价ⓈⒹⓉ$65～95。

房主是博物馆学家、导游

● *Inn on the Cove*

1371 Snad Cove Rd

电话(506)672－7799

在跨越海湾的的西侧郊外，但却位于能俯视海湾绝景的位置。房主艾伦是位资历很深的博物学家。还可以给你提供导游等。房价ⓈⒹⓉ$65～115。

MONCTON

蒙克顿 ● NEW BRUNSWICK

蒙克顿是新不伦瑞克省第三大城市，人口仅 57,000 人，并不是个很大的城市。但却是从新斯科舍省、PE 到东部加拿大的必经之地，作为陆路中转站是最好的场所。蜿蜒流过市中心的珀蒂考蒂阿克河(Petitcodiac River)的潮水突然转向及郊外带磁力的小山等不可思议的自然现象是旅游的重点。

ACCESS 到达方法

飞机 经过哈利法克斯，CP、AC 从多伦多开始合在一起，每天共 5～7 趟，需两个半小时。从蒙特利尔出发经过哈利法克斯每天 5～7 趟，需 2 小时 15 分钟。

铁路 乘坐 VIA 的"大洋号"或"大西洋号"，从蒙特利尔出发需要 16 个小时，从哈利法克斯出发是 4 个半小时。除星期二外，每天运行 1 趟。

公共汽车 乘 SMT 公共汽车从圣约翰出发约 3 小时,每天 2 趟。从弗雷德里克顿出发约需 2 小时 45 分,每天两趟。从 NS 省的 Amherst 出发约需 1 小时,每天两趟。

ACCESS 从机场到市内

蒙克顿机场　Moncton Airport

位于商业区东 9.6 公里处。因没有短程公共汽车，所以需要出租，到市内约 $12。需 10 分钟。

CP 预约电话(506)857－9929

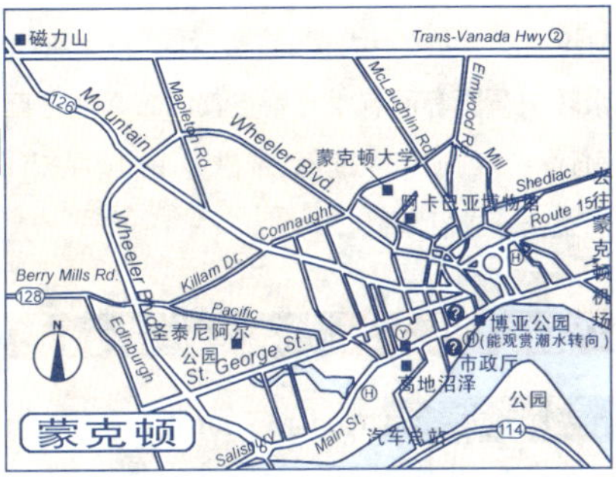

ACCESS 从 VIA 车站到市内

VIA Moncton

电话(506)857－9830

位于 Main St. 和 Highfield St. 角上的 Highfield Square 背后很近的地方。

ACCESS 从公共总站到市内

SMT 公共汽车终点站●SMT Moncton

961 Main St.

电话(506)859－5060/5065

位于 Main St. 和 Bonaccord St. 的角上。SMT 公共汽车全部到达此处，虽然很小，但却有咖啡。因为是市中心部位，所以去哪儿都很方便。到旅游问讯处步行只需 8 分钟。

INFORMATION 旅游问询处

Convention & Visitor Services

City Hall 774 Main st.

电话(506)853－3590

9 月至 5 月，商业区和郊外的旅游问询处都停止营业，这段时间的工作日，可以在市政厅一楼的观光问询处可以获取有关信息。

营业时间:9:00～17:00

529 Main St.　电话(506)856－4399

从市政府大楼向东步行3分钟，沿 Main St. 警察局的前面。另外还有带磁力小山附近的 Trans Canoda Highway(Lutes Mountain　电话(506)853－3540)，但这里在10月就关闭了。营业时间:5月中旬～9月第1个星期一　8:30～18:30

WALKING 游览方法

因为城市不大，所以仅在闹市区内步行只需10分钟。东西走向的中心大道是 Main St.。市政府大楼、旅馆、餐馆、旅游问讯处、公共汽车总站、VIA车站、商店区潮水转向公园等所有主要景点都散布在此路两侧。蒙克顿博物馆、阿卡迪亚博物馆在稍远一点的城市东北部，带磁力小山则在市街的尽头。没有市内公共汽车，去景点只能乘出租前往。

TRANSPORTATION 市内交通机构

公共汽车 Codiac Transit

Codiac Transit　运行市内公共汽车，周一～周六6:00～16:30，根据路线只限周四、周五18:00～22:00之间运行的也有。去蒙克顿大学乘5、6路公共汽车，到伊顿茨在内的 Highfield Square 的前边一带下车。　电话 (506) 857－2008

SIGHTSEEING 主要景点

商业区及其周边地带

潮水转向公园　Tidal Bore Park

从市政府大楼向东步行5分钟。沿着 Main St. 有潮水转向的时刻板，一看即能明白。所谓潮水转向是指每日两次，珀蒂考蒂阿克河的河流和着白色的波涛飞沫从下游向上游逆流的现象，这是潮汐降落差激烈程度居世界第一位的芬迪湾所特有的。沿侵蚀成红色的河岸滚滚东流的河水，只在这时水位下降，看起来像一条小河。但该现象发生之前，一刹那间河流变得异常寂静。于是，从河底泛起白色的波涛，沙沙地让你担心它会涌上来……据说过去有数十米高，但如今怎么看水深也只有3米左右。20分钟后，不知不觉中又恢复到波涛滚滚的样子。沿河有木制的观赏库，但却没有避雨设备。在旅游问询处可以得到预定时刻一览表。

托马斯·威廉姆斯·宅邸　Thomas Williams Heritage House

103 Park St.　电话(506)857－0590

在 Highfield St. 和 Park St. 的角上。这座被指定为该市历史遗产的黄色的维多利亚时期的优雅宅邸,是铁道王托马斯·威廉姆斯的自家宅院。1883 年以极高价格建造,他的 11 个孩子中有 6 个就诞生在这座房子里。室内的装饰品非常漂亮。夏季,1 层的 Verandah Tea Room 开放,可以享受到茶和黄油甜松饼。

开放时间:5、9月周一、三、五10:00～15:00　6月　周三～周六9:00～17:00,周日13:00～17:00　7、8月　周一～周六9:00～17:00　周日13:00～17:00　免费

蒙克顿博物馆　Moucton Museum

20 Mountain Rd.　电话(506)856－4383

从这里你可以了解到从 Micmac Indian 时代殖民者最初到达,到城市发展起来的第二次世界大战前后蒙克顿的历史。这座城市曾以造船业而繁荣,但铁路的铺设才把它与今天的发展联系起来。博物馆的隔壁有 Free Meetiong House,建于 1821 年,据说是这座城市中保留下来的最古老的建筑,旁边的墓地里有刻着 1816 年时间字样的墓石。

开馆时间:7～8 月　周一～周六 10:00～17:00　周日 13:00～17:00　其它时间,周二～五、周日 13:00～17:00　周六 10:00～17:00　捐赠票款

阿卡迪亚博物馆　Acadien Museum

Universite de Moncton, Pavilion Clement－Cormier

电话(506)858－4088

有关 1604 年英军强制阿卡迪亚人迁移的情况及怀恋阿卡迪亚人生活的生活用具等,都分门别类地展示着。

开馆时间:6～9月　周一～周五10:00～17:00 周六、日　13:00～16:00　免费

郊外

带磁力的小山　Magnetic Hill

位于 Mountain Rd.(Hwy. 126)和 Trans Canoda Hwy. 交汇的土山的山角上,是产生蒙特顿最有名的奇异现象的坡道。之所以这么说,是因为汽车到了这里,进入空档制动,一挪开脚,就会慢慢地爬上坡道。有位女士注意到了这一奇特现象,首先在这里开了一家冰淇淋店。听到风声的人

们接着蜂拥而至，开设了餐馆和旅店，不知不觉中，这里就成了世界上有名的地方。之后，在蒙特顿市的支持下再次兴盛。现在，成为土特产店连排的 Wharf Village Shoppes、动物园、游泳池、高尔夫球场、旅馆等一应俱全的娱乐场所。带上孩子去一定会很愉快。

……那么再来说一说那个坡道，实际上由于树木丛生或自然景观的作用使它看起来像是上坡路而实际是下坡路。不过仅这一点就够奇特的了。价格：车费$2。

SHOPPING 购物

虽没有什么特别有名的东西，但在包括伊顿茨在内的商店区，找一找出人意料的便宜货，不也很有意思吗！

另外，在从 Main St. 稍稍进入 Robinson St. 的停车场背后的广场上，法马茨商业中心每周六开业，7:00～13:00左右，新鲜的蔬菜或水果非常美味。

RESTAURANT 餐厅

在蒙克顿郊外有龙虾的真正产地谢蒂阿克（Shediac），这是大海的馈赠。但愿你能擅长海味名吃。

NB 省著名的海味餐馆

●Cy's Seafood Restaurant

170 Main St.

电话(506)857－0032

Main St. 东端。潮水逆转公园旁边。从店内可以清楚地看到逆流现象。这里值得推荐的是饼和海味，尤其是“渔人普拉塔”，内中应有尽有，$22.95 非常便宜。

漂亮的店内，上等的海味

●Gaston's

644 rue Main St.

电话(506)858－8998

像咖啡馆一样，安静而平和。客人一般是中老年人、带家人的、恋人们等。因为它是一家以海味和牛排出名的店，所以请一定也尝一尝肉类。店员干净利索，服务无可挑剔。

HOTEL 饭店

商业区

CP 系的高级旅馆

●Hotel Beausejour

750 Main St.

电话(506)854－4344

传真(506)856－0957

位于市政府大楼旁，有 314 个房间，是蒙特顿最高级的旅馆。房价ⓈⒹⓉ$89～168。

行动方便的中级旅馆

●Keddy's Brunswick

1005 Main St.

电话(506)854－6340

传真(506)854－8923

最上层有可以眺望秀丽景色的餐馆。房价Ⓢ$69～70、Ⓓ$79～85 Ⓣ

$85～95。

价格适中的家庭式小旅馆

Canadiana Inn

46 Archibald St.

电话(506)382－1054

只在3月～11月营业，房间很多，充满家庭气氛。房价Ⓢ$60～70、Ⓓ$65～80、Ⓣ$85～110

充满超级感受的B & B旅馆

Victoria B& B

71 Park St.

电话(506)389－8296

全年营业，房价Ⓢ$65～、Ⓣ$75～。

主人接待温情

Bonaccord House B& B

250 Bonaccord St.

电话(506)388－1535

传真(506)853－7191

全年营业，房价Ⓢ$35～43、Ⓓ$45～53、Ⓣ$48～56、面向家庭的套间$53～。

商业区的中心、学生的朋友

YWCA

35 Highfield St.

电话(506)855－4349

古建筑素雅。虽是YW的，但男性也可住宿。淋浴公用，备有床单。$15。

郊外

设于游乐场所旁的汽车旅馆

Crystal Palace

Best Western Hotel

499 Paul St. (Dieppe)

电话(506)858－8584

Fax(506)858－5486

稍稍靠近郊外，是设于怀旧性的游乐场地旁的汽车旅馆。有餐馆和游泳池，附近还有商业中心。但房间有点情人旅馆的味道，别有情致。房价ⓈⒹⓉ$90～155。

面向成人的绝佳海滨游览区

SAINT ANDREWS ●圣·安德鲁斯

横穿新不伦瑞克省的避暑胜地圣·安德鲁斯是由保皇派建造，以旅游替代不景气的造船业发展起来的。街道、商店、建筑物都别致而优雅，呈现大富豪高级别墅的风采，洋溢一种具有怀古意义的避暑胜地的氛围。带有古典意味的这座城市，更适合成人避暑。

ACCESS 交通

公共汽车：从 Saint John 乘 SMT 约需1小时20分钟，终点站为 Water St. 的 HMS Transportation 电话(506)529－3101/529－3371。

飞机：抵达 Saint John 机场。它和加拿大主要城市都有频繁往来，从纽约只需3小时即可到达。

ACCESS 从机场到市内

距 Saint John 机场约100公里。但是 HMS Transportation 可以迎送已经预约的客人。穿过 Trans Canada Hwy. 1和127号线，到市区约需1个半小时。

●**机场·穿梭**/HMS Transportation 预约到前一天的21:00止。

价格：阿尔贡基恩旅馆住宿者，1人$75，2人各$50，3人以上各$35，一般客人3人以上为$50。

260 Water St.

电话(506)529－3101/3371

INFORMATION 旅游问询处

The Welcome Centre

电话(506)529－3000

Chamber of Commerce Office

Reed Ave.

电话：(506)529－3555/(1－800)563－7397

在阿尔贡基恩旅馆的后面 Read Ave. 和 Harriet St. 的十字路口旁边。弄齐市内街区地图或旅游信息报等，会轻车熟路。

●极具个性的保皇派

该城市位于深削了芬迪湾的瓦萨麦考迪湾(Passamaquoddy Bay)突出的半岛的顶端。从西边的布罗克豪斯(Block House)眺望，可以看见右侧尽头的美国。1784年，从美国独立战争中逃亡的保皇派们移居到了瓦萨麦老迪印第安土地上。对于发誓要效忠英王室的他们来说，美国的独立等于使他们失去了生存的空间。从几个选择途径中，他们选中了这块环境优美且只有一河之隔的土地。他们中的很多人拉着木排，带上家属赶来了。多么富有个性！在现在小闹市区的约550幢房子中，250幢建筑历史超过了100年。应该说他们的精神支柱，都在这些患难与共的"房子"上。

●卢伦的漫步道

那么，让我们尽情享受漫步城市的乐趣吧。最适合购物或信步漫游的，是沿 Water Street 的道路。它是一条沿海的令人心情愉快的道路，虽然只有几百米，但却有观光马车及古式的旅店等。有钱人的避暑胜地所具有的精美服装店最引人注目，其中在位于 Town Square 的劳格兰中心店 Cottage Craft Shop 里，质地上乘的编织物琳琅满目。另外还有玻璃或陶瓷艺术作家的工作室、威治伍德陶瓷商店、海味鲜美的餐馆，信步走去，半天时间眨眼之间就过去了。

● 赏心悦目的建筑物

以英王室一家的名字统一命名的街道建设，被划分成十字形，非常便于通行。院墙或院子临街而建的房屋很多。花草树木融于建筑物之间，每座房子都多彩多姿而且极富个性。最适合观察建筑物到极致的是全城向西的直道，到阿尔贡基恩旅馆的坡上，虽略感疲惫，但坡上全是宽阔的宅邸，令人赏心悦目。建筑历史超过100年的房子中，都贴着铜质金属板，向人昭示着它的历史。就到这儿，就在你一凝神之际，就可把建筑物观察到极致。在King St.附近有6个教堂，尤其是绿树掩映的格里诺克教堂(Greenock Church)，它融合了整座城市的朴素而温馨的风格，是最令人难忘的名建筑。

● 闲适的阿尔贡基恩旅馆

Algonquin Resort。是1889年创立的，美人蕉或大丽花争奇斗艳的古式花坛和都铎王朝风格的红色屋顶，像画一样优美，整齐的穿格子制服的服务员直爽而亲切。真不愧是1991年Canada's Resort of the Year中被选出的知名旅馆。创业当初，它作为清闲的太太们的社交场所而兴盛一时，当时的痕迹可以从大厅旁边的酒吧间感觉得到。这家旅馆共三层，客人休息室每层有15间，非常宽裕，且每间的建造都不相同。长长的走廊每到楼梯口都略显狭窄，这里是木质建筑珍贵的遗留。1993年，增设了新馆，新添51个房间。有1894年开业的著名高尔夫球场、高尔夫骑马、看鲸等活动非常丰富。而且还是周末早中餐的好去处。俯视庭院的平台式餐馆环境优雅，是享受丰富美食的最佳场所。桌上的小花，用于菜中的香草，都是从水池背后的菜园里采来的。菜园是自家仔细打理的，有时和来采摘当日用香草的厨师相遇，会使你亲切感受到这座旅馆的闲适和周到。

5～10月营业，虽然时间不长，但据说歇业的时候，来自加拿大全国各地的进修生会来到这里，旅馆一下子就变成了宾馆学校。

HOTEL　旅馆

阿尔贡基恩旅馆的预约有些难，最好提前预约。虽然从整体上价格有些高，但你却能享受到高水平的住宿条件。

● *Algonquin Resort*

184 Adolphus St.

电话(1-800)563-4299

电话(506)529-8823

传真(506)529-4194

房价旺季Ⓢ$189、ⒹⓉ$209，淡季Ⓢ$89、ⒹⓉ$109。

● *Pansy Patch B& B*

59 Carleton St.

电话(506)529-3834

与阿尔贡基恩旅馆毗邻。房间优雅，禁止吸烟。房价ⓈⒹⓉ$75～95。全年营业。

● *Best Western Shiretown Inn*

Water St.　电话(506)529-8877

沿Water St.的古式旅馆。房价Ⓢ$45～95、Ⓓ$68～95、Ⓣ$68～95。

● *Treadwell Inn B& B*

129 Water St.

电话(506)529-1011

传真(506)529-4826

房价Ⓢ$50～60、Ⓓ$65～75。

● *The Walker Estate Heritage Inn*

109 Reed Ave.

电话(1-800)470-4088

电话(506)529-4210

传真(506)529-4311

有被称为"鹿临"的美丽庭院，华美无比。房价ⓈⒹⓉ$85～135。

NOVA SCOTIA

新斯科舍省

新斯科舍半岛像一条巨大的臂膀伸向圣劳伦斯湾。所以尽管它位于加拿大大陆，但多少带一点岛国的情调。它是加拿大历史上最早的殖民地，也是围绕领地问题广泛开展抗击英法斗争的地方。1713 年被英国占领以后，虽然发生过驱逐阿卡迪亚人的悲剧，但作为沿海各省的据点却稳步发展起来。人口达 90 万的这个适合沿海渔业和观光的省，得益于其平稳的海岸和生气勃勃的景观，近年最引人注目。类似苏格兰高地的布雷顿角，揭示阿卡迪亚历史的安纳波利斯巴雷及 1995 年秋被联合国教科文组织指定为世界遗产城市的吕讷堡等曾被人们忽略的旅游胜地随处可见。

HALIFAX

哈利法克斯
NOVA SCOTIA

省会哈利法克斯，非常宽广，像在俯视峡湾幽深的哈利法克斯湾。对岸能看到的是英国海军学校 Dartmouth 街。沿港的商业区中，当初开发时的建筑物还依然存在，融合着现代的楼群尽显温馨风情。《红发的安》的作者露西其得 · 蒙高梅利的学生时代就是在这条街上渡过的。信步穿过古建筑物，或喜欢享受海味时，就会完全融于这座临海城市清新的空气中。如果登上南岸，在被幽深的森林覆盖的荒凉大地尽头，美丽的城市将变得寂静无声。此时，好像时间都已经凝固了。

ACCESS 从机场到市内

哈利法克斯国际机场 Halifax International Airport

在距市内 35 公里的郊外。有 CP、AC、NW(从底特律、波士顿 1 天 2 班)的航班穿梭往来。从中国没有直达班机，但 CP 的多伦多直达班机再转机往哈利法克斯科，当日就可到达。在机场内的信息中心可以预约旅馆并进行旅游咨询。乘出租到市内 20 分钟，$35。

机场信息中心：电话(902)873－1223

营业时间：每天 7:30～23:30

● 机场公共汽车 Airport Bus Service

1 天可往返机场和商业区间 18 次。配合飞机的离着陆时间，并连结商业区的主要旅馆运营。预约可在旅馆服务台进行。车票可上车再买。

价格：单程$11，往返$18。机场发车：7:50～22:50 商业区发车 6:15～21:30

电话(902)873－2091(营业时间外 电话(902)468－4342)

ACCESS 从公共汽车总站到市内

在 North St. 以北 1 个街区，Almon St. 与 Robie St. 的角上。接近的途径只有出租，约 7 多分钟，价格$5 左右。往 Lunenburg Annapolis Loyal 方向有 Mackenzie Bus Line 及 Acadian Line 通行。

Acadian Lines Halifax Terminal／Mackenzie Bus Line

6040 Almon St. 电话(902)454－9321 营业时间：每天 7:00～24:00

INFORMATION 旅游问询处

International Visitor's Centre

1595 Barrington St. (Barrington St. XSackville St.)

电话(902)421－8736 传真(902)421－6897

1995 年移到现住址并重新装修开业。提供新斯科舍全省旅游信息及住宿咨询的热情服务。另外，在历史上有名的普罗帕蒂斯，还有一个叫 The Red Store 的全年营业的旅游问询处。7～8 月 Public Gardens 信息站会开业。此外，插着 Tourism Halifax 旗子的蓝色和白色的车子也会满街飞跑，回答旅游者提出的各种问题。

营业时间：全年星期一～星期五 9:00～16:30 夏季周末也营业。

The Red Store 电话(902)424－4248 传真(902)424－0610

WALKING 游览方法

地势倾斜的哈利法克斯商业区，该城沿海夹在 Lowei Water St. 和 Citade 西德保尔公园之间，是该城最古老的区域。主要的可观性景观几乎都集中在这里，这一地区步行即可游遍。东西向的 Barrington St. 上，有大帕拉得发祥的广场，附近耸立的高楼和旅馆，以天桥相连，不用在地上行走即可穿行。另外，从建于 George St. 坡上的座钟后面，可以眺望哈利法克斯的全貌。西塔得尔下坡出港，有去对岸街区英国海军学校 Dartmouth 的摆渡口，也有商业区和旅游问询处。港中心，是西拉顿旅馆的南侧，历史上有名的普罗帕蒂斯周围。一到夏季，加拿大惟一的大型帆船"蓝鼻子Ⅱ世"号会被挽留住，餐馆里的室外就餐处也会开业。离开港口，沿 Spring Garden Rd. 向西走会遇到加拿大最早的维多利亚式庭园公共花园，同时沿路也是哈利法克斯的商业街。

TRANSPORTATION 市内交通机构

市内公共汽车 Metro Transit

电话(902)421－6600

Metro Transit 运营公共汽车。进入市内街区非常方便，在旅游问询处可得到线路图。

价格：成人$1.30

营业时间：周一～周五 7：30～22：00

周六、日：8：00～22：00

出租 Taxi

Ace Taxi　电话(902)429－4444

422－4433/4434/4435

渡船 Ferry

乘渡船去 Dortmouth 5 分钟。6：30～23：30 频繁往来。

价格：成人¢85

SIGHTSEEING 主要景点

商业区

大帕拉得　Grand Parade

它是 1749 年由 Edward Cornwallis 和 2500 名英国人建造的市中心广场。广场的右街是原来的市政府的房屋，有 1890 年建造的典型的维多利亚样式，可以参观。7～8 周一～周六 15：30～16：30，可以围着现任市长度过午后的喝茶时光。想参观的人可向旅游问询处申请，或拨电话(902)421－6448。

广场对面的教堂是加拿大最初的英国国教会、伦敦大教堂英国国教会。1750 年建造，现在是哈利法克斯最古老的建筑物。朝 Argyle St. 的二楼的第 3 个窗口据说刻着人的轮廓像，它是 1917 年在哈利法克斯湾发生大爆炸之后出现的。北墙门上则深刺着被认为是勃朗号上的金属片。

开放时间：St. Paul's Anglicon Church 全年　周一～周五 9：00～16：30　夏季周一～周六 9：00～16：30

古老的钟塔　Old Town Clock

建于哈利法克斯西格得尔山麓的钟塔，从 1803 年起就一直持续计时。它产于英

国，由乔治三世的儿子爱得华王子赠送。

爱德华王子曾于1794年～1800年担任要塞的军总司令官，建钟塔是强制军队及市民要严守时间。

哈利法克斯·西塔得尔国家历史公园
Halifax Citadel National Historic Park

电话((02)426－5080

哈利法克斯在18世纪中叶，曾发挥过由当时驻于Louisbourg和Québec的法国军队护卫新英格兰领地的作用。于是1749年，在俯瞰全港最佳的位置上建造了关塞。现在的要塞是1856年由英军建造的星型关塞，这已是第4次改建。尽管它没受过一次侵略，但每天正午都举行由扮成炮兵队的士兵鸣响大炮的仪式。配有导游。

开放时间:5月15日～6月14日、9月1日～10月15日　9:00～17:00　6月15日～8月31日　9:00～18:00

价格:6月15日～8月31日　$5　5月15日～6月14日、9月1日～10月15日　$3　10月16日～5月14日免费

新斯科舍美术馆　Art Gallery of Nova Scotia

1741 Hollis St.　电话(902)424－7542

主要展示新斯科舍省的民间艺术。曾经是邮局，建于1868年的这座建筑物，处处洋溢着沉静平和的气氛。看完展览，一定还想看一眼美术品的商店。店里摆满了当地艺术家们的有趣的手工艺品。

开馆时间：周二～周五　10:00～17:00　周三～21:00

周六、日 12:00～17:00　星期一休息。

价格：成人$2.50(含税)　周二免费

省议会大厦　Province House

1690 Hollis St.　电话(902)424－4661

它建于1818年，是加拿大最古老也是最小的议事堂。查尔斯·狄更斯赞之为乔治王朝时代的建筑瑰宝。院子里建有约瑟夫·豪的铜像。即使议会召开期间，如果在入口处申请，也能从看台座上参观3楼的省议会室的议会(禁止带入相机)。2楼的公众室可随时参观。

开馆时间：6月、8月　周一～周五 9:00～17:00，六、日庆典 10:00～16:00，淡季周一～周五 9:00～17:00。

露西莫得·蒙克梅利旧居遗址　Mortgomery's Lodging

1361 Barrington St.

Barriugton St. 和 Bishop St. 角上的这座建筑物，是《红发的安》的作者蒙高梅利1880年寄宿的公寓。现在作为建筑办公用地使用，内部不许参观。

公共花园　Public Gardens

沿 Spring Garden Rd. 西行，可以到达庭园的入口。它是1866年建造的北美最古老的维多利亚式庭园。宁静的气氛和外面喧闹的街市有天壤之别，是恢复旅游疲劳

哈利法克斯·西塔得尔

历史遗迹

的最佳场所。17 英亩的宽阔用地中，四季花卉争奇斗艳。结婚旺季，在此举行结婚仪式的情侣很多。

开放时间：5～10月　8：00～日落　免费

新斯科舍自然史博物馆　Nova Scotia Museum of Natural History

1747 Summer St.　电话（(902)424－7353

除展示新斯科舍省生息的动植物外，还展示着原来住民——密卡马克印第安人的生活状况及手工艺品。

开馆时间：6/1～10/15　每天 9：30～17：30　周四～20：00　周日 13：00～17：00　10/16～5/31 休息　价格：成人$3，全家$6.50

转瞬即逝的哈利法克斯城

1917年12月6日，星期三、晴。哈利法克斯湾像平日一样喧嚣。比利时船“永恒”号在海港入口被拖船挡住了去路，于是违反常规，驶进靠近英国海军学院的航线，当时它满载着300发炮弹和40万磅的炸药。法国船“勃朗峰”号也在此航线航行。两船各不相让，“勃朗峰”号强行从“永恒”号船前横穿时，悲剧发生了。

“永恒”号的船头径直撞上了“勃朗峰”号的炸药，冲击引发火灾。“勃朗峰”号的乘务人员虽乘救生艇逃出，但船却被沉入港中。

9:05勃朗号最终发生大爆炸。聚拢来看两船相撞的人们以及在港内工作的人，甚至包括那些被称为 North end 的海岸地区的居民，几乎都因爆风而倒下，城市在一瞬间毁灭了。死亡之数2300人以上，伤者9000人以上，是历史上最惨重的恶性事件。即使在事故发生78年以后的今天，被称为 Halifax Expiosion（哈利法克斯大爆炸）的这个词仍残留在人们的记忆中。

之后，在俯视港口的 Fort Needham 的小土坡上建造了祭灵的钟楼，每年12月6日可去祭典。反映该惨剧的照片展示于 Maritime Museum of Atlantic 中，该博物馆同时还保存着从1912年因纽芬兰岛漂移沉没的豪华客船——泰坦尼克号打捞上来的帆布躺椅。

Maritime Museum of Atlantic

1675 Lower Water St.

电话（902）424－7490

开馆时间：（夏）周一、周四～周六9:30～17:30　周二 22:00周日13:00～17:00有月休

价格：6/1～10/15　成人$4.50　10/16～5/31免费

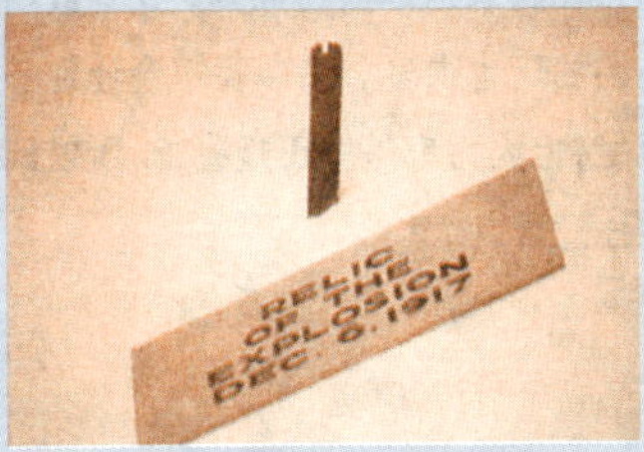

郊外

达尔豪基大学　Dalhousie University

是加拿大有名的大学之一。寄宿于 Barrington St. 的蒙高梅利曾就读于此。她曾经上过的威尔斯亲王学院，是一所被称为 Forrest Buildiug 的瓦建的宏伟校园。

SHOPPING 购物

如果想买床垫或编织制品等作礼物，最好去港口历史上有名的普罗帕蒂斯或 Barrington St. 上的商店区 Barrington Place。另外，在 Spring Garden Road 也有带 City Centre Atlantic 或 Queen's Court 等高级服装店的大楼。

因为街区并不很宽，所以散步时顺便就能欣赏到美丽的橱窗。

●*Jennifer's Nova Scotia*

Spring Garden Rd.

电话(902)425－3119

位于春日花园路的中间地段。是个有名的民间艺术品店。被床垫或精巧的布饰品充塞的店内非常热闹，总是挤满了顾客。手工的布制品是在爱德华王子岛上制作的，每一只都素朴而温馨。而且还有新斯科舍省的陶瓷艺术家制作的艺术味十足的陶瓷杯等，是女性顾客必进的店。周日休息。

营业时间：4 月～12 月　周一、二 9:00～17:30

周三、四、五～21:00　周六～18:00

1 月～3 月　周一、二 9:00～17:30

周三、五～21:00　周四、六～18:00

RESTAURANT 餐厅

哈利法克斯是向国外运送金枪鱼的集散基地。捕鱼量虽年年递减，但和有些国家比起来还是便宜得多。龙虾或海产品的名店也很多。许多餐馆会让你心满意足，但因为都是些正规餐馆，所以请一定注意着装。

●*The Five Fishermen*

1740 Argyle St.

电话(902)422－4421

是哈利法克斯极负盛名的海味餐馆。在由历史性建筑改装成的餐馆里洋溢着只有名店才具备的高雅气氛。在此可以不慌不忙悠闲地用餐，有色拉柜台，蚌贝等随便吃。正餐一人$15～20 加税。

营业时间：周一～周六　17:00～23:00　周日 17:00～22:00

● *Daruma Sushi*

1576 Argyle St.

电话(902)425－7785

曾被称为Momotaro，但物主不同。有寿司、面条、大碗盖饭，可谓轻爽的日式餐馆。店面并不大，只有服务台和餐桌，但总被喜爱日本饭的加拿大人搞得热闹非常。据说店主山本秀树，也深知纽芬兰岛的信息。

营业时间：周一～周五午餐12：00～14：00 正餐17：30～21：30 周六正餐17：30～21：30

● *NIJI Japanese Restaurant*

Maritime Centre, 1505 Barrington St.

电话(902)422－1576

此店是使用大西洋的新鲜鱼贝类制作寿司和日本食品的店。在装饰着盆景的店内，有脱掉鞋子即能进来的围炉式座席，彼此隔开，非常安静，很受团体客人好评。坐在柜台里，眼前一位姓板的日本人还在作寿司。如果你要了龙虾的刺身，之后，会给你端来钵装的酱汤，非常鲜美。色拉连其调味汁都极讲究，以酱油和色拉油打底，加入枫糖蜜和大量蔬菜，据说是此店的拿手好菜。据说此店老板改吃此菜后，原来肥胖的身体竟变得很苗条。平时也有出售。周一～周五的午餐宴(不带寿司)，带咖啡$6.95。周日的午餐宴，包括寿司或甜点水果等，只花$12.95，非常合算。

营业时间：周一～周五 午餐12：00～14：00 正餐17：30～22：00 周六17：30～22：00 周日、午餐11：30～14：30 正餐 17：00～21：00 无休息日

● *Mother Tucker's*

1668 Lower Water St.

电话(902)422－4436

以上等里脊、牛排、海味、色拉柜台而闻名。汤与色拉可以随便享用，$8左右。

● *Split Crow*

1855 Granville St.

电话(902)422－4366

是晚上很受欢迎的酒吧，白天为咖啡屋。什么都很便宜，几乎所有账单都在$5左右。鱼肉和油煎土豆片特别好吃，一定去尝尝！

HOTEL 饭店

住宿设施非常完备。商业区高级旅馆很多，价钱也贵。郊外也有许多合适的旅馆，但如果没车是非常不方便的。

在新斯科舍省，当然有免费介绍大西洋沿海三省住宿设施的Check－Ins Resavation & Information。除旅馆、汽车旅馆、B&B旅馆，还能预约租用汽车等。

Check－Ins Resavation & Information

电话(902)425－5781/传真(902)425－6924 加拿大国内/USA

电话(1－800)565－0000

营业时间:全年每日 8:00～24:00

●*Sheraton Halifax*

1919 Upper Water St.

电话(1－800)325－3535

电话(902)421－1700

传真(902)422－5805

建于临港的一等用地上。房间内带浴室、厕所,外面景色也很美。旅馆内的娱乐场也已开放。价格ⓈⒹⓉ$125(不含税)

哈利法克斯别墅改名而成

●*Hotel Halifax*

1990 Barrington St.

电话(902)425－6700

传真(902)425－6214

在商业区中心俯视全港的好位置上,商店林立,是最适合旅游的好地方。CP 系统的大型旅馆设备齐全,保你轻松愉快。基本价格ⓈⒹⓉ是$129,有点高,但周末有优惠,旺季连ⓈⒹⓉ是$123。

●*Citadel Halifax*

1960 Brunswick St.

电话(902)422－1391

传真(902)429－6672

是建于西塔得尔山麓的四星级宾馆。也是一座具有现代功能的宾馆。有游泳池。价格ⓈⒹⓉ$120～155(不含税)

●*Delta Barrington*

1875 Barrington St.

电话(902)429－7410

传真(902)420－6524

是由历史建筑物改造成的宾馆。在街的中心位置,去哪儿都很方便。价格ⓈⒹⓉ$115～145(不含税)。

●*Halliburton House Inn*

5184 Morris St.

电话(902)420－0658

传真(902)423－2324

在 VIA 车站旁边,由历史建筑物改建而成。共 30 个房间,虽不太大,但内部装饰非常华美,令人回味无穷。房间带浴室、厕所。基本价格Ⓢ$106.89、ⒹⓉ$118.77,6 月～9 月Ⓢ$130.64、ⒹⓉ$148.46。带早餐。65 岁以上的老人优惠10%。

●*Prince George Hotel*

1725 Morket St.

电话(1－800)565－1567

电话(902)425－1986

传真(902)429－6048

是被评为服务周到的四星级宾馆。在坡上附近,令人轻松舒适的酒吧和餐馆很多。价格Ⓢ$125。

●*Lord Nelson Hotel*

1515 South Park St.

电话(1－800)565－2020

电话(902)423－6331

传真(902)423－7148

是一所具有怀古意味的古老旅店，但房间的建造略显粗糙。面向公共花园，从高高的房间窗口可以清楚地看到西塔尔。价格ⓈⒹⓉ$59～84，淡季有折扣。

●Fresh Start B& B

2720 Gottingen St.

电话(902)453－6616

老板是 Innis & Sheila Macdonald 先生。该旅馆全年营业。5 个房间中 2 间带浴室、淋浴，其它为浴室、厕所公用的房间。房价Ⓢ$40～50，ⒹⓉ$45～70。禁止吸烟。

从商业区乘出租 6～7 分钟，约$5。房间非常整洁。女主人和她的女儿带着一只小猫出来迎客，入夜老板还表演了钢琴演奏。

●Fountain View Guest House

2138 Robie St.

电话(902)422－3863

这家旅馆竟是由一位健康、可亲的老奶奶经营照管。价格低而房间整洁、可爱，并带电视机。如果顾客要求，还可由她的儿子带领到派吉兹科布去玩。(每小时游玩需要$25，共 3 小时。)

* * *

浴室、厕所为公用。价格Ⓢ$24～28、ⒹⓉ$30～35。不含早餐。

●Halifax Heritage House Hostel

1253 Barrington St.

电话/传真(902)422－3863

共有 50 个床位。房价会员$14、游客Ⓢ$18。向游客赠送旅游纪念戳，每晚盖 1 个戳。如果住上 6 晚就可成为会员，从下次开始住宿每晚$14。

●Dalhousie University

6136 University Ave.

电话(902)494－8840

Fex(902)494－1219

只在 5/6～8/22 之间营业。房价带浴室的$60，不带浴室的Ⓢ$29、ⒹⓉ$43、集体宿舍$18。

●YMCA of Metro Halifax

1565 South Park St.

电话：(902)423－9622

传真(902)422－0155

男女都可入住，共 52 个房间。浴室、厕所公用。房价Ⓢ$31. 08、1 周$133. 20，Ⓓ$42. 74、1 周$188. 70。

●YWCA of Halifax

1239 Barrington St.

电话(902)423－6162

传真(902)423－7761

只限女性入住。共 27 个房间。浴室、厕所公用。价格ⓈⒹ$31. 35、Ⓣ 1 人$23. 75。

USEFUL INFORMATION 有用的信息

●交通机构

VIA 车站:1160 Hollis St. at Cornwallis Park　电话(902)429－8421

●气温(℃)

月	1	2	3	4	5	6	7	8	9	10	11	12
最高	-0.3	-0.6	2.9	7.8	13.3	18.4	21.8	22.1	18.7	13.3	7.8	-2.3
最低	-8.9	-9.1	-5.0	-0.2	4.3	9.2	13.1	13.7	10.0	5.2	0.6	-5.8

倾斜的街道·哈利法克斯的 Pedway

受海洋影响,哈利法克斯雨雪较多。在城里商业区的斜面上,连接旅馆或建筑物的天桥（也称 Pedway）整整齐齐。从江边的哈利法克斯西拉顿到西塔得尔前的 Brunswick St. ，途中穿过像斯考西亚广场那样的大型商店群，道路的段差由建筑内的自动扶梯加以调节。因此即使在下雨刮风的日子,也能享受到商店的舒适和餐馆里美味的饭菜。

TOUR 旅游指南

卡巴那旅行●Cabana Tours　电话(902)455－8111　传真(902)455－8112

①Halifax 市内:每日 8:20～$18　②Peggy's Cove: 每日 12:45～$22

③Annapolis Valley: 周一、三、五 8:30～$50　④Lunenburg: 周二、六 8:30～$50

玛克兰德旅行●Markland Tours　电话(902)455－1082　传真(902)468－6673

①Halifax 市内:每日 9:30～$15　②Peggy's Cove:每日 9:30～$20

③Halifax 加 Peggy's Cove:每日 14:30～$30。

大西洋旅行●Atlantic Tours

电话(902)423－6242/(1－800)565－7173　传真(902)423－5522

沿海 3 省全都陪同旅游。

加拿大·联邦旅游·●Canadian Connection Tours

电话/传真(902)429－2543/(1－800)864－7109

去市内旅行或去南海岸,有导游,安排得很好。

皇家旅游●Regal Tours

电话/传真(902)861－1066/(1－800)565－8183

分市内旅游和一日游。为游客配导游。

from HALIFAX

世界遗产城市吕讷堡之旅
PEGGY'S COVE TO LUNENBURG

具有新斯科舍省特有的美丽风景,有海岸一直伸入哈利法克斯西南。沿岸的港口,至今仍留有殖民地时的影子,充满怀古氛围。其中,吕讷堡是留有19世纪遗风的风雅城区,1995年秋被联合国教科文组织指定为历史保存地区。

ACCESS 交通

到南海岸的马豪贝、切斯特或吕讷堡,乘Mackenzie Bus Line开往Bridgewater的公共汽车,不到2小时即达。有车的话可走103高速路或3号线。到贝玑斯柯布没有公共汽车,乘车30分钟,从333号线下。Mackenzie Bus Line 电话(902)543-2491

●哈利法克斯~吕讷堡

Mackenzie Bus

节假日		周一~周五			周一~周五		节假日	
20:30	14:30	18:15	9:00	Halifax	15:05	8:30	14:01	20:00
21:32	15:50	19:35	10:20	Mahone Bay	13:45	7:30	12:41	19:00
	16:05	19:50	10:35	Lunenburg	13:30		12:26	

●贝玑斯柯布　Peggy's Cove

被冰川切削的花岗岩的岩棚沿着清澈的海岸线延伸。多彩的房屋整齐地排列着,好像把整个峡湾都围了起来,白色的灯塔下延伸着一条天然的人行道。

值得一看的地方有,一到夏季就变成邮局的那座灯塔。从芬兰移民到加拿大的雕刻家威廉·得卡斯(William de Garthe)的博物馆等。B&B,圣乔治英国国教堂,以及全年营业的西南餐馆(the Sou'Wester Restaurant)电话(902)823-2561,虽然地处荒凉,但却带有很祥和的情调,是适合休身养性的海边村落。它已被省政府指定为景观保护地区。

●马豪贝　Mahone Bay

在城市人口处矗立的3个教堂最具代表性。这个沿海湾绵延的细长的城市,是1754年由Ephram Cook船长率领的德国新教徒们等建造的。据说当时造船业很繁荣。

值得一见的仍是那三所教堂,其中圣詹姆斯教堂(St. James Church),是著名建筑家威廉·哈里斯的杰作。边醉心于美丽风景边进入城市,沿South Main St.排列着画廊、古董店、陶瓷或工艺品店,你可以逛逛商店也可以漫步,无不令人陶醉。

●吕讷堡　Lunenburg

它仍然保留着19世纪的建筑,从港口眺望,景色如画。它是由法国人开辟的,但作为新英格兰的据点,1753年,德国和瑞士的新教徒移到了这里,并把街道整理得像城堡一样。处处都保留着的优雅宅院,是从19世纪后半叶到第一次世界大战,作为鳕鱼渔业繁荣城市的遗迹。不仅如此它还是建造有名的"蓝鼻子Ⅱ世"号(船)的城市。在这里仅是散步就能让你享受到无穷乐趣。圣乔治英国国教堂(St. John's Anglican Church),被指定为文化遗产的所罗门屋(Solomon House),有着现役军人校舍的吕讷堡学院(Lunenburg Academy),波斯科恩旅馆(Boscowen Inn)等一定得看一看。

HOTEL 旅馆

●*Once Upon a Time B& B*

40 Pleasant St. Mahone Bay

电话(902)624-6383

带有维多利亚情调的宽大房间。房价ⓈⒹⓉ$45~60。

●*Boscowen Inn & McLachlan House*

150 Cumberland St. Lunenburg

电话(902)634-3325

是座历史性的漂亮的旅馆。房价ⒹⓉ$40~120。

吕讷堡的街道

from HALIFAX

奔驰于北美最棒的行车路上

CAPE BRETON ●布雷顿角

荒凉地势上点缀着些古朴村落的布雷顿角，向人们展示着自然的奥秘和田园的宁静与安详。这里地域辽阔，最适合驱车旅行。

ACCESS 交通

从哈利法克斯到西得尼坐飞机需要50分钟，每天有许多趟飞机发出。而且，Acadian Lines 的公共汽车从哈利法克斯到西得尼每天有3趟(8:00　14:30　16:45)，需要6.5～7小时。

SIGHTSEEING 景点

●路易斯布尔格(路易布尔)城堡

Fortress of Louisbourg

电话(902)733－2280

它是复原了18世纪中叶建造的法国城堡和村落的景观。在入口处，门卫会大声询问"你是英国间谍吗?"所以千万别吓坏了。6700万平方米的建筑用地上散布着兵营或商店。到了夏季，扛着手制手枪和马蹄铁，身穿18世纪装束的士兵们，会把当时人们的生活生动地演示给你看。村中也有3间餐馆，在Hotel de la Marine(预约电话(902)733－3230)，原料、烹饪方法、使用餐具等都是古式的，你还可以看到古式的午餐菜谱。

开放时间:6、9月9:30～17:00　7、8月9:00～18:00　5、10月只有10:00　14:00出发的徒步旅行。

价格:7、8月$10，5、10月$4

到达途径:从西得尼乘车沿22路线向南约30分钟。没有专线公共汽车，从游客中心到城堡乘短程公共汽车约10分钟。

●卡伯特·特雷尔　Cabot Trail

是环绕布雷顿角海朗茨国立公园的约300公里的驱车路线。此线路被称为北美的胜景，尤其是连结东海岸的旅游区英格里修和西海岸的阿卡迪亚村落谢蒂营的沿断崖的道路，海拔差500米，连绵起伏，当你正在胆战心惊的时候，壮丽的风景展现眼前，令人叹为观止。

谢蒂营的餐馆 Le Gabliel(电话(902)224－3685)和其对面的 Motif Craft(电话(902)224－1680)是村中的名店。

●古拉哈姆贝尔博物馆

Alexander Graham Bell National Historic Site

布拉道尔湖畔的巴地克(Baddeck)，是受恩爱夫妻喜欢的美丽的避暑胜地。在和旅馆并排的湖畔，有发明电话的古拉哈姆贝尔的博物馆。他不仅发明了电话，还发明了水中带翼船及潜水用具，并对聋哑人的教育做出了贡献。因此他不仅是发明家还是教育家。在此你可以全面地了解贝尔。从窗口还可以看到面向湖中的贝尔夏天住过的小屋。

开馆时间:10/1～6/30　9:00～17:00　7/1～8/31～22:00　9/1～9/30～19:00

价格:5/15～10/15　成人$3.50

HOTEL 旅馆

●*Cambridge Suite*

380 Esplanade, Sydney　电话(902)562－6500面向家庭，房价旺季ⓈⒹ$75～$127。

●*Delta Sydney*

300 Esplanade, Sydney

电话(902)562－7500

是功能齐全的旅馆，房价ⓈⒹⓉ$75。

●*Keltic Lodge*

Ingonish Beach

电话(902)285－2880

6～10月营业，房价ⓈⒹ$186～$262。

●*Inverary In Resort*

P.O.Box 190, Baddeck　电话(902)295－3500

房价ⓈⒹ旺季$83～175、淡季$68～$74。

魅力无穷的伊万杰林线路

安纳波利斯・罗亚尔和格兰・普莱

从哈利法克斯沿绵延的1号线，街道两旁的建筑物令人仿佛回到了18世纪。在格兰・普莱中有驱逐阿卡迪亚人(1755~63年)的舞台，在此感受美丽的风景的同时，更令人感受到人类的荣光与悲剧。

ACCESS 交通

从哈利法克斯出发沿平行着的1号高速路和1号线两条路，到安纳波利斯・巴雷约两个半小时。公共汽车运营是：Acadian Lines 每天14:15发车(周六~周一18:15)。环南海岸也有1~2趟。从 Digby 出发每天1~2趟，需要30分钟。去大草原城需在各车站停车。

WALKING 漫步

从沿安纳波利斯河的 Lower St.出发，漫步 George St.即会绕城1周。GS 前面兼公共汽车站，在它的前面有数间餐馆和小店。如果想看阿讷堡，不妨沿 George St.一路走下去。在这条路上，有旅馆和 B&B，还有鲜花盛开的庭园。走过1号线向发电站方向，过桥左拐，还能到达对岸的 Granville Ferry。

INFORMATION 旅游问询处

5月~10月在 St. George St.的旧 VIA 车站旁边。但全年营业的问询处则在安纳波利斯・潮汐动力(电站)的1层[电话(902)532-5454]。

SIGHTSEEING 景点

●阿讷堡　Fort Anne

电话(902)532-2397

这是英法围绕领地激烈斗争过的城堡的遗迹。现在残留的火药仓库和土台是由法国建造的，但于1710年，和英军的牙城交换，建成了士官宿舍。这之后城堡几次成为英法攻防的舞台。1917年被加拿大最早指定为国家历史公园。

开放时间：5月15日~10月15日　9:00~18:00　10月16日~5月14日(如提前预约，可有导游讲解)

价格：成人$2.25。周六、日21:30以后有带灯笼步行去墓场的 Graveyard Lantern Tour($3)。

●安纳波利斯・罗亚尔街区散步

现在虽是农村小镇，但在19世纪中期之前，它曾作为阿卡迪亚的中心，承接着从波士顿等地开来的商船，非常繁荣。再现当时旅馆格局的是奥得客栈博物馆。而且在 St.George St.的安纳波利斯・罗纳尔历史庭园及镇东北安纳波利斯河桥畔，还有利用潮水落差发电的安纳波利斯・罗亚尔潮汐动力发电站等。

O'Dell Inn Museum

Lower St. George St.

电话(902)532-2041

开放时间：6月1日~9月30日　周一~周六 9:30~17:00　周日13:00~17:00　免费

Annapolis Royal Historic Gardens

St. Geroge St.

电话(902)532-7018

开放时间：5月下旬~10月中旬　8:00~日落　价格：$成人3.5

Annapolis Royal Tidal Rower Plant

电话(902)532-5454

开放时间：5月15日~10月15日免费。

●格兰・普莱　Grande Pre

紧邻 Annapolis，1680年由阿卡迪亚人开拓。在朗费罗的长诗《伊万杰林》中歌颂了这个驱逐阿卡迪亚人的大舞台的作用。现在整理为 Grand Pre National Historic Site(格兰・普莱国家历史遗迹庭园)，并建起了伊万杰林的铜像及教堂，向后人诉说着这个悲剧。

到达方法：在 Grand Pre 的十字路口拐弯直行即到。

开放时间：5月15日~10月15日、9:00~18:00免费　有导游

沿河小路

宾　馆

告别民族离散的悲剧
沿海省的阿卡迪亚

在加拿大，最早开始殖民统治的，是新斯科舍省的芬迪湾一带。但从法国探险家塞缪尔·得·西扬普林于1605年，在安纳波利斯·罗亚尔对岸建筑造了法国殖民地罗亚尔港之后，以法国人为主的500多人开始了殖民生涯。

当时，新斯克舍省，新不伦瑞克省，魁北克、缅因州一带称为阿卡迪亚地区，在那儿进行殖民活动的人被称为阿卡迪亚人。他们在荒凉的湿地上建造土台，使安纳波利斯·巴雷变成了美丽的农田。尤其是格兰·普莱成为屈指可数的大粮仓，似乎可以预见幸福的生活还将蒸蒸日上。

但是围绕阿卡迪亚，英法严重对立。罗亚尔港也从17世纪初期受到了新英格兰军的屡次袭击，并于1710年陷落。1713年英法缔结了乌得勒支条约之后，新斯科舍省被英军占领，首都也移到了哈利法克斯。

当初，英方虽没加害发誓要效忠英军的阿卡迪亚人，但是驻守在哈利法克斯的总督劳伦斯却在1755年突然发布了《阿卡迪亚人驱逐令》。

住在沿海各省的全部阿卡迪亚人被迫迁离。这个民族离散的悲剧被美国诗人朗费罗写进长诗《伊万杰林》(1847年)，该剧发生的舞台格兰·普莱也一举成名。

驱逐非常彻底，英国人把阿卡迪亚人一个不剩地赶出村庄后，焚烧了村子，让他们登上了去定居地的船。被驱逐的阿卡迪亚人在1755年时人口就达到了6000人以上。据说他们主要被运到了马萨诸塞州、宾西法尼亚州、北卡罗来纳州、路易斯安娜、法国本土等，家人也七零八落。

1763年，阿卡迪亚人虽然有幸获准回乡，但过去的城镇却已变成了保皇派们的城市。

现在，沿海各省开辟了阿卡迪亚人居住区，大多在沿芬迪湾、沿布雷顿角及新不伦瑞克省的东海岸生活。恪守着祖先传统的阿卡迪亚人的房子上，至今还飘荡着阿卡迪亚人的旗子，三色旗上带着黄色的小星星。

PRINCE EDWARD ISLAND

爱德华王子岛省

漂浮于圣劳伦斯湾上的爱德华王子岛，恰如原住居民密克马克印第安人所称呼的那样——阿拜古威特(浮于波浪上的摇篮)，形似一弯横躺的新月。其面积是加拿大最小的省。

这里是 L. M. 蒙高梅利的故乡，他的那部被译成世界 15 国文字的代表作《红发的安》即以此地为背景，因此这里也便成了全世界少女所梦想和憧憬的岛屿。由独特的红色与绿野以及色彩斑斓的花朵所编织的这幅拼嵌风景，正符合当时安在小说中所讲“这里是世界上最美丽的岛屿”的样子。虽说现实世界与文学有某些关连的地方无处不有，然而像 PEI 这样将故事和现实中的自然融为一体的场所确实是很罕见的。

岛自西向东由王子、皇后、国王三部分组成。各地区在此基础上又分北海岸和南海岸，各自附上 Anne’s Land、Sharlottetown Shore 等名字。

得益于温暖的气候和肥沃的土地，这里还同时作为输往全世界的 PEI 马铃薯的产地而小有名气。夏季，岛上的马铃薯的完完全全被淡紫色的花所覆盖，也是此地一景。海产品也很丰富，其中尤以龙虾、贻贝、牡蛎为当地特产。

此外，虽不大为人所知，但实际上省府夏洛特城，却是 1864 年为成立加拿大联邦而召开了首次会议的颇有来历的城市。

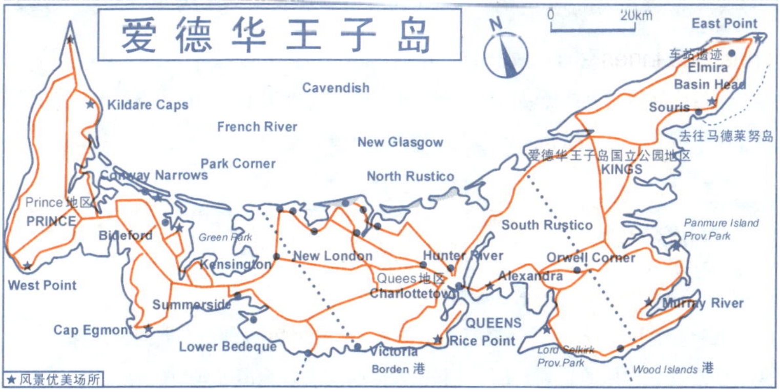

CHARLOTTETOWN

夏洛特城
PRINCE EDWARD ISLAND

1763年，以英王乔治三世的王妃而命名的夏洛特城，是一座确实称得上是加拿大联邦发祥地的安详宁静的古都。煤气灯、石造建筑物以及那些投影于维多利亚样式住宅上的古树林荫，都被笼罩在一种静谧的气氛之中。在游客众多的夏天，那些悬挂于煤气灯下的花篮又为城市增添了几许亮丽的色彩。城市中还有许多颇有来历的宾馆和质量很高的餐厅，以"安"巡游为首，提供各类旅游导游服务，没有车的游客不妨以此作为PEI旅游的据点。

ACCESS 从机场到市内

夏洛特城机场 Charlottetown Airport

机场位于距商业区8公里左右的地方，没有设置公共汽车等开往市内的公共交通机构，但机场内设有租用汽车柜台和出租汽车的直拨电话(免费)。乘出租至夏洛特城需10分钟，约$6。

ACCESS 由公共汽车总站到市内

SMT Bus Lines: 330 University Ave. 电话(902)566-9744

位于中心部以北约1公里左右的地方。往北一个街区就有旅游问询处。

Trius Bus Lines: 308 Queen St. 电话(902)566-5664

由伍德岛的轮渡终点站方面出发的公共汽车发车并到站。其地点位于从市政厅以北两个街区与Easton St. 交叉处的VIA Rail建筑物内。

INFORMATION 旅游问询处

Charlottetown Visitor Information Centre
Oak Tree Place University Ave. Charlottetown
电话(902)368-4444

该问询处规模较大，位于夏洛特城的尽头，步行15分钟左右即到。此外不仅汇聚了夏洛特城本地的资料，还包括PEI整体的资料及地图等详细内容，还负责介绍住处。其附近还有大型商业中心。夏季这里举办安型偶人等工艺品的现场制作表演及演奏等。全年对外开放,夏季会一直开到深夜。

内设旅游问询处的市政厅

Charlottetown City Hall Visitor Information Centre

Queen St.　电话(902)566－5548

位于地处夏洛特城中心的市政厅内。在联邦中心以北一街区,与 Kent St. 的街角处。

时间:(夏)8:00～19:00

WALKING 游览方法

市内主要大街虽指的是有着 SMT 的公共汽车总站和旅游问询处的 University St.;但事实上主要观光点却位于其尽头与此街交叉的 Grafton St. 南侧。东西走向的 Grafton St. 两侧,有省厅、联邦中心及摩尔商场等,在与 Queen St. 的交叉路口附近则成为商业区的中心。从 Queen St. 与 Grafton St. 一街之南的 Richmand St. 相交的一角至海滨是旧夏洛特城,这是一个路旁咖啡店、餐馆、礼品店等非常集中的地域。

TRANSPORTATION 市内交通机构

租用汽车

机场内排列着租用汽车的柜台。偶尔柜台内没人的时候,只要打柜台内的电话,服务员就会马上赶过来。但是此地在夜晚 11:00 以后,街灯全都熄灭,加之夜深时本地人也大都不再露面,须注意安全。租金每日$55 左右或更高。需交纳税和保险费。

Tilden　电话(902)628－6990　Thrifty　电话(02)566－1696

自行车出租

MacQueens Bike Shop

430 Queen St. Charlottetown　电话(02)368－2453

出租汽车

Ed's Taxi　电话(902)892－6551

设有乘出租游览岛内主要观光点的导游业务。1～4 名每小时$30～35,但 5 个人也无需追加费用。还有 24 小时机场迎送服务。

区间车 （夏洛特城～卡文迪什的交通）

海滨区间车／Beach Shuttle

55 Brachley Point Road Sherwood　电话(902)566－3243

将夏洛特城的旅游问询处附近与卡文迪什的海滩及中心部连结起来。该大篷车从6月末到9月初每天都运行，共载客15人。

票价：往返$12（当日）、单程$8

夏洛特城内的接送服务 ＊由于没有特定站牌，需要注意。

Dundee Arms Inn*	9:00　11:00　15:10　17:00
Visrtor Information Centre	9:05　11:05　15:13　17:13
Youth Hostel	9:10
Burger King	11:10　15:15

卡文迪什城内的接送服务

Sunset Campground	10:00　12:00　16:10　18:10
Kindred Sprits Country Inn	10:05　12:05
Cavendish Visitor Information	10:10　12:10　16:20　18:20
Cavendish Beach	（出发时安排时间）

SIGHTSEEING 主要景点

联邦艺术中心　Confederation Centre of the Arts

Queen St.

该联邦中心是1964年为纪念联邦会议100周年，由加拿大国民每人出资15¢设立起来的。包括剧场、图书馆、艺术馆、礼品店及自助餐厅等。艺术馆内展示着画家罗伯特·哈里斯描绘PEI的作品（入场费$2）。在这里夏季上演《红发的安》音乐剧，已持续演了30年，对游客来讲是不可错过的节目。当地的人们常会以剧中的演员为话题，比如说"今年的《安》是至今以来最棒的。"对外地游客也常以"看《安》了吗？""有没有哭？"等寒暄问候。

开馆时间：（夏）9:00～20:00

（冬）9:00～17:00

省会议厅　Province House

P. O. Box 487, Charlottetown

电话(902)566－7626

建于1847年，是1864年为成立加拿

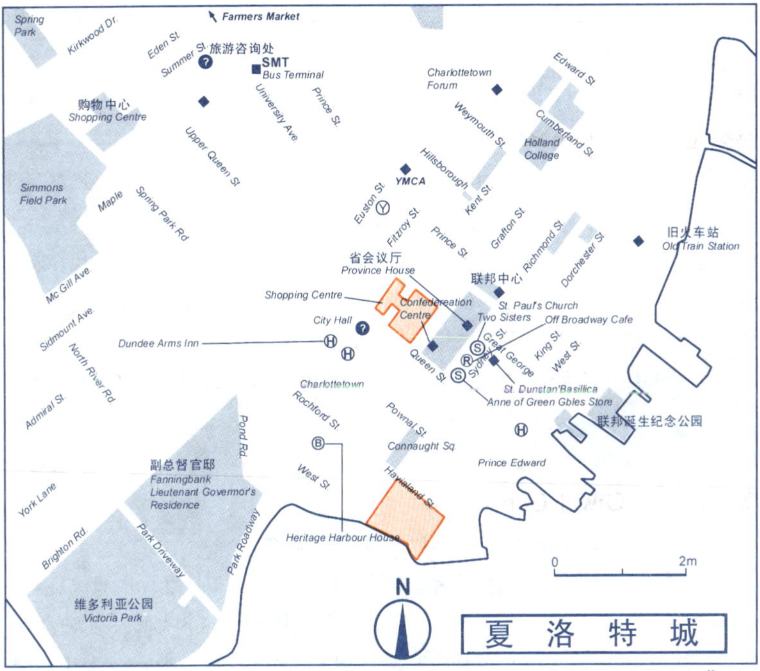

大联邦而召开的首次各殖民地代表会议的进行场所。被称为“联邦诞生的房间”的历史性会议室位于二楼，和其他会议室一起按照当时原样保存下来，并对公众开放。馆内还有工作人员为游客进行免费导游讲解。此外还放映反映夏洛特城历史的录像带（约15分钟）。

开馆时间：每日9:00～20:00（旺季）

巅峰码头　Peak's Wharf

是当年参加殖民地代表会议的“建国之父们”靠岸登陆的埠头。经过再开发的海湾沿岸铺设了步道，游客们出入于礼品店、餐厅及酒吧之间，非常热闹。夏季期间这里的草坪上还会上演短剧，再现了联邦会议开始前建国之父们唇枪舌剑激烈讨论时的情景。

维多利亚公园　Victoria Park

是一座位于高级住宅街旁、面向大海的公园，从城市中心部向西南走10分钟左右即可到达。漫步于白桦或松树林中，或在宽阔的草坪上散步，或坐在海岸边小丘的长椅上眺望海景都会令人神清气爽。与公园相接还有白色墙壁的 Governor's House。

■郊外

萨默塞德 Summerside

由夏洛特城乘车向西约 50 分钟即到的萨默塞德，为 PEI 的第二大城市。以 Water St. 为中心是一片片整齐的绿地和住宅区，的确是座整洁舒适的疗养城市。该城过去是靠银狐毛皮而积聚钱财并逐渐兴盛起来的，因此至今还依然残存着许多当时“狐狸公馆”的宅邸。在马铃薯的装卸港口附近的海湾步道上，则集中了许多大型商业中心、名为斯皮尼卡兹·兰汀的礼品店以及餐馆等。此外还有充满古典气氛的 B&B 非常讲究的疗养宾馆。因此许多游客以此地作为 PEI 游览的根据地。

奥威尔角 Orwell Corner

电话(902)651－2013　(冬)电话(902)368－6600

位于夏洛特城东约 30 公里的闲适田园之中，有一处完整复原了 19 世纪后半期农村风貌的社区。从学校到教会、铁匠铺及杂货店、民房等，其内部和家具等也尽都保持着当时的样子。农场内是耕种的田地，还饲养着马、牛、狗、鸡等家畜。其中，杂货店里那些论分量买的食品、药，小五金、衣服以及鞋子等商品也都以过去原有的样子摆放着，让人感觉到一种时光溯回到开拓时代的真实感。当然，店内当班的妇人也是穿着当时的服装。小说中马歇也许当时还是来到了这样一家商店，慌慌张张地来买安所热望的法式袖长裙的吧！夏季间，这里还举办各种游艺节及乡村晚会等各种各样的精彩节目。由夏洛特城出发乘车沿 3 号线向东约 30 分钟即到此地。也有专门访问这里的导游项目。

开放时间：(夏)周二～周日 9:00～17:00(冬季闭馆)

入场费：$3

萨默塞德的斯皮尼卡兹·兰汀礼品店

奥威尔角

PEI有许多工艺品店，尤其夏洛特城除红发安中的人物造型外，还有手工偶人、打褶制品、木工品、陶器等，门类众多。此外，在城郊的农贸市场中还能买到附近农家生产的新鲜蔬菜及水果。

夏洛特城

●Confederation Court Mall

电话(902)566-1153

位于Queen St.联邦中心正对面的这家摩尔商店，是夏洛特城的中心。楼内有两层，内设工艺品店、时装店，还有邮局分店，共69店。此外还设有银行、旅游公司及快餐角，非常方便。周一～周三·周六营业至17:30、周四五至21:00。

●Gallery Grft Shop

电话(902)628-6149

位于联邦中心内部的礼品店。除与红发安有关的商品外，关于PEI各种知识的书籍也很丰富。工艺制品中，从丝质印花领带到毛衣一应俱全。游客们在欣赏过安的音乐剧后可顺便来此一逛，非常方便。

营业时间:(夏)每日10:00～20:00

岛上首屈一指的"安"专营店

●The Anne of Green Gables

110 Queen St.

电话(902)368-2663

位于Richmond St.一角，外观绿色，其名称也直截了当地表明这是一家安专营店。有安偶人、工艺品以及安和蒙高梅利的书籍等，安系列的收集规模实为岛上第一。全年营业,5～10月9:00～21:00开放。

乡村式& 维多利亚风格的工艺品店

●The Two Sicters

150 Richmond St.

电话(902)894-3407

是PEI地区工艺品种类齐全的商店,在摩尔和卡文迪什也有其分店。这里有许多专门面向女孩子的可爱物品,对购买礼物的游客来讲不失为最佳选择。夏季周一～周六9:00～21:00营业。

以牛为商标的店

●Cow's

1 Caw Cbbage Lane

电话(902)892-6969

作为PEI的特色商品业已为人所熟识的,是以牛为商标的Cows牌T恤。这里的冰激淋也极为出色。将带有滑稽可爱的牛先生的T恤作为礼品送给别人实在再适合不过了。其实这里倍受欢迎的秘密就在于那些牛的怪表情，且儿童用成人用一应俱全。儿童用$12.99～、少年用$15.99～、成人用$19.99～。每种另加GST。

●The Root Cellar

34 Queen St.

电话(902)892-6227

为自然食品店。在这家颇具怀旧色

彩的店内除谷物、蔬菜、水果、各种豆类、面包、点心等自然食品外，为方便客人还出售香波、润丝、肥皂、百花香等。

营业时间：周一～周四9:00～17:00、周五9:00～18:00、周六9:00～17:00

萨默赛德

应有尽有的商业区

Spinnaker's Landing

120 Water St.

电话(902)436－6692

指的是萨默赛德沿海滨铺设的步行道区。这里有工艺品店和餐馆，且一直营业至深夜。其中在 Island Flower Farm，您可以很适当的价格买到其它店中根本见不到的干花及花环等特色商品。其附近还有大型超市，从食品到西装、书籍等品种齐全。平时 9:30～21:30、周日 11:00～21:00。

Crabapple Cottage

20 Water St. East Summerside

电话(902)436－5743

位于萨默赛德城郊的一家工艺品商店，其旁还有制作工场，在那里可以用木头造出各种可爱的玩具。还批发零售新斯科舍制成的带香味的可爱蜡烛等。店内干净整洁，服务热情。

RESTAURANT 餐厅

爱德华王子岛是加拿大著名的马铃薯产地之一，且有数个渔港，捕获的海鲜极为丰富，尤以龙虾为名产，与加拿大西海岸相比价廉味美。每到龙虾解禁的季节，岛内各地都会出现叫做龙虾餐(Lobster Suppers)的龙虾餐馆，价格便宜，令游客大饱口福。

Pat & Willy's Bar & Grill

119 Kent St.

电话(902)628－1333

该店经营墨西哥菜，同时兼作公共酒吧。店内各有好几台电视机，从最新音乐磁带到怀旧色彩的内容可供游客边用餐边欣赏。菜肴种类丰富且实惠，能以较低价格品尝到多种食品。

Kelly's

52 Queen St.

电话(902)628－6569

这是一家便餐馆，价格很容易令人接受。早餐、午餐均为$4 左右，还能品尝到当下流行的美式早餐。午餐也品种丰富，从各种三明治到意大利式宽面条，应有尽有。由于这里的饭菜分量极足，因此特别向正饿的人推荐。

Off Broadway

125 Sydney St.

电话(902)566－4620

外观来看，入口狭窄似乎较难进入，但实际走进去后却感觉很舒适安稳，弥满一种浪漫气氛。向您特别推荐的是施特罗加诺夫牛肉片炖蘑菇和龙虾等以薄饼包裹的食品。此外还有加入充足扇贝和龙虾调味的糊状面食等。

● *Sirenella Ristorante*

83 Water St.

电话(902)628－2271

PEI 是惟一的一家正宗意大利餐馆。其店主为意大利人。面条等面类品种丰富且味道鲜美。加之店铺装饰优雅，尤受年轻女性欢迎。

● *Lobster on the Wharf*

Prince St. Wharf

电话(902)894－9311

在此以较低价格即能品尝到新鲜美味的龙虾·贻贝$3.99、牡蛎$5.25、龙虾色拉$5.99、蚬肉汤$2.95、龙虾汉堡包$8.75等。晴天时顾客可在面海的庭院中享受用餐乐趣。还可将龙虾携出或进行真空包装。

HOTEL 饭店

由于历史性会议曾在此召开，因此该城中有不少很有来历的宾馆。同时还有众多只限夏天开张营业的小巧的别墅式 B&B。

夏洛特城

别具一格的夏洛特城的门面

● *Charlottetown Hotel*

Kent St. ×Pownal St. (C1A 7K4)

电话(902)894－7371

传真(902)368－2178

其建筑风格使人感觉奢华之中又透出一种厚重，的确是名副其实的夏洛特城代表性的老字号宾馆。它的大厅和起居间都设计得很有观赏价值。旺季房价为$99、淡季$86，还有周末优惠价。

● *The Dundee Arrns Inn & Motel*

200 Pownal St. (C1A 3W8)

电话(902)892－2496

传真(902)368－8532

是由建于1908年的私人宅邸改造而成的宾馆，气氛良好。内部开设的餐馆，也倍受好评。虽房间数目较少，但其近旁还有汽车旅馆，非常方便。该宾馆紧邻夏洛特城宾馆，地理位置也很优越。由于住客常常很多，所以需要提前预定。房价旺季 Inn 为Ⓢ$100～135、Ⓓ$110～145，汽车旅客旅馆为Ⓢ$88、Ⓓ$98；淡季则 Inn 为Ⓢ$70～100、Ⓓ$75～110，汽车旅馆Ⓢ$60、Ⓓ$65。

舒适而不张扬的四星级宾馆

● *Prince Edward Hotel*

P. O. Box 2170, 18 Queen St. (C1A 8R4)

电话(902)566－2222

传真(902)566－2282

CP 系的宾馆，设备完善，非常舒适。其背面是巅峰码头的水面。房价为旺季$140～200、淡季$105～160(不含税)

漂亮旅馆中爽快的老板

●*Heritage Harbour Hosese*

9 Grafton St. (C1A 1K3)

电话(902)892－6633

传真(902)566－9070

由联邦中心前的格拉夫顿大街向西两街区，是位于幽静住宅区之中的B&B。窗子白框所映的山墙和白色的门廊加上前院里争妍的花朵，使这里看起来像是童话中的小房子。进房间时为日本式做法，需要脱掉鞋子。客室共有5间，每间色调各不相同，装饰得非常精致。房价包含每早供应的家制小松糕，一个房间$60。淡季则降为$50。由于店主是一家旅游公司老板，所以只要是关于PEI的事情，尽可与他商量。

能够眺望South Shore的B&B

●*Anne's Ocean View Haven B&B*

Kinlock Rd. Anne Oslon

P. O. Box 2044, Charlottetown(C1A 7N7)

电话 (902) 569－4644/(1－800) 665－4644

是一家位于小山上的B&B,在此可以眺望红色土的海岸,从商业区出发驱车约6分钟即可到达。当您在这里欣赏潮起潮落、姿态万千的大海,和在满月辉照下的泓滟的静静波光,就会感觉到神清气爽,心旷神怡。早餐有各种面包、火腿、香肠及煎蛋等可供选择。此外还有家制烤饼和小松糕,10余种谷物食品、水果、香片茶、红茶、咖啡、桔子汁等,分量充足,甚至能吃到晚上。共有4个房间,均为单独洗澡间,附带冰箱、电视,还有公用厨房。最令人满意的其实是店主Anne的殷勤好客。房价带洗澡间Ⓓ$70～95、Ⓣ$85、三人套间$120(不含税)。虽然从B&B角度上讲价格略高,但其绝对价有所值。

●*Allix's Bed & Breakfast*

11 Johnson Ave.

电话(902)892－2643

地处维多利亚公园以北，距商业区的市政厅只有10分钟的距离。周围是幽静的住宅区，附近还有商场、教堂、餐馆等。Ⓣ两室Ⓓ也有两家，均非常清洁。房价之中含早餐，浴室、厕所公用1人$40、2人$45。早餐为各种谷类食品、面包、咖啡、桔子汁、咸蛋加上家制小松糕，非常丰富。喜好刺绣的老板娘常为住客提供各种信息，特别热情。由于这里是普通住宅，住在此处让人感觉自己好像就是当地居民一样，倍感温馨。

感激殷勤好客的店主夫妻!

●*Morais' Guests Home*

67 Newland Crecent East(C1A 4H6)

电话(902)892－2267

位于处在Doaglas和Spring Park之角的食品杂货店旁。共有三个房间，其中一间配有电视。还备有早餐。该场所交通便利，徒步去往VIA公共汽车或旅游问讯处只需5分钟。临别，店主将罐装的PEI红土送我作为礼物。房价旺季Ⓢ$36.30、Ⓓ$41.80，淡季Ⓢ$30.80、Ⓓ$36.80。提供到机场或公共汽车总站的接送服务。

● *Ambrose Tourist Home and Apt.*

17 Passmore St. (C1A 2B8)

电话(902)566－5853

有5个房间,各房配有电视机,还准备着澡巾、肥皂等。公用厨房、洗澡间虽不算大，但新而干净。房价旺季$25～(不含税)。位于交通便利地段，距联邦中心仅四个街区，徒步5～10分钟即可到达。周围环境安静、舒适，且房价公道,因此特别推荐。

靠近商业区,很易发现的住处

● *Amanda's Tourist Home*

130 Spring Park Rd. (C1A 3Y6)

电话(902)894－9909

共有两间舒适宽敞的房间。由该地步行不到10分钟即可到达商业区,附近还有餐馆。每间房为$30(含税),可使用T/C,从机场乘出租车到此约10分钟。全年营业,淡季还有优惠。

从商业区中心都步行至此只2分钟

● *Aloha Tourist Home*

234 Sydney St. (C1A 1H1)

电话(902)892－9944

地处商业区，交通便利，步行即可去往任何地方。店主是一位亲切热情的老人，店内气氛非常好。建筑外观虽不特别漂亮,但内部房间、浴室、公共厨房均清洁而舒适。设有到公共汽车总站的接送服务,打市内电话免费。

* * *

房价旺季Ⓢ$30、Ⓓ$31、Ⓣ$36(不含税)；淡季Ⓢ$25、Ⓓ$28、Ⓣ$30(不含税)。不接受信用卡。

老奶奶的漂亮 B & B

● *Anchor's Awigh B& B*

45 Queen Elizabeth Dr.

电话(902)892－4319

是爱称为Pete的老奶奶所经营的B&B。由维多利亚公园步行至此只需5分钟，是一栋面朝Queen Elizabeth大街的粉红色漂亮可爱的房子。内院和海滩相通。不拘小节的友好的Pete,还义务帮助医院工作，非常勤奋。她准备的早餐分量充足，尤以咖啡最为美味。有两个房间。公共厕所·浴室房价为Ⓢ$44、ⒹⓉ$49.50。

冬季停止营业

● *Charlottetown YH*

153 Mount Edward Rd.

电话(902)894－9696

住宿房价会员为$12.50、非会员$16,虽然很便宜,但由于没有至此的公共汽车，因此只能沿途搭车或乘坐出租汽车。从此地徒步至商业区约需40分钟。9月份整月营业,但冬季停止营业,切需注意。

萨默赛德及其它

可眺望哈巴的豪华型休养宾馆

● *The Loyalist Country Inn*

195 Harbour Dr. Summerside

电话(902)436－3333

传真(902)436－4304

建于萨默赛德海滨,是和Charlottetown Hotel同为Rodd系列的豪华宾馆。在能够看到大海的各个房间内均附带厨房。同时，餐厅、咖啡厅、工艺品店等设施也非常完善。便式早餐和圣代早餐都豪华且美味。房价$62～103。

名字上仍残留着往昔荣华的有来历住宅

●Silver Fox Inn

61 Granville St. Summerside(C1N 2Z3)

电话(902)436－4033

传真(902)436－1994

是一家将1892年所建的住宅改装而成的小旅馆，共有6个房间。家具、暖炉等都很漂亮。包含早餐。全年营业。淡季房价为Ⓢ$65、Ⓓ$83、Ⓣ$88；旺季Ⓢ$70、Ⓓ$89、Ⓣ$95。

苍鹭从窗外飞过

●Blue Heron Country B& B

North Bedeque, Summerside RR3 (C1N 4J9)

电话(902)436－4843

该B&B坐落于闲适的维尔莫特河畔，与PEI第二大镇萨默塞德之间乘车不过5分钟的距离。共有4个房间。透过窗户可以眺望到窗外的马铃薯地以及优雅遨翔于维尔莫特河上的苍鹭。每个房间内部装饰都有所不同，非常漂亮。房价包含早晚Ⓢ$40～50、Ⓓ$40～55。由夏洛特城出发乘车沿1A1小时内即可到达此地。租用了汽车的游客不妨下榻于此。

兜风途中很想在此住一夜

●Linkletter Inn

311 Market St. Sammerside (C1N 1K8)

电话(902)436－3972

传真(902)436－0261

萨默塞德虽是个小城，但银行、酒吧、快餐店等一应俱全。城镇建筑也很漂亮，比起夏洛特城更中人意。这是一家地处域中心的大型宾馆，房价为$89.99(不含税)。

很有历史的B& B

●Smith' s Farm B& b

Millview, Vernen Bridge

电话（902）651－2728/(1－800) 265－2728

由伍德艾朗兹港乘车至此约30分钟，而从夏洛特城沿3号线至此则约需15分钟。房价为带洗澡间Ⓣ$38.50，不带洗澡间Ⓢ$24.20、Ⓓ$33。全年营业。同时还有自行车出租。

CAVENDISH

卡文迪什●PRICE EDWARD ISLAND

作为阿邦里村原型的卡文迪什，的确如同《红色的安》故事中所描绘的世界，也是作者蒙高梅利成长并终生热爱的故乡。距夏洛特城西北约 40 公里的北海岸业已划为 PEI 国立公园，夏季，这段海岸则是极受欢迎的海水浴场。在主要大街 6 号道路沿线，除小旅馆和汽车游客旅馆外，还有商业中心，游园地及各种观赏项目等一溜儿排开。与安和蒙高梅利有关的场所大都集中在卡文迪什的中心部，但也有散落在新伦敦及帕克科纳等离城较远的地方，所以没有车的游客可以利用从夏洛特城出发的众多的“安”巡游的旅行队伍。

TRANSPORTATION 卡文迪什的交通

公共汽车 Trolley Bus

卡文迪什电车 Cavendish Trolleg

10：00～18：00 之间，卡文迪什的红色公共电车以每小时一周的速度绕如下路线运行。其中包括信息中心、绿色山墙房子、海滩以及其他各类游览活动地。票价$2，持票在一天之中可在各处自由上下车。

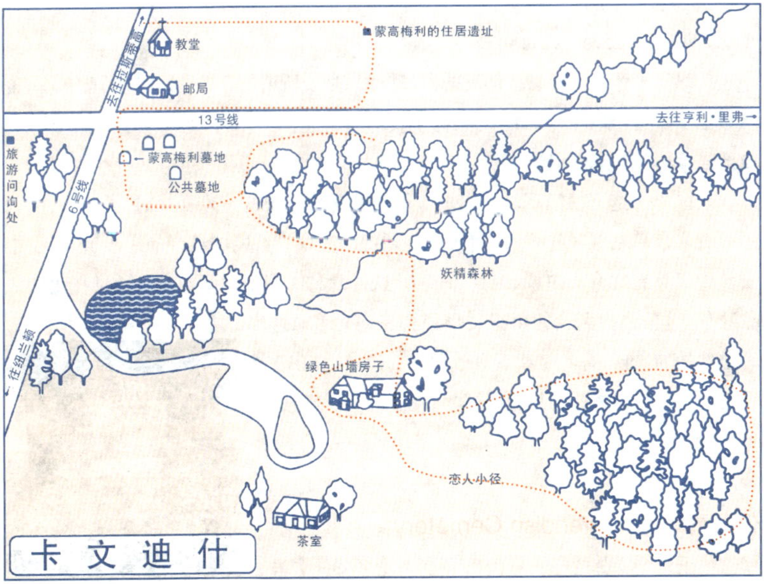

Sunset Campground	(每时):00	L. M. Cavendish Homestead	(每时)1:28
Silvewood Motel	:04	Cavendish Shopping Centre	:32
Cramberry Village	:08	Visitor Information Centre	:38
G · Willikers	:12	Rainbow Valley Amus Park	:42
Green Gables House	:16	Sandspit Amusemcnt Park	:46
Marco Polo Campgrounds	:22	Cavendish Beach	:54

* 公共电车时刻表可在绿色山墙房子的茶室索取。

SIGHTSEEING 主要观光点

绿色山墙房子(红色安的家) Green Gables House

电话(902)963-2391/672-6350

《红色的安》中所表现的绿色山墙房子的原型是蒙高梅利堂兄弟的家。其建筑为19世纪末的典型农家风格，自1937年划为国立公园以来，历经几度修复保存至今。内部按照故事所表现的样子细致入微地再现了安和马歇、马利拉的房间，看后令人感觉她们好像是实际存在过的人似的。房子旁边设有礼品店和茶室。

●恋人小径 Lover's Lane

从绿房子旁一直向森林伸展的白桦树路，是安所谓的“恋人小径”。其前是一条叫做巴尔萨姆洼地的林中散步路，有小溪潺潺流过。

●妖怪森林 Haunted Wood

从绿房子走下植满草坪的斜坡去往公共墓地途中的一片森林。到了夜晚，的确不大有人敢单独穿过这里，但白天却是环境幽静令人舒畅的绝好的散步道。小说中安认为仅称森林有失单调，因而命名为“妖怪森林”，但最后却被自己所烘托出的印象吓住了。蒙高梅利当初由祖父母家去往党兄弟家途中经过此地的时候，肯定是和安有过同样的想像吧！在森林近旁有一处树木稀疏的地方，那里百花盛开，像是美丽的地毯。

公共墓地 Cavendish Cemetery

位于妖怪森林的尽头。1942年在多伦多郊外去世的蒙高梅利就长眠在这里，基上带有碑铭，使用其夫姓 Macdonald。游客可以很容易找到这里，因为其墓被那些照管得很好的花所覆盖。蒙高梅利的家人和亲属也都葬于此墓地中。

邮局和教堂 Green Gables Post Office & Cavendish Church

与 13 号道路相隔，公共墓地的对面是复原后的邮局。它再现了原本距此还有一段路程的蒙高梅利祖父母家的厨房兼邮局。祖父死后，蒙高梅利协助祖母继续邮局的业务，也同时就是在这间厨房中开始努力进行创作。写啊写，作品却不断被出版社退回，又直接从自家邮局取到手。当时她的苦闷心情不难想象。游客自这间邮局投递出的信上会得到 Green Gables 印戳。夏季这里还作为博物馆对外开放。邮局旁边的教室，是蒙高梅利在礼拜日学校任教的地方，同时也是和她后来的丈夫——尤安·麦克唐纳牧师邂逅的场所。教堂中至今还保留着她当日所弹的风琴。

邮局后面的建筑是教堂

蒙高梅利的故居 Site of L. M. Montgomery's Cavendish Home

Rt. 6, Cavendish

蒙高梅利祖父母的住所遗址。沿教堂后面的路走大约 150 米即可到达。这是蒙高梅利从幼时被收养到 36 岁结婚之间一直生活居住的家园。如今仅仅残留着当时的地基和水井。但位于其近旁的小书店中展示着蒙高梅利在邮局使用过的书桌及邮戳等几件遗物。在这里为游客作讲解说明的女性是蒙高梅利的远房亲戚（她丈夫的祖父是蒙高梅利母亲的兄弟），她原本做教师，讲解得非常好。

整理得井井有条的遗址中还有花坛，并到处竖立着写有蒙高梅利话语的板牌。站在通往教堂的小路上，美丽景色尽收眼底，是一处诱发人驰骋想象的场所。但由于没有建筑物，故此时想到的大概不会是安。

开放时间：（夏）9:00 ~ 19:00　入场费：$1

卡文迪什的周边

蒙高梅利出生地 The L. M. Montgomery Birthplace

Rt. 8 × Rt. 6, New London　电话（902）886 - 2099/436 - 7329

从卡文迪什出发沿 6 号道路向西约 11 公里，与新伦敦的交叉点处便是 1874 年 11 月 30 日蒙高梅利所诞生的家，到母亲去世、被祖父母收养之前的 1 年零 9

个月，她就生活在这里。房子中近门的地方装饰着蒙高梅利结婚时所穿的婚纱。二楼还保留着她出生的房间，那里展示有她的日记簿及剪报等。为方便游客购物，附近设有4家工艺品店。

开放时间:(夏)9:00~19:00

入场费:$1

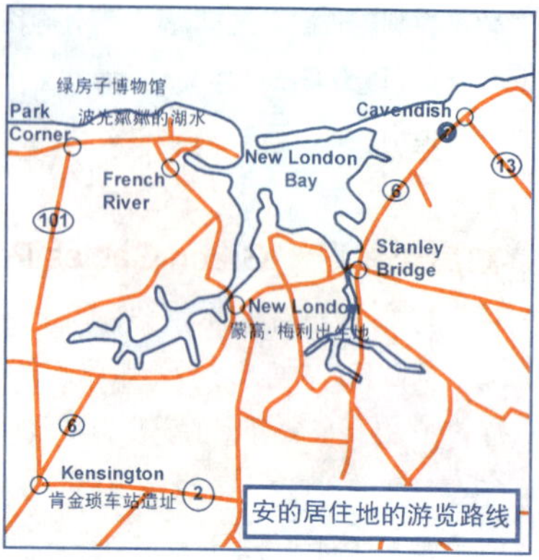

安的梦中家园　Anne's House of Dream

Rt. 263, French River

电话(902)886-2098

从新伦敦出发沿20号道路驱车北上约10分钟，是一座位于法国河村子里的白色漂亮的房子。它是基于小说中关于安和吉尔巴特新婚时代所生活过的“梦中家园”的描写而再现出来的。

绿房子博物馆　Green Gables Museum

Rt. 20, Park Corner

电话(902)886-2884

是位于帕克科纳的蒙高梅利叔母的家。由法国河出发沿海岸驱车行驶，几分钟即可到达。其名称与卡文迪什的绿山墙房子相似，极易混淆，但它还有一个别名叫做银色森林。这里是蒙高梅利非常喜爱的地方，在《帕特小姐》(Pat of Silver Bush)中所出现的“银色森林宅邸”，即以此地作为原型。同时，这里还是1911年蒙高梅利和麦克唐纳牧师结婚仪式的举办地，如今，有其子孙辈的堪培尔家人居住。房子作为博物馆对外公开，展示有蒙高梅利婚礼时弹奏结婚进行曲所用的风琴，还有她的照片及剪报等。在这里的居室还可以堪培尔先生为证人举行全套结婚仪式，最近这引起了许多外国游客的兴趣(详细情况请到夏洛特城的 Prince Edward Hotel 询问)。博物馆近旁设有餐馆和礼品店，场地内还有“波光粼粼的湖水”。

开馆时间:9:00~20:00　入场费:$2.50

●波光粼粼的湖水　Shining Waters

“银色森林”前宽阔的湖面，是安的“波光粼粼的湖水”的原型。的确，湖面波光潋滟，闪闪发光，周围的风景也非常漂亮。蒙高梅利每次到叔母家站在二楼窗口眺望时，一定也是感动于这人间美景的。这里还有安郊游时第一次吃到冰激淋的地方。

绕湖游览的马车

肯金琐车站遗址　Kensington Station

从帕克科纳沿10号路线南下12公里左右即到肯金顿。此地地处交通要冲，过去曾有火车站。如今由于PEI的铁路已全部成为废线，因此仅保留有站舍，限于夏季作为信息中心使用。这些车站其中之一便是来自孤儿院的安下站的布莱特河。顺便提一句，也有认为亨特河是其原型的说法。那里的站舍如今早已不复存在，有许多新开的店铺。而电影中的外景所使用的却是位于岛东端east point前的埃尔玛依拉。

SHOPPING 购物

在卡文迪什城郊有一条聚集了许多礼品店和餐馆的林荫道——卡文迪什港口步道。此外，在与观光点相连的道路沿线，也零零落落地点缀着工艺品店，游客在兜风途中不妨顺便去看看。到八月末，许多商品还有关门减价大甩卖。

●Memories Gift Shop

New London　电话(902)886－2020

位于蒙高梅利出生地对面的礼品店。在弥满着花香味的店内，特色商品琳琅满目。二楼则集中有品种丰富的打褶工艺珍品。由于手工制作的工艺品件数很少，还是下定决心去买吧。

●New London Crafts & Antiques

Kensington R. R #8 New London

电话(902)886－2739

店内有丰富的PEI所制作的工艺品，其中打褶的床罩价格为$300以上。还有壶罩及锅抓手等，都很适合作为礼品。印有绿房子的开领短袖衬衫售价$20。

●Village Pottery

New London

电话(902)886－2473

有丰富的日常小用品和陶器等艺术类物品。尤其PEI所烧制的咖啡杯和盘子等，其画风朴素，略带青色，给人留下深刻印象。其画面内容以描绘树为主，的确是具有PEI特色的陶器。

RESTAURANT 餐厅

边眺望"波光粼粼的湖水"边饮茶

●*Shining - Waters Tea Room*

Rt. 20 Blue Heron Dr. Park Corner

电话(902)886 - 2003

位于 Green Gables Museum 旁边的茶室。三明治$2.75 ~，咖啡或茶 85¢，还有小松饼、烤饼、蛋糕等各类食品。在这里您可以一边喝茶一边悠闲地眺望"波光粼粼潋滟的湖水"。

尝尝这里的下午茶

●*Green Gables Tea Room*

Cavendish 电话(902)963 - 3463

位于著名的绿房子旁，是与礼品店连在一起的一家茶室。特别向您推荐著名的 Tea For Two 的下午茶系列。有 Matthew's Tea(附加饼干、小松饼、干酪和果酱)$9.95(单人$5.95)和 Marilla's Tea(附加三明治和蛋糕等)$12.90(单人$6.95)两类。三明治每个$3.95，咖啡·红茶85¢。

有美味蛋糕的肯金顿的茶室

●*Blue Winds Tea Room*

Kensington R. R. 6

电话(902)886 - 2860

是一家位于工艺品店内，由一对日本夫妇经营的茶室，也可在此就餐。据说这对夫妻开此店的最初契机是缘于被此地田园牧歌式的美丽风景所吸引。其调整细致、深部入味的日式西餐非常美味，在当地也极受欢迎。

●*Fisherman's Wharf*

North Rustico, Rt. 6

电话(902)963 - 2669

龙虾一磅$25。味道绝佳，吃来舒适极了。有冷热两种，不过还是感觉煮过的热虾更好吃。餐外，由于色拉、水果、饭后甜点、咖啡、蒸贻贝等都包含在饭款之中，尽可随便去吃。尤以贻贝味道最好，我一连吃了好几盘。服务小姐们都脚穿运动鞋，非常繁忙，服务也无可挑剔。当时我们餐桌的服务员尤为热情，所以吃饭也特别香。

HOTEL 饭店

与红色安气氛相称的住所!

●*Kindred Spirits Country Inn*

Memory Lane, Rt. 6, Cavendish (C0A 1N0)

电话/传真(902)963 - 2434

分为别墅式、公寓式、小旅馆式三种。房价游客高峰季节Ⓢ$70 ~ 135、Ⓣ$90 ~ 150，淡季Ⓢ$55 ~ 90、Ⓣ$70 ~ 130。5月15日 ~ 10月15日之间营业。位于6号道路沿线，就在绿房子近旁，步行去往各处都很方便。还设有电车站。其外部建筑和内部装饰均深得女性喜爱。到处摆满偶人及打褶工艺品，好似一个童话世界。店主夫妇非常热情。家制的热乎乎的早餐分量充足，而且为避免住客厌倦，菜单每日都有所变化。由于旺季这里客人很多，所以最好提前预定。

●Willow Cottage Inn

Hunter River, R. R. 1, Cavendish (C0A 1N0)

电话(902)963－3385

位于 Kindred Spirits Country Inn 右前方的旅馆。说话大声、非常幽默的 B&B 店主和善良随和的"Anne"夫人笑迎四方客。共有 4 个房间，全部带有私用澡间、厕所。内部装饰使用统一的花卉图案，显得清洁而平和。各房间备有红茶和咖啡器具，可自由饮用。早餐时的各种谷物食品、水果、牛奶、咖啡、红茶、果酱等采取自助形式。Anne 所作的早餐有吐司、桔子汁、鸡蛋、香肠、小松饼、薄煎饼等分量充足，且每日变换菜谱，供住客享用。5 月 15 日～10 月 1 日Ⓢ$55、Ⓓ$60(不含税)，淡季时各优惠$10，每增 1 人各加$6。这里交通便利，绿房子紧邻旁边，有各类小型餐馆、冰激淋店、礼品屋及自行车出租等，电车也在附近靠站停车。从公共汽车总站步行至此只需 5 分钟，乘出租则只需 2 分钟左右。

●Mayfield Meadows Country Resort

Box 5506, Hanter River, P. E. I(C0A 1N0)

电话 (902) 963－2213/(1－800) 565－8881　传真(902)963－3064

该旅馆坐落于卡文迪什近郊 13 号道路沿线的一座幽静的丘陵上，1992 年开张营业。想逃避城市喧嚣的游客不妨下榻于此。木地板，并拥有本地区惟一的室内游泳池，还有网球场。两张床带洗澡间·厕所并包含早餐的房价夏季为$91～125，淡季为$72～100。同时还有附带厨房的别墅式房间（无早餐），房价夏季两寝室(4 人)$99、三寝室(6 人)$115，淡季则分别至$79 和$95。附近还有骑马小路，的确不愧为探知绿房子世界的最佳场所（不过限于有车的人)！这里还设有讲究的餐厅，游客可以在此吃晚饭。而每当清晨，则一边听着小鸟的鸣叫一边品尝夹有新采的木莓的薄煎饼感觉别有风味。

●Parkview Farm Tourist Home

Hunter River, RR #2, Cavendish (C0A 1N0)

电话(902)963－2027

这是一个大农场，每早都在牛哞哞的叫声中睁开双眼。老板娘马库尼尔夫人待人极为热情，常不停地问游客说"Have a nice day!"而且总是笑个不停，我则亲昵地称她为"妈妈"。她非常喜欢制作点心，喝茶时间总摆出蛋糕，奶油水果馅饼、小松糕、曲奇等各式家制甜点。澡室、厕所公用，房价Ⓢ35. 31～40. 20、Ⓓ$40. 20～47. 08、Ⓣ$47. 08～52. 97。

USEFUL INFORMATION 有用的信息

● 交通

· Canadian Airlines 电话（1－800）665－1177 · Air Canada 电话（1－800)565－3940

· Marine Atlantic Tel(902）855－2030 · Northumberland Ferries, Ltd. 电话(1－800)565－0201

● 气温(℃)

月	1	2	3	4	5	6	7	8	9	10	11	12
平均	-6.7	-7.2	-3.2	2.3	8.6	14.1	18.4	17.9	13.9	8.6	3.3	-3.6

TOUR 旅游团介绍

Prince Edward Tours

18 Queen St.（爱得华王子宾馆内）

电话(902)566－5466

传真(902)566－9070

设有多项载乘14人的旅游线路。还提供到市内主要宾馆的接送服务。

● Anne Tour

经过卡文迪什～肯金顿车站等地，为时6个半小时游览与安有关的景点。包含龙虾午餐$80。5月30日～1月2日 每天9:00从PEI宾馆发车。

● Orwell Corner

游览再现了开拓时代生活场景的奥维尔科纳村的导游线路，需4小时。包含家制午餐$60。6/1～9/30的周二、四、日9:30发车。

Abegweit Tours & Travel Agency Inc.

157 Nassau St. Charlottetown 电话(902)894－9966

● Charlottetown Tour

为时1个半小时的乘红色双层公共汽车的市内观光。每天6次，从联邦中心发车，$6。

Iris Custom Tours

210 Darchester St. 电话(902)892－5631

提供满足散客要求的导游。从旅馆接送。费用以小时计，每小时单人$18、双人$22、3～4人$25、5～6人$30。

NEWFOUNDLAND &LABRADOR

纽芬兰·拉布拉多省

浮于北美最东端的孤岛纽芬兰，作为加拿大第10个省于1949年加入联邦，至今尚不足50年。这里纬度很高，常受到北大西洋的寒流侵袭。全岛被岩石和泥炭地所覆盖，其内陆是广阔的亚热带针叶林和苔原。但是，沿海地带却作为世界著名的渔场之一而闻名遐迩。早在新大陆发现以前就有许多欧洲各国的渔船来到此地。此地的鱼类以鳕鱼最为繁盛，在纽芬兰，只要提起鱼，即是指鳕鱼。岛上的居民纽芬人大多是英国人、爱尔兰人的子孙，性格非常开朗。他们讲一种语调很强的独特英语，中间仍然还夹杂着某些莎士比亚时代的词汇。

粗犷的自然环境是麋鹿及北美驯鹿等野生动物的宝库。还有来此产卵的多达几十万只的庞大鸟群。在6～7月间可以见到游曳于峡湾之中的鲸鱼的姿影，它们是为捕食柳叶鱼而来的。此外，漂浮在海岸附近的来自拉布拉多的冰山，也是该岛特有的风景。

ST-JOHN'S

圣约翰斯 NEWFOUNDLAND

圣约翰斯纽芬兰&拉布拉多省的省会。1497年由约翰·卡波特发现，1853年由汉夫里·吉尔巴特宣布英领宣言，从而使其成为英国第一块海外殖民地。早在17世纪这里就作为渔业基地极尽繁荣，有40多个国家的船只在此抛描靠港。到了18世纪更是成了大海男儿的城市，仅是酒吧就曾有80多家。

人口约15万。整个城市像要落入海湾中似的在陆坡面上细长延伸。或许是由于缺少高楼大厦，这里并不给人一种省会的感觉。坡道两旁那些鳞次栉比的白色、青灰色等轻淡色彩的木造房屋，令人感受到一种“天涯海岸”的乡村旅情。由于此地地处距欧洲距离最短的位置，因此也成为横跨大西洋的飞行先锋所争夺的舞台。1919年，阿尔科克和布朗由此起飞，完成了首次横跨飞行。

ACCESS 从机场到市内

机场位于商业区西北约10公里处，没有开往市内的公共汽车。乘出租车约$12。

ACCESS 从公共汽车总站到市内

Bus Station 495 Water St. 电话(709)737－5912

CN Road Cruiser 的长途公共汽车所发车并靠站的公共汽车站，位于沿 Water St. 一直向西，商业区尽头的 CN 站舍。由于距离市中心很远，徒步约需 20 分钟，因此还是利用那些一直等待公共汽车到站的出租车较方便。

INFORMATION 旅游问询处

Tourism Information／City Hall & Annex

电话(709)576－8106

位于 New Gower St. 市政厅的 2 层。

Tourism Information／Rail Car

Harbour Dr. 电话(709)576－8514

在商业区的 Harbour Dr.，只限夏季开设利用列车车辆的问讯处。

此外，在信号山的山脚下也有全年营业的问询处。

车辆问询处

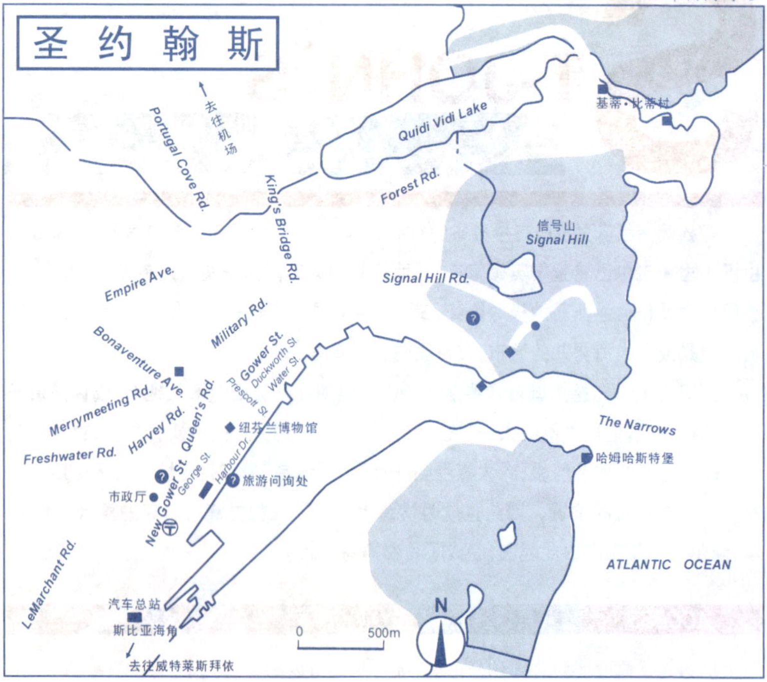

WALKING 游览方法

坐落于由高台倾向大海的斜面上的这座城市中，街道到处都是斜坡。因此多数道路为顺应斜度及弯曲的不规则路，并常常是不知在什么地方就与其它道路突然合并，因此极难把握方向。商业区中心部并不很大，可徒步游览，但必须携带地图。不过遗憾的是在旅游局等处索取的地图却全都太过粗糙。

主要大街指的是在海边并行伸展的三条街：哈巴路（Harbour Drive）、渥塔街（Water St.）和达克瓦斯街（Duckworth St.）。其中渥塔街是整个北美最古老的街道，有各式商店、餐馆及银行等群集的商务中心。而您如果想接触一下圣约翰斯的文化，则应选择达克瓦斯街，在那里，工艺品店、书店、唱片店及博物馆等令人目不暇给。此外，也不妨到乔治大街（George St.）去逛逛，那里有许多公共酒吧、小酒吧及迪厅等，熙熙攘攘，是该城夜生活的麦加。

TRANSPORTATION 市内交通机构

市内公共汽车 City Bus

Metrobus Custom Service Office 电话(709)722－9400

公共交通机构只有 Metrobus 一种。虽然连续市内主要宾馆和观光点的路线有20条以上，却没有一张集中统一的地图，各依路线不同而有不同的线路和时刻表。因此游客还是先说出自己的目的地，在上述服务处以及宾馆的前台询问更节约时间。

SIGHTSEEING 主要景点

商业区

渥塔街 Water St.

渥塔街的东尽头有一座为纪念曾于1583年宣布纽芬兰英领宣言的汉夫里・吉尔巴特的石碑。相反，位于西尽头与哈巴路之间所夹地段里的马里・普莱米西斯（Murray Premises），是建于19世纪中叶的古老市场。如今里面包括近年来重建的餐馆、时装店以及博物馆的别馆等。从这里沿斜坡而上所到达的新戈瓦大街 New Gower St. 上，坐落着市政府，市政府楼内设有旅游问询处，市政府旁那座标有"Mile 0"的牌子是说明这里即为1号路的出发点。同时，直达BC省维多利亚长达7775公里的大陆横跨道路也由此出发。

穿越加拿大高速公路的起点

乔治大街上的爵士乐俱乐部

乔治大街　George St.

随着迪厅和卡拉 OK 酒吧等的出现，这条路上的店铺虽经不断翻新，却仍然依稀残留着当年“酒馆之都”的风彩。热情豪放的歌声一直唱到深夜，而每到周末大街上更是人山人海。在这里喝“梯酒”(一个酒馆换一个酒馆地喝)最是恰当不过，因此常会在各处店里见到喝酒的是同一面孔。当地人最爱饮的是一种叫做斯克里奇的廉价兰姆酒加百事可乐稀释后的饮料。夏季，各个酒店都将门打开，与现场演奏及排满了小吃摊的大街融为一体，可尽情享受夜晚情趣。

信号山　Signal Hill

地处城东，峭立于港口入口处的小山。站在山上，可凭栏远眺商业区和大西洋，景色极美。其名字由来缘于此处本是向入港船只传递信号的地方。在上山路信号街(Signal Hill Rd.)途中，有一处内设小型博物馆和导游所的游客活动中心。

过去这里曾是英法军决战的场所，“信号山战斗”(1762)中的胜利最终使英国确立了在北美的统治地位，也为持续 7 年的战争划上了终止符。至今小山周围还遗留有几门大炮。7、8 月间，游客还能观赏到再现军队演习的 Signal Hill Tattoo 的仪式。

山顶上耸立的卡波特塔，是为纪念约翰·卡波特登陆 400 年和维多利亚女王 60 周年而于 1897 年建成的。此外，这座小山还是 1901 年首次接收到马尔科尼由英国发生的跨越大西洋无线信号(虽然只有罗马字“S”)的历史性场所。关于如上情况，卡波特塔内壁上挂有一系列详细说明嵌板。夏季每日开放至 17:00。免费。

从信号山上眺望港口

加波特塔

纽芬兰博物馆　Newfoundland Museum

285 Duckworth St.　电话(709)729－2329

二楼以骨头、生活用具以及嵌板等展示说明着古代爱斯基摩人和多塞特印第安人等纽芬兰原住居民 9000 多年的历史。三楼则是初期入殖者直到近代市民的历史和生活实态展览。免费。

开馆时间:周四~五 9:00~12:00、13:00~16:45　周六、日 14:00~16:45

周边和郊外

基蒂·比蒂村　Quidi Vidi Village

位于信号山后的小渔村。从信号山至此步行约需 20 分钟,村子里弯弯曲曲的小路两旁并排着建于 18 世纪的古老房屋。在其旁基蒂·比蒂湖上每年 8 月份第一个星期三举行的圣约翰斯赛船会,作为一直持续而无间断的体育竞技拥有北美最古老的历史。据说每到这天,整个圣约翰斯的居民大都集中于此,市内则显得非常寥落。

斯比亚海角　Cape Spear

位于圣约翰斯南约 11 公里的北美最东端据点。从此往南直到爱尔兰都是不见边际的汪洋大海。由大西洋上吹来的劲风掠过草原,站在这里俯瞰白色微波碎玉点点,会有一种爽快感和寂寞感相混杂的奇特心境。建在平缓山丘之上的白色木造灯台,1836~1955 年一直发送着信号灯,而今已成为博物馆。其下则是第二次世界大战时监视纳粹潜水艇的防卫基地遗址。

斯比亚海角的灯台

威特莱斯·贝的海鸟群　Witless Bay Ecological Reserve

位于圣约翰斯南约 30 公里处威特莱斯·贝海面的三座岛上。每年夏天都会有

海鸟栖息的岩石

100多万对飞来此地产卵的海鸟群，其中以海燕群规模居世界第二位。此外，在海鸟鸦和黑背鸥、三趾鸥等各种各样海鸟飞翔的身影之下，还可见到鲸在水里游来游去。在稍靠北的贝·巴尔斯有两艘游船，均旨在观赏鸟群和巡看鲸鱼，旅行共计两个半小时。6~8月能看到鲸鱼，但也有时依年份不同其前后时间也可见到。

TOUR 旅游介绍

Bird Island Charter/Humpback Whale Tours

电话(709)753-4850/334-2355

由性格爽朗的爱尔兰人O'Brien一家经营。船长莱奥拉常在船上为游客表演歌曲和快步舞。还提供与圣约翰斯宾馆之间的往返接送服务。

4~10月每日9:30、11:30、14:00、17:00、19:30出发。$30。

Gatherall's Boat Tours

电话(709)334-2887

和上记旅行大致相同，勉强论其不同的话就是感觉此种重点主要在于观赏鸟群。船靠岸的埠头有B&B经营，提前预约的话还可在旅行之后享受午餐。4月15日~10月15日每日10:00、13:00出发。$25

观赏鲸鱼

SHOPPING 购物

纽芬兰是一个手工艺兴盛的地方。在达克瓦斯街上集中了许多工艺品店和礼品店。其中手工编织制品、鲸骨及北美驯鹿、麋鹿角的雕刻工艺品以及合金制作的小饰品等都极适合当作礼物送给别人。而且，工艺制品不需上缴省税。

质量上乘的工艺品种类繁多

● *Devon House*

59 Duckworth St.

电话(709)753－2749

位于19世纪的砖造建筑之中的工艺品、礼品商店，1991年开张营业。此地网罗有众多纽芬兰&拉布拉多的工艺品。编织物中滑雪衫$140，样式繁多的毛线帽非常便宜，只售$20。雕刻品、小饰物等品种丰富。店址位于达克瓦斯街东尽头。

能买到物美价廉的编织品和小饰物

● *The Codd Jigger*

245－247 Duckworth St.

电话(709)726－7422

有编织出鲸鱼图案的厚毛衣($90)，连指手套、锅抓手(数元)、独特的刺绣地毯以及小饰物等品种极为丰富。鲸鱼等形象的胸针和耳钉只售$15左右，劝您一定要买。夏季，周四、五营业至夜间9点。

RESTAURANT 餐厅

纽芬兰的饭食大概以海鲜为主，其中最多的是鳕鱼，大西洋鲑鱼、大比目鱼 Halibat、虾、蟹、海扇和贻贝 Mussel 等也非常普遍。烹调法有油炸、煮、炖等，各种各样。由于本地居民多为英裔，因此在此到处都可吃到鱼和炸土豆片，只是分量实在多得吃不下。在 Water St. 和 Duckworth St.，George St. 附近还汇聚有各国风味的餐馆。

围满漂亮家具的起居间

● *Victoria Station*

290 Duchworth St.

电话(709)722－1290

位于纽芬兰博物馆对面的餐馆兼客栈。以建有暖炉的古典英国情调房屋原样作为起居室，由此让人感觉到像是被哪家招待吃饭一样的气氛。午餐主食$10左右。

边欣赏峡湾灯火边就餐，享受豪华气氛

● *Flake House*

Quidi Vidi Village

位于基蒂·比蒂村的小峡湾旁，是一座箱型的二层建筑。照明良好的室内气氛极佳，顾客大都是普通装束。饭食以海鲜为主，牛臀肉牛排上加上小虾、鲑鱼煮成的酱汁也非常美味。

能听到现场演奏的爱尔兰酒吧

● *Blarney Stone*

电话(709)754－1798

地处 Water St. 西头，出租汽车公司后面靠里一带。演员们在面前的舞台上为顾客现场演奏爱尔兰音乐。还有人会在这狭小空间里跳起舞来。是一间弥漫朴素气氛的公共酒吧。

● *Shenanigans*

二楼的前台、现场舞台及舞池常常是很快满员。而在中间空的三层则

可一边立饮一边欣赏楼下的热闹场景，也别有风味。地处 Water St. 正中，其一层为公共酒吧 Rob Roy，还设有卡拉OK。

HOTEL
饭店

除四家主要宾馆之外，商业区内及其周边还有许多由古老宅邸或民居改造过的好客的民宿和 B&B。

纽芬兰饭店

有来历的圣约翰斯的脸面

●Newfoundland Hotel

Cavendish Square

电话(709)726－4980

传真(709)726－2025

建于对港口成俯瞰之势的高台上的 CP 系四星级宾馆。自 1926 年创业以来，已成为数次历史性会议召开的舞台，历代首相和好莱坞明星们也曾下榻于此，实为老牌宾馆。曾于 1982 年重新改造。尤其餐厅 The Outport 的星期六早中饭更是早有定评。房价ⓈⒹ$107(不含税)。

距港口、信号山很近的中档宾馆

●Quality Hotel

2 Hill O'Chips

电话 (709) 754－7788/(1－800) 668－4200

传真(709)754－5209

就位于 NF 宾馆下面，原名为 Journey's End Hotel, 至今仍有许多人以该名称呼。房价Ⓢ$63. 88、Ⓓ$95. 99。

商业区中的古式旅馆

●Victoria Station Inn

290 Duckworth St.

电话(709)722－1290

占据 NF 博物馆斜对面的有利位置，是一家由维多利亚式房屋改装的旅馆。全部房间附带洗澡间(共 10 室)，大部分设有暖炉。房价Ⓓ 65～85。

商业区的 B & B

●A Gower Street House

180 Gower St. (A1C 1P9)

电话/传真(709)754－0047

位于满是清淡颜色住宅的商业区一带，是一家由古式民房改装而成的 B&B，其中 2 室附有洗澡间。房价中包含早餐Ⓢ$45～55、ⒹⓉ$55～70、宿舍$25，无洗澡间的房间便宜$10。

●Balmoral

38 Queen's Road

电话/传真(709)754－5721

与 A Gower Street House 同样经营的 B&B。位于较 Gower St. 地势略高的高台上。房价Ⓢ$55～65、Ⓓ$70～80。

Useful Information 有用的信息

● 市外区号:709

● 交通机构:

Canadian Airlines　电话(709)576－0274　Air Canada　电话(709)726－7880

Marine Atlantic: Port aux Basques　电话(709)695－7081

North Sydney　电话(709)794－5700

● 旅游公司

Miki Enterprises Inc.

P. O. Box 2223, St. John's　电话(709)747－2233/传真(709)579－6300

这是一家由在圣约翰斯住了20多年的日本人所经营的旅游公司。除鲸鱼和鸟群参观之旅外,还为游客安排参观北美驯鹿和流冰等各种旅游项目。

● 气温(℃)

月	1	2	3	4	5	6	7	8	9	10	11	12
最高	-0.6	-1	1.3	5.2	10.7	16.1	20.5	19.7	15.7	10.8	6.4	-1.7
最低	-7.5	-8.3	-5.4	-1.6	2.1	6.4	11	11.3	7.8	3.8	0.2	-4.5

GROS MORNE NATIONAL PARK

格洛斯·莫隆国立公园●NENFOUNDLAND

位于西部海岸，并被联合国教科文组织指定为世界文化遗产的高原地带。隆起的地幔形成红褐色不毛台地的高原地带，10 亿多年以前由地层重叠而致的断崖和峡湾等，都作为大陆板块变动的稀少样本而引起世人注目。由于过高的纬度和严酷的气候条件，这里到处都被排水性能极差的海绵状的湿原土壤所覆盖，虽是低地，却可见地衣类及高山植物。去往其中心地落基·哈巴可沿加拿大高速公路行驶，在迪尔湖进入 430 号公路线（通称 Biking Trail）后约走 70 公里。开往公园的公共交通很少，而人在里面的移动动辄数十公里，因此汽车是必不可少的。游客在此也可享受游船、海上皮艇及钓鱼等乐趣；但最主要的还是徒步旅行。游客可参加各种各样富于变化的旅行项目，两三个小时的或为时数日的，甚至还有野营远足。夏季来此旅行固然很好，但最佳季节是在天气状况非常稳定的 9 月份。

ACCESS 路线

飞机 只能从 Deer Lake 机场租车前往。

公共汽车 由科纳·布鲁克出发，Martin's 公共汽车运行至 Woody Point 和 Trout River 之间的线路。周三～周五 1 日 1 次。科纳·布鲁克的公共汽车总站位于商业区的 Millbrook Mall。

Corner Brook17:00 发　Trout River 9:00 发 Woody Point 9:30 发

Matin's Bus Service　Millbrook Mall, Corner Brook　电话（709）634－4710

INFORMATION 旅游问询处　Gros Morne N.P. Visitor Centre

电话（709）458－2066

从 430 号公路线稍稍进去，位于落基哈巴·哈巴一侧的是一座整洁干净的建筑物。游客可在问询处索取地图（$10）及导游介绍等各种资料。这里还充满照片嵌板、地形模型等展示说明。夜晚则上演幻灯片和音乐节目。夏季每天都有两三趟免费远足导游由此出发，劝您一定要参观。

营业时间：6月~劳动节 9：00~22:00(其它时间至16:00)

游客中心

SIGHTSEEING 主要观光点

格洛斯·莫隆山 Gros Morne Mt.

是公园最高峰(806米),山体呈馒头型,顶部露出粉红色的硅岩。登山时应沿从游客中心南3公里处的高速公路沿线出发的James Callahan Trail(16公里)而上。该线路为时约7~8小时。

西部布鲁克湖 Western Brook Pond

受冰河侵蚀的海岸线入口由于海底隆起而封闭形成的淡水湖。细长湖面的两岸耸立着高达数百米的峡湾，而由山顶部向湖面飞流直下的瀑布则更加宏伟壮观。有游船自湖入口处出发。虽然由高速路的汽车站到登船处之间的3公里不得不步行过来，然而铺了木路的湿原却实在令人感觉极佳。

游船

Bontour Cruise: 电话(709)458－2730

(Rocky Harbour 的 Ocean View Motel 内)

9~8月每日10:00、13:00、16:00出发、6、9月只发13:00一次需2个半小时 $23

高原 Tableland

原处于地下数十公里处的地幔由于海底被挤压而形成了台地上的岩山。基本不能长出植物的不毛土壤与周围的绿意相对照，营造出一片更显荒凉的风景。登山口距落基·哈巴约80公里，沿430号公路回到威尔顿迪尔，然后再沿431号公路向特劳伍特河方向行驶，登山口就位于高速路边。

站在隔路相向的鲁克奥特山上，眺望南面高原，眼下则是满潭碧水的邦·贝，景色极美。在此次旅行沿途，您还可以观赏到盛开的纽芬兰花种之一——食虫花

(Pitcher Plant)。

绿色花园　Green Gardens

是一片位于特拉伍特河以北，沿海岸线伸展的绿地，自古以来就被利用为天然牧场。在毛茛和芷蓿等野花烂漫如梦幻般的草原上有许多野营地。紧邻其下是极易被侵蚀的溶岩海岸，可观赏到孤石和洞窟岩。

RESTAURANT 餐厅

在落基·哈巴有数家餐馆，也有几家小型零售店。此外，在道路沿线也有零零落落的店铺。一般的宾馆或 B&B 都兼营餐厅。

载于《美食指南》的海鲜餐馆

● *Seaside Restaurant*

Trout River

电话(709)451－3461

位于特拉伍特河面海的家庭型餐馆。有丰富的海鲜菜肴。如果不知如何选择，这里热情爽朗的爱尔兰店主夫妻还会为您作亲切说明并帮助挑选。午餐$7～、晚餐$15～。

轻松舒适的餐馆·客栈

● *Sugar Hill Inn*

P. O. Box 100, Norris Pint (A0K 3V0)

电话/传真(709)458－2147

地处落基·哈巴以南，诺里斯海角对面道路旁的别墅式 B&B&餐馆。若提前预约，还可在此就餐。小食堂中每天有所变化的晚饭套餐(2 种)颇受好评。共 4 室，住宿房价为Ⓢ$58、Ⓓ$94。

HOTEL 旅馆

在落基·哈巴有 10 多家旅馆，此外在 430 号和 431 号公路沿线，汽车旅馆、别墅式客栈、B&B 等都各有几家零星散落。

● *Ocean View Motel*

P. O. Box 129, Rocky Harbour(A0K 4N0)

电话(709)458－2730

传真(709)458－2841

位于市中心港口前的汽车旅馆。共 35 室，房价Ⓢ$50～55、Ⓓ$55～60。

● *Woody Point Hostel*

P. O. Box 159, Bonne Bay(A0K 1P0)

电话(709)453－2442

传真(709)453－7214

位于伍蒂角的青年旅馆。地处鲁克奥特山脚下，可步行前往高原。住1宿$10。4月下旬～11月上旬营业。

● *Campgrounds*

设备完善的野营地共有5处：Trout River、Green Point、Lomond、Shallow Bay和Berry Hill。1宿$7.25～11.25。还有其它众多小规模野营点。具体情况请到游客中心(Visitor Centre)询问。

CORNER BROOK

科纳·布鲁克 ● NEWFOUNDLAND

科纳布鲁克是位于奥巴斯克港以北约200公里，地处汉巴湾内有渡船靠岸的纽芬兰第二大城市。而实际上它只是一座人口尚不足2万5000人的小城。这里遗留有18世纪后期进行过湾周边海岸调查、探险的库克船长的足迹，历史上很长一段时间，该城是以巴斯克人为首的欧洲渔民的渔场，第一次世界大战后，新兴的造纸工业也得到了长足发展，如今业已拥有报纸产量规模世界最大的主干企业。站在高台上向下俯瞰，以港口为背景，可见整座城市都被冒着滚滚白烟的造纸厂所包围，使人领略到一种发展中的城市气息。

虽然城中特别值得观察的景点并不多，但作为去往圣约翰斯的途中休憩地点，顺便逛一圈也不坏。这里还是去往格洛斯·莫隆国立公园和位于岛北端的海盗部落遗址朗茨奥梅德的入口处。

ACCESS 从公共汽车总站到市内

Bus Terminal 电话(709)634－8244

连结奥巴斯克港～圣约翰斯的CN Roadcruiser公共汽车的停靠处在1号公路线稍靠里、城东北方St. Mark's Ave的Lewin Parkway旁。由此徒步去往商业区约需20分钟。因为没有从这里去往市区的市内公共汽车，因此还是乘出租车较为稳妥（约$4）。去往圣约翰斯的公共汽车每日12:00发车(约需10小时$64.25)，而去往奥巴斯克港的班次每日18:00发车(约需3个半小时 $24.50)。

此外，在商业区的Millbrook Mall有发往Northern半岛的St. Anthony的Biking Express公共汽车(周一、三、五16:00发)，Martin's Bus Sevice则备有去往格洛斯·莫隆的汽车。

Millbrook Mall 电话(709)634－4710

INFORMATION 旅游问询处

Tourist Chalet

电话(709)639 - 9792

位于对 1 号公路线上城市成俯瞰之势的高台上。这里备有科纳·布鲁克和其周边以及纽芬兰的地图和小册子。工作人员也非常热情。

开放时间:夏季 9:00 ~ 21:00

SIGHTSEEING 主要观光点

库克船长纪念碑 Captain James Cook Monument

在城市西北面的小山上有一座纪念碑,以志 1776 年在这一带作过调查和探险的库克船长。站在这里眺望科纳·布鲁克城和汉巴湾的景色也很美。碑上装饰有库克所绘制地图的摹本。

糖棒和石头的住宅 Sticks & Stones House

是一处位于城东头的民宅,内部竟是以几十万个糖棒、小石头、玻璃等装饰成的。从墙壁、天井、橱柜到门柜等,所见之处全都以奇妙材料组合而成。这房子是由住房法尼尔先生费时 24 年多才完成的,在他去世后才被世人发现。如今这里已作为民间艺术博物馆,并且 1987 年起,限夏季向公众开放。 票价:$2

HOTEL 饭店

● *Glynmill Inn*

1 Cobb Lane, P. O. Box 550, Corner Brook(A2H 6E6)

电话 (709) 634 - 5181/(1 - 800) 563 - 4400

传真(709)634 - 5106

位于商业区尽头,是于 1924 年创业的都铎式建筑。当初是作为造纸工厂建设公司的俱乐部而建的,其旁的水池原也用于工厂用水。房价ⓈⒹ$85、Ⓣ$90。餐厅也早有定评。

● *Bide - A - Nite Hospitality Home*

11 Wellington St.

电话(709)634 - 7578

商业区中的 B&B,距 Valley Mall 购物中心很近。共 2 个房间,浴室公用。房价中含早餐,1 宿Ⓢ$30、Ⓓ$40。

PORT AUX BASQUES

奥巴斯克港●NEWFOUNDLAND

正确应称 Channel Port aux Basques。由新斯科舍至此的游船，感觉好像是开进了一种特有风景之中：没有树木，只有岩石的凹凸不平的小山上，建有木造的民房，与其说粗鄙，倒不如说更令人感觉落寞。这就是纽芬兰岛的入口——奥巴斯克港口。如同其名所示，从16世纪初叶始，来自巴斯克的渔人和捕鲸船就以此处作为他们的寄港地。

INFORMATION 旅游问询处

Tourist Chalet

电话(709)695－2262

从游船站沿1号公路往东走2、3公里。

此外，由此到圣约翰斯的长途汽车也在游船站发车靠站。

HOTEL 旅馆

在高速公路沿线有几处B&B和汽车旅馆。

●Gulfside Inn

P. O. Box 2019, Port aux Basques

电话(709)695－7091

距游船站4公里处，位于高速路边的汽车旅馆。共20室，房价1宿Ⓢ$54.95、Ⓓ$59.95。餐厅营业时间为7:00～23:00。这里还兼作租借汽车的办理窗口。

●Heritage Home B& B

11 Caribou Rd.

电话(709)695－3240

位于游船站旁。步行即可去往购物及餐饮地区。共4室，浴室公用。房价含早餐为1宿Ⓢ$37、Ⓓ$42。

●Brake’s Hospitality Home

26 Cooper’s Rd.

电话(709)785－2077

位于城东哈巴湾的展望台巴特莱特角旁。虽距商业区较远，但乘公共汽车可达商业区附近。共3室，浴室公用。房价含早餐Ⓢ$30、Ⓓ$40。

由奥巴斯克港出发的游船

从高速路一进入游船码头，道路就分为乘船车用和一般客用两种。徒步的人应选择面向停车场的左侧道路。大件行李可寄存在售票处外的货柜里。候船室是位于停车场旁酷似仓库的一座红色建筑。到时间时，游客们乘上微型区间公共汽车登上游船。

船上窗边的席位常常很快坐满。船内除设有自助餐厅外，还有休息室，因此行李轻的乘客就可在这些地方到处逛逛。每到开放时间，自助餐厅常会排起吓人的长蛇阵，因此最好是计算好，选择合适的时间去就餐。船上还有乐队演奏及电影上演，6 小时的船旅决不会让游客感到无聊厌倦。

驶近北悉尼时，甲板上挤满了想要观看游船入港的人们。船靠岸的瞬间，其前部的巨大船口“咣”的一下突然打开，极有魄力。一般客的出口不易辨认，但从 2 楼的停车场下来后，即可乘上等待着的微型区间公共汽车出港。

旅行技术篇

加拿大面积 9976.139 平方千米，人口不足 2,700 万人。首都渥太华。

国名“加拿大”据称来源于印第安语中意为“部落”的“加纳塔”一词。

国旗为白地配以红色枫叶，其两侧的红带，象征大西洋和太平洋。

●10 省(省会)●

不列颠哥伦比亚(维多利亚)
艾伯塔(埃德蒙顿)
萨斯喀彻温(里贾纳)
马尼托巴(温尼伯)
安大略(多伦多)
魁北克(魁北克城)
新不伦瑞克(弗雷德里克顿)
爱德华王子岛(夏洛特城)
新斯科舍(哈利法克斯)
纽芬兰&拉布拉多(圣约翰斯)

●2 准省●

育空(怀特霍斯)
西北(耶洛奈夫)

第1章

去往加拿大之路

入国线路的研究

去往加拿大的入国线路分为直飞航班和经由美国的航班两种。直飞航班确乎是最简单迅捷的方法，然而班次有限，尤其在黄金周或夏季高峰季节时存在很难确保席位的问题。而经由美国的方法虽略费时间，但是游客可选择各式各样的美国城市经由路线，且机票较直飞便宜。另外，还可享受所经美国城市的旅游观光。请研究适合于个人的路线吧！

●经由美国的加拿大入境

有为数众多的航空公司经营经由美国的加拿大航班。而去往加拿大的另外一种方法是可由飞往美国的直达班机续乘公共汽车、火车、游船等交通工具，由陆路或海路入境加拿大。在美国境内共有几处可供参考的合适续乘点，这些都是游客在入境时必须加以注意的。

●即便只是续乘也必须接受美国的入境检查。大多数情况下，行李要运至目的地后才能登记；但有时则规定在入境审查后将行李暂时取出，进行再登记。

●在加拿大或美国滞留90日以内均不需签证，但入境美国时，则必须提交绿色卡(I－94W)和蓝色的海关申报单。入境时海关将盖戳后纸的1/3撕下附于旅客护照上，而旅客归途再次途经美国或出国时在最终机场由海关收回。

●续乘地点

主要续乘地点在美国西海岸有西雅图、波特兰、旧金山、洛杉矶等地。在距班府最近的西雅图，有频繁运行的区间公共汽车，还可乘坐水中翼船去往维多利亚。

中西部续乘点有芝加哥、底特律等，东部还有纽约。从各处都可乘汽车或火车由陆路入境加拿大。

如果只是续乘，当然是选择同一家航空公司较为实惠。选择时需要考虑到续乘等待时间以及到达目的地的时间等。

加拿大入境卡登记例

1. 本人的姓氏　2. 本人的名字
3. 出生年月日/日、月、年
4. 住所　5. 国名
6. 航空公司名(以略称填写)
7. 航班号
8. 入境线路
   - 由美国国内入境 □
   - 由美国以外直达(从中国直达) □
   - 经由美国入境 □
9. 带入加拿大的行李物品
   - 是否含赠品的一般物品，
   - 是否超过个人免税额/量 □□
   - 是否携有火器以及其它
   - 武器和危险物品等 □□

有无营业用品、工作岗位用品、商品、再贩用物品、样品等 □□

是否有动物、鸟、食用肉、含肉食品及酪制品等 □□

有无植物、插花、插枝、果实、种子、球根、根 □□

从今日起 14 日以内是否访问加拿大国内的农场 □

10. 以下栏仅限加拿大居民填写。

11. 旅客署名(罗马字或汉字)

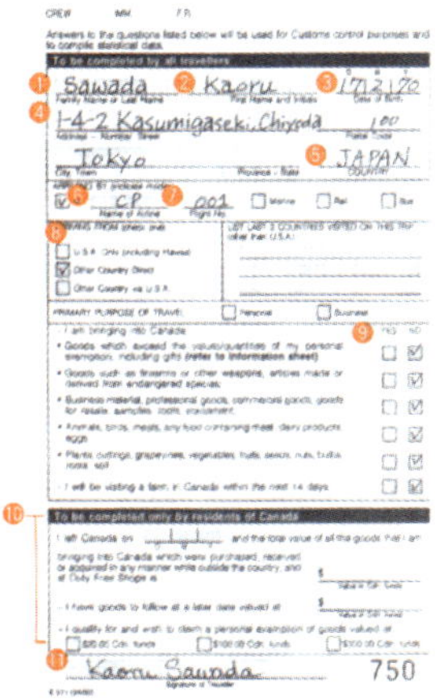
To be completed by all travellers
Sawada
Kaoru
17 12 70
1-4-2 Kasumigaseki, Chiyoda
100
Tokyo
JAPAN
CP
001
To be completed only by residents of Canada
Kaoru Sawada
750

第 2 章

旅行预算和路线设定

预算计划中需考虑的事项

所谓旅行费用到底所指什么?首先想到的是往返的航空运费,但仅此根本算不得什么。因为决定旅行的样式和出资多少的是旅行当中所花费的金钱。因此,必须加以考虑的支出项目有:1 住宿费、2 食费、3 市内交通费(观光汽车、地铁等)等项。此外再加上美术馆、博物馆等的入场费,可乐、汽车等饮料费,音乐会及游园地等的娱乐费,还有小费。这些往往会意外地形成巨大支出。游客在旅行当中若按 1~3 项目分类列出支出记录的话,则很有利于预算的步骤分配,且能够兼而成为旅行记录。

路线设定和日程的确定方法

对于参加包揽旅行的人当然是没什么必要。但路线和日程设定本身就是旅行乐趣之一。首先,设定路线的第一步是必须了解自己感兴趣的东西。如果您事先翻阅各种资料(包括本书),增大了有关加拿大的知识后,就能更有效的利用时间,并且能够更加饶有兴味地游览观光点。

明了自己想去哪、想看什么、想做什么之后,再考虑自己旅行的条件。比如说是否有充分的时间或预算、是个人去还是团体去等各种要素均可考虑,但可能的话是否可以不考虑旅行条件而根据个人兴趣来制定日程呢?例如,与其考虑"我只有一周假期,怎么做才好呢?"倒不如考虑一下"想在一周内高效率地游览落基山脉该怎么做才好呢?"这样想更会使您得到一次有意义的旅行,日程也就极好制定了。

●为了畅游辽阔的加拿大

加拿大面积为 9976.139 平方千米,是世界第二大面积的国家。同时有英语和法语两种公用语言，使同一国内形成其各自不同的文化圈。粗略考虑加拿大观光时，这两个事实似乎成了制定路线的障碍，但只要个人兴趣明确就没有关系。加拿大的观光点都在与美国之间的国境附近，而且其国土中央部只有宽阔广袤的田野，观光地均集中在东部和西部。而且，法语圈也只限于魁北克省和东边一部分地域，其它全部为英语圈，英语可在绝大部分地域毫无疑问地通用。此外，由于加拿大的交通很发达，游客可以考虑多种多样的移动方式。

●加拿大观光——区别目的示范路线

1. 西海岸和落基山脉

以加拿大观光的最大特色地区——落基山脉为中心周游西海岸的景点。由于距离中国较近，因此在时间上也最受欢迎。加拿大的第一站为班府，这里有温暖的气候，是一座清洁、井然有序且拥有众多景点的城市，从此还可当日往返维多利亚。但是，该路线上我们想留给落基更多的时间。由班府去往落基的通路有几条，各自长短不同。公共汽车的最大魅力在于它的便宜，但行动范围颇受限制。火车的限制就更多了，但却可以品味一种优雅情趣。对那些有时间又有驾驶执照的游客则不妨租用汽车。从贾斯珀、班府、路易斯湖等具有代表性的观光地还可出发访问坎卢普斯及庞第克顿等小城镇。利用公共汽车或火车的游客可使用贾斯珀～班府的黄金路线上的观光公共汽车。而那些时间很紧但仍想

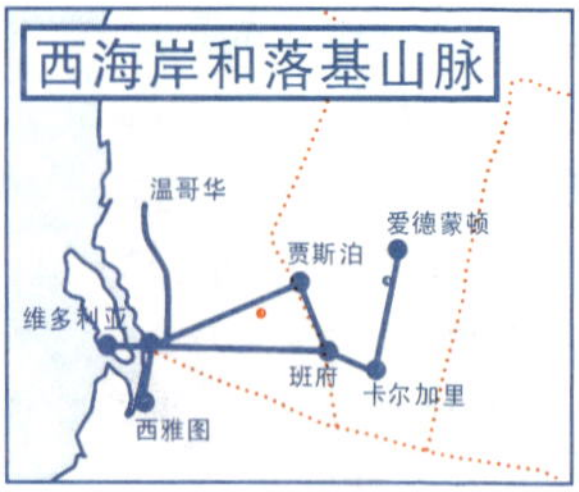

租用汽车的游客则可乘飞机至卡尔加里，在那里借车。整个有一周时间就足够了。

2. 周游加拿大东部城市

沿通称“枫叶街道”的旅行。是仅次于落基的极受欢迎的旅行线路。出发点是多伦多。虽然在这座加拿大最大的城市里有众多景点，但尼亚加拉观光也必不可少。由多伦多向东可以利用公共汽车或火车。金斯敦和渥太华等所在的安大略省为英语圈；而蒙特利尔和魁北克则为法语圈。游客切不可错过蒙特利尔的旧城区和魁北克，因为在那里您可领略到一种欧洲风情。沿圣劳伦斯河体味两种文化圈的差异，实在是使人兴趣盎然的旅程。继续向东前进，就到了加斯佩半岛以及在《红发的安》中所熟识的

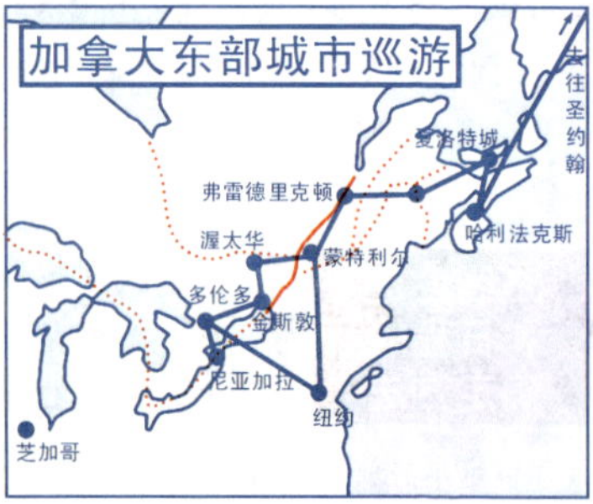

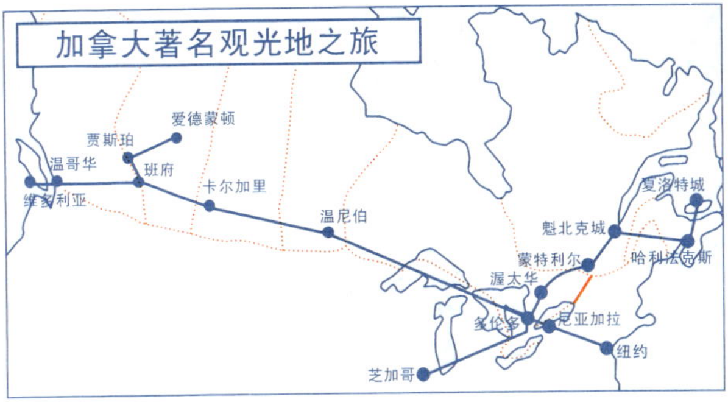

爱德华王子岛。接着再到纽芬兰等地去看看也颇有趣，可以领略一次生态学的旅程。该路线的旅行时期以秋季最为合适，那时游客可以欣赏到令人叹绝的美丽的红叶。冬季则相当寒冷。旅程至少需 10 天。

3. 由东到西寻访加拿大著名观光地

将东西分隔开的观光地一气看完的东部起点移动型加拿大观光。经由纽约或芝加哥等地去往东部城市。若想节约花销则最佳路线是从纽约出发乘灰线旅行车到多伦多或蒙特利尔，在去往多伦多的途中经由尼亚加拉。待东部观光结束后飞往卡尔加里或埃德蒙顿，再乘汽车或火车向落基山脉进发。横断落基山后就此去往班府或者在那里短时间滞留都是不错的主意。不管是何种情况，离开加拿大的场所都应该是班府。假如时间充裕，从东向西移动时也可使用火车或汽车，这样更能实际感受加拿大的宽广宏大。观光季节以从夏至秋为最佳。该路程最少需 10 天至两周时间。

4. 领略加拿大自然风光和体育活动

该旅行计划为一地滞留型，而非到处游览。其意旨在于更加充分地领略加拿大自然风光。比如：在落基山脉的国立公园或位于多伦多北面的阿尔贡金省立公园等地享受野营和水上泛舟的乐趣。将自己融于大自然之中，可以整日泛舟水上，也可以考虑进行远足、骑车野游等各种活动。同时，加拿大的冬天是滑雪的天堂。宽阔的滑走场、最好的雪质以及毫不拥挤的升降机等，每一样都是极值得羡慕的。以维斯拉·布莱科姆为首的优良滑雪场加拿大共有好几处。

5. 涉足少有人去的地方

该路线面向那些不能满足于普通观光地的本色旅人。将班府和多伦多仅作为换乘地一味向北进发。交通工具为火车或汽车。其北部终点分别为：乘火车的话从温尼伯使用 VIA 到达面向赫德森湾的丘吉尔；而乘汽车则到达育空准省的怀特霍斯、西北准省的黑里沃。这些地方均尚未观光地化，能使游客沉浸在原汁原味的自然之中。季节以夏季为佳，其它季节只适合特别耐寒的人。最适合不在乎旅行时间长短的流浪型旅行者。

第3章 旅行准备

●"有了方便""没有亦无妨"

鞋子选用平时惯穿的运动鞋或散步鞋较为稳妥。但是，若有去往正式场所的计划，则需准备好相应的鞋子。

加拿大即使在夏季早晚也很凉，所以必须准备好长袖衬衫和毛衣或者风衣等。此外，对室外活动者而言，上下分身的雨衣和风雪大衣也是必携之物。而那些只游览大城市的人雨具类只带一把折叠伞就足够了。

小型旅行包和背包等物的选择，由在旅行地点的行动及所持物品而定。背包使两手可以自由活动，比硬旅行箱或大型肩包易于行动，但其难点是不易将内中物品取出。因此，可将那些频繁使用的东西或小物品分放于侧袋或天盖里。给背包装包时的注意事项是将重物放于上面。

无论如何，旅行中行李应尽量精简方为上策。即便缺某样物品也可在现场筹办。请记住"有了方便"、"没有亦无妨"。

请活用如下清单

	品　名	必要度	有	放入包中	备　考
贵重品	护照	◎			确认有效期限。
	旅行支票	◎			有没有签过名了。
	现金(外币)	◎			有少量即可。
	现金(人民币)	◎			不要忘记返程时从机场到家的交通费。
	机票	◎			仔细确认出发日期、时间和路线。
	旅行损害保险证	◎			上了伤害保险的情况下。
	信用卡	◎			拿上很方便。租借车时必携。
	国际驾驶证	△			租借汽车的人。
	ID卡	△			国际学生证。
	笔记本	○			护照及T/C的号码、集合场所的住所等。

	品　名	必要度	有	放入包中	备　考
衣类	衬衫	◎			T恤衫等1~2件替换。
	内衣袜子	◎			上下2套。
	毛衣	◎			即使夏天也必须有1件晚上观光用。
	薄夹克	○			有时汽车上冷气很足，带上一件会有用。
	帽子	○			遮阳、防寒等在旅行中非常有用。
	睡衣	△			会使行李体积增多，可以T恤衫代用。
	泳衣	○			夏季游泳的人必需。
药品·杂物·及其他	洗漱用具	◎			由于现地也可买到，尽量带小型的。
	吹风机	△			虽有变压式吹风机，但由于使行李加重，最好不带。
	洗涤剂	○			洗涤用少量。洗衣粉较方便。
	药品类	◎			肠胃药、感冒药、创伤膏、虫螯软膏等常备药。
	笔记用具	○			易丢失，在现地也可买到。
	裁缝用具	○			小型携带用物品(线、针、剪刀等)。
	万能小刀	○			附带小刀、罐头起子、瓶起子的轻型物。
	驱虫喷雾剂/蚊香	○			国立公园等地蚊子很多。
	橡皮圈&细绳	○			用以整理旅行包内物品。也用作洗衣绳。
	塑料袋	○			用于衣物分类或装湿物用。
	拖鞋或海滩凉鞋	○			宾馆或车内、海滩等地。
	礼品	○			小型、中国式的物品。
	双筒望远镜	△			观看比赛或观看剧目时很方便。
	照像机	△			小型较轻的。平时惯用的。
	胶卷	△			现地也可买到，但价钱较高。
	计算器	△			用于美元和人民币的换算，税款及小费的计算。
	雨具	○			轻型折叠伞。
	大头照(4.5×3.5cm)	○			为旅券丢失的情况所准备。2~3张。
书类	辞典(英汉·汉英)	○			较薄辞典最好。
	导游书类	○			《走遍全球——加拿大》及其它。
	日记本	○			每日的记录。还需查对花销!

◎必需品　○拿上就会较方便，但特定人使用

△可带可不带的东西

第 4 章
旅行的安全对策

防止被盗

加拿大的治安一般来讲的确称得上是很好，但那种认为完全不防备也没关系的想法则是不可取的。

首先，对贵重物品的管理要加以细心的注意。尤其是那些被盗后导致不能继续旅行的物品：1 护照、2 金钱(T/C)、信用卡、3 周游券、4 返航机票等，这些需经常带在身边。最近出现了夹克式贵重品袋和带式腰包，也可利用这些防盗。腰包虽是使用方便，但相反却有极易被人盯上的危险性，因此最好不要将全部贵重品都放进去。总之，应该将钱分散开携带。大部放于贵重品袋中，随身只持有当日预算部分的大致钱数即可。为预防万一，应把1张左右纸币个别取出置于包中或别处，以防困窘较为明智。无论如何，贵重品不离身，自己妥善加以管理。

此外，常易被小偷盯上的往往是那种东张西望或者马马虎虎的人，即有隙可乘的人。为免当冤大头，首先走路时要堂堂正正、姿势良好，同时行李要尽量少带。

假如带有好几件行李，腾不出两手来的话，即使挎包中或背包口袋中的东西被盗也往往察觉不到。而且，那种情况更易遗失物品。实际上，我们分析一下遇盗或遗失案例的话，就会发现绝大部分场合是由本人的不注意而导致的。尤其在旅行开始和结束人们注意力下降时事故发生率往往最高，请提起注意！

护照遗失怎么办

遗失护照后，需马上去往在外公馆（中国大使馆、领事馆）办理补发手续。一般情况下，大使馆设在首都，总领事馆设在另外的大城市。关于所在地情况参照本书城市导游中的有用信息项。

进行再申请时的必要物品包括：1 **照片**、2**护照遗失证明书**（由当地警察等颁发）、3**护照号和颁发年月日**。1应在出发前备好、3则必须提前作好记录，而这些要与护照分放异处。到再次颁发之前，由于照片需送回中国确认是否本人，因此约需两周时间。此外，补发的费用还需印纸费以及加急情况下的电信费。另外，假如遗失发生在乘坐归国航班的搭乘地国或去往其国途中的话，会发得一张归国证明书，能够立刻回国。必要天数为 2～3 天。同样必需照片和申请书。

旅行支票(T/C)遗失怎么办

只要持有旅行支票遗失证明书就能马上得到颁发。补发的手续去往所发行银行的加拿大各城市支行办理最为快捷。

必要文件如下：1 **遗失证明书**（由

就近警察颁发)、**2 T/C 颁发证明书**(购入时得到“T/C 购入者用记录”)、**3 未使用 T/C 的号码**。

由于 2 中详细记录着券种的负数和号码,可证明失主对所丢失 T/C 的确实持有。如果将此记录同时遗失的话,则必须以自己所买 T/C 的编号与发行银行核实。因此,记录最好另放他处,或者复印一份保存。

当然,由于补发限于未使用部分,因此 3 是很必要的。所以在旅行中以 T/C 换金或者使用后,应养成当日作使用记录(记录用纸和 T/C 搭配在一起)的习惯。当然,此种申报必须诚实,也是为了后来的旅行者。

保险

为旅行中受伤及意外发生的事故而备的旅行伤害保险。如果您将其看作安心费的话则不妨加入。

在旅游地利用度最高的保险项目为“疾病治疗费用”、“携带品保险”,还有滑雪者的“伤害治疗保险”等。除此之外还有其它几种项目。由于各项目成套贩卖,因此并不麻烦。加入保险只需请购入机票等物时所联络的旅行代理店代办即可。

行李遗失怎么办

首先确认行李若非被盗或搁忘则最好。以正规手续寄存于飞机或公共汽车上的行李,按运送协约中规定会得到补偿。此种情况下,应以 Claim Tag(寄存证)为据,马上在当场提出抗议并要求补偿。事后索购则一切无效。实际上,飞机旅行或汽车旅行中,常会发生单将行李运到另外城市去的情况。此时,公司会为游客追查行李去向,因此行李是否真正遗失也只有等待追查结果。但是,如果处于个人旅程已定急于出发的情况下,则必须提前将联络地址、遗失证明书、万一找不到时的补偿等一系列问题理清。

此外,若是投币式存放柜,由于对方不负管理的责任,因此必须经常带好钥匙,且尽量不要将照像机等高价品置于其中。

生病或受伤时

旅行中最常见的疾病是腹泻或感冒。此种程度的疾病只需喝下所备药品、休息一整天即可。然而这两种病究其原因还是因为旅途疲劳,因此需注意不要勉强继续旅行而使病症难以痊愈。

假如出现剧烈腹痛或以前从未经历过的症状,就应该马上去医院。城市中一般有星期天也照常营业的旅行者用医院,但最好还是先向所下榻宾馆中的人员询问距离最近的医院。

最担心的当数在医院中的语言问题了。但如果是有经验的医生,一般大致能够明白。此外,加入了保险的人还可由紧急联络中心指定医院。同时入保险的人在治疗后不要忘记请医生填写诊断书。

信用卡

信用卡的优点不仅在于可以不带现金上街的安全性，同时它还是证明本人经济信用的ID(身份证明)，此为其最大优点。

尤其租借汽车的人必须持有信用卡前去。这并非由卡所提供的支付问题，而是作为ID的要求。在宾馆进行住房登记时也同样，有时即便是用现金或T/C支付，但作为为了对照确认有时也要求出示信用卡。

但是，担心浪费的人在旅途中可仅将卡作为最后一手儿使用即可。总之，信用卡如今业已成为海外旅行的必携品。

●信用卡的使用方法

信用卡可在中级以上宾馆、商店、餐厅等处使用。店的入口处或窗户上一般都贴有所受理卡的标示，可靠此查对一下自己的卡是否能用。因店而异有些地方还定有最低多少以上的消费支付额。

支付时只需提示卡并签名。请认真保管记录。由于清账在1~2个月后(各社规定不同)进行，因此赶在其时间之前将钱存入户头即可。

●信用卡的种类

为在加拿大使用，则必须持有VISA、Master Card、Amex、JCB等普及率较高的国际卡。最近，众多的信用卡公司与签证、Master Card的其中一方或者两方相协作而发行的信用卡变得非常方便。顾客请在申请时事先确认其卡是与哪种国际卡相协作的。若能取得多张信用卡则使用范围扩大。

第5章
关于住宿设施

住在什么样的地方

在加拿大由于旅游问询处能够帮助游客研究并选择宾馆，因此一般不大有从中国提前预约的必要。但在夏季的旅游高峰期里，像落基等处观光热点往往会集中有众多旅行者，此种情况下需提前预定方能安心。尤其是青年旅馆或YMCA/YWCA，由于有人数的限制，所以提早预约较好。此外，如果某城恰适举办某种大型文娱活动时，一般各处宾馆均会人满为患，这需要游客必须提前核实所赴目的地的节日庆祝日程等情况。即便在淡季，加拿大的旅游局也会很早关门，因此,若是去往没有经过预约的地方,请一定注意提早到达。

高级

价格能力均高的高级宾馆

由于加拿大是旅游胜地，因此在其世界级旅游宾馆中足可享受舒适的宾馆生活。在班府等大城市，即便是被称之为高级宾馆的地方，其双人间房价也才$100 ~ 250 左右。此外,在宾馆的餐厅就餐其收费也非常合理。总体上感觉还算便宜。但是，极有声望的班府之春宾馆和夏托湖路易兹等,到了夏季,即便提前好几个月也很难预定到房间。

一般

汽车旅馆宽敞清洁

宽敞、清洁,洗澡间、电视等设备齐全;且房价合理,能充分满足以上这些条件的当首推汽车旅馆。住这类旅馆以两人或家庭旅行为前提,因此特别向团体旅行游客推荐。多备有厨房、游泳池、蒸汽浴等设施,也适于长期滞留。这类旅馆中虽也有城市宾馆式样的,然而一般为打开房门即到户外的建筑风格,由此可以保有个人秘密,令人心情舒畅,其弱点是多位于郊外,所以顾客主要是驾车的旅行者。一般会在城郊或城市入口处形成汽车旅馆街。但也常常有建于城中或汽车站附近的交通方便场所的情况。或者即使地处郊外,由于常有餐馆等并设在路旁,意外地也会很方便。汽车旅馆内大多没有冰箱,但一般都设有公共的免费制冰机和可乐的自动售货机。这类旅馆由于服务和设备各处都相同,虽是缺乏些新鲜感,然而就其合理价格和舒适这点来讲还是能够令人安心住下去。

孤零零的大城市的中级宾馆

在加拿大，有些住宿设施的房间价位在$30 左右以上便冠以“宾馆”的名头,但其实,住在房价$50 以下的地方如果能令您满意的话，可以说是很幸运的了。便宜宾馆大多老化，而且地处商业区中的便宜宾馆周围常有治安不好的情况。因此,夏季,新婚旅行者最好还是不要下榻于低于$80 以下的宾馆。这种档次的宾馆东部似乎较西部状况稍好。宾馆常常是在便利的地方一下建有几家，尤其便宜宾馆此种倾向尤为显著。加之中级宾馆在一楼常会设有餐厅和酒吧，那些地方除住客外还会聚集许多附近的常客。需要注意的是这类酒吧中乐队现场演奏及迪斯科舞会一直开到深夜，非常吵闹。此外,到了夜晚,有的酒吧为招徕顾客还会上演脱衣舞“Exotic Dance”。尽管如此，并不是说其宾馆本身有何不妥，即便女性下榻于此也很安全,不会有什么问题。

住进民宿,了解加拿大的生活

如果想在很短的居住时间内尽情体

会加拿大的生活和文化，住进叫做 B&B 或者游客之家的民宿则别有一番意趣。虽都称为民宿，但其中从普通的家庭划出一个房间作为客房的形式到拥有洗澡间、洗衣房等的真正家庭旅馆各式各样。总之，这类民宿主人或另有业主或是家庭主妇，其个性千差万别，非常有趣。仅就能够管窥到加拿大普通的家庭生活这点来讲，对旅行者也是很珍贵的经验。有时还可与主人及其家庭成员进行交流，获得当地有关消息等，能得到一种别样的体验。B&B 房价为$40～70，游客之家则以$30～50为多，且和同等档次的宾馆相比，在清洁、安全等方面也略胜一筹。其弱点是一家的收容人数很少，原则上需要到现地后在旅游问询处等索取目录并办理预定的手续。此外，由于这类民宿位置多处于住宅区，因此交通也稍嫌不便。因此应该尽量提早(不能晚过问询处关门前)到达该城；而且说到底游客是住进人家的客人，需注意不要给人添麻烦或作出违反礼节的举动。B&B 多为全室禁烟。还需要顺便提一下的是：B&B 为"Bed & Breakfast"的略称，原本是带早餐的民宿；而游客之家则是不带早餐的民宿，然而该区别是相当随意的。

(※始创本家英国 B&B 的房价为按人头均摊，但加拿大的情况是：不仅游客之家，B&B 的房价亦是与房间直接挂钩，单人和双人基本没有差别。)

●经济型

YM(W)CA 是令人安心的便宜住处

和美国相同，加拿大也经营有 YM(W)CA，VCB"Young Men's(Women's) Christian Association"的经济型旅馆。其并不以营利为目的，住 1 宿仅$30 左右。基本上采取单间、双人间的形式，但也有房间共用的宿舍形式的"Y"。此外，也有 YMCA 可住女性、YWCA 可住男性的情况。Y 的魅力在于其价格低又有洗衣房、自动餐厅，根据不同情况甚至还有游泳池、体育馆等公共设施，而且治安与气氛都很好。其位置也大多地处对公共汽车旅行者非常便利的地方。

欲找便宜住处，请去青年旅馆

那些有充足的时间和体力，但资金略显不足的人请选择青年旅馆。若是会员，只付$12 左右即可住宿，且旅馆内有厨房及洗衣房等设备。这种青年旅馆不仅便宜，其魅力还在于能够与来自世界各国的同龄青年进行交流。由于旅馆地址和电话号码都有清楚记录，游客可在到达前进行预定（特别有名望的城市或落基等地旅馆一到夏季均 100% 客满，要提早预定）。不过，由于原则上均为上下床的宿舍形式，所以无私人秘密可言。还有的地方没有寝具，但是可有偿租借毛毯或床单等。此外，还应注意的是多数青年旅馆在10:00～17:00时等白天一段时间内停止受理，其间连住宿的人都要将行李存入投币式存放柜后外出活动。还有些旅馆对连续住宿有限制，也有冬季停止营业的旅馆。

此外，在设有大学的城市里，到暑假

等假期时，有时会把学生宿舍（宿舍或住宅）向公众开放。房价为$8－14不等，虽不多交通不太方便，但却可以享受校园氛围，又有学生食堂，还可以像青年旅馆那样，旅行者之间可以增进交流。住宅公寓虽价格稍高，学生$20～，一般$30～，但有可能得到单间或双人间。

（※非会员也可在青年旅馆住宿，但价格要高$1～3左右。会员证可通过日本的国际青年旅行招待所　电话(03)3288－1417办理。）

宾馆的房价系统

●房间的类型和房价

基本情况如下：1人房间的单间、有一张大床的双人间（情侣间）、有两张单人床的双人间（两张床间）。实际上，很多场合下也将情侣间作为单人间提供。同时，由于情侣间和两张床房间两种双人间的区分相当暧昧，订房间时如果两个男人不愿意睡在一张床的话，与其说“Two Persons”或“Twin”，不如采取“Room With Two Beds”的明确说法。而且，在加拿大，单人间和双人床间之间差距很小，双人床间的房价并非单人间的2倍，而只是作为单人间的追加房费，多少增加一些而已。同样，如果情侣间住两人，两张床间再额外加床的话，总是随人数增加，每人均摊的房费戏剧性地减少。该点上游客之家和B&B也相同。

●各种打折优惠收费

加拿大旅游地宾馆的收费，其旺季（夏）和淡季（冬）常会出现2倍以上的差距。此外，在淡季及初夏或秋天的中间性季节里，也常有根据需要的“账房判断”折扣减价情况。汽车旅馆的房价是相当划一的，而宾馆则是因为要作细微空房调整；由此考虑中级宾馆及经济型宾馆引入折扣制度或许是一种手段。

反之，在卡尔加里等非旅游地以商业客为中心的宾馆中，大部设有周末特别折扣收费制。一般打将近两成的大折扣。假如正巧周末时间合适，则顾客就能够以相当低的费用住进档次很高的宾馆。

经济型宾馆或便宜旅馆的收费多不固定，每周或每月设定一次。游客若是抱着住临时宿舍的感觉长期居住在游客之家或B&B等处的情况下就很方便。

第6章
公共汽车旅行入门

贯穿加拿大的横跨加拿大高速公路由大西洋岸至太平洋岸，全长5，000公里，为全世界最长的铺装道路。同时，加拿大的道路总计约8万公里，人均所拥有道路的距离仅次于澳大利亚，其长度占世界第2位。潇洒地行进于这个美丽国度的道路上，透过公共汽车的车窗，我们可以欣赏到未经雕琢的自然的加拿大。

"灰线旅行"的周游券

●有效范围宽广的加拿大旅行月票

在加拿大国内，覆盖了特定地域的长途公共汽车公司共有好几家，这些公共汽车路线基本上将加拿大的所有城市全都连结起来了，所以乘公共汽车可以去往国内任何一处。

公司之中规模最大的要数由多伦多开始在整个西部地区都拥有路线的长途公共汽车公司——加拿大灰线旅行公司。这些地域原本和美国国内一样，能够使用美国月票，但现在已禁止使用。因此，加拿大灰线旅行公司便开始发行了仅通用于加拿大国内路线的周游券——加拿大旅行月票。

该月票覆盖了加拿大国内的几乎全部公共汽车路线，而且在一部分与美国城市连结的路线(西雅图～班府、纽约～多伦多、纽约～蒙特利尔)上也可以使用。持该月票即可在期限内随便乘坐所有规定路线上的汽车，实在是非常实惠的。而且从1996年始在一部分区间内也可使用于VIA铁道。

加拿大旅行月票的使用范围是：加拿大灰线旅行公司所拥有路线的地域及蒙特利尔以西的全部路线。而改良加拿大旅行月票则为除此以外还包括蒙特利尔以东的覆盖全加拿大的月票。

●加拿大灰线旅行公司

- 蒙特利尔以西的加拿大全部路线(除耶洛奈夫～海利巴之间)
- 班府(BC省)～西雅图(华盛顿州)
- 多伦多～尼亚加拉～布法罗～纽约
- 多伦多～底特律～伦敦～温泽

●萨斯喀彻温运输公司

- 萨斯喀彻温～阿拉斯加之间

●VIA铁道(只有2等车)

- 渥太华～蒙特利尔
- 多伦多～蒙特利尔

●保亚杰尔殖民主线：

- 多伦多～渥太华

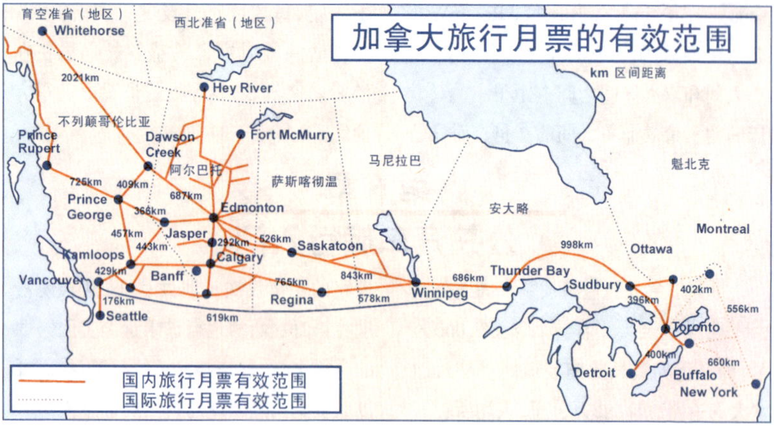

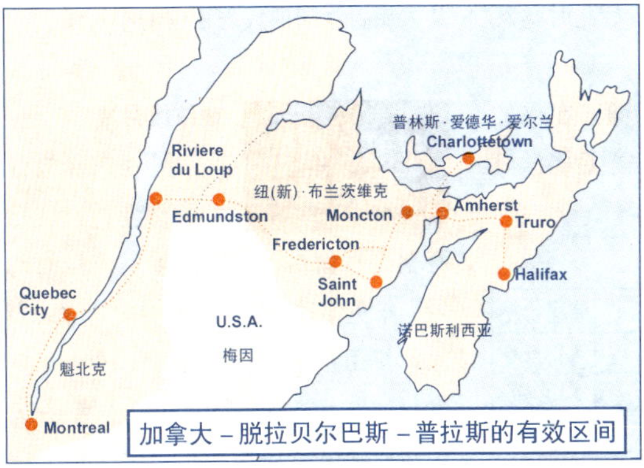

7 日间	¥18,200
15 日间	¥25,000
30 日间	¥32,700
60 日间	¥42,300

15 日间	¥30.800
30 日间	¥40.400
60 日间	¥50.000

·多伦多～蒙特利尔

●纽约旅行公路公司/阿迪龙达克旅行公路公司：

·纽约～布法罗

●美国灰线旅行：

·纽约～蒙特利尔

5 改良加拿大旅行月票所能够利用的路线除上记4的路线外还加上以下的魁北克省和沿岸诸省。

●奥尔良快车公司

·蒙特利尔～魁北克城～利比埃尔

·德·鲁

●SMT 道路公司：

·利比埃尔·德·鲁～弗雷德里克顿（～圣约翰）～蒙克顿～阿姆哈斯特

·阿姆哈斯特～夏洛特城(含去往爱德华王子岛的游船费)

●阿卡迪安线：

·阿姆哈斯特～哈利法克斯

6 利用游览落基山脉的布鲁斯塔导游时，只要出示旅行派司，购票时即能得到15%的优惠。

●加拿大旅行派司的使用方法

加拿大旅行派司是由一组联票券组成的，第一页上填写着使用者的姓名、住址、年龄、护照号码等数据资料。第一天使用时在售票柜台处由车站人员在有效期限的日期上打孔。此后，每次乘坐公共汽车时在联票券上填写去往地名即可。

13 张票用完后，可在汽车终点站领取新的月票(new note)。但是，由于一段情况下小的公共汽车站不存有月票，因此当联票所剩无几时即可在大的汽车终点站领好备用品。月票只要是在有效期间内，可更新任意次。

●如何乘坐公共汽车

在汽车站的售票柜台处告知去向地点后，车站人员即会在旅行月票上印上目的地的图章。如果是大站，可顺便询问一下出站口。此外，还应在柜台处索取自己所乘公共汽车的时刻表。

在指定出站口前排队等候时要迅速确认目的地，对于想将行李装入车体下行李箱中的乘客，在申请后此时就该自己着手进行贴签了。

出发 10 分钟前开始检票。在乘车口，司机发动汽车，撕掉一张票后将派司还给乘客。

区间			单程价格
Vancouver	—	Kamloops	$38.60
Kamloops	—	Jasper	$43.95
Jasper	—	Edmonton	$41.90
Edmonton	—	Calgary	$31.00
Jasper	—	Banff	$64.65
Vancouver	—	Banff	$90.10
Vancouver	—	Calgary	$92.00
Lake Louise Jct.	—	Banff	$8.45
Banff	—	Calgary	$15.75

■代理点

卡尔加里：850 - 16 St. South West, AB

电话(403)265 - 9111

埃德蒙顿：10324 - 103 St., AB

电话 (403)421 - 4211

班府：150 Dunsmuir St, B. C.

电话(604)662 - 3222

温尼伯：487 Portage Ave., MB

电话(204)783 - 8840

多伦多：610 Bay St., Ont.

电话(416)367 - 8747

蒙特利尔：505 E. Boul de Maisonneuve

电话(514)843 - 4231

纽约：625 - 6th Ave., New York, USA.

(Greyhound International Travel)

电话(212)971 - 0492

＊除上记以外，其它详情请参照受理加拿大旅行派司的代理店内的小册子。

东部 2 州的周游券

●路线月票

只在东部旅行的人即便持有旅行月票，然而由于存在众多不使用的地域，未免太过可惜。因此专向这样的人推荐使用路线月票。此种为 1995 年夏发行的安大略省・魁北克省全境 15 天内随便乘坐的月票。若达 15 天以上，则每日追加$17(不含税)，可延长 6 天(但是，延长必须在购入月票之时提出申请)。利用期间仅限于 5～10 月间的旅游高峰期。该月票适用地域西起苏圣玛丽，东至加斯佩半岛，基本覆盖了两省的所有主要路线。月票的购入、资料索取请到各主要汽车站。但是，星期五不办公。

■问询处：

Rout - Pass Co - ordinator

电话(514)395 - 4000

传真(514)395 - 4026

区间			单程价格
Toronto	—	New York	$79.06
Toronto	—	Ottawa	$53.25
Toronto	—	Montréal	$75.48
Toronto	—	Niagara Falls	$22.80
Montréal	—	Québec	$35.32
Montréal	—	Ottawa	$27.27

第7章
关于加拿大国内航班

●在大城市散落的加拿大乘飞机最方便

在加拿大，有名望的城市及观光点都分散在大陆的东西部。东部有多伦多、蒙特利尔、尼亚加拉，西部则有班府、落基。欲在有限的旅行日程中最大限度地游览两边城市，乘坐飞机不失为最佳选择。

将加拿大上空形成为航线网络的有空中加拿大（AC）和加拿大航空（CP）两家公司。除此以外，美国的航空公司也飞入加拿大。由于航空公司之间以及其与铁路、公共汽车等陆上交通之间的竞争而产生了各种各样的折扣优惠运费。如能很好利用这类折扣制度的话，飞机之旅的花费也绝不会很高。

●要核对折扣系统!

但实际上，折扣运费瞬息万变，令人眼花缭乱。这就要求游客必须仔细核对其滞留天数与路线等是否与自己的旅行条件相符合。特意登载的那些折扣信息常有下个月即发生变更甚至干脆踪影皆无的情况。所以，想利用飞机周游国内的游客需要直接向航空公司或旅行公司索取新的信息，心情舒畅地制定出能获得最大限度益处的旅行计划。

国内航空的运费折扣系统

主要折扣系统中包括周游券和BVUSA（折扣普通运费的30%）以及以最终目的地为基点的区域运费等。此外还有根据路线和地点、航班时刻不同而制定的折扣等。游客可将欲行路线及时刻等与日程对照后加以选择。

●付区域运费可去往4地

美国·加拿大系的航空公司所采用的此种运费，将北美大陆分割为东部和西部（或者叫东·中西部），是根据一次旅行中的最终目的地处于哪个区域内，从而决定飞行费用的系统。此外所讲的“最终目的”，指的是由中国看来最远的城市（通常为最东边的城市）。例如，若在一次旅行中周游多伦多、卡尔加里、班府，则其“最终目的地”即为多伦多。此种情况下，只需支付中国～多伦多之间的费用，不再需另外交纳由中国看来较多伦多近的去往卡尔加里和班府的追加费用即可成行。这就是区域运费的优点。虽然每个航空公司各有不同规定，但通常除去“最终目的地”外还能免费在其他3个城市中途停留。尽管此种航空限制很多，例如不能变更预定、路线及不办理退款等，但如能很好利用该系统的话，就能完成一次相当便宜的旅行。

●周游券为一张联票一次航班

周游券是CP、AC等设置的折扣率

很高的航空券，仅限居住在加拿大、美国以外的外国旅行者购买。

多为联票制。与距离无关，一张联票可在一个区间内使用。其费用规定随航空公司不同而稍有差异，CP的情况是在7/1~8/30期间内，三张联券售价$493，每增加一张则加算$70，最多可使用8张联券。除上记以外的期间内则很便宜，为$40~100。由于每一次航班需使用一张联票，因此实惠的做法是尽量飞行于长距离的城市之间。

由于游客必须在出发前确定周游路线并购入周游券（航班预定也可在现地进行），因此就需要对各公司的路线及日程加以比较后选择适合于自己旅行计划的项目。有效期限均为60日以内。详细情况请打以下电话询问。

空中加拿大(AC) 电话(03)3586-3891

加拿大航空(CP) 电话(03)3212-5811

加拿大国内线的乘坐方法

●进行预定

想在现地变更预定，或进行新的预定，给航空公司打电话最为便捷。当然，旅行代理店或机场的柜台处也可办理。需确认如下事项：

1 目的地 2 日时 3 航班号码 4 费用 5 乘机登记时间 6 到机场的交通。用游联票的情况同样需清楚传达如上项目。

●在柜台办理登机手续

1 将票交给工作人员，若是电话预定的情况还需将班机号码告知，领取搭乘券，并确认搭乘口。

2 需寄存行李时，在此一起委托办理。由工作人员贴上标签和领取半券。需再次确认目的地。

3 去往搭乘口。机场内的电子指南上会标出搭乘口。飞机变更及其他信息也会出现于此板上，必须要认真看（有时也会有搭乘口变更的情况）。

4 在搭乘口的候机室等待，登机时会有搭乘指引。

●换乘非常简单

换乘同一航空公司的飞机，多使用同一候机室的搭乘口，多数情况都位于就近。此时也同样需要看指南板，迅速确认搭乘口。到达搭乘口后，在门的前亭交出机票。尚未领到搭乘券时也在此换取（一般是在出发地将换乘航班的搭乘券也领到）。

而在大机场，又是换乘不同航空公司飞机的情况下，核实搭乘口后，就其位置和移动方法等向工作人员询问最轻松。也有候机室相隔较远，中间以公共汽车相连的情况，此时若时间不充裕则切需注意。

●何谓预定的再确认

回国时，在飞机出发72个小时之前，有必要给所利用航空公司的预定科打电话或直接去往柜台进行预定的再确认。

机场～市内之间的交通工具

1 机场公共汽车

一般大城市均有叫做 airport bus 或 airporter 的大型公共汽车运营。此为由机场到商业区的机场汽车终点站或主要宾馆的运客系统。票价为$10左右，比较合理。

2 机场的大轿车

大轿车是载客 10 人左右的大型乘用车。颇具规模的城市机场里都有。由于该轿车将乘客从机场一直送到所希望的宾馆，因此即便是夜间很晚到达也很方便，令人放心。相反，如果想从市内去往机场，只要事先电话联系，轿车还有到宾馆的接送服务。其费用大致为机场公共汽车和出租汽车的中间状态（需给司机小费）。

3 其他

假如三人以上共乘出租汽车，则费用会比大轿车更低。此外，有些城市中可乘地铁或市内公共汽车去往市内。

第 8 章 加拿大铁路之旅

●推荐进行铁路旅行

从火车的车窗眺望外面的风景大概是最能让人体味旅行实感了。由于加拿大的铁路带有很强的观光用要素，因此有许多附带展望车的列车，尤其车顶为玻璃的汽包车最豪华。但是，乘火车一是费时间，二是费用高。如将旅行中的食费一并考虑的话则其花费和航空运费相差无几，卧铺车甚至史高。但是，乘坐火车旅行本身带有一种旅游的妙趣，那种体味是其它的交通工具所难以替代的。此外，如果利用卡瑞尔月票周游券，就能享受相当便宜的列车旅行。

加拿大的国铁 VIA

贯穿加拿大的两大铁路网为 CP（加拿大太平洋铁路）和 CN（加拿大国家铁路）两家。CP、CN 均基本和加拿大——美国国境并行呈东西走向。由班府始经贾斯珀～埃德蒙顿～蒙特利尔正北侧延展的线为 CN。而 CP 起点同为班府沿里贾纳～桑达拜～蒙特利尔线南侧伸展。此外，CP 还到新斯科舍省，而 CN 线路也一直延伸到纽芬兰省及东海岸前端（有的部分无旅客服务）。

CP 具有悠久的历史，是 1886 年加拿大最早建成的大陆横跨铁路。它将主要城市连接起来，支撑大联邦成立以后加拿大的发展。作为穿越落基山脉，横断广阔大平原的旅游路线也极受欢迎。CP 业已不仅限于铁路，如今已经成为也同时经营航空部门和宾馆业的巨大企业。

现在，CP 和 CN 单将其各自的旅客

部门统合为一，即成为 VIA 铁路(VIA RAIL CANADA)。由于受飞机和公共汽车抑制，两大铁路经营恶化，因此 VIA 就成为受联邦政府资金援助的国营公司。

此外，在加拿大还存在不包含于 VIA 以内的中距离路线(不列颠哥伦比亚铁路等)及连通城市近郊的省营中短距离路线。在此，我们以在旅行者中极有名望的 VIA 列车之旅为中心进行介绍。

●座席的种类

(座席车)

●**Coach**　经济客位，即所谓 2 等车。其座席与公共汽车相比要大，为躺椅座席。Coach 一般是自由席，但时刻表上标有(R)记号的，则必须预定。

●**Club**　1 等车，为附有搁脚台的躺椅座席，较 Coach 更宽大。

●**Daynighter**　比 Club 更豪华，酷似软席车。躺椅倒得足够深，夜间睡觉也毫不痛苦。

●**Club Deluxe**　车辆与 Club 相同。不同在其服务方面，该车费用中包含全套西餐的食费。侍者会十分恭谨地将还包括葡萄酒的饭菜一直送到座席上来。

※在加拿大国土上行驶的长距离用客车，有时并无 VIA 1(Club 或 Daynighter)与 VIA 2(Coach)的区别。此种情况下所有座席车均为有搁脚台的座位，构造与 Daynighter 相近。但由于名字即为 Coach，因此费用仍和基本运费(Coach 费用)相同。

〈卧铺车〉

●**Section**　半私人的开放卧铺，按列车行进方向排有上下床的铺位，以床帘隔开。上床和下床费用相同。

●**Roomette**　按列车行进方向排有铺位，是完全单人用的个室卧铺。卧铺为上下床。附带厕所、盥洗室及折叠式小桌，使游客可享受到充裕的空间。4 人用的单间称为接待室(drawing)。

〈食堂车和瞭望车〉

各客车的乘客均可自由出入食堂车。其内备有从便餐到供应葡萄酒的豪华饭菜，各式各样。瞭望车的天井形成穹庐状的玻璃，从那里可以尽情欣赏景色。此外，瞭望车前还设有酒吧，叫做休息沙龙。

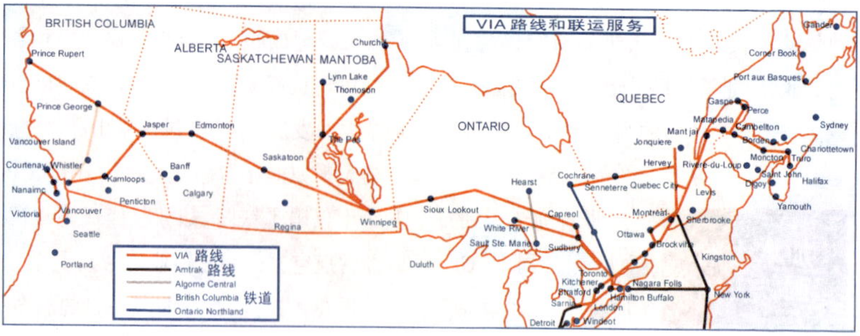

关于运费

●折扣系统如何?

所谓的基本票价(Basic Fare)仅适用于Coach。利用Coach以外的座席或卧铺时，需追加费用。虽然正规运费有时和飞机区别不大，但由于设有各式折扣运费,务请巧妙利用。

首先,时间充裕并想作长距离列车旅行者不妨购入12天间随便乘坐(有效期间为1个月)的卡瑞尔月票(Canrailpass)。该月票仅能利用Coach座位,且由于其为全席指定,必须提前预定。费用见下表。

卡瑞尔月票价目表

( )内为每月追加费用。可延长3日	高峰期(5/15~10/15)	淡季(1/6~5/14,10/16~12/14)
成人(25~59岁)	$535($47)	$365($30)
青少年(2~24岁) 老年人(60岁~)	$482($42)	$329($27)

至于区间折扣系统，其中有一种预购游览票往返折扣(APEX)，要求在1周前进行预定并支付费用，即能得到40%折扣。除此以外的一般往返折扣或由距离不同而存在折扣率差距，或是折扣适用期间不同等，稍显复杂。此外则还有所谓团体折扣运费，3人打折15%、7人20%、10人30%，随人数增多而折扣率递增(计算时将两名儿童算作一名成人)。那些不用月票，而想专门利用某区间铁路的人即可很好地利用如上这类折扣。

票的购入和预定

●在火车站或旅行代理店进行

如非满席，则当日也可在车站购得火车的票券。同时由于城中的旅行代理店也有经营，在车站很远的情况下尤显便利。

火车票和机票一样同为复写式。其中一张交给列车员；另一张游客可留于手中成为很好的纪念。

●旺季中的热点路线需要预定!

每到夏季旅游旺季时，铁路都极有人缘。此时列车会大量增加,最大规模膨胀至拥有千辆机关车、25辆客车的庞大编队。尽管如此,该时期内仍是非常难以取得预定，甚至需要于出发半年前就以电话预定。尤其是计划到达现地后马上安排活动的游客请尽早进行预定。

另外，来自主要城市以外的预定全部为免费通话,大都24小时全天受理。预定电话的号码登载于VIA发行的时刻表及电话簿的黄色分页上。

预定时需注意一定要传达清楚自己是利用卡瑞尔月票还是想适用往返折扣。预定完了后，由于对方还会告诉你“请在某日以前来取乘车券”，因此打电话时必须听到最后结束。也可直接去车站或旅行代理店进行预定。

可委托办理VIA事项的旅行代理店

加拿大宾馆、联票系统受理面向个人旅行者的VIA预定。这里由于已将加拿大与联机系统连结起来，所以预定和车票发行都很顺利。还备有 VIA 的小册子。

铁路旅行的建议

●关于接续时间

列车的接续时间(换乘)约需 1 小时。由于加拿大铁路经常晚点，因此 30 分钟左右时间根本不能确保。但是，即便有 1 小时以上的接续时间但仍未能赶上车而当日留在车站，则由 VIA 出住宿费，一般能够住进属 CN 所有的高级宾馆。

VIA 列车的定时到站率(含 20 分钟以内的晚点)为 80%。由于火车晚点可能性相当大，因此需留够充分的接续时间。

●关于随身行李

成人每人 45 公斤以内，儿童 23 公斤的随身行李由列车免费托运。行李到站后免费保管 3 天。游客可将所有沉重行李清点后托运，而仅将随身用的必要品带入车内。

一般情况下由于行李装在同列火车内，必要时可委托列车员取出。然而在安大略、魁北克的“回廊地带”，介于随身行李是由其它夜间行驶的火车及白天的低速列车运输的，故不能马上在车站领取到。所以，在该地域搭乘火车的旅客最好将当前必需的物品留放身边。

●关于车内温度

VIA 的客室的车内温度，控制在华氏 72°~75°(摄氏 22.2°~23.9°)。此温度会令人感觉冬季热而夏季非常冷。有时即便在夏季也会由于冷而难以成眠。一般仅穿上衣和毛衣还不够，尤其下半身非常冷，所以最好携带睡袋。此外，由于白天热时乘车的游客常会疏忽地将毛衣等作为随身行李托运走而无奈挨冻，所以需要特别留意。

●禁烟/吸烟/饮酒

VIA 的列车中虽也有全车禁烟的情况，而一般则指定禁烟车厢或禁烟地段。请于预定时或购票时加以确认。

同时，有关饮酒则需遵从列车正在通过的省的法律。单间卧铺以外的列车内禁止饮酒。

●需注意列车运行图的更改

VIA 每年更改两次列车运行图。进入夏时制后 4 月末的星期一一次，另一次则是进入冬时制后 10 月末的星期一。此外还会有三年一度大规模的修正，由于有时会大规模变更时刻(有时相差近半日)，因此切需提出注意。

有关加拿大铁路的情况，游客可与下记加拿大 VIA 地址联系，也可直接询问。

Manager, Customer Sevice
P. O. Box 81162, Place Ville - Marie
Montréal,
QB, H3B 2G6, Dominion of Canada

第 9 章

租借汽车信息

租借汽车的优点

①**能够自由旅行**。能够实现不拘泥于时刻表的旅行。可在喜欢的地方随意滞留，没趣的地方则匆匆略过。能制定出机动灵活的日程。

②**还能去往公共交通工具所不能达到的地方**。比如，想尽情周游加拿大落基地带，想充分领略班府岛的自然风光，想在魁北克、蒙特利尔的郊外美景中行驶，或者想寻遍爱德华王子岛上的与红发安有关联的地点……能够舒舒服服地到达交通不便的地方。

③**能够缩减住宿开支**。没必要局限于投宿终点站或商业区周边的宾馆中，可以利用郊外较为便宜的汽车旅馆等。

④**几人合借一辆车很便宜**。一个人单独租借一辆汽车并不便宜，但如果几位朋友分享一辆车的话，则平均每人所摊借车费用自是不贵，汽油费、停车费等也都会很便宜。

⑤**自己开车的乐趣**。凭借道路图，行驶于舒适的高速路上，确实能够体味加拿大的博大宽广。

有关租借汽车公司

埃比斯(AVIS)、赫茨(Herts)、巴杰特(Budget)和提尔丹(Tilden)是4家大规模的租借汽车公司，在全北美都拥有它们的网络。只要是在北美大陆上，一通电话即可办理任一处的预定，且其魅力还在于能在路途中将车搁置不管。此外，租借汽车公司中从中等规模的公司到只经营数量汽车的超小规模公司数量众多。从费用上看，虽然小公司较便宜，然而若就车的保养、服务(抛车及在各营业所换车等)、事故情况下的紧急处理以及保险等方面综合来看，大规模的租借公司则很令人安心。

●关于每日的费用问题

租借汽车的费用根据季节、城市、走行距离、车程以及租借汽车公司等的不同而有相当大的差异。而且，租借汽车上所讲的1日是指24小时。例如，在8月1日上午11点所借的车在8月2日上午11点前还回即可。

●里程费与租借汽车费不同

所谓里程费，是指每1公里所加算的追加费。由于加拿大道路很好，所以其里程费也自然不能轻视。比如说，1天内努力走了480公里的话，那么里程费也颇不是个小数目。虽然车种不同，里程费也不同，假设1公里按15¢计算，则基本租金为$30的汽车加上里程费后也会过$100。此外，该费用上面还应加上一笔汽车费。因此，游客在借车时有必要核实一下预测走行距离和里程费。

●借车时的注意事项

1 确定车程。应根据走行距离及人数来考虑车的大小。汽车大多为无踏板的有自助变速装置的车种。

2 期间。借几天时间，在哪里还车。还需事先询问星期六、日租借汽车的营业所是否开门。

3 核实汽车有没有上保险。

4 坐到司机座位上彻底将借车作一次整体检查非常重要。

5 订合同时，登记下信用卡的记录，待还车时再进行细算（在卡的副本的填写费用并签名）。

折扣系统和服务

根据租借汽车公司的不同而有各种各样的折扣费用系统及服务。租借费原则上是借期愈长平均每天的费用愈低。一般性折扣包括周末（星期五、六、日）连租打折的周末折扣以及以周、月为单位租借的周费和月费。

车种则由小型到大型，由汽车到卡车应有尽有、各式各样。例如 AVIS 的汽车分为如下各级别：A（超小型汽车）、B（小型汽车）、C（中型汽车）、D（原尺寸2门）、E（原尺寸4门）、V（小型货车）等。常为观光客所利用的汽车集中在 B～D 型。

●利用时携带信用卡

护照可作为身份保证物，但旅券并不足以证明游客的经济性信用；然而信用卡则兼备有 ID 和支付能力两种功能，持此可顺利完成租借汽车合同。虽嫌麻烦，但最好还是在出发前事先取得信用卡。

●必须携带国际执照，其取得方法非常简单

国际执照为 1 年内有效。游客可去往都道府县的公安委员会，持护照（也可以是贴有照片一页的复印件）、照片（5×4 厘米）、印章和中国的驾驶执照，出示必要文件，当场即可得到发行。

利用租借汽车时的注意事项

1 先要进行预定

尤其在 4～8 月的高峰期顾客相当多，所以尽可能提早预定。

2 注意年龄限制

在加拿大，原则上 25 岁以上方能借车。虽根据公司不同而各有差异，但前记两公司的特别折扣系统均限制年龄在 25 岁以上。

3 注意交通标示

加拿大为公里标示，不要混同于美国的英里标示。

4 座椅安全带拴系义务和车灯

不仅限于前座，后部座椅乘客也必须拴系安全带，在加拿大这是作为一种义务规定的。同时，即便白天也鼓励司机打亮前灯（对卡车和公共汽车来讲是义务），新型车一般是发动后车灯自动点亮并随汽车熄火而灭掉。

5 各省的交通规则各有不同

需要注意各省的交通法规各自稍有差异。例如红灯信号出现时若在安大略省仍可右转弯，而在魁北克则必须停止。在问询处免费索取到道路图上同时登载有标志及规则说明。

6 跨越美国国境的情况

在美国借车入境加拿大亦或其相反情况均需在租借预定时对此作出提前申报。这是因为租借汽车公司事前备有非居住者用的文件，无此文件则不能入境。

7 关于冬季驾驶

冬季，汽车通常均装置防滑轮胎，但没有链条装备。需要注意路面冻结及车速过快等情况。

第 10 章 旅行用语

●加拿大的公用语言为英语和法语

加拿大的公用语言是英语和法语。除机场或停车场的标示外，就连旅游小册子等也多是英法并记。而其实实际生活中基本使用的为英语，一般不大会意识到法语的存在。但是，一旦进入魁北克省法语则骤然增多，甚至有时候英语竟全然行不通。因此，游客假如计划访问这里的话，最好还是记住几句法语或提前备好对话集。

●日常用语英&法语

你好　Hello. /Hi.
Bonjour. /Salut.

您好吗　"How are you?
Comment allez - vous?

再见　Good bye. /See you.
Au revoir. /A bientôt.

啊，谢谢　Yes, thank you. /Thank you so much.
Si, merci(beaucoup).

不用谢　You're welcome.
Je vous en prie. /De rien.
(魁北克为 Bienvenu)

你会说英语吗?　Do you speak English?
Parlez - vous I'anglais?

我不明白。　I don't understand.
Je ne comprends pas.

对不起　Excuse me. /I'm Sorry.
Excusez - moi. /Pardon.

请原谅　That's all right. /That's OK.
D'accord.

谁/何时/哪里　Who? /When? /Where?
Qui? /Quand? /Où?

这是什么　What is this?
Qu'est - ce que c'est?

我要那个　I'll take it.
Je le prends.

好吃极了　It was very good.
C'était très bon.

〈时间〉

1 小时/半小时 one hour/half an hour une heure/une demi-heure

今天/昨天/明天 today/yesterday/tomorrow aujourd'hui/hier/demain

春/夏 spring/summer printemps/été

秋/冬 fall (autumn)/winter automne/hiver

1 月 January janvier

2 月 February février

3 月 March mars

4 月 April avril

5 月 May mai

6 月 June juin

7 月 July juillet

8 月 August août

9 月 September septemble

10 月 October octoble

11 月 November novembre

12 月 December décemble

星期日 Sunday dimanche

星期一 Monday lundi

星期二 Tuesday mardi

星期三 Wednesday mercredi

星期四 Thursday jeudi

星期五 Friday vendredi

星期六 Saturday samedi

第 11 章 加拿大的饮食

材料和地方菜

在历史并不悠久的加拿大，并没有像中国菜或法国菜那样的传统加拿大菜。但正由于加拿大是个移民国家，因此在不同地区可品尝到使用了新鲜材料的各国饭菜。而且，量足价廉可以说是加拿大菜的特色。无论怎样讲，在加拿大东西为海所夹的广阔国土上有着无数的湖泊和河流，有辽阔的适合于农产牧畜的土壤。各地均不缺乏新鲜海产品、农产品、肉类等食品素材。

例如，两大洋岸是鳕鱼、鲑鱼的宝库，而淡水湖和河流中则盛产鳟鱼、鲈鱼等。若是到了西海岸的班府，那里会有令人销魂的熏鲑鱼和鲑鱼牛排等待您。味道、分量都令人无法挑剔。

大西洋沿岸的纽芬兰岛和爱德华王子岛所产的龙虾、大西洋鲑鱼、贻贝、海扇等海鲜，既有清煮的清淡味道，又有味道浓郁的蚬肉汤等。同时，PEI 还是马铃薯的名产地，游客可在此品尝到酥脆的 PEI 马铃薯。

内陆的大平原地带是小麦粉和畜产品的产地。只要出到$10 以上，就能够吃到数量多得简直难以令人置信的最棒的艾伯塔牛的烧烤及牛排。

水果、果实品种也很丰富，生吃自

是很好，由其制成的果酱也物美价廉。

而且，提起加拿大就自然令人想到枫树果露。那些粘糊糊的呈琥珀色的枫树果露都是每年春天由枫树的树液煮制而成的。也可制成砂糖或糖果。超市和礼品店里都汇集了众多大瓶小瓶的枫树露。还有的装在漂亮可爱的器皿里，最适合当作礼品送人。吃的时候可以抹在面包上或加进红茶里，对那些自己做饭及野营的人来讲，准备上一瓶也很方便。

●饭菜所表现出的法式风格和英式风格

在加拿大各地，最能够令人体会到法国风格和英国风格之间差异的，应该首推食物。在英系地区，早餐为吐司，还有鱼类&油煎土豆片、烤饼、小松糕。而法系地区也同样有月芽面包、长面包及美味的蛋糕等。

在英国色彩较强的渥太华，快餐之中必定包括烤饼。而且各处都会有称为"加拿大板"的炸鸡块上加枫树果酱的食物。

虽法系加拿大的根据地魁北克的主流仍是法式菜，然而也有所谓魁北克菜。其中包括炸得酥脆的肉、点缀以药草的炸肉丸、煮豆、肉馅饼以及泡菜等。

●如何能够吃得省钱又美味

快餐店各式各样，从汉堡包到意大利面条以及阿拉伯菜、日本料理等。可以汉堡包或热狗为主再加点泡菜、红萝卜、莴苣等，也可选择番茄酱及芥末。

更加省钱的做法是从超市或市场购齐材料后自己动手做。面包、火腿、罐头等种类丰富而新鲜，能够很便宜的买到。也有许多店汇集了各种美味家常菜。如果自己做饭一定能够既协调营养平衡又能很省钱地吃到好吃的饭菜。计划自己做饭或副食派的人若从中国出发前事先带好筷子和酱油的话一定很管用。

加拿大的酒

●只在蒸馏酒店有售!

在加拿大仅限于政府直营的蒸馏酒店能够售卖瓶装酒精类（但在魁北克则可简单从小零售店购得）。啤酒和葡萄酒也同样。这种情况对于用惯自动售货机的人可能多有不便。

加拿大最大众化的酒大概就算加拿大啤酒了。酒精度5%，口味很淡。葡萄酒种类非常多，除进口葡萄酒外，还有奥卡纳冈及尼亚加拉产的品质良好的葡萄酒。威士忌中则以号称加拿大威士忌的黑麦威士忌和苏格兰威士忌酒平分秋色。

●请注意饮酒限制

饮酒的年龄限制，在艾伯塔、马尼托巴、爱德华王子岛各省为18岁，其余各省均为19岁。而且，为治安起见，加拿大至今仍有禁酒法的遗痕，对能够饮酒的场所加以限定。公共场所之中，除餐馆、酒吧以外，街中、交通工具内（绝对禁止公共汽车中饮酒，即使在出售卖酒精类饮料的VIA上，除车内所售啤酒外一律严禁）、海岸等地均不允许饮酒。

第 12 章 关于户外活动

加拿大拥有国立公园以及其他为数众多的公园，公园内均处于国家法律的严格管理之下，而且由于其交通网络以及住宿、休闲设施等非常完备，因此即便是短期旅行的人亦能体验到户外生活的乐趣。钓鱼、骑马、泛舟、骑车、慢步旅游等各式活动，游客既可以利用租借专门店，也可参加导游团，轻松而愉快。

野营的几点建议

①若计划以野营中心进行旅游，则绝对必须备好帐篷、帐篷地毯、睡袋及防寒用具。如果刚做准备，则在现地购买较为便宜，而且还会得到到底什么东西最好的建议。

②野营地为数众多，虽有收费（$5～14）较 YH 为高的情况，但其基本设施齐备。每一区划均以号码和罗马字加以区分整理，设有停车位、6 人用的餐桌和椅子、篝火以及做饭用的炉灶。每一区划均地域广阔，甚至都望不到相邻区划。

③每到夏季都有许多人乘大型野营车来旅行，各处野营地均人满为患。每近日暮，入口处就会挂出客满的牌子，因此游客须及早登记。

④大型野营地中一般都设有食品和燃料小卖店，但在山中的小型野营地中则不能做饭。关于野营地的位置及设备等问题，游客应在出发前的旅游局及问询处所分发的小册子或地图加以确认，事前准备好必要的食品等。

⑤有的地方饮用水取自自来水，而也有使用河水的情况。即使水比较干净，也应尽量煮沸后使用。

⑥在野营地做饭，若备有轻巧的煎锅最为便利，带有盖子，也可以煮东西吃。只要有胡椒盐和芥末，就能很简单地做出牛排晚餐。如果是不易买到食物的野营地，则需提前带好面类和罐头。罐头品种丰富且价格低廉。

第 13 章 有用的加拿大知识

时间・夏时制

拥有广阔国土的加拿大共有 6 个时间带，面海岸的不列颠哥伦比亚省和东部的纽芬兰岛之间竟有 4 个半小时的时差（到拉布拉多是 4 小时）。向东加 1 小时(纽芬兰岛为 30 分钟)；向西相反减 1 小时。越省境移动时切需注意。

加拿大 4 月至 10 月采用夏时制，夏时刻的实施期间通常从 4 月第一个星期日到 10 月最后一个星期日之间，但有时因年度不同而有变化。此外，仅有萨斯喀彻温一省还未实施夏时制。

关于税金

●GST(消费税)

从1991年1月1日起，加拿大全国开始旅行一律7%的叫做GST（Goods and Services Tax）的消费税制度。由于此为联邦税，它和从来就有的省税分别交纳。但对海外来的旅行者还特别有所支付GST的返还制度。

●GST的返还方法

①事先在免税店及比较大的店铺、宾馆索取到"TAX Refund for Visitors"的小册子。

②返还对象为一年以内所支付的住宿费和购物上的GST。但是，饭费、导游费、交通费、汽油费及酒类中所交纳的GST不成为返还对象。

③由于申请时必须出示明记有所支付税额的原收据，因此支付时必须索取并妥善保管。

④按下面所示要领，填写小册子中的申请书。并附上原收据寄往加拿大国税厅。数月后，返还形式以加拿大美元的现金支票送至游客手中。

⑤只需支付手续费，即可当场在加拿大银行或城市银行将现金支票兑换为人民币。换钱时需要护照、驾驶执照等证明身份。此外，虽然也可在经营外币兑换的主要城市银行换钱，但通常需要1个月时间，且手续费各不相同。根据其金额不同，有的情况是在下次加拿大旅行时将支票换成加拿大美元更合算。

●省税

商店及餐厅餐饮中附有相当于物品税、消费税的税金，而住宿费中也带有住宿税。但也有的省在直接送付物品或持出省外等情况下免除省税或者能够要求返还。有关申请的规则由于各省各不相同，请参照各省发行的小册子或者直接询问。

电话

电话机和中国同为拨号盘式或按钮式电话。公用电话有投币式或卡式。投币式电话使用25¢、10¢、5¢3种硬币。卡式电话只设有宾馆或车站等地，打长途电话时非常方便。其使用方法标示在电话机旁。

分别有周一市外局号Area Code内的市内通话（Local Call）和市外通话（Long Distance call）。

●市内通话　Local Call

打公用电话时只需投入25¢后拨号即可。没有通话时间的限制。

加拿大的电话系统中有以长途号码（1－800）开头的接电话方支付的制度。其号码旁明记有来自省内、国内或美国等有效范围。由于航空公司及租借汽车公司、宾馆等地均引进此系统，因此游客在预定或询问时可放心地随便利用。

查市内电话号码打411。外市则打市外1＋区号＋552＋1212进行查询。电话簿有两种：个人名为白员；职业类为黄页。

GST 返还的申请书(※限于马尼托巴省和魁北克省,可以 GST 使用同一申请书进行返还请求。)

①本人的姓 ②本人的名字 ③住所 ④国名 ⑤电话号码 ⑥加拿大入境日⑦加拿大出境日 ⑧所支付的住宿数 ⑨住宿中所支付的 GST ⑩住宿中所支付魁北克省税 ⑪住宿中所支付马尼托巴省税 ⑫ ⑨~⑪的合计 ⑬购物所支付 GST ⑭购物所支付魁北克省税 ⑮购物所支付马尼托巴省税 ⑯ ⑬~⑮的合计 ⑰ ⑫和⑯的合计 ⑱署名(罗马字) ⑲申请年月日

申请书送至:

Visitor Rebate Program

Summerside Tax Centre

Summerside PE C1N 6C6

CANADA

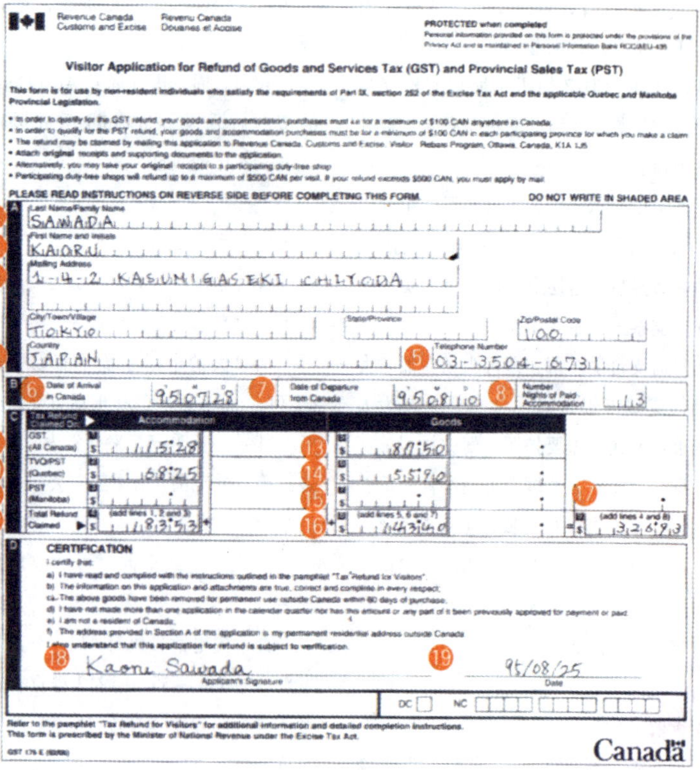

Revenue Canada Customs and Excise Revenu Canada Douanes et Accise

PROTECTED when completed
Personal information provided on this form is protected under the provisions of the Privacy Act and is maintained in Personal Information Bank RCC/AEU-435

Visitor Application for Refund of Goods and Services Tax (GST) and Provincial Sales Tax (PST)

This form is for use by non-resident individuals who satisfy the requirements of Part IX, section 252 of the Excise Tax Act and the applicable Quebec and Manitoba Provincial Legislation.

- In order to qualify for the GST refund, your goods and accommodation purchases must be for a minimum of $100 CAN anywhere in Canada.
- In order to qualify for the PST refund, your goods and accommodation purchases must be for a minimum of $100 CAN in each participating province for which you make a claim
- The refund may be claimed by mailing this application to Revenue Canada, Customs and Excise, Visitor Rebate Program, Ottawa, Canada, K1A 1J5
- Attach **original** receipts and supporting documents to the application
- Alternatively, you may take your **original** receipts to a participating duty-free shop
- Participating duty-free shops will refund up to a maximum of $500 CAN per visit. If your refund exceeds $500 CAN, you must apply by mail

PLEASE READ INSTRUCTIONS ON REVERSE SIDE BEFORE COMPLETING THIS FORM. DO NOT WRITE IN SHADED AREA

A
① Last Name/Family Name: SAWADA
② First Name and Initials: KAORU
③ Mailing Address: 1-4-2 KASUMIGASEKI CHIYODA
City/Town/Village: TOKYO State/Province: Zip/Postal Code: 100
④ Country: JAPAN ⑤ Telephone Number: 03-3504-6731

B
⑥ Date of Arrival in Canada: 95 07 28 ⑦ Date of Departure from Canada: 95 08 10 ⑧ Number Nights of Paid Accommodation: 13

C

Tax Refund Claimed On:	Accommodation		Goods		
GST (All Canada)	⑨ 1 $ 115.28		⑬ 5 $ 87.50	$.	
TVQ/PST (Quebec)	⑩ 2 $ 68.25		⑭ 6 $ 55.90	.	
PST (Manitoba)	⑪ 3 $.		⑮ 7 $.	.	⑰ .
Total Refund Claimed ▶	⑫ 4 (add lines 1, 2 and 3) $ 183.53 +		⑯ + 8 (add lines 5, 6 and 7) $ 143.40	.	= 9 (add lines 4 and 8) $ 326.93

D
CERTIFICATION
I certify that:
a) I have read and complied with the instructions outlined in the pamphlet "Tax Refund for Visitors".
b) The information on this application and attachments are true, correct and complete in every respect;
c) The above goods have been removed for permanent use outside Canada within 60 days of purchase.
d) I have not made more than one application in the calendar quarter nor has this amount or any part of it been previously approved for payment or paid.
e) I am not a resident of Canada.
f) The address provided in Section A of this application is my permanent residential address outside Canada.
I also understand that this application for refund is subject to verification.

⑱ Kaoru Sawada
Applicant's Signature
⑲ 95/08/25
Date

DC NC

Refer to the pamphlet "Tax Refund for Visitors" for additional information and detailed completion instructions.
This form is prescribed by the Minister of National Revenue under the Excise Tax Act.

GST 176 E (92/06)

Canada

●市外通话　Long Distance Call

首先拨0(由于地域不同而加以确认)，接着拨完区号和电话号码后，话务员会告知用户最初3分钟的电话费。假如超过时间，话务员会插入并指定必需的金额。此时，用户需投入追加费用。

●公用电话　Pay Phone

停车场、车站以及宾馆大厅等公共场所一般都设有公用电话。能够使用5、10、25¢的硬币。市内电话使用25¢。打长途电话或国际电话时使用磁卡公用电话比较方便。其使用方法可遵从写在电话机上的说明图。最近还增加了许多数字按钮上带有标示说明显示屏的新型电话机（尤其安大略、魁北克省的城市中较多）。按下中央的按钮可以选择屏幕显示要英语还是法语。

此外，在宾馆房间内打电话时，需交的话务员的手续费。

●国际电话

对方付费的电话　Collect Call

拨打01，问话务员申请通话。费用由对方支付。说不好英语的人可以直接拜托会汉语的话务员接线。

指名通话　Person to Person Call

和指名的对方通话开始之时就开始计算费用，若对方不在则免费。申请之时需明确讲清是指名通话。

国际直拨电话　Direct Call

因为是直接拨打通话，所以费用较低。首先需要拨打国际电话号码011，再加中国国号码086，接着拨对方的区号加电话号码。

（例：对方号码是65201174时=011－0816－010－6520－1174的顺序）不通过话务员直拨通话的情况下，有不同时间带收费标准，以加拿大时间①0：00～8：00→②8：00～16：00→③16：00～0：00的顺序费用递减。收费①的深夜折扣后3分钟$5左右。最低1分钟$2.50左右。

使用家庭等加入电话拨打国际长途时，挂断电话后马上拨0叫出话务员询问费用。支付时需在其金额上加税。或者等几天后，电话单送到时再行支付(不要忘记交税!)。

加拿大的节日

	1996年	1997年
新年 New Year's Day	1月1日	1月1日
圣星期五 Good Friday	4月5日	3月28日
复活节的星期一 Easter Monday	4月8日	3月31日
维多利亚女王诞生日 Victoria Day	5月20日	5月19日
建国纪念日 Canada Day	7月1日	7月1日
劳动者日 Labour Day (9月的第1个星期一)	9月2日	9月1日
感恩节 Thanksgiving Day (10月的第2个星期一)	10月14日	10月13日

停战纪念日 11月11日 11月11日

Remembrance Day(追悼一战、二战和朝鲜战争中战亡者的节日)

Christmas Day 12月25日 12月25日

节礼日 12月26日 12月26日

Boxing Day(作为日常感谢的明证,该节日始于向佣人及邮递员赠送礼品的习俗。如今很少有人还遵守该习惯)

邮政

邮票可在邮局、宾馆、机场、火车站等处购得。

此外,在加拿大,一般杂货店中多设有邮局,还售卖胶带、信封及邮送用纸箱等。但有的地方则只售邮票,不办理规定外的邮政(小包裹等)。也有星期六照常营业的地方。

货币

加拿大通货为加拿大元,通常以$表示。为区别于US$,有时也以C$表记。

1加元等于100美分(¢),硬币有1¢、5¢、10¢、25¢、1$及1996年新发行的$2,由于加拿大大多物品中均带有GST或省税,因此花费多带零头,自然就能攒起找给的零钱。尤其25¢和$1的硬币在打电话或乘车时常用,所以多攒一些比较方便。纸币除2加元外,还有5、10、20、50、100加元。常用的一般在20加元以内。付两加元小费时,纸币化硬币令人感觉更好。

●兑换

可在机场内或市内的银行(Bank)、兑换所(Exchange)进行兑换。在市内车站内或其周边一般也设有Exchange。通常银行在星期六、日休息,而机场窗口在休息日也照常办理兑换。

●小费

在加拿大接受到服务后一般有送小费的习惯。这对没有小费习惯的中国人来说,大概会觉得既麻烦又浪费。然而入乡随俗,还是应该认认真真地支付小费。下面介绍一下大城市中的一般小费基准。

■餐馆

一般行情为合计金额的10~15%。但如果饭费中已包含有服务费时就没有支付的必要,要给的话给些零钱即可。此外,极少数情况下有的餐馆会将小费数额也加进账单之中,游客需仔细确认,以免重复支付。

■出租汽车

费用的15~20%。即便车费不高,最低也需50¢,常识上讲在人数或行李较多情况下应多支付一些。

■宾馆服务员

早晨离开宾馆时应在床旁的侧桌上留给1人$1。在使用硬币的情况下,若是1¢等的小零钱摆满几十个会被认为失礼,至少应使用25¢的硬币。

■送饭至房间的服务

送饭菜进房间服务的小费为费用的10~15%,要求补充毛巾及毛毯不足时,需多加50¢~$1。

其他

●吸烟

机场、车站、办公楼等公共场所大都要求禁烟，违反者最高会被处以$2000的罚金。国内线航班全部禁烟，国际线除JC以外也是全部禁烟。为照顾不吸烟人的利益，餐厅设有无烟席，宾馆则有无烟楼层或房间。

●营业时间标准

一般商店为星期一～星期六10:00～18:00，星期日一般休息。超市或商场根据星期几的不同营业至20点或21点。星期天营业大多为12～17点。餐馆从7点到22点，夜间俱乐部一般是19～2点左右。银行则在星期一～星期四9点～15点、星期五到18:00、星期六日休息。但还需注意的是即便是规定平时没有休假，一旦到了节日，还是有许多地方休息。

●电压

使用电力为110伏特、60赫兹。故还是带上自动调压器等物较为稳妥。

加拿大旅行的情报收集

有关加拿大的情报来源，可在加拿大大使馆开设的旅行信息部门获得。

这里提供种类丰富的有关道路图及各种活动项目信息等的旅行小册子。每年3月份左右，游客都能索取到当年度的新情报。

可用传真获取加拿大旅行情报

加拿大大使馆的旅行信息处每天24小时提供免费信息服务(只限通话费用)。该系统是使用传真的话筒，拨打电话(03)3249－7210，打进入码3070#打入信息后，再遵从音声指导从六个菜单(BOX)中将所需情报的传真形式送到用户手中。这里经常备有最新情报，且因其24小时无休息，对地方上的住户及时间紧张的人非常便利。

〔BOX菜单〕

BOX 1　旅行的基本情报
BOX 2　加拿大的国内交通
BOX 3　购物、餐饮、娱乐情报
BOX 4　各地域情报分地区从1#～7#中选择
BOX 5　活动项目、节目情报
BOX 6　特别旅游、体育运动情报及其他

■有关使用法的询问处

JFP事务局　电话(03)3249－7997

加拿大的历史　HISTORY OF CANADA

“说起加拿大历史，你能想到什么？”

听到这样的询问，大概很少有人会马上想出某个答案吧！加拿大既没有戏剧性的革命及虐杀，也没有出现大作家、艺术家以及载于世界史教科书上的大人物。本来，加拿大的历史是从印第安和爱斯基摩等原住民的历史开始的，10 世纪以后，西欧的足迹才开始踏上这片土地。最初先是海盗来到加拿大东部，此后从欧洲人进行探险的时代开始一直到近现代，北美大陆的历史在此阶段迅速展开。虽并不华丽多姿，但的确闪耀着其自身的戏剧色彩。

■B. C. 50000 ~ B. C. 2000——来自西伯利亚的原住民

加拿大的原住民印第安人，一般被认为是在美洲大陆和西伯利亚大陆还连结在一起的数万年以前渡过白令海峡来到北美的。他们以狩猎、农耕、渔猎为生，安静地生活在这片土地上。数千年前，爱斯基摩人也来到了这里。

■探险者们的理想——冒险和海狸的毛皮

15 世纪至 16 世纪来自欧洲的探险队进入这块土地。富有冒险心的探险者们为追求建设新国家的理想或财富而来到这里，有的或许是燃着一股布教的热情而加入该队伍的。然而，取当时在欧洲极为流行的海狸毛皮也是这些大陆侵入者的一大目的。

1492 年　哥伦布在巴哈马群岛登陆
1497 年　英国派遣的意大利人约翰·卡波特发现加拿大东海岸
1534 年　法国的杰克·卡鲁契埃在加斯佩湾登陆，作法领宣言
1583 年　吉尔巴特在纽芬兰建设英国第一个海外殖民地
1604 年　法斩香普朗在新斯科舍建设法国殖民地
1608 年　香普朗建设魁北克堡垒
1615 年　香普朗在休伦湖地区探险
1627 年　法国设立“新法兰西公司”，任命其支配加拿大。
1670 年　英国设立“哈得逊湾公司”，着手开拓大西洋沿岸。

■建国时代——战争和领土

法国将由加拿大东部至密西西比河口的广大地域置于其统制之下，英国则支配着大西洋沿岸及北方的哈得逊湾沿岸地区。当时,英法两国本国呈对立状态,自1689年起,战争断断续续已持续半个多世纪,其抗争波及到北美即演变为殖民地争夺战。在1755－1763年的法国·印第安战争中由于英军大胜而使新法兰西陷落,根据1763年的巴黎条约,加拿大从此成为英国领土。1775～1776年美国独立战争爆发,加拿大与美国划定国境,从而也使国土得以固定。同时,独立战争有数万效忠英国的人逃入加拿大。

1791年　英国议会、将魁北克殖民地二分为东西两部分

1872年　美国和加拿大向英国宣战、英美战争爆发(～1814年)

1832年　加拿大最早的铁路开通

1837年　马肯基在东加拿大、帕皮诺在西加拿大发动叛乱

1839年　被派遣去镇压叛乱的达拉姆卿劝告英国政府应统一东西两加拿大并给予其政治独立。

1841年　根据联合法(加拿大法)实现了东西两加拿大的统一。

1848年　在新斯科舍省实现最早的责任政府。

■加拿大联邦诞生

迫于急欲进行领土扩张的美国胁威以及为减轻殖民地经营负担考虑,结成自治领加拿大的倾向日益显著。而且当时达拉姆的报告也产生了巨大影响,他对英国政府说:“加拿大的国内行政理应交给加拿大居民。”1867年,在英国国会上通过了英领北美法。由东加拿大&西加拿大、新斯科舍、新不伦瑞克四个殖民地成立加拿大自治领,联邦政府从此诞生,麦克唐纳就任第一代总统。

到1873年为止,马尼托巴省、不列颠哥伦比亚省、爱德华王子岛省也加入联邦。1896年在育空的克朗代克发现金矿,掀起一阵淘金热(～1903年),成立了育空准省。1905年艾伯塔省和萨斯喀彻温省加入联邦。到第二次世界大战后的1949年,第10个省纽芬兰又加入,即形成现在的加拿大。

原本在1931年的《威斯敏斯特条列》中,承认了加拿大享有外交上的完全独立权,但自治领成立后的《1867年宪法》之中却没有关于修正宪法的规定。因此,直到最近,加拿大在改正宪法时必须逐一向英国国会提出申请。实际是到1981年才最终成立了加进独立改正条款的宪法的。

■既是联邦国，同时也是君主立宪国

各省均设省政府，同时又在国家政府即联邦政府的管治之下，从这样一种双重组织结构上来看，加拿大与美国相类似。然而，其巨大差异在于加拿大是以英国国王(女王)为元首的君主立宪制国家。实际上，君主不过是一种象征，由总督代行管理。而总督也是象征性存在，其主要任务是联邦议会的召集、开会、解散以及为国家文书署名等。实质的行政权掌握在加拿大总理和内阁手中、联邦议会为二院制，由任命制的上院和选举制的下院组成。加拿大是一个地方分权的国家，各省均有广泛的自治权力。省议会采取由选举产生的一税制，其特色是设有作为象征的副总督。两个准省(territory)由联邦政府作为直辖地直接进行治理。

图书在版编目(CIP)数据

加拿大/日本大宝石出版社编；周莉等译 . –北京：中国旅游出版社，1999. 6

(走遍全球)

ISBN 7 – 5032 – 1444 – 9

Ⅰ. 加… Ⅱ. ①日… ②周… Ⅲ. 旅游指南 – 加拿大 Ⅳ. K971. 19

中国版本图书馆 CIP 数据核字（1999）第 26140 号

书　　名：加拿大
原　　著：地球の歩き方编集室
译　　者：周莉　曾建　王育新
策　　划：唐志辉　谷口俊博(日本)　虞丽华(美国)　潘笑竹
责任编辑：潘笑竹
封面设计：肖　辉
装帧设计：潘笑竹
出　　版：中国旅游出版社 （北京建国门内大街甲 9 号　邮编：100005）
发　　行：新华书店北京发行所
制　　版：北京中文天地文化艺术有限公司
印　　刷：北京新华彩印厂
开　　本：850 × 1168 毫米　1/32　　印张：19. 875　　字数：470 千
版　　次：1999 年 6 月第 1 版　　1999 年 6 月第 1 次印刷
印　　数：5100 册
定　　价：76. 00 元